b

Fernando Morais

Der Magier

Die Biographie des Paulo Coelho

*Aus dem Brasilianischen von
Karin von Schweder-Schreiner und
Maralde Meyer-Minnemann*

Diogenes

Titel der 2008 bei Editora Planeta
do Brasil Ltda., São Paulo,
erschienenen Originalausgabe: ›O Mago‹
Copyright © 2008 by Fernando Morais
Mit freundlicher Genehmigung von Sant Jordi Asociados,
Barcelona, Spanien
Nachweis am Schluss des Bandes
Umschlagfoto: Copyright © David Brabyn /
Corbis / Specter

Alle deutschen Rechte vorbehalten
Copyright © 2010
Diogenes Verlag AG Zürich
www.diogenes.ch
100/10/36/2
ISBN 978 3 257 06752 1

*Für Marina, die bei der Überschreitung von mehr
als diesem Rubikon meine Gefährtin war*

»Wenn auch die Welt im Jahr 2000 nicht untergeht, so hört doch vielleicht dieses ganze Interesse am Werk von Paulo Coelho auf.«

Wilson Martins, Literaturkritiker, April 1998, *O Globo*

»Brasilien ist Rui Barbosa, ist Euclides da Cunha, aber es ist auch Paulo Coelho. Weder lese ich seine Bücher, noch bewundere ich ihn, doch man muss akzeptieren, dass er ein fester Bestandteil des heutigen Brasiliens ist.«

Wilson Martins, Juli 2005, *O Globo*

Inhalt

1 Paulo heute: Budapest – Prag – Hamburg – Kairo 11
2 Kindheit 67
3 Die Schulzeit 81
4 Erstes Stück, erste Liebe 113
5 Erste Begegnung mit Dr. Benjamim 143
6 Batatinhas Debüt 164
7 Die Ballade vom Erholungszuchthaus 189
8 Elektroschocks 208
9 Der große Sprung 227
10 Vera 248
11 Die Marihuana-Jahre 268
12 Die Entdeckung Amerikas 290
13 Gisa 305
14 Der Dämon und Paulo 328
15 Paulo und Raul 347
16 Eine andere Art von Dämon 370
17 Paulo schwört dem Dämon ab 390
18 Cissa 409
19 London 433
20 Christina 460
21 Die erste Begegnung mit Jean 475
22 Paulo und Christina gehen unter die Verleger 491
23 Auf dem Jakobsweg 520

24 Der Alchimist 534

25 Die Kritiker schlagen zurück 554

26 Erfolg im Ausland 575

27 Weltruhm 596

28 Unterwegs zur Unsterblichkeit 621

29 Der Zahir 647

30 Hundert Millionen verkaufte Exemplare 659

Anhang 675

I

Paulo heute:
Budapest – Prag – Hamburg – Kairo

An einem hässlich-grauen Abend im Mai 2005 landet der riesige Airbus A 600 aus Lyon sanft auf der nassen Piste des Flughafens Ferihegy in Budapest. Die Purserin gibt über Lautsprecher die Ortszeit (20 Uhr) und die Temperatur am Boden (18°C) durch. Am Fenster in der ersten Reihe der Business Class hebt ein Mann in schwarzem T-Shirt, der seinen Sicherheitsgurt noch nicht gelöst hat, den Blick und fixiert einen abstrakten Punkt jenseits der Plastiktrennwand vor ihm. Unbeeindruckt von der Neugier der anderen Passagiere, hebt er Zeige- und Ringfinger der rechten Hand wie zu einer segnenden Geste und sitzt eine Weile reglos da. Als das Flugzeug zum Stillstand gekommen ist und er aufsteht, um seinen Rucksack aus dem Gepäckfach zu holen, sieht man, dass nicht nur sein T-Shirt, sondern auch alles andere, was er trägt, schwarz ist – Stiefel, Jeans, Wolljackett. Man könnte ihn für einen Priester halten, wäre da nicht das maliziöse Funkeln in seinen Augen. Ein Detail an seinem Revers zeigt den anderen Passagieren – zumindest den Franzosen unter ihnen –, dass ihr Mitreisender kein gewöhnlicher Sterblicher ist:

Eine winzige, rot emaillierte Goldbrosche, kaum größer als der Mikrochip eines Computers, weist ihn als Ritter der Ehrenlegion aus, des höchsten und begehrtesten Ordens Frankreichs, 1802 von Napoleon Bonaparte gestiftet und heutzutage vom Präsidenten der Republik persönlich verliehen. Die Auszeichnung, die Coelho auf Anordnung von Jacques Chirac erhielt, ist allerdings nicht sein einziges besonderes Kennzeichen. Im Nacken wächst aus dem schütteren, raspelkurz geschnittenen weißen Haar eine vier Finger lange Haarlocke: eine Sikha, wie sie die Brahmanen, die orthodoxen Hindus und die Mitglieder der Hare-Krishna-Bewegung tragen. Ein sorgfältig gestutzter Schnurr- und Kinnbart ziert die untere Hälfte des schmalen, sonnengebräunten Gesichts. Coelho ist mit seinen 1,69 cm ein zierlicher, aber muskulöser und sehniger Mann, dessen Körper kein überflüssiges Gramm Fett aufweist.

Er trägt seinen Rucksack auf dem Rücken und giert nach einer Zigarette. Er mischt sich unter die anderen Passagiere auf den Fluren des Flughafens, zwischen den Lippen eine nicht angezündete brasilianische Galaxy Light, in der Hand ein Bic-Feuerzeug. Auch wer kein Ungarisch kann und darum nicht weiß, was *Tilos adohányzás* heißt, die überall angebrachten Schilder mit der diagonal durchgestrichenen brennenden Zigarette sind nicht zu übersehen und unmissverständlich. Auch Budapest hat vor der allgemeinen Rauchphobie kapituliert, und Rauchen ist überall im Flughafen verboten. Der schwarzgekleidete Mann steht neben dem Gepäcktransportband und schaut sehnsüchtig auf die Wand aus durchsichtigem Glas, die die internationalen Passagiere vom Eingangsbereich des Ferihegy-Flughafens trennt. Sein kleiner Rollkoffer mit dem in weißer Kreide aufgemalten Herz ist so klein, dass er ohne weiteres als Handgepäck durchgehen würde, aber sein Besitzer hasst es, irgendwas mit sich herumzuschleppen.

Als der Mann durch den Zoll gegangen ist und durch die

Glastür ins Freie tritt, stellt er sichtlich enttäuscht fest, dass sein Name auf keinem der Schilder steht, die von Taxifahrern und Reisebüroangestellten hochgehalten werden, welche auf die Passagiere dieses Fluges warten. Und, noch schlimmer, es erwarten ihn weder Fotografen noch Reporter oder Fernsehkameras. Niemand ist da. Er tritt auf die Straße hinaus, schaut nach rechts und nach links und zündet sich, noch bevor er den Mantelkragen hochschlägt, um sich vor dem kalten Wind zu schützen, die Galaxy an. Der erste Zug zehrt gleich die halbe Zigarette auf. Die anderen Passagiere seines Fluges verteilen sich umgehend auf Busse, Taxen und Privatwagen, die Straße vor dem Flughafen leert sich, und die Enttäuschung des Mannes schlägt um in richtig schlechte Laune. Er zündet sich eine weitere Zigarette an, holt sein Handy heraus und faucht auf Portugiesisch mit starkem Rio-de-Janeiro-Akzent und leicht näselnder Stimme hinein:

»Hier in Budapest wartet niemand auf mich! Ja! Sie haben ganz richtig gehört.«

Er wiederholt Wort für Wort, als wollte er seinem Gesprächspartner jedes einzelne ins Hirn hämmern:

»Genau das: Hier-in-Budapest-wartet-niemand-auf-mich. Nein, niemand. Ich sagte niemand!«

Er beendet das Gespräch, ohne sich zu verabschieden, drückt die Zigarette an einem Mülleimer aus, zündet sich eine dritte an, geht rauchend auf und ab und sieht maßlos enttäuscht aus. Endlose fünfzehn Minuten sind vergangen, als er ein vertrautes Getrappel und Geschrei hört. Er blickt zu der Seite, von der der Lärm kommt, und seine Augen beginnen zu leuchten. Ein breites Lächeln geht über sein Gesicht. Der Grund für diese Freude ist noch ein paar Meter entfernt: eine Horde Reporter, Fotografen, Kameraleute und Paparazzi rennt auf ihn zu und ruft seinen Namen, fast alle mit gezücktem Mikrofon oder Tonbandgerät.

»*Mister Colê-rô! Mister Colê-rô!*«

Colê-rô, so sprechen die Ungarn den Nachnamen des brasilianischen Autors Paulo Coelho aus, des Mannes in Schwarz, der gerade in Budapest als Ehrengast der Internationalen Buchmesse angekommen ist. Eingeladen hat ihn Russland, das Gastland der diesjährigen Messe (und nicht etwa Brasilien, das nicht einmal einen Stand hat), aus dem einfachen Grund, weil er zu dem Zeitpunkt der am meisten gelesene Autor des Landes ist, das mit seinen 143 Millionen Einwohnern zu den bevölkerungsreichsten Ländern der Erde zählt. Mit den Reportern kommen noch ein paar Leute mit Exemplaren seines letzten, auf der ersten Seite aufgeschlagenen Erfolgsromans *Der Zahir*. Sie stolpern über das Kabelgewirr auf dem Boden, versuchen sich zwischen den verärgerten Journalisten durchzuschlängeln, um ein Autogramm zu ergattern. Das bläuliche Scheinwerferlicht vermischt sich mit einem Blitzlichtgewitter, welches den kahlen Kopf des Schriftstellers in ein Stroboskoplicht wie in einer Diskothek taucht. Trotz des Tumults und der Drängelei um ihn herum behält er sein engelsgleiches Lächeln, und selbst als er von überall her mit Fragen auf Englisch, Französisch und Ungarisch bestürmt wird, macht er den Eindruck, als würde er etwas Unvergleichliches genießen: weltweiten Ruhm. Er wirkt wie ein Fisch im Wasser. Mit blitzenden Augen und dem ehrlichsten Lächeln, das ein Mensch lächeln kann, wird Mister Colê-rô zu Paulo Coelho, dem Superstar, dem Autor von 100 Millionen verkauften Büchern, dem Mitglied der Academia Brasileira de Letras, der von seinen Lesern in

66 Sprachen und Dialekten in mehr als 160 Ländern normalerweise wie ein Popstar empfangen wird. Er erzählt den Journalisten, dass er vor mehr als zwei Jahrzehnten schon einmal in Ungarn gewesen ist. »Ich fürchte, dass Budapest in fünfzehn Jahren durch den kapitalistischen Tourismus mehr Schäden zugefügt wurden als in einem halben Jahrhundert durch die Sowjets«, sagt er provokant.

Am selben Tag hatte der Schriftsteller schon einmal die Gelegenheit gehabt, seine Berühmtheit zu genießen. Während er auf dem Flughafen von Lyon auf das Flugzeug wartete, war ein Brasilianer mit weißem Bart auf ihn zugekommen und hatte sich als sein Leser und Bewunderer zu erkennen gegeben. Als sie aufgerufen wurden, in den Bus zum Flugzeug zu steigen, und der brasilianische Fan seine Boarding-Card zeigen sollte, konnte der Weißbärtige sie zwischen seinen vielen Faltblättern und Stadtplänen nicht finden. Um zu verhindern, dass die anderen Passagiere ungeduldig wurden, nahm ihn ein Angestellter der Air France zur Seite und suchte mit ihm nach dem Abschnitt, während die Schlange weiterging. Höflich hatte sich Paulo neben seinen Landsmann gestellt, wurde aber weggeschickt:

»Sie brauchen nicht zu bleiben, vielen Dank. Ich finde die Boarding-Card gleich.«

Als alle Passagiere im Bus saßen, drohte der Kontrolleur der Bordkarten, das Gate zu schließen:

»Pardon, aber ohne Ticket können Sie nicht an Bord.«

Der Brasilianer, dem schwante, dass gerade seine Ferienreise ins Wasser fiel, gab nicht auf.

»Monsieur, ich habe das Ticket, da bin ich mir sicher. Vor wenigen Minuten habe ich's noch dem Schriftsteller Paulo

Coelho gezeigt, der mit mir zusammen gewartet hat, weil wir sehen wollten, ob wir im Flugzeug zufällig nebeneinandersitzen.«

Der Franzose riss die Augen auf:

»Paulo Coelho? Der Mann mit dem rasierten Kopf und der Légion d'honneur am Mantelaufschlag ist Paulo Coelho?«

Und schon rannte der Angestellte zum Bus mit den ungeduldig wartenden Passagieren.

»Monsieur Paulô Coelô!«

Es genügte, dass Coelho bestätigte, dass er das Ticket gesehen hatte, und schon wurde der Angestellte die Freundlichkeit selbst und komplimentierte den Nachzügler in den Bus.

Am Flughafen von Budapest ist es inzwischen dunkel geworden, und ein hoch aufgeschossener junger Mann bereitet der Flut von Fragen energisch ein Ende. Unter dem Protest von Journalisten und Fans komplimentiert er Coelho in den Fond eines riesigen Mercedes Benz, der ein wenig an die Limousinen erinnert, in denen sich die Apparatschiks des einstigen kommunistischen Regimes herumchauffieren ließen. Mit im Wagen sitzen auch seine Begleiter für die nächsten drei Tage, die der ungarische Verlag Athenäum für seinen Autor organisiert hat: der Fahrer und Bodyguard, Pál Szabados, ein Hüne mit Bürstenhaarschnitt, und Gergely Huszti, der blasse Begleiter, der ihn aus den Fängen der Reporter befreit hatte.

Als der Wagen anfährt und noch ehe sich Gergely vorstellen kann, bittet Paulo um einen Augenblick Stille und richtet wie im Flugzeug den Blick fest ins Unendliche. Er hält Zeige- und Ringfinger hoch, braucht nur ein paar Sekunden, um ein stummes Gebet zu sprechen. Dieses Ritual führt er mindestens dreimal am Tag durch – nach dem Aufwachen, um sechs Uhr abends und um Mitternacht – und immer, wenn er in einem Flugzeug startet oder landet oder bevor er in einem Auto losfährt (ganz egal, ob es sich um eine kurze Taxifahrt oder um eine längere Reise handelt). Auf dem Weg zum Hotel liest Gergely dem Schriftsteller die Tagespläne für seinen Aufenthalt in Ungarn vor: Signierstunde auf der Buchmesse, anschließend ein Interviewtermin, gefolgt von einem Besuch der Budapester Metro in Begleitung von Bürgermeister Gábor Demszky, fünf Einzelinterviews, ein Gruppeninterview, ein Fototermin mit Miss Peru (einer Leserin von ihm, die sich während der Wahl der Miss Universum gerade in Ungarn aufhält), zwei Abendessen, eine Show in einem Club unter freiem Himmel ... Paulo unterbricht Gergely auf Englisch: »Das reicht erst einmal. Streichen Sie bitte den Besuch in der Metro, die Show und Miss Peru. Das war alles nicht vereinbart.«

Gergely lässt sich nicht beirren. »Wir sollten zumindest den Besuch in der Metro beibehalten, es ist die drittälteste der Welt ... Und die Frau des Bürgermeisters ist ein Fan von Ihnen, sie hat alle Ihre Bücher gelesen.«

»Kommt nicht in Frage. Ich kann ihr ein Buch mit einer persönlichen Widmung schicken, aber ich werde nicht mit der Metro fahren.«

Nachdem Metro, Show und Miss gestrichen sind (die Miss erscheint später am Abend bei der Signierstunde), akzeptiert der Autor das Programm. Er wirkt nicht müde, obwohl er in der vergangenen Woche einen wahren Marathon an Interviews absolviert hat: mit der chilenischen Zeitung *El Mercurio,* der französischen Zeitschrift *Paris Match,* der niederländischen Tageszeitung *De Telegraaf,* der Zeitschrift des Hauses Cartier, der polnischen Zeitung *Fakt* und der norwegischen Frauenzeitschrift *Kvinner og Klær* und außerdem noch – auf spezielle Bitte eines befreundeten Beraters der saudischen Königsfamilie – mit Nigel Dudley und Sarah MacInnes, den Herausgebern der britischen Wirtschaftszeitschrift *Think*.

Nach einer halbstündigen Fahrt hält der Mercedes vor dem Hotel Gellert, einem eindrucksvollen, hundertjährigen Viersternehotel, das die ältesten Thermen Mitteleuropas beherbergt. Bevor er das Anmeldeformular unterzeichnet, umarmt Paulo eine schöne hellhäutige, schwarzhaarige Frau, die gerade aus Barcelona angereist ist und ihn mit einem pummeligen blauäugigen kleinen Jungen in der Hotellobby erwartet hat. Es ist die Brasilianerin Mônica Antunes, 36 Jahre, und das Kind ist ihr Sohn aus der Ehe mit dem norwegischen Verleger Øyvind Hagen. Die beiden hatten sich 1993 auf der Frankfurter Buchmesse kennengelernt, als sie mit ihm über den Verkauf der Rechte am *Alchimisten* nach Norwegen verhandelte. Mônica Antunes jedoch nur als Literaturagentin Paulo Coelhos zu sehen, wie es viele tun, hieße den Löwenanteil der Arbeit verkennen, die Mônica seit Ende der 80er Jahre leistet. Hinter dem schönen Gesicht, der sanften Stimme und dem schüchternen Lächeln verbirgt sich, wie im Literaturbetrieb hinter vorgehaltener Hand verbreitet wird, ein gnadenloser Zerberus. Sie ist wegen der Härte berühmt und gefürchtet, mit der sie jeden behandelt, der den Interessen ihres Autors in die Quere kommt. Viele Verleger nennen sie boshaft und – selbstverständlich immer hinter ihrem Rücken – in Anspielung auf die Stadt, in der sie lebt und von wo aus sie das gesamte Berufsleben des einzigen von ihr vertretenen Autors kontrolliert, »die Hexe von Barcelona«. Mônica ist die Schaltstelle zwischen dem Autor und seinen Verlagen in aller Welt. Alles, was direkt oder indirekt seine literarische Produktion betrifft, geht zwangsläufig durch den siebten Stock des modernen Bürogebäudes, in dem Mônicas Literaturagentur untergebracht ist, die nach Sant Jordi (katalanisch für heiliger Georg), dem Schutzpatron der Bücher, benannt wurde. Jeder Verleger, der versucht, sich unter Umgehung der Agentur direkt an Paulo Coelho zu wenden, wird auf Mônicas schwarze Liste gesetzt – deren Existenz sie allerdings vehement bestreitet. Wichtige europäische und lateinamerikanische Verleger bezeugen aber, dass die Strafe zwar manchmal auf sich warten lässt, aber nie ausbleibt.

Während das peruanische Kindermädchen den Jungen aus dem Hotel begleitet, setzt sich Mônica mit dem Autor an einen Tisch in einer Ecke und öffnet die Mappe mit Tabellen, die die Computer der Sant Jordi-Agentur ausgeworfen haben. Es gibt ausschließlich gute Nachrichten: Innerhalb von drei Wochen wurde *Der Zahir* in Ungarn 106 000 Mal verkauft. In Italien erreichten die Verkaufszahlen 420 000. Auf den italienischen Bestsellerlisten hat das Buch sogar *Erinnerung und Identität, Gespräche an der Schwelle zwischen den Jahrtausenden* des kurz zuvor verstorbenen Papstes Johannes Paul II. überholt. Der Autor wirkt trotzdem nicht zufrieden:

»Aber das sind absolute Zahlen, Mônica. Ich möchte wissen wie sich *Der Zahir* im Vergleich zum vorangegangenen Buch innerhalb des gleichen Zeitraums macht.«

Die Antwort kommt sofort in Form einer anderen Grafik, die Mônica mit triumphierendem Lächeln vorliest – ihr Portugiesisch hat nach fast zwanzig Jahren in Spanien eine leichte katalanische Färbung angenommen:

»Im gleichen Zeitraum wurden von *Elf Minuten* 328 000

Exemplare verkauft. Oder, anders gesagt, von *Der Zahir* wurde 30% mehr verkauft. Bist du jetzt zufrieden?«

»Ja, natürlich. Und was ist mit Deutschland. Wie läuft der Roman dort?«

»*Der Zahir* steht an zweiter Stelle auf der Spiegel-Bestsellerliste, davor steht nur noch *Sakrileg* von Dan Brown.«

Außer den Verkaufszahlen aus Ungarn, Italien und Deutschland möchte der Autor auch etwas über den Verkauf in Russland wissen und ob Arash Hejazi, der iranische Verleger, die Probleme mit der Zensur hat beilegen können und wie es mit den Raubdrucken in Ägypten steht. Den Berechnungen Mônicas zufolge bricht der Autor in allen Ländern, in denen das Buch erscheint, seine eigenen Rekorde. In Frankreich steht *Der Zahir* eine Woche nach Erscheinen überall auf Platz eins, sogar in *L'Express*, der wichtigsten Bestsellerliste; in Russland wurden mehr als 530 000 Exemplare verkauft; in Portugal 130 000 (dort hatte *Elf Minuten* nur sechs Monate nach Veröffentlichung eine Verkaufsziffer von 80 000 erreicht). In Brasilien war *Der Zahir* in weniger als einem Monat 160 000 Mal verkauft worden (60% mehr als *Elf Minuten* im gleichen Zeitraum). Und während Paulo seine Tournee durch Ungarn macht, werden eine halbe Million spanischsprachige Exemplare des *Zahir* vom Süden der Vereinigten Staaten bis nach Patagonien über die Ladentische wandern. Dann hat Mônica noch eine überraschende Nachricht: Am Vortag hat eine Gruppe Bewaffneter in einem Vorort von Buenos Aires einen Lastwagen überfallen, der unter anderem 2000 Exemplare des *Zahir* von der Druckerei zu den Buchhandlungen transportieren sollte, was einen Literaturkritiker des spanischen *Diario de Navarra* zwei Tage später trotz der ohnehin guten Verkaufszahlen dazu bringt zu behaupten, der Überfall sei ein Publicity-Coup des Autors gewesen, um noch mehr Bücher zu verkaufen.

Alle zwei Jahre, das heißt jedes Mal, wenn ein neues Buch von Paulo Coelho erscheint, ist es die gleiche Anspannung, der gleiche Stress. Und alle zwei Jahre verhält sich einer der meistgelesenen Autoren der Welt so unsicher wie einer, der sein erstes Buch herausbringt.

Als er sein erstes Buch, *Auf dem Jakobsweg*, veröffentlichte, hat er gemeinsam mit seiner Frau, der Malerin Christina Oiticica, vor den Theatern und Kinos von Rio de Janeiro Werbeflugblätter verteilt und anschließend sämtliche Buchhandlungen im Süden der Stadt abgeklappert, um zu erfahren, wie viele Exemplare verkauft worden waren. Heute, zwanzig Jahre später, mögen sich die Werbe- und Marketingstrategien geändert haben, aber der Autor ist immer noch derselbe: Wo immer er sich befindet – ob in Feuerland oder Grönland, in Alaska oder Australien –, kontrolliert er per Handy oder Notebook Marketing, Presseecho und die Platzierung seiner Bücher auf den Bestsellerlisten.

Im Hotel Gellert hat Coelho noch immer nicht den Meldezettel ausgefüllt und ist auch noch nicht auf seinem Zimmer gewesen, als Lea eintrifft, eine sympathische Frau um die fünfzig und eifrige Leserin des Autors. Als sie aus der Zeitung erfuhr, dass Coelho in Budapest sein würde, setzte sie sich kurz entschlossen in Genf in den Zug und fuhr über tausend Kilometer quer durch die Schweiz, Österreich und halb Ungarn, um ein paar Stunden an der Seite ihres Idols in Budapest zu verbringen.

Es ist fast acht Uhr abends, als Paulo endlich seine Hotelsuite betritt. Sie wirkt wie ein Palast, und das Gepäck des Gastes wirkt dagegen umso spartanischer. Es ist das gleiche, das ihn auf allen Reisen durch die Welt begleitet: vier schwarze T-Shirts, vier farbige Seidenboxershorts, fünf Paar Strümpfe, eine schwarze Levi's, eine Bermudashorts und eine Stange Galaxy (sein Büro in Rio oder brasilianische Freunde, die ihn besuchen, sorgen für Nachschub). Für feierliche Anlässe kommt noch das Jackett hinzu, das er auf der Reise getragen hat, dazu ein Hemd, eine Krawatte und ein Paar »Gesellschaftsschuhe«: schwarze Cowboystiefel. Anders, als man auf den ersten Blick annehmen könnte, hat die Auswahl der Kleidung nichts mit Aberglauben, Mystik oder etwas Spirituellem zu tun. Als jemand, der zwei Drittel des Jahres unterwegs ist, weiß der Autor, dass schwarze Stoffe den Hotelwäschereien am besten widerstehen, auch wenn er auf Reisen seine Wäsche meist selber wäscht. In einer Ecke des Koffers steckt ein kleines Necessaire mit Zahnpasta, einem Handrasierer, Zahnseide, Deodorant, Kölnisch Wasser, Rasierschaum und einer Tube Psorex, eine Salbe, die er benutzt, wenn die Psoriasis, eine chronische Hautkrankheit, ihm nervenaufreibendes Jucken und Abschuppen zwischen den Fingern und in der Armbeuge verursacht. In einer andern Ecke des Koffers steckt, von Strümpfen und Unterhosen geschützt, ein kleines Bildnis von Nhá Chica, der Seligen aus Minas Gerais, und ein Fläschchen mit Weihwasser aus Lourdes.

Eine halbe Stunde später erscheint er wieder in der Hotelhalle, nach Lavendel duftend, frisch rasiert und ausgeruht, als wäre er gerade aufgestanden. (Da er das Jackett nur über die Schultern geworfen hat, sieht man den auf die Innenseite seines linken Unterarms tätowierten kleinen blauen Schmetterling mit den ausgebreiteten Flügeln.) Der letzte Termin an diesem Abend ist ein Abendessen in der Villa eines Bildhauers oberhalb von Buda, am rechten Donauufer, von wo aus Paulo einen einzigartigen Blick auf die jetzt unter feinem Nieselregen liegende tausendjährige Hauptstadt genießen wird. Dort, in den von Kerzen erleuchteten Räumen, erwarten ihn etwa fünfzig Gäste, Künstler, Schriftsteller und Diplomaten, zumeist jung, um die dreißig. Und wie immer viele Frauen. Alle Gäste sitzen auf den Sofas oder auf dem Boden, unterhalten sich – oder versuchen es zumindest – über die Hardrockmusik hinweg, die aus den Lautsprecherboxen dröhnt. Sofort wird der Autor umringt, und alle hängen an seinen Lippen. Die kleine Zuhörerschaft bemerkt sofort zwei seiner eigenartigen Angewohnheiten: In kurzen Abständen fährt Paulo schnell mit der rechten Hand über die Augen, als gelte es, eine unsichtbare Fliege zu verscheuchen. Ein paar Minuten später wiederholt sich der Tick, jetzt aber, als summe die unsichtbare Fliege nun in seinem rechten Ohr. Während des Abendessens bedankt sich Paulo in fließendem Englisch für die Einladung und lobt die ungarische Kochkunst, die es fertigbringt, ein einfaches Gericht aus geschmortem Fleisch in ein unvergessliches Festessen zu verwandeln: Gulasch. Um zwei Uhr morgens, nach dem Kaffee und mehreren Runden Tokajer verabschieden sich alle.

Am nächsten Morgen um Viertel vor zehn sitzen bereits die ersten zum Gruppeninterview eingeladenen Journalisten auf den dreißig Stühlen des kleinen Konferenzsaals des Hotels. Alle, die nachher kommen, werden stehen müssen. Der Gegenstand des Interesses der Reporter ist um halb neun aufgewacht. Würde es nicht regnen, hätte er schon seinen einstündigen Spaziergang in der Umgebung des Hotels hinter sich.

Da er sich ungern Essen aufs Zimmer kommen lässt (»Nur ein Kranker frühstückt im Bett«, sagt er immer), ist er zum Frühstück in den Speisesaal gegangen und hat anschließend oben in seinem Zimmer ein Bad genommen. Jetzt liest er Zeitung und surft im Internet. Für gewöhnlich liest er eine Zeitung aus Rio de Janeiro und eine aus São Paulo, außerdem die *International Herald Tribune*. Der Rest wird ihn später in Form von Zeitungsausschnitten erreichen, die nur die den Autor und seine Bücher betreffenden Nachrichten herausfiltern.

Um Punkt zehn betritt er den von Scheinwerfern erleuchteten und von Journalisten überquellenden Konferenzsaal und setzt sich an ein kleines Tischchen, auf dem eine Flasche Mineralwasser, ein Glas, ein Aschenbecher und ein Strauß roter Rosen stehen. Gergely nimmt das Mikrofon, erklärt, weshalb der Schriftsteller Ungarn besucht, und weist auf die Anwesenheit der in der ersten Reihe sitzenden Agentin Mônica Antunes hin. Sie trägt ein elegantes marineblaues Kostüm, erhebt sich verlegen und bedankt sich für den Applaus.

Paulo spricht vierzig Minuten lang auf Englisch, Gergely dolmetscht. Coelho erinnert sich an seine Reise nach Budapest im Jahre 1982, erzählt aus seinem Leben und von seiner Laufbahn als Schriftsteller. Berichtet beispielsweise davon, dass seit dem Erfolg seines Erstlings, *Auf dem Jakobsweg,* die Zahl der Pilger nach Santiago de Compostela von 400 im Jahr auf 400 pro Tag angewachsen ist und die Regierung von Galicien als Anerkennung dafür eine der Hauptstraßen der Stadt in »Rua Paulo Coelho« umbenannt hat. Die anschließende Fragestunde beweist, dass die anwesenden Journalisten Coelhos Werk nicht nur gut kennen, sondern auch ehrlich bewundern. Mehrere beziehen sich dabei auf ein bestimmtes Buch als auf ihr »Lieblingsbuch«. Keine einzige indiskrete Frage, kein einziges Ärgernis, es herrscht eine fast brüderliche Atmosphäre, als wäre das hier nicht ein Gruppeninterview, sondern ein Treffen des Budapester Paulo-Coelho-Fanclubs. Als Gergely das Interview für beendet erklärt, klatschen die Reporter Beifall. Vor Coelhos Tischchen stehen die ungarischen Journalisten Schlange wie für eine improvisierte exklusive Autogrammstunde, und es stellt sich heraus, dass fast alle mehrere Bücher von ihm dabeihaben.

Statt eines regulären Mittagessens nimmt der Autor nur einen kleinen Imbiss im Restaurant des Hotels ein: Toast mit Paté, Orangensaft, Espresso. Coelho nutzt die freie halbe Stunde, um einen Blick in die internationale Presse – *Le Monde* und *El País* – zu werfen. Er ist ein gieriger Konsument von internationalen politischen Nachrichten und gut über die Kriege und Krisen informiert, die die Schlagzeilen beherrschen. Immer wieder erlebt man, wie er über so unterschiedliche Themen wie das Wiederaufflackern der Krise im Libanon oder die Verstaatlichung der Öl- und Gasförderung in Bolivien redet (immer von Gleich zu Gleich, nie professoral oder versnobt). Er sprach sich öffentlich für einen Austausch der Geiseln der FARQ gegen politische Gefangene der kolumbianischen Regierung aus. 2003 sorgte er mit seinem Protestbrief »Danke, Mister President« (der von mehr als 400 Millionen Menschen gelesen wurde) für Aufsehen.

Nach der Zeitungslektüre ist wieder Arbeit angesagt. Jetzt ist Marsi Anikó an der Reihe, die Moderatorin des Programms *Fókusz 2* von RTL Club, der meistgesehenen Sendung des Sonntagabendprogramms in Ungarn. Nach dem Interview gelangt der jeweilige *Fókusz 2*-Interviewpartner der Woche in den Genuss eines von Marsi Anikó eigenhändig zubereiteten ungarischen Gerichts. Das Interview findet in einem kleinen Saal des Hotels statt und verläuft ohne Zwischenfälle – einmal abgesehen von der leichten Röte, die der Moderatorin ins Gesicht steigt, als der gutgelaunte Autor plötzlich anfängt, von Sex und Penetration zu sprechen. Am Ende bekommt Coelho zwei Küsse auf die Wange, ein Tablett mit *almásrétes* (der traditionellen mit Mohnblättern gefüllten Torte, die Marsi schwört, eigenhändig gebacken zu haben) und eine Flasche *pálinka*, den höllisch starken einheimischen Schnaps. In wenigen Minuten wird das Set von *Fókusz 2* abgebaut, um dem fröhlicheren, bunteren für das Interview mit András Simon vom ungarischen MTV Platz zu machen. Als eine Stunde später auch dieses Gespräch im Kasten ist, bekommt Coelho statt eines Geschenks einen Stapel mit sieben Büchern zum Signieren.

Dann folgen – mit kleinen Pausen, die gerade reichen, damit der Autor eine Galaxy rauchen und einen Espresso trinken kann – die Einzelinterviews bis zum Ende des Nachmittags. Es ist schon dunkel, als der letzte Reporter das Hotel verlässt. Trotz leichter Augenringe behauptet Paulo, überhaupt nicht müde zu sein:

»Ganz im Gegenteil. In so kurzer Zeit über so viele unterschiedliche Dinge zu sprechen lässt den Adrenalinspiegel ansteigen. Ich komme gerade erst in Fahrt...«

Ob ihn nun Professionalität, Eitelkeit oder irgendein anderer Brennstoff antreibt – sicher ist, dass der bald sechzigjährige Schriftsteller beneidenswert fit ist. Eine Dusche und ein Espresso reichen, und schon erscheint er um halb neun Uhr abends händereibend am Hoteleingang, wo Mônica, die

Schweizerin Lea, die sich offenbar der Gruppe angeschlossen hat, der stumme Bodyguard Szabados und Gergely auf ihn warten. Von Juana, seinem Kindermädchen, bewacht, schläft Mônicas kleiner Junge tief und fest im Hotelzimmer seiner Mutter. Noch ein Termin, dann ist das Tagesprogramm beendet: ein Abendessen mit Schriftstellern, Verlegern und Journalisten im Haus von Tamás Kolosi, dem Besitzer des Athenäum-Verlags, der das Messegastland Russland davon überzeugt hat, Coelho als Ehrengast einzuladen. Als Gergely den Autor fragt, ob er von der Aufregung des Tages nicht müde sei, erntet er ein verschmitztes Lächeln: »Aber nein! Das war heute doch nur der Aperitif, die eigentliche Arbeit beginnt morgen!«

Auf der Rückfahrt ins Hotel nutzt Mônica die zehn Minuten im Wagen mit Paulo dazu, den Plan für den nächsten Tag durchzugehen, den sie vorher mit Gergely abgesprochen hat.

»Die Eröffnung der Buchmesse ist um 14 Uhr. Da du am Vormittag Interviews im Hotel hast, habe ich in einem Restaurant auf dem Weg zum Messegelände reserviert, wo wir Sandwiches und einen Salat essen können.«

Paulo ist mit seinen Gedanken ganz woanders.

»Ich mache mir Sorgen wegen der Geschichte mit dem Verlag in Israel, dem der Titel des *Zahir* nicht gefallen hat und der ihn ändern will. Ruf sie bitte morgen an und sag ihnen, dass ich gegen die Titeländerung bin. Entweder lassen sie den Titel so, wie er ist, oder sie dürfen das Buch nicht herausbringen. Es reicht schon, dass sie den Namen des Hirten Santiago aus *Der Alchimist* mit Jakobi übersetzt haben.«

Er war immer schon ein Dickkopf, auch bevor er ein Star war. Mônica erinnert sich, wie Paulo sein Veto einlegte, als sein amerikanischer Verleger den *Alchimisten* unter dem Titel

»*Der Hirte und sein Traum*« herausbringen wollte. Paulo hört lächelnd zu:

»Ich war niemand, und sie waren HarperCollins. Aber ich habe gleich deutlich gemacht, ›bis hierhin und nicht weiter‹, und mir dadurch ihren Respekt erworben.«

Das Gespräch endet am Hoteleingang. Am nächsten Morgen animiert eine fahle Sonne den Schriftsteller zu seinem einstündigen Spaziergang am Ufer der Donau. Ein Bad, ein kurzer Blick ins Internet, ein kleines Frühstück, zwei Interviews, und er ist bereit für die zweite Schicht des Tages, die feierliche Eröffnung der Buchmesse. Auf dem Weg machen sie in dem von Mônica reservierten Imbisslokal halt, aus dem offenbar die Kunden von der lauten Musik verschreckt worden waren, die aus einer uralten Jukebox dröhnt. Paulo stellt sie leiser, wirft 200 Florint ein und wählt einen romantischen Hit aus den 50ern, ›Love me tender‹, gesungen von Elvis Presley. Paulo kehrt lächelnd zum Tisch zurück, er ahmt die melodiöse Stimme des Rockstars nach.

»*Love me tender, love me true*... Ich liebe die Beatles, aber dieser Typ ist unsterblich, er wird immer bleiben...«

Gergely möchte wissen, warum er so fröhlich ist, und Paulo breitet die Arme aus: »Heute ist der Tag des heiligen Georg, des Schutzpatrons der Buchhändler, Buchdrucker und Schriftsteller. Es wird alles gut laufen!«

Die internationale Buchmesse in Budapest im Kongresszentrum, mitten in einem noch schneebedeckten Park, zieht jedes Jahr Hunderttausende Besucher an. Paulo, der an einem Privateingang von drei korpulenten Bodyguards in Empfang genommen und in einen kleinen VIP-Raum geführt wird, beschwert sich, als er hört, dass fast fünfhundert Menschen am

Stand des Verlages Schlange stehen, um sich ein Buch signieren zu lassen.

»So war das nicht vereinbart. Es wurde abgemacht, dass nur hundertfünfzig ›Tickets‹ verteilt würden.«

Die Geschäftsführerin des Verlages erklärt, es sei unmöglich gewesen, die Leser und Fans zu vertreiben.

»Es tut mir leid, aber als die Tickets alle verteilt waren, weigerten sich die anderen zu gehen und sind ins Auditorium hinüber, wo Sie gleich sprechen werden. Das Problem ist nur, dass dort dreihundertfünfzig Menschen hineinpassen und schon achthundert drin sind. Wir mussten in aller Eile Leinwände aufstellen, damit Ihre Rede in andere Säle übertragen werden kann.«

Mônica verlässt diskret den Raum, geht zum Athenäum-Stand und kommt nach fünf Minuten zurück. Sie wirkt besorgt.

»Es sieht schlecht aus, es wird einen Tumult geben.«

Die Sicherheitskräfte wiegeln ab, versuchen sie zu beruhigen. Sie legen ihr nur nahe, dass ihr kleiner Sohn und sein Kindermädchen bis zum Ende der Veranstaltung im VIP-Raum bleiben sollten. Die Nachricht, dass die Buchmesse von Fans und Lesern nur so überquillt, vertreibt Paulos schlechte Laune. Lächelnd steht er auf, klatscht in die Hände und beschließt:

»Es sind zu viele Leute da? Umso besser! Gehen wir zu den Lesern. Aber vorher geben Sie mir bitte noch fünf Minuten.«

Er tut so, als müsse er auf die Toilette, aber im Bad angekommen, bleibt er vor einer Wand stehen und wiederholt abermals, den Blick ins Unendliche gerichtet, das stille Gebet, an dessen Ende er Gott bittet, dass an diesem Nachmittag alles gutgehen möge:

»Nun liegt alles bei dir.«

Gott scheint ihn erhört zu haben. Im Schutz von drei Bodyguards – und von Szabados, der der Anordnung, Paulo Coelho nicht von der Seite zu weichen, voll und ganz nachkommt, gelangt Paulo im Scheinwerferlicht der Fernsehteams und im Blitzlicht der Fotografen in den Béla-Bartók-Saal. Alle Plätze sind belegt, und es passt niemand mehr in die Gänge oder auf die Ränge. Das Publikum besteht zu gleichen Teilen aus Männern und Frauen, die meisten sind jung. Nachdem ihn die Bodyguards auf die Bühne geleitet haben, bedankt sich Paulo mit vor der Brust gekreuzten Händen für den Applaus. Das starke Scheinwerferlicht und die vielen Menschen machen die Hitze im Raum unerträglich. Der Autor spricht eine halbe Stunde lang auf Französisch – über sein Leben und wie er dafür gekämpft hat, Schriftsteller zu werden, wie sein Traum wahr geworden ist, über das, was er glaubt... – eine junge Frau dolmetscht. Anschließend wird eine begrenzte Anzahl von Personen ausgewählt, die Fragen stellen dürfen, die der Autor eine nach der anderen beantwortet. Als er sich erhebt, um sich für den herzlichen Empfang zu bedanken, fangen die Leute im Saal an, Bücher schwenkend »Ne! Ne! Ne!« zu rufen, wollen ihn nicht gegen lassen, ohne dass er ihre Bücher signiert.

»Ne« heißt nein, versucht die Dolmetscherin ihm durch das Geschrei hindurch verständlich zu machen. Das Problem ist nur, dass auch die Sicherheitskräfte ne sagen – mit so einer Menschenmenge kann man keine Signierstunde organisieren. Paulo tut so, als würde er die Sicherheitskräfte nicht verstehen, zieht einen Stift aus der Tasche und tritt lächelnd ans Mikrofon:

»Wenn Sie bereit sind, sich in eine Reihe zu stellen, werde ich ein paar Bücher signieren können!«

Es klappt nicht. Sofort stürzen Leute übereinander, steigen auf die Bühne und umringen den Autor. Die Gefahr eines Tumults lässt die Spannung ansteigen, und die Sicherheitskräfte beschließen einzugreifen, ohne auf weitere Anordnungen zu warten. Sie packen den Autor an den Schultern, heben ihn hoch und tragen ihn zu einer Tür hinter einem Vorhang und von dort in ein leeres Zimmer. Er bricht in lautes Lachen aus.

»Sie hätten mich dort lassen können! Ich habe keine Angst vor meinen Lesern. Vor Tumulten allerdings schon. 1998 hat in Zagreb ein Typ versucht, die Schlange zu durchbrechen, indem er auf eine Pistole zeigte, die er im Gürtel trug, das war wirklich gefährlich! Meine üblichen Leser würden mir niemals etwas antun.«

Vier Bodyguards nehmen den Autor in die Mitte und lotsen ihn unter den neugierigen Blicken der Umstehenden durch die Flure des Kongresszentrums zum Athenäum-Stand, wo ihn stapelweise Exemplare des *Zahir* und noch ein Pulk von Fans erwarten, die sich nicht zu einer Schlange formiert haben, sondern als ungeordneter Haufen in den Verlagsstand drängen. Die 150 Glücklichen, die ein »Ticket« haben, wedeln damit in der Luft herum, umringt von Leuten, die als einzigen Ausweis für ein Autogramm das Wichtigste mit sich tragen: Bücher von Paulo Coelho. Er ist solche Situationen gewöhnt und übernimmt sofort das Kommando. Er spricht Französisch mit der Dolmetscherin, hebt die Arme und ruft in die Menge – inzwischen sind es wie viele? Tausendfünfhundert, zweitausend Menschen, die darauf hoffen, ein Autogramm zu ergattern, oder auch nur ihr Idol sehen möchten oder einfach nur vom Tumult angelockt worden sind. Mit Mühe verschafft sich Coelho Gehör.

»Ich danke Ihnen, dass Sie alle gekommen sind. Ich weiß, dass viele von Ihnen schon seit Stunden hier sind, und habe darum den Verlag gebeten, Wasser an alle auszugeben. Wir werden jetzt zwei Schlangen bilden: eine mit denen, die ein Ticket haben, eine zweite für all diejenigen, die keins haben. Ich will versuchen, allen gerecht zu werden. Vielen Dank!«

Was jetzt kommt, ist Schwerstarbeit. Während die Kellner mit Tabletts voller eisgekühlter Mineralwasserflaschen durch den Raum gehen, versucht der Autor, Ordnung ins Gedränge zu bringen: Er signiert dreißig Bücher von Lesern mit Ticket, dann dreißig von solchen ohne. Nach fünfzig bis sechzig Minuten macht er eine kleine Pause, um auf die Toilette zu gehen und anschließend zu einem kleinen Unterstand außerhalb der Halle, dem einzigen Ort im ganzen Kongresszentrum, an dem geraucht werden darf. Beim dritten Besuch an diesem Ort, den er *bad boy's corner* nennt, trifft er auf einen Nichtraucher, der, ein Buch in der Hand, auf ein Autogramm wartet. Es ist Jacques Gil, ein zwanzigjähriger Brasilianer, der nach Ungarn gezogen ist, um dort beim Újpest, dem ältesten Fußballclub des Landes, zu spielen. Paulo signiert das Buch, macht vier fünf Züge, und dann ist auch diese Zigarettenpause um. Eilig kehrt er an den Stand zurück, vor dem geduldig die Menge steht.

In den Oberlichtern ist zu erkennen, dass es dunkel geworden ist, als die letzten Leser sich dem Tischchen nähern. Nach dem offiziellen Teil ist nun eine kleine Auszeit angesagt. Zu der ursprünglichen Gruppe ist inzwischen noch ein halbes Dutzend junger Ungarn gestoßen, die einfach nicht weggehen wollen. Man vereinbart, sich nach dem Abendessen in Coelhos Hotel zu treffen und von dort ins Mammut zu gehen, eine Karaoke-Bar in einem beliebten Shoppingcenter. Als die Gruppe dort ankommt, erfahren die jungen Ungarn, dass die Musikanlage kaputt ist und beklagen sich bitter beim Geschäftsführer: »Das ist furchtbar. Ausgerechnet heute, wo wir es geschafft haben, Paulo Coelho zum Singen rumzukriegen ...« Die Erwähnung des Namens des Autors öffnet Tore: Der Geschäftsführer flüstert einem anderen Typ mit rasiertem Kopf etwas ins Ohr, dieser packt einen Helm, der auf dem Tisch liegt, und saust weg. Der Geschäftsführer kehrt lächelnd zur Gruppe zurück:

»Wir werden doch eine Vorstellung von Paulo Coelho nicht wegen einer fehlenden Anlage versäumen. Mein Partner ist schnell mit dem Motorrad losgefahren, um in einem Haus ganz in der Nähe eine Anlage zu holen. Sie können sich hinsetzen.«

Der Motorradfahrer braucht so lange, dass die ersehnte Vorstellung letztlich nur eine ganz kleine Session wird. Paulo singt im Duett mit Andrew, einem amerikanischen Studenten auf Ungarnurlaub, ›My Way‹ von Frank Sinatra, und dann noch solo ›Love me tender‹. Auf Rufe nach einer Zugabe geht er nicht ein. Um Mitternacht ist er zurück im Hotel. Am nächsten Morgen kehrt Mônica mit ihrem Sohn und Juana nach Barcelona zurück, Lea fährt in die Schweiz, und der Schriftsteller setzt sich nach einem einstündigen Spaziergang durchs Stadtzentrum in den Fond des von Szabados gefahrenen Mercedes. Neben ihm steht ein Pappkarton mit seinen Büchern, die er auf der ersten Seite öffnet, signiert und eines nach dem andern an den vorn sitzenden Gergely weitergibt. Er widmet die beiden letzten dem Fahrer und dem Begleiter. Eine Stunde später sitzt er in einer Air-France-Maschine nach Paris. Ein stummes

Gebet. Als die Maschine in der Luft ist, kommt eine hübsche junge Schwarze, deren Haar in Hunderte kleiner Zöpfchen geflochten ist, zu ihm. Sie hält ein portugiesisches Exemplar von *Auf dem Jakobsweg* in der Hand. Es ist Patrícia, die Sekretärin der größten Berühmtheit der Kapverdischen Inseln, der Sängerin Cesária Évora. Sie bittet mit dem typischen Crioulo-Akzent um ein Autogramm:

»Für Cesária, sie sitzt dort hinten. Sie ist Ihr Fan, aber sie ist sehr schüchtern.«

Zwei Stunden später gibt es für Paulo bei seiner Ankunft am Pariser Flughafen Charles-de-Gaulle noch einmal einen kurzen improvisierten Signier- und Fototermin, als er von einer Rasta-Band aus Kap Verde erkannt wird, die auf die Sängerin wartet. Ihr Gelärme zieht Neugierige an, die, als sie den Autor erkennen, auch mit ihm fotografiert werden wollen. Und Paulo, obwohl sichtlich müde, erfüllt lächelnd ihre Wünsche. Am Ausgang erwartet ihn schon Fahrer Georges im silbernen Mercedes, den ihm sein französischer Verlag zur Verfügung gestellt hat. Obwohl im Hotel Bristol, einem der luxuriösesten der französischen Hauptstadt, ein Bett auf ihn wartet, schläft Paulo lieber in seiner eigenen Wohnung im eleganten XVI. Arrondissement. Es handelt sich um ein weitläufiges, 210 Quadratmeter großes Appartement, von dessen Fenstern aus er einen romantischen Blick auf die Seine genießt. Das Problem ist, dorthin zu kommen. Es ist der Jahrestag des Massakers des Türkisch-Osmanischen Reichs an den Armeniern, und eine lautstarke Demonstration belagert die Türkische Botschaft, die unweit vom Haus des Autors liegt.

Dank einiger Übertretungen der Straßenverkehrsordnung wie auf Fußwege hinauf und verkehrt in Einbahnstraßen hineinfahren, gelingt es Georges schließlich, vor dem Gebäude zu halten – einem, das Hunderten, ja Tausenden von Gebäuden ähnelt, die zu Anfang des 20. Jahrhunderts in Paris gebaut worden waren und die sogenannte »bürgerliche Architektur« repräsentieren. Seine Wohnung darin ist Paulo Coelho noch so wenig vertraut, dass er, obwohl er sie vor vier Jahren gekauft hat, noch immer nicht den Türcode auswendig kann. Christina, seine Frau, wartet oben auf ihn, aber sie hat kein Handy – und er erinnert sich auch nicht an seine eigene Festnetznummer. Er muss entweder warten, bis ein Nachbar kommt, oder hinaufrufen, dass sie ihm die Schlüssel runterwirft. Es fällt leichter Nieselregen, und da die »bürgerliche Architektur« keine Markise vorsieht, wird das Warten allmählich ungemütlich. Außerdem ist bei einem sechsstöckigen Gebäude mit nur einer Wohnung pro Stockwerk die Gefahr groß, dass man stundenlang warten muss, bis ein barmherziger Samariter herauskommt oder hineinwill. Es bleibt also nur die Möglichkeit, zu rufen und die Daumen zu drücken, dass Christina noch wach ist. Paulo steht mitten auf der Straße und brüllt:

»Chris?«

Nichts. Er versucht es noch einmal.

»Christina!«

Er schaut peinlich berührt nach rechts und nach links auf die umliegenden Fenster.

»Chris-tiii-naaa!«

Da erscheint sie in Jeans und Wollpullover auf dem kleinen Balkon im dritten Stock und schaut lächelnd zu ihm herunter wie eine Mutter auf ihr ungezogenes Kind und wirft ihrem Mann (der jetzt wirklich müde aussieht) die Schlüssel zu, damit er ins Haus kann. Das Paar schläft nur eine Nacht dort.

Am nächsten Tag sind beide in der Suite 722 des Hotels Bristol untergebracht, die der Verlag Flammarion für sie reserviert hat. Die Wahl des Bristol, eines Luxustempels in der Rue du Faubourg Saint Honoré, kommt nicht von ungefähr: Ebendort zwischen den Louis-xv-Sesseln der Lobby spielt der Anfang des Romans *Der Zahir*. Der Held trifft sich dort mit seiner Frau Esther, einer Journalistin, um in der Cafeteria eine heiße, mit einem Stückchen mit kandierter Orangenschale gesüßter Schokolade zu sich zu nehmen. Als Dank für diese Ehre hat das Bristol beschlossen, das Getränk *Le chocolat chaud de Paulo Coelho* zu nennen, was in goldenen Lettern auf den Schokoladentäfelchen steht, die den Gästen dazu für insgesamt zehn Euro serviert werden. Am Nachmittag wird das Hotel zum Treffpunkt für Journalisten, ausländische Persönlichkeiten und Gäste, die zu dem Abendessen eingeladen sind, bei dem Flammarion die Bombe des Jahres auf dem europäischen Buchmarkt platzen lassen wird: Sie werden Paulo Coelho unter Vertrag nehmen. Seit 1994 war der Autor dem kleinen Verlag Editions Anne Carrière treu geblieben, der Verkaufszahlen erzielt hatte, die sogar den Appetit der größten Verlage wecken konnten: In weniger als zehn Jahren hatte er 8 Millionen Bücher dieses Autors verkauft. Nachdem er zehn Jahre lang immer verführerische Angebote ausgeschlagen hatte, kapitulierte der Autor schließlich angesichts von 1,2 Millionen Euro, die Flammarion ihm für einen Verlagswechsel anbot – einen Betrag, den beide Seite vorziehen, nicht zu bestätigen.

Paulo und Christina erscheinen in der Lobby des Bristol. Christina, 55, gutaussehend, ist etwas kleiner als ihr Mann, mit dem sie seit 1980 verheiratet ist. Sie ist mit diskreter Eleganz gekleidet, hat helle Haut, braune Augen, eine zierliche Nase und auf der Innenseite des linken Unterarms das Tattoo eines kleinen blauen Schmetterlings, das Pendant zu dem ihres Mannes. Christinas glänzendes Haar ist kinnlang, und zu dem schwarzen Kleid trägt sie eine rote Stola. Besonders fallen die zwei geheimnisvollen Ringe auf, die sie an den Fingern trägt (»von einem Kaziken gesegnet«, erklärt sie), ein Geschenk, das ihr Ehemann aus Kasachstan mitgebracht hat. Coelho ist wie immer schwarz gekleidet – Hose, Jackett, Cowboystiefel. Der einzige Unterschied zu seiner Alltagskleidung ist, dass er ein Hemd und eine Krawatte trägt.

Der erste Freund, der auftaucht, logiert ebenfalls im Bristol. Es ist der russische Journalist Dimitri Woskoboynikow, ein großer, gutgelaunter Mann, der die Narben an den kräftigen Schienbeinen zeigt, die ihm 2005 der Tsunami in Indonesien zugefügt hat. Dimitri, der ehemalige Londoner Korrespondent der TASS (der offiziellen Presseagentur der ehemaligen Sowjetunion) und Sohn eines der leitenden Männer des gefürchteten KGB, des sowjetischen Geheimdienstes, ist der Besitzer von Interfax, einer großen Nachrichtenagentur mit Sitz in Moskau, die die Welt von Portugal bis zum äußersten Ende Ostasiens abdeckt.

Die vier setzen sich an eines der Tischchen in der Eingangshalle aus beigem Marmor, und Evgenia, eine üppige, kasachische Blondine, überreicht dem Autor ein besonderes Geschenk: eine Luxusausgabe des *Zahir* in der Sprache ihres Landes. Vier Champagnergläser tauchen auf dem Tischchen auf, dazu Kristallschüsselchen mit geschälten Pistazien. Das Thema wechselt bald zur Gastronomie, und Evgenia erzählt, dass sie in Marrakesch ein »Couscouz à la Paulo Coelho« gegessen hat. Dimitri erinnert daran, dass sie während der Skisaison im schweizerischen Gstaad in einem »Restaurant Paulo Coelho« gegessen haben. Das Gespräch wird von einem weiteren Journalisten unterbrochen, dem Brasilianer Caco Barcellos, dem Leiter des europäischen Büros der Rede Globo de Televisão. Seit kurzem arbeitet er in England und ist eigens nach Paris geschickt worden, um exklusiv über das von Flammarion ausgerichtete Abendessen zu berichten.

Um sieben Uhr kommt Georges mit dem Mercedes, um Paulo Coelho und seine Frau zum Empfang zu fahren. Der Ort, den Flammarion für das 250-Personen-Bankett gewählt hat, lässt keinen Zweifel an der Bedeutung des Festes zu: das Restaurant Le Chalet des Îles, eine riesige Villa, die Napoleon III. zerlegt aus der Schweiz hatte kommen und Stein für Stein auf einer der Inseln im See des Bois de Boulogne, des großen Parks im Westen von Paris, aus Liebe zu seiner Frau, der Spanierin Eugenia de Montijo, wieder hatte zusammensetzen lassen. Die Gäste werden von Sicherheitskräften auf dem Schiff überprüft, das sie zur Île Supérieure bringen wird. Dort werden sie von Bediensteten empfangen, die sie zum Haupteingang des Restaurants geleiten, wo die Direktoren von Flammarion die Gäste begrüßen. Verleger, Literaturkritiker, Künstler, Diplomaten und Persönlichkeiten des europäischen Kulturlebens werden von Paparazzi und Society-Reportern belagert.

Mindestens zwei Botschafter sind zugegen, der brasilianische, Sérgio Amaral, und Kuansysh Sultanow, der Vertreter Kasachstans, des Landes, in dem *Der Zahir* spielt. Unter den Gästen fehlt nur der umstrittene Schriftsteller Frédéric Beigbeder. Beigbeder, der ehemalige Publizist und Literaturkritiker mit dem provozierenden Stil, ist seit 2003 Verleger bei

Flammarion. Das wäre nicht weiter erwähnenswert, hätte er nicht Jahre zuvor als Kritiker des französischen Skandalblatts *Voici* nach der Veröffentlichung des *Handbuchs des Kriegers des Lichts* Paulo Coelho verrissen. Als alle an ihren Plätzen sitzen, geht der Autor von Tisch zu Tisch und begrüßt die Gäste. Bevor die Vorspeisen serviert werden, hören die Anwesenden eine kurze Rede von Frédéric Morel, dem Generaldirektor von Flammarion, der verkündet, dass Paulo Coelho unter Vertrag genommen wurde, was den Verlag, der einige der größten französischen Autoren publiziere, mit Stolz erfülle. Gerührt spricht auch der Schriftsteller ein paar Worte und dankt für die Ehre und die Anwesenheit so vieler Leute. Nach dem Dessert wird mit Champagner angestoßen und getanzt. Um elf Uhr ist die Veranstaltung, wie in Frankreich üblich, schon beendet.

Am nächsten Morgen fliegen der Autor und Christina nach Pau in Südfrankreich. Dort nehmen sie den Wagen, den Paulo Tage zuvor auf dem Parkplatz hatte stehen lassen – einen einfachen geleasten Renault Scénic, dasselbe Modell wie das seiner Frau. Sein sichtbares Desinteresse an Konsumgütern, zu dem eine gewisse Knauserigkeit hinzukommt, hat dazu geführt, dass er, obwohl er sehr reich ist, erst im Jahr 2006 seinen ersten Luxuswagen bekam, und selbst den als Tauschgeschäft. Der deutsche Autohersteller Audi hatte bei ihm einen Text von sechstausend Zeichen bestellt – das entspricht zwei Schreibmaschinenseiten – als Begleittext der jährlichen Bilanz, die die Firma ihren Aktionären schickt. Coelho wurde gefragt, was er für die Arbeit haben wolle, und er hatte gescherzt:

»Ein Auto!«

Er schrieb den Text und schickte ihn per E-Mail. Wenige

Tage später lud ein aus Deutschland gekommener Lastwagen einen glänzenden, schwarzen Combi vor seiner Tür ab, einen niegelnagelneuen Audi Avant. Eine brasilianische Journalistin rechnete, nachdem sie erfahren hatte, dass der Wagen beim Autohändler etwa 100 000 Euro kostet, nach und schrieb dazu, dass der Autor sechzehn Euro pro geschriebenen Buchstaben bekommen hatte. »Das ist sehr gut«, war seine Reaktion, als er den Artikel las, »denn mir wurde gesagt, dass Hemingway fünf Dollar pro Wort bekommen hat.«

Eine halbe Autostunde von Pau entfernt liegt Tarbes, eine Kleinstadt mit knapp 50 000 Einwohnern tief im französischen Baskenland, unweit der spanischen Grenze. Noch vier Kilometer auf einer einsamen Nebenstraße, dann sind Paulo und Christina endlich zu Hause. Saint-Martin ist ein 316-Seelen-Dorf mit ein paar Dutzend Häusern. Es liegt inmitten von Kornfeldern und Weiden, auf denen vereinzelt Holsteiner Kühe grasen. Paulo und Christina entschieden sich 2001 für diesen ungewöhnlichen Wohnort, als sie zu dem sechzehn Kilometer entfernten Lourdes pilgerten. In Lourdes, Ziel für Gläubige aus der ganzen Welt, war kein einziges Hotelzimmer mehr frei, also stiegen Paulo und Christina im Hotel Henri IV in Tarbes ab. Die friedliche Ruhe, die Nähe zum Wallfahrtsort Lourdes und der atemberaubende Blick auf die Pyrenäen bewogen sie zu dem spontanen Entschluss, sich hier niederzulassen und ein Haus zu kaufen. Während sie ganz ohne Eile suchten, wohnten Paulo und Christina fast zwei Jahre lang in der einzigen Suite des Henri IV, einer alten Villa, gemütlich, aber ohne all den Komfort, den das Ehepaar in den großen Hotels gewohnt war. Den Mangel an Luxus – es gab nicht einmal einen Internetzugang – machte die liebevolle Betreuung durch die Besitzerin Madame Geneviève Phalipou und ihren Sohn Serge wett, der je nach Tageszeit Hotelmanager, Kellner oder Portier spielte. Die »Suite« war ein gewöhnliches Zimmer mit Bad, ergänzt durch einen zweiten, zum Salon umfunktionierten Raum.

Inzwischen gilt Paulo Coelho in Tarbes als Einheimischer. Da er dort nie einen Sekretär oder Assistenten hatte, kauft er selbst im Supermarkt ein, geht zur Post, in die Apotheke und zum Metzger, wie alle anderen Bewohner der Stadt auch. Anfangs galt er noch als Berühmtheit (vor allem wegen der ständigen Belagerung des Hotels Henri iv durch ausländische Journalisten), doch kein Ruhm der Welt hält der täglichen Begegnung beim Bäcker oder beim Friseur stand – binnen wenigen Monaten war er ein waschechter *Tarbais*. Auch nach dem Umzug in das Haus in Saint-Martin gilt Paulo den Einwohnern von Tarbes noch immer als einer der Ihren. Und wie großen Wert auch Paulo darauf legt, ein *Tarbais* zu bleiben, hat er im Gespräch mit Thierry Ardisson in der von France 2 live ausgestrahlten Talkshow *Tout le Monde en Parle* gezeigt. Weitere Gäste der Talkshow waren der Sänger Donovan und der Modeschöpfer Paco Rabanne. Ardisson, der dafür bekannt ist, dass er seine Gesprächspartner gern in Verlegenheit bringt, fragte gleich als Erstes:

»Paulo Coelho, ich wollte Sie schon lange etwas fragen. Sie sind reich, weltberühmt, und dennoch leben Sie in ... in Tarbes! Wie kann man so dumm sein?«

Der Schriftsteller ließ sich nicht provozieren. Er lachte laut auf und antwortete:

»Das hat selbst die Einheimischen überrascht. Es war Liebe auf den ersten Blick.«

Ardisson ließ nicht locker:

»Jetzt mal im Ernst, warum haben Sie beschlossen, in Tarbes zu leben?«

»Aus Liebe.«

»Das glaube ich nicht. Geben Sie's zu: Sie haben eine Wette verloren und mussten deshalb nach Tarbes ziehen!«

»Ganz und gar nicht!«

»Die *Tarbais* haben Ihre Frau als Geisel genommen, um Sie zu zwingen, da zu leben?«

»Nichts dergleichen!«

»Aber wenn man in Tarbes wohnt, muss man dann nicht für alles kilometerweit fahren, zum Einkaufen in die Shoppingcenter von Laloubère oder Ibos zum Beispiel?«

»Doch, ganz richtig. Und da kaufe ich auch ein.«

»Kennt Sie denn irgendjemand in Tarbes, wissen die Leute, dass Sie Paulo Coelho sind?«

»Ja, natürlich, alle kennen mich da ...«

»Wenn Sie sich da so wohl fühlen, möchten Sie vielleicht dem Einwohner von Tarbes, pardon, *den Einwohnern* von Tarbes etwas sagen?«

»Selbstverständlich: An alle Einwohner von Tarbes, ich liebe euch. Ich danke euch dafür, dass ihr mich wie einen der Euren aufgenommen habt.«

Paulos Worte waren Musik in den Ohren seiner neuen Landsleute, und die Zeitung *La Dépêche,* die über die Region Midi-Pyrénées berichtet, feierte Paulo Coelhos Fernsehauftritt mit dem Satz: »Tarbes erlebte am Samstagabend seine Stunde des nationalen Ruhms.« Anders als von den Medien kolportiert, lebt das Ehepaar nicht in einem Schloss, sondern im Moulin Jeanpoc, einer umgebauten Mühle mit ungefähr 300 Quadratmeter Wohnfläche, verteilt auf zwei Etagen. Es ist ein komfortables Haus, aber überhaupt nicht luxuriös. Im Erdgeschoss befinden sich das Wohnzimmer mit Kamin (neben dem Paulo seinen Schreibtisch aufgestellt hat), eine kleine Küche, das Esszimmer und eine Gästetoilette. Außerdem haben sie einen rundherum, auch an der Decke verglasten Raum anbauen lassen, so dass sie unter dem Sternenhimmel zu Abend essen können. Eine ehemalige Scheune ist heute ein behagliches Atelier voller Staffeleien, Leinwände, Pinsel und Farbtuben unter einer Holzempore. Hier malt Christina ihre Bilder. Im Obergeschoss des Haupthauses liegen das eheliche Schlafzimmer, ein Gästezimmer sowie ein dritter Raum, in dem Maria de Oliveira schläft, eine begnadete Köchin, die Christina aus Brasilien mitgebracht hat. Das Reizvollste am Haus aber ist der traumhafte Blick auf die Pyrenäen, und besonders schön ist er in den Monaten November bis März, wenn das Massiv unter einer Schneedecke liegt und vollkommen weiß ist. Um diesen Blick von jedem Punkt des Anwesens aus genießen zu können, musste der Schriftsteller das Haus eines Nachbarn, der Maultiere und Schafe züchtete, kaufen und abreißen lassen. Der Immobilienbesitz des Schriftstellers, der bis dahin aus dem Haus in Tarbes, der Wohnung in Paris und einem Apartment in Copacabana/Rio bestanden hatte, erfuhr 2001 einen beträchtlichen Zuwachs, als ihm Seine Königliche Hoheit Scheich Mohammed bin Raschid Al Maktoum, Emir von Dubai und Premierminister der Vereinigten Arabischen Emirate, eine möblierte Villa im Wert von 4,5 Millionen Dollar schenkte, die in einer der exklusivsten Wohnanlagen von Dubai steht (ähnlich beschenkt hat der Monarch auch den deutschen Formel-1-Fahrer Michael Schumacher, den englischen Mittelfeldspieler David Beckham und die brasilianische Fußballlegende Pelé).

Da das Paar außer Maria kein Hauspersonal hat, nicht einmal einen Chauffeur, ist Paulo selbst für die üblichen Arbeiten zuständig. Holz hacken für den Kamin, die Rosen pflegen, den Rasen mähen und trockenes Laub zusammenharken, das alles gehört zu seinem Alltag. Systematisch und gut organisiert wie – angeblich – alle im Sternzeichen Jungfrau Geborenen, bemüht er sich, den Tagesablauf ziemlich diszipliniert zu gestalten, und zwar mit Hilfe von Regeln, die er scherzhaft »Klosterreglement« nennt. Wenn er nicht gerade in der Weltgeschichte unterwegs ist, um ein neues Buch zu präsentieren, oder zu einer Diskussion oder einem Vortrag eingeladen ist, kennt sein Alltag wenig Abwechslung. Er ist zwar kein Nachtschwärmer, geht aber selten vor Mitternacht schlafen. Da er Alkohol praktisch nur in Form von Wein trinkt, und dies im Allgemeinen in Maßen, steht er immer gutgelaunt gegen acht Uhr auf. Sein Frühstück besteht aus Kaffee, Brot, Butter und Käse, anschließend macht er jeden Tag und bei fast jedem Wetter einen einstündigen Spaziergang zwischen den Kornfeldern in der Umgebung oder, falls das Wetter dafür gut ist, auf den steilen, steinigen Berghängen in der Nähe. Begleitet wird er dabei fast immer von Christina; doch wenn sie nicht da ist oder sich nicht wohl fühlt, geht er allein. Freunde, die sich bei ihm einquartieren, wissen, dass sie ihren Gastgeber begleiten müssen – das gehört zum Klosterreglement. Eine seiner Lieblingsstrecken endet bei der Kapelle Notre Dame de Piétat in Barbazan-Debat, einer Nachbargemeinde von Saint-Martin und Tarbes. Dort kniet er nieder, bekreuzigt sich, spricht ein kurzes Gebet, steckt eine Münze in die Messingbüchse und zündet eine Kerze vor der kleinen farbigen Holzstatue der Jungfrau Maria an, die ein eigenartiges Jesuskind auf dem Schoß hält – zwar mit der Gestalt eines Kleinkindes, doch trägt der Körper die Wundmale und das Kinn einen Bart.

Sobald er wieder zu Hause ist, arbeitet Paulo im Garten, schneidet Blumen oder stutzt das Gebüsch, das den kleinen Bach überwuchert, der durch das Grundstück fließt. Dann erst geht er hinauf zum Duschen und schaltet anschließend den Computer ein. Er liest online brasilianische Zeitungen und überfliegt den elektronischen Ausschnittdienst mit allem, was am Vortag über ihn und seine Bücher in den internationalen Medien veröffentlicht wurde. Bevor er eine Website mit Bestsellerlisten aufruft, legt er die Hände flach auf den Bildschirm, schließt die Augen und konzentriert sich kurz, um, wie er sagt, positive Energien aufzunehmen. Dann tippt er kräftig mit dem Zeigefinger auf die Tastatur und lässt lächelnd die Seiten abrollen: In allen wichtigen Ländern steht *Der Zahir* an erster Stelle, nur nicht in Deutschland und Brasilien, wo diese von Dan Browns *Sakrileg* besetzt ist. Auch die E-Mail bringt keine großen Überraschungen: Heute sind eintausend Nachrichten eingegangen, aus insgesamt nicht weniger als 111 Ländern, alphabetisch geordnet in einer Liste, die von Andorra über Burkina Faso, den Pazifikstaat Niue nordöstlich von Neuseeland und Tuvalu in Polynesien bis Venezuela reicht. Paulo sagt zu Christina, die neben ihm sitzt:

»Sieh dir das an, Chris: Als wir von unserem Spaziergang zurückkamen, war es elf Minuten nach elf, und das Thermometer zeigte elf Grad Celsius. Jetzt rufe ich meine E-Mails ab und erhalte Nachrichten aus 111 Ländern. Ich muss herausfinden, was das zu bedeuten hat.«

Solche Überlegungen stellt er öfter an. Was für die meisten Menschen nur ein Zufall ist – zum Beispiel, dass die Ziffer 1, wie hier, innerhalb so kurzer Zeit so oft auftritt –, ist für den Schriftsteller ein Zeichen, das es auszulegen gilt. Seine Sorge, dass manche Namen, Orte, Daten, Farben, Dinge und Zahlen Unheil mit sich bringen könnten – so wie die unsichtbare Fliege, die er mit den Fingern zu verscheuchen sucht –, lässt vermuten, dass er unter einer milden Form dessen leidet, was die moderne Medizin als *obsessive-compulsive disorder*, kurz OCD, bezeichnet, also einer Zwangsneurose. Paulo spricht nicht die Namen des Landes Paraguay, des früheren brasilianischen Staatspräsidenten Fernando Collor (und dessen damaliger Wirtschaftsministerin Zélia Cardoso de Mello) aus und hat den Namen von Adalgisa Rios – einer seiner vier Exfrauen – erst nach ihrem Tod im Juni 2007 wieder in den Mund genommen. Wenn jemand in seiner Gegenwart das Wort »verboten« ausspricht, sieht er sich sofort um, wo er dreimal auf Holz klopfen kann, um negative Energien abzuwenden. Wann immer er eine Taubenfeder auf der Straße liegen sieht, macht er kehrt, niemals würde er über sie hinwegtreten. Als im April 2007 die amerikanische Zeitschrift *The New Yorker* eine achtseitige Reportage über ihn brachte, gestand er arglos der Reporterin Dana Goodyear, dass er sich weigere, an Tischen mit dreizehn Personen zu essen. Christina versteht nicht nur diese exzentrische Seite ihres Mannes, sondern teilt auch seine Ängste und Ansichten, und nicht selten macht sie ihn selbst darauf aufmerksam, ob die Sterne für ein Vorhaben gut stehen oder nicht.

Nach dem »Hausfahrplan« ist jede Woche ein Nachmittag für die Lektüre der Korrespondenz in Papierform vorgesehen.

Alle sieben Tage erhält Paulo Coelho mit der Post die Pakete aus seinem Büro in Brasilien und von der Agentur Sant Jordi in Barcelona. Er stapelt die Pakete auf einem Tisch im Garten, öffnet sie mit einem Messer mit Knochengriff und sortiert die Briefe je nach Größe zu einzelnen Häufchen. Hin und wieder stört das Muhen einer Kuh oder das ferne Tuckern eines Traktormotors die Stille.

Manuskripte und Disketten mit Erstlingswerken anderer Autoren werden gar nicht erst ausgepackt und wandern direkt in den Papierkorb – wie auf den Websites und Blogs von Paulo Coelho ausdrücklich gewarnt wird.

Zu der Zeit, als Briefbomben und Umschläge mit giftigen Pulvern als Mordwaffen eingesetzt wurden, hat Paulo Coelho gelegentlich gefürchtet, irgendein Verrückter könnte ihn in die Luft jagen oder vergiften wollen, doch hat er nie etwas Verdächtiges erhalten. Für alle Fälle unterzieht er die Pakete, die mit der Post kommen, auch wenn sie zuvor in Rio de Janeiro oder Barcelona geprüft wurden, einer raschen mentalen Konzentration und schickt ihnen gute Energien, ehe er sie öffnet.

Ein Pappkarton von der Größe einer Hemdenschachtel, abgeschickt vom Büro in Rio de Janeiro, enthält Antworten auf Leserbriefe, die er nur noch unterschreiben muss. Die längsten sind auf dem offiziellen Briefpapier der Academia Brasileira de Letras gedruckt, der Paulo seit 2002 angehört. Kurze Antworten erfolgen auf Briefkarten mit seinem Namen. Zum Abschluss signiert er hundert Fotos, die ihn in seinem üblichen Outfit zeigen: schwarze Hose, schwarzes Hemd, schwarzes Jackett.

Noch ein paar Telefonate, dann folgt eine Stunde Entspannung. An einem improvisierten Stand im Garten (oder im

Wald hinter dem Haus) praktiziert er Kyudo, die japanische Kampfkunst des Bogenschießens, die körperliche Kraft im Verein mit geistiger Disziplin erfordert. Am Nachmittag setzt er sich an den Computer und schreibt die kleine wöchentliche Kolumne von 120 Wörtern, die auf allen fünf Kontinenten in insgesamt dreißig Zeitungen erscheint.

Ansonsten unterscheidet sich Paulos und Christinas Alltag nicht sonderlich vom geruhsamen Alltag der dreihundert anderen Dorfbewohner. Ihr Bekanntenkreis ist klein, Intellektuelle, Prominente oder Namen aus Klatschspalten gehören nicht dazu.

»Ich habe fünfhundert Fernsehprogramme zur Auswahl«, hat Paulo vor Jahren in einem Interview mit der *New York Times* gesagt, »aber in dem Ort, wo ich wohne, gibt es keine Bäckerei.« Keine Bäckerei, keine Kneipe, keinen Supermarkt und keine Tankstelle. Wie in den meisten der 35 000 kleinen französischen Gemeinden gibt es auch in dem verschlafenen Saint-Martin kein einziges Geschäft. Zum Einkaufen oder einfach zur Abwechslung bietet sich als nächster Ort Tarbes an, vorausgesetzt, man kommt vor fünf Uhr nachmittags dorthin, denn danach werden die Bürgersteige hochgeklappt. Am Abend geht man in eines der drei guten Restaurants vor Ort.

Die Ruhepause in Saint-Martin geht zu Ende, jetzt heißt es wieder arbeiten. Die Agentur Sant Jordi schlägt per E-Mail für die nächsten drei Wochen ein Programm vor, das den Schriftsteller einmal rund um die Welt führen würde. Auf der Liste aus Barcelona sind Einladungen vorgemerkt zur Präsentation des *Zahir* in Argentinien, Mexiko, Kolumbien, Puerto Rico und Paris, zur Verleihung der Goldenen Feder in Hamburg, zu Signierstunden in Ägypten, Syrien und im Libanon sowie eine Reise nach Warschau zum Geburtstag von Jolanda Kwaśniewska, der Ehefrau des damaligen polnischen Staatspräsidenten Aleksander Kwaśniewski. Anschließend soll er nach London fliegen, dort – zusammen mit Boris Becker, dem Sänger Cat Stevens und dem ehemaligen UNO-Generalsekretär Boutros-Ghali – an einem Wohltätigkeitsdinner zugunsten der Kampagne gegen den Einsatz von Landminen teilnehmen, am nächsten Tag nach Frankreich zurückkehren und im Schloss von Versailles mit Lilly Marinho, der Witwe des brasilianischen Medienmoguls Roberto Marinho, zu Abend essen. Vier Tage später sind Präsentationen des *Zahir* in Japan und Südkorea geplant. Auf dem Rückweg nach Europa soll er einen Zwischenstopp in der kasachischen Hauptstadt Astana einlegen, um den 65. Geburtstag des Staatspräsidenten Nursultan Nasarbajew zu feiern. Vor den letzten Terminen kann er sich einfach nicht drücken: einer Einladung des Unternehmers Klaus Schwab, dem Gründer und Präsidenten des alljährlich in Davos stattfindenden Weltwirtschaftsforums, zur Eröffnung einer weiteren seiner berühmten Initiativen zu sprechen, des Verbier Festival, zu dem sich junge Musiker aus der ganzen Welt in dem Schweizer Touristenort zusammenfinden.

Paulo verscheucht ein paarmal die unsichtbare Fliege vor seinen Augen und brummelt missgelaunt etwas wie »so einen Terminplan hält doch kein Mensch aus«. Worauf Christina, die neben dem Computer im Wohnzimmer steht, ihren Mann lächelnd provoziert:

»Du hast dir doch vorgenommen, Formel-1-Weltmeister zu werden, oder etwa nicht? Also steig in den Ferrari, und fahr los!«

Paulos schlechte Laune ist im Nu verflogen. Er muss laut

lachen und gibt zu, ja, er hat es sich nicht nur ausgesucht, sondern sein Leben lang dafür gekämpft, das zu werden, was er nun ist, und dass er wirklich keinen Grund hat, sich zu beschweren:

»Schon gut, aber trotzdem kann ich das nicht alles wahrnehmen. Die Termine sind viel zu gedrängt und dann auch noch auf drei verschiedenen Kontinenten!«

Meistens machen nicht die Verpflichtungen an sich den Stress auf den Reisen aus, sondern das Inferno auf den Flughäfen seit dem 11. September 2001: die Kontrollen, die Bürokratie, das Misstrauen und folglich die Wartezeiten. Da Berühmtheit nicht immer Privilegien garantiert, muss auch Paulo wie jeder andere mit Warteschlangen, Verspätungen und Überbuchungen fertig werden. Als diskreter Asket ist er unnötigen Ausgaben zutiefst abgeneigt, weshalb er es ablehnt, was etliche Freunde ihm vorgeschlagen haben: sich einen Privatjet zu kaufen.

Das Problem bei dem Terminplan der Agentur Sant Jordi besteht darin, dass Paulo zu allen Veranstaltungsorten fliegen müsste. Er druckt die Liste aus und streicht als Erstes die Termine, die interkontinentale Flüge erfordern würden, was bedeutet, dass Lateinamerika, Japan und Korea warten müssen und die Geburtstagsparty in Kasachstan ohne ihn stattfinden wird. Syrien und der Libanon werden ebenfalls gestrichen, Ägypten bleibt jedoch auf der Liste. Warschau wird durch Prag ersetzt, denn dort will der Schriftsteller ein zwanzig Jahre altes Gelübde einlösen. Am Ende wird entschieden, dass er von der Tschechischen Republik, wo die Rundreise beginnt, nach Hamburg weiterreist, um die Goldene Feder entgegenzunehmen, und von dort nach Kairo. Doch wieder sind die Flüge das

Problem; es gibt keine Verbindungen, die es ihm erlauben, die Verpflichtungen sowohl in Deutschland als auch in Ägypten termingerecht wahrzunehmen. Die Deutschen weigern sich, das Programm zu ändern, es ist bereits gedruckt und verschickt, schlagen aber eine Alternative vor: Der Privatjet von Klaus Bauer, dem Chef der Bauer Verlagsgruppe, die den Preis vergibt, wird sofort nach der Preisverleihung Paulo und eventuelle Begleitung von Hamburg nach Kairo bringen. Ein paar Stunden später, als das Programm von allen Beteiligten abgesegnet ist, ruft der Schriftsteller mit spitzbübischer Miene Mônica an:

»Wenn wir schon in Prag sind, wie wäre es mit einem ›Blitzkrieg‹?«

»Blitzkrieg« – Paulo verwendet den deutschen Begriff – heißen die Signierstunden, zu denen er sich manchmal erst kurz vorher entschließt, ohne jede Ankündigung oder Werbung. Er betritt einfach zufällig eine Buchhandlung, begrüßt den Buchhändler mit den Worten, »Guten Tag, ich bin Paulo Coelho«, und erklärt sich bereit, seine Bücher zu signieren, falls ein Kunde es möchte. Böse Zungen behaupten, diese Blitzkriege seien eine Art von Exhibitionismus, den der Schriftsteller besonders gern in Gegenwart von Journalisten betreibe, so wie damals bei der Reporterin, die ihn zur Vorbereitung für das ausführliche Porträt im *New Yorker* durch Italien begleitet hat. Dana Goodyear konnte in Mailand einen »Blitzkrieg« miterleben, der ganz offenbar speziell für sie arrangiert worden war. Für Prag schlägt Paulo jedoch einen Kompromiss vor: Sein tschechischer Verleger soll erst einen Tag zuvor informiert werden, damit er keine Zeit hat, Interviews, Gesprächsrunden oder Talkshows zu organisieren, aber dafür sorgen kann, dass genügend Bücher vorhanden sind, sollten viele Leute kommen.

Der eigentliche Zweck dieser Reise in die Tschechische Republik hat jedoch nichts mit der Präsentation seiner Bücher zu tun. Als Paulo, nachdem er dem christlichen Glauben abgeschworen und zeitweilig Satanssekten angehört hatte, sich allmählich wieder dem Katholizismus zuwandte, unternahm er 1982 zusammen mit Christina eine lange Reise nach Art reicher Hippies quer durch Europa und besuchte dabei auch Prag. In der düsteren Karmelitská-Straße betrat er die kleine, zwischen schlichte Wohnhäuser und Devotionalienläden gequetschte Maria-Victoria-Kirche, um vor dem Prager Jesuskind ein Gelübde abzulegen. Ein Besucher aus Brasilien fiel dort nicht auf. Von jeher verehren aus unerklärlichen Gründen brasilianische Christen die Statue aus dem 17. Jahrhundert, was sich an der Unmenge von Zeitungsanzeigen in ganz Brasilien ablesen lässt, mit denen Gläubige seit Jahrzehnten in einem einzigen Satz, dahinter ihre Initialen, ihren Dank kundtun: »Dem Prager Jesuskind für die gewährte Gnade. D.« Wie Millionen seiner Landsleute hatte auch Paulo ein Anliegen, und es war kein bescheidenes. Er kniete sich vor den kleinen Seitenaltar, wo sich die Statue des Jesuskindes befindet, sprach ein Gebet und murmelte, selbst für Christina neben ihm unhörbar:

»Ich möchte ein Schriftsteller werden, den man in der ganzen Welt liest und achtet.«

Ja, ihm war bewusst, dass er eine Riesenbitte aussprach und dass er einen entsprechenden Dank geloben musste. Während er betete, fiel ihm die von Motten zerfressene Kleidung der Statue auf – Kopien des von Polixene von Lobkowitz 1620 für die erste bekannte Figur des Prager Jesuskindes eigenhändig gewebten Gewands und Umhangs. Flüsternd versprach er:

»Wenn ich ein in der ganzen Welt gelesener und angesehener Schriftsteller bin, komme ich zurück und bringe dir einen mit Goldfäden bestickten Mantel.«

Nach fast drei Jahrzehnten will er nun endlich sein Gelübde einlösen. Der genau nach den Maßen der Jesusfigur angefertigte rote, mit feinsten Goldfäden bestickte Samtmantel ist die Frucht wochenlanger Arbeit von Christinas Mutter Paula Oiticica. Das für den sicheren Transport in einer Acrylbox verpackte Geschenk hatte auf dem Pariser Flughafen Charles de Gaulle einen kleinen Zwischenfall ausgelöst: Die Polizei verlangte, die Box zu durchleuchten, um sicherzugehen, dass weder Drogen noch Sprengstoff darin versteckt waren, aber die Box passte nicht in den Durchleuchtungsapparat. Ohne den Mantel weigerte Paulo sich abzufliegen. Und ungeröntgt käme der Mantel nicht mit, versicherten die Polizisten. Die Menschenansammlung, die sich daraufhin bildete, fiel einem höherrangigen Flughafenmitarbeiter auf, der dann *Monsieur Coelô* erkannte und die Situation rettete. Der Mantel gelangte ungeröntgt an Bord.

Als das Ehepaar die kleine Prager Kirche betritt, um dem Jesuskind das versprochene Geschenk zu bringen, befinden sich kaum mehr als zwei Dutzend Besucher dort, allesamt offensichtlich Ausländer. Da Pater Anastasio Roggero, ein Karmelitermönch, nur Italienisch und Tschechisch spricht, versteht er zunächst nicht recht, was der Mann mit dem Brahmanen-Minipferdeschwanz in seiner Kirche will. Während er ungeduldig die Hände an seiner abgewetzten Soutane reibt, hört er sich an, was Paulo zu ihm auf Englisch sagt. Er tut so, als hätte er verstanden, bedankt sich lächelnd und macht Anstalten, die Box mit dem roten Mantel nebenan in der Sakristei hinter einem Schrank abzustellen, als eine Französin den Schriftsteller erkennt. Mehrere Dezibel zu laut für die heiligen Wände ruft sie ihrer Gruppe zu:

»Guckt mal, wer da ist: der Schriftsteller Paulo Coelho!«

Im Nu drängen sich sämtliche anwesenden Touristen um ihn, reden laut durcheinander, bitten um ein Autogramm und wollen mit ihm fotografiert werden. Pater Anastasio macht kehrt, wirft einen Blick auf den roten Mantel, den er noch in den Händen hält, da dämmert ihm, dass er einen Fauxpas begangen hat. Er entschuldigt sich bei Paulo, weil er ihn nicht erkannt hat, dann erst wird ihm klar, welche Bedeutung das Geschenk für das Jesuskind hat. Er geht in die Sakristei und kommt mit einer Digitalkamera zurück, um den Mantel, die Touristen und natürlich sich selbst neben dem berühmten Besucher zu fotografieren, dessen Werk er bestens kenne, wie er versichert.

Anschließend nutzt das Ehepaar die freie Zeit zu einem Stadtrundgang und besucht Christinas Bruder Leonardo Oiticica, der mit Tatiana verheiratet ist, einer an der brasilianischen Botschaft in Prag akkreditierten Diplomatin. Da zwei Zeitungen gemeldet haben, dass sich der Schriftsteller in der Stadt befindet, wird es kein echter »Blitzkrieg«. Um drei Uhr nachmittags, eine Stunde früher als vorgesehen, stehen Hunderte von Menschen Schlange vor dem Empik Megastore, dem von Paulos tschechischem Verlag Argo ausgesuchten riesigen Mediensupermarkt. Paulo trifft zur vereinbarten Zeit ein und findet eine ähnliche Situation vor wie in Budapest – auch dieses Mal haben 150 Leser eine Nummer ergattert, und mit ihnen drängeln sich die Menschen zu Hunderten in den Gängen des Geschäfts bis hinaus auf den Wenzelsplatz. Alle wollen ein Autogramm. Der Schriftsteller macht es wie in Ungarn, er bittet die Buchhandlung, alle mit Wasser zu versorgen, teilt die Gruppen auf und gibt abwechselnd einem mit und einem ohne Nummer ein Autogramm. Um sechs Uhr abends schaut er auf die Uhr, springt auf und entschuldigt sich, er müsse zur Toilette, doch stattdessen zieht er sich nur ein paar Meter zurück und verrichtet hinter einem Regal ein stilles Gebet. Als die letzten Leser ihr Autogramm bekommen, ist es dunkel. In einem kleinen Kreis von Freunden und Begleitern beendet er den Abend in einem eleganten Kellerrestaurant in der Altstadt bei einem leckeren Essen der tschechischen Nouvelle Cuisine.

Am nächsten Tag ist Paulo zurück in seiner Pariser Wohnung und bereit für einen neuen Einsatz: eine Signierstunde im FNAC an der Place des Ternes. Zwar sollen eigentlich nur hundert von dem Geschäft ausgeloste Kunden anwesend sein, doch hat sich die Nachricht herumgesprochen, und in dem kleinen Auditorium drängen sich rund dreihundert Personen. In einem Vorraum reißen sich die Leute um Bücher, CDs und DVDs, die auf einer riesigen Verkaufsgondel präsentiert werden. Es ist eine Verkaufsausstellung nicht nur aller seiner in Frankreich erschienenen Titel, sondern auch seiner Lieblingsbücher, -platten und -filme. Die Lieblingsbücher des Schriftstellers sind *Der Fremde* (von Albert Camus), *Wendekreis des Krebses* (Henry Miller), *Fiktionen* (Jorge Luis Borges), *Gabriela wie Zimt und Nelken* (Jorge Amado) und ... *Oder du wirst Trauer tragen* (die Biographie des spanischen Stierkämpfers El Cordobés von Larry Collins und Dominique Lapierre).

Auch die eklektische Filmauswahl können seine Fans im FNAC erstehen: *Blade Runner* (Regie Ridley Scott), *Es war einmal in Amerika* (Sergio Leone), *2001: Odyssee im Weltraum* (Stanley Kubrick), *Lawrence von Arabien* (David Lean) und den brasilianischen Film *O Pagador de Promessas* (Anselmo Duarte). Die Liste mit Paulos Lieblings-CDs ist noch eklektischer: *Abbey Road* (Beatles), *Neunte Sinfonie* (Beethoven), *Atom Heart Mother* (Pink Floyd) und Chopins *Klavierkonzert in e-Moll.* Die letzte Platte auf der Liste ist *Greatest Hits* von Gilberto Gil. Die Franzosen bei FNAC sind nicht weniger höflich und zurückhaltend als die tschechischen oder ungarischen Leser. Auch nicht ungeduldiger: Nachdem der Schriftsteller eine halbe Stunde gesprochen und auf Fragen des Publikums geantwortet hat, signiert er noch für alle Anwesenden Bücher, bevor er das Geschäft verlässt.

Im Gegensatz zu der lockeren Atmosphäre bei den Buchvorstellungen in Budapest, Prag und Paris ist das Protokoll bei der Verleihung der Goldenen Feder am nächsten Tag geradezu militärisch streng. Seit bekannt ist, dass die Attentäter vom 11. September 2001 zu einer Zelle der Terrororganisation Al Quaida gehörten, die von Hamburg aus agiert hat, herrscht in der Stadt permanente Wachsamkeit. Von den zwanzig direkt beteiligten Selbstmordattentätern lebte ein gutes halbes Dutzend in einer Wohnung in einem Hamburger Vorort, unter ihnen der Anführer der Gruppe, der Ägypter Mohammed Atta. Gemessen an der Zahl der Bodyguards wäre das Fest zu Ehren von Paulo Coelho wohl tatsächlich ein ausgezeichnetes Ziel für einen Anschlag. Bankiers, Industrielle, Verleger und sonstige Prominente sind aus ganz Europa zu der Verleihung gekommen. Sicherheitshalber hat der Veranstalter der Presse

lediglich fünf Minuten zugestanden, die Gäste und die Preisträger zu fotografieren (der Preis wird auch einer Schauspielerin, einem Maler, einem deutschen Autor und dem Wirt eines
Feinschmeckerrestaurants verliehen).

Fünf Stunden nach seiner Ankunft bei der Hamburger Han-
delskammer sitzt der Schriftsteller mit seinem Rucksack in einem VIP-Raum des Hamburger Flughafens, bereit, an Bord
des Falcon Jet zu gehen, der ihn nach Kairo bringen wird.
Dort ist gerade die amerikanische First Lady Laura Bush zu
Besuch, weshalb die Behörden die an sich schon erdrückenden
Sicherheitsvorkehrungen noch verschärft haben. Da Ägypten
in der letzten Zeit häufig das Ziel für Attentate radikaler Isla-
mistengruppen war – vor allem auf Touristen –, sind Freunde
des Schriftstellers besorgt. »Man stelle sich nur vor, dass irgendwelche religiösen Fanatiker ihn entführen«, hat einer geäußert, »und als Lösegeld für ihn die Freilassung von hundert
politischen Häftlingen fordern, was dann?« Der Schriftsteller
scheint sich jedoch keine Sorgen zu machen. Nicht nur, weil
er seine Orakel befragt hat, sondern auch, weil er weiß, dass
er auf dieser Reise den Schutz von Hebba Raouf Ezzat genießen wird, die ihm die Einladung zu einem Vortrag an der Universität von Kairo besorgt hat. Die vierzigjährige Muslima,
Mutter von drei Kindern, Gastprofessorin an der Londoner
University of Westminster und charismatische Politikwissen-
schaftlerin, ist trotz der Vorurteile einer zutiefst machistischen
Gesellschaft zu einer bedeutenden Führungsfigur im Kampf
für die Menschenrechte und den Dialog zwischen dem Islam
und anderen Religionen geworden. Wer auf Einladung von
Hebba Ägypten besucht, kann sich überall selbstverständlich
(und sicher) bewegen.

Aber Paulo hat auch eindeutig praktische Gründe für diese Reise: Ägypten hält vermutlich den Weltrekord im Raubdrucken seiner Bücher. Obwohl fast die Hälfte der Bevölkerung Analphabeten sind, schätzt man die Zahl der auf dem Markt befindlichen Raubdrucke auf 400 000 Exemplare – ca. 5 % sämtlicher Raubdrucke seiner Bücher auf der Welt. Von *Auf dem Jakobsweg* bis *Der Zahir* findet man das gesamte Werk des Autors auf Arabisch in den Auslagen der elegantesten Buchhandlungen genauso wie auf den Bürgersteigen von Kairo, Alexandria und Luxor. Und es gibt Bücher für jeden Geldbeutel, allesamt Raubdrucke – von primitiven Drucken, offensichtlich in irgendwelchen Hinterhöfen hergestellt, bis hin zu gebundenen Ausgaben, auf gutem Papier gedruckt, publiziert von etablierten, zum Teil staatlichen Verlagen. Abgesehen vom Autor, der nie auch nur ein ägyptisches Pfund an Tantiemen gesehen hat, ist der große Verlierer der Leser, denn oft fehlen ganze Kapitel, oder sie stehen in der falschen Reihenfolge, oder aber lange Passagen sind aus Übersetzungen aus anderen arabischen Ländern abgeschrieben und daher für einen Ägypter oft unverständlich. Die Piraterie hat solche Ausmaße angenommen, dass auf der letzten Internationalen Buchmesse in Kairo die Werke von Paulo Coelho die Bestsellerliste anführten, als wären sie ausschließlich in Verlagen erschienen, die sich an das Gesetz und internationale Copyright-Abkommen halten. Fest entschlossen, das Problem aus der Welt zu schaffen, trifft Paulo in Kairo ein, eskortiert von Mônica Antunes und Ana Zendrera, Besitzerin des spanischen Verlags Editorial Sirpus, der sich auf Publikationen in arabischer Sprache für den Vertrieb in den Ländern des Vorderen Orients und Nordafrikas spezialisiert hat. Seit Mai 2005 sind nur zwei Verlage, Sirpus in Spanien und All Prints im Libanon, autorisiert, Paulo Coelhos Bücher in Ägypten zu vertreiben.

Auf dem Flughafen – überall Soldaten mit Maschinenpistolen – werden Paulo, Mônica und Ana von Hebba und ihrem ebenfalls politisch engagierten Mann Ahmed Mohammed Abdalla empfangen. Er ist westlich gekleidet, von Hebba hingegen sind nur das lächelnde Gesicht und die sehr weißen Hände zu sehen, alles andere schützt ein weit geschnittener beiger Tschador vor indiskreten Blicken. Alle sprechen Englisch, in Ägypten die zweite Landessprache. Die Gäste kennen die strengen Landessitten: Männer und Frauen begrüßen einander nur mit einem knappen, förmlichen Händedruck, ohne die in Europa üblichen Umarmungen und Küsschen. Vom Flughafen geht es direkt zum Hotel Four Seasons. Dort ist im obersten Stock eine Suite für den Schriftsteller reserviert, mit Blick auf Gizeh am Rande der Sahara, wo sich eines der sieben Weltwunder der Antike befindet: die Pyramiden der Pharaonen Mykerinos, Chephren und Cheops.

Das von Hebba organisierte Programm ist wie üblich gedrängt: Zeitungsinterviews und Fernsehtalkshows, Besuche bei Prominenten (zum Beispiel bei dem Literaturnobelpreisträger Naguib Mahfouz, dreiundneunzig Jahre alt und fast blind, doch er möchte den Brasilianer unbedingt zum Tee in seiner Wohnung empfangen), ein Vortrag an der Kairoer Universität und zwei Diskussionsrunden, eine bei der Egyptian Writers Association und die andere beim Konkurrenzverband, der Egyptian Writers Union. Auf Paulos Bitte hat Hebba die wichtigsten Verleger und Buchhändler des Landes sowie Vertreter des Kulturministeriums zu einem Mittagessen im Four Seasons eingeladen. Bei diesem Anlass will der Schriftsteller sein

Schwert ziehen und seine Rechte verteidigen. Mit schelmischem Blick fügt er hinzu:

»Und du weißt ja, Hebba: Wenn ein Krieger sein Schwert zieht, muss er es auch benutzen. Erst wenn Blut dran klebt, darf er es wieder in die Scheide stecken.«

Am nächsten Morgen ist die Hotellobby voll von Gerätschaften der Fernsehsender, die auf ihre Interviewtermine warten: Kameras, Stative, Scheinwerfer, Kabel und Batterien türmen sich in den Ecken und liegen auf Tischen und Sofas. Einzelinterviews sind den Fernsehsendern vorbehalten, die Reporter der Printmedien müssen sich mit einer Pressekonferenz begnügen. Davon ausgenommen ist einzig *Al Ahram*, die größte, staatliche Tageszeitung des Landes, und dazu noch ist sie so privilegiert, dass sie als Erste drankommt. Nach dem Interview nimmt der Reporter Ali Sayed drei Bücher aus einer Tasche und bittet den Schriftsteller, sie zu signieren: *Der Alchimist, Unterwegs – Der Wanderer* und *Elf Minuten*, lauter Raubdrucke, auf der Straße für je sieben Dollar erstanden. Am frühen Nachmittag gehen sie zu fünft in ein typisches Restaurant, um schnell etwas zu essen, dazu wird Fanta, Coca-Cola, Tee und Mineralwasser getrunken. Zwar sind auch Wein und Bier zu haben. Doch da die Rechnung von Ahmed, einem Moslem, bezahlt wird, gebietet es der gute Ton, keine alkoholischen Getränke zum Essen zu bestellen.

Nach den Presseterminen nimmt Paulo Coelho an kurzen Diskussionsrunden bei den zwei Schriftstellerverbänden teil. Beide Male sind zwei- bis dreimal so viele Menschen erschienen, wie es Sitzplätze gibt, die unvermeidlichen Autogrammwünsche zum Abschluss der Veranstaltung werden freundlich und gut gelaunt erfüllt. Bevor Paulo ins Hotel zurückkehrt, wird er zu Mohamed Heikal gefahren, einem altgedienten, einflussreichen Journalisten, der seine Karriere an der Seite des verstorbenen Staatspräsidenten Gamal Abdel Nasser begann und alle politischen Wirren im Land überlebt hat. Von Leibwächtern beschützt, empfängt Heikal seinen Besuch in einer kleinen Wohnung. An den Wänden reihen sich Fotos, die ihn neben den großen Politikern des 20. Jahrhunderts zeigen, z.B. mit dem verstorbenen sowjetischen Generalsekretär Nikita Chruschtschow und den ebenfalls längst gestorbenen Regierungschefs Chou En-Lai (China), Jawaharlal Nehru (Indien) und Willy Brandt (damals BRD), Leonid Breschnew und natürlich dem ägyptischen Präsidenten Nasser. Auch die Begegnung mit Naguib Mahfouz findet unter strengsten Sicherheitsvorkehrungen statt (1994 ist er vor seiner Haustür von zwei islamistischen Attentätern, die ihm Blasphemie vorwarfen, niedergestochen worden und nur knapp mit dem Leben davongekommen). Paulo Coelho und Heikal unterhalten sich kurz auf Englisch, tauschen signierte Bücher aus, und schon ist das Tagesprogramm absolviert. Für den Abend ist eine Bootsfahrt auf dem Nil vorgesehen.

Da der nächste Vormittag terminfrei ist, kann Paulo später aufstehen, ungestört seinen Spaziergang machen und ausgiebig im Internet nach Nachrichten fahnden. Um ein Uhr mittags finden sich alle im Hotelsalon zu dem von Paulo gewünschten Essen ein. Trotz der lächelnden Gesichter und höflichen Verbeugungen bei der Begrüßung liegt spürbar in der Luft, dass reiner Tisch gemacht werden soll. Als alle Platz genommen haben, erhebt sich, noch bevor das Essen serviert wird, ein Verleger, richtet ein Grußwort an den Gast und legt Wert auf die Feststellung, dies sei ein Treffen unter Freunden. »Der Schriftsteller Coelho hat nicht nur in seinem Werk bewiesen, dass er sich dem arabischen Volk verpflichtet fühlt«, sagt er, »sondern auch mit mutigen öffentlichen Äußerungen wie seinem offenen Brief ›Danke, Mr. President‹, einer deutlichen Verurteilung des amerikanischen Einmarschs in den Irak.« Noch ein Redner, noch ein paar Lobhudeleien, dann ist es so weit: Paulo ergreift das Wort. Auf dem Tisch, neben dem Besteck, liegen drei seiner Bücher, Raubdrucke, absichtlich dort deponiert, damit es den Verlegern – eleganten Herren, die in Anzug und Krawatte vor ihm sitzen – ungemütlich wird. Erfahren in der Kunst, vor Publikum zu sprechen, beginnt er mit sanfter Stimme. Er erwähnt, dass Ägypten und die arabische Kultur ihn zu mehreren Büchern inspiriert haben, und greift zu einem Scherz, um das heikle Thema Produktpiraterie von Angesicht zu Angesicht mit den Piraten anzusprechen:

»Jeder Autor wäre glücklich, wenn ein ägyptischer Verleger seine Bücher veröffentlichen würde. Mein Problem ist genau das Gegenteil: Ich habe zu viele ägyptische Verleger ...«

Keiner kann darüber lachen, doch Paulo lässt sich davon nicht entmutigen. Immer noch stehend, richtet er den Blick kurz zum Himmel, als wollte er den heiligen Georg um Kraft zur Verteidigung seiner Bücher bitten, dann wird er deutlich. Er nimmt einen Raubdruck des *Alchimisten* in die Hand und wedelt damit in der Luft:

»Ich befinde mich hier auf Einladung von Frau Dr. Hebba Raouf Ezzat, oder anders gesagt als Gast des ägyptischen Volkes. Aber ich bin auf eigene Kosten gekommen, denn ich möchte das Problem der Raubdrucke meiner Bücher ein für alle Mal aus der Welt schaffen.«

Nun scheint es den Damen und Herren am Tisch ungemütlich zu werden, sie rutschen nervös hin und her. Einige malen mit gesenktem Kopf irgendwelche Zeichnungen auf ihre Serviette. Paulo weiß, dass sich unter den Anwesenden höhere Beamte des Kulturministeriums befinden (das an vielen der beschuldigten Verlage Anteile hält), und lässt sich die Gelegenheit nicht entgehen:

»Diese Piraterie wird von der Regierung weder bekämpft noch bestraft, obwohl Ägypten das internationale Urheberrechtsabkommen unterzeichnet hat und somit verpflichtet ist, dessen Bestimmungen einzuhalten. Ich könnte mir den besten Anwalt nehmen und vor internationalen Gerichten mit Erfolg prozessieren, doch mir geht es hier nicht allein um materielle Werte. Es geht mir ums Prinzip. Meine Leser kaufen Bücher zu einem Schundpreis und erhalten Schund, und damit muss nun Schluss sein.«

Paulos Friedensangebot scheint keinem der Anwesenden zu gefallen:

»Die Vergangenheit interessiert mich nicht, vergessen wir, was bis heute war. Ich werde von niemandem per Gericht die Tantiemen für die 400 000 Exemplare einklagen, die hier von meinen Büchern erschienen sind, obwohl ich in diesem Land noch nie offiziell einen Verlag hatte. Doch vom heutigen Tag an gilt jedes Buch von mir, das hier in Ägypten verkauft wird, aber nicht von Sirpus oder All Prints stammt, als Raubdruck und wird entsprechend juristisch verfolgt.«

Um zu beweisen, dass er es ernst meint, kündigt der Schriftsteller für den Nachmittag in der Buchhandlung Shorouk neben dem Hotel einen besonderen »Blitzkrieg« an: Er wird das erste Buch der neuen Zeitrechnung signieren (eine Taschenbuchausgabe des *Alchimisten* auf Arabisch, erschienen bei Sirpus) sowie die englischsprachige Ausgabe des *Zahir*. Das unerquickliche Treffen endet ohne Beifall und mit versteinerten Mienen bei den meisten Gästen. Zunächst scheint alles nach Plan zu laufen. Die Signierstunde ist ein voller Erfolg, und Paulo trägt allen Journalisten, die ihn ansprechen, die Rede vom Mittagessen vor. »Ich bin sicher, dass die Verleger mein Angebot akzeptieren«, sagt er mehrmals. »Ab sofort werden die Ägypter meine Bücher nur als Sirpus-Ausgaben und in offizieller Übersetzung lesen.« Mit der Zeit erweist sich jedoch, dass er sich zu früh gefreut hat. Keine sechs Monate später wird ihm berichtet werden, dass sich an der Situation überhaupt nichts geändert habe. Das Einzige, was sich nach seinem Besuch geändert hat: Die Piraten haben einen neuen Konkurrenten, den Verlag Sirpus.

Der Vortrag an der Universität von Kairo am nächsten Tag, dem letzten Reisetag, verläuft problemlos und so gut organisiert, dass man eher an ein Internat als an einen Universitätscampus denkt: In einem Hörsaal mit dreihundert Sitzplätzen befinden sich exakt dreihundert Zuhörer, nicht einer mehr. In der Mehrzahl junge Frauen, die sich, anders als Hebba, nach westlicher Mode kleiden, mit Dekolletés, engen Jeans und nabel- oder schulterfreien T-Shirts. Nach dem Vortrag des Gastes siegt die Verehrung ihres Idols über die Disziplin, das Publikum bestürmt ihn, Bücher in der Hand, mit Autogrammwünschen.

Auf dem Weg zum Hotel schlägt Hebba ein nicht geplantes Treffen vor. Mitglieder des offiziellen ägyptischen Paulo-Coelho-Fan-Clubs, die keinen seiner öffentlichen Auftritte erleben konnten, möchten sich am späten Nachmittag zu einem zwanglosen Gespräch mit ihm treffen. Beflügelt von dem, wie er glaubt, erfolgreichen Mittagessen mit den Verlegern, willigt er ein, ohne nach Einzelheiten zu fragen. Seine Zusage bedeutet, dass Hebba die Gruppe verlassen und die Leute zusammentrommeln muss. Veranstaltet wird das Ganze in einem improvisierten Auditorium unter freiem Himmel, d. h. unter einer Nilbrücke. Niemand weiß, wie die Gastgeberin so viele Leute mobilisiert hat, doch als Coelho eintrifft, staunt er, denn er sieht sich einer mehr als zweitausendköpfigen Menschenmenge gegenüber. Offenbar befinden sie sich in einer Bauruine, Betonplatten und Eisenträgerspitzen ragen aus den Wänden hervor. Da sämtliche Plätze besetzt sind, drängen sich die Menschen in den Nischen zwischen den Sitzen und auf den Seitenrängen. Unglaublich, dass man ohne eine einzige Anzeige oder einen Hinweis, eine Nachricht in der Presse, im Radio oder im Fernsehen an einem Wochentag so viele Menschen zusammenbringen kann. Sogar auf den Mauern und in den Bäumen rings um das Auditorium sitzen Menschen. In glühender Hitze führt Hebba Paulo zu einer kleinen Tribüne am Ende des Podiums, neben der ein Tischchen und drei Sessel stehen. Als er auf Englisch die ersten Worte sagt – »Guten Tag, danke, dass Sie alle gekommen sind« –, tritt Stille wie in einer Kirche ein. Er spricht eine halbe Stunde über sein Leben, seinen Kampf, zu einem anerkannten Schriftsteller zu werden, seine Erfahrungen mit Drogen, mit Hexerei, mit der Psychiatrie, mit der politischen Unterdrückung und mit der Kritik, bis er schließlich zum Glauben zurückgefunden und seinen Traum verwirklicht habe. Die Menschen hängen an seinen Lippen. Viele werden von ihren Gefühlen überwältigt, Tränen stehen ihnen in den Augen. Als Paulo Coelho zum Abschluss »vielen Dank« sagt, weint auch er.

Der Applaus will kein Ende nehmen. Mit Tränen in den Augen bedankt sich der Brasilianer mehrmals, indem er die Arme über der Brust kreuzt und eine Verbeugung andeutet. Die Menschen haben sich erhoben und applaudieren unermüdlich weiter. Ein Mädchen im Tschador kommt auf das Podium und überreicht ihm einen Rosenstrauß. Obwohl er ähnliche Situationen gewohnt ist, wirkt der Schriftsteller aufrichtig bewegt und weiß nicht recht, wie er reagieren soll. Das Publikum applaudiert noch immer. Er dreht sich rasch um, versteckt sich für einen Augenblick hinter dem Vorhang, richtet den Blick in die Höhe, bekreuzigt sich und wiederholt zum x-ten Mal das Dankgebet zum heiligen Joseph, der fast sechzig Jahre zuvor seine Wiedergeburt segnete – denn nur durch ein Wunder überlebte Paulo Coelho seine eigene Geburt.

2

Kindheit

*Mit elf Jahren eine Lehre fürs Leben: Wenn es schmerz-
haft wird, tritt die Flucht nach vorn an, dann ist der
Schmerz schnell vorbei.*

Paulo Coelho de Souza kam in der regnerischen Nacht zum
24. August 1947, dem Tag des heiligen Bartholomäus, in
dem Mittelschichtsviertel Humaitá in Rio de Janeiro in der
Klinik São José zur Welt. Als Totgeburt. Die Ärzte hatten
damit gerechnet, dass es bei der Entbindung Schwierigkeiten
geben würde, der ersten der jungen Hausfrau Lygia Araripe
Coelho de Souza, 23, verheiratet mit dem Ingenieur Pedro
Queima Coelho de Souza, 33. Das Kind sollte nicht nur der
Erstgeborene des Ehepaares werden, sondern auch das erste
Enkelkind der vier Großeltern sowie der erste Neffe der Tanten und Onkel auf beiden Seiten. Die Voruntersuchungen ließen auf ein erhebliches Risiko schließen. Offenbar hatte das
Kind eine fatale Mischung aus Mekonium – d. h. seinem eigenen Stuhl – und Fruchtwasser geschluckt. Danach konnte es
nur durch ein Wunder lebend zur Welt kommen. Da es sich im
Mutterleib nicht bewegte und keinerlei Absicht erkennen ließ,
sich in die Welt zu begeben, musste es mit der Zange geholt
werden. Als der Arzt das Kind genau fünf Minuten nach Mitternacht mit Hilfe von Drehbewegungen des Instruments her-

auszog, muss er ein leises Knacken gehört haben, wie von einem Bleistift, der zerbricht: Es war das zarte Schlüsselbein des Knaben, das dem Druck der Zange nicht standgehalten hatte. Doch das war nicht weiter beklagenswert – das Kind, ein Junge, war ja tot, offenbar erstickt an der Flüssigkeit, die ihn neun Monate lang geschützt hatte.

In ihrer Verzweiflung fiel Lygia, einer tiefgläubigen Katholikin, für ihren Hilferuf als erster der Name des Schutzheiligen der Klinik ein: »Heiliger Joseph, gib mir meinen Sohn zurück! Rette ihn, heiliger Joseph, du hast das Leben meines Kindes in deiner Hand!«

In Tränen aufgelöst, baten die Eltern, jemanden zu holen, der das Totgeborene mit der letzten Ölung versehen konnte. In Ermangelung eines Priesters kam eine in der Klinik arbeitende Nonne, doch dann mischte sich in die Schluchzer der Eltern ein Wimmern: Das Kind war keineswegs tot. Es lag in tiefem Koma, aber es lebte. Die Geburt war die erste Bewährungsprobe, die das Schicksal dem kleinen Jungen auferlegte – und er hatte sie bestanden.

Die ersten drei Tage auf der Welt verbrachte er in einem Brutkasten. Während dieser entscheidenden 72 Stunden wachte der Vater bei ihm. Als Paulo an seinem vierten Lebenstag aus dem Brutkasten genommen, aber weiterhin ständig beobachtet und intensiv versorgt wurde, war Pedro bereit, für eine Nacht nach Hause zu gehen und die Wache der Schwiegermutter Maria Elisa zu überlassen. Sechs Jahrzehnte später sollte Paulo, ohne zu zögern, behaupten, dies sei seine früheste Erinnerung: Obwohl er erst wenige Stunden alt war, habe er sofort gewusst, dass die Frau, die das Zimmer betrat, seine Großmutter ist. Trotz allem war das Kind offenbar gesund, es maß bei der Geburt 49 Zentimeter und wog 3330 Gramm. Laut Lygias ersten Eintragungen im »Baby-Album« hatte es dunkles Haar, braune Augen, helle Haut und ähnelte dem Vater (was nicht als Vorzug gelten konnte, denn im Gegensatz zu seiner Frau war der 1,80 Meter große Pedro nicht unbedingt schön). Seinen Namen erhielt das Kind zu Ehren eines an einem Herzinfarkt früh verstorbenen Onkels.

Bis auf eine leichte Bronchitis und später einem Keuchhusten hatte der Junge eine gesunde Kindheit. Mit acht Monaten sprach er das erste Wort, mit zehn Monaten brachen die ersten Zähne durch, und mit elf Monaten konnte er laufen, ohne jemals zu krabbeln. Lygia zufolge war er ein »sanftes, gehorsames, äußerst lebhaftes und intelligentes« Kind. Als er zwei Jahre alt war, kam seine einzige Schwester Sônia Maria zur Welt, der gegenüber er sich immer liebevoll verhalten und anscheinend nie Eifersucht verspürt hat. Mit drei Jahren lernte er, sich zu bekreuzigen, und später dazu, den lieben Gott um Gesundheit für seine Eltern, Großeltern, Cousins, Cousinen, Onkel und Tanten zu bitten. Bis zu seinem vierzehnten Lebensjahr wohnte die Familie in Rio in einem von elf Reihenhäusern, die der Vater gebaut hatte, in dem angenehmen Mittelschichtsviertel Botafogo. Das beste Haus und das einzige mit Garten bekamen die Schwiegereltern Lilisa und Tuca, denen auch das Grundstück gehörte. Ein Haus erhielt Pedro als Lohn für seine Arbeit, und die restlichen neun Häuser wurden verkauft, vermietet oder von Verwandten bezogen.

Die Coelhos waren so sehr um ihre Sicherheit besorgt, dass sie, obwohl die Reihenhausanlage durch eine hohe Pforte geschützt war, Türen und Fenster des Hauses ständig geschlossen hielten. Paulo und die anderen Kinder konnten ungestört spielen, solange sie sich innerhalb der Wohnanlage aufhielten. Schon von klein auf ließ Paulo eine originelle Persönlichkeit erkennen. Wenn er in einer Klemme steckte, setzte er zu einem Redeschwall an, der seinem Gegenüber zumeist allen Wind aus den Segeln nahm. Als Lygia ihn einmal bei einer Unfolgsamkeit erwischte, antwortete der Dreijährige:

»Weißt du, warum ich heute ungezogen bin, Mama? Weil mein Schutzengel heute nicht funktioniert. Er hat zu viel gearbeitet, jetzt ist seine Batterie leer.«

Zu seinen Lieblingsbeschäftigungen zählte, Großvater Tuca zu »helfen«, den Motor seines großen Packard zu reparieren. Für den stolzen Vater war dies der eindeutige Beweis dafür, dass sein Sohn zum Ingenieur berufen sei. Pedro besaß auch ein Auto, einen Vanguard, um einiges bescheidener als der Wagen des Schwiegervaters, dafür seltener kaputt, allerdings einfach deshalb, weil er so gut wie nie aus der Garage geholt wurde. Wenn die Familie sich in der Stadt per Bus bewegen konnte, gab es für den leicht erregbaren, prinzipientreuen Pedro Coelho keinen Grund, Geld für Benzin auszugeben.

Vermutlich gehört dies zu Paulo Coelhos frühesten Erinnerungen an die Jahre im Reihenhaus: die strenge Kontrolle des Vaters über die häuslichen Finanzen. Der Ingenieur Pedro Queima Coelho de Souza träumte davon, für seine Familie nicht nur ein so bescheidenes Heim wie das Reihenhaus zu bauen, sondern eine richtige Villa, mit Salons, einem Wintergarten, Veranden und mehreren Badezimmern. Den Grundstein für den Bau dieses Palastes bekam Pedro vom Schwiegervater Tuca geschenkt: ein vierhundert Quadratmeter großes Grundstück im vornehmen Stadtteil Gávea. Fortan wurden sämtliche nicht lebensnotwendigen Ausgaben gestrichen. »Da

wir ein Haus für alle bauen«, verfügte Dr. Pedro, wie er genannt wurde, »müssen alle ihre Ausgaben auf ein Minimum
beschränken.« Keine neuen Kleider, keine Geburtstagsfeiern,
keine Geschenke und kein Benzin für Autofahrten. »In der
Zeit damals hatten wir nichts«, sollte sich der Schriftsteller
später erinnern, »aber es hat uns auch an nichts gefehlt.« Das
Weihnachtsfest für die Kinder retteten Geschenke der Großeltern mütterlicherseits: deutsche Modelleisenbahnen und
französische Puppen. Erst als die Kinder ins Schulalter kamen,
wurde bei der eisernen Sparsamkeit eine Ausnahme gemacht:
Für Luxus gab es kein Geld, doch als Schule kam nur die beste
in Frage. Abgesehen von der Knauserei bescherte der Traum
vom Haus in Gávea der Familie eine weitere Unannehmlich-
keit. Anstatt das Ersparte zur Bank zu bringen, legte Dr. Pedro
es buchstäblich fest, nämlich in Stein und Kalk, an, in Bau-
material. Und da er keinen Schuppen hatte, wurde alles im Reihenhaus gelagert, bis genug Kapital zusammen war, dass mit
dem Bau begonnen werden konnte. Mit der Folge, dass die Ge-
schwister in ihrer Erinnerung ihre Kindheit zwischen Toilet-
tenschüsseln, Wasserhähnen, Zementsäcken und Kacheln verbrachten, die sich in allen Ecken des Hauses stapelten.

Die mageren Jahre bedeuteten jedoch keine Verarmung des
geistigen Lebens im Hause Coelho. Dr. Pedro kaufte zwar keine Schallplatten mit klassischer Musik, hörte aber trotzdem jeden Abend Arien, die sich deshalb dem Gedächtnis der Familie für immer einprägten. Wenn nicht gerade sein Plattenspieler
lief, konnten die Nachbarn, sofern sie vor dem Haus Nummer 11 die Ohren spitzten, Akkorde von Bach oder Tschaikowsky hören, die Lygia auf dem Klavier spielte, das sie in die
Ehe mitgebracht hatte. Außerdem war das Haus voller Bücher.

Anfang 1952 kam Paulo, inzwischen viereinhalb, in den Kindergarten São Patrício und blieb dort zwei Jahre. Da er später das Colégio Santo Inácio besuchen sollte, gab die Mutter ihn 1954 in die Grundschule Nossa Senhora das Vitórias. Sie galt als beste Vorbereitung auf das Colégio, das den Coelhos garantierte, was für sie wesentlich war: strenge und harte Disziplin, mit der die Jesuiten ihren Schülern das Wissen und vor allem den Glauben eintrichterten.

Was auch nötig schien, denn zumindest in Paulos Fall hatte die Abschirmung der Reihenhäuser, mit der die Kinder vor dem vielen Bösen da draußen geschützt werden sollten, offenbar versagt. Da zwei weitere Jungen in der Siedlung auch Paulo hießen (seine Cousins Paulo Arraes und Paulo Araripe), wurde er nur »Coelho« genannt. Zu Lygias und Pedros Schrecken bewahrheitete sich allmählich, was zunächst nur ein Verdacht gewesen war: Coelho war verantwortlich für allerlei merkwürdige Dinge, die sich in jüngster Zeit in der Siedlung zugetragen hatten. Zuerst war da dieses kleine Mädchen gewesen, das mit Füßen und Händen an einen Baum gefesselt gefunden wurde; sie wagte jedoch nicht, den Missetäter zu verraten. Dann hieß es, die Jungen organisierten im Schutz der Dunkelheit Wettrennen von Eintagsküken, die für alle Teilnehmer mit Ausnahme des Siegers mit dem Tod durch Erwürgen endeten. Eines Tages hatte jemand die Haarfestigerflakons der Mädchen geleert und sie mit Wasser gefüllt. Paulos um einige Jahre ältere Cousine Cecília Arraes, ein Opfer dieses Anschlags, entdeckte die Schuldigen. In einem Versteck der Jungen fand sie eine Mappe mit verräterischen Papieren. Das Ganze war das Werk einer »Geheimorganisation« mit Statuten, Vorstand und Sitzungsprotokollen. Die Organisation nannte sich Arco, ein aus den ersten beiden Buchstaben der Familiennamen der Übeltäter Paulo Araripe und Paulo Coelho zusammengesetztes Kürzel. Cecília nahm den künftigen Schriftsteller ins Verhör:

»Was ist das, diese Organisation Arco? Was macht sie? Wenn du mir's nicht sagst, geh ich zu deinen Eltern.«

Er bekam es mit der Angst:

»Das ist eine Geheimorganisation, deswegen darf ich überhaupt nichts sagen.«

Die Cousine ließ nicht locker, und er flehte sie an:

»Bitte, ich darf dir wirklich nichts erzählen. Höchstens, dass die Organisation Arco auf Sabotage spezialisiert ist.«

Und dann erzählte er: Das Wasser in Cecílias Haarfestiger und die Fesselung des Mädchens an den Baum waren Strafen dafür gewesen, dass sie die mit Kreide vor den Reihenhäusern gezogene Grenze zum Arco-Territorium überschritten hatten, zu dem Mädchen der »Zutritt verboten« war. Als in Haus Nummer 11 bekannt wurde, dass Paulo in all das verwickelt war, stand für Paulos Eltern fest: Es war an der Zeit, den Jungen in die harten, kundigen Hände der Jesuiten zu geben.

Die erste Veränderung, die sein Leben durch die Schule Nossa Senhora das Vitórias erfuhr, war die Umstellung des Stundenplans. Zur Vorbereitung auf das strenge Regime im Colégio Santo Inácio hatten die Schüler nicht mehr wie an allen anderen Schulen im Land am Samstag frei, sondern am Mittwoch. So konnte Paulo nur noch am Sonntag mit seinen Freunden in der Siedlung spielen.

In der Schule Nossa Senhora das Vitórias, die von Kindern im Alter von sieben bis elf Jahren besucht wurde, legte man großen Wert auf Leistung und gegenseitige Achtung. Eines der zehn Schulgebote lautete: »Wer weniger begabte oder weniger gebildete Klassenkameraden hänselt, verstößt gegen Anstand, christliche Nächstenliebe und Kameradschaftlichkeit.« Paulo hatte niemals Freude am Lernen. Er hasste ausnahmslos alle Schulfächer. Er büffelte nur, um die für eine Versetzung notwendigen Zensuren zu erhalten. In den ersten beiden Schuljahren zeigte er sogar weit überdurchschnittliche Leistungen und erreichte mehr als acht von möglichen zehn Punkten. Ab der dritten Klasse jedoch ging es bergab. Der Leistungsabfall lässt sich aus Paulos Brief zum Vatertag an Dr. Pedro ablesen:

Lieber Papa,

jetzt muss ich in Zukunft jeden Abend mit Dir lernen, weil ich in Mathe nur einen Punkt bekommen habe. Dabei bin ich überall sonst besser geworden. In Religion habe ich einen Sprung von null auf sechs gemacht, in Portugiesisch von null auf sechseinhalb. Nur in Mathe bin ich von viereinhalb auf zweieinhalb abgesunken. Und insgesamt bin ich in der Klasse vom 25. auf den 16. Platz aufgerückt.

Hochachtungsvoll,

Paulo

Der erwähnte 25. Platz war in Wirklichkeit der letzte, denn die Schulklassen in der Nossa Senhora das Vitórias, einer reinen Jungenschule, bestanden jeweils aus maximal 25 Schülern. Dass Paulo das Schlusslicht der Klasse war, bedeutete jedoch nicht, dass die Coelhos einen ausgemachten Dummkopf großzogen. Im Gegenteil. Ihr Sohn hasste die Schule, las aber für sein Leben gern. Er las Märchen, die Kinderbücher von Monteiro Lobato* und Tarzan, er las alles, was die Eltern ihm kauften oder Freunde ihm liehen. Mit der Zeit wurde Paulo der Geschichtenerzähler der Siedlung. Tante Cecília Dantas Arraes, deren Tochter Opfer des Anschlags auf den Haarfestiger gewesen war, erinnerte sich viel später noch gut an den »Jungen mit den dünnen Beinen und den viel zu weiten Shorts«, der, »wenn er nicht gerade einen Streich ausheckte, sich auf den Fußweg setzte und den um ihn versammelten Freunden Geschichten erzählte«.

Eines Abends saß er mit den Eltern und Großeltern vor dem Fernseher, es lief die berühmte Quizsendung *O Céu É o Limite*. Ein Lehrer beantwortete Fragen zur römischen Geschichte, und als der Quizmaster fragte, wer auf Julius Cäsar folgte, sprang Paulo auf und antwortete zum Erstaunen der Familie noch vor dem Kandidaten:

»Oktavian Augustus.«

Und er kannte nicht nur den Namen:

»Kaiser Augustus habe ich schon immer gemocht. Schließlich ist der Monat August, in dem ich geboren bin, nach ihm benannt.«

Mehr wissen als seine Freunde, damit kompensierte Paulo seine körperliche Schwäche. Dünn, schmächtig, klein, sowohl in der Siedlung als auch in der Schule hieß er das »Fell«, wie damals in Rio einer genannt wurde, der bei Prügeleien immer nur einsteckte, aber nie selbst austeilte. Als bevorzugtes Opfer seiner Klassenkameraden hatte er schnell heraus, wie er sich hervortun und durchsetzen konnte: mit Kenntnissen, die sonst

* Der bedeutendste brasilianische Kinderbuchautor aller Zeiten

75

keiner hatte, und mit Geschichten, die sonst keiner kannte. In der Gewissheit, dass er nie zu den Besten zählen würde, nahm er an sportlichen Wettkämpfen in der Schule nur teil, wenn es dafür eine Note gab. Als er jedoch erfuhr, dass es einen Aufsatzwettbewerb für Schüler der dritten Klasse gab, wollte er sich daran beteiligen. Das Thema hieß ›Der Vater der Luftfahrt‹, Alberto Santos Dumont, und der Aufsatz durfte nicht mehr als zwei handgeschriebene Heftseiten umfassen. Paulo verfasste seinen Text ohne jede fremde Hilfe:

Es war einmal ein Junge, der hieß Alberto Santos Dumont. Jeden Morgen sah Alberto die Vögel fliegen und dachte manchmal: »Wenn die Adler fliegen können, warum soll ich nicht auch fliegen können, wo ich doch intelligenter als ein Adler bin?« Da beschloss Santos Dumont, es zu studieren, sein Vater und seine Mutter Francisca schickten ihn auf eine Modellflugzeugschule.

Viele Menschen hatten schon versucht zu fliegen, so wie Pater Bartolomeu und Augusto Severo. Bei diesem ist der Ballon, den er gebaut hatte, abgestürzt, und er ist gestorben. Aber Santos Dumont gab nicht auf. Er baute ein Luftschiff, das ist eine Röhre voller Gas, und flog los, rund um den Jefelturm [sic] in Paris und landete auf demselben Platz, wo er abgeflogen war.

Dann wollte er ein Luftschiff bauen, das schwerer war als Luft. Das Gestell wurde aus Bambus und Seide gebaut. 1906 wurde das Flugzeug im Park von Bagatelle ausprobiert. Viele Leute lachten, weil sie glaubten, es würde nicht fliegen. Der Versuch begann, Santos Dumont lief mit seinem 14 bis-Fluggerät mehr als 220 Meter, plötzlich

hoben die Räder ab. Als die Menge das sah, riefen sie
»Ho!«, und fertig. Die Luftfahrt war erfunden.

Die Schüler sollten selbst darüber abstimmen, welches der
beste Aufsatz war. Paulo glaubte offenbar so wenig an sich, dass
er selbst für den Aufsatz eines Klassenkameraden stimmte.
Groß war seine Überraschung, als er nach der Auszählung erfuhr, dass er gewonnen hatte. Der Klassenkamerad, für den er
gestimmt hatte, kam auf den zweiten Platz, wurde aber dis-
qualifiziert, als sich herausstellte, dass er seinen Text komplett
aus der Zeitung abgeschrieben hatte.

Doch seine guten Leistungen im Schreibwettbewerb schlu-
gen sich nicht in seinen Schulnoten nieder. Als die Aufnahmeprüfung für das Colégio Santo Inácio anstand, halfen all die
Strenge des Nossa Senhora das Vitórias und die vom harten
Schulregiment auferlegten Opfer nichts, und Paulo fiel durch.
Die Strafe folgte auf dem Fuß: Zur Vorbereitung auf die Wiederholungsprüfung musste er in Rio bleiben und Nachhilfeunterricht nehmen, anstatt mit der Familie in die alljährlichen
Ferien nach Araruama zu fahren, einer netten Stadt hundert
Kilometer nördlich von Rio an einer Lagune unweit der Küste
gelegen, wo ein Onkel wohnte. Damit er keine Zeit hatte, Unsinn zu machen, entschied die Mutter, die sich auch wegen
Paulos körperlicher Schwäche Sorgen machte, dass er vormittags an einem Sportkurs in einer Ferienkolonie in der Festung
São João teilnehmen sollte, einer Einrichtung des Militärs in
dem ruhigen, romantischen, zentral gelegenen Stadtteil Urca.
Zu zwei Dingen gezwungen, die er hasste – vormittags Sport
und nachmittags Unterricht –, kam es Paulo vor, als müsste er
für zwei Monate in die Hölle.

Jeden Morgen fuhr Lygia mit ihm im Bus von Botafogo nach Urca und lieferte ihn bei den Schindern ab. Der Höhepunkt des Alptraums war der verfluchte Sprung in den Fluss, zu dem die Jungen – etwa fünfzig an der Zahl – jeden Tag gezwungen wurden, nachdem sie endlose Kniebeugen, Läufe und Turnübungen am Barren absolviert hatten. Immer unter Aufsicht erwachsener Lehrer mussten die Jungen sich in einer Reihe aufstellen und von einer Brücke in das eiskalte Wasser des Flusses springen, der rund um die Festung im Wald verläuft. Obwohl Paulo wusste, dass keiner ertrinken oder sich verletzen konnte, versetzte ihn allein der Gedanke daran schon in Panik. In den ersten Wochen war er immer der Letzte in der Reihe. Bis er dran war, das Geländer zu umfassen und ins Leere zu springen, litt er jeden Bruchteil jeder einzelnen Sekunde. Das Herz klopfte ihm bis zum Hals, der kalte Schweiß brach ihm aus, am liebsten hätte er geweint, nach der Mutter gerufen, zu allem war er bereit, wenn er nur nicht springen musste. Doch die Angst, als Feigling dazustehen, war größer, und er fand sich damit ab, täglich zu leiden. Eines Tages aber entdeckte er, ganz ohne fremden Rat, die Rettung: »Wenn ich als Erster dran bin, muss ich nicht so lange leiden.«

Das Problem war gelöst. »Nicht dass ich keine Angst mehr vorm Springen gehabt hätte«, erinnerte er sich später. »Doch mein Leiden hatte ein Ende, und ich lernte meine erste Lektion fürs Leben: Wenn es schmerzhaft wird, tritt die Flucht nach vorn an, dann ist der Schmerz schnell vorbei.« Letztlich waren die zwei Monate verschwendete Zeit und hinausgeworfenes Geld. Paulo fiel auch in der Wiederholungsprüfung durch, und das Resultat des Sportkurses in der Festung São João war noch kümmerlicher. Wann immer Paulo in einen

Streit geriet, musste er einstecken. Als er einmal aus der Schule weinend nach Hause kam und seiner Mutter erzählte, er sei wieder von einem Schulkameraden verprügelt worden, reagierte Lygia mit Härte. »Was soll das?«, sagte sie, anstatt ihren Sohn zu trösten. »Du lässt dich in der Schule verprügeln und willst dich dann heulend unter Mamas Rock verkriechen?« Da es sich in diesem Fall um einen älteren Jungen handelte, ging sie allerdings doch in die Schule und erstattete Anzeige, rügte aber gleichzeitig das Verhalten ihres Sohnes als eines Zöglings des Gotteskriegers Inácio de Loyola nicht würdig.

Wesentlich aber war, dass Paulo die Aufnahmeprüfung ins Santo Inácio im folgenden Jahr beim zweiten Anlauf nicht nur schaffte, sondern auch noch mit der glänzenden Durchschnittsnote von 8,3. Derart hohe Noten sicherten nicht nur den Zugang zu der Schule, sondern verliehen dem Prüfling auch noch einen »Adelstitel« – seine 8,3 bedeutete, dass er fortan »Graf« Paulo Coelho de Souza hieß. Sollte seine Leistung sich im Laufe des Schuljahres noch steigern, konnte er zum »Marquis« befördert werden oder gar, wovon alle Eltern träumten, zum »Herzog«, einem Titel, der einzig denen zugestanden wurde, die das Jahr mit der Höchstnote 10 in allen Fächern abschlossen.

Doch diese Freude sollte er seinen Eltern nicht bereiten. Die Aufnahmeprüfung ins Gymnasium blieb der einzige glorreiche Moment seiner Schullaufbahn, von der Vorschule bis zur Universität. Wenn man seine Schulzeugnisse graphisch darstellen würde, so sähe man eine ab 1959 kontinuierlich absteigende Kurve, die erst 1965 mit dem Abschluss im naturwissenschaftlichen Zweig auf einer der schlechtesten Schulen von Rio de Janeiro endet. Es war, als ob er seinen Eltern sagen wollte: Euer Traum, einen Sohn auf dem Santo Inácio zu haben, ist in Erfüllung gegangen, aber jetzt lasst mich in Ruhe. Die Note 8,3 war wohl, wie er es viele Jahre später formulierte, seine letzte Großtat in der Welt der Normalen.

3

Die Schulzeit

Die Mutter will ihm den Traum ausreden, Schrift-
steller zu werden: »Einen Jorge Amado gibt es nur
ein Mal, mein Sohn.«

Wenn der Teufel sich in den ehrwürdigen Mauern des
Colégio Santo Inácio versteckte, so lag das Paradies
rund hundert Kilometer von Rio entfernt und hatte den Namen Araruama. Dort verbrachte Paulo die Schulferien, fast
immer zusammen mit seiner zwei Jahre jüngeren Schwester
Sônia Maria. Wenn die häuslichen Finanzen es erlaubten – was
selten der Fall war, da ja jeder Überschuss für den Hausbau in
Gávea abgezweigt wurde –, fuhren sie in den Norden, nach
Belém im Bundesstaat Pará, wo die Großeltern väterlicherseits
lebten.

Das für seine zahllosen Salinen berühmte Araruama hatten
die Coelhos sich nicht wegen seiner Naturschönheiten oder der
Heilwirkung seines Sandes ausgesucht, sondern weil sie dort
alle bei einem Großonkel von Paulo wohnen konnten, dem
exzentrischen José Braz Araripe. Als Maschinenbauingenieur
war er in den zwanziger Jahren von der staatlichen Schiff-
fahrtsgesellschaft Lóide Brasileiro zum Leiter der Reparatur-
werkstätten bestellt worden, die der Lóide in den Vereinigten
Staaten unterhielt. Zusammen mit Fernando Iehly de Lemos,

einem anderen brasilianischen Ingenieur, hatte er dort jede freie Minute an den Drehbänken und in den Labors der Firma verbracht und an einer Erfindung gearbeitet, die sein Leben verändern sollte – und das Leben von Millionen Verbrauchern in der ganzen Welt, wovon die überwältigende Mehrheit der Brasilianer aber keine Ahnung hat: Er erfand das Automatikgetriebe für Autos. Onkel José ging von einem Getriebeprototyp aus, 1904 von den Gebrüdern Sturtevant aus Boston konstruiert, der jedoch nie in Serienproduktion gegangen war, weil das Getriebe nur über zwei Gänge verfügte und lediglich mit hochtourig laufendem Motor funktionierte. Erst 1932, nach Tausenden von Testläufen, wurde die revolutionäre Erfindung von Araripe und Lemos endlich patentiert. Im selben Jahr kaufte General Motors ihnen das Recht für die Serienproduktion ab – zu der es dann 1938 kam, als GM bekanntgab, Wagen der von ihnen produzierten Marke Oldsmobile könnten auf Wunsch mit dem System Hydra-Matic, der größten Neuigkeit seit Erfindung des Autos, ausgestattet werden, ein Luxus, für den der Verbraucher zusätzlich siebzig Dollar zahlen müsse, etwa ein Zehntel des Kaufpreises. Über die Vergütung der beiden Brasilianer gibt es widersprüchliche Berichte: Manchen zufolge erhielt jeder ein kleines Vermögen bar auf die Hand, und damit hatte es sich dann. Andere Quellen behaupten, beide hätten dafür optiert, zeit ihres Lebens einen bestimmten Prozentsatz von jedem verkauften Getriebe zu erhalten. So oder so, seitdem war Geld für Araripe kein Thema mehr.

Mit einem gut gepolsterten Bankkonto und bar aller Zukunftssorgen kündigte er beim Lóide und kehrte nach Brasilien zurück. Normalerweise wäre er wieder nach Rio gegangen, wo die Verwandtschaft lebte. Doch er hatte in den USA einen kleinen Arbeitsunfall erlitten und konnte seinen linken Arm nur noch eingeschränkt bewegen – und irgendjemand hatte ihm erzählt, der schwarze Sand von Araruama sei ein probates Heilmittel. Also zog er dorthin, kaufte ein großes Grundstück in der Rua Oscar Clark, einer der Hauptstraßen der Stadt, und baute etwas ganz Extravagantes, ein Haus mit sechs Schlafzimmern, aus dem alle Zwischenwände und Möbel entfernt werden konnten. Auf Knopfdruck zogen sich Wände, Betten und Tische zurück, und das Wohnhaus verwandelte sich innerhalb weniger Minuten in eine geräumige Halle, in der Onkel José an seinen Erfindungen weiterarbeiten konnte.

Im Hochsommer sanken die Wände und Möbel auf Knopf-druck an Flaschenzügen herab, damit das Haus die Kinder-schar aufnehmen konnte. In der Ferienzeit verschwanden die Wände einmal pro Woche und machten Platz für einen pro-fessionellen 35-Millimeter-Projektor – die Halle verwandelte sich in einen Kinosaal. In manchen Jahren nahm Onkel José bis zu zwanzig Sommergäste auf, Großneffen, deren Anhang und die wenigen Erwachsenen, die den unmöglichen Auftrag hatten, auf die Kinder aufzupassen. Die Eltern rümpften die Nase über den verrückten Onkel, doch die Annehmlichkeiten, die er ihnen bot, waren ihnen wichtiger. Besorgte Mütter flüs-terten einander ins Ohr, José sei nicht nur Atheist, sondern ver-anstalte auch Vorführungen von pornographischen Filmen, wenn nur Jungen im Haus seien – was tatsächlich stimmte. Der gut Sechzigjährige, der nie geheiratet hatte – sehr viel später stellte sich heraus, dass es irgendwo eine Tochter gab –, zog nur zu besonderen Gelegenheiten seinen ölverschmierten Me-chanikeroverall aus (unter dem er nie eine Unterhose trug), was ihm häufiger Unannehmlichkeiten bescherte. Als er sich zum

Beispiel ein neues Auto anschaffen wollte, fuhr er nach Rio, ging zu mehreren Händlern und entschied sich schließlich für einen nagelneuen Mercedes. Doch erst nach vielen Anrufen und Nachfragen bei der Bank konnte er den Wagen mitnehmen, denn der Verkäufer wagte nicht, ein so teures Fahrzeug einem Mann in einem dreckigen Overall zu übergeben, zumal dieser hinten ein Loch hatte, das den Blick auf seinen weißen Hintern freigab. Als selbstloser, großzügiger Mensch ließ José die Nachbarn an den Extravaganzen seines Hauses teilhaben. Nachdem er erfahren hatte, dass sein frischgekaufter Fernsehapparat der einzige in der Stadt war, drehte er, ohne mit der Wimper zu zucken, das schwere Möbel zur Straße hin und errichtete eine improvisierte Tribüne, damit alle von sieben bis zehn Uhr abends der neuen Leidenschaft der Nation frönen konnten.

Michele Conte und Jorge Luiz Ramos, zwei Freunde aus Araruama, erinnern sich, dass Paulo jedes Jahr etwas Neues aus Rio mitbrachte. Einmal war es das Diana-Luftgewehr, mit dem er seinen ersten Vogel schoss, eine Jacarini-Ammer, deren schwarze Flügel sorgfältig vom Körper abgetrennt und, versehen mit dem Datum und Details über den Vogel, auf Papier geklebt wurden (und später als Trophäe aus der Kindheit im Haus des Schriftstellers in Rio aufbewahrt). Im Jahr darauf erschien er mit einer Taucherbrille und Schwimmflossen, was Onkel José dazu anregte, ihm eine Harpune für die Unterwasserjagd anzufertigen, deren Pfeile wie bei einer mittelalterlichen Armbrust mit Hilfe einer Drahtfeder abgeschossen wurden.

Wie alle anderen Jungen im Haus stand Paulo jeden Morgen noch bei Dunkelheit auf. In Araruama erinnert man sich an ihn als an einen Jungen mit dünnen Beinen, in Kniestrümpfen, weit geschnittener kurzer Hose und fast immer mit einem Taschentuch in der Hand, um die anscheinend ständig laufende Nase abzuwischen. Die Jungenbande verschwand in Richtung Wald und Seen der Umgebung, klaute Boote zum Fischen, kletterte in Obstgärten, erkundete Grotten und Höhlen. Wenn sie abends zurückkamen, wurde die Ausbeute der Expedition – mit dem Luftgewehr geschossene Täubchen oder ein paar mit der Harpune von Onkel José erlegte Fische – der Köchin Rosa übergeben, die dann alles fürs Abendessen putzte und zubereitete. Nicht selten kam einer von ihnen verletzt nach Hause. Einmal wurde Paulo auch vom Wildhüter beim Wildern erwischt.

Wenn Lygia zum Wochenende in Araruama auftauchte, um ihre Kinder zu besuchen, kam sie in Feierlaune. Sie griff zur Gitarre und spielte bis spät in die Nacht Lieder des mexikanischstämmigen amerikanischen Sängers Trini Lopez oder des brasilianischen Jungstars Roberto Carlos.

Das Einzige, wozu Paulo keine Lust hatte, waren Karnevalsfeste. Die Umzüge in Kostümen in Rio gefielen ihm, doch Tanzen fand er schrecklich. Er kam sich albern vor, wenn seine Freunde ihn zwangen, in Araruama auf den Karnevalsfesten herumzuhüpfen. Um sich nicht zu blamieren, ging er im Club immer als Erstes direkt zur Toilette, hielt sein Hemd unter den Wasserhahn und zog es klitschnass wieder an. Wenn ihn jemand aufforderte, sich den Leuten anzuschließen, die in einer Schlange durch den Saal tanzten, hatte er eine gute Ausrede parat:

»Ich habe gerade getanzt, sieh nur, wie verschwitzt ich bin. Ich mache erst mal eine Pause, bis nachher.«

In Araruama hatte er auch seinen ersten Rausch. Zwei heimlich in Rio besorgte Flaschen Rum, tief im Koffer zwischen der Kleidung versteckt, wurden an einem einsamen Strand von Paulo und zwei Freunden binnen weniger Minuten geleert. Paulo war so betrunken, dass er am Strand einschlief und erst Stunden später verquollen und von der Sonne verbrannt aufwachte. Tagelang ging es ihm schlecht. Der Rausch wirkte so nachhaltig, dass er sein Leben lang nie viel trinken sollte. Auch zum ersten Kuss kam es während eines solchen Ferienaufenthalts. Zwar brüstete er sich gern vor seinen Freunden theatralisch damit, das Schicksal habe »für meinen ersten Kuss eine andere vorgesehen – eine Prostituierte«, doch tatsächlich bekam er ihn in dem harmlosen Ambiente von Araruama, und zwar von Élide, auch Dedê genannt, der älteren Schwester seines Freundes Michele, die ein wenig jünger war als Paulo und später offiziell als die erste Freundin des Schriftstellers galt. Auch seine ersten sexuellen Abenteuer ereigneten sich in Araruama. Er hatte herausgefunden, dass die von Onkel José angefertigten Trennwände aus leichten und nicht besonders dicken Holzplatten bestanden, damit sie mühelos hochgezogen werden konnten. Also bohrte Paulo, ganz leise, damit niemand es hörte, mit seinem Taschenmesser ein Loch in die Wand neben seinem Bett. Das Loch wurde groß genug, um ihm vor dem Einschlafen ein einzigartiges Schauspiel zu bescheren – er konnte die Cousinen, die im Zimmer nebenan schliefen, splitternackt sehen. Beim ersten Mal war es ein Schock: Als seine staunenden Augen feststellen mussten, dass die Scham der Mädchen mit krausem Haar bedeckt war, setzte sein Atem aus, er bekam Herzrasen und ein Zittern in den Beinen. Er war so aufgeregt, dass er fürchtete, er habe einen Asthmaanfall und alles werde auffliegen.

Ja, das war die schlechte Nachricht, die mit der Pubertät kam. Die Atembeschwerden, die ihn schon seit der Geburt plagten, hatten sich zu einem quälenden Asthma ausgewachsen. Ausgelöst wurden die Anfälle durch klimatische Veränderungen, Staub, Schimmel, Rauch, aber wann sie auftraten, konnte man nie vorhersagen. Sie begannen mit Atemnot, Husten und Pfeifen in der Brust und führten schließlich zu Erstickungsgefühlen. Seit die Krankheit zum ersten Mal aufgetreten war – auf einer kurzen Reise der Familie an den Strand von Guarapari im Bundesstaat Espírito Santo –, hatte Paulo immer eine Tasche voller Hustensäfte, Mittel zur Erweiterung der Bronchien (im allgemeinen Cortisontabletten) und die unverzichtbare »Sprühpumpe«. Nicht selten wachten die Eltern abwechselnd nächtelang an seinem Bett, damit sie im Notfall eingreifen konnten. In ihrer Verzweiflung ging Lygia sogar mit ihm zu einem spiritistischen Arzt, den Freunde ihr empfohlen hatten. Als sie vor ihm saßen, blickte der Mann Paulo fest in die Augen und sagte nur vier Wörter:

»Ich sehe Doktor Fritz.«[*]

Das genügte, Lygia nahm ihren Sohn an der Hand, murmelte »das hier ist kein passender Ort für Christenmenschen« und ging. Wenn das Asthma fern der mütterlichen Fürsorge in Araruama auftrat, gingen mehr Briefe als sonst zwischen Paulo und seiner Mutter hin und her. »Kannst du nicht mit Tante Elisa kommen und mich pflegen?«, bat er weinerlich, was wiederum besorgte Telegramme von Lygia an die Tante

---

[*] Doktor Fritz war im 1. Weltkrieg deutscher Militärarzt, dessen Geist in Brasilien angeblich in Menschen im Trancezustand fährt und sie dann Patienten operieren oder sonst wie behandeln lässt. Wenn sie aus der Trance erwachen, wissen sie nichts mehr von dem, was sie getan haben.

zur Folge hatte, die sich in Araruama um die Kinder kümmerte. »Bin in größter Sorge wegen Paulos Asthma. Der Arzt hat für drei Tage nacheinander je eine Ampulle Reductil und zwei Tabletten Meticorten verordnet. Gib Nachricht.«

Zwar sagte Paulo, er habe immer gern Briefe bekommen, aber selbst sehr ungern geschrieben. Doch kaum hatte er das Schreiben gelernt, verfasste er zu allen Feiertagen seitenlange Briefe, vor allem an die Eltern. Ihr Inhalt verriet einen reifen, sensiblen Jungen, der sich Sorgen um seinen schlechten Ruf als frecher und schlechter Schüler machte. Die Briefe an Lygia waren zuckersüß und strömten über von Zärtlichkeiten, so wie diese Zeilen, die er als Neunjähriger zum Muttertag im Mai 1957 verfasste:

Liebe Mama,

nein, wir brauchen nicht den 8. Mai, um daran zu denken, wie viel Gutes wir von Dir bekommen haben. Deine nie nachlassende Freundlichkeit und Fürsorge, obwohl wir so oft hässlich und ungehorsam sind […]

Aber es ist wirklich Deine Liebe, die uns vergibt. Diese Liebe, die so dehnbar wie ein Kaugummi ist, aber nie zerplatzt… Möge Gott Dich behüten, liebe Mama, und verzeih mir meine Fehler, denn ich bin doch noch so klein und verspreche, mich so bald wie möglich zu bessern.

Liebevoll

Paulinho

Die Briefe an den Vater waren förmlicher und enthielten fast immer eine Forderung:

Lieber Papa,

hast Du meine Flugblätter schon drucken lassen? Und das neue Haus, geht es weiter vorwärts? Wann ziehen wir um?

Ich rechne mit Deinem Besuch beim nächsten Mal.

Mit freundlichen Grüßen

Paulo Coelho

Mit der Zeit wurde das Briefeschreiben für ihn zur Gewohnheit. Er schrieb an die Eltern, Tanten und Onkel, Großeltern und Freunde. Wenn ihm keine weiteren Adressaten mehr einfielen, notierte er seine Gedanken einfach auf Zetteln und bewahrte sie an einem geheimen, vor indiskreten Blicken geschützten Ort auf. Mit zwölf Jahren kaufte er sich einen kleinen Taschenkalender und trug fortan jeden Tag etwas ein. Er schrieb immer mit Tinte, in noch unregelmäßiger Schrift, aber mit wenigen Fehlern. Anfangs notierte er die für Jugendliche typischen Aufgaben – »meinen Tisch aufräumen«, »Freds Geburtstag« oder »Telegramm an Opa Cazuza«. Bald jedoch schrieb er nicht mehr nur auf, was er tun musste, sondern auch, was er getan, gesehen oder ganz einfach gedacht hatte. Mitunter waren es kurze Eintragungen mit Stichwörtern, die wohl nur ihm etwas sagten, zum Beispiel »mit Zeca S. tauschen«, »Papa: Gleichungen« oder »Teil E vom Plan machen«. Aus dieser Zeit stammt der erste Entwurf eines prosaischen und nicht unbedingt der Wahrheit entsprechenden Selbstporträts:

Ich bin am 24. August 1947 in der Klinik São José zur Welt gekommen. Von klein auf wohne ich in dieser Siedlung. Ich habe schon drei verschiedene Schulen besucht, und in allen hat man mich wegen der Art, wie ich mich kleide, für einen Prinzen gehalten. In allen Schulen, die ich besucht habe, hatte ich immer gute Zensuren.

Ich gehe gern zur Schule, aber ich spiele auch gern. Für Opern oder romantische Musik habe ich mich nie interessiert. Rock 'n' Roll kann ich nicht leiden, aber Música Popular Brasileira mag ich sehr gern. Karneval mag ich nur, wenn ich zu Kostümbällen mitgenommen werde.

Ich liebe Abenteuer, vor gefährlichen Sachen habe ich aber Angst. [...] Ich habe schon mehrere Freundinnen gehabt. Sport liebe ich. Mein Lieblingsberuf ist Chemiker, weil ich gern mit Gläsern und Arzneien hantiere. Ich gehe gern ins Kino und angeln und baue Modellflugzeuge.

Ich lese gern Comichefte und mache auch Kreuzworträtsel. Picknicks und Ausflüge kann ich nicht leiden und anstrengende Sachen auch nicht.

Regelmäßig über sich selbst oder über Dinge aus seinem Alltag zu schreiben gefiel Paulo so sehr, dass er bald alles festhielt – zum Teil in einem handgeschriebenen Tagebuch, zum Teil diktierte er in einen Kassettenrekorder und bewahrte die Bänder auf. Als erste Computer aufkamen, ging er von den spiralgebundenen Heften zu digitalen Dateien über. Er packte seine gesamten bisherigen Aufzeichnungen zusammen und steckte alles – intime Notizen aus immerhin vier Jahrzehnten – in eine Truhe mit Vorhängeschloss. In den 170 dicken, von Hand vollgeschriebenen Heften und 94 Kassetten ruhten Details aus seinem Leben und seiner Seele aus dem Zeitraum von 1959, als er zwölf war, bis 1995, als er, 48-jährig, dazu überging, direkt in den Computer zu schreiben. Der damals bereits berühmte

Schriftsteller bestimmte in seinem Testament, die Truhe solle sofort nach seinem Tod mitsamt ihrem Inhalt verbrannt werden. Später wurde die Bestimmung zugunsten dieser Biografie widerrufen. Tagebücher werden im Allgemeinen ohne großen zeitlichen Abstand zu den beschriebenen Erlebnissen geschrieben und stellen für den Verfasser eine Art kathartische Übung dar. Dies ist auch bei Paulos Tagebüchern der Fall, in denen Coelho seiner dunklen Seite mehr Raum gibt als seinen positiveren, sensibleren Seiten, den Erfolgen und Glücksmomenten.

Das Tagebuch erlaubt dem Verfasser, seiner Phantasie freien Lauf zu lassen. Im Gegensatz zu dem, was er schrieb, war Paulo selten sorgfältig gekleidet, er verabscheute die Schule und sportliche Betätigung, und seine Flirts führten nicht immer zu einem Happy-End. Nach seiner Rechnung konnten als Freundinnen gelten: Cousine Cecília (die mit dem Haarfestiger); Mônica, Nachbarin aus der Siedlung; Dedê, die mit dem ersten Kuss in Araruama, und Ana Maria, Tatá genannt, eine bildhübsche kleine Brünette mit Zahnspange. Verwirrend wie Jugendlieben so sind, warf es ihn völlig aus der Bahn, als Tatá in sein Leben trat, was er in dramatischem Tonfall schilderte. »Zum ersten Mal habe ich wegen einer Frau geweint«, schrieb er. »Durch sie habe ich erlebt, was es heißt, unglücklich zu sein und die Freude am Leben zu verlieren.« Nachts wälzte er sich schlaflos im Bett und sah sich als Figur einer Tragödie des Dramatikers Nelson Rodrigues: Als er auf dem Fahrrad am Haus der Angebeteten vorbeikommt, wird er von einem Auto angefahren und stürzt blutüberströmt zu Boden. Sie kommt von irgendwoher, kniet sich hin, beugt sich weinend über ihn, gerade noch rechtzeitig, um seine letzten Worte zu hören:

»Dies ist mein Blut. Es wurde für dich vergossen. Vergiss mich nicht …«

Obwohl es nur eine platonische Liebe war, waren ihre Eltern sofort dagegen. Angesichts des Verbots, mit dem »merkwürdigen Jungen« zu gehen, fühlte das Mädchen sich bei der Ehre gepackt und widersetzte sich der Familie. Die Mutter habe sie sogar verprügelt, erzählte sie Paulo, trotzdem ließ sie nicht von ihm ab. Paulo war für die Ferien in Araruama, als die Nachricht per Post kam, zwei Zeilen, geschrieben von Chico, einem Freund aus der Siedlung: »Tatá lässt ausrichten, dass es aus ist. Sie hat einen neuen Freund.« Für Paulo war es, als stürzte Onkel Josés Haus über ihm zusammen. Denn er hatte nicht nur seine Freundin verloren, sondern auch sein Ansehen bei den Freunden, eine Frau hatte ihn gemein betrogen, ihm Hörner aufgesetzt. Er konnte alles akzeptieren, nur nicht, »sein Ansehen in der Siedlung zu verlieren«. Deshalb dachte er sich eine abenteuerliche Geschichte aus und teilte sie am nächsten Tag seinem Freund ebenfalls per Brief mit: Chico erhielt Vollmacht, allen das Geheimnis um seine Liebschaft mit Tatá zu verraten. In Wirklichkeit habe er gelogen, er habe nie etwas für sie empfunden, da er aber ein »Geheimagent des CIC – Central Intelligence Center – sei, einer Spionageorganisation der Vereinigten Staaten«, habe er den Auftrag erhalten, die Daten des Mädchens zu erfassen. Einzig aus diesem Grund habe er sich für sie interessiert. Nach Erhalt eines neuen Briefes von Chico eine Woche später notierte er in sein Tagebuch: »Er hat mir meine Geschichte geglaubt, doch von nun an muss ich mit öffentlichen Lügen leben. Der Schein ist gewahrt, doch mein Herz brennt.«

Auch Lygia und Pedro brannte das Herz, aber nicht vor

Liebe. Die ersten Monate ihres Sohnes im Gymnasium Santo Inácio waren ein Desaster gewesen. Wenn die Zeugnisse mit den Monatszensuren ausgegeben wurden, gab es zu Hause Krach. Während Paulos Schwester Sônia Maria im Jacobina auf den ersten Plätzen glänzte, ging es mit Paulo bergab. Bis auf ganz wenige Ausnahmen – im Allgemeinen in so unwichtigen Fächern wie Chorgesang oder Werken – erreichte er kaum die Durchschnittsnote Fünf, die für ein Verbleiben an der Schule verlangt wurde. Erst nach Einführen einer strengen Kontrolle zu Hause, die ihn zu stundenlangem Lernen zwang, und dank Nachhilfeunterricht in mehreren Fächern konnte er das erste Jahr beenden, wenn auch mit der mickrigen Durchschnittsnote 6,3. Im zweiten Jahr wurde es noch schlimmer. Im Chorgesang erhielt er weiterhin gute Zensuren, aber er schaffte nicht einmal die Mindestdurchschnittsnote in den Fächern, auf die es ankam, und das waren Mathematik, Portugiesisch, Geschichte, Geographie, Latein, Englisch … Die Eltern waren jedoch davon überzeugt, dass ihr Sohn gute Anlagen hatte und dass die eiserne Hand der Jesuiten ihn auf den richtigen Weg führen würde.

Mit der Zeit wurde Paulo immer schüchterner, verschlossener und unsicherer. Er verlor sogar das Interesse an dem Lieblingsvergnügen der Schulkameraden vom Santo Inácio: vor dem Colégio Jacobina, das seine Schwester Sônia Maria besuchte, Wache zu halten und zu sehen, wie die Mädchen herauskamen. Ein erquickender Anblick, den viele ihr Leben lang in Erinnerung behielten, wie etwa der Schriftsteller und Drehbuchautor Ricardo Hofstetter, ein ehemaliger Santo-Inácio-Schüler:

»Es war ein magisches Vergnügen, die zwei oder drei Straßen weiter zu gehen und zu sehen, wie sie herauskamen. Noch heute habe ich dieses Bild im Kopf: die zarten, wunderbaren Beine der Mädchen, halb sichtbar, halb von den Faltenröcken bedeckt. Sie kamen in Gruppen heraus, in Gruppen von Beinen und Faltenröcken, die der Wind noch interessanter machte. Alle, die es schafften, behaupten steif und fest, es sei das Schönste auf der Welt gewesen, aber ich habe nie eine Freundin vom Jacobina gehabt.«

Paulo auch nicht. Weder vom Jacobina noch von einer anderen Schule. Abgesehen von den Flirts und den harmlosen Briefchen, die er mit den Mädchen aus der Siedlung oder aus Araruama tauschte, hatte er als Jugendlicher noch keine richtige Freundin gehabt. Wenn er sich mit seinen Freunden traf und alle mit ihren aufregenden Eroberungen prahlten – in Wirklichkeit nichts weiter als flüchtige Küsse, Händedrücken und gelegentliches Knutschen –, war er der Einzige, der von keinem Abenteuer erzählen konnte. Was sein Aussehen betraf, so war er nicht vom Schicksal begünstigt. Sein Kopf war zu groß für den schmächtigen Körper und die schmalen Schultern. Seine Lippen waren voll wie die des Vaters, und die Nase wirkte in dem Gesicht eines Jungen seines Alters zu groß. Paulo wurde immer mehr zum Einzelgänger und vergrub sich in Büchern – nicht in solchen, deren Lektüre die Pater vom verhassten Santo Inácio verlangten, sondern in Abenteuergeschichten und Romanen. Obwohl er zu einem regelrechten Bücherwurm geworden war, wirkte sich dies nicht auf seine Schulleistung aus. Wenn zum Jahresabschluss in einer öffentlichen Feier die bes-

94

ten Schüler ausgezeichnet wurden, konnte er regelmäßig zusehen, wie seine Schulkameraden – von denen einige später im öffentlichen Leben Brasiliens eine Rolle spielen sollten – Zeugnisse und Medaillen entgegennahmen, während er niemals auf die Bühne gerufen wurde. Jedenfalls hätte Paulo um ein Haar das Jahr nicht erfolgreich beendet und sich eine andere Schule suchen müssen, denn Sitzenbleiben war im Santo Inácio gleichbedeutend mit Rausschmiss.

Auch wenn der Sohn sich zwar als kompletter Schulversager erwies, nährten die Eltern doch immer noch die Hoffnung, er könne ein guter Christ werden. Und in dieser Hinsicht befand er sich offenbar tatsächlich auf gutem Weg. Den Unterricht hasste er, aber in der tiefreligiösen Atmosphäre der Schule fühlte er sich wohl. In Galaschuluniform ging er ohne jeden Protest sonntags zur Messe, die vollständig auf Latein gelesen wurde, und lernte die rätselhaften Rituale kennen, wie etwa, dass die Heiligenfiguren für die ganze Fastenzeit mit lila Tüchern bedeckt wurden. Auch die finsteren Katakomben, in denen die sterblichen Überreste von Jesuiten ruhten, weckten seine Neugier, doch hatte er noch nicht den Mut aufgebracht, sie zu betreten.

Lygias und Pedros Hoffnung, die Seele ihres Sohnes zu retten, bekam Auftrieb, als er sich im vierten Gymnasialschuljahr aus eigener Initiative zu einer der Exerzitienklausuren anmeldete, die von der Schule angeboten wurden. Die Klausuren dauerten drei bis vier Tage und wurden unter der Woche abgehalten, um jede Ähnlichkeit mit einer Ferienkolonie oder einem Freizeitvergnügen auszuschließen. Und sie fanden immer in der Casa de Retiros Padre Anchieta statt, auch einfach Casa da Gávea genannt, ein Landhaus hoch oben am Berg in São

Conrado, fünfzehn Kilometer von Rios Zentrum entfernt, was damals weit draußen bedeutete. Das Haupthaus, 1935 erbaut und von dichtem Buschwald umgeben, war ein mächtiges dreistöckiges Gebäude. Von sämtlichen Fenstern bot sich ein atemberaubender Blick auf den menschenleeren Strand von São Conrado. Die Jesuiten wurden nicht müde zu betonen, im Haus herrsche so vollkommene und strikt eingehaltene Stille, dass man zu jeder Tages- oder Nachtzeit – und überall im Haus – hören könne, wie die Wellen unten an den Strand brandeten.

An einem lauen Oktobermorgen im Jahr 1962 brach Paulo zu seiner Begegnung mit Gott auf. In dem kleinen Koffer, den die Mutter gepackt hatte, führte er neben Wäsche seine neuen ständigen Begleiter mit: ein Heft mit festem Deckel und einen Füllhalter für die Notizen, die immer mehr die Gestalt eines Tagebuchs annahmen. Um acht Uhr morgens standen alle Jungen im Hof des Santo Inácio bereit. Während sie auf den Bus warteten, packte den späteren Schriftsteller plötzlich der große Mut. Zusammen mit zwei Freunden betrat er im Dunkeln die Kapelle, ging um den Altar herum und stieg die Stufen zu den Katakomben hinunter. Der nur von Kerzen beleuchtete Raum voller Särge wirkte noch düsterer als die Kapelle. Zu seinem eigenen Erstaunen überkam Paulo nicht, wie er immer geglaubt hatte, das Grauen, sondern er empfand etwas unbeschreiblich Tröstliches: »Vielleicht habe ich nicht den Tod mit seinem finsteren Antlitz gesehen«, schrieb er in sein Heft, »sondern die ewige Ruhe derer, die für Jesus gelebt und gelitten haben.«

Eine halbe Stunde später waren alle in der Casa da Gávea. In den folgenden Tagen teilte Paulo mit einem anderen Jungen eine schmucklose Kammer mit zwei Betten, einem Kleiderschrank, einem Tisch, zwei Stühlen und einem kleinen Hausaltar an der Wand. In einer Ecke ein Waschbecken und darüber ein Spiegel – »bestimmt, damit wir beobachten können, wie wir uns in den Tagen hier verjüngen«, schrieb er optimistisch in sein Tagebuch. Nachdem sie ihre Koffer ausgepackt hatten, gingen sie gemeinsam ins Refektorium, dort gab es Tee mit Keksen. Pater João Batista Ruffier, der geistliche Leiter der Gruppe, gab die Regeln für die Klausur bekannt, deren erste nach zehn Minuten in Kraft treten sollte: das Schweigegelübde. Ganz genau: Ab sofort durften sie bis zum Ende der Klausur kein einziges Wort mehr sprechen. Unermüdlich auf die Einhaltung der Regeln bedacht, setzte Pater Ruffier – ein energischer, vierschrötiger Mann aus Südbrasilien, Sohn französischer Eltern, dessen Hobby die Bienenzucht war – zu einer seiner berühmten Mahnreden an, die Generationen von Santo-Inácio-Schülern in Erinnerung bleiben sollten.

»Ihr befindet euch hier wie Maschinen, die man zur Inspektion gegeben hat. Ihr sollt euch Stück für Stück zerlegen. Habt keine Angst vor dem Schmutz, der dabei zum Vorschein kommt. Die Hauptsache ist, dass ihr jedes Teil wieder an den richtigen Platz setzt und dabei absolut ehrlich vorgeht.«

Die Predigt dauerte fast eine Stunde, doch waren es diese ersten Worte, die Paulo den ganzen Tag durch den Kopf schwirrten, auch als er nachmittags allein durch den Wald in der Umgebung des Hauses streifte. Abends notierte er in sein Heft: »Ich bin alles durchgegangen, was ich in den letzten Tagen gedacht habe, und ich bin bereit, mich zu bessern.« Er betete ein Ave-Maria, ein Vaterunser, und dann schlief er ein.

Zwar hatte Pater Ruffier unmissverständlich ausgedrückt,

was der Sinn der Klausur war – »ihr werdet hier von den An-
forderungen des normalen Alltags ferngehalten, damit ihr
euch der Meditation und dem Gebet widmen könnt« –, doch
stand nicht allen Teilnehmern der Sinn nach christlichen Gedanken. Es war bekannt, dass nach Beendigung des Abendessens und nach dem letzten Gebet Gestalten durch die dunklen Flure des großen Hauses schlichen und sich heimlich in
kleinen Gruppen zu Poker und anderen Kartenspielen zusam-
menfanden. Wenn es einem Jungen gelungen war, in seinem
Gepäck ein Kofferradio ins Haus zu schmuggeln – was streng
verboten war –, und er damit Rádio Jornal do Brasil empfangen konnte, dann schlug sogleich jemand vor, Wetten auf
die Pferderennen im Jockey Club abzuschließen. Bis spät in
die Nacht wurde das fromme Ambiente durch Spiele, Rauchen und Trinkgelage mit Whisky entweiht, den die Jungen
in Shampooflaschen hereingeschmuggelt hatten. Wenn das
brennende Licht in einer der Kammern auf verdächtiges Tun
schließen ließ, stellte ein aufmerksamer Priester den Strom für
das betreffende Zimmer ab. Was nicht immer die Lösung des
Problems bedeutete, denn das heidnische Treiben setzte sich
im Schein von tagsüber in der Kapelle stibitzten Kerzen fort.

Am zweiten Tag wachte Paulo um fünf Uhr morgens auf, im
Kopf wirre Gedanken, doch als er das Fenster öffnete und die
ersten Sonnenstrahlen über dem Meer erblickte, besserte sich
seine Verfassung. Um Punkt sechs Uhr, als die Schüler sich
noch vor dem Frühstück in der Kapelle zur Messe versammelten, war er bereit, vor Gott Rechenschaft abzulegen und zu
tun, was er seit einem Jahr vor sich herschob: die Kommunion
zu empfangen. Das Problem war nicht die Kommunion, sondern die Qual der Beichte – das Ritual war unter den Jungen

allgemein bekannt. Sie betraten den Beichtstuhl fest entschlossen, nur die banalen Sünden zu beichten, aber sie wussten, dass sich niemand dort ungestraft hinkniete. Am Ende kam nämlich unweigerlich die Frage des Priesters: »Hast du dich gegen die Keuschheit versündigt, mein Sohn?« Lautete die Antwort ja, hatte der Priester die folgenden Fragen schon parat: »Allein oder in Gesellschaft?« Falls in Gesellschaft, fragte der Priester weiter, und besonders Schüchterne litten Todesqualen: »Mit einer Person oder einem Tier?« War es »eine Person«, brauchte der Sünder nicht den Namen zu nennen, nur das Geschlecht: »Ein Mädchen oder ein Junge?«

Paulo hatte große Probleme damit und konnte nicht verstehen, warum das eine Sünde sein sollte. Er war so fest davon überzeugt, Masturbation könne keine Schande sein, dass er ganz offen darüber in sein Tagebuch schrieb: »Niemand auf dieser Welt kann den ersten Stein auf mich werfen, denn niemand entgeht dieser Versuchung.« Dennoch hatte er nie den Mut gehabt, einem Priester zu beichten, dass er masturbierte, und das ständige Bewusstsein zu sündigen quälte ihn. Hin- und hergerissen, beschloss er, lediglich das Schuldbekenntnis zu sprechen und die Kommunion ohne Beichte zu empfangen. Nach der Messe legte Pater Ruffier mit einer strengen Predigt noch einmal nach. Vor seinem Publikum, das entsetzt die Augen aufriss, malte er ein grauenerregendes Bild des Ortes, an den alle Sünder kämen.

»Wir befinden uns in der Hölle! Das Feuer brennt unerbittlich! Man sieht nur Tränen und hört nur das Zähneknirschen derer, die einander hassen. Ich begegne einem Mitschüler und verfluche ihn, denn seinetwegen bin ich verdammt. Und während wir vor Schmerz und Reue weinen, grinst der Dämon so gemein, dass wir noch mehr leiden. Die schlimmste Strafe aber, der schlimmste Schmerz, das schlimmste Leiden ist die Gewissheit, dass wir keinerlei Hoffnung haben. Wir befinden uns hier für alle Ewigkeit.«

Paulo hatte keinen Zweifel: Pater Ruffier sprach von ihm. Nachdem er zwölf Monate nicht gebeichtet hatte – um nicht an das Tabu Masturbation rühren zu müssen –, wurde ihm klar, falls er plötzlich sterben sollte, käme er in die Hölle! Er stellte sich vor, wie der Dämon ihm in die Augen sah und ihn verhöhnte: »Dein Leiden, mein Lieber, hat noch gar nicht begonnen!« Er fühlte sich hilflos, ohnmächtig und war verwirrt. Er hatte niemanden, den er um Hilfe bitten konnte, aber er wusste, eine Klausur der Jesuiten war ein Ort der Gewissheiten, nicht der Zweifel. Vor die Wahl gestellt, ewig in den vom Pater beschriebenen Flammen zu schmoren oder auf das einsame Lusterlebnis zu verzichten, entschied er sich für den Glauben. Ganz allein kniete er sich, von Gefühlen übermannt, auf die Steinplatte der Aussichtsplattform und gelobte feierlich vor Gott, nie wieder zu masturbieren. Nach dieser Entscheidung fühlte er sich mutig, sie gab ihm Seelenfrieden. Doch es währte nicht lange. Am nächsten Tag setzte der Dämon mit solcher Kraft zum Gegenangriff an, dass er der Versuchung nicht widerstehen konnte und erneut masturbierte. Als er die Toilette verließ, fühlte er sich, als hätte er blutbeschmierte Hände, dann kniete er sich vor den Hausaltar und flehte:

»Herr im Himmel! Ich möchte mich bessern, aber ich kann mich nicht beherrschen! Ich habe tausendfach das Schuldbekenntnis gesprochen, aber ich sündige immer wieder. Ich sündige in Gedanken, Worten und Taten. Gib mir Kraft! Bitte! Bitte! Bitte!«

In seiner Verzweiflung fand er erst Erleichterung, als er es im Gebüsch stöhnen hörte und erfuhr, dass er in dem ewigen Leiden nicht allein sein würde: ein Mitschüler masturbierte ebenfalls in der Klausur. Vor Klausurende mussten sie noch zwei weitere Predigten von Pater Ruffier über sich ergehen lassen, die offenbar genau darauf abzielten, den Jungen den Kopf zu waschen. Wieder griff der Pater zu furchterregenden, dramatischen Bildern, dieses Mal, um die Jungen davor zu warnen, ihr Herz an materielle Werte zu hängen. Von der Kanzel herab gestikulierte er wie ein Schauspieler und wedelte mit seinen kurzen, muskulösen Armen:

»Denn tatsächlich, ich sage euch, meine Söhne, tatsächlich ist es so: Irgendwann kommt für jeden von uns die Stunde, da wir daniederliegen. Stellt euch vor, ihr ringt mit dem Tod. Euer Sterbebett umstehen bleiche, nervöse Angehörige. Der Nachttisch voller Arzneien, nun alle nutzlos. Dies ist der Moment, in dem wir erkennen, dass wir schwach sind. Demütig sehen wir ein, dass wir machtlos sind. Ruhm, Geld, Autos, Luxus, was nützt uns das alles in der Todesstunde? Wofür das alles, wenn über das Ende unser Schöpfer gebietet?«

Seine geballten Fäuste sahen aus wie zwei Holzklötze. Pater Ruffier donnerte wie von heiligem Zorn besessen:

»Lasst alles fahren, meine Söhne! Lasst alles fahren!«

Niemand sollte diese Wort in irgendeinem noch so fernen Zusammenhang mit Sozialismus oder dergleichen verstehen. Und dies nicht nur, weil sich in seiner Zuhörerschaft die Söhne einiger der begütertsten Familien aus Rio de Janeiro befanden. Das politisch konservativ ausgerichtete Santo Inácio zeigte regelmäßig Filmaufnahmen von Erschießungen auf Fidel Castros Cuba, um den Schülern »den blutigen Charakter des Kommunismus« vor Augen zu führen. Und Pater Ruffier selbst brüstete sich damit, in letzter Minute aus Kolumbien »vor dem Kommunismus geflohen« zu sein (womit er den »Bogotazo« genannten Volksaufstand in Bogotá 1948 meinte). Während die Jungen erschrockene Blicke tauschten, holte der Pater Luft. Wieder war die Hölle sein Thema. Als wäre der erste Teil nicht deutlich genug gewesen, betonte er noch einmal, dass das Leiden der Verdammten in alle Ewigkeit währen würde:

»Die Hölle ist wie das Meer vor unseren Augen. Stellt euch vor, dass alle hundert Jahre eine Schwalbe vorbeigeflogen kommt und jedes Mal einen Tropfen Wasser trinkt. Die Schwalbe seid ihr, und so sieht eure Buße aus. Ihr werdet Millionen und Millionen von Jahren leiden, doch eines Tages wird das Meer leer sein. Und ihr werdet sagen: Endlich ist es vorbei, endlich kann ich in Frieden ruhen.«

Pater Ruffier legte eine Kunstpause ein und endete mit den Worten:

»Da aber wird der Schöpfer in der Höhe lächeln und sagen: Dies war nur der Anfang. Jetzt kommen neue Meere, und so wird es in alle Ewigkeit weitergehen. Die Schwalbe trinkt das Meer leer, und ich fülle es wieder auf.«

Die Worte hallten den ganzen Tag in Paulos Kopf wider. Er streifte durch den Wald, versuchte, sich durch die schöne Aussicht abzulenken, doch Pater Ruffiers Worte waren stärker. Vor dem Einschlafen notierte er seine letzten Gedanken, offenbar war er sich der Wirkung der Klausur bewusst geworden:

Hier habe ich die Welt da draußen vollkommen vergessen. Ich habe vergessen, dass ich wahrscheinlich in Mathematik durchfallen werde, dass Botafogo an der Tabellenspitze steht und dass ich nächste Woche auf die Insel Itaipu fahren werde. Aber ich spüre, dass ich mit jeder Minute, in der ich die Welt vergesse, sie besser zu verstehen lerne. Ich kehre in die Welt zurück, die ich vorher verabscheute und nicht verstand, aber durch die Klausur habe ich sie verstehen und lieben gelernt. Hier habe ich gelernt, die Schönheit in einem Grashalm oder einem Stein zu sehen. Kurzum, ich habe gelernt zu leben.

Das Wichtigste aber war, dass er mit der Gewissheit zurückkam, etwas erworben zu haben, was mit all seinen Höhen und Tiefen der Leitfaden seines Lebens werden sollte: den Glauben. Selbst seine Eltern, die schon fast die Hoffnung aufgegeben hatten, ihn zur Vernunft zu bringen, freuten sich über den neuen Paulo, den die Jesuiten ihnen zurückbrachten. »Wir sind sehr glücklich darüber, dass du allem Anschein nach endlich den richtigen Weg eingeschlagen hast.« Mit diesen Worten empfing ihn Lygia. Mit der Bekehrung ihres Sohnes war der Familienfrieden komplett, denn der materielle Teil von Pedro Queima Coelhos Träumen hatte sich kurz zuvor verwirklicht. Einige Monate vorher war die Familie in die rosa Villa umgezogen, die er eigenhändig erbaut hatte, sein ganzer Stolz. Genau genommen hatte der Umzug vor der endgültigen Fertigstellung stattgefunden, was bedeutete, dass noch einige Zeit überall Waschbecken und Farbeimer herumstanden. Trotzdem gingen jedem beim Betreten des Hauses die Augen über, denn es gab ein Esszimmer, ein Wohnzimmer und einen Salon für Besuch, zu jedem Schlafzimmer ein privates Badezimmer, Marmortreppen und eine Terrasse. Der Wintergarten war so geräumig, dass Paulo später überlegte, ihn für Theaterproben zu nutzen. Nachdem das Sparen ein Ende hatte, konnte Lygia endlich ihre Ambitionen als Dame von Welt ausleben. Sie stattete das Haus mit echtem Silberbesteck und Essgeschirr aus feinem Porzellan aus, kaufte einen Stutzflügel und stellte einen Mann ein, der sich als Butler und Mundschenk betätigte. Fortan wurden die Mahlzeiten, denen immer ein Gebet vorausging, mittags und abends zu einer festen Stunde eingenommen, und die ganze Familie versammelte sich um den Tisch.

Für Paulo war der Umzug ein Schock. Die Reihenhaussiedlung in Botafogo, wo er geboren und der unbestrittene Anführer gewesen war, gegen Gávea einzutauschen, damals ein riesiges, kaum erschlossenes Gebiet und in unmittelbarer Nähe der Favela Parque Proletário da Gávea, war für ihn schmerzhaft. Auch schwanden mit dem Wechsel des Stadtteils nicht die alten Ängste seiner Eltern oder genauer gesagt seines Vaters. Fast panisch darüber, wie »die Straße« den Charakter und die Persönlichkeit seines Sohnes schädigen könnte, verbot Dr. Pedro ihm, abends aus dem Haus zu gehen. So kam es, dass Paulo von heute auf morgen keine Freunde mehr hatte. Die Clique aus den Reihenhäusern, mit der er groß geworden war, war ihm abhandengekommen. Fortan bestand sein Leben aus drei Aktivitäten: Schlafen, Schule und Zu-Hause-Lesen.

Lesen war nichts Neues. Selbst in die Statuten der Organisation Arco hatte Paulo eine Bücherklausel aufgenommen, die festlegte, dass »neben den übrigen Aktivitäten jeden Tag in der Freizeit gelesen werden soll«. Begonnen hatte er mit den Klassikern der Kinder- und Jugendliteratur, die brasilianische Eltern ihren Kindern geben, zum Beispiel Monteiro Lobato und *O Tesouro da Juventude*. Dann hatte er sich Sir Arthur Conan Doyle vorgenommen und schon bald sämtliche Sherlock-Holmes-Romane zweimal gelesen. Als er für die Schule den Roman *O Cortiço* von Aluísio Azevedo lesen und kommentieren musste, notierte er: »Das Buch gefällt mir nicht. Ich weiß nicht, warum Aluísio Azevedo darin so viel von Sex spricht.« Ein paar Kapitel später änderte er seine Meinung und hob das Werk in den Himmel: »Jetzt verstehe ich *O Cortiço*: ein Leben ohne Ideale, voller Verrat, Reue, die berauscht und demütigt. *O Cortiço* ist ein hervorragendes Buch. Es bringt uns dazu, über das Unglück unseres Nächsten nachzudenken.« Die Pflichtlektüre war zu einem Vergnügen geworden. Von da an notierte er zu jedem Buch seine Kritik. Es konnten kurze Urteile sein, wie etwa »schwache Handlung« in Bezug auf *Lieben Sie Brahms?* von Françoise Sagan, oder seitenlange Ergüsse, in denen er feststellte, dass das Buch *Vuzz* von P. A. Hourey »großartig« sei.

Paulo entwickelte sich zu einem begierigen Leser, er las alles, was ihm in die Hände kam: von den lyrischen Gedichten eines Michel Quoist bis hin zu den sperrigen Texten von Jean-Paul Sartre. Er las Bestseller von Leon Uris, Krimireihen von Ellery Queen und pseudowissenschaftliche Werke wie *O Homem no Cosmos* (in seinen Notizen als »reine, unverblümte rote Propaganda« eingestuft). Innerhalb weniger Monate abendlichen Exils las er dreißig Bücher. Mitunter verschlang er einen Roman am Stück, wie zum Beispiel *Informação ao Crucificado* von Carlos Heitor Cony, das ihn tief beeindruckte: »Das beste Buch, das ich in diesem Jahr gelesen habe. Unbeschreiblich, was ich dabei empfand. Hervorragend.« Begeistert über diese Entdeckung, verschaffte er sich gleich danach *Matéria de Memória*, ebenfalls ein großer Erfolg des aus Rio stammenden Schriftstellers. Dieses Mal aber fand Cony keine Gnade vor seinen Augen: »Der Fehler ist, dass der Autor, von der Illustrierten *Senhor* beeinflusst, die Frau in Sachen Pornographie so ähnlich wie den Mann denken lässt.« Das hochnäsige, verschrobene Urteil verrät einerseits, dass der Grünschnabel *Senhor* las, die anspruchsvollste Herrenillustrierte der damaligen Zeit, andererseits in jungen Jahren eine konservative Haltung bezog, wenn es um Sexualität ging. Seine kleinen Literaturkritiken vermitteln den Eindruck, dass er bei der Lektüre mit einem Auge auf die Ästhetik achtete und mit dem anderen auf die guten Sitten. Bemerkungen wie »eine Lyrik, die völlig überflüssige erniedrigende Aspekte der menschlichen Moral enthält« (über *Para Viver um Grande Amor* von Vinícius de Moraes*) oder »die Brasilianer sind noch nicht reif für diese Art von Lektüre« (über das Stück *Bonitinha, mas Ordinária* des Skandaldramatikers Nelson Rodrigues) finden sich häufig in seinen Notaten. Über Nelson Rodrigues sagte er: »Angeblich ist er ein Sklave seines Publikums, aber ich bin anderer Meinung. Diese Art von Literatur entspricht seinem Naturell, die Leute verlangen sie nicht.«

Politisch vertrat er nicht weniger ausgeprägte Vorurteile. Über den Film *Seara Vermelha*, basierend auf dem Roman *Die Auswanderer von São Francisco* von Jorge Amado, äußerte er mit Bedauern, das Werk sei »deutlich kommunistisch und zeigte die Ausbeutung des Menschen durch den Menschen«. Daher erklärt sich, dass ihn die Lektüre eines weiteren Bestsellers von Jorge Amado angenehm überraschte. Statt wie bei

---

* V. d. M. (1913–1980) war Diplomat, Gitarrist und einer der großen brasilianischen Lyriker des 20. Jahrhunderts. Er hat den Originaltext zum Welthit *The Girl from Ipanema* geschrieben, war ein großer Damenfreund, siebenmal verheiratet und Whiskytrinker, was ihm zum Verhängnis wurde.

Cony enttäuscht zu sein, notierte er beim Lesen von *Gabriela wie Zimt und Nelken* entzückt: »Welch eine Natürlichkeit ... Keine Spur von Kommunismus. Hat mir sehr gut gefallen.« Manuel Bandeira hielt er für den größten brasilianischen Lyriker (»weil er schmutzige Aspekte des Lebens weglässt, und wegen seines schlichten, klaren Stils«), den Dichter João Cabral de Melo Neto dagegen fand er scheußlich (»ich habe ein paar Verse gelesen und das Buch gleich wieder weggelegt«), und er gestand, Carlos Drummond de Andrade nicht zu verstehen (»er schreibt in abstraktem, wirrem Stil, was das Verständnis seiner Gedichte sehr erschwert«).

Offenbar zeigte Coelho mit dreizehn oder vierzehn Jahren erste, unübersehbare Anzeichen einer fixen Idee, einer Obsession, die ihn nicht mehr loslassen sollte: Er wollte unbedingt Schriftsteller werden. Fast ein halbes Jahrhundert später, als einer der meistgelesenen Autoren aller Zeiten, verrät er in seinem Roman *Der Zahir,* was ihn dazu gebracht hat:

Ich schreibe, weil ich als Junge nicht gut Fußball spielen konnte und kein Auto, kein anständiges Taschengeld und keine Muskeln hatte. Ich trug auch keine modische Kleidung. Die Mädchen in meiner Klasse interessierten sich nur dafür, und ich schaffte es nicht, sie auf mich aufmerksam zu machen. Die Abendstunden, die meine Mitschüler bei ihren Freundinnen verbrachten, nutzte ich dazu, mir eine eigene Welt zu erschaffen, in der ich glücklich sein konnte: Meine Gefährten waren Schriftsteller und ihre Bücher.

Genau genommen war Paulo schon Schriftsteller, bevor er sich selbst als solchen bezeichnete. Er hatte nicht nur den Aufsatzwettbewerb im Nossa Senhora das Vitórias gewonnen, sondern schrieb eigentlich, seit er lesen und schreiben konnte, rund um die Uhr. Er dichtete Verse und Liedchen für die Eltern, die Großeltern, für Freunde, Cousins und Cousinen, für seine ersten Freundinnen und sogar für die Heiligen, die von der Familie verehrt wurden. Verse wie: »Heilige Jungfrau, in dieser fiebernden Nacht der Jugend/ Bringe ich dir meine reine Kindheit dar/ Die jetzt das Feuer verschlingt/ Und in Rauch verwandelt, der zu dir aufsteigt/ Möge das Feuer mich auch von der Vergangenheit befreien«, oder Vierzeiler für die Eltern: »Wenn das höchste Gut der Welt/ Gott denen schenkt, die Eltern sind/ So auch hierin Wahrheit ruht/ Dass sie am meisten leiden müssen.«

Wenn er niemanden hatte, dem er seine Verse widmen konnte, schrieb er sie für sich selbst: »Die Vergangenheit ist erloschen/ Die Zukunft noch nicht gekommen/ Ich wandele in der nicht vorhandenen Gegenwart/ Mit Liebe, Idealen, Unglauben/ Mir scheint, ich bin/ Nur auf der Durchreise durchs Leben.«

Als er einige Jahre später mit Büchern und Bibliotheken vertrauter war, stieß er auf einen Satz von Émile Zola, den Verfasser von *J'accuse!*, in dem dieser sich sinngemäß so über Lyrik äußerte: »Meine Muse ist zu einer nutzlosen Klatschbase verkommen: Ab sofort schreibe ich Prosa.«

Ob wahr oder nicht, Paulo fand, der Satz sei wie für ihn gemacht und übernahm ihn. »Heute beende ich meine lyrische Phase«, schrieb er in sein Tagebuch, »und beschäftige mich nur noch mit Theater und Romanen.« Er packte alles zusammen,

was er bis dahin geschrieben hatte – eine regelrechte Fließ-
bandproduktion an Gedichten, Sonetten und Vierzeilern –,
warf es im Garten auf einen Haufen und zündete es an. Trotzdem war es ein Gedicht aus seiner Feder, ›Mulher de Treze
Anos‹ (wörtlich: Eine Frau von dreizehn Jahren), das ihn aus
der Masse von 1200 Schülern des Santo Inácio heraushob. Zu
den traditionellen Einrichtungen der Schule zählte die Academia de Letras do Santo Inácio (ALSI), eine Literaturakademie,
die 1941 gegründet worden war. An den Veranstaltungen der
ALSI beteiligten sich auch bereits etablierte große Namen der
brasilianischen Kultur.

Als Paulo vierzehn war, wurde zum ersten Mal ein Text von
ihm in der Zeitschrift *Vitória Colegial*, dem offiziellen Organ
der ALSI, abgedruckt. Er trug den Titel ›Warum ich Bücher
liebe‹.

Was stellt ein Buch dar? Ein Buch ist ein unvergleichliches
Kulturgut. Das Buch öffnet uns ein Fenster zur Welt.
Durch Bücher erleben wir die großen Abenteuer von Don
Quixote und Tarzan, als wären wir sie selbst; wir lachen
über die komischen Geschichten des Don Camillo, wir
leiden mit den Figuren aus anderen großen Werken der
Weltliteratur. Deshalb lese ich in meiner Freizeit gern Bücher. Bücher bilden uns, bringen uns Ideen nahe, die ihre
Entdecker große Opfer oder gar das Leben gekostet haben. Jedes Lehrbuch bedeutet einen Schritt hin zu dem
glorreichen Horizont unseres Landes. Deshalb lerne ich
gern aus Büchern. Aber was war alles notwendig, damit
wir ein Buch in den Händen halten können? Wie viele
Opfer eines Autors, nächtelange Arbeit ohne Essen, oft

nur im Schein einer flackernden Kerzenflamme? Und dann, von den Verlegern ausgebeutet, sind sie vergessen gestorben, zu Unrecht vergessen. Deshalb liebe ich Bücher.

Ein paar Monate später kündigte die ALSI ihren traditionellen Lyrik-Wettbewerb an. Paulo hatte kurz zuvor den Film *Und dennoch leben sie* gesehen, eine französisch-italienische Koproduktion unter der Regie von Vittorio de Sica, und er war tief beeindruckt gewesen. Der auf dem Roman *La Ciociara* des italienischen Schriftstellers Alberto Moravia basierende Film erzählt die Geschichte von Cesira (Sophia Loren) und ihrer dreizehnjährigen Tochter Rosetta (Eleanora Brown), die beide im Zweiten Weltkrieg von Soldaten der Alliierten vergewaltigt werden.

Kaum zu Hause angekommen, hatte Paulo in Gedanken an Rosetta das Gedicht ›Mulher de Treze Anos‹ geschrieben und es später aus der Schublade geholt, um sich damit an dem Wettbewerb zu beteiligen. Der Tag der Entscheidung war eine endlose Qual. Paulo konnte an nichts anderes denken. Am frühen Abend, vor der Verkündung der Sieger, überwand er seine Schüchternheit und fragte einen der Juroren, einen Portugiesischlehrer, für wen er gestimmt habe. Die Antwort ließ ihn erröten:

»Ich habe für dich, für Átila und für Chame gestimmt.«

Zwanzig Gedichte waren in die Endrunde gekommen. Paulo kannte mindestens eins davon, ›Introduce‹ von José Átila Ramos, das seiner Ansicht nach der große Favorit war. Wenn sein Schulkamerad zum Sieger gekürt werden sollte, würde er sich freuen. Dritter Platz – das war das Ziel seiner Wünsche. Um neun Uhr abends war das Auditorium voll von nervösen Jungen, die über die Abstimmung und Platzierungschancen spekulierten. Dann wurde es plötzlich still. Die Jury, bestehend aus zwei Lehrern und einem Schüler (dem künftigen Popkomponisten Sidney Miller), verkündete die drei Sieger, beginnend mit dem dritten Platz. Als Paulo hörte, dass dieser an ›Serpentina e Colombina‹ ging und der zweite an ›Introduce‹, gab er jede Hoffnung auf. Und er fiel fast vom Stuhl, als die Jury verkündete:

»Der Sieger ist das Gedicht ... ›Mulher de Treze Anos‹ von Paulo Coelho de Souza, von der Jury einstimmig gewählt!«

Der erste Platz! Er traute seinen Ohren nicht. Mit Herzklopfen und vor Aufregung und Schüchternheit weichen Knien durchquerte der schmächtige Junge unter tosendem Beifall den Raum und trat auf die Bühne, um die Urkunde und den Preis entgegenzunehmen, einen Scheck über tausend Cruzeiros – ungefähr 50 heutige US-Dollar. Nach der Zeremonie verließ Paulo als einer der Ersten die Schule, er wollte so schnell wie möglich nach Hause, um seinen Eltern die gute Nachricht zu überbringen. In der Straßenbahn nach Gávea übte er, mit welchen Worten er am besten seinem Vater erklären konnte, dass er nun wisse, wozu er einzig und wahrhaftig berufen sei: zum Schriftsteller. Doch welch ein Schreck, als draußen vor der rosa Villa Dr. Pedro stand, der wie üblich finster dreinschaute und mit dem Zeigefinger auf die Armbanduhr klopfte:

»Es ist fast elf, und du weißt ganz genau, dass in diesem Haus die Türen um Punkt zehn Uhr abgeschlossen werden.«

Paulo hatte aber einen Trumpf im Ärmel, der das harte Vaterherz erweichen konnte. Strahlend wedelte er mit dem Scheck, und es sprudelte aus ihm heraus: der Preis, die einstimmige Wahl, die vielen Konkurrenten, die Entdeckung seiner Berufung. Doch Dr. Pedro blieb ungerührt:

»Mir wäre lieber, du hättest gute Zensuren. Und kämst nicht so spät nach Hause.«

Die Hoffnung, wenigstens seine Mutter würde seinen Triumph feiern, erwies sich ebenfalls als Illusion. In der Haustür, wo sie ihn erwartete, wiederholte Lygia zur Enttäuschung ihres Sohnes die Standpauke des Vaters, allerdings sanfter, wie es ihre Art war:

»Mein lieber Sohn, du musst deinen Traum von der Schriftstellerei vergessen. Es ist sehr schön, dass du all diese Sachen schreibst, aber das Leben ist anders. Überleg nur: Brasilien hat siebzig Millionen Einwohner, Tausende davon sind Schriftsteller, aber nur Jorge Amado kann von seinen Büchern leben. Und einen Jorge Amado gibt es nur ein Mal.«

Paulo wollte nur noch weinen, so unglücklich war er und so niedergeschlagen. Erst gegen Morgen schlief er ein. In sein Tagebuch schrieb er eine einzige Zeile: »Mama ist blöd. Papa ist ein Trottel.« Am nächsten Morgen war ihm klar: Die Familie gab sich tatsächlich die größte Mühe, ein für allemal das zu begraben, was er theatralisch »den einzigen Sinn meines Lebens« nannte – den Plan, Schriftsteller zu werden. Paulo scheint damals zum ersten Mal bewusst geworden zu sein, dass er bereit war, einen hohen Preis zu bezahlen, um seinen Traum zu verwirklichen, auch wenn der Preis darin bestand, gegen die Eltern zu opponieren. Lygia und Pedro Queima Coelho sollten dies bald mitbekommen.

4

Erstes Stück, erste Liebe

> *Carlinho schreit entsetzt: »Hau ab, Paulo! Hau*
> *ab! Schnell weg von hier, du hast den Jungen*
> *überfahren!«*

Nach dem Willen des Vaters musste Paulo sich nach Ende des Schuljahres 1962 für den naturwissenschaftlichen Zweig einschreiben, obwohl er von sich aus lieber den geisteswissenschaftlichen gewählt hätte. Sein Zeugnis nach der vierten Gymnasialklasse war beschämend schlecht gewesen, und er musste in den Ferien Mathematiknachhilfe nehmen – eine Schande, ausgerechnet in einem Fach, in dem sein Vater so gut war, dass er mit seinem Sohn immer für die Klassenarbeiten lernen konnte. Schließlich bestand Paulo mit fünf Punkten, der für eine Versetzung nötigen Mindestpunktzahl. Trotz Paulos erklärter Vorliebe für die Geisteswissenschaften bestanden seine Eltern darauf, dass er Ingenieur werden sollte – und angesichts seiner miserablen Schulleistungen hatte er keinerlei Chance, zu Hause seinen Willen durchzusetzen.

Von seinem Standpunkt aus hatte Dr. Pedro gute Gründe für die Hoffnung, sein Sohn würde doch noch den rechten Weg, d. h. zum Ingenieurstudium hin, einschlagen. Und diese äußeren Anzeichen fanden sich nicht nur in Paulos Interesse an den Autobasteleien seines Großvaters. Er war noch kein Teenager, als er seine Eltern häufiger bat, ihm die in den fünfziger Jahren sehr erfolgreiche Heimwerkerzeitschrift *Mecânica Popular* zu kaufen, die ihren Lesern erklärte, wie sie vom Reparieren einer Bohnermaschine bis hin zum Bau von Booten und Häusern alles selbst machen konnten. Mit zehn, elf Jahren beschäftigte er sich so leidenschaftlich mit dem Bau von Modellflugzeugen, dass jeder Vater schon den künftigen Flugzeugbauer vor sich gesehen hätte. Doch anders als andere Kinder, die einfach mit den Modellflugzeugen gespielt hätten, gründete der penible Paulo den Clube Sunday, bestehend aus ihm selbst und seinem Cousin Fred, der im nordbrasilianischen Belém wohnte. Da aber zwischen den Flugzeugen und Häusern der Mitglieder dreitausend Kilometer lagen, beschränkten sich die Klubaktivitäten darauf, die Daten der Modellflugzeuge aufzuzeichnen und auszutauschen. Auf der Basis seiner eigenen Angaben und deren, die Fred per Post schickte, hielt Paulo an jedem Monatsende in einem Heft fest, was sich im Klubleben ereignet hatte: Name und Eigenschaften der kleinen Flugzeuge, Typenbezeichnung, Spannweite, wann und wo gekauft, Aufwendungen für die Montage und gegebenenfalls Datum, Ort und Grund für den Verlust des Flugzeugs. Keine dieser Angaben war in irgendeiner Weise weiter verwendbar, aber »es lohnt sich, die Dinge zu ordnen«, fand Paulo. Als sein Flieger *Chiquita* in Gávea an einer Mauer zerschellte, wurde er mit einem Extraeintrag gewürdigt: »Es ist nur einmal geflogen, da es aber heldenhaft unterging, verleihe ich diesem Flugzeug das ›Kreuz für Kampfeinsatz‹. Paulo Coelho de Souza, Direktor.«

Das Modellflugzeugfieber verging schnell, doch schon kurz darauf folgte ein Hobby, das einem Vater, der sich wünschte, sein Sohn möge Ingenieur werden, noch vielversprechender vorkommen musste: der Bau von Raketen. Monatelang verbrachten Paulo und sein Klassenkamerad Renato Dias ihre gesamte Freizeit damit. Durch wen oder was sie auf diese Idee gekommen waren, ist nicht überliefert, selbst Paulo konnte sich später nicht mehr daran erinnern – fest steht nur, dass die beiden unter der Woche jede freie Minute in der Nationalbibliothek verbrachten und über Lehrbücher zu Themen wie »Explosionsantrieb«, »feste Zündstoffe« und »metallhaltige Treibstoffe« gebeugt saßen. Sonntags wurde der kleine Platz vor dem Haus der Coelhos zur Abschussrampe. Wie bei fast allem, was er unternahm, musste Paulo es erst schriftlich festhalten, bevor er es in die Tat umsetzte. Detailverliebt, wie er war, betitelte er ein Schulheft: »Raumfahrt – Schritte zum Raketenbau-Programm.« Von Zeittafeln war abzulesen, wie viel Zeit Fred und er mit Recherchen verbracht hatten, welches Material sie für den Bau und welchen Treibstoff sie verwendet hatten. Für das Abschussprotokoll verwendete Paulo ein mit der Maschine geschriebenes Formblatt, in dessen freie Felder dann die folgenden Angaben eingetragen wurden: Datum, Ort, Uhrzeit, Temperatur, Luftfeuchtigkeit und Sichtverhältnisse.

Die aus circa zwanzig Zentimeter langen und etwa zweihundert Gramm schweren Aluminiumrohren gefertigten Raketen mit Holzsprengköpfen wurden mit einem Treibstoff angetrieben, den die Jungen »auf der Basis von Zucker, Schwarzpulver, Magnesium und Salpetersäure« selbst hergestellt hatten. Der in einen Behälter am Boden des Raumfahrzeugs gepresste explosive Cocktail wurde mit Hilfe einer mit Kerosin getränkten Zündschnur zur Detonation gebracht. Die Raketen erhielten berühmte Namen, zum Beispiel Goddard I, II und III oder von Braun I, II und III – zu Ehren des Pioniers der amerikanischen

Raumfahrtindustrie Robert H. Goddard und des Deutschen Wernher von Braun, der die fliegenden Bomben entwickelte, die im Zweiten Weltkrieg über London niedergingen, und später einer der Väter des amerikanischen Raumfahrtprogramms wurde. Zwar hätten Paulos Raketen bis zu siebzehn Meter hoch fliegen sollen, doch es endete immer mit einem Fiasko. An den Testtagen inszenierte Paulo vor dem Haus ein Riesenspektakel: Er sperrte ein Stück der Straße »für das Publikum« ab, machte ein Loch, das die Telefongesellschaft vergessen hatte, zu einem Schützengraben, in dem der Freund und er in Deckung gehen konnten, und forderte den Vater, die Hausangestellten oder zufällig vorüberkommende Passanten auf, das Protokoll als »Regierungsinspektoren« zu unterzeichnen. Nichts davon jedoch schlug sich in den Flugkünsten der Raketen nieder. Keine einzige erhob sich mehr als ein paar Zentimeter in die Luft, und die meisten explodierten direkt am Boden. Die Raumfahrtphase verging so schnell, wie sie gekommen war, nach knapp sechs Monaten wurde das Programm eingestellt.

Abgesehen von diesen kurzen Abstechern in andere Gefilde (eine weitere flüchtige Liebe galt dem Briefmarkensammeln) hegte Dr. Pedros Erstgeborener weiterhin einen einzigen Traum: die Schriftstellerei. Als Paulo sechzehn wurde, spendierte der Vater ihm eine Reise nach Belém, für den Sohn ein ebenso herrliches Paradies wie Araruama. Doch das Geburtstagskind sagte schlicht und einfach nein, es wünschte sich lieber eine Schreibmaschine. Der Vater war einverstanden und kaufte ihm eine Smith Corona, die ihn lange durch sein Leben begleitete, bis sie durch eine elektrische Olivetti ersetzt wurde und Jahrzehnte später durch einen Computer. Dank seines völligen Desinteresses an der Schule landete er im ersten

Jahr des naturwissenschaftlichen Zweigs unter den Letzten seiner Klasse und schaffte mit seinen bescheidenen 5,2 Punkten Durchschnitt mit Ach und Krach die Versetzung. Das Zeugnis wurde am Tag vor Weihnachten bei ihm zu Hause abgegeben. Paulo hat nie genau erfahren, ob es an den schlechten Noten lag oder an einer Diskussion über seine Haarlänge, aber als am 25. Dezember 1963 die ersten Verwandten zum Weihnachtsessen eintrafen, teilte die Mutter ihm knapp mit:

»Ich habe schon einen Termin vereinbart. Am 28. gehe ich mit dir zum Nervenarzt.«

Völlig verängstigt bei dem Gedanken, was das bedeuten konnte – was zum Teufel war ein Nervenarzt? –, verkroch Paulo sich in seinem Zimmer und zog eine strenge, fast grausame Bilanz seiner familiären Situation:

Ich soll zu einem Nervenarzt gehen. Vor Angst habe ich kalte Hände. Aber nachdem ich deshalb so nervös geworden bin, kann ich mein Zuhause und alle, aus denen es besteht, besser analysieren.

Mama bestraft mich nicht, um mich zu erziehen, sondern um ihre Macht zu demonstrieren. Sie begreift nicht, dass ich eben einfach nervös bin und nervöse Ausbrüche habe, und bestraft mich immer dafür. Sie sagt, es sei zu meinem eigenen Besten, aber mit drohendem Unterton und als Warnung. In diesem Jahr hat sie mir kein einziges Mal oder jedenfalls höchst selten die Hand gehalten.

Papa ist ein Spießer. Man müsste ihn eigentlich eher als Financier des Hauses bezeichnen. Denn genau wie Mama spricht er nicht mit mir, er hat immer nur das Haus und seine Arbeit im Kopf. Furchtbar.

Sônia hat keine eigene Persönlichkeit. Sie läuft immer hinter Mama her. Aber sie ist nicht egoistisch und auch nicht schlecht. So allmählich taut das Eis zwischen uns auf.

Mama ist blöd. Ständig redet sie mir Komplexe ein. Eine dumme Kuh, eine riesendumme Kuh. Papa desgleichen.

Das Tagebuch zeigt auch, dass die Ängste vor dem Besuch beim Nervenarzt unbegründet waren. Einen Tag danach wird das Thema nur zwischen Unwichtigem erwähnt:

Gestern war ich beim Psychiater. Erstes Vorgespräch. Dazu gibt es nichts Wesentliches zu sagen.

Ich habe das Theaterstück *Pobre Menina Rica* (wörtlich: Armes reiches Mädchen) von Carlos Lyra und Vinícius de Moraes gesehen und anschließend eine Pizza gegessen.

Habe beschlossen, mein gesamtes literarisches Programm von 1964 auf 1965 zu verschieben. Es soll noch etwas reifen.

Tatsächlich war es so, dass er versetzt worden war und nach den Regeln der Familie Ferien verdient hatte, dieses Mal in Belém. Die Ferien bei Cencita und Cazuza, den Großeltern väterlicherseits, hatten im Vergleich zu Araruama einen großen Vorteil. Da Briefe zumeist wochenlang unterwegs waren und es bisweilen Stunden, sogar Tage dauern konnte, bis man eine Leitung für ein Ferngespräch bekam, schützte die Entfernung von dreitausend Kilometern Paulo vor der elterlichen

Kontrolle wie auch vor überraschenden Besuchen von Lygia und Pedro. Abenteuer, wie sie in Rio unvorstellbar waren, gehörten in Belém zum Alltag, zum Beispiel Bier trinken, Tischbillard spielen und mit den drei Cousins, die seit dem Tod ihrer Mutter bei den Großeltern aufwuchsen, draußen schlafen. Es war so viel los, dass Paulo nach wenigen Ferientagen sein Taschenmesser, die Armbanduhr, die Taschenlampe und den geliebten, von dem Preisgeld erstandenen Sheaffer's-Füller verloren hatte. Doch eine Gewohnheit behielt er auch hier bei: Ganz gleich, wie spät es war, die letzte halbe Stunde vor dem Einschlafen verwandte er darauf, seinen Freunden Briefe zu schreiben und in einem der mitgebrachten Bücher zu lesen – angefangen bei einem Perry-Mason-Krimi von Erle Stanley Gardner bis zur Enzyklika *Pacem in Terris* von Papst Johannes XXIII., im März 1963 veröffentlicht (»die Lektüre dieses Buches vermittelt mir viel soziales Verständnis«, notierte er).

Den Freunden berichtete er seitenweise von seinen Abenteuern in Belém, in den Briefen an den Vater ging es nur um ein einziges Thema: Geld.

Noch nie hast du dein Geld so gut angelegt wie mit dem Kauf dieses Tickets. Ich habe so viel Spaß wie noch nie. Doch damit all das eingesetzte Geld auch für mich Gewinn bringt, brauche ich mehr. Es ist nicht gerecht, dass du 140000 für eine Reise ausgibst, auf der ich keinen Spaß habe. Wenn du kein Geld hättest, na gut. Aber es ist nicht gerecht, alles Geld ins Haus zu stecken, während mein kurzes Leben vergeht.

Belém weckte offenbar in ihm große Gefühle. Drei Jahre zuvor hatte er, ebenfalls auf einer Ferienreise nach Belém, die Gelegenheit gehabt, eine verwirrende Frage zu klären: Woher kamen eigentlich die Babys? Paulo hatte allen Mut zusammengenommen und Rui gefragt, einen etwas älteren Freund, doch über die ziemlich rüde Antwort war er außer sich gewesen:

»Das ist ganz einfach: Der Mann steckt seinen Schwanz in die Muschi der Frau, und wenn es ihm kommt, spritzt er ihr einen Samen in den Bauch. Der Samen wächst und wird dann ein Mensch.«

Paulo glaubte ihm nicht, er konnte sich beim besten Willen nicht vorstellen, dass sein Vater so eine Schweinerei mit seiner Mutter machen könnte. Da man so etwas nicht in einem Brief schreiben konnte, wartete er die Ferien ab, um sich bei einer dafür passenden Person zu erkundigen: seinem Cousin Fred, der nicht nur älter, sondern auch ein Verwandter und folglich vertrauenswürdig war. Bei der ersten Gelegenheit, als er mit dem Cousin unter vier Augen sprechen konnte, brachte er das Gespräch auf das Thema und erzählte, was der Freund in Rio gesagt hatte. Von Freds Antwort bekam er fast einen Asthmaanfall: »Dein Freund in Rio hat recht, genauso ist es. Der Mann dringt in die Frau ein und deponiert in ihrer Vagina einen Tropfen Sperma. So sind alle Menschen entstanden.«

Paulo wurde wütend:

»Das sagst du nur, weil du keine Mutter hast und deshalb diesen Druck nicht aushalten musst. Kannst du dir vorstellen, dass dein Vater in deine Mutter eindringt, Fred? Du spinnst doch!«

Dies war nicht der einzige Schock, den er in Belém erlebte. Zum ersten Mal kam er dort auch mit dem Tod in Berührung.

Als er am Karnevalssamstagabend vom Tanz im Clube Tuna Luso zurückkam, schauderte es ihn, als er im Haus der Großeltern eine Tante fragen hörte: »Weiß Paulo es schon?« Der Großvater Cazuza war ganz überraschend an einem Herzinfarkt gestorben. Paulo war niedergeschlagen und traurig, kam sich aber wichtig vor, als er erfuhr, dass Lygia und Pedro ihn zum Vertreter der Familie bei der Beerdigung ernannt hatten, weil sie selbst nicht rechtzeitig nach Belém kommen konnten. Wie üblich äußerte Paulo in seinen Tagebuchaufzeichnungen, was er empfand:

Karnevalssamstag, 8. Februar
Auf diese Nacht folgt für den alten Cazuza kein Tag. Ich bin angesichts der Tragödie durcheinander und verstört. Gestern hat er noch herzlich über Witze gelacht, und heute ist alles verstummt. Sein Lachen wird niemanden mehr erfreuen. Seine Umarmungen, seine Geschichten aus dem alten Rio, seine Ratschläge, seine ermutigenden Worte – alles vorbei. Sambaschulen und Wagen mit Karnevalisten ziehen draußen vorüber, aber es ist alles vorbei.

Am selben Abend schrieb er ›Recordações‹ (Erinnerungen), ein Gedicht mit drei langen Strophen, das er dem Großvater widmete. (Der Schmerz darin klang echt, war allerdings mit anderen Gefühlen vermischt.) Angesichts des im Wohnzimmer aufgebahrten Leichnams ertappte Paulo sich am nächsten Tag mehrfach dabei, dass er gegen das Keuschheitsgebot verstieß, natürlich nur in Gedanken, und zwar beim Anblick der Beine der bei der Totenwache anwesenden Cousinen. Am späten

Sonntagnachmittag fand die Beerdigung statt – »erstklassig«, schrieb der Enkel in sein Tagebuch –, doch am Faschingsdienstag, mitten in der Trauerwoche, vergnügten sich die Cousins schon wieder in den Klubs der Stadt. Diese Ferien in Belém waren nicht nur die letzten, die er dort verbrachte, sie stellten auch eine Art Wasserscheide in seinem Leben dar. Er wusste, dass er ein sehr schweres Schuljahr vor sich hatte. Da er noch weniger Lust auf die Schule verspürte als in den Jahren zuvor, ließ sich unschwer absehen, dass seine Tage im Santo Inácio gezählt waren – mit all den Konsequenzen, die dies zu Hause mit sich bringen würde. Und nicht nur über seinem Schulalltag schwebten düstere Wolken. Kurz bevor er Ende des Monats nach Rio zurückkam, blätterte er in seinem Tagebuch zu dem Datum zurück, an dem der Tod des Großvaters eingetragen war, und schrieb in winziger, aber leserlicher Schrift in einen kleinen Zwischenraum: »Heute habe ich etwas nachgedacht und mich der schrecklichen Wahrheit angenähert: Ich verliere meinen Glauben.«

Dies war kein neues Gefühl. Wie Termiten sich lautlos, aber unerbittlich immer weiter voranfressen, so waren ihm die ersten religiösen Zweifel während der vom Santo Inácio organisierten Klausur gekommen. Vom sexuellen Verlangen verfolgt und vom Schuldbewusstsein gequält, hatte ihn die Aussicht, auf ewig in den von Pater Ruffier geschilderten Flammen zu schmoren, in Panik versetzt. In diesem Zustand hatte er zu seinem Tagebuch gegriffen, um zu Gott zu sprechen – in einem für einen guten Christen allzu herausfordernden Ton: »Ihr habt die Sünde ersonnen! Es ist Eure Schuld, dass Ihr mich nicht stark genug gemacht habt, dass ich widerstehen kann. Wenn ich mein Wort nicht halten konnte, ist es Eure Schuld!«

Als er am nächsten Morgen las, welche Gotteslästerung er da geschrieben hatte, wurde ihm noch beklommener zumute. Verzweifelt lockte er seinen Klassenkameraden Eduardo Jardim an einen sicheren Ort, brach bewusst das Schweigegelübde und schüttete ihm sein Herz aus. Nicht von ungefähr hatte er ihn ausgesucht. Eduardo war sein Vorbild: Er war intelligent, las viel und schrieb gute Gedichte, ohne damit anzugeben. In der Garage seiner Eltern traf sich immer eine kleine Gruppe vom Santo Inácio, zu der auch Paulo gehörte, um über die Bücher zu diskutieren, die sie gerade lasen. Vor allem aber seine gefestigten religiösen Überzeugungen machten Eduardo nicht nur zu einem Vorbild, sondern auch zum idealen Zuhörer für den Freund in Seelennöten. Paulo erzählte, dass alles mit einer Frage angefangen hatte: Wenn es einen Gott gab und dieser Gott hatte ihn nach seinem Bild geschaffen, warum fand Er dann an seinem Leiden Gefallen? Eine Frage war zur anderen gekommen und schließlich zur großen Frage, dem unaussprechlichen Zweifel: Gibt es Gott wirklich? Aus Furcht, fremde Ohren könnten es hören, kam Eduardo dicht an Paulo heran, flüsterte, als säße er in einem Beichtstuhl, und was er sagte, wirkte für Paulo wie Salz auf seine Wunden: »Als ich kleiner war und merkte, dass mir der Glaube an Gott abhandenkam, habe ich die größten Opfer gebracht, um ihn mir zu erhalten. Ich habe verzweifelt gebetet, im Winter kalt geduscht, aber mein Glaube verschwand allmählich, ganz langsam, bis er endgültig weg war. Ich habe keinen Glauben mehr.«

Das bedeutete also, dass selbst Jardim aufgegeben hatte. Auch mit größter Anstrengung konnte Paulo nicht das Bild dieses zarten Jungen aus seinem Kopf verbannen, der sich mitten im Winter einer kalten Dusche auslieferte, damit Gott ihn nicht verließ – aber Gott war das völlig egal gewesen! An diesem Tag hasste Paulo Gott. Und er schrieb, damit es keinen Zweifel über seine Gefühle gab: »Und ich weiß, wie gewagt es ist, Gott zu hassen.«

Ein banaler Vorfall auf der Rückfahrt von der Klausur vergiftete seine Beziehung zu Gott und vor allem dessen Hirten noch mehr. Auf dem Weg von der Casa da Gávea zum Santo Inácio fand Paulo, der Busfahrer fahre zu schnell und setze ihrer aller Leben aufs Spiel. Seine Sorge entwickelte sich zu einer Horrorvorstellung: Sollte der Bus verunglücken und er dabei sterben, dann würde seine Seele noch vor zwölf Uhr mittags in der Hölle schmoren. Seine Angst war größer als seine Scham. Er ging nach vorn, wo der Pater saß, und sagte, was ihn bewegte: »Pater Ruffier, der Fahrer fährt zu schnell. Ich habe große Angst, zu sterben.«

Wutentbrannt schnauzte der Priester den Jungen an:

»Du hast Angst, zu sterben, und ich bin empört über deine Feigheit.«

Nach seiner Rückkehr von der Klausur wurde aus den Zweifeln allmählich Gewissheit. Nun hasste er die Patres (»ein rückständiger Haufen«) und alles, was sie den Schülern abverlangten, in religiöser wie schulischer Hinsicht. Er fühlte sich von den Jesuiten getäuscht. Im Nachhinein empfand er Predigten, die zuvor für ihn eherne Wahrheiten enthalten hatten, »als Gift, das uns in kleinen Dosen verabreicht wurde, damit wir das Leben hassen lernten«, wie er in seinem Tagebuch notierte. Und er bedauerte zutiefst, dass er das leere Geschwätz jemals ernst genommen hatte. »Ich Idiot habe doch tatsächlich geglaubt, das Leben sei nicht lebenswert«, schrieb er. »Und den ständig lauernden Tod vor Augen, musste ich dauernd beichten, damit ich nicht riskierte, in die Hölle zu kommen.« Nach unzähligen schlaflosen Nächten war sich Paulo, inzwischen fast siebzehn, seiner Sache sicher. Er wollte nichts mehr hören von Kirche, Predigt, Sünde und dergleichen. Und er hatte nicht die geringste Absicht, im gerade beginnenden zweiten Jahr des naturwissenschaftlichen Zweiges ein guter Schüler zu werden. Ebenso war er fest entschlossen, alles auf eine Karte zu setzen, seine ganze Kraft auf die fixe Idee zu konzentrieren, die er nicht Berufung nannte, sondern Beruf: Schriftsteller zu werden.

Das erste Halbjahr reichte vollkommen aus, um allen klarzumachen, dass die Schule für ihn überhaupt keine Bedeutung mehr hatte. »Ich, der ich schon vorher ein schlechter Schüler gewesen war, wurde nun ein miserabler Schüler.« Seine Noten bewiesen, dass er nicht übertrieb. Er schaffte es, mit jeder Prüfungsrunde noch weiter abzusacken. Erst im Juni klingelte die Alarmglocke. Lygia und Pedro wurden mit dem Zeugnis ihres Sohnes in die Schule bestellt. Ein Pater las ihnen den fünften Artikel der Schulordnung vor, die alle Eltern bei der Anmeldung ihrer Söhne unterschreiben mussten; dieser Artikel besagte, dass jeder Schüler, der nicht die erforderliche Mindestnote erreichte, die Schule verlassen musste. Dann kam der Pater ohne weitere Umschweife zur Sache. Wenn es im zweiten Halbjahr so weitergehe, würde Paulo unweigerlich nicht versetzt, und damit bekäme seine Schullaufbahn den Makel, dass er von einer der traditionsreichsten Schulen des Landes ausgeschlossen würde. Um den Schein zu wahren und Eltern wie Schüler diese Peinlichkeit zu ersparen, gebe es nur eine Lösung. Der Pater schlug vor, die Eltern sollten die Initiative ergreifen und ihren Sohn sofort auf eine andere Schule bringen. Und er erklärte, das Santo Inácio habe so etwas noch nie empfohlen. Die Ausnahme sei dem Umstand zu verdanken, dass es sich bei dem betreffenden Schüler um den Enkel des alten Arthur Araripe Júnior handele, auch »Mestre Tuca« genannt, der 1903 zum ersten Jahrgang der Schule gehört habe.

Niedergeschlagen gingen Pedro und Lygia nach Hause. Sie wussten, dass ihr Sohn heimlich rauchte, immer wieder hatte er eine leichte Alkoholfahne, und aus der Verwandtschaft kamen Klagen, Paulo übe einen schlechten Einfluss aus. »Dieser Junge ist eine Gefahr«, tuschelten die Tanten, »der wird noch alle jüngeren Cousins auf Abwege bringen.« Bislang war das, was als Paulos »merkwürdiges Verhalten« galt, ein auf den häuslichen Bereich beschränktes Problem gewesen. Das Santo Inácio durch die Hintertür verlassen, das war nun allerdings eine echte Blamage, eine öffentliche Bloßstellung der Eltern, die offenbar nicht fähig waren, den Sohn ordentlich zu erziehen. Und wenn, wie der Vater immer wieder behauptet hatte, ein Sohn tatsächlich das Aushängeschild einer Familie war, dann hatten die Coelhos allen Grund, ihr Ansehen als beschmutzt zu betrachten. In einer Zeit, da körperliche Gewalt bei brasilianischen Eltern als normales Erziehungsmittel galt, haben Pedro und Lygia zwar nie die Hand gegen ihren Sohn erhoben, jedoch sehr strenge Strafen verhängt. Als der Vater Paulo ankündigte, er werde ihn im Colégio Andrews anmelden – wo Paulo ebenfalls den naturwissenschaftlichen Zweig besuchen werde –, teilte er ihm auch mit, dass künftige Ferienreisen gestrichen seien und das Taschengeld vorläufig einbehalten werde. Wenn er Geld brauche, um sich Zigaretten oder Bier zu kaufen, dann solle er sich eine Arbeit suchen.

Die Wahl der neuen Schule war als Strafe gedacht, aber der Schuss ging nach hinten los, denn Paulo war begeistert. Das konfessionslose und, verglichen mit dem Santo Inácio, viel liberalere Andrews praktizierte Koedukation, was für den Schulalltag eine himmlische Neuerung mit sich brachte: Mädchen! Außerdem gab es politische Diskussionen, Film-Arbeitsgemeinschaften und sogar eine Theatergruppe, der Paulo sich bereits angeschlossen hatte, bevor er alle Lehrer kannte. Ein Jahr zuvor hatte er sich in den Bereich Dramaturgie vorgewagt: An dem verlängerten Wochenende zu Allerseelen hatte er sich mit dem Vorsatz, ein Theaterstück zu schreiben, in sein Zimmer zurückgezogen. Er war nur zu den Mahlzeiten herausgekommen und hatte seine Klausur seinen Eltern gegenüber damit begründet, dass er für die Prüfungen am Jahresende lerne. Nach vier Tagen Arbeit setzte er den Schlusspunkt unter das Stück *O Feio* (wörtlich: Das Hässliche), das er in seinem Tagebuch folgendermaßen beschrieb:

In diesem Stück stelle ich das Hässliche in der Gesellschaft dar. Es ist die Geschichte eines jungen Außenseiters, der sich am Ende das Leben nimmt. Die Szenen sind als Schattenspiel konzipiert, während vier Narren vortragen, was die Personen tun und empfinden. In der Pause zwischen dem ersten und zweiten Akt singt jemand hinten im Publikum schön langsam einen Bossa Nova, dessen Text mit dem ersten Akt zu tun hat. Ich halte das für einen guten Regieeinfall. Das Stück wird noch in diesem Jahr hier im Haus im Wintergarten aufgeführt.

Doch der kritische Verstand setzte sich gegen die Eitelkeit durch: Eine Woche später zerriss Paulo diesen ersten Abstecher ins Theaterfach und widmete ihm lediglich einen kurzen Nachruf: »War Mist. Schreibe bald was Neues.« Als Dramaturg schloss er sich 1964 der Amateurtheatergruppe Taca (Teatro Amador do Colégio Andrews) an. Die Schule, die Prüfungen, die Lehrer, all das kümmerte ihn offenbar nicht sonderlich. Die wenigen Eintragungen dazu in seinem Tagebuch waren immer kurze negative, Perspektivlosigkeit verratende Kommentare: »Bin in der Schule schlecht, werde wahrscheinlich in Geometrie, Physik und Chemie durchfallen.« – »Kann mich nicht zum Lernen zwingen, alles lenkt mich ab, auch der größte Blödsinn.« – »Die Unterrichtsstunden kommen mir immer länger vor.« – »Ich weiß ehrlich nicht, was mit mir los ist, es lässt sich nicht beschreiben.« Das Eingeständnis, in der Schule schlecht zu sein, war eine Verschleierung der Wahrheit. Es ging mit ihm eindeutig bergab.

Bis Oktober, zwei Monate vor Ende des Jahres und damit des Schuljahres, lagen seine Zensuren in sämtlichen Fächern unter Fünf. Der Vater fand, es sei an der Zeit, ihn endgültig an die kurze Leine zu nehmen, und machte seine Drohung wahr: Über seinen Cousin Hildebrando Goés Filho fand er für Paulo eine Stelle als Aufseher bei einer Firma, die die Hafeneinfahrt von Rio de Janeiro ausbaggerte. Sein Lohn reichte nicht einmal für den Bus und die Zigaretten. Jeden Tag hastete Paulo nach dem Vormittagsunterricht nach Hause, aß zu Mittag, stieg in den Bus und fuhr nach Santo Cristo, einem Viertel im Zentrum von Rio, am Hafen. Ein Schlepper brachte ihn zu dem Baggerschiff, dort stand er den restlichen Tag mit einem Schreibbrett in der Hand da und machte jedes Mal ein X, wenn der Bagger den Müll vom Meeresgrund heraufholte und in eine Schute kippte. Das Ganze kam ihm völlig sinnlos vor und erinnerte ihn an den Sisyphus-Mythos. »Eine Arbeit, die nie ein Ende nimmt«, schrieb er in sein Tagebuch. »Wenn ich denke, jetzt ist Schluss, geht es wieder von vorn los.« Die Strafe zeigte jedoch keinerlei positive Wirkung. Er blieb weiterhin ein schlechter Schüler, und als er erfuhr, dass seine Versetzung gefährdet war, nahm er dies spöttisch zur Kenntnis. »Ein Freund hat mir erzählt, dass ich in den Ferien Mathematik nachholen muss«, notierte er. »Und dabei ist der Vormittag so schön, so voller Musik, dass ich mich richtig freue. Oh, Herrgott, wie ist das Leben schön! Welch ein Leben, dieses Leben, mein Gott!« Das Jahreszeugnis bestätigte die allgemeinen Erwartungen. Der Durchschnitt von 4,2 bedeutete: in keinem Fach versetzt.

Paulo ertrug klaglos die Arbeit auf dem Bagger, und es machte ihm nichts aus, dass die Eltern ihm zu Weihnachten lediglich ein einfaches Taschenmesser schenkten. Ihn interessierte allein Literatur, in Form von Romanen, Theaterstücken oder auch Versen. Ja, denn Monate nachdem er die Lyrik aufgegeben hatte, begann er erneut zu dichten. Nach langer Überlegung war er zu dem Schluss gekommen, dass es doch keine Schande sei, Gedichte zu schreiben, bis der Zeitpunkt gekommen wäre, seinen Roman zu Papier zu bringen. »Ich habe so viel Stoff für einen Roman! Das Verflixte ist nur, dass ich keinen guten Anfang hinkriege und nicht genug Geduld zum Weiterschreiben habe«, klagte er, setzte aber nach: »Und doch ist dies der Beruf, den ich mir ausgesucht habe.« Nachdem er sich in Gávea eingelebt hatte, stellte er fest, dass sich noch andere Jugendliche in der Nachbarschaft für Bücher und Literatur interessierten. Da sie insgesamt fünfzehn Jungen und Mäd-

chen waren, gründeten sie einen literarischen Klub mit dem
Namen Rota 15, so benannt nach den Anfangsbuchstaben der
Avenida Rodrigo Otávio, einer Querstraße zur Rua Padre
Leonel Franca, in der Paulos Elternhaus stand. Sie trafen sich
an der Ecke. Paulos Lyrikproduktion war so ergiebig, dass
er zu einem von der Gruppe Rota 15 herausgegebenen, mit
Wachsmatrize vervielfältigten Gedichtband dreizehn Gedichte
beitrug (darunter das preisgekrönte »Frau von dreizehn Jahren«), ergänzt durch seinen Lebenslauf: »Paulo Coelhos literarische Karriere begann 1962, als er kleine Glossen schrieb,
später wechselte er zur Lyrik. 1963 wurde er in die Academia
Literária Santo Inácio aufgenommen und erhielt im selben Jahr
deren höchste Auszeichnung.« Der Klub Rota 15 endete mit
einem Skandal, als Paulo den Schatzmeister beschuldigte, die
Klubkasse geplündert und das Geld für den Besuch einer Show
der französischen Schlagersängerin Françoise Hardy, die gerade in Rio auftrat, ausgegeben zu haben.

Inzwischen hielt er sich für einen so gestandenen Dichter,
dass er nicht mehr auf Stadtteil- oder Cliquenblättchen angewiesen sei. Selbstbewusst, als hätte er sich längst seine Sporen
verdient, fand er, es sei an der Zeit, höher hinauszugelangen.
Sein Traum war ein Lob in Druckbuchstaben – allein eine Erwähnung wäre wunderbar gewesen –, veröffentlicht in der angesehenen literarischen Kolumne »Escritores e Livros« (dt.:
Schriftsteller und Bücher), die der aus Pernambuco stammende
Schriftsteller und Journalist José Condé allwöchentlich für die
Zeitung *Correio da Manhã* schrieb. Paulo bewunderte Condés knappen Stil und hoffte, das scharfe Auge des Kritikers
würde in seinen Zeilen das Talent erspähen. Er ergänzte die
von Rota 15 veröffentlichte Sammlung um weitere Gedichte,

gab sich beim Tippen besondere Mühe und schickte das sorgfältig gebundene Heft an die Zeitungsredaktion. Am darauffolgenden Mittwoch, dem Tag der Kolumne, lief er aufgeregt
zum Zeitungskiosk, um Condés Meinung zu lesen. Er war so
verblüfft, dass er die ganze Kolumne ausschnitt, in sein Tagebuch klebte und darüberschrieb: »Vor einer Woche habe ich
J. Condé meine Gedichte geschickt und ihn um seine Kritik gebeten. Und heute finde ich das hier in der Zeitung.« Der Grund
für seine Verärgerung stand in dem PS unter der Kolumne:

Den forschen jungen Leuten, die darauf brennen, ihren
Namen gedruckt zu sehen und Bücher zu veröffentlichen,
stünde es gut an, sich als Beispiel Carlos Drummond de
Andrade vor Augen zu halten, der in fünfzehn Jahren nur
drei kleine Bände mit insgesamt 144 Gedichten veröffentlicht hat [...] Und kürzlich erst wies ein Kritiker darauf
hin, dass Ernest Hemingway sein kleines Meisterwerk
Der alte Mann und das Meer nicht weniger als zwanzig
Mal umgeschrieben hat.

Paulo nahm die Zeilen persönlich und war tief getroffen. Wenn
er noch kurz zuvor dem Herrgott dafür gedankt hatte, dass er
entdeckt habe, wozu er berufen sei, wich seine Selbstzufrie-
denheit nun tausend Zweifeln. »Womöglich bilde ich mir nur
ein, ich müsse unbedingt Schriftsteller werden«, überlegte er.
»Tauge ich vielleicht doch nicht dazu?« Aber dann wischte er
die Zweifel schnell beiseite. So wie der Freund eiskalt duschte,
um nicht seinen Glauben an Gott zu verlieren, musste er, ohne
zu zögern und zu wanken, weiterkämpfen, um seinen Traum
zu verwirklichen. Condé hatte ihm einen Schlag versetzt, aber

er war nicht bereit aufzugeben. Den ganzen Tag konnte er an nichts anderes denken. Um sich abzulenken, sah er sich am Abend im Fernsehen eine Folge der berühmten amerikanischen Serie *Dr. Kildare* an, in der es um die Abenteuer eines jungen Arztes, gespielt von Richard Chamberlain, in einem großen Krankenhaus geht. Doch er schaltete ab, bevor die Folge zu Ende war, und schrieb in sein Tagebuch:

> In der heutigen Folge von *Dr. Kildare* sagt der Direktor des Krankenhauses zu dem Arzt: »Ich hätte nicht versuchen sollen, Ihr Leben zu verändern, Jim. Jeder von uns ist für ein bestimmtes Ideal geboren.« Für mich gelten diese Worte für den Beruf des Schriftstellers, und ich habe fest im Sinn, einer zu werden.

Entzückt über die eigene Entschlossenheit, dichtete er in Anlehnung an das Gedicht ›If ...‹ von Rudyard Kipling:

> Wenn du Freunde und Feinde um eine Chance zu bitten
>   vermagst
> Wenn du ein Nein hörst und es als ein Vielleicht zu
>   verstehen vermagst
> Wenn du ganz unten zu beginnen und dennoch das
>   wenige, das dir zufällt, zu schätzen vermagst
> Wenn du dich ständig zu verbessern und an die Spitze
>   zu gelangen vermagst, ohne dich von Eitelkeit
>   beherrschen zu lassen
> Dann wirst du ein Schriftsteller sein.

Während er mit solchen geistigen Höhenflügen beschäftigt war, blickte er zugleich zutiefst hoffnungslos der Rückkehr auf die Schulbank des Andrews entgegen. In seiner Verzweiflung schmiedete er einen Plan, der ihn im Erfolgsfall für ein paar Jahre von der Schule befreien würde: Er wollte sich um ein Stipendium bewerben und ins Ausland gehen, so wie es schon mehrere Schulkameraden getan hatten. Seine Eltern würden neue Hoffnung schöpfen, wenn er sich beim American Field Service bewarb, einem damals sehr beliebten Schüleraustauschprogramm. Seinen Zensuren nach zu urteilen war er wohl keine absolute Null in Englisch (ein Fach, in dem er, für seine Verhältnisse, selten schlecht war), was schon den halben Weg zum Erfolg bedeutete. Zwei Wochen lang ging seine gesamte Freizeit dafür drauf, die Papiere für die Bewerbung zusammenzustellen: Schulzeugnisse, Passfotos, Bewerbungsschreiben. Als die Prüfungen begannen, reduzierte sich die Zahl der Bewerber von sieben auf vier, und schließlich blieben Paulo und noch zwei Kandidaten für die entscheidende Prüfung übrig: eine mündliche Befragung durch eine Person aus den USA – alles auf Englisch, versteht sich.

Am Prüfungstag war er so nervös, dass er, als er gegenüber der Prüferin – einem jungen Mädchen seines Alters – Platz nahm, einen Schlag gegen die Brust spürte. Da ließ er Ketzerei Ketzerei sein und flehte zu Gott, es möge falscher Alarm sein. War es aber nicht – er hatte einen Asthmaanfall. Ein trockenes Pfeifen kam aus seiner Lunge, während er mit weit aufgerissenen Augen seine Taschen auf der Suche nach dem Aerosol abtastete. Er wollte etwas sagen, doch anstelle seiner Stimme kam ein Atemstoß. Die Amerikanerin erstarrte vor Schreck. Nach ein paar Minuten war der Anfall vorbei, die Be-

133

fragung konnte zu Ende geführt werden, doch Paulo ging mit einem schlechten Gefühl nach Hause. »Ich glaube, das Asthma hat alles verdorben.« Tatsächlich kam einen Monat vor der geplanten Abreise ein Telegramm, dass er nicht genommen worden war. Anstatt von der Absage niedergeschmettert zu sein, führte Paulo sie nicht auf seinen missglückten Auftritt zurück, sondern darauf, dass seine Mutter schon in den USA gewesen war. »Ich glaube, sie wollen lieber Leute haben, deren Angehörige noch nie in den Vereinigten Staaten gewesen sind«, schrieb er und fügte eine Einschätzung hinzu, die auch des Fuchses aus der Fabel mit den Trauben würdig gewesen wäre: »Sie finden – den Eindruck hatte ich jedenfalls –, dass ich für Amerika zu intellektuell bin.«

Zu diesem Zeitpunkt trat eine neue, überwältigende Leidenschaft in sein Leben – eine aus Fleisch und Blut, mit braunen Augen, langen schlanken Beinen und dem Namen Márcia. Paulo mit seinen siebzehn Jahren war immer noch schmächtig und selbst für brasilianische Verhältnisse klein. Er wog fünfzig Kilo, zehn weniger als das Idealgewicht für seine Größe von 1,69 m, bei der es dann auch bleiben sollte. Und er war nach seiner eigenen unverdächtigen Meinung kein hübscher Teenager. »Ich war hässlich, dünn, völlig reizlos, kein Mädchen wollte sich für mich interessieren«, sollte er im Laufe seines Lebens mit leichten Variationen in der Wortwahl in unzähligen Interviews sagen. »Ich hatte wegen meines Aussehens einen Minderwertigkeitskomplex.« Während die meisten Jungen kurzärmelige, eng geschnittene Hemden trugen, um ihre Muskeln zu zeigen, trug er immer langärmelige weite Hemden, die seine schmalen Schultern und die dünnen Arme verbargen. Ein für die Körpermaße seines Besitzers unverhältnismäßig breiter Ledergürtel hielt die verwaschenen und – wie es damals Mode war – hauteng an den dünnen Beinen klebenden Jeans. Die Aufmachung ergänzte eine Brille mit getönten Gläsern und Metallgestell, wie sie Jahre später zum Markenzeichen von John Lennon werden sollte. Die Haare hingen fast bis auf die Schultern, und in letzter Zeit hatte er sich einen spärlichen Schnurrbart wachsen lassen, dazu unter der Unterlippe ein Büschel als Andeutung eines Minispitzbarts.

Die ein Jahr jüngere Márcia wohnte ganz in der Nähe in einem mehrstöckigen Haus an der Ecke Avenida Rodrigo Otávio und Rua Padre Leonel Franca. Sie besuchte ebenfalls das Colégio Andrews und war Mitglied des Klubs Rota 15. Márcia mit ihren langen blonden Haaren, der Stupsnase und den schmalen Augen galt trotz strenger Kontrolle der Eltern und des älteren Bruders als flirtfreudig und wurde deshalb zu einem der begehrtesten Mädchen in der Klasse. Paulo, dessen Selbstwertgefühl am Boden lag, merkte nie, dass sie ihn auf besondere Art ansah. Vor allem, wenn er mit Alcides Lins, Cidinho genannt, dem anderen »Intellektuellen« der Gruppe, über Filme, Bücher und Theaterstücke diskutierte. Zwar wussten die meisten von ihnen gar nicht, was das Wort bedeutete, doch fast alle empfanden sich als »Existenzialisten«. Paulo trug keine schicken Sachen, er hatte kein Auto, war nicht kräftig gebaut, aber Márcia schmolz dahin, wenn er von Büchern erzählte oder Gedichte berühmter Autoren vortrug. Trotzdem hatte er keine Ahnung, dass sie für ihn Sympathie empfand, bis sie die Initiative ergriff.

Am Abend des 31. Dezember 1964 schrieb Paulo als letzten Satz in sein Tagebuch die melancholischen Worte: »Heute ist der letzte Tag des Jahres 1964, eines Jahres, das mit einem

Stöhnen in der Dunkelheit endet. Ein von Verbitterung ge-
kröntes Jahr.« Und in bedrückter Stimmung traf er sich zwei
Tage später mit seinen Freunden in Copacabana, um im Theater Arena die Show *Opinião* mit der Sängerin Nara Leão zu
sehen. Die Gruppe verteilte sich auf den Sitzen, und es ergab
sich, dass Márcia neben ihm saß. Als das Licht erlosch und die
sanfte Stimme von Nara Leão die ersten Zeilen des Liedes
›Peba na Pimenta‹ von João do Vale anstimmte, spürte Márcia
eine leichte Berührung an ihrer Hand, fast nur einen Hauch.
Ohne den Kopf zu bewegen, sah sie mit einem Blick aus dem
Augenwinkel, dass Paulos Hand neben ihrer lag. Blitzschnell
schlang sie ihre Finger um seine und drückte sie leicht. Er erschrak so sehr, dass er erst einmal panisch reagierte: Was, wenn
er jetzt einen Asthmaanfall bekam? Nein, er beruhigte sich.
»Ich war mir sicher, dass Gott Márcias Hand zu meiner hin-
geführt hatte«, sagte er später. »Und wenn es so war, warum
sollte Er mir dann einen Asthmaanfall schicken?« Er atmete
normal weiter, und die beiden verliebten sich unsterblich in-
einander. Als die Show zu Ende war, musste Nara Leão mehrere Zugaben geben, u. a. einen Protestsong des schwarzen
Musikers Zé Kéti gegen die Militärdiktatur, die seit neun Monaten in Brasilien herrschte. Das Pärchen nutzte die Dunkelheit, wand sich, immer noch Hand in Hand, zwischen den Sitzen hindurch und verließ das Theater.

Sie zogen sich die Schuhe aus und liefen barfuß Hand
in Hand über den Strand von Copacabana. Paulo nahm das
Mädchen in den Arm und wollte sie küssen, aber sie wehrte
ihn taktvoll ab: »Mich hat noch niemand auf den Mund geküsst.«

Er reagierte selbstsicher wie ein alter Don Juan: »Du kannst beruhigt sein, ich habe schon mehrere Mädchen geküsst. Es wird dir gefallen.«

In der drückenden Hitze und unter dem Sternenhimmel von Rio de Janeiro tauschten die beiden einen langen Kuss. Das Jahr 1965 hätte wahrlich nicht schöner beginnen können. Dank der Liebschaft mit Márcia fand Paulo zu einer Seelenruhe, wie er sie noch nie erlebt hatte, auch nicht in den schönsten Augenblicken in Araruama und Belém. Er schwebte im siebten Himmel, und deshalb machte es ihm überhaupt nichts aus, dass er in einem vom Nationalen Matetee-Institut gesponserten Gedichtswettbewerb ausgeschieden war. »Was zählt schon ein Preis mehr oder weniger, wenn man von einer Frau wie Márcia geliebt wird?«, schrieb er großherzig. Ganze Seiten seines Tagebuchs füllten nun Zeichnungen von Herzen, durchbohrt von Liebespfeilen, darin ihrer beider Namen.

Das Glück währte nicht lange. Noch bevor im April der Sommer zu Ende ging, erfuhren Márcias Eltern, wer der neue Freund ihrer Tochter war, und verkündeten kategorisch: mit dem nicht! Und als Márcia nach den Gründen für das Veto fragte, antwortete die Mutter mit entwaffnender Offenheit:

»Erstens ist er zu hässlich. Ich verstehe nicht, was ein so hübsches Mädchen wie du in diesem Jungen sehen kann. Du gehst gern auf Partys, aber er interessiert sich nur für Bücher und kann nicht mal tanzen. Und außerdem hat der Junge irgendetwas Krankhaftes ...«

Márcia erwiderte, Paulo sei gesund. Er habe Asthma, wie Millionen andere Menschen auch, aber das könne man behandeln, es sei kein Charakterfehler. Die Mutter ließ nicht locker, Asthma könne man zwar behandeln, aber dann habe er noch andere Krankheiten, und die seien ansteckend:

»Wie ich gehört habe, ist er außerdem Existenzialist und Kommunist. Und jetzt kein Wort mehr dazu.«

Für die Tochter war das Thema noch lange nicht erledigt. Sie erzählte die ganze Geschichte ihrem Freund, und die beiden beschlossen, sich nicht unterkriegen zu lassen. Fortan trafen sie sich heimlich, bei gemeinsamen Freunden, doch weil sie sich kaum irgendwo sicher fühlen konnten, gab es nur wenige intime Momente – meistens in einem Tretboot auf der Lagoa Rodrigo de Freitas. Und es blieb immer nur beim Vorspiel. Paulo tat, als wäre das alles für ihn ganz normal, dabei hatte er erst ein einziges Mal Geschlechtsverkehr gehabt, und zwar ein paar Monate zuvor. Als die Eltern eines Abends ins Kino gegangen waren, hatte er die Gelegenheit genutzt und Madalena, die bildhübsche Haushilfe, die seine Mutter erst vor kurzem eingestellt hatte, dazu überredet, zu ihm ins Zimmer zu kommen. Madá war zwar erst achtzehn, aber erfahren genug, so dass Paulo seine erste Nacht in schöner Erinnerung behielt.

Als Márcias Eltern feststellten, dass ihre Tochter sich weiterhin heimlich mit »diesem Kerl« traf, verschärften sie ihre Kontrolle und verboten ihr, mit Paulo zu telefonieren. Doch schon bald entdeckten sie, dass sich die beiden von einem Wecker unterm Kopfkissen um vier Uhr nachts wecken ließen und im Schutz der nächtlichen Stille, den Mund dicht an der Telefonmuschel, einander verliebte Worte zuflüsterten. Die Strafe für diesen Ungehorsam war noch härter: einen Monat Stubenarrest. Márcia gab nicht auf. Mit Hilfe des Hausmädchens schickte sie ihrem Freund Briefchen, um abzumachen, um welche Zeit er auf der Straße hinter dem Wohnblock stehen sollte, um sie am Fenster ihres Zimmers zu sehen. Eines Tages, als sie morgens aus dem Fenster sah, erblickte sie auf dem

Asphalt eine Liebeserklärung in Riesenbuchstaben: »M: Ich liebe dich. P.«

Gegen Ende des Stubenarrests legte die Mutter noch einmal nach: Paulo sei nichts für Márcia, es würde mit ihm nicht gutgehen, er habe keinerlei Zukunftsperspektiven. Das Mädchen antwortete starrsinnig, nein, sie werde nicht mit ihm Schluss machen. Sie habe vor, Paulo eines Tages zu heiraten. Eine Tante, die davon hörte, ging so weit, anzudeuten, dass ein so schmächtiger junger Mann womöglich gar nicht in der Lage sein würde, den ehelichen Pflichten nachzukommen. »Du verstehst, was ich meine, mein Schatz, nicht wahr?«, sagte die Tante. »Heirat, Sex, Kinder ... Ob einer, der so schwächlich ist, ein normales Leben führen kann?« Márcia nahm die Strafen offenbar nicht sehr ernst. Kaum durfte sie wieder aus dem Haus, traf sie sich erneut mit Paulo. Sie hatten einen idealen Ort entdeckt, die Kirche gleich in ihrer Nähe. Sie setzten sich immer voreinander, niemals nebeneinander, um keinen Verdacht zu erregen, und unterhielten sich flüsternd. Trotz aller Vorsicht wurden sie schließlich von Márcias Vater erwischt; er zerrte seine Tochter laut brüllend nach Hause und verpasste ihr dort eine ihrem Vergehen angemessene Strafe: eine ordentliche Tracht Prügel mit dem Gürtel.

Doch das Mädchen schien fest entschlossen, ihrem Märchenprinzen treu zu bleiben, sich mit ihm zu verloben und ihn zu heiraten. Wenn schon ihre Eltern dagegen waren, so wirkten auch Paulos Eltern nicht gerade begeistert über die Wahl ihres Sohnes. Da es üblich war, die Freunde zu Hauspartys einzuladen, gelang es Paulo, Lygia und Pedro zu erweichen und eine Party zu veranstalten. Als der Vater Paulo Wange an Wange mit seiner Freundin tanzen sah, stellte er sich mit verschränkten Armen daneben und sah sie ostentativ verärgert an, bis Márcia sich beschämt zu den anderen Mädchen zurückzog. Und so machte er es auch mit allen anderen. Wange an Wange tanzen oder die Hand dem Mädchen unterhalb der Taille auf den Rücken legen genügte, schon stellte sich Pedro neben das Paar, verschränkte die Arme und wich erst von ihrer Seite, wenn sie sich »manierlich benahmen«. Außerdem verlief die ganze Party »trocken«, denn der Hausherr hatte alkoholische Getränke verboten, nicht einmal ein harmloses Bierchen war gestattet.

Aus all diesen Gründen war die erste Hausparty bei den Coelhos auch die letzte in der rosa Villa. Doch konnte nichts, auch nicht die Beleidigungen des Vaters, Paulos Glück trüben. Márcias Geburtstag nahte – sie waren noch keine vier Monate zusammen –, da wollte ihre Mutter mit ihr sprechen. Da sie von körperlicher Züchtigung nichts hielt, versuchte sie es mit einer anderen Taktik:

»Wenn du mit diesem Jungen Schluss machst, darfst du dir in der teuersten Boutique von ganz Rio Kleider kaufen, so viele du willst.«

Die Mutter kannte die Schwäche ihrer Tochter – ihre Eitelkeit. Márcia fand das Angebot zunächst inakzeptabel, »eine Erpressung ohnegleichen«. Nach reiflicher Überlegung jedoch kam sie zu dem Schluss, dass sie genug versucht hatte zu rebellieren und ihre Liebe durchzusetzen. Und genau genommen wussten beide, dass es eine Illusion war, zu glauben, sie könnten ihre Beziehung gegen den Willen der Eltern aufrechterhalten. Sie waren beide minderjährig und abhängig, welche Zukunft gab es da für sie? Wenn Márcia schon kapitulieren musste, dann wollte sie es sich wenigstens teuer bezahlen lassen, also willigte sie ein. Als Paulo Márcias Brief las, in dem sie ihm das Ende ihrer Romanze mitteilte, weinte er bittere Tränen und notierte in seinem Tagebuch, wie enttäuscht er sei, dass es ihm nicht gelungen war, mit Márcia eine so tragische Liebe zu leben wie Romeo und Julia: »Für jemanden wie mich, der davon geträumt hatte, Gávea zu einem brasilianischen Verona zu machen, hätte es kein traurigeres Ende geben können, als gegen ein paar neue Kleider eingetauscht zu werden.«

Von seiner Großen Liebe (mit Großbuchstaben) verlassen, fiel er in eine Depression – so dass seine Eltern sich ernstlich Sorgen machten. Zwar hatten sie die Ferien in Araruama gestrichen, weil er im Andrews versagt hatte, doch unter den gegebenen Umständen machten sie eine Ausnahme und er durfte trotzdem hinfahren, um wenigstens die Karnevalszeit mit seinen Cousins zu verbringen. Paulo kam am Freitagabend im Bus an und blies das ganze Wochenende über Trübsal, er hatte nicht einmal Lust, sich die Mädchen auf den diversen Karnevalsbällen in der Stadt anzusehen. Erst am Montagabend ließ er sich von drei Freunden zu einem Bier in einer Kneipe in der Nähe von Onkel Josés Haus überreden. Als der Tisch voller Bierdeckel war, die verrieten, dass sie viel zu viel getrunken hatten, kam einer der Jungen, Carlinho, auf eine Idee:

»Meine Eltern sind verreist, und das Auto steht in der Garage herum. Wenn einer von euch fahren kann, können wir eine Runde durch die Stadt drehen.«

Obwohl er noch nie am Steuer gesessen hatte, sagte Paulo: »Ich! Ich kann fahren.«

Die Freunde bezahlten, gingen zu Carlinho und stiegen ins Auto. Auf dem Weg zur Hauptstraße, wo die Karnevalsblöcke und Sambaschulen defilierten, fiel der Strom aus, und die Stadt versank in Dunkelheit. Paulo fuhr trotzdem in dem Gewühl von Karnevalisten und Fußgängern weiter. Plötzlich kam ein Karnevalsblock auf das Auto zu. Paulo wusste nicht recht, wie er reagieren sollte, er wich aus und gab Gas, da rief einer der Freunde:

»Pass auf, der Junge!«

Zu spät. Etwas schlug hart gegen die Stoßstange, doch Paulo gab weiter Gas, während die Freunde zurückschauten und entsetzt schrien:

»Hau ab, Paulo! Hau ab! Schnell weg von hier, du hast den Jungen überfahren!«

5

Erste Begegnung mit Dr. Benjamim

*Um den Todesengel zu befrieden, schneidet Paulo
einer Ziege des Nachbarn die Kehle durch und be-
spritzt die Hauswand mit Blut.*

Der Junge hieß Luís Claudio, genannt Claudinho, und
war der Sohn des Schneiders Lauro Vieira de Azevedo.
Er war sieben und wohnte in der Rua Oscar Clark, unweit von
Paulos Onkel. Bei dem heftigen Aufprall war der Junge weit
weggeschleudert worden, die Bauchdecke war aufgerissen, die
Eingeweide traten heraus. Im Krankenhaus wurde festgestellt,
dass er auch einen Arm gebrochen hatte. Um den Blutverlust
auszugleichen, gab ihm der diensthabende Arzt eine Blut-
transfusion, doch der Blutdruck sackte abrupt ab. Claudinho
schwebte in Lebensgefahr.

Nach dem Unfall leisteten Paulo und seine Freunde nicht
nur dem Jungen keine Hilfe, sondern begingen Fahrerflucht.
Sie stellten den Wagen bei Carlinho ab und gingen durch die
immer noch dunkle Stadt zu einem anderen Jungen, Maurício,
der ebenfalls im Auto gesessen hatte. Doch der Unfall hatte
sich bereits herumgesprochen, es hieß, der Junge sei tot. Entsetzt und völlig panisch schlossen die Jungen einen Schwei-
gepakt: Keiner von ihnen würde jemals ein Wort sagen. Jeder
ging seines Weges. Um keinen Verdacht aufkommen zu lassen,

erschien Paulo bei Onkel José, als wäre nichts geschehen – »der Gipfel an Zynismus«, wie er selbst sagt. Eine halbe Stunde später platzte die Bombe: Maurício und Aurélio, der vierte im Bunde, waren von einem Augenzeugen angezeigt und festgenommen worden und hatten bei der Polizei schließlich gestanden, wer am Steuer gesessen hatte. Der Onkel ging mit Paulo in ein Zimmer und machte ihm den Ernst der Lage klar: »Der Junge schwebt in Lebensgefahr. Wollen wir hoffen, dass er durchkommt, wenn nicht, steht es für dich sehr schlecht. Deine Eltern sind benachrichtigt und kommen her, um mit der Polizei und dem Amtsrichter zu sprechen. Du bleibst vorläufig im Haus. Hier bist du in Sicherheit.«

Der Onkel kannte den Ruf des Schneiders als Haudegen und groben Klotz und fürchtete, der Nachbar könnte eine Dummheit begehen. Nachdem er bei seinem mit dem Tod ringenden Sohn im Krankenhaus gewesen war, erschien der Schneider mit zwei finsteren Gesellen vor Onkel Josés Haus. Die Pistole sichtbar am Gürtel, fuchtelte Claudinhos Vater in höchster Erregung Onkel José mit dem Finger vor der Nase herum:

»Doktor Araripe, Claudinho liegt im Krankenhaus und ringt mit dem Tod. Bis klar ist, ob er überlebt, bleibt ihr Neffe in Araruama. Und falls mein Sohn stirbt, wird Paulo mit ihm begraben, dann komm ich nämlich her und bring ihn um.«

Lygia und Pedro trafen anderntags am späten Abend in Araruama ein, und noch bevor sie ihren Sohn sahen, suchten sie den Amtsrichter auf, der ihnen mitteilte, der »Täter« dürfe die Stadt nur mit seiner Genehmigung verlassen. Der Besuch der Eltern minderte Paulos Verzweiflung keineswegs, er verbrachte eine furchtbare Nacht und konnte kein Auge zutun. Im Bett liegend, schrieb er in zittriger Schrift:

Dies ist der längste Tag meines Lebens. Ich lebe in dieser Nacht in Angst, weil ich nicht weiß, wie es dem Jungen geht. Der schlimmste Augenblick war aber, als wir nach dem Unfall zu Maurício nach Hause kamen und alle sagten, das Kind sei tot. Da wäre ich am liebsten im Erdboden versunken. Nur du, Márcia, warst und bist in meinen Gedanken. Ich werde eine Vorladung bekommen, weil ich ohne Führerschein gefahren bin. Und wenn der Junge stirbt, komme ich vor Gericht und muss vielleicht ins Gefängnis.

Es war die Hölle auf Erden. Am Morgen des Karnevalsdienstags hatten beide Nachrichten – der Unfall und die Drohung des Schneiders – die Runde durch die Stadt gemacht und Neugierige in die Rua Oscar Clark gelockt, die nun das Ende des Dramas miterleben wollten. Schon früh hatten Lygia und Pedro beschlossen, Claudinhos Eltern einen Höflichkeitsbesuch abzustatten, sich zu entschuldigen und nach dem Befinden des noch immer bewusstlosen Jungen zu fragen. Lygia stellte einen köstlichen Obstkorb zusammen, den die Mutter ihrem Sohn bringen sollte. Als sie und Pedro sich dem Haus näherten, schickte der Schneider sie weg, er habe nichts mit ihnen zu bereden. Und er drohte wieder: »Ihr Sohn verlässt diese Stadt nur lebendig, wenn meiner überlebt«, und sagte, Lygia solle ihr Obst wieder mitnehmen: »Hier leidet keiner Hunger. Ich will keine Almosen, ich will meinen Sohn zurück.« Paulo verließ sein Zimmer nur, um sich nach dem Jungen zu erkundigen. Jede neue Information wurde in seinem Tagebuch festgehalten:

[...] Sie waren heute Vormittag im Krankenhaus. Das Fieber des Jungen sinkt, hoffentlich zieht der Vater seine Anzeige bei der Polizei zurück.

[...] Die ganze Stadt weiß inzwischen Bescheid, ich kann nicht aus dem Haus gehen, weil ich gesucht werde.

[...] Das Fieber des Jungen ist wieder gestiegen.

[...] Offenbar kann ich jeden Augenblick verhaftet werden, weil irgendjemand der Polizei erzählt hat, ich sei volljährig. Jetzt hängt alles von dem Jungen ab.

Das Fieber stieg und sank noch mehrmals. Am Mittwochvormittag, zwei Tage nach dem Unfall, kam Claudinho wieder zu Bewusstsein, doch erst spätnachts hatte die Qual ein Ende, als die Ärzte sagten, dass er außer Lebensgefahr sei und in ein paar Tagen entlassen werden könne. Am frühen Donnerstagmorgen ging Pedro Coelho mit seinem Sohn für die Aussage zum Richter und unterschrieb in dessen Beisein eine Erklärung, dass er für sämtliche von der Familie des Jungen ausgelegten Kosten für ärztliche Behandlung und Krankenhausaufenthalt aufkommen werde. Claudinho überlebte ohne Folgeschäden, abgesehen von einer riesigen Narbe auf dem Bauch. Doch hatte das Schicksal anscheinend entschieden, dass er dem Tod an einem Karnevalsmontag begegnen sollte. Vierunddreißig Jahre später, am 15. Februar 1999 – wieder ein Karnevalsmontag –, wurde Luís Cláudio, inzwischen Kaufmann, verheiratet und Vater von zwei Töchtern, von zwei maskierten Pistoleros, offenbar im Dienst einer auf das Ausrauben von Lastwagen spezialisierten Bande, aus seinem Haus in Araruama verschleppt. Nach grausamer Folterung war er noch bei Bewusstsein, als die Männer ihn fesselten, mit Benzin übergossen und verbrannten.

Doch dass der Junge 1965 überlebte, besserte Pedro Coelhos Laune nicht. Als sie wieder in Rio waren, bekam Paulo zu hören, dass er zur Strafe für den Unfall und sein Lügen einen Monat lang abends nicht aus dem Haus gehen durfte. Das Taschengeld wurde einbehalten, bis es mit den 100 000 Cruzeiros (ungefähr 1200 Euro) verrechnet wäre, die der Vater für Claudinhos Arztkosten hatte aufbringen müssen.

Zwei Monate nach Schuljahresbeginn gab das erste Zeugnis Anlass zu etwas Hoffnung: Zwar war Paulo in einigen Fächern schlecht, doch in Portugiesisch, Philosophie und Chemie hatte er so gute Noten bekommen, dass die Durchschnittszensur auf 6,1 gestiegen war – mittelprächtig, ja, aber immerhin ein Fortschritt für einen, der seit langem nicht einmal mehr fünf Punkte erreichte. Doch es blieb bei der Hoffnung: Im zweiten Zeugnis sank der Durchschnitt auf 4,6 und im dritten sogar auf 2,5. Pedro Queima Coelho de Souza tobte, drohte immer schlimmere Strafen an, doch Paulo war das alles offenbar egal. »Ich habe die Schule satt«, sagte er immer wieder zu seinen Freunden. »Ich haue ab, sobald ich kann.«

Alle Energie und Begeisterung, die er nicht für die Schule aufbrachte, steckte er in das Projekt, Schriftsteller zu werden. Unzufrieden, weil er noch immer kein bekannter Schriftsteller war, aber überzeugt von seinem Talent, kam er zu dem Schluss, dass sich seine Probleme in einem Wort zusammenfassen und beheben ließen: Werbung. Zu Beginn des Jahres 1965 hatte er auf langen nächtlichen Spaziergängen am Strand von Copacabana mit seinem Freund Eduardo Jardim viel über das Thema nachgedacht – wie er es formulierte: »über meine Probleme, mich als anerkannter Schriftsteller zu etablieren«. Seine Gleichung klang einfach: Wenn die Welt immer materialistischer wurde (ob durch den Kapitalismus oder den Kommunismus, spielte keine Rolle), lag es in der Natur der Sache, dass die Künste verschwinden würden und mit ihnen die Literatur. Und nur Werbung würde sie vor dem kulturellen Armageddon bewahren können. Paulos Hauptsorge galt der Literatur: Weil Literatur nicht so verbreitet war wie Musik, traf sie bei der Jugend nicht auf fruchtbaren Boden. »Wenn diese Generation niemanden hat, der in ihr die Liebe zur Literatur weckt«, sagte er, »dann wird sie in kurzer Zeit untergehen.« Und zum Schluss verkündete er sein Rezept für den Erfolg: »Deshalb wird Werbung der Hauptfaktor in meinem literarischen Programm sein. Und ich werde sie selbst betreiben. Über Werbung werde ich das Publikum zwingen, zu lesen und zu beurteilen, was ich schreibe. Auf diese Weise werden sich meine Bücher besser verkaufen, aber das ist sekundär. Die Hauptsache ist, dass ich die Leute auf meine Ideen, meine Theorien neugierig mache.«

Trotz Jardims zweifelnder Miene breitete er seine Pläne für die Phase nach der Eroberung des Publikums aus: »Dann werde ich, so wie Balzac, unter Pseudonym Artikel schreiben, die mich angreifen oder verteidigen, aber das ist schon ein anderes Kapitel.«

Jardim war offenbar überhaupt nicht einverstanden: »Du denkst wie ein Kaufmann, Paulo. Vergiss nicht, dass Werbung etwas vortäuscht, die Leute dazu bringt, etwas zu tun, was sie gar nicht wollen.«

Paulo war jedoch von dem Erfolg seiner Idee so felsenfest überzeugt, dass ab Januar auf seinem Schreibtisch zu Hause eine entsprechende To-do-Liste klebte:

Literarische Planung für das Jahr 1965

Wochentags alle Zeitungen kaufen, die in Rio erscheinen. Literaturressorts, entsprechende Verantwortliche und Chefredakteure der Zeitungen ermitteln. Aufsätze an Verantwortliche und erklärenden Brief an Chefredakteure schicken. Telefonisch Kontakt mit ihnen aufnehmen, mich erkundigen, an welchem Tag mein Aufsatz erscheint. Den Chefredakteuren mitteilen, was ich anstrebe. Beziehungen für Veröffentlichung organisieren.

Das Ganze mit Zeitschriften wiederholen.

In Erfahrung bringen, ob ein Empfänger meiner Texte diese regelmäßig erhalten möchte.

Das Ganze mit Radiosendern wiederholen. Eine Sendung mit mir vorschlagen oder meine Beiträge für schon vorhandene Sendereihen schicken. Wieder telefonisch Kontakt aufnehmen, mich erkundigen, an welchem Tag gesendet wird, was ich geschrieben habe, falls es gesendet wird.

Anschriften der großen Schriftsteller herausfinden, ihnen meine Gedichte schicken und um Kritik bitten sowie um Abdruck in Zeitschriften, für die sie schreiben. Immer nachhaken, wenn Brief unbeantwortet bleibt.

Immer zu Signierstunden, Vorträgen, Theaterpremieren gehen, das Gespräch mit diesen Schriftstellern suchen und mich bemerkbar machen.

Von mir geschriebene Theaterstücke inszenieren lassen und Leute einladen, die den literarischen Kreisen der älteren Generation angehören, damit »Patenschaft« organisieren.

Um Kontakt mit der jungen Schriftstellergeneration bemühen, zu Cocktails einladen, von ihnen frequentierte Orte besuchen. Interne Werbung weiterbetreiben und die Freunde über jeden Erfolg informieren.

Auf dem Papier wirkte der säuberlich getippte Plan unfehlbar, tatsächlich aber fand Paulo nicht aus der demütigenden, schmerzlichen Unbekanntheit heraus. Es gelang ihm nicht, etwas zu veröffentlichen, er kannte keinen Kritiker, keinen Journalisten, niemanden, der ihm eine Tür öffnen oder auf dem Weg zum Erfolg die Hand reichen konnte. Außerdem blieben seine Schulleistungen weiterhin miserabel, und lustlos schleppte er sich jeden Tag zum Andrews – für nichts und wieder nichts, denn seine Zensuren wurden immer schlechter. Tagelang war er geistesabwesend, als befände sich sein Kopf in einer anderen Welt.

In dieser lethargischen Verfassung lernte er einen Schulkameraden namens Joel Macedo kennen, der den geisteswissenschaftlichen Zweig besuchte. Sie waren gleichaltrig, aber Joel war das Gegenteil von Paulo: Der extrovertierte und politisch versierte Joel verkörperte eine Art Benjamin der »Generation Paissandu«, einer Clique von Filmfreunden und Intellektuellen, die sich im traditionsreichen Kino Cine Paissandu im Stadtteil Flamengo trafen. Joel leitete die Theatergruppe Taca und war verantwortlich für die Schülerzeitung *Agora*, deren Redaktion sich Paulo auf Joels Einladung hin anschloss. Die Zeitung hatte ständig Ärger mit der konservativen Schulleitung, weil sie Verhaftungen und Willkürakte der Militärdiktatur anprangerte.

Für Paulo tat sich eine neue Welt auf. Zu der Paissandu-

Clique zu gehören bedeutete Rios Crème de la crème der Intellektuellen begegnen und die Stars der linken Gegner des Militärregimes aus der Nähe erleben. Die Klientel des Kinos und seiner Ableger, der beiden angrenzenden Lokale Oklahoma und Cinerama, bestand nicht nur aus Cineasten, sondern auch aus Musikern, Dramaturgen und tonangebenden Journalisten. Die neuesten europäischen Filme wurden freitags um Mitternacht in den »verfemten Vorführungen« gezeigt, und die Karten für die siebenhundert Plätze waren immer im Nu weg. Paulo war weder politisch noch sozial engagiert, doch seine tiefsitzenden existenziellen Ängste passten sehr gut zum Profil des typischen Paissandu-Besuchers, und nach kurzer Zeit bewegte er sich in dem Milieu so selbstverständlich, als hätte er von Anfang an dazugehört. Eines Tages gestand er Joel, warum er ausgerechnet zu den beliebtesten Vorstellungen um Mitternacht niemals erschien. »Erstens, weil ich erst in ein paar Monaten volljährig werde, und die Filme, die da gezeigt werden, sind im Allgemeinen erst ab achtzehn zugelassen«, erklärte er. Dann fügte er den zweiten Grund an: »Wenn ich nicht bis elf Uhr abends zu Hause bin, lässt mein Vater mich nicht mehr rein.« Joel wollte sich nicht damit abfinden, dass ein Siebzehnjähriger zu einer bestimmten Zeit zu Hause sein musste: »Es ist Zeit für deinen ›Freiheitsschrei‹, wie den von Kaiser Pedro I., mit dem er sich von Portugal lossagte. Die Sache mit dem Alter klären wir ganz einfach: Du brauchst nur wie ich in deinem Schülerausweis dein Geburtsdatum zu ändern. Und nach der Spätvorstellung übernachtest du eben bei uns in Ipanema.« Ab sofort hatte Paulo Zugang zu der faszinierenden Welt von Jean-Luc Godard, Glauber Rocha, Michelangelo Antonioni, Ingmar Bergman und Roberto Rosselini.

Ein Problem aber blieb. Kinokarten, Bier, Zigaretten und Busfahrten kosteten Geld. Paulo hatte im Moment kein Taschengeld und auch keine Idee, wie er das ändern könnte. Zu seiner Überraschung präsentierte der Vater eine mögliche Lösung. Dr. Pedro war mit Luís Eduardo Guimarães bekannt, dem Chefredakteur des *Diário de Notícias,* einer damals einflussreichen Zeitung in Rio, und Schwiegersohn der Besitzerin Ondina Dantas. Er vereinbarte ein Treffen zwischen dem Journalisten und seinem Sohn, und ein paar Tage später begann Paulo als Praktikant in dem alten Gebäude in der Rua Riachuelo im Zentrum von Rio zu arbeiten. Ein Gehalt sollte er allerdings nur bekommen, falls er fest eingestellt würde. Das Geldproblem war also noch immer nicht gelöst, aber die Sache hatte dennoch eine gute Seite: Die Arbeit war ein Freibrief, sich der väterlichen Kontrolle zu entziehen. Von da an war Paulo kaum mehr zu Hause. Morgens ging er in die Schule, mittags hastete er zum Essen nach Hause, die Nachmittage verbrachte er in der Zeitung und die Abende im Paissandu. Joels Wohnung wurde zu seinem zweiten Zuhause, so oft übernachtete er dort.

Wie in allen Zeitungsredaktionen der Welt üblich, wurden auch Paulo als Praktikanten die unwichtigsten Themen zugewiesen: Schlaglöcher im Straßenpflaster, die zu Verkehrsbehinderungen führten, Ehestreitigkeiten, die auf der Polizeiwache endeten, oder die Auflistung von anonymen Sterbefällen in den staatlichen Krankenhäusern für die entsprechenden Meldungen am nächsten Tag. Nicht selten lautete der Auftrag des Chefreporters Silvio Ferraz: »Geh dich mit den Leuten in den Geschäften unterhalten, ob der Handel in der Krise steckt oder nicht.« Obwohl Paulo nichts verdiente und es mit unwichtigen Themen zu tun hatte, empfand er sich als ein Intellektueller, der jeden Tag schrieb, egal worüber. Und wenn jetzt ein Schulkamerad oder einer aus der bunten Paissandu-Clique ihn fragte, was er mache, konnte er ganz selbstverständlich antworten: »Ich bin Journalist, ich schreibe für den *Diário de Notícias.*«

Zeitung, Kino, Theater – bei so vielen Aktivitäten wurden die Tage immer kürzer und für die Schule blieb immer weniger Zeit. Pedro raufte sich die Haare, als er erfuhr, dass sein Sohn den Monat April mit einem Durchschnitt von 2,5 beendete (wozu die Nullen in Portugiesisch, Englisch und Chemie beigetragen hatten), doch Paulo lebte anscheinend auf einem anderen Stern. Er tat nur noch, wozu er Lust hatte, und kam nach Hause, wann es ihm passte. Wenn er die Haustür der Eltern noch offen vorfand, schlüpfte er hinein. Wenn der Vater wie üblich alles um elf Uhr abgeschlossen hatte, machte er auf dem Absatz kehrt, stieg in den Bus und fuhr zu Joel. Die Eltern wussten nicht mehr, was sie machen sollten.

Im Mai bat ihn ein Freund um einen Gefallen. Er wollte sich um eine Stelle bei der Banco de Crédito Real de Minas Gerais bewerben und brauchte zwei Empfehlungsschreiben. Da Dr. Pedro genau bei dieser Bank ein Konto unterhielt, konnte er ihm vielleicht so eine Empfehlung geben? Paulo versprach, dem Freund das Schreiben zu besorgen, doch als er den Vater darauf ansprach, bekam er eine Abfuhr: »Ich denke nicht daran! Wie kommst du auf die Idee, dass ich deine nutzlosen Freunde auch noch unterstütze?!«

Paulo genierte sich, seinem Freund die Wahrheit zu sagen, also überlegte er nicht lange: Er verzog sich in sein Zimmer, tippte einen vor Lobpreisungen triefenden Brief und unterzeichnete ihn mit einem feierlichen »Engenheiro Pedro Queima Coelho de Souza«. Er gab sich größte Mühe mit der Unterschrift, steckte das Blatt in einen Umschlag, fertig, die Sache war erledigt. Alles klappte so gut, dass der Nutznießer des Empfehlungsschreibens sich bemüßigt sah, sich bei Paulos Vater mit einem Anruf zu bedanken. Dr. Pedro verstand nicht, wovon der junge Mann sprach: »Schreiben? Was für ein Schreiben?« Als er das Wort »Bank« hörte, ließ er den anderen nicht mehr ausreden. »Ich habe überhaupt keine Empfehlung geschrieben! Bringen Sie den Brief her! Sofort! Das ist auf Paulos Mist gewachsen! Paulo hat meine Unterschrift gefälscht!« Er legte auf und begab sich persönlich zur Bank, um sich das Corpus Delicti zeigen zu lassen – den Brief, den Beweis dafür, dass sein Sohn zu einem Fälscher, einem Betrüger geworden war. Als Paulo abends ahnungslos nach Hause kam, notierte er freudig ins Tagebuch: »In anderthalb Monaten habe ich neun Reportagen im *Diário de Notícias* veröffentlicht. Am 12. Juni soll ich nach Furnas fahren und dort den wichtigsten Politikern begegnen, dem Staatspräsidenten, den wichtigsten Gouverneuren und den Ministern.«

Am nächsten Tag stand er besonders gut gelaunt auf, denn im *Diário de Notícias* ging das Gerücht um, er würde an diesem Tag übernommen, was bedeutete, dass er ein richtiger Journalist würde, mit Sozialversicherung und festem Gehalt. Als er nach unten kam, wunderte er sich, dass seine Eltern ihn im Wohnzimmer erwarteten, der Vater mit vor Wut blitzenden Augen. Lygia ergriff das Wort:

»Paulo, dein Asthma beunruhigt uns, deshalb haben wir uns einen Termin beim Arzt geben lassen. Beeil dich mit dem Frühstück, wir müssen gleich los.«

Ein paar Minuten später holte der Vater den Vanguard aus der Garage, was er nur selten tat, und sie fuhren am Strand entlang in Richtung Stadtzentrum. Paulo, der hinten saß, bewunderte die mächtigen Nebelschwaden über dem Meer, die die Guanabara-Bucht düster und poetisch zugleich aussehen ließen. Auf halber Höhe der Praia de Botafogo bog der Wagen nach links in die Rua de Marquês de Olinda ein und hielt nach drei Straßenblocks vor einer drei Meter hohen Mauer. Sie stiegen aus und gingen zu einem Eisengittertor. Paulo hörte, wie der Vater etwas zu dem Pförtner sagte, kurz darauf kam eine Nonne und führte sie zum Sprechzimmer. Sie befanden sich in der Klinik Dr. Eiras, einem großen Krankenhaus, bestehend aus diversen mehrstöckigen Gebäuden und villenartigen Häusern in einem baumbewachsenen Gelände am Fuße eines Felshügels. Die Nonne ging voran, das Ehepaar hinterher, dann Paulo, der überhaupt nichts begriff. Sie fuhren im Fahrstuhl in den neunten Stock, und als sie auf dem Weg zum Sprechzimmer einen langen Flur passierten, öffnete die Nonne eine Tür, zeigte Pedro und Lygia ein Zimmer mit zwei Betten und einem vergitterten Fenster und verkündete strahlend: »Hier wird der junge Mann schlafen. Sehen Sie, wie geräumig und hell das Zimmer ist?«

Paulo blieb keine Zeit zu fragen, denn schon standen sie im Sprechzimmer des Arztes. Auf der anderen Seite eines Holztischs saß der Psychiater Benjamim Gaspar Gomes, ein Mann von 52 Jahren, glatzköpfig, kleine Augen und freundliches Gesicht. Paulo sah seine Eltern fassungslos an: »Wenn ich hier wegen Asthma untersucht werden soll, wieso ist dann ein Zimmer für mich reserviert?«

Pedro sagte keinen Ton. Lygia versuchte ihrem Sohn schonend beizubringen, dass er in eine Nervenklinik komme: »Du gehst nicht mehr zur Schule und schläfst nicht mehr zu Hause. Du bist vom Santo Inácio abgegangen, um nicht der Schule verwiesen zu werden, und bist im Andrews sitzengeblieben. Dann hast du den Jungen in Araruama angefahren ...«

Der Vater fiel ihr ins Wort: »Und jetzt hast du es endgültig zu weit getrieben. Eine Unterschrift fälschen, so wie du es mit meiner gemacht hast, das ist kein Dummer-Junge-Streich mehr, das ist eine Straftat.«

Dann ging alles schnell. Die Mutter erzählte, sie und der Vater hätten lange mit dem Psychiater Dr. Benjamim gesprochen – einem Kollegen von Pedro im IAPI, dem die Familie uneingeschränkt vertraue – und seien sich alle in einem Punkt einig: Paulo sei zu nervös, er müsse medikamentös behandelt werden und am besten ein paar Tage »zur Erholung« dableiben. Bevor er sich von seinem Schrecken erholen konnte, waren die Eltern aufgestanden, hatten sich verabschiedet und waren verschwunden. Paulo saß wie gelähmt allein da, mit einem Ringbuch unterm Arm und einer Jacke über den Schultern, in einer Nervenklinik. Als wäre es noch möglich, diesem Alptraum zu entrinnen, sagte er zum Arzt: »Sie wollen mich hier als Verrückten aufnehmen, ohne ein Gespräch, ohne Untersuchung, einfach so?«

Benjamim beruhigte ihn lächelnd: »Du wirst nicht als Verrückter aufgenommen. Das hier ist ein Erholungsheim. Du wirst Medikamente bekommen und dich ausruhen. Und ein Gespräch ist nicht nötig, ich habe alle Angaben zu dir.«

Besagte Angaben, die der Psychiater vom Vater erhalten hatte, hätten für jemanden mit gesundem Menschenverstand schwerlich gerechtfertigt, was man Paulo dort an Gewalt antat: Paulo sei reizbar, verhalte sich feindselig, sei ein schlechter Schüler und »stellt sich sogar politisch gegen seinen Vater« – das heißt nichts anderes als das, worüber sich neun von zehn Eltern bei ihren heranwachsenden Sprösslingen beschweren. Die Mutter hingegen hatte präzisere Sorgen, sie glaubte, ihr Sohn habe »Probleme sexueller Art«. Die drei Anhaltspunkte für ihren Verdacht hätte man bei einer so intelligenten und gebildeten Frau wie Lygia nicht erwartet: Ihr Sohn habe bei Mädchen keinen Erfolg, er weigere sich, sich an der Phimose operieren zu lassen, und schließlich schienen seine Brüste wie bei einem Mädchen zu wachsen. Tatsächlich gab es für all diese »Symptome« eine Erklärung: Es waren einfache Nebenwirkungen eines Wachstumshormons, verschrieben von einem Arzt, zu dem sie selbst mit Paulo gegangen war. Von der einzigen Geschichte, die auch nur annähernd mit einem psychiatrischen Problem zu tun hatte und die die Eltern hätte aufmerken lassen können, hatten sie erst gar nicht erfahren. Ein paar Monate zuvor hatte Paulo in einer der unzähligen schlaflosen Nächte voller Angstzustände beschlossen, sich das Leben zu nehmen. Er ging in die Küche und dichtete die Lüftungsspalte an Türen und Fenstern mit Putztüchern und Klebeband ab. Doch als er den Gashahn aufdrehen wollte, verließ ihn der Mut. Unvermittelt erkannte er, dass er gar nicht sterben, sondern seine Eltern auf seine Verzweiflung aufmerksam machen wollte. Doch als er das letzte Klebeband hinter der Tür entfernt hatte und auf dem Rückweg zu seinem Zimmer war, stellte er, wie er später sagte, entsetzt fest, dass jemand bei ihm war: der Todesengel. Paulo hatte allen Grund, in Panik zu geraten, denn er hatte irgendwo gelesen, dass der Todesengel, wenn er erst einmal auf die Erde gerufen worden war, niemals unverrichteter Dinge zurückkehrte. Das Ende dieser makabren Begegnung musste natürlich im Tagebuch festgehalten werden:

> Ich spürte den Geruch des Engels, wie er um mich herumschlich, seinen Atem, sein Verlangen, jemanden mitzunehmen. Ich verharrte und fragte ihn schweigend, was er wolle. Er sagte, er sei gerufen worden und müsse jemanden mitnehmen, beweisen, dass er seine Arbeit getan habe. Da nahm ich ein Küchenmesser, kletterte über die Mauer auf das unbebaute Nachbargrundstück, wo Leute aus der Favela ihre Ziegen hielten, griff mir eine und schnitt ihr die Kehle durch. Das Blut schoss in einem Strahl heraus, über die Mauer und spritzte sogar auf unser Haus. Aber der Engel zog zufrieden ab. Seitdem bin ich mir sicher, dass ich nie wieder versuchen werde, Selbstmord zu begehen.

Falls die Eltern nicht so indiskret gewesen waren und sein Tagebuch gelesen hatten – was Paulo später jedoch vermutete –, dann konnte das Ziegenopfer, damals einem unbekannten Gewalttäter zugeschrieben, keinen Einfluss auf ihre Entscheidung gehabt haben, Paulo in die Klinik zu geben. Paulo hatte sich noch nicht von dem Schock erholt, da wurde er von einem Pfleger in sein Zimmer geführt, und als er den Kopf ans Eisengitter vor dem Fenster lehnte, staunte er darüber, welch schöne Aussicht er von diesem düsteren Ort hatte. Vom neunten Stock aus hatte man einen völlig freien Blick auf den weißen Sandstrand von Botafogo, die Grünanlagen von Flamengo und im Hintergrund die wunderbare Silhouette des Morro da Urca und den Zuckerhut. Das zweite Bett war nicht belegt, Paulo würde also die Zeit hier allein durchstehen müssen. Am Nachmittag wurde unten beim Portier ein Koffer mit Wäsche, Büchern und persönlichen Gegenständen für ihn abgegeben. Sonst – nichts. Paulo lag auf dem Bett und überlegte, welche Möglichkeiten er hatte. Zunächst natürlich an seinem Plan festhalten, Schriftsteller zu werden. Sollte daraus nichts werden, bot sich am ehesten an, so zu tun, als wäre er wirklich verrückt. Dann würde er vom Staat unterhalten, müsste nie mehr arbeiten und auch für nichts geradestehen. Das würde bedeuten, viel Zeit in psychiatrischen Einrichtungen zu verbringen, doch nachdem er einen Tag lang durch die Flure gelaufen war, stellte er fest, dass die Patienten in Dr. Eiras Klinik sich nicht so verhielten »wie die Verrückten, die man in Hollywoodfilmen sieht«: »Bis auf ein paar Fälle von Schizophrenie sind alle anderen Patienten sehr wohl in der Lage, über das Leben zu sprechen und sich ihre eigenen Gedanken zu machen. Hin und wieder haben sie Panikattacken, depressive oder aggressive Schübe, aber die gehen schnell vorbei.«

In den folgenden Tagen erkundete Paulo das Stockwerk, in das ihn seine Eltern verbannt hatten. Er unterhielt sich mit Pflegern und Mitarbeitern und erfuhr, dass sich achthundert Geisteskranke in der Klinik befanden, sortiert nach Grad der Erkrankung und sozialem Status. Das Stockwerk, auf dem sein Zimmer lag, war den »sanften Verrückten« vorbehalten sowie den von Privatärzten eingewiesenen Patienten, alle übrigen, die »gefährlichen« und auf das staatliche Gesundheitswesen angewiesenen, Patienten waren in einem anderen Gebäude untergebracht. Die »sanften Verrückten« schliefen in Zimmern mit höchstens zwei Betten und eigenem Bad und konnten sich tagsüber auf dem ganzen Stockwerk frei bewegen. Die Fahrstühle – deren Türen abgeschlossen waren – konnten nur mit schriftlicher Erlaubnis eines Arztes und in Begleitung eines Pflegers benutzt werden. Sämtliche Fenster, Fensteraustritte und Balkone waren mit Eisengittern oder durchbrochenen Zementbausteinen geschützt. Die Patienten mit staatlichen Krankenversicherungen schliefen in Schlafsälen mit bis zu dreißig Betten, während alle, die als gefährlich galten, in Einzelzellen eingesperrt waren.

Die Klinik Dr. Eiras war nicht nur eine Irrenanstalt, wie Paulo anfangs geglaubt hatte, sondern bestand aus einzelnen Kliniken für Neurologie, Kardiologie und Entgiftung von Alkoholikern und Drogenabhängigen. Zwei ihrer Direktoren, die Ärzte Abraão Ackerman und Paulo Niemeyer, zählten zu den angesehensten Neurochirurgen des Landes.

Einmal wöchentlich kam Paulos Mutter zu Besuch. Einmal brachte sie auch die inzwischen fünfzehnjährige Sônia Maria mit, die unbedingt ihren Bruder in der Klinik besuchen wollte und beim Weggehen völlig verstört war. »Es war grauenhaft, überall in den Fluren vor sich hin brabbelnde Leute«, erinnerte sie sich später. »Und mitten in dieser Hölle Paulo, noch ein halbes Kind, ein Junge, der niemals dort hätte sein dürfen.« Zu gern hätte sie dies den Eltern gesagt, sie angefleht, den Sohn dort rauszuholen, aber sie wagte es nicht. Anders als Paulo war Sônia ihr Leben lang den Eltern ergeben – das ging so weit, dass sie als verheiratete Frau und Mutter nicht wagte, in Gegenwart des Vaters zu rauchen, und ihm verheimlichte, dass sie zum Schwimmen einen Bikini trug.

Dass Paulos Leiden sich in Grenzen hielt, lag Dr. Benjamim zufolge, der ihn jeden Morgen besuchte, »an einer ihm eigenen Anpassungsfähigkeit, selbst wenn er dagegen protestierte, hier zu sein«. In den Worten des Psychiaters »musste Paulo nicht noch mehr leiden, weil er sich schön auszudrücken wusste«. Und dank dieser Fähigkeit, »sich schön auszudrücken«, blieb ihm eine brutale Behandlung erspart, die bei geisteskranken Patienten damals häufig angewandt wurde: Elektroschocks. Obwohl Dr. Benjamim Gomes Spezialist für Geisteskrankheiten war und sich als Übersetzer von psychiatrischer Fachliteratur betätigte, trat er entschieden für eine Behandlungsmethode ein, die in großen Teilen der Welt längst abgelehnt wurde, die Elektrokrampftherapie. »In bestimmten Fällen, zum Beispiel bei medikamentös nicht behandelbaren Depressionen, gibt es keine andere Alternative«, sagte er immer dezidiert. »Alles andere ist Bemäntelung, Täuschung, Schönfärberei.« Tatsache ist, dass Paulo während seines Klinikaufenthaltes so starke Dosen an Psychopharmaka erhielt, dass er den ganzen Tag wie ein Zombie durch die Flure schlurfte. Und obwohl er noch niemals Drogen genommen hatte – nicht einmal Haschisch –, wurden ihm vier Wochen lang schachtelweise angeblich entgiftende Medikamente verabreicht, die ihn noch benommener machten.

Da fast niemand wusste, dass er sich in der Klinik befand, hörte er kaum etwas von seinen Freunden. Eines Tages erschien überraschend der Freund, der ihn um ein Empfehlungsschreiben gebeten hatte und damit indirekt an seiner Einweisung schuld war; als er wieder ging, fasste er einen verrückten Plan, den er jedoch nie in die Tat umsetzte – Paulo mit einem Kommando von Jungen aus der aufgelösten Gruppe Rota 15 zu befreien. Wirklich zur Ruhe kam Paulo aber immer erst, wenn seine neue Liebe erschien: die bildhübsche Renata Sochaczewski, die er in einer Laienspielgruppe kennengelernt hatte und die später unter dem Künstlernamen Renata Sorrah – Paulo nannte sie zärtlich »Rennie« oder »Pato« – eine der großen brasilianischen Schauspielerinnen werden sollte. Wenn sie nicht hereingelassen wurde, ließ Renata ihm heimlich kurze Liebesbriefchen zukommen. Zum Beispiel: »Komm ans Fenster, damit ich dir zum Abschied zuwinken kann«, oder: »Schreib eine Liste von dem, was du haben möchtest, und gib sie mir am Freitag. Gestern habe ich angerufen, aber sie haben dich nicht geholt.«

Als Paulo nach vier Wochen entlassen wurde, war er sehr geschwächt, versuchte aber dennoch, diesem Abstecher in die Hölle etwas Gutes abzugewinnen. Erst zu Hause nahm er seine Tagebucheintragungen wieder auf.

In diesem zweiten Schulhalbjahr hat man mich wegen Unangepasstsein in die Klinik Dr. Eiras gesteckt. In diesen 28 Tagen habe ich den Unterricht verpasst, meine Arbeit verloren und bin als gesund entlassen worden, obschon von Anfang an kein Grund vorlag, mich einzuweisen. Tja, meine Alten kommen auf Ideen! Sie haben mir den Beruf vermasselt, das Schuljahr vermasselt und Geld ausgegeben, um dann zu hören, dass mir nichts fehlt. Jetzt heißt es wieder ganz von vorn anfangen. Und das, was passiert ist, als schlechten Witz abbuchen. Meine Eltern haben es gut gemeint, als sie diesen Fehler begingen. (Das Schlimmste ist, dass ich am selben Tag, als ich eingeliefert wurde, eine feste Stelle bei der Zeitung bekommen sollte.)

Aber letztlich hatte das Ganze trotzdem seine guten Seiten. Wie sagte doch ein Patient auf meiner Etage: »Alle

Erfahrungen, die wir machen müssen, sind gut, auch die schlechten.« Ja, es hat mir viel genützt. Ich konnte reifer werden und mehr Selbstvertrauen gewinnen. Ich konnte mir meine Freunde besser ansehen und gründlich über meine Ideen nachdenken. Jetzt bin ich ein Mann.

Wenn Paulo die Klinik in der Überzeugung verließ, er »habe nichts«, dann war der Psychiater Benjamim Gomes anderer Meinung. Seine Patientenakte enthielt eine düstere Diagnose: »Patient mit schizoider Persönlichkeit, sozialen und affektiven Kontakten gegenüber abweisend. Beschäftigt sich vorzugsweise allein mit sich. Ist unfähig, Gefühle auszudrücken und Freude zu empfinden.« Diesem Papier nach zu urteilen, fing das Leiden für Paulo erst an.

6

Batatinhas Debüt

Paulo bombardiert das eigene Haus mit Steinen und träumt, dass er abermals eingeliefert wird – nur leider ist es kein Traum.

Als Paulo nach vierwöchigem Klinikaufenthalt entlassen wurde, wunderten sich die Freunde, die eingeweiht waren. Nicht nur war er körperlich mitgenommen und wirkte noch zarter als vorher, er gab auch offen zu, dass er in einer Nervenklinik gewesen war. Ja, als er zum ersten Mal an der kleinen Mauer der Avenida Rodrigo Otávio erschien und von Freunden umringt wurde, brüstete er sich sogar damit, etwas erlebt zu haben, was keiner von ihnen kannte: als Verrückter behandelt zu werden. Er erzählte von so unglaublichen – zum großen Teil erfundenen – Personen und Vorfällen in der Klinik, dass mehrere Freunde neidisch wurden, weil sie noch nie an einem so interessanten Ort gewesen waren. Lygia und Pedro dagegen machten sich Sorgen. Da sie befürchteten, Paulos Klinikaufenthalt könnte ihn in der Schule und bei der Arbeit stigmatisieren, behandelten sie das Thema äußerst diskret. Der Vater hatte der Schule und dem *Diário de Notícias* mitgeteilt, Paulos Fernbleiben sei durch eine »unerwartete Reise« bedingt. Als er erfuhr, dass sein Sohn allen die Wahrheit erzählte, warnte er ihn allen Ernstes: »Hör auf damit. Wenn die

164

Leute erfahren, dass du wegen mentaler Probleme in der Klinik warst, kannst du dich niemals um das Amt des Staatspräsidenten bewerben.«

Paulo, der nicht den geringsten Ehrgeiz hatte, Präsident zu werden, egal wovon, verspürte offenbar nach dem Klinikaufenthalt doppelten Appetit auf das, was er »das Intellektuellenleben« nannte. Und nun hatte er zusätzlich zum Laientheater des Andrews und dem Cine Paissandu einen weiteren Treffpunkt. Die Direktorin des Serviço Nacional de Teatro (SNT), Bárbara Heliodora, hatte von der Regierung die Genehmigung erhalten, im ehemaligen Sitz der UNE (União Nacional de Estudantes, Nationaler Studentenbund), der am Tag des Militärputsches von rechtsextremen Gruppen geplündert und in Brand gesteckt worden war, das neue Conservatório Nacional de Teatro einzurichten. Ohne viel zu restaurieren und die Spuren des von den Vandalen gelegten Feuers zu tilgen, wurde dort, wo sich zuvor das berühmte Centro Popular de Cultura des Studentenbundes befunden hatte, das Teatro Palcão gegründet, ein Saal mit hundertfünfzig Plätzen, der dann abermals, wenn auch ohne die frühere Freiheit, zu einem Zentrum kultureller Agitation wurde, in dem Workshops, Proben und Inszenierungen verschiedener Theatergruppen abgehalten wurden. Paulos Erfahrung auf diesem Gebiet beschränkte sich auf das Stück *O Feio,* das er gleich nach dessen Fertigstellung vernichtet hatte, sowie auf zwei oder drei andere Stücke aus seiner Feder, die es aber ebenfalls nie aus den heimischen Wänden hinaus geschafft hatten. Aber er war davon überzeugt, dass er fürs Theater Talent besaß, und stürzte sich daher auf das neu geschaffene Conservatório Nacional de Teatro.

Beim *Diário de Notícias* wurde ihm schnell klar, dass aufgrund der einmonatigen Abwesenheit seine Chance auf eine Festanstellung als Reporter begraben oder zumindest aufgeschoben war, doch Paulo blieb, ohne zu klagen und ohne Lohn. An einem Ort zu arbeiten, wo er jeden Tag schreiben konnte – auch wenn es um so langweilige Angelegenheiten ging, wie man sie ihm weiterhin auftrug –, das gefiel ihm, das machte er auch gratis. Ende Juli 1965 wurde er beauftragt, eine Reportage über die Geschichte der Marienkongregation in Brasilien zu schreiben. Da er inzwischen etwas Erfahrung als Reporter gesammelt hatte, erledigte er die Aufgabe mühelos. Er interviewte am Sitz der Kongregation Mönche, notierte sich Zahlen und schrieb einen kleinen Artikel, in dem er alles über die Marianer berichtete, seit sie mit den ersten portugiesischen Jesuitenmissionaren nach Brasilien gekommen waren. Am nächsten Morgen auf dem Weg zur Schule kaufte er den *Diário de Notícias* und lächelte stolz, als er seinen Artikel veröffentlicht sah. Hier und da ein paar kleine Änderungen, aber im Wesentlichen war es sein Text, den nun Tausende von Lesern vor Augen hatten.

Als er nach dem Mittagessen in die Redaktion kam, erfuhr er, dass er ein Problem hatte. Die Marianer waren erbost über die Reportage und hatten sich direkt bei der Besitzerin der Zeitung beschwert. Sie beschuldigten Paulo, leitenden Personen der Kongregation zugeschriebene Informationen erfunden zu haben. Der junge Praktikant war ebenfalls empört – schließlich war ihm die Sache mit dem Empfehlungsschreiben eine Lehre fürs Leben gewesen, von Fälschung wollte er nie wieder etwas hören. Obwohl ihm die Kollegen rieten, sich tot zu stellen, bis Gras über die Sache gewachsen sei, dachte er an die Erfahrung mit dem Sprung ins kalte Wasser bei der Festung São

João und beschloss, sofort alles zu klären. Er setzte sich vor den verglasten Raum des Chefredakteurs, das »Aquarium«, und wartete auf die Besitzerin der Zeitung. Als sie zwei Stunden später kam und ihn einließ, blieb er vor ihrem Tisch stehen: »Dona Ondina, ich bin derjenige, der die Reportage über die Marienkongregation geschrieben hat, und wollte erklären, wie –«

Sie unterbrach ihn mitten im Satz: »Sie sind entlassen.«

Überrascht verteidigte er sich: »Aber ich sollte doch gerade fest eingestellt werden, Dona Ondina …«

Ohne aufzublicken, wiederholte sie:

»Sie sind entlassen. Bitte gehen Sie.«

Paulo bereute seine Naivität. Hätte er ein paar Tage abgewartet, wie man ihm geraten hatte, dann hätte sie die Sache vielleicht vergessen. Jetzt gab es keine Rettung mehr. Kleinlaut ging er nach Hause. Doch in seinem Tagebuch gibt er dem Ganzen den Anstrich von politischer Verfolgung:

Ach! Was hätte ich alles tun können, um zu verhindern, was mir widerfahren ist! Ich hätte nachgeben und nach rechts rücken können, um meine Stelle bei der Zeitung zu behalten. Aber nein. Ich wollte der Märtyrer sein, der für seine Ideen gekreuzigt wird, und sie haben mich ans Kreuz geschlagen, bevor ich der Menschheit etwas sagen konnte. Ich konnte nicht einmal sagen, dass ich unschuldig bin, dass ich für das Wohl aller gekämpft habe. Aber nein! Stirb jetzt, du dreckiger Hund. Ich bin ein Wurm. Ein FEIGLING! Sie haben mich beim DN wegen umstürzlerischer Ideen entlassen. Jetzt bleiben mir nur noch eine Abendschule und viel Zeit zum Nichtstun.

Der *Diário de Notícias* war weder eine rechte Zeitung, noch war Paulo aus politischen Gründen entlassen worden, aber er war offenbar entschlossen, aus seinem Klinikaufenthalt Kapital zu schlagen. Da er nun einmal den »Verrücktenschein« besaß, wollte er den dadurch gewonnenen Status der Schuldunfähigkeit nutzen und tun, was ihm gerade einfiel. Zum Teufel mit der Schule und den Eltern, er wollte seinem Traum hinterherjagen. Wie er es selbst nannte, begab er sich »auf Abwege«, schloss sich Banden an, doch da ihm dazu die nötigen Muskeln fehlten, begab er sich eben »auf intellektuelle Abwege«, indem er Sachen las, die keiner seiner Freunde je gelesen hatte, und sich Wissen aneignete, von dem keiner von ihnen eine Ahnung hatte. Er verkehrte in drei verschiedenen Gruppen – der Paissandu-Clique, der Theater-Clique und den Resten der Rota-15-Clique –, doch sobald es irgendwo zu Gewalttätigkeiten kam, schämte er sich, weil er noch nicht einmal den Mut hatte, prügelnde Kontrahenten zu trennen.

Dabei wusste er, dass er nicht durch Beweise körperlicher Stärke triumphieren würde. Und wenn er sich vorher als »Existenzialist auf dem Weg zum Kommunisten« empfunden hatte, dann sah er sich jetzt als »Kommunisten von der Straße«. Er hatte Henry Millers berühmte Trilogie – *Sexus*, *Plexus* und *Nexus* – gelesen, in Werke von Marx und Engels hineingeschaut und fühlte sich sattelfest genug, über Themen wie »real existierenden Sozialismus«, »Kalten Krieg« und »Ausbeutung der Arbeitskraft« zu sprechen.

In einem Text mit dem Titel ›Die Kunst in Brasilien‹ zitiert er Lenin und stellt fest, schon der Bolschewistenführer habe davon gesprochen, »dass es nötig sei, zwei Schritte zurückzugehen, wenn man merkt, dass es die einzige Möglichkeit ist, einen Schritt voranzukommen. Die Kunst kann sich dieser Prämisse nicht entziehen. Sie muss sich zuerst dem Menschen anpassen und ihn dann, nachdem sie sein Vertrauen, seinen Respekt und seine Liebe gewonnen hat, auf den Weg der Realität führen.« Der Grund für diesen Sophismus, sich auf ein Gebiet zu begeben, das er früher verabscheut hatte, war einfach: »Ich bin ein Intellektueller, und da Intellektuelle immer Kommunisten sind, bin ich Kommunist.« Die Mutter eines Mädchens, mit dem er flirtete, warf ihm sogar vor, den Armen auf der Straße »Flausen« in den Kopf zu setzen. »Von Henry Miller zum Kommunismus ist es nur ein Schritt«, schrieb er, »also bin ich Kommunist.«

Nur seinem Tagebuch vertraute er an, dass er Bergman verabscheute, Godard »nervtötend« und Antonioni »stinklangweilig« fand. Richtig gut gefielen ihm die Beatles, aber das öffentlich zu sagen schickte sich nicht für einen Kommunisten.

Die Schule war, wie er erklärt hatte, ziemlich oder ganz in den Hintergrund gerückt. Da zu befürchten stand, dass er das Jahr würde wiederholen müssen, ließ die Schulleitung Lygia und Pedro kommen, um mit ihnen drei Punkte zu besprechen: schlechte Noten, zu viele Fehltage und »persönliche Probleme des Schülers«. Seit den Juliferien hatte Paulo in keinem Fach mehr als eine 2,5 erreicht. Er ging zwar jeden Morgen aus dem Haus und fuhr zur Schule, doch einmal dort angekommen, beschäftigte er sich mit der Theatergruppe und betrat oft tagelang kein Klassenzimmer. Den Eltern wurde eine beunruhigende Prognose präsentiert: Entweder legte sich ihr Sohn ins Zeug, oder er würde nicht versetzt werden. Zwar warf das Andrews solche Schüler nicht hinaus, so wie das Santo Inácio, dennoch legte der Klassenlehrer den Eltern auf subtile Weise nahe, »um das Schlimmste zu vermeiden«, wäre es vielleicht sinnvoll, ihren Sohn vor Ende des Schuljahres auf eine »weniger anspruchsvolle« Lehranstalt zu geben. Im Klartext: Wenn sie nicht die Schande erleben wollten, dass ihr Sohn erneut sitzenblieb, wäre es am besten, ihn sofort an einer derjenigen Privatschulen anzumelden, bei denen man nur das Schulgeld pünktlich zahlen musste, damit die Versetzung garantiert war. Lygia und Pedro reagierten indigniert. Beide hatten noch nicht die Hoffnung verloren, Paulo auf den rechten Weg zurückzuholen, und einen solchen Vorschlag zu akzeptieren wäre tatsächlich eine demütigende Kapitulation. Um nichts in der Welt würden sie zulassen, dass er seine Schullaufbahn an solch einer fünftklassigen Schule beendete.

Paulo jedoch lebte offenbar auf einem anderen Stern. Der Kontakt mit dem Theatermilieu, einem Bollwerk der Opposition gegen das Militärregime, hatte ihn mit jungen Leuten zusammengebracht, die erstmals politisch aktiv wurden. Nun sah er nur noch Filme und Theaterstücke mit Protestinhalten und nahm in seinen Wortschatz Slogans auf wie »mehr Brot, weniger Kanonen« und »ein vereintes Volk wird nie besiegt«. Eines Abends, als er mit ein paar Freunden im Teatro Opinião eine Aufführung von *Liberdade, Liberdade* (dt.: Freiheit, Freiheit) mit Oduvaldo Vianna Filho und Paulo Autran sah, gab es mittendrin eine Unterbrechung. Ein junger Mann mit starkem Nordostakzent kam auf die Bühne und veranstaltete eine »Blitzkundgebung« gegen die Militärdiktatur. Es war der Studentenführer und spätere Parlamentsabgeordnete Vladimir Palmeira, zum damaligen Zeitpunkt Vorsitzender des Centro Acadêmico Cândido de Oliveira (Caco) der Faculdade Nacional de Direito (Nationale Juristische Fakultät), der das Publikum zu einer neuerlichen Demonstration gegen das Regime aufrief. Wie sich die politische Situation verschärfte, lässt sich daran ablesen, dass Vladimir Palmeira, wenige Jahre später vom Militärregime verhaftet, im Austausch gegen den von einem Guerillakommando entführten amerikanischen Botschafter Charles Burke Elbrick freigelassen wurde. Bei den wenigen Gelegenheiten, zu denen Paulo an einer Demonstration teilnahm, bezweckte er eigentlich vor allem, von seinem Vater gesehen zu werden, dessen Büro im Stadtzentrum lag, direkt an der obligatorischen Route für die immer häufiger stattfindenden Protestmärsche. Im Grunde wurde damals sein Bewusstsein für etwas geweckt, worum er sich noch nie besonders gekümmert hatte: die Politik. Bis auf ganz wenige Eintragungen, wie das Ergebnis der von Jânio Quadros gewonnenen Präsidentschaftswahl 1960, spiegelte sein Tagebuch, wie gleichgültig ihm Politik und Politiker waren. Als das Militär im April 1964 die Macht an sich riss, war Paulo mit hochtrabenden Überlegungen zu Himmel und Hölle beschäftigt. Zwei Wochen vor dem Putsch, als es im Land nach der Rede des Staatspräsidenten João Goulart auf der berühmten »Reformkundgebung« brodelte, hatte Paulo mehrere Seiten seines Tagebuchs mit der Geschichte einer unglücklichen »sechzehnjährigen Blondine« gefüllt, die er auf der Straße kennengelernt hatte: »Man muss sich mal vorstellen, dass dieses Mädchen von zu Hause weggelaufen ist und, um zu überleben, die größten Demütigungen auf sich genommen hat, wobei sie sich immerhin ihre Jungfräulichkeit bewahren konnte. Aber die wird sie wohl verlieren müssen, damit sie nicht verhungert.« Und zum Schluss: »In solchen Augenblicken kommen mir Zweifel, ob Gott existiert.«

Doch das war nun Vergangenheit. Jetzt empfand sich Paulo als Widerstandskämpfer, wobei er sich jedoch niemals wirklich laut außerhalb seines Tagebuchs gegen die Diktatur äußerte und selbst dort nur sehr verhalten. Die Unzufriedenheit mit den herrschenden Verhältnissen notierte er in einem Text mit dem Titel »J'accuse [Ich klage an]« – einem bunten Durcheinander, in dem er die Beatles, Franco, Salazar und Lyndon B. Johnson auf der einen Seite de Gaulle, dem brasilianischen Filmemacher Glauber Rocha und dem brasilianischen Kommunistenführer Luis Carlos Prestes auf der anderen Seite gegenüberstellte:

Ich klage die Reichen an, die den Politikern ihr Gewissen abgekauft haben. Ich klage die Militärs an, die mit ihren Waffen über die Gefühle des Volkes herrschen. Ich klage die Beatles, den Karneval und den Fußball an, weil sie die heranwachsende Generation, die genug Mumm besaß, um Tyrannen zu beseitigen, abgelenkt haben. Ich klage Franco und Salazar an, die ihre eigenen Landsleute unterdrücken. Ich klage Lyndon Johnson an, der andere Länder unterdrückt, die sich gegen den Dollarregen nicht wehren können. Ich klage Papst Paul VI. an, der das Wort Christi verdreht hat.

Aber findet sich vielleicht auch etwas Gutes in dieser Welt? Ja, es gibt nicht nur Enttäuschendes. Da ist de Gaulle, der Frankreich wieder aufgerichtet hat und die Freiheit in die ganze Welt tragen will. Da ist Jewtuschenko, der seine Stimme gegen ein Regime erhob, wohl wissend, dass man ihn vernichten könnte, ohne dass jemand davon erfahren würde, doch dann erlebte er, dass

die Menschheit seine Gedanken, frei wie die Tauben, aufzunehmen wusste. Da ist Chruschtschow, der zuließ, dass
der Dichter sich ungeschmälert äußern konnte. Da sind
Francisco Julião* und Miguel Arraes**, zwei wahrhaftige
Führer, die bis zum Schluss gekämpft haben. Da sind Ruy
Guerra*** und Glauber Rocha****, die gezeigt haben,
dass die Volkskunst eine revolutionäre Aussage haben
kann. Da ist Carlos Prestes*****, der alles einem Ideal
geopfert hat. Da ist das Leben, das in mir pulsiert, damit
auch ich eines Tages meine Stimme erheben kann. Da ist
die Welt, die jungen Leute haben sie in der Hand. Vielleicht wird ihnen, bevor es zu spät ist, bewusst, was dies
bedeutet. Und sie kämpfen bis zum Tod.

Die neue Arbeitsmöglichkeit, die sich ihm nun bot, war Licht-
jahre entfernt von dem Kampf gegen die Militärdiktatur und
gegen die Ausbeutung der unterentwickelten Völker durch den
Yankeeimperialismus. Eine Schauspielerkooperative namens
Grupo Destaque probte den Kinderklassiker *Pinocchio,* die
Premiere sollte am Ende des Jahres 1965 stattfinden, doch man
stand vor einem komplizierten Problem: Da das Bühnenbild
während der Aufführung sieben Mal gewechselt werden muss-

---

* 1915–1999, Schriftsteller, Politiker und Anwalt, spielte eine führende Rolle im
Kampf für die Rechte der Landarbeiter.
** 1916–2005, »linker« Politiker, mehrfach Gouverneur des Bundesstaates Pernambuco, trat ebenfalls für die Rechte der Landarbeiter ein, wurde unter der Militärdiktatur verhaftet.
*** Geb. 1931 in Moçambique, berühmter Filmregisseur, Mitbegründer des brasilianischen Cinema Novo.
**** 1938–1981, der wichtigste brasilianische Filmregisseur des Cinema Novo.
****** 1898–1990, legendärer Generalsekretär der brasilianischen kommunistischen Partei (PC do B).

te, fürchtete man, sobald der Vorhang gefallen sei, würde das
Publikum, das ja hauptsächlich aus Kindern bestehen würde,
im Raum herumlaufen und damit die Fortsetzung der Aufführung hinauszögern. Der französische Aufnahmeleiter Jean Arlin fand eine einfache Lösung: einen weiteren Schauspieler dazuholen, der in jeder Pause auf die Bühne kommen und die
Kinder unterhalten sollte, bis der Vorhang wieder hochging.
Er erinnerte sich an einen Neuling, hässlich und linkisch, aber
sehr geistreich, den Joel Macedo ihm vorgestellt hatte: Paulo
Coelho. Es war kein Theater des Widerstands, und für die
Rolle, die man ihm anbot, gab es nicht einmal einen Text. Paulo
sollte lediglich ein paar Minuten improvisieren, und Geld war
damit keins zu verdienen. Da es sich um eine Kooperative handelte, sollten die Einnahmen am Schluss umgelegt werden, zunächst für die Miete des Theaters, dann für die Techniker,
Beleuchter und den Inspizienten, und der Rest – sofern etwas übrigblieb – sollte brüderlich unter den Schauspielern und
Schauspielerinnen aufgeteilt werden. Für jeden von ihnen würde wohl gerade so viel abfallen, dass es für einen Imbiss reichte,
doch Paulo nahm das Angebot auf der Stelle an.

Bei der ersten Probe, an der er teilnahm, holte er sich aus
der Garderobe einen verschmutzten Overall, dazu einen alten
Hut und wartete im Gang auf seinen Auftritt. »Improvisier!«,
war die einzige Anweisung des argentinischen Regisseurs Luís
Maria Olmedo (genannt »der Hund«) gewesen. Als der Vorhang für den ersten Kulissenwechsel fiel, betrat Paulo die
Bühne und deklamierte, gestikulierend und Grimassen schneidend, was ihm gerade einfiel:

»Wenn die Kartoffel wächst, ist die Erde wie verhext. Geht
die Mama schlafen, kann sie nicht mehr strafen.«

Unter allgemeinem Gelächter bekam er die Rolle und einen neuen Namen. Seit diesem Tag war er für die Freunde beim Theater nur *Batatinha*, die Kartoffel. Obwohl er sich selbst für einen miserablen Schauspieler hielt, legte er sich in den folgenden Wochen so ins Zeug, dass schließlich seine Auftritte in die Aufführung integriert wurden und sein Name im Programm und auf den Plakaten stand. Bei jeder Probe feilte er noch mehr an seinem Text – immer mit Rücksicht auf die wenigen Minuten, die der Kulissenwechsel dauerte –, erfand verrückte Namen, zog Grimassen, hüpfte und schrie. Im Grunde fand er das alles lächerlich, aber wenn man ihm diese Tür geöffnet hatte, dann wollte er eben durch sie in die Welt des Theaters eintreten. Die Phase des Laientheaters hatte ein Ende. In dem Grupo Destaque hatte er es mit Profis zu tun, mit Leuten, die vom Theater lebten. Nach den Proben verließ die bunte Truppe fröhlich das Teatro Miguel Lemos, ging am Strand entlang vier Straßenzüge weiter ins Gôndola in der Rua Sá Ferreira, den obligaten Treffpunkt der Techniker und Regisseure sowie der Schauspieler und Schauspielerinnen, die jeden Abend auf den Bühnen der fast zwanzig Theater standen, die es damals in Copacabana gab.

Für Paulo hätte es keine bessere Welt geben können. Endlich war er achtzehn Jahre alt geworden, und das bedeutete, dass er trinken konnte, so viel er wollte, jeden Film und jedes Theaterstück sehen und die Nächte durchmachen, ohne jemandem Rechenschaft ablegen zu müssen. Abgesehen von seinem Vater natürlich. Der Ingenieur Pedro Queima Coelho sah das wachsende Interesse seines Sohnes am Theater gar nicht gern. Und dies nicht nur, weil er kaum zur Schule ging und seine Versetzung abermals gefährdet war. Für Paulos Eltern war die

Welt des Theaters eine »Hochburg von Homosexuellen, Kommunisten, Drogenabhängigen und Faulenzern«, von der sie ihren Sohn fernhalten wollten. Ende Dezember kapitulierten sie doch noch und nahmen die hartnäckige Einladung an, zur Vorpremiere von *Pinocchio* zu gehen. Schließlich war es ein Kinderklassiker und hatte nichts mit dem unanständigen und aufrührerischen Theater gemein, das in letzter Zeit im Land so großen Erfolg hatte.

Paulo hatte Plätze für seine Eltern, seine Schwester und seine Großeltern reserviert – und zu seiner Überraschung waren alle gekommen. Am Tag der Premiere veröffentlichte die Kulturbeilage der damals bedeutenden Zeitung *Jornal do Brasil* eine Notiz, und zum ersten Mal wurde sein Name gedruckt, ganz zuunterst zwar, aber für einen, der gerade anfing, war es der richtige Platz. Das Gefühl, auf einer Bühne zu stehen, wurde knapp, aber emotional im Tagebuch festgehalten:

Gestern war meine Premiere. Aufregung, große Aufregung. Unvergesslich, wie ich vor dem Publikum stand, geblendet von den Scheinwerfern, und das Publikum lachte über das, was ich sagte. Toll, richtig toll. Das erste Mal in diesem Jahr, dass ich etwas erreicht habe.

Dass die Familie gekommen war, bedeutete aber nicht, dass nun Waffenstillstand herrschte. Als die Eltern erfuhren, dass er nicht versetzt würde, zwangen sie ihn, dreimal in der Woche zu einer Gruppentherapie zu gehen, weil sie immer noch glaubten, Paulo habe mentale Probleme. Die feindselige Atmosphäre zu Hause störte ihn nicht groß, er durchlebte unvergessliche Stunden im Theater. In wenigen Wochen hatte er praktisch eine neue Figur für das Stück geschaffen: Wenn der Vorhang fiel, setzte er sich auf die Bühnenkante, wickelte ein Bonbon aus und steckte es sich genüsslich in den Mund. Die Kinder sahen sich das an, das Wasser lief ihnen im Mund zusammen, und der vermeintliche Schauspieler fragte ein Kind in der ersten Reihe:

»Möchtest du ein Bonbon haben?«

Das Publikum brüllte:

»Ja, ich! Hier!«

Er antwortete:

»Dann wünscht euch das mal weiter. Ich gebe euch keins!«

Er biss noch einmal darauf, dann wandte er sich wieder an einen Zuschauer:

»Willst du ein Bonbon haben?«

Wieder das Geschrei, und wieder sagte Paulo nein, und das wiederholte sich, bis sich der Vorhang für die nächste Szene hob. Anderthalb Monate nach der Premiere wurde *Pinocchio* im Teatro Carioca aufgeführt, einem kleinen Theater im Erdgeschoss eines Apartmenthochhauses in Flamengo, unweit des Cine Paissandu. Während einer Nachmittagsprobe fiel Paulo ein bildhübsches Mädchen mit blauen Augen und langem glattem blondem Haar auf. Es saß ganz hinten und beobachtete ihn. Es war Fabíola Fracarolli, sie wohnte über dem Theater im achten Stock, und da die Tür offen gestanden hatte, war sie neugierig hereingekommen. Am nächsten Tag kam Fabíola wieder, und am dritten Tag sprach er sie an. Sie war sechzehn, Halbwaise und lebte zusammen mit ihrer Mutter, einer Schneiderin, und deren Mutter, die den ganzen Tag nur dasaß und eine Tasche voller alter Papiere umklammerte, »mein Vermögen«, wie sie sagte. Bis zum fünfzehnten Lebensjahr war Fabíola mit einer riesigen Nase à la Cyrano de Bergerac geschlagen gewesen. Nachdem sie herausgefunden hatte, dass der einzige Junge, den sie hatte erobern können, von ihren Cousinen dafür bezahlt worden war, dass er sich für sie interessierte, überlegte sie nicht lange. Sie kletterte aufs Fensterbrett, beugte sich weit hinaus und drohte ihrer Mutter: »Entweder bezahlst du mir eine Schönheitsoperation, oder ich springe!«

Ein paar Wochen nach der Operation, nun mit einem vom Skalpell geformten hübschen Näschen, war ihre erste Tat, mit dem Freund, der sie kaum wiedererkannte, Schluss zu machen. Und diese neue Fabíola verliebte sich unsterblich in Paulo. Sein Erfolg bei den Frauen hatte tatsächlich zugenommen. Er flirtete weiter mit Renata Sorrah und beschloss, Márcia zu verzeihen und zu ihr zurückzukehren. Trotzdem begann er eine feste Beziehung mit Fabíola. Ihre Mutter hatte offenbar so großes Mitleid mit dem schmächtigen, keuchend atmenden Jungen, dass sie ihn als Familienmitglied aufnahm und ihn fast täglich mittags wie abends verköstigte. Als wäre all diese Aufmerksamkeit noch nicht genug, stellte sie ihr Bett in das Zimmer ihrer kranken Mutter, so dass ein Raum frei wurde, den Paulo fortan als Studio, Büro und Sitzungszimmer benutzte. Damit es nicht ganz so sehr nach privater Wohnung aussah, beklebte er Wände, Decke und sogar den Fußboden mit Zeitungen. Wenn die Mutter nicht zu Hause war, verwandelte sich der Arbeitsraum in das Liebesnest, in dem Fabíola mit ihrem Freund die ersten sexuellen Erfahrungen machte. Doch Paulo verstand immer noch nicht, was eine so bildhübsche Frau wie Fabíola, der die Männer auf der Straße hinterherpfiffen, in dem so mickrigen Kerl sehen konnte, für den er sich hielt. Getrieben von seiner Unsicherheit und bestimmt auch von einem krankhaften Drang, stellte er seine Freundin vor ein Ultimatum: »Ich kann einfach nicht glauben, dass eine so schöne Frau wie du, mit deinem Charme und so schönen Kleidern, sich in mich verlieben kann. Ich brauche einen Beweis, dass du mich wirklich liebst.«

Fabíola antwortete mit einem so entschiedenen »Du kannst dir wünschen, was du willst«, dass Paulo seinen ganzen Mut zusammennahm:

»Wenn du mich wirklich liebst, lass mich diese Zigarette auf deinem Bein ausdrücken, ohne dass du weinst.«

Das Mädchen hob den Saum ihres Hippierocks hoch, der ihr bis auf die Füße reichte, entblößte ihr Bein, als ginge es darum, eine Spritze zu bekommen, und lächelte ihn stumm an. Paulo zog tief an der filterlosen Continental, und als die Spitze der Zigarette rot glühte, drückte er sie kräftig auf den glatten, sonnengebräunten Oberschenkel. Fabíola hörte mit geschlossenen Augen, wie es zischte, und spürte den unangenehmen Geruch von ihrer verbrannten Haut – die Narbe blieb ihr fürs ganze Leben –, aber sie gab keinen Mucks von sich und weinte auch keine Träne. Paulo sagte kein Wort, dachte aber: Sie liebt mich wirklich. Trotz so vieler und immer neuer Liebeserklärungen waren seine Gefühle für Fabíola zwiespältig. Einerseits war er stolz, sich mit einer so tollen Frau händchenhaltend in der Öffentlichkeit zu zeigen, andererseits schämte er sich zu Tode über ihre Oberflächlichkeit und ihren verblüffenden Mangel an Allgemeinbildung. Fabíola war das, was man zur damaligen Zeit eine »cocota« nannte, also hübsch und schick, aber nichts im Kopf. Als sie einmal in der Freundesrunde erklärte, Mao Tse-tung sei »der französische Couturier, der die Mao-Anzüge entworfen hat«, wäre Paulo vor Scham am liebsten im Erdboden versunken. Aber es war eine so bequeme Liebschaft – Fabíola war anspruchslos und hübsch –, dass es sich lohnte, ihren Unsinn mit Humor zu ertragen.

Als er sie eines Tages zu sich nach Hause einlud, staunte sie nicht schlecht. Aus seinem ungepflegten Äußeren und seinem ewigen Geldmangel (häufig zweigte sie etwas von ihrem eigenen Taschengeld ab, damit Paulo sich Zigaretten kaufen und den Bus bezahlen konnte) hatte Fabíola immer geschlossen, dass er ein Habenichts sei. Als sie von einem Butler mit weißen Handschuhen und Livree mit Goldknöpfen empfangen wurde, dachte sie deshalb zuerst, Paulo sei der Sohn eines Hausangestellten, doch nein, er war der Sohn des Hauses – »einer riesigen rosa Villa mit einem Flügel und großen Innengärten«, wie Fabíola sich später erinnerte. »Und mitten im Wohnzimmer gab es eine Treppe, genau wie in *Vom Winde verweht*.«

Obwohl er inzwischen volljährig und relativ unabhängig war, verfiel Paulo immer wieder in kindisches Verhalten. Eines Abends, nachdem er bis spät bei Márcia (mit der er nach der Versöhnung wieder zusammen war und deren Eltern ihn inzwischen als Freund ihrer Tochter akzeptierten) Schallplatten mit Gedichtrezitationen gehört hatte, begegnete er auf dem lächerlich kurzen Heimweg »einer Bande finster aussehender Gesellen«. In Wirklichkeit waren es Jungen aus der Straße, mit denen Paulo schon ein paar Tage zuvor einen Wortwechsel gehabt hatte, weil sie mit ihrem Fußballspiel zu viel Krach machten. Als er jedoch sah, dass sie mit Stöcken und Flaschen bewaffnet waren, bekam er es mit der Angst zu tun, lief zu Márcias Wohnung zurück, rief bei sich zu Hause an und weckte einen missgelaunten Pedro Queima Coelho. Wie üblich theatralisch und dramatisch, flehte er: »Papa, bitte, du musst mich bei Márcia abholen. Aber nimm den Revolver mit, ich werde von zwölf Verbrechern bedroht, die wollen mich umbringen.« Er traute sich erst vor die Tür, als er vom Fenster aus seinen Vater die Straße entlangkommen sah, im Pyjama, die Knarre in der Hand.

Trotz des väterlichen Einsatzes hatte sich die Stimmung im Haus Coelho keineswegs gebessert. Die Atmosphäre war angespannt wie eh und je, doch Paulos Alltag wurde weniger kontrolliert. Seine Schulleistungen im zweiten Halbjahr waren so schlecht, dass er gar nicht erst zu den Jahresabschlussprüfungen zugelassen und folglich auch nicht versetzt wurde. Der einzige Ausweg bestand in dem, was Pedro geschworen hatte, niemals zu erlauben: eine »weniger anspruchsvolle« Schule zu suchen. Die Wahl fiel auf das Colégio Guanabara im Stadtteil Flamengo, wo Paulo hoffte, das Gymnasium doch noch beenden zu können und dann ein Studium aufzunehmen – wenn auch bestimmt nicht das der Ingenieurwissenschaften, wovon sein Vater träumte. Da er sich entschieden hatte, fortan abends zur Schule zu gehen*, mussten die Eltern die Kontrolle über seinen Tagesablauf lockern und ihm einen Hausschlüssel geben, doch diese Freiheit hatte ihren Preis: Wenn er unabhängig sein, sich die Schule selbst aussuchen, Theater spielen und nach Hause kommen wollte, wann es ihm passte, dann musste er arbeiten. Pedro beschaffte seinem Sohn einen Job, bei dem er sich etwas Geld verdienen konnte, indem er Annoncen für die Programme der Pferderennen im Jockey Club akquirierte; nach wochenlangen Bemühungen hatte der Neuling auf dem

---

* In Brasilien können Schüler vormittags, nachmittags oder abends zur Schule gehen.

Anzeigenmarkt jedoch noch keinen einzigen Quadratzentimeter Anzeigenfläche verkauft.

Der Vater ließ sich durch das Fiasko nicht entmutigen und vermittelte seinem Sohn schon bald eine zweite Anstellung, dieses Mal bei Souza Alves Acessórios, einer auf Industrieausrüstungen spezialisierten Firma. Paulo konnte es zwar nicht leiden, zu etwas gezwungen zu werden, doch um seiner finanziellen Unabhängigkeit willen nahm er das Angebot an. Denn dieses Mal war es eine Stelle mit festem Gehalt, ohne den Druck, irgendjemandem etwas verkaufen zu müssen. Am ersten Tag erschien Paulo in Anzug und Krawatte, die Haartolle mit kräftigen Bürstenstrichen gebändigt. Er war gespannt auf seinen Arbeitsplatz und wunderte sich, als der Chef ihn in einen großen Schuppen führte, auf einen Besen wies und sagte: »Hier kannst du anfangen. Als Erstes fegst du das Lager aus. Wenn du fertig bist, sag Bescheid.«

Fegen? Aber er war doch Schauspieler, Schriftsteller. Nein, das konnte nur ein Scherz sein, ein Streich, den sie sich mit allen Neuen am ersten Arbeitstag erlaubten. Er beschloss, auf das Spielchen einzugehen, krempelte die Ärmel hoch und fegte, was das Zeug hielt, und mit bald schon schmerzenden Armen bis zur Mittagszeit. Als er fertig war, zog er sein Jackett wieder an und meldete seinem Vorgesetzten strahlend, dass er den Auftrag erledigt hatte. Ohne ihn eines Blickes zu würdigen, reichte der Chef ihm eine Rechnung und wies auf eine Tür: »Hol zwanzig Kartons mit Wasseruhren aus dem Raum dahinten, und trag sie zusammen mit dieser Rechnung zur Spedition im Erdgeschoss.«

Dann stimmte es also! Er wurde absichtlich gedemütigt: Der Vater zwang ihn, als Laufbursche zu arbeiten. Kleinlaut tat er, was man von ihm verlangte, und nach wenigen Tagen war ihm klar, dass der Alltag dort so aussah: Kisten schleppen, Wasseruhren und Stromzähler verpacken, den Lagerraum ausfegen. Genau wie auf dem Bagger nahm auch hier die Arbeit offenbar kein Ende. Wenn eine Sache erledigt war, kam die nächste. Nach ein paar Wochen hielt er im Tagebuch fest: »Die Arbeit hier bringt mich noch um. Um sechs aufstehen, um halb acht bei der Arbeit sein, den ganzen Tag den Fußboden fegen und Eisenteile schleppen, ohne Mittagessen, und dann Proben bis Mitternacht, das halte ich nicht durch.«

Tatsächlich hielt er nur anderthalb Monate durch und brauchte nicht selbst zu kündigen. Der Chef persönlich rief bei Dr. Pedro an, um ihm mitzuteilen, dass der Junge »für diese Art von Arbeit« nicht tauge. Als er zum letzten Mal aus dem Gebäude der Firma Souza Alves herauskam, hatte er das Gehalt von dreißig Cruzeiros in der Tasche, das ihm zustand. Der erste Verwendungszweck war der Kauf einer Single mit den beiden neuesten Hits von Roberto Carlos. Dass er diese Arbeit nicht durchhielt, war verständlich. Neben *Pinocchio,* das an sechs Tagen in der Woche aufgeführt wurde, hatte er mit Proben für ein weiteres Kinderstück angefangen, *A Guerra dos Lanches,* ebenfalls unter der Regie von Luis Olmedo. »Die Rolle in diesem neuen Stück habe ich wegen meiner tollen Leistung als Batatinha in *Pinocchio* bekommen«, schrieb er in sein Tagebuch. Diesmal sollte er als richtiger Schauspieler auf der Bühne stehen, zusammen mit seinem Freund Joel Macedo und einer hübschen Brünetten namens Nancy, der Schwester von Roberto Mangabeira Unger, dem Musterschüler, der im Santo Inácio praktisch immer und in allem den ersten Platz ergattert hatte. Nach anstrengenden Proben hatte das Stück im April

1966 Premiere. Der Regisseur drückte dem nervösen Paulo einen Kuss auf die Stirn und sagte: »Batatinha, du schaffst das schon!«

Paulo hatte Glück. Kaum stand er in seinem Cowboykostüm auf der Bühne, brüllte das Publikum vor Lachen, und so blieb es bis zum Schluss. Am Ende der Aufführung war er der beste Schauspieler des Nachmittags. Vor den Augen von Paulos konsternierten Eltern, die zur Premiere gekommen waren, überhäufte Olmedo ihren Sohn mit Komplimenten, umarmte und küsste ihn: »Batatinha, mir fehlen die Worte, so gut hast du gespielt. Du hast auf der Bühne ein Feuerwerk entfacht und das ganze Publikum mitgerissen. Es war toll.«

Bei der letzten *Pinocchio*-Vorstellung der Saison wiederholte sich die Szene. Erneut war Batatinha der einzige Schauspieler, der Applaus auf offener Bühne erhielt. Bis auf den fatalen Geldmangel war dies das Leben, das Paulo sich erträumte. Er hatte mehrere Freundinnen, war als Schauspieler recht erfolgreich und sollte bald seine eigenen Stücke inszenieren. Er hatte inzwischen auch Gitarre spielen gelernt und schleppte das Instrument überallhin mit, so wie seine Bossa-Nova-Musikeridole es auch taten. Doch wie so oft in seinem Leben wurde auch diese Phase großer Freude von einer tiefen Depression unterbrochen. In sein Tagebuch schrieb er nach der Lektüre einer Toulouse-Lautrec-Biographie zum Beispiel:

Eben habe ich eine der bewegendsten wahren Geschichten, die ich kenne, zu Ende gelesen. Es geht um das Leben eines begabten Malers aus reicher, adliger Familie, der schon in jungen Jahren berühmt wird, aber gleichzeitig der unglücklichste Mensch auf der Welt ist, weil er einen verunstalteten Körper hat und unglaublich hässlich ist und darum von niemandem geliebt wird. Er starb jung an Alkohol, der ihm die letzten Kräfte geraubt hatte. Ein Mann, der in den dunklen, lärmenden Cafés von Montmartre mit van Gogh, Zola, Oscar Wilde, Degas und Debussy verkehrte und, seit er achtzehn war, das Leben führte, das sich jeder Intellektuelle wünscht. Ein Mann, der mit seinem Geld und seiner sozialen Stellung niemals andere gedemütigt hat, aber auch nie aufrichtige Liebe erfahren durfte. In gewisser Weise ist mir dieser Mann sehr ähnlich. Henri de Toulouse-Lautrec, dessen Lebensgeschichte in bewundernswerter Weise von Pierre La Mure auf den 450 Seiten von *Moulin Rouge* beschrieben wird. Dieses Buch werde ich nie vergessen.

Er las weiterhin viel, wobei er die gelesenen Bücher nicht nur wie bisher mit Autor und Titel festhielt, sondern außerdem jedes einzelne kurz zusammenfasste und benotete, wie ein Berufskritiker. Ein Stern, schlecht; zwei, gut; drei, sehr gut; vier Sterne, großartig. Auf einer Tagebuchseite im Monat Juni wunderte er sich selbst über seinen Lesehunger: »Ich habe einen Rekord aufgestellt; ich lese fünf Bücher gleichzeitig. So geht es nicht weiter.« Und dabei las er nicht etwa schmalzige Schmöker. An diesem Tag lagen auf seinem Nachttisch *Schuld und Sühne* von Dostojewskij, *Furcht und Zittern* von Kierkegaard, *Persönlichkeit ist alles. Wie man Nervosität, Depressionen, Misserfolge überwindet* von David Harold Fink, *Obras-Primas da Poesia Universal* (Meisterwerke internationaler Lyrik), herausgegeben von Sérgio Milliet, und *Panorama do Teatro Brasileiro* von Sábato Magaldi.

Im selben Monat, im Juni 1966, fasste Paulo sich ein Herz und zeigte Jean Arlin sein erstes Werk für Erwachsene: ein Theaterstück in drei Akten mit dem Titel *Juventude sem Tempo* (Zeitlose Jugend). In Wirklichkeit handelte es sich um ein Sammelsurium von Passagen aus Gedichten, Vorträgen und Aphorismen von Autoren wie Bertolt Brecht, Carlos Lacerda, Morris West, Manuel Bandeira, Vinícius de Moraes, Carlos Drummond de Andrade, Jean-Paul Sartre und natürlich ihm selbst. Der Franzose fand es interessant, änderte hier und da etwas und beschloss, das Stück zu inszenieren. Mehr noch, da es ein einfaches Stück war, das fast keine Kulissen und Kostüme erforderte, beschloss er sogar, es auf dem Festival da Juventude (Festival der Jugend) zu zeigen, das in der Ferienzeit in der Gebirgsstadt Teresópolis, hundert Kilometer von Rio entfernt, stattfinden sollte. Da Paulo nicht nur der Autor, sondern auch Schauspieler war, fuhr er in der zweiten Juliwoche mit der Theatertruppe Grupo Destaque in die Berge – trotz des elterlichen Verbots, versteht sich. Angeregt durch die festliche Stimmung, reichte er noch sein Gedicht »Revolta« für einen vom Festival ausgerichteten Wettbewerb ein, dessen Jury aus dem Dichter Lêdo Ivo und dem Kritiker Walmir Ayala bestand. Das Stück war ein Flop, und das Ergebnis des Gedichtwettbewerbs sollte erst einen Monat später bekanntgegeben werden – Hauptsache, er hatte es versucht.

Die Atmosphäre im Elternhaus war unverändert. Es gab nicht nur dauernd Krach, weil Paulo selten vor ein Uhr nachts nach Hause kam – jetzt lagen ihm die Eltern auch noch in den Ohren, er solle sich die Haare schneiden lassen, was er seit einem halben Jahr nicht mehr getan hatte. Wenn der Vater spätnachts das Geräusch des Schlüssels im Haustürschloss hörte, musste Paulo erst eine halbstündige Standpauke über sich ergehen lassen, ehe er schlafen gehen konnte. An einem solchen Abend erwartete ihn Dr. Pedro mit verschränkten Armen und drohendem Blick vor seinem Zimmer: »Du hast es mal wieder übertrieben. Ab morgen gilt die alte Regel: Um elf wird das Haus abgeschlossen, und wer dann nicht da ist, muss draußen schlafen.«

Den ganzen nächsten Tag über pendelte Paulo zwischen dem Studio in Fabíolas Wohnung und den Proben für *A Guerra dos Lanches* hin und her, zu dessen Vorstellungen immer weniger Publikum kam. Am Abend ging er ins Paissandu, wo Godards neuester Film *Die Chinesin* lief – Godard mochte er zwar nicht besonders, aber ihn interessierte die Diskussion über den Film im Anschluss an die Vorführung. Dort traf er sich mit Renata und ging mit ihr anschließend zu Abend essen. Als sie die Rechnung kommen ließen und sich auf den Weg nach Leblon machten, war das Lokal fast leer. Hand in Hand gingen sie knapp drei Kilometer am Strand entlang bis zur Rua Rita Ludolf, wo Renata wohnte. Todmüde wartete Paulo, bis ein Bus der Linie Lapa–Leblon vorbeikam, und es war wohl beinah vier Uhr, als er den Schlüssel in die Haustür steckte. Oder es vielmehr versuchte, denn der Schlüssel passte nicht. Da erst wurde ihm klar, dass sein Vater die Drohung vom Vortag wahr gemacht und das Schloss hatte auswechseln lassen. Um diese Uhrzeit war es ausgeschlossen, bei Joel oder Fabíola unterzukommen. Wutentbrannt griff Paulo nach Steinen und warf nacheinander sämtliche Fenster und die Scheiben in der Haustür ein. Die von dem Krach aufgeweckten Eltern wollten es zunächst darauf ankommen lassen, doch dann fürchteten sie, die Nachbarn könnten die Polizei rufen, weshalb Pedro schließlich doch nach unten ging und dem Sohn aufmachte. Paulo, der deutlich zu viel getrunken hatte, torkelte quer durch das Wohnzimmer voller Glasscherben und stieg die Treppe hinauf, ohne auf die Worte seines Vaters zu hören.

In dieser Nacht schlief er sofort ein, hatte aber einen furchtbaren Alptraum. Er träumte, dass ein Arzt auf seinem Bett saß und ihm den Blutdruck maß, während zwei Pfleger mit einer Zwangsjacke an der Zimmertür standen und zusahen. Dann begriff er in seinem benebelten Zustand, dass es kein Traum war. Der Vater hatte den Notdienst der Nervenklinik geholt, um ihn erneut einsperren zu lassen. Dieses Mal mit Gewalt.

7

Die Ballade vom Erholungszuchthaus

Mittwoch, 20. Juli

8:00 Uhr. – Ich wurde davon wach, dass man mir den Blutdruck maß. Noch halb im Schlaf, dachte ich, es sei ein Traum. Aber nach und nach wurde mir klar, dass es Wirklichkeit war. Ich musste mich schnell anziehen. Draußen vor der Tür stand ein Wagen vom Psychiatrischen Notdienst. Ich hätte nie gedacht, dass es so deprimierend sein könnte, in so ein Auto zu steigen.

Ein paar Nachbarn beobachteten verstohlen, wie der schmale, langhaarige Junge den Kopf einzog, um in den Wagen zu steigen. Er zog den Kopf ein. Er gab auf.

9:30 Uhr. – Der Papierkram ist erledigt. Und jetzt befinde ich mich erneut hier im neunten Stock. Wie schnell alles gegangen ist! Gestern war ich noch mit Rennie unterwegs, fröhlich, wenn auch nicht ganz unbeschwert, aber das hier hätte ich nie erwartet. Jetzt bin ich wieder hier – nur weil ich nicht die ganze Nacht draußen verbringen wollte. Ich denke an sie. Sie fehlt mir.

Hier sind alle trübsinnig. Kein Lächeln. Starre Blicke, die etwas suchen, eine Begegnung mit sich selbst. Mein Zimmernachbar ist der Neffe eines einflussreichen Ministers. Er hat einen Todeswahn. Zum Spaß spiele ich auf meiner Gitarre den Trauermarsch. Gut, dass ich die Gitarre habe. Da vergisst man alles. Sie bringt etwas Freude in diese freudlose Atmosphäre. Tiefe Freudlosigkeit, von Menschen, die nichts mehr anstreben oder vom Leben erhoffen. Mich tröstet nur, dass sie singen können.

15:00 Uhr – Ich habe mich mit einem unterhalten, der seit zwei Jahren hier ist. Ich habe ihm gesagt, dass ich deprimiert bin und hier rauswill. Und er hat allen Ernstes zu mir gesagt: »Wozu? Hier ist es schön. Man braucht sich um nichts zu kümmern. Wozu kämpfen? Im Grunde ist doch allen Menschen alles egal.« Ich habe Angst. Angst, dass ich irgendwann so denke wie er. Ich habe Beklemmungen. Weil ich nicht weiß, wann ich die Welt nicht mehr durch Gitterstäbe sehen werde. Eine unbeschreibliche Beklemmung. Wie ein zu lebenslanger Haft Verurteilter, der weiß, dass er irgendwann auf Bewährung entlassen wird. Aber wann? In einem Monat? In drei Monaten? Einem Jahr? Oder nie?

17:00 Uhr – Oder nie?

19:20 – Ich darf dieses Stockwerk nicht verlassen, darf nicht telefonieren und keine Briefe schreiben. Vorhin habe ich (heimlich) versucht, mit Rennie zu sprechen, aber sie konnte nicht ans Telefon kommen, die Familie saß gerade beim Abendessen. Was, wenn wir hätten sprechen können? Was hätte ich gesagt? Gejammert? Mich aufgeregt? Mein Gott, kann ich überhaupt noch sprechen?

Es bedrückt mich, mit welcher Ruhe die anderen dieses Gefängnis akzeptieren. Ich habe Angst, dass ich es bald auch akzeptiere. »Jeder ist mit zwanzig Brandstifter und mit vierzig Feuerwehrmann« – wenn das stimmt, bin ich, glaube ich, 39 Jahre und elf Monate alt. Ich stehe kurz vor der Niederlage. Das habe ich gespürt, als Mama heute Nachmittag hier war. Sie sieht auf mich herab. Schon am ersten Tag fühle ich mich halb besiegt. Aber ich muss gewinnen.

Donnerstag, 21. Juli

8:00 Uhr – Gestern haben sie mir ein starkes Schlafmittel gegeben, und ich wache gerade erst auf. In der Nacht hat mich mein Zimmernachbar völlig grundlos geweckt und gefragt, ob ich für oder gegen Masturbieren bin. Ich habe gesagt, dafür, und mich umgedreht. Also ehrlich, keine Ahnung, wieso der mich das gefragt hat. Außerdem weiß ich nicht, ob ich es nicht geträumt habe, aber merkwürdig war es schon. Flávio, mein Zimmernachbar, hat lange Phasen, da sagt er überhaupt nichts. Und wenn er spricht, fragt er immer dasselbe: Was ist da draußen los? Er möchte noch mit der Welt in Kontakt bleiben. Armer Kerl! Er brüstet sich mit seinem lockeren Lebenswandel, aber jetzt ist er hier und gibt zu, dass er krank ist.

Das würde ich nie tun. Ich bin gesund.

11:30 Uhr – Habe gerade festgestellt, dass man mir mein Portemonnaie geleert hat. Ich kann nichts für Rennie kaufen. Gestern habe ich übrigens mit ihr gesprochen. Sie hat versprochen, mich heute zu besuchen. Ich weiß, dass es verboten ist, aber ich will mit ihr sprechen. Am Telefon habe ich in scherzhaftem Ton geredet, damit sie nicht merkt, wie down ich bin.

Die anderen hier zeigen mir gern etwas. Im Grunde mag ich sie. Roberto zeigt mir dauernd etwas, wie man berechnet, wie alt jemand ist, Voltmeter usw. Flávio bildet sich ein, dass er wichtige Leute kennt. Hier gibt es unzählige kuriose Fälle. Einer hat die Manie, am Essen zu riechen, ein anderer isst gar nichts, aus Angst, er könnte dick werden, ein Dritter spricht nur von Sex und sexuellen Perversionen. Mein Zimmernachbar liegt auf dem Bett und starrt mit traurigem Gesicht zur Decke. Im Radio wird ein Liebeslied gespielt. Was denkt er wohl? Sucht sein Blick verzweifelt nach einer Begegnung mit sich selbst, oder ist er verlassen, orientierungslos, verloren, erledigt?

Ich unterhalte mich mit ein paar anderen Patienten. Manche sind seit drei, andere seit neun Monaten hier, manche seit Jahren. Ich würde das alles nicht aushalten.

»Und von der sechsten Stunde an ward eine Finsternis bis zur neunten Stunde, und um die neunte Stunde schrie er: Mein Gott, mein Gott, warum hast du mich verlassen?«

Die Musik, die Sonne hinter den Gitterstäben, die Träume, das alles verbreitet unendliche Schwermut. Ich denke an Teresópolis, wo wir *Zeitlose Jugend* aufgeführt haben. Beim Publikum durchgefallen, aber eine wichtige Erfahrung. Glückliche Tage, wo man in Freiheit die Sonne aufgehen sehen, reiten, küssen, lachen konnte.

Jetzt nichts mehr. Nichts mehr. Vom Schlaf stumpft der Verstand ab, und dann werde ich wie die anderen hier.

14:10 Uhr – Ich warte auf Rennie. Mein Arzt hat mir eine Anthologie französischer Lyrik aufs Zimmer gebracht. Das ist gut, so lerne ich die Sprache ein wenig. Er hat gesagt, ich sei ruhig, anscheinend fühlte ich mich wohl. Manchmal gefällt es mir hier wirklich. Es ist eine andere Welt, man isst, und man schläft. Mehr nicht. Aber dann kommt unweigerlich ein Moment, wo ich an die Welt da draußen denke, und dann möchte ich weg von hier. Jetzt ist es nicht mehr so schlimm. Gestern war es schlimmer. Ich gewöhne mich schon ein. Mir fehlt nur meine Schreibmaschine.

Ich weiß, dass meine Freundin heute kommt (oder es zumindest versucht). Sie will bestimmt wissen, was mit mir los ist. Danach wird sie noch zwei- oder dreimal kommen, und dann wird sie mich vergessen. *C'est la vie.* Und ich kann nichts tun. Ich wünschte, sie käme jeden Tag und heiterte mich mit ihrer besonderen Art auf, aber das wird nicht geschehen. Keine Ahnung, ob man ihr heute erlauben wird, mich zu besuchen. Aber die Aussicht ist jedenfalls angenehm, dieses gespannte Warten.

14:45 Uhr – Inzwischen ist es Viertel vor drei, und Rennie ist immer noch nicht da. Dann kommt sie wohl heute nicht mehr. Oder vielleicht hat man sie nicht hereingelassen.

Freitag, 22. Juli

11:50 Uhr – Rennie war gestern hier. Sie hat mir einen Stapel Fotos von sich in den USA gebracht und mir ein Foto mit Widmung versprochen. Ich mag Rennie. Ich habe das traurige Gefühl, dass ich nicht richtig nett zu ihr war. Ich war kühl und distanziert. Und sie war so liebevoll...

Meine restlichen Sachen von zu Hause sind immer noch nicht gekommen. Sobald die Schreibmaschine da ist, muss ich einen Aufsatz über Psychiatrie abtippen, den

Dr. Benjamim mir gegeben hat. Seine Lyrik-Anthologie habe ich durchgelesen. Jetzt will ich mich an *Der Leopard* von Lampedusa machen.

Komisch, ich gewöhne mich an den Gedanken, hier zu bleiben.

12:00 Uhr – Ich lasse allmählich zu, dass der Schlaf mich übermannt. Der tiefe, traumlose Schlaf, der Flucht-Schlaf, der mich vergessen lässt, dass ich hier bin.

14:00 Uhr – Ich konnte *Der Leopard* nicht weiterlesen. Es ist eins der langweiligsten Bücher, die ich je gelesen habe. Monoton, blöd, wertlos. Auf Seite 122 habe ich endgültig aufgegeben. Schade. Es ist ärgerlich, etwas mittendrin abzubrechen, aber ich ertrage es nicht. Es schläfert mich ein. Und ich muss unbedingt verhindern, dass ich einschlafe.

14:40 Uhr – Es ist ärgerlich, etwas auf halbem Weg abzubrechen.

14:45 Uhr – Gespräch mit meinem Zimmernachbarn.

»Ich will nicht im Dr. Eiras wohnen, in Flamengo, in Copacabana, an keinem dieser Orte...«

»Wo denn dann, Flávio?«

»Auf dem Friedhof São João Batista. Seit dem Karneval 1964 hat für mich das Leben keinen Sinn mehr.«

»Warum?«

»Weil die Person, die ich am meisten auf dieser Welt geliebt habe, nicht mit mir zum Teatro Municipal gehen wollte.«

»Hör mal, Flávio, red keinen Unsinn. Es gibt so viele Frauen, die du lieben kannst. [Pause] Liebst du sie immer noch?«

»Ihn. Es war ein Mann. Er ist da draußen und macht gerade die Aufnahmeprüfung fürs Medizinstudium, und ich bin hier drin und warte auf den Tod.«

»Red keinen Unsinn, Flávio.«

»Gestern hat er mich angerufen. Er ist ziemlich tuntig. Ich würde mich so freuen, wenn er mich besuchen käme. Seinetwegen habe ich an dem Abend des Karnevalsballs einen Selbstmordversuch gemacht. Dann bin ich in der Notfallambulanz gelandet. Heute ist er da draußen und ich hier und warte auf den Tod.«

Flávio ist ein merkwürdiger Typ. Er wirkt völlig schizoid. Aber manchmal redet er so wie jetzt. Und ich bin dann traurig und fühle mich hilflos. Er hat hier schon mehrmals versucht, sich umzubringen. Er hat mir viel von seinem lockeren Lebenswandel erzählt, und ich merke, dass er stolz auf ihn ist. Aus eigener Erfahrung weiß ich, dass alle mit so einem Lebenswandel stolz auf ihn sind.

Flávio weint.

Meine lieben Freunde, genau genommen glaube ich, dass die meisten Patienten wegen zu wenig Liebe (der Eltern oder eines anderen Menschen) hier sind. Ich gehöre zu Ersteren.

15:00 – Die Patienten hier sind manchmal lustig. Ápio, zum Beispiel, er ist 56 und hat mir gestern gesagt, die bolschewistische Revolution sei von den Amerikanern finanziert worden. Ein Junge in meinem Alter ist der Einzige, der die anderen manchmal zum Lachen bringt.

Ich kann nicht weiter schreiben, Flávio weint.

Samstag, 23. Juli

10:00 Uhr – Gestern Abend ist es mir gelungen, Luís
und Rennie anzurufen. Rennie hat gesagt, sie sei immer
noch meine Freundin und sie habe mich sehr lieb. Ich war
glücklich und habe deswegen wahrscheinlich ziemlich
viel dummes Zeug geredet. Ich bin ein rührseliger Dussel.
Zum Schluss hat sich die Telefonistin in unser Gespräch
eingeschaltet, und ich konnte nichts mehr sagen. Rennie
kommt am Montag her. Ich habe Angst, dass ich ihr zu
viel vorjammere. Es ist furchtbar, ich fühle mich so min-
derwertig.

Luís hat gesagt, er kommt um die Mittagszeit.

Neben mir steht jetzt ein blöder Kerl namens Marcos.
Er ist hier, seit ich das letzte Mal entlassen wurde, also seit
einem Jahr. Er holt sich dauernd mein Radio, um Fußball
zu hören.

Ich habe ihn diplomatisch aus meinem Zimmer hinauskomplimentiert.

20:30 Uhr – Es ist erst halb neun Uhr abends, aber hier
hat man das Gefühl, dass es schon viel später ist. Luís war
da. Er hat meine Stimmung etwas verbessert. Ich habe
Rennie angerufen und noch mehr dummes Zeug geredet.

Sonntag, 24. Juli

Es ist Sonntagmorgen. Ich höre Radio und spüre, dass
mich eine unendliche Einsamkeit langsam umbringt. Es
ist Sonntagmorgen, ein düsterer, trister Sonntag. Ich habe
niemanden zum Reden, sitze hier hinter Gittern, versunken in meiner Einsamkeit. Der Ausdruck gefällt mir: versunken in meiner Einsamkeit.

Es ist Sonntagmorgen. Niemand singt, im Radio läuft ein trauriges Lied über Liebe und Tränen. Ein Tag ohne Perspektiven.

Rennie ist weit weg. Meine Freunde sind weit weg. Bestimmt schlafen sie noch, nach einer fröhlichen Partynacht. Ich bin allein. Jetzt kommt im Radio ein alter Walzer. Ich denke an meinen Vater. Ich habe Mitleid mit ihm. Es muss traurig sein, einen Sohn wie mich zu haben.

An diesem Sonntagmorgen spüre ich, dass meine Liebe zu Rennie ein wenig stirbt. Ich bin sicher, dass auch ihre Liebe stirbt. Ich habe nichts in der Hand, habe nichts zu bieten, nichts zu geben. Ich fühle mich hilflos und schutzlos wie eine Schwalbe ohne Flügel. Ich empfinde mich als schlecht, als verdorben, allein. Ganz allein auf der Welt.

Hier ist alles eintönig und trotzdem unvorhersehbar. Ich hüte ängstlich Rennies Fotos, mein Geld und meine Zigaretten. Die einzigen Dinge, die mich etwas ablenken können.

Montag, 25. Juli

Ich erwarte dich sehnlich, und je näher die Besuchszeit rückt, umso mehr sehne ich mich danach, dich zu sehen. Gestern am Telefon hast du gesagt, du seiest immer noch meine Freundin. Schön, ich freue mich, dass ich eine feste Freundin habe. Dann fühlt man sich hier weniger einsam, die Welt sieht schöner aus, sogar hinter Gittern. Und sie wird noch schöner, wenn du kommst. Dafür öffne ich heute Nacht mein Herz ganz weit und schenke es dir, mein Liebling. Ich bin ein wenig traurig, dass du nicht da bist, weil du nicht die ganze Zeit bei mir sein kannst. Aber ich bin ein Mann und muss das hier allein durchstehen.

Komisch, ich komme mir besitzergreifend vor. Gestern habe ich mit Luís und Ricardo telefoniert. Sie kommen am Dienstag. Ich weiß, dass es für sie nicht einfach ist, Luís hat seinen Vater im Krankenhaus, und Ricardo hat sein Studium. Aber sie kommen. Und ich freue mich darüber. Ich habe festgestellt, dass man aus den traurigsten Dingen Freude und Glücksgefühle ziehen kann. Und dass ich nicht so allein bin, wie ich dachte. Es gibt Leute, die mich brauchen und mich gern haben. Ich bin wehmütig, aber glücklich.

Dienstag, 26. Juli

Gestern Abend habe ich *Unser Mann in Havanna* von Graham Greene in einem Rutsch gelesen. Ich hatte noch keine Zeit (ha, ha, ha!), das Buch zu analysieren. Aber ich war abgelenkt, und es hat mir gefallen.

Sonntag, 31. Juli

13:00 Uhr – Heute um dreizehn Uhr habe ich hier in der Klinik die Nachricht erhalten, dass ich bei dem Gedichtwettbewerb der Zeitung *Diário de Notícias* unter 2500 Einsendungen auf den neunten Platz gekommen bin und unter den lobenden Erwähnungen auf den zweiten. Wahrscheinlich wird mein Gedicht in einer Anthologie veröffentlicht.

Ich bin glücklich. Ich möchte da draußen sein, es allen erzählen, mit allen sprechen. Ich bin überglücklich.

Ob Tatá sich noch an mich, ihren ersten Freund, erinnert? Ich weiß nicht, ob sie gewachsen, ob sie schlank oder dick ist, ob intellektuell oder High Society. Vielleicht ist sie ein Krüppel geworden oder hat ihre Mutter verloren, vielleicht wohnt sie jetzt in einem Palast. Seit acht Jahren habe ich sie nicht gesehen, aber heute wäre ich gern bei ihr. Ich habe nie wieder von ihr gehört. Neulich habe ich angerufen und gefragt, ob sie einmal einen Freund namens Coelho hatte. Sie hat nur ja gesagt und aufgelegt.

Samstag, 6. August

Rennie, mein Liebling, wenn ich bloß mit dir sprechen könnte! Jetzt, wo Dr. Benjamim mir mit Insulin und Elektroschocks droht, wo man mich bezichtigt, drogensüchtig zu sein, wo ich mich wie ein in die Enge getriebenes, völlig schutzloses Tier fühle, möchte ich unbedingt mit dir sprechen. Wenn dies der Moment ist, wo sich meine Persönlichkeit verändert, wenn in wenigen Sekunden die systematische Zersetzung meines Ichs beginnt, dann möchte ich, dass du bei mir bist.

Wir würden uns über die banalsten Dinge der Welt unterhalten. Du würdest lächelnd gehen, in der Hoffnung, mich in ein paar Tagen wieder zu sehen. Du würdest von nichts wissen, und ich würde so tun, als wäre alles gut. An der Fahrstuhltür würdest du eine dumme Träne in meinen Augen bemerken, und ich würde sagen, ich hätte gegähnt, weil unsere Unterhaltung langweilig gewesen sei. Auf dem kleinen Plattenspieler, den du mir geliehen hast, würde ich ›Olé Olá‹ von Nara Leão spielen. Und unten würdest du noch einmal hochschauen und meine Hand sehen, die dir zum Abschied winkt. Dann würde ich vom

Fenster weggehen und ein ganzes Taschentuch vollweinen und dabei daran denken, was einmal war und was hätte sein können und was nicht sein kann. Dann würden die Ärzte mit ihrem schwarzen Koffer hereinkommen, und der Elektroschock würde in mich, durch meinen ganzen Körper jagen.

Und in der Einsamkeit der Nacht würde ich die Rasierklinge nehmen, dein ans Bett geklebtes Foto ansehen, und das Blut würde fließen, und ich würde, dein Lächeln auf dem Foto im Blick, leise sagen: »Dies ist mein Blut.« Und ich würde sterben, ohne ein Lächeln, ohne eine Träne. Ich würde ganz einfach sterben und vieles unvollendet hinterlassen.

Sonntag, 7. August
Gespräch mit Dr. Benjamim.

»Du hast keine Selbstachtung. Nach deiner ersten Einlieferung habe ich gedacht, du würdest nie wiederkommen, du würdest alles tun, um selbständig zu werden. Aber von wegen! Da bist du wieder. Was hast du in der Zwischenzeit geschafft? Nichts. Was hat dir die Reise nach Teresópolis gebracht? Was hast du davon gehabt? Wieso schaffst du es nicht, etwas allein auf die Beine zu stellen?«

»Niemand kann etwas allein erreichen.«

»Gut, mag sein ... Aber jetzt sag mir: Was hat dir die Reise nach Teresópolis wirklich gebracht?«

»Erfahrung.«

»Du bist einer von denen, die ihr Leben lang Erfahrungen sammeln.«

»Herr Doktor, alles, was man mit Liebe macht, ist es wert, getan zu werden. Das ist meine Philosophie: Die Liebe zu den Dingen genügt als Rechtfertigung für das, was wir tun.«

»Ich könnte vier Schizophrene vom vierten Stock holen, so richtig Schizoide, und die hätten bessere Argumente als du.«

»Habe ich etwas Dummes gesagt?«

»Ob du etwas Falsches gesagt hast?! Und jetzt hör zu: Du machst dir die ganze Zeit ein Bild von dir selbst, ein falsches Bild, und merkst nicht, dass du nichts aus dir machst. Du bist eine Null.«

»Ich weiß. Ganz gleich, was ich sage, es ist alles reine Abwehr. Ich halte mich selbst für einen Taugenichts!«

»Dann tu was dagegen! Aber dazu bist du gar nicht fähig. Du bist zufrieden mit dem, was ist. Du hast dich in dieser Situation eingerichtet. Pass auf, je nachdem, wie die Dinge sich entwickeln, werde ich eine Ärztekommission hinzuziehen müssen, damit sie dir Elektroschocks, Insulin, Glukose verabreichen, alles Mögliche, damit du vergisst und gefügiger wirst. Aber ich gebe dir noch etwas Zeit. So, und nun sei ein Mann! Reiß dich zusammen!«

Sonntag, 14. August – Vatertag
Guten Morgen, Papa. Heute ist dein Tag.
Viele Jahre lang bist du um diese Zeit lächelnd
    aufgewacht
und hast lächelnd nach dem Geschenk gegriffen, das ich
    dir ins Schlafzimmer gebracht habe,

hast mich lächelnd auf die Stirn geküsst und mich
    gesegnet.
Guten Morgen, Papa, heute ist dein Tag,
aber ich kann dir nichts schenken oder sagen,
weil dein verbittertes Herz für Worte taub geworden ist.
Du bist nicht mehr derselbe. Dein Herz ist alt,
deine Ohren sind taub von so vielen verzweifelten
    Schreien,
das Herz schmerzt dir. Aber du kannst noch weinen.
    Und ich glaube, du weinst
die verschämten Tränen des strengen und über-
    mächtigen Vaters:
Du weinst um mich, weil ich hier hinter Gittern sitze,
weinst, weil heute Vatertag ist und ich weit weg bin,
so dass die Bitternis und Traurigkeit
in dein Herz eindringen.

Guten Morgen, Papa. Ein wunderschöner Tag bricht an,
heute ist für viele ein Freudentag,
doch du bist traurig. Ich weiß, der Grund für deine
    Traurigkeit bin ich,
ich bin ungewollt zu einem schweren Kreuz geworden,
das du auf dem Rücken trägst, das dir ins Fleisch
    schneidet,
dir die Brust zerreißt.
Um diese Zeit wird meine Schwester in dein Zimmer
    treten
mit einem wunderschönen Geschenk in Krepppapier,
und du wirst lächeln, um sie nicht auch traurig zu
    stimmen.

202

Aber innerlich weint dein Herz,
und ich kann nichts sagen, nur düstere Worte des
    Aufbegehrens,
und ich kann nichts tun, nur dein Leiden noch
    verschlimmern,
und ich kann dir nichts schenken, nur Tränen und
    Bedauern,
dass du mich in die Welt gesetzt hast.

Vielleicht, wenn es mich nicht gäbe, wärst du jetzt
    glücklich,
so glücklich wie ein Mann, der immer nur eines wollte,
ein ruhiges Leben,
und nun, am Vatertag,
den Lohn für seinen Kampf erhält, in Form von Küssen
und Krimskrams, gekauft vom kleinen Taschengeld,
das wochenlang unangetastet in der Schublade lag,
damit es in ein Geschenk verwandelt werden kann,
das, sei es noch so klein, im Herzen jedes Vaters riesig
    ist.

Heute ist Vatertag. Doch Papa hat mich eingeliefert
in eine Klinik für Verrückte. Ich bin nicht da,
kann ihn nicht umarmen, ich bin weit weg von der
    Familie,
weit weg von allem, und ich weiß, dass er,
wenn er die anderen Väter im Kreise ihrer Kinder sieht,
wie sie sich zärtlich umarmen, Nadelstiche spüren wird
in seinem armen verbitterten Herzen. Doch ich bin
    eingesperrt,

seit zwanzig Tagen sehe ich nicht das Sonnenlicht,
und wenn ich ihm etwas schenken könnte, dann die
    Finsternis
dessen, der nichts mehr im Leben anstrebt oder ersehnt.
Deshalb bleibe ich still. Deshalb kann ich auch nicht
    sagen,
»Guten Morgen, Papa, ich wünsche dir viel Glück;
du warst ein Mann, hast mich eines Nachts gezeugt,
meine Mutter hat mich unter Schmerzen geboren,
doch nun kann ich dir ein wenig von dem zurückgeben,
was deine fleißigen Hände
mir in mein Herz gelegt haben.«
Nicht einmal das kann ich sagen. Ich muss still sein,
damit du nicht noch trauriger wirst,
damit du nicht denkst, dass ich leide, dass ich hier
    unglücklich bin,
in dieser unendlichen Ruhe, wie man sie nur im Himmel
    findet,
wenn denn der Himmel wirklich existiert.
Es muss traurig sein, einen Sohn wie mich zu haben,
    Papa.

Guten Morgen, Papa. Mit leeren Händen
schenke ich dir die aufgehende rote, allmächtige Sonne,
damit du weniger traurig bist und eher zufrieden,
damit du glaubst, dass du gerecht bist und ich glücklich
    bin.

Dienstag, 23. August

Es ist Nacht, morgen habe ich Geburtstag. Ich würde gern eine Botschaft voller Optimismus und Weisheit in dieses Heft schreiben, deshalb habe ich die Seiten davor herausgerissen, sie waren durch und durch traurig und wirr. Es ist hart, insbesondere für jemanden mit meinem Temperament, nun schon 32 Tage hier auszuhalten, ohne in den Hof hinuntergehen zu können. Es ist wirklich hart, das kann man mir glauben. Aber im Grunde weiß ich, dass ich nicht der unglücklichste aller Menschen bin. In meinen Adern fließt das Blut der Jugend, und ich kann noch tausend Mal von vorn beginnen.

Morgen habe ich Geburtstag. Durch diese Zeilen, die ich in der Nacht schreibe, möchte ich ein wenig Selbstvertrauen zurückgewinnen.

»Denk an die Prüfung zur Aufnahme an die Uni, Paulo, die du nächstes Jahr machen willst, du hast noch viele Jahre vor dir. Kein Grund, dich zu beklagen. Nutz diese Tage dazu, ein wenig nachzudenken und viel zu schreiben. Rosetta, deine Schreibmaschine, deine solidarische Kampfgefährtin, steht bereit, um dir jederzeit zu Diensten zu sein. Kannst du dich an Salinger erinnern? ›Bewahr deine Erfahrungen auf. Vielleicht nutzen sie später einem anderen, so wie dir die Erfahrungen derer genutzt haben, die vor dir waren.‹ Denk darüber nach. Du bist nicht so allein, wie du denkst. Immerhin haben deine Freunde dich anfangs sehr unterstützt. Vergessen ist ein Gesetz des Lebens. Auch du würdest jemanden vergessen, der fortgegangen ist. Sei deinen Freunden nicht böse. Sie haben getan, was sie konnten. Dann haben sie sich entmutigen lassen, so wie du dich an ihrer Stelle hättest entmutigen lassen.«

Donnerstag, 1. September

Seit Juli bin ich hier. Ich bekomme langsam Angst. Aber an allem habe ich selbst Schuld. Gestern zum Beispiel habe ich als Einziger eine Spritze zum Schlafen bekommen, weil ich als Einziger dem Pfleger gehorcht und mich hingelegt habe, während die anderen weiter Radau gemacht haben. Eine der Nonnen mag meine Freundin nicht, jetzt darf Rennie mich nicht mehr besuchen. Sie haben rausgekriegt, dass ich meine Hemden an die anderen Patienten verkaufen wollte, und haben es mir verboten – Pech für mich und eine Möglichkeit weniger, an Geld zu kommen. Dafür konnte ich meine Freunde dazu überreden, eine Waffe einzuschmuggeln, eine Beretta.

Kurze Pause: Haare schneiden.

Das war's, weg sind meine Haare. Jetzt sehe ich aus wie ein Baby, sehr verwundbar, ich bin stinksauer. Inzwischen ist es so weit, genau wie ich befürchtet hatte: Ich möchte hier bleiben. Rauskommen interessiert mich nicht mehr. Ich bin am Boden zerstört. Seit Februar hatte ich mir die Haare nicht mehr geschnitten. Bis ich hier in der Klinik vor die Wahl gestellt wurde: Haare schneiden oder rauskommen. Also lieber schneiden. Aber dann überkam mich dieses Gefühl, dass damit auch das Allerletzte, was mir geblieben war, zerstört ist. Diese Seite sollte ein Manifest des Aufbegehrens werden. Aber jetzt will ich überhaupt nichts mehr. Ich bin fertig, fix und fertig. Am Boden. Ich wehre mich nicht mehr. Ich habe fast resigniert.

Samstag, 3. September

Und so endet diese Ballade, und so ende ich.

Ohne Botschaft, einfach so, ohne jeden Siegeswillen,

schon im Keim vernichtet durch der Menschen Hass.

Dies zu fühlen hat gutgetan. Die totale Niederlage.

[...]

Wir fangen alles noch einmal von vorn an.

8

Elektroschocks

*Paulo ist ans Bett festgebunden, sein Körper
zuckt bei jeder Umdrehung der Kurbel – die
ersten Elektroschocks.*

Im September 1966 schlenderte Paulo nach dem sonntäglichen Mittagessen im Pyjama durch die Flure. Er hatte gerade die *Ballade vom Erholungszuchthaus,* die er am Tag zuvor zu Ende geschrieben hatte, noch einmal durchgelesen und war stolz auf den Stapel von 35 Seiten, die er in anderthalb Monaten in der Klinik zustande gebracht hatte. Genau genommen war es gar nicht so weit entfernt von dem Original, von dem er sich hatte inspirieren lassen, der *Ballade aus dem Zuchthaus zu Reading,* in der Oscar Wilde 1898 nach seiner Entlassung das Gefängnis beschrieb, in dem er wegen homosexueller Praktiken im viktorianischen England eine zweijährige Haftstrafe verbüßt hatte. Paulos letzte Zeile – »Wir fangen alles noch einmal von vorn an« – klingt ein wenig hohl, wie ein typisch versöhnlicher Schluss. Doch alles von vorn anfangen bedeutete in Wahrheit nur eins: so schnell wie möglich aus dieser Hölle, der Klinik, herauskommen und ein neues Leben beginnen. Ein entsetzlicher Gedanke wurde täglich konkreter: Wenn es nach seinen Eltern und den Ärzten ging, würde er noch lange dort im neunten Stock versauern.

In solche Gedanken versunken, war er überrascht, als plötzlich zwei Pfleger neben ihm standen und ihn zum Mitkommen aufforderten. Sie führten ihn in einen winzigen, von oben bis unten gekachelten Raum, und dort erwartete ihn Dr. Benjamim. In der Raummitte stand eine mit einer dicken Gummimatte abgedeckte Liege und daneben ein kleiner Apparat, ähnlich einem Transformator für den Hausgebrauch, mit Drähten und einer Kurbel, ähnlich wie die Geräte, mit denen die Polizei heimlich Gefangene folterte, um Geständnisse zu erpressen. Paulo fragte entsetzt:

»Heißt das, ich soll Elektroschocks bekommen?«

Freundlich lächelnd versuchte der Psychiater ihn zu beruhigen:

»Keine Sorge, Paulo. Du weißt, dass es nicht weh tut. Zusehen, wie jemand behandelt wird, ist viel schmerzhafter, als selbst behandelt zu werden. Es tut wirklich nicht weh.«

Als Paulo auf der Liege lag, schob ihm ein Pfleger einen Plastikschlauch in den Mund, der verhindern sollte, dass sich seine Zunge während der Zuckungen aufrollte und er daran erstickte. Der andere Pfleger kam von hinten und klebte ihm Elektroden auf die Schläfen. Während Paulo an die Decke starrte, von der die Farbe abgeblättert war, wurde der Apparat eingeschaltet. Die Elektrokrampftherapie begann. Sobald der Pfleger die Kurbel bewegte, war es, als hätte sich ein Schleier auf seine Augen gelegt. Sein Blickfeld verengte sich, zentrierte sich auf einen einzigen Punkt, dann wurde alles dunkel. Bei jeder Kurbelbewegung zuckte sein Körper unkontrolliert hin und her, Speichel trat Paulo in Schüben aus dem Mund, als würde er weißen Schaum erbrechen. Paulo konnte nie schätzen, wie lang jede Behandlung dauerte – ein paar Minuten?

Eine Stunde? Einen Tag? Wenn er wieder zu Bewusstsein kam, hatte er das Gefühl, aus einer Vollnarkose zu erwachen – er hatte keine Erinnerung, und manchmal lag er stundenlang mit offenen Augen auf dem Bett, bis er erkannte, wo er war und warum er dort war. Die nassen Speichelflecken auf dem Kopfkissen und dem Pyjamakragen blieben die einzigen Spuren der brutalen Behandlung. Der Elektroschock war offenbar stark genug, seine Neuronen zu zerstören, aber der Arzt hatte recht: Es tat überhaupt nicht weh.

Paulo wachte am späten Nachmittag mit einem bitteren Geschmack im Mund auf. Trotz der Lethargie, mit der sein Kopf und seine Muskeln auch später immer auf die Behandlung reagierten, stand er langsam, wie ein alter Mann, auf und schleppte sich zum vergitterten Fenster. Dass es draußen nieselte, nahm er wahr, aber sein Zimmer, wohin man ihn nach der Behandlung gebracht hatte, erkannte er noch immer nicht. Er versuchte sich zu erinnern, was sich hinter der Zimmertür befand, vergeblich. Auf wackeligen Beinen bewegte sich sein von den Elektroschocks angegriffener Körper darauf zu. Draußen sah er einen endlos langen leeren Flur, er wollte ein wenig auf diesem Friedhof der Lebenden entlang gehen. Es war so still, dass das Schlurfen seiner Pantoffeln weithin zu hören sein musste. Als er die ersten Schritte tat, hatte er den deutlichen Eindruck, dass die Wände immer näher kamen, bis ihm die Rippen schmerzten und er meinte zerquetscht zu werden. Die Wände waren so nah und pressten ihn so sehr zusammen, dass er nicht weitergehen konnte. Panisch vor Angst, überlegte er:

»Wenn ich stehen bleibe, wird mir nichts passieren. Aber wenn ich weitergehe, mache ich die Wände kaputt, oder ich werde zerquetscht.«

Was tun? Nichts. Er blieb stehen, regungslos. Er stand da, wie lange, wusste er nicht, bis ihn eine Krankenschwester am Arm nahm, langsam in sein Zimmer zurückführte und ihm half, sich hinzulegen. Als er aufwachte, merkte er, dass jemand neben ihm stand und anscheinend zu ihm gesprochen hatte, während er schlief. Es war Luís Carlos, der Patient aus dem Nebenzimmer, ein schmächtiger, etwas hinterhältiger Mulatte, der sich seines Stotterns so schämte, dass er sich Fremden gegenüber taubstumm stellte. Wie alle Patienten der Klinik behauptete auch er, nicht verrückt zu sein. »Ich bin hier, weil ich in Rente gehen will«, flüsterte er, als verriete er ein Staatsgeheimnis. »Ich habe mir von einem Arzt ein Attest ausstellen lassen, dass ich psychisch krank bin, und wenn ich zwei Jahre hier bleibe, kann ich mich pensionieren lassen.«

Paulo konnte solche Geschichten nicht mehr hören. Wenn die Eltern zu Besuch kamen, fiel er auf die Knie und bat sie unter Tränen, ihn herauszuholen, doch die Antwort war immer dieselbe: »Warte noch ein paar Tage, du bist schon fast gesund.« Sein einziger Kontakt mit der Außenwelt waren die immer selteneren Besuche von Freunden, denen es gelang, die Kontrollen auszutricksen. Wer etwas Geduld hatte und den Schichtwechsel in der Portiersloge beobachtete, konnte sich mit allem, was er mitbringen wollte, ins Gebäude schleichen. So brachte Paulo einen Freund sogar dazu, in seiner Unterhose eine geladene Pistole in die Klinik zu schmuggeln. Kaum hatte sich unter den Patienten herumgesprochen, dass Paulo bewaffnet war, ließ er die Beretta schleunigst in Renatas Handtasche verschwinden. Renata besuchte ihn am häufigsten. Wenn es ihr nicht gelang, die Kontrollen zu überwinden, gab sie beim Portier kurze Nachrichten für ihn ab:

[…] Der blöde Typ im Fahrstuhl kennt mich inzwischen und hat mich heute nicht nach oben gelassen. Sag den Leuten, wir wären verkracht, vielleicht lässt Dich die Saubande dann in Ruhe.

[…] Ich bin traurig, nicht weil Du mich traurig gemacht hättest, sondern weil ich nicht weiß, wie ich Dir helfen kann.

[…] Die Pistole ist in meinem Kleiderschrank gut aufgehoben. Ich habe sie niemandem gezeigt. Nur meinem Bruder Antônio Cláudio. Aber er ist so in Ordnung, dass er gar nicht gefragt hat, wem sie gehört. Ich habe es ihm aber gesagt.

[…] Morgen werde ich diesen Brief für Dich abgeben. Es wird ein trauriger Tag werden. So ein Tag, an dem einem innerlich alles weh tut. Anschließend werde ich eine Viertelstunde draußen warten und zu deinem Fenster hinaufsehen, damit ich weiß, ob Du meinen Brief erhalten hast. Wenn Du nicht ans Fenster kommst, haben sie ihn Dir nicht gebracht.

[…] Batata, ich habe solche Angst, dass ich manchmal am liebsten mit Deiner Mutter oder mit Dr. Benjamim sprechen möchte. Aber das würde nichts bringen. Versuch also, so gut wie möglich durchzuhalten. Ja, wirklich. Ich hatte eine prima Idee: Wenn Du rauskommst, gehen wir an Bord eines Frachters, fahren nach Portugal und leben dann in Porto, wäre das nicht toll?

[…] Weißt Du, was, ich habe mir eine Schachtel Continental gekauft, so habe ich wenigstens ein bisschen von Deinem Geschmack in meinem Mund.

An Paulos Geburtstag erschien Renata mit einem ganzen Stapel von Karten und Briefen von seinen Freunden. Alle hofften, er werde bald wieder auf der Bühne stehen. Zwischen den lieben Grüßen und Besuchsankündigungen klang eine Karte besonders aufregend. Es waren nur drei Zeilen von Jean Arlin: »Lieber Freund Batatinha, unsere *Zeitlose Jugend* hat am 12. September hier in Rio Premiere. Wir rechnen damit, dass der Autor anwesend sein wird.« Die Idee, aus der Klinik auszureißen, drängte sich geradezu auf, auch als er merkte, dass er mit abgeschnittenem Haar selbst von seinem Zimmernachbarn kaum erkannt wurde, und so die Chance, vom Personal erkannt zu werden, wohl noch geringer war. Zwei Tage lang saß er auf einem Stuhl im Flur und tat, als läse er ein Buch, in Wirklichkeit aber beobachtete er den Fahrstuhl – die einzige Möglichkeit, nicht nur aus der Klinik zu fliehen, sondern auch sich im Gebäude zu bewegen, denn die Treppen waren vergittert. Er stellte fest: Der größte Betrieb herrschte sonntags zwischen halb eins und ein Uhr mittags, wenn Ärzte, Pfleger und Büropersonal Schichtwechsel hatten und außerdem Hunderte von Besuchern den Fahrstuhl benutzten.

In Pyjama und Pantoffeln war das Risiko, erwischt zu werden, sehr groß. Doch in Straßenkleidung und richtigen Schuhen konnte man sich unbemerkt unter das Menschenknäuel mischen, das sich vor dem Fahrstuhl drängelte und das Gelände verlassen wollte. Immer mit dem aufgeschlagenen Buch vor Augen legte Paulo in Gedanken zehn, hundert Mal den Fluchtweg zurück. Er bedachte sämtliche Hindernisse und möglichen Zwischenfälle und kam zu dem Schluss, dass die Chancen für eine erfolgreiche Flucht sehr groß waren. Doch es musste schnell geschehen, bevor die anderen sich an sein neues Aussehen ohne die schulterlange Lockenmähne gewöhnt hatten.

Nur zwei Menschen weihte er in seinen Plan ein: Renata und Luís Carlos, den Pseudotaubstummen von nebenan. Seine Freundin ermunterte ihn nicht nur, sondern steuerte auch noch dreißigtausend Cruzeiros bei – den Gegenwert von ungefähr dreihundert Euro –, abgezweigt von ihren Ersparnissen, für den Fall, dass er auf der Flucht irgendjemanden schmieren musste. Und Luís Carlos war so begeistert von Paulos Idee, dass er mit ihm fliehen wollte, denn er hatte »die Nase voll« von dem langweiligen Trott in der Klinik. Paulo fragte ihn, ob das bedeute, dass er sich nicht mehr als Verrückter in Rente schicken lassen wolle, worauf Luís Carlos, wie immer stotternd, erwiderte:

»Ausreißen gehört zur Krankheit. Jeder Verrückte läuft mindestens einmal weg. Hab ich auch schon gemacht, ich bin aber von allein wieder hergekommen.«

Endlich kam der lang ersehnte Sonntag, der 4. September 1966. Ordentlich in »Straßenkleidung«, fuhren sie, wie ihnen schien, endlos lange nach unten, denn der Fahrstuhl hielt auf jeder Etage. Die ganze Zeit standen sie mit gesenktem Kopf, aus Angst, ein Arzt oder Pfleger könnte zusteigen, der sie kannte. Erleichtert stiegen sie im Erdgeschoss aus und gingen zur Hauptpforte – nicht zu schnell, damit es nicht auffiel, aber auch nicht so langsam, dass jemand sie hätte identifizieren können. Alles lief genau nach Plan. Da sie niemanden hatten bestechen müssen, hatten sie genug Geld für mehrere Tage.

Paulo fuhr mit Luís Carlos zum Busbahnhof und kaufte zwei Fahrkarten nach Mangaratiba, einer Kleinstadt an der Küste, gut hundert Kilometer südlich von Rio. Die Sonne ging dort schon fast unter, als sie ein Boot mieteten, das sie zu einer winzigen Insel, eine halbe Stunde vom Festland entfernt, bringen sollte. Guaíba war damals noch ein kleines, fast unberührtes Paradies. Heloísa Araripe, Paulos Tante »Helói«, die Schwester seiner Mutter, besaß dort am Tapera-Strand ein Haus – und erst als Paulo dort ankam, immer den Pseudotaubstummen im Schlepptau, fühlte er sich endlich in Sicherheit.

Das Haus entpuppte sich als doch nicht so idealer Zufluchtsort, jedenfalls nicht unter den gegebenen Umständen. Da die Tante das Haus kaum benutzte, gab es absolut nichts außer einem halb gefüllten Wassertank, dessen Inhalt jedoch verdächtig grünlich schimmerte. Und nachdem der Hausverwalter, ein Einheimischer, der ein paar Meter weiter in einer Hütte lebte, keine Absicht erkennen ließ, sein Abendessen mit ihnen zu teilen, blieb ihnen nichts anderes übrig, als sich über eine Bananenstaude herzumachen. Als sie am nächsten Morgen voller Mückenstiche an Armen und Beinen aufwachten, mussten sie sich auch ihr Frühstück von der Bananenstaude holen und desgleichen dann zum Mittag- und zum Abendessen. Am zweiten Tag schlug Luís Carlos vor, um Abwechslung in den Speiseplan zu bringen, vielleicht ein paar Fische zu angeln, doch wurde die Idee verworfen, als sie feststellten, dass es für den Herd kein Gas gab. Am Dienstag, dem dritten Tag dort, saßen sie stundenlang im Schuppen und warteten auf einen Bootsmann, der sie aufs Festland zurückbringen konnte. Am Busbahnhof in Rio teilte Paulo dann seinem Fluchtgefährten mit, dass er sich für ein paar Tage verstecken wolle, um zu überlegen, was er dann tun könne. Luís Carlos fand auch, es reiche mit dem Abenteuer, und beschloss, in die Klinik zurückzugehen.

Sie verabschiedeten sich lachend mit dem Versprechen auf ein Wiedersehen. Paulo nahm einen Bus und fuhr zu Joel Macedo, bei dem er sich verstecken wollte, bis er seine Gedanken geordnet hatte. Der Freund nahm ihn sehr freundlich auf, gab aber zu bedenken, dass seine Wohnung vielleicht kein so gutes Versteck sei, weil Lygia und Pedro wussten, dass Paulo immer dort übernachtete, wenn es spät wurde. Und wenn er aus Rio wegwollte, dann bot sich als das ideale Versteck das Haus an, das sein Vater gerade in einer Wohnanlage in Cabo Frio gebaut hatte, einer Stadt vierzig Kilometer hinter Araruama. Bevor sie sich auf den Weg machten, verlangte Joel von Paulo, er solle duschen und frische Sachen anziehen, sonst könne er nicht neben ihm im Auto sitzen. Ein paar Stunden später machten sie sich in Joels Kastenwagen auf den Weg – Joel fuhr, denn nach dem traumatischen Unfallerlebnis traute sich Paulo nicht mehr ans Steuer. Sie verbrachten die Tage mit Biertrinken und Strandspaziergängen, außerdem lasen sie sich gegenseitig die Theaterstücke von Joels neuen Lieblingsautoren Maxim Gorki und Nikolai Gogol vor. Als das Geld, das Renata ihm gegeben hatte, endgültig aufgebraucht war, entschied Paulo, es sei Zeit zurückzufahren. Seine Flucht aus der Klinik war bereits eine Woche her, es hatte keinen Sinn, weiter ziellos durch die Gegend zu fahren. Er ging zu einem öffentlichen Telefon und meldete ein R-Gespräch an. Der Vater klang nicht verärgert, als er seine Stimme hörte, eher aufrichtig besorgt. Als er hörte, wo Paulo war, erbot er sich, ihn abzuholen, aber Paulo wollte lieber mit Joel zurückfahren.

Nachdem sie eine Woche lang verzweifelt auf Polizeiwachen und in Leichenschauhäusern nach ihrem Sohn gesucht hatten, waren Lygia und Pedro wie ausgewechselt. Sie waren damit einverstanden, dass Paulo nicht in die Klinik zurückging, sie waren freundlich, liebevoll und interessierten sich für seine Arbeit am Theater und hatten offenbar endgültig aufgegeben, ihm vorzuschreiben, wann er abends nach Hause zu kommen hatte. Paulo betrachtete diese Freiheit mit Misstrauen. »Nach einer Woche Panik, ohne jede Nachricht von mir«, sagte er später, »hätten sie alles akzeptiert, also habe ich es ausgenutzt.« Sein Haar und eine Andeutung von Bart wuchsen, ohne dass ihn jemand deswegen belästigte, und die knappe Zeit, die ihm neben seinen Aktivitäten blieb, widmete er den Mädchen. Neben Renata und Fabíola (Márcia war etwas in den Hintergrund gerückt) schwärmte er nun auch für Genivalda, ein ziemlich hässliches Mädchen aus dem Nordosten, mit dünnen Beinen, aber von brillanter Intelligenz. Geni, wie sie am liebsten genannt werden wollte, kleidete sich nicht gut, wohnte nicht in einem reichen Viertel, studierte weder an der Eliteuniversität PUC noch an einer anderen schicken Hochschule. Da sie aber anscheinend alles wusste, hatte sie in der Paissandu-Clique ihren festen Platz.

Sein zunehmender Erfolg bei den Frauen war nicht – wie etwa bei Fabíola – auf einen chirurgischen Eingriff zurückzuführen, sondern auf eine Veränderung der Sitten, die sich auch allmählich in Brasilien bemerkbar machte. Die wachsende Verbreitung der »Gegenkultur« veränderte nicht nur Verhaltensmuster und politische, sondern auch ästhetische Normen. Und das hatte wiederum zur Folge, dass Männer, die bislang vermutlich als hässlich gegolten hatten, so wie der amerikanische Rockmusiker Frank Zappa oder der Brasilianer Caetano Veloso, wie von Zauberhand zum modernen Schönheitsideal mutierten. Gemäß diesem neuen Ideal trat an die Stelle des männlichen, gesunden und glattrasierten Mannes der ungekämmte, zerlumpte und schmächtige. Ein Mann aus der Werbebranche soll einmal gesagt haben, dass nunmehr nicht mehr John Wayne das Objekt der Begierde der Frauen sei, sondern Woody Allen. Als Nutznießer dieser Vorherrschaft des Informellen hatte Paulo nur noch ein Problem: Wo konnte er sich mit Frauen treffen? Um Versäumtes nachzuholen, eroberte er zusätzlich zu den festen Freundinnen alles, was ihm so über den Weg lief. Zu einer Zeit, da Paare, die ins Hotel gehen wollten, ihren Trauschein vorlegen mussten, gab es für junge Leute, die wie er über keine sturmfreie Bude verfügten, nur wenige Alternativen. Eigentlich konnte er sich nicht beklagen, denn abgesehen von der Toleranz seitens Fabíolas Mutter und Großmutter, die Augen und Ohren vor dem verschlossen, was sich in dem mit Zeitungen tapezierten Studio abspielte, hatte er auch noch das Haus von Onkel José in Araruama zur Verfügung, dessen Türen immer offen standen, ganz gleich, wen Paulo am Wochenende oder an Feiertagen mitbrachte.

Wenn nötig, improvisierte Paulo einfach. Einmal trieb er mit einer angehenden Schauspielerin ein stundenlanges Vorspiel in einem Tretboot auf der Lagoa Rodrigo de Freitas. Nach einem Streifzug durch verräucherte Musikkneipen und schon ziemlich benommen – vom Alkohol, denn keiner von beiden nahm Drogen –, endete die Nacht damit, dass Paulo und das Mädchen in der Wohnung, wo sie mit einer Großtante lebte, ins Bett gingen. Da es eine Einzimmerwohnung war, vergnügten sie sich vor den fassungslosen Blicken der alten Frau, einer senilen Taubstummen. Bei einer anderen Gelegenheit gestand Paulo seinem Tagebuch, dass er unter noch ungewöhnlicheren Umständen Sex gehabt hatte:

Ich habe Maria Lúcia gefragt, ob sie mit mir am Strand spazieren geht, anschließend haben wir uns auf dem Friedhof unterhalten. Deshalb schreibe ich das heute auf: Damit ich mich später daran erinnere, dass ich einmal eine Geliebte für einen Tag hatte. Eine ohne Vorurteile, die radikal für die freie Liebe eintritt, eine, die Mädchen ist, aber auch Frau. Sie hat zu mir gesagt, mein Äußeres strahle in erster Linie aus, dass ich im Bett heiß sei. Und wir liebten uns den ganzen Nachmittag, und wir hielten nur inne, wenn wir erschöpft waren oder wenn ein Trauerzug vorbeikam.

Ein paar Wochen nach seiner Flucht aus der Klinik sollten diese Probleme jedoch ein Ende haben. Dank der Vermittlung des Großvaters mütterlicherseits gestatteten die Eltern Paulo ein Experiment: eine Weile allein wohnen. Die Wohnung steuerte Mestre Tuca, der Großvater, bei – ein kleines Apartment in der Avenida Rio Branco mitten in Rios Geschäftszentrum. Die Wohnlage, nur wenige Häuserblocks vom Straßenstrich der Stadt entfernt, hätte schlimmer nicht sein können. Tagsüber war die Gegend ein lärmendes Gewirr von Straßenhändlern, kleinen Kaufleuten, Lotterielosverkäufern und Bettlern, dazwischen Busse und Autos. Ab sieben Uhr abends konnte man meinen, man befände sich in einem Theater und das Bühnenbild wäre ausgetauscht worden. Das bunte Straßenbild verdüsterte sich, anstatt der Geschäftsleute traten Prostituierte, Gauner, Transvestiten, Zuhälter und Dealer auf den Plan. Nichts erinnerte an die Welt, aus der Paulo kam, aber das spielte keine Rolle, dies war seine Wohnung, hier hatte er das Sagen und niemand sonst.

Gleich nachdem Paulo sich bei seinen Freunden vom Grupo Destaque zurückgemeldet hatte, erfuhr er, dass das Stück *Zeitlose Jugend* wegen Finanzierungsproblemen abgesagt worden war. Ein Teil der Truppe, die *Pinocchio* und *A Guerra dos Lanches* aufgeführt hatte, steckte in einem neuen Projekt und nahm Paulo sofort mit auf – es ging darum, ein Stück für Erwachsene zu inszenieren. Seit Wochen probten sie unter dem Banner des Nationalen Studententheaters eine Bühnenadaption von *Herren des Strandes,* dem berühmten Roman von Jorge Amado. Der Regisseur und Autor der Bühnenfassung Francis Palmeira, blond, blauäugig und sonnengebräunt, wirkte eher wie einer der Surfer, die den ganzen Tag am Strand von Arpoador auf die richtigen Wellen warteten. Bereits mit fünfzehn Jahren hatte er ein Stück geschrieben, *Ato Institucional,* das von der Zensur dann verboten worden war. Jorge Amado war so angetan davon, dass ein Haufen junger Leute aus seinem Roman ein Theaterstück machen wollten, dass er nicht nur die Bühnenfassung absegnete, sondern auch einen Text für das Programmheft schrieb:

Ich habe den Studenten die Bühnenfassung meines Romans *Herren des Strandes* überlassen, und zwar voller Vertrauen und Freude, denn Studenten stehen heute an vorderster Front, wenn es darum geht, in Brasilien etwas Gutes auf die Beine zu stellen. Sie sind es, die unermüdlich für die Demokratie kämpfen, für den Fortschritt, für das brasilianische Volk, gegen die Diktatur und die Unterdrückung. In dem Roman, auf dem ihr Theaterstück basiert, habe auch ich meinen Glauben in das brasilianische Volk und meinen Protest gegen jede Form von Ungerechtigkeit und Unterdrückung formuliert. Die erste Auflage von *Herren des Strandes* wurde eine Woche vor der Ausrufung des »Estado Novo« veröffentlicht, dieser grausamen, obskurantistischen Diktatur, und dann konfisziert und verboten. Dieser Roman war eine Waffe. Heute bekommt er eine neue Dimension: die Bühne, die ihn so unmittelbar mit dem Publikum in Kontakt bringt. Ich kann den Studenten des Teatro Nacional de Estudantes nur den größten Erfolg wünschen, weil ich weiß, dass auch sie sich für die Demokratie in Brasilien einsetzen.

Dass es Schwierigkeiten geben würde, lag auf der Hand. Die erste machte ihnen das Jugendgericht; es drohte, die Proben zu verbieten, falls nicht alle Beteiligten, die noch nicht achtzehn waren – allen voran der Regisseur –, eine schriftliche Erlaubnis der Eltern vorlegten. Wenige Tage vor der Premiere erschien der Kommissar Edgar Façanha, Chef der Zensurbehörde in Rio, zusammen mit einem Vertreter des Geheimdienstes SNI und wollte die Freigabebescheinigung sehen, ohne die das Stück nicht aufgeführt werden durfte. Da es keinerlei Freigabebescheinigung gab, nahmen die Polizisten den Schauspieler Fernando Resky fest und gingen mit dem Hinweis, wenn die Premiere wie geplant am 15. Oktober 1966 stattfinden sollte, müsste die Truppe schleunigst eine Kopie des Textes zur amtlichen Überprüfung vorlegen. Ein paar Tage später wurde *Herren des Strandes* freigegeben, allerdings mit Auflagen, die bezeichnend für den Obskurantismus waren, unter dem das Land zunehmend litt. Wörter wie »Kamerad«, »Dialog«, »Revolution« und »Freiheit« wurden verboten und ganze Sätze gestrichen.

Die Proben waren mit so vielen Schwierigkeiten verbunden gewesen, dass die Studenten die Streichungen ohne zu protestieren hinnahmen. Zwar war Paulo nur einer von insgesamt dreißig Schauspielern, aber er hatte eine nicht ganz unbedeutende Rolle. Er spielte Almiro, den mit Barandão liierten Homosexuellen, der am Ende des Stücks an Pocken stirbt. Jorge Amado hatte versprochen, zur Vorpremiere zu kommen, da er aber gerade in Lissabon seinen neuesten Roman *Dona Flor und ihre zwei Ehemänner* vorstellte, ließ er sich von keinem anderen als dem leibhaftigen »Volta Seca« vertreten, einem der Straßenjungen aus Salvador, die ihn zu dem Buch inspiriert hatten. Die Pressemeldungen über die Eingriffe der Zensur lockten so viele Zuschauer, dass die vierhundert Plätze im Teatro Serrador in Rios Zentrum für das Premierenpublikum nicht ausreichten. Von denen, die auf Paulos persönlicher Gästeliste standen, waren nur zwei nicht erschienen: Renata und Dr. Benjamim – ganz richtig, der mit den Elektroschocks.

Seit seinem zweiten Klinikaufenthalt hatte Paulo eine eigenartige Beziehung zu dem Psychiater. Es war nicht nur Sympathie, die sie trotz allem verband, was Paulo in der Klinik erlitten hatte. Der enge Kontakt zu Benjamim und dass er mit ihm über seine Zweifel sprechen konnte, gaben Paulo zudem eine noch nie gekannte Sicherheit. Damals galt eine so enge Arzt-Patient-Beziehung als ein Zeichen retrograder Amnesie. Viele Jahre später bezeichnete Paulo selbst dies jedoch als »Stockholm-Syndrom«, eine unerklärliche positive emotionale Beziehung, die ihrer Freiheit beraubte Menschen zu denen aufbauen, die sie ihnen genommen haben. »Ich habe zu Dr. Benjamim die gleiche Beziehung aufgebaut wie eine Geisel zu ihrem Geiselnehmer«, sagte der Schriftsteller später in einem Interview.

»Selbst nachdem ich die Klinik verlassen hatte, bin ich in meinen großen Krisen als Jugendlicher, bei Problemen mit meinen Freundinnen zu ihm gegangen, um mit ihm zu reden.«

Herren des Strandes wurde zwei Monate lang gespielt. Es wurde zwar kein rauschender Erfolg, hatte aber so viele Zuschauer, dass die Kosten gedeckt wurden und noch etwas zum Aufteilen unter Künstlern und Technikern übrigblieb, ganz zu schweigen von dem Lob angesehener Kritiker in großen Tageszeitungen.

Als sich die Euphorie über die Aufführung gelegt hatte, fiel Paulo erneut in eine Depression. Er fühlte sich leer, orientierungslos, und oft genug trat er alles, was ihm in der kleinen Wohnung des Großvaters vor die Füße kam, kaputt. Wenn er allein in dieser merkwürdigen, feindseligen Umgebung war und ohne einen Menschen, mit dem er die seltenen freudvollen Augenblicke teilen konnte, verfiel er häufig in Schwermut oder gar Verzweiflung. In solchen Krisenzeiten konnte man buchstäblich zusehen, wie sich das Tagebuch Seite um Seite füllte. Einmal tippte Paulo eine ganze Nacht hindurch auf der Maschine einen Text mit dem Titel ›Geständnisse eines Schriftstellers‹:

[...] Plötzlich sieht mein Leben anders aus. Ich bin in der deprimierendsten Gegend von ganz Brasilien gelandet: im Geschäftszentrum von Rio. Abends kein Mensch. Tagsüber Tausende von Fremden. Und die Einsamkeit hat solche Formen angenommen, dass ich sie als etwas Hartes, Lebendiges empfinde, das in allen Ecken und auf allen Wegen lauert. Ich, Paulo Coelho, 19 Jahre alt, stehe mit leeren Händen da.

Die Nähe zum Rotlichtmilieu machte ihn schließlich zu einem regelmäßigen Kunden in den Freudenhäusern, die sich vom tiefsten Lapa bis nach Mangue aneinanderreihten. Dass die Frauen dort weder so elegant gekleidet noch so hübsch waren wie die Mädchen aus der Zona Sul, spielte keine Rolle. Mit den Prostituierten konnte er über alles reden, ohne jede Zensur, und alle seine geheimen Phantasien ausleben, ohne dass jemand daran Anstoß nahm. Auch wenn diese Phantasien bedeuteten, überhaupt nichts zu tun, wie es in einem pathetischen Tagebucheintrag heißt:

Gestern war ich bei der ältesten Frau des Bezirks – und der ältesten, mit der ich in meinem ganzen Leben geschlafen habe (ich habe sie nicht gebumst, nur fürs Gucken bezahlt). Die Brüste hingen ihr wie zwei leere Säcke herab, und sie war nackt und strich sich mit der Hand über die Muschi. Ich sah sie an und wusste nicht, warum sie in mir Mitleid und zugleich Respekt weckte. Sie war rein, äußerst liebevoll und professionell, aber eine sehr alte Frau. Vielleicht um die siebzig. Eine Französin, auf dem Fußboden lag die Zeitung *France Soir*. Sie hat mich sehr rücksichtsvoll behandelt. Sie arbeitet von 18 bis 23 Uhr, dann fährt sie mit dem Bus nach Hause, und da, wo sie wohnt, ist sie eine achtbare alte Frau. Niemand schaut auf sie herab! Ich kann mich nicht erinnern, wie sie nackt aussah, denn dann fange ich an zu zittern und bekomme die widersprüchlichsten Gefühle. Diese Alte wird mir nie mehr aus dem Kopf gehen. Sehr merkwürdig.

So wie er manchmal bezahlte, ohne Sex zu haben, so kam es auch vor, dass er Sex hatte, ohne zu bezahlen oder fast nichts (»... gestern war ich in Stimmung und konnte eine Prostituierte zum Mitkommen überreden, ohne zu bezahlen – am Ende nahm sie einen Pullover mit, den ich einem Freund geklaut hatte«). Wochenlang widmete er die Seiten seines Tagebuchs einer glühenden Liebe zu einer jungen Prostituierten. Eines Tages verschwand sie spurlos mit einem anderen Freier, und Paulo drehte wieder durch. Er war zwar ein erwachsener Mann, doch in Liebesdingen offenbar noch ahnungslos wie ein Kind. Anders lässt sich wohl kaum erklären, dass er so eifersüchtig reagierte, als er von einer Prostituierten betrogen wurde. »Ich wollte weinen wie noch nie zuvor in meinem Leben, so sehr hing ich an dieser Frau«, jammerte er. »Dank ihrem Körper konnte ich die Einsamkeit ein wenig auf Abstand halten.« Als er hörte, dass die Geliebte zurückgekehrt war und im Milieu Intimes über ihn ausplauderte, klagte er:

Ich habe gehört, dass sie mich in Verruf bringt, Sachen erzählt, die ich aus meiner unendlich großen Liebe getan habe. Ich habe festgestellt, dass ich für sie eine taube Nuss war, eine Niete. Hier nenne ich den Namen der Frau, der ich gegeben habe, was mein verderbtes Sein an Reinheit besaß: Tereza Cristina de Melo.

Tagsüber und wenn er nicht deprimiert war, führte er ein Leben, wie er es sich erträumt hatte: Freundinnen, Proben, Arbeitsgruppen, Diskussionen über Filme und Existenzialismus. Obwohl er die neue Schule kaum betreten hatte, war er versetzt worden und damit der Aufnahmeprüfung für die Universität nahe. Bei seinen seltenen Besuchen zu Hause – zumeist kam er essen oder Geld schnorren – erzählte er, um seine Eltern zu schockieren, dass er in den extravagantesten Lokalen von Rio gewesen sei. Und obwohl er fast nie darauf spielte, nahm er überallhin seine Gitarre mit, nur »um den Mädchen zu imponieren«.

Wenn es aber Nacht wurde, wurde er schwermütig und fühlte sich doppelt einsam. Es kam der Moment, da hielt er es nicht mehr aus. Seit drei Monaten hatte er Nacht für Nacht den gleichen Alptraum, und ihm wurde klar, dass er umkehren musste. Missmutig und gedemütigt packte er seine Sachen zusammen und bat seine Eltern, ihn wieder bei sich aufzunehmen.

9

Der große Sprung

*Nach der dritten Erfahrung mit einem Mann
steht für Paulo fest: Ich bin nicht homosexuell.*

Die Selbstverständlichkeit, mit der Paulo sich unter Frauen
aller Art bewegte – von den Prostituierten in Mangue
bis zu den Tussis vom Paissandu –, vermittelte allgemein den
Eindruck, Paulo sei eindeutig heterosexuell. Doch der Eindruck trog. Der Umgang mit dem Theatermilieu, wo Homo-
sexualität offen gelebt wurde, hatte in ihm eine so geheime Unsicherheit geweckt, dass er sie nicht einmal seinem Tagebuch
anvertraute. Was wäre, wenn er tatsächlich »sexuelle Probleme« hatte, wie seine Mutter vermutete, als sie ihn zum ersten
Mal einlieferte? Oder, im Klartext: Was, wenn er homosexuell
war? Obwohl er bald zwanzig wurde, war dies für ihn immer noch ein dunkler, geheimnisvoller Bereich. Anders als die
meisten brasilianischen Jungen seiner Zeit hatte er seine erste
sexuelle Erfahrung mit einer Frau gemacht, der frühreifen, erfahrenen Madá, und nicht in einem »Tauschgeschäft« – oder,
wie man damals in Rio sagte, »halbe-halbe« – mit einem
Freund. Er hatte niemals das Verlangen nach körperlicher In-
timität mit einem Mann verspürt und auch keine entsprechenden Phantasien gehabt. Doch wenn sich in den Pausen zwischen den Theaterproben homosexuelle Freunde in Grüppchen

unterhielten, ertappte er sich jetzt so manches Mal dabei, dass er sich im Stillen fragte: »Haben sie vielleicht doch recht? Ist ihre sexuelle Wahl vielleicht besser als meine?«

Das Leben hatte ihn gelehrt, dass es besser ist, sofort ins kalte Wasser zu springen, als zu warten und zu leiden, bis er an der Reihe war. Er wusste, es gab nur einen Weg, das Problem zu lösen, anstatt sich mit endlosen Zweifeln zu quälen: ausprobieren. Als er in einem Text von Karl Marx so etwas Ähnliches las wie »entscheidend ist die praktische Erfahrung«, verstand er diesen Satz als zusätzlichen Ansporn. Eines Abends, als er noch in dem Apartment des Großvaters im Zentrum wohnte, nahm er allen Mut zusammen und beschloss, die Sache zu klären.

Mehrere Stunden trieb er sich in einschlägigen Schwulenlokalen in Copacabana herum, bis er, von ein paar Whiskys in Stimmung gebracht, zum Angriff überging. Am Tresen einer Kneipe sprach er einen jungen Mann seines Alters an, einen Stricher, und kam gleich zur Sache:

»Hallo, alles klar? Ich hätte Lust, mit dir ins Bett zu gehen, kommst du mit?«

Paulo war auf alles gefasst, nur nicht auf die Antwort, die er erhielt:

»Nein. Ich hab nämlich keine Lust, mit dir ins Bett zu gehen.«

Eine Ohrfeige hätte ihn nicht mehr verblüffen können. Wieso nicht? Er wollte doch zahlen! Der Typ drehte ihm den Rücken zu und ließ ihn stehen. Nachdem er es noch einmal in einem anderen Lokal probiert und wieder eine Abfuhr kassiert hatte, betrachtete er seinen kurzen, erfolglosen Ausflug ins Homosexuellenmilieu als beendet. Als er ein paar Wochen später tief in der Arbeit steckte, hatte er das alles scheinbar vergessen.

Die Karriere des Schriftstellers Paulo Coelho war weiterhin ein Fiasko, nicht aber seine Arbeit als Dramaturg. Sein erstes Soloabenteuer in der Bühnenwelt war, immer noch im Rahmen des Kindertheaters, die Inszenierung des Filmklassikers *Der Zauberer von Oz*. Er schrieb nicht nur den Text für die Bühne um, sondern führte auch Regie und wählte für sich selbst die Rolle des Löwen. Da er keine Mittel für aufwendige Kostüme hatte, malte er sich einfach einen Schnurrbart ins Gesicht, band sich Stoffohren um, und der Schwanz des Löwen war ein an die Hose genähtes Seil, dessen Ende er sich während der ganzen Aufführung um den Zeigefinger wickelte. Von der Originalfassung wurde praktisch nur das Lied ›Somewhere over the Rainbow‹ übernommen. Alles andere wurde von Antônio Carlos Dias, Kakiko genannt, komponiert, einem Musiker und Schauspieler, mit dem Paulo sich bei den Aufführungen von *Herren des Strandes* eine Garderobe geteilt hatte. Zur allgemeinen Überraschung spielte *Der Zauberer von Oz* nicht nur die Kosten für die Inszenierung und die Honorare ein, sondern es blieb auch noch etwas übrig – Geld, das Paulo für eine neue Produktion zurücklegte. Wenn der Umstand, dass der eigene Name in großen Buchstaben auf den Veranstaltungsseiten der Presse stand, als Synonym für Erfolg gelten konnte, dann hatte Paulo keinen Grund, sich zu beklagen – allein an einem Tag des Jahres 1967 stand sein Name in den Feuilletons von drei verschiedenen in Rio erscheinenden Zeitungen.

Die Kinderstücke warfen zwar etwas Geld ab, doch Ruhm und Ansehen, das war ihm bei der Inszenierung von *Herren des Strandes* klar geworden, konnte ihm nur das Erwachsenentheater bescheren. Im März bekam er das Angebot, an einer großen Inszenierung der *Dreigroschenoper* mitzuwirken. Das Stück hatte in São Paulo mit einem Ensemble von prominenten Schauspielern enormen Erfolg gehabt. Auch die Truppe in Rio, der etliche Stars angehörten, konnte sich sehen lassen. Paulo spielte einen blinden Bettler, eine unbedeutende Nebenrolle, doch im Programm stand sein Name neben all den Berühmtheiten. Nach mehrwöchigen Proben nahte die Premiere. Ein paar Tage vorher wurde die Truppe eingeladen, in den Studios von TV Rio, dem größten Sender der Stadt, eine Szene aus dem Stück live zu spielen. Als es losgehen sollte, fehlte Oswaldo Loureiro, der die Moritat von Mackie Messer singen sollte. Da Paulo als Einziger den Text auswendig konnte, sprang er ein und war schließlich am längsten in der Sendung zu sehen. Der recht große Erfolg der *Dreigroschenoper* band ihn noch stärker an seinen neuen Beruf.

Eines Tages – inzwischen wohnte er wieder bei den Eltern, und das Stück stand noch auf dem Spielplan – erlebte er noch einmal eine homosexuelle Versuchung. Dieses Mal ging die Initiative nicht von ihm aus, sondern von einem etwa dreißigjährigen Schauspieler. Bislang hatten sie nur ein paar Worte und Blicke gewechselt, doch eines Abends sprach der andere ihn unumwunden nach der Vorstellung an:

»Willst du mit mir schlafen?«

Nervös und etwas überrumpelt antwortete Paulo spontan:

»Ja, okay.«

Sie verbrachten die Nacht zusammen. Obwohl er, wie er sich sehr viel später erinnerte, einen gewissen Widerwillen dabei empfand, als er mit einem Mann Zärtlichkeiten tauschte, schlief er mit ihm, penetrierte ihn und ließ sich von ihm penetrieren. Als er am nächsten Tag nach Hause kam, war er noch verwirrter als vorher. Er hatte überhaupt keine Lust empfunden und wusste nach wie vor nicht, ob er homosexuell war oder nicht. Ein paar Monate später machte er einen neuen Versuch und wählte sich dafür wieder einen Bühnenkollegen aus. In dessen Wohnung, einem Einzimmerapartment in Copacabana, geriet er schon in Verlegenheit, als der andere ihm vorschlug, gemeinsam zu duschen. Das Unbehagen hielt die ganze Nacht über an. Die ersten Sonnenstrahlen fielen in die Wohnung, als es endlich zum Sex kam – und Paulo Coelho ein für alle Mal klar wurde, dass er nicht homosexuell war.

Für jemand, der sich über seine sexuelle Orientierung so sehr im Unklaren war, hatte er weiterhin erstaunlich großen Erfolg bei Frauen. Márcia hatte er aufgegeben, mit Renata hatte er Schluss gemacht, aber die »wilde Ehe« mit der immer hübscher werdenden Fabíola lief weiter. Paulo erwies sich als talentierter Bigamist. Er hatte sich in Genivalda aus Sergipe verliebt – ganz richtig, die hässliche, aber brillante Geni, die den Jungs vom Paissandu die Ohren zum Glühen brachte. Nach wochenlanger, doch vergeblicher Belagerung war es ihm endlich gelungen, sie für ein Wochenende nach Araruama zu Onkel José mitzunehmen. In der ersten Nacht staunte er nicht schlecht, als Geni, diese erfahrene Frau, die so reif wirkte und scheinbar alles wusste, ihn flüsternd bat, vorsichtig vorzugehen, denn dies sei für sie das erste Mal. In Ermangelung eines passenden Ortes für ihre Treffen waren die ersten Monate ihrer Liebschaft unbequem, aber fruchtbar, denn Anfang Juni rief Geni an und teilte ihm mit, dass sie schwanger war. Paulo beschloss auf der Stelle, dass er das Kind haben wollte, doch bevor er etwas sagen konnte, verkündete sie, dass sie abtreiben wolle. Er schlug ein Treffen vor, um darüber zu reden, doch Geni blieb eisern, und außerdem wollte sie einen Schlusspunkt unter ihre Beziehung setzen. Sie legte auf und verschwand, als hätte es sie nie gegeben.

Paulo drehte wieder durch. Genis Mitteilung, sie sei schwanger, und ihr plötzliches Verschwinden hatten ihn nervös gemacht, er suchte überall nach ihr, bis er erfuhr, dass sie in ihre Heimatstadt Aracaju zurückgegangen war, um dort abtreiben zu lassen. Da er sie einerseits unbedingt davon abbringen wollte, andererseits aber keine Möglichkeit hatte, sie im zweitausend Kilometer entfernten Aracaju ausfindig zu machen, verfiel er wieder in Depressionen, unterbrochen von kurzen euphorischen Momenten. Davon zeugen die vielen Seiten in seinem Tagebuch, die er in schlaflosen Nächten vollschrieb:

Ich atme Einsamkeit, ich kleide mich in Einsamkeit, ich scheide Einsamkeit aus. Verdammt. Noch nie habe ich mich so einsam gefühlt. Nicht einmal in den langen bitteren Tagen meiner Jugend. Einsamkeit ist ja für mich nichts Neues. Nur habe ich allmählich genug davon. Demnächst begehe ich eine Wahnsinnstat, alle werden entsetzt sein.

Ich will schreiben. Aber wozu? Warum? Wenn ich allein bin, beherrschen Existenzprobleme meine Gedanken, und aus dem ganzen Gewirr höre ich nur eines heraus: den Wunsch, zu sterben.

Sein Hang zur Dramatik zeigte sich nicht nur in der Beschreibung seiner Nöte, sondern auch in den fröhlichen Momenten. Diese waren selten und immer nur kurz, wurden dann aber ohne jede Zurückhaltung notiert: »Die Stunde meiner Geburt ist gekommen, wie ich schon in einem Gedicht ankündigte, das ich in der Klinik geschrieben habe. Heute Morgen werde ich zusammen mit dem Tageslicht geboren. Die Stunde ist gekommen, der Welt zu zeigen, wer ich bin.«

Bis Mitte des Jahres 1967 wusste die Welt nicht, wer Paulo Coelho war, und danach zu urteilen, wie oft ihn eine Depression packte und er immer wieder von Tod und Selbstmord sprach, bestand die Gefahr, dass sie es auch nie erfahren würde. Ende Juni, nach einer weiteren schlaflosen Nacht, bekam er einen Wutanfall. Er steckte sein Tagebuch in die Schublade, drehte den Schlüssel in der Zimmertür zweimal um, vergewisserte sich, dass die Tür auch wirklich abgeschlossen war, und begann, alles zu zertrümmern. Er fing mit der Gitarre an, schmetterte sie auf den Schreibtisch, so dass es klang, als wäre eine Bombe explodiert. Es war erst sechs Uhr früh, und die Nachbarn fuhren bei dem Krach im Hause Coelho erschrocken aus dem Schlaf hoch. Mit den Trümmern der Gitarre zerschlug er den tragbaren Plattenspieler aus rotem Plastik, das UKW-Radio und alles andere, was ihm noch vor die Augen kam.

Es gab nichts mehr kaputtzumachen, aber seine Wut war noch nicht verraucht. Paulo ging zum Bücherregal und fing mit den zehn Bänden Sherlock Holmes an. Er zerriss einen nach dem anderen, dann machte er sich an die brasilianischen Autoren, die Prosa, die Lyrik, die Philosophie, bis der Fußboden mit zerrissenen Büchern übersät war. Er ging in das angrenzende kleine Bad, schwang den Gitarrenhals wie eine Keule und zerschlug den Spiegel. Als der Lärm ein wenig nachließ, hörte er, wie sein Vater an die Tür hämmerte und verlangte, er solle aufmachen, doch Paulo reagierte nicht. Er riss zwei Texte, die er an die Tür geklebt hatte, herunter und zerfetzte sie in kleine Schnipsel – ein Gebet des heiligen Franz von Assisi und das Gedicht ›Barbara‹ von Jacques Prévert, und genauso verfuhr er mit den Bildreproduktionen, die sein Zimmer schmückten: Goyas *Nackte Maja,* Boschs *Garten der Lüste* und Rubens' *Kreuzigung Christi.* Schwer atmend stellte er fest, dass nur ein einziger Gegenstand unversehrt geblieben war: der weiße Sessel, in den er sich immer setzte, um »zu weinen oder den Sternenhimmel zu betrachten«, wie er einmal geschrieben hat. Da er kein Werkzeug zur Hand hatte, mit dem er den Sessel hätte zertrümmern können, öffnete er kurzerhand das Fenster und warf ihn hinaus. Da erst, als nichts mehr heil war, schloss er die Tür auf. Ihm blieb kaum Zeit festzustellen, dass es nun nicht mehr sein Vater war, der an die Tür geklopft hatte – zwei Sanitäter nahmen ihn in die Mitte, und der eine verpasste ihm eine Spritze in den Arm, offenbar mit einem starken Beruhigungsmittel.

Als er die Augen aufschlug, erkannte er die Decke (von der inzwischen noch mehr Farbe abgeblättert war) – er lag wieder in einem Bett im neunten Stock der Klinik Dr. Eiras. Kaum war er aufgewacht, führten die Pfleger ihn zum Fahrstuhl und ermahnten den Fahrstuhlführer:

»Das hier ist der Patient, der im letzten Jahr weggelaufen ist. Merk dir das Gesicht, und pass dieses Mal auf ihn auf.«

In der Klinik hatte sich seit seinen früheren Aufenthalten nichts geändert. Mit Ausnahme von Flávio, dem Ministerneffen, der sich einst mit Whisky und Äther hatte umbringen wollen, waren alle noch da, auch sein Fluchtgefährte, der stotternde, pseudotaubstumme Luís Carlos. Die Gesichter waren dieselben wie früher und die Quälerei auch. Gleich am ersten

Tag wurde Paulo einer so brutalen Elektroschockbehandlung unterzogen, dass er Stunden später, als Fabíola kam, noch immer bewusstlos war, überall mit Speichel beschmiert und das Gesicht von den Stromstößen ins Gehirn verzerrt. Trotz aller Zuwendung und Fürsorge seiner Freundin – bei diesem dritten Klinikaufenthalt kam, abgesehen von seinen Eltern, nur Fabíola ihn besuchen – gingen ihm die verschwundene Geni und das Baby nicht aus dem Kopf.

Eine Woche nach seiner Einlieferung und drei Elektroschockbehandlungen später dachte Paulo erneut an Flucht. Und wieder entschied er sich für Luís Carlos als Begleitung. Die Chance für eine Flucht ergab sich, als ein Mitarbeiter von Dr. Benjamim Paulo kurz im Mund untersuchte und feststellte, dass er einen Weisheitszahn bekam. Der Arzt freute sich: »Jetzt weiß ich, was dein Problem ist. Da kommt ein Zahn, und der drückt dir gegen den Schädel. Das macht dich nervös und löst deine Krisen aus. Ich werde unseren Zahnarzt bitten, dir den Zahn zu ziehen, dann ist die Sache erledigt.«

Während sie auf einen Pfleger warteten, der ihn zur Zahnarztpraxis innerhalb des Geländes begleiten sollte, kam Luís Carlos vorbei, und Paulo sagte zu ihm:

»Es geht los! Sie bringen mich zum Zahnarzt, da versuche ich abzuhauen. Sieh zu, dass du auch rauskommst. Wenn alles klappt, treffen wir uns in einer Stunde im Café gegenüber von der Klinik.«

Der Pfleger brachte ihn zum Zahnarzt, und da die Behandlung ungefähr eine halbe Stunde dauern würde, wollte er eine Pause machen und dann den Patienten auf seine Station zurückbringen. Die Behandlung dauerte aber keine fünf Minuten. Nach einer kurzen Untersuchung mit Spiegel und spitzer Sonde entließ ihn der Zahnarzt: »Wer hat sich denn diesen Unsinn ausgedacht? Seit wann wird man von einem Weisheitszahn verrückt? Sie können sich da draußen hinsetzen und auf den Pfleger warten, damit der Sie zurückbringt.«

Es war so weit. Paulo schlich sich durch die Flure, lief mit gesenktem Kopf durch das Wäldchen, mischte sich unter die Besucher und Ärzte am Haupteingang und befand sich nach wenigen Minuten in Freiheit. Als er das Café erreichte, erwartete ihn bereits Luís Carlos mit einem Glas Bier in der Hand – für mehr hatte sein Kleingeld nicht gereicht. Laut lachend feierten sie ihren Erfolg, dann machten sie sich schnellstens davon, ehe man sie im neunten Stock vermisste und suchen kam (tatsächlich nahm man es in der Klinik nicht so genau – erst am 9. Juli, also zwei Tage nach ihrer Flucht, fiel den Ärzten auf, dass die beiden verschwunden waren). Bevor sie gingen, gelang es Paulo noch, dem Kassierer des Cafés seine Armbanduhr zu verkaufen, da er aber keine Zeit für langes Feilschen hatte, erzielte er lediglich 300 Cruzeiros novos (knapp 200 Euro im Jahr 2008), nicht einmal die Hälfte ihres tatsächlichen Werts. Sie gingen drei Straßen weiter, setzten sich auf die Grünfläche vor der Guanabara-Bucht und genossen stundenlang schweigend ein billiges Vergnügen, das für beide einen unbeschreiblichen Reiz besaß: den Ausblick auf den herrlichen Strand von Urca und dahinter den Zuckerhut. Es war genau der gleiche Blick, den sie von den Fenstern der Klinik aus hatten, nur war er jetzt frei, ohne Gitterstäbe davor. Paulo erzählte Luís Carlos, was er vorhatte: »Ich will zum Busbahnhof, eine Fahrkarte nach Aracaju kaufen. Ich muss da eine Freundin aufsuchen, die ein Kind von mir erwartet oder erwartet hat. Wenn du willst, kannst du mitkommen, das Geld von meiner Armbanduhr reicht für zwei Tickets.«

Den Stotterer schreckte die lange Reise, da er aber nichts Besseres vorhatte und auch nirgendwo hingehen konnte, nahm er die Einladung an. Der Bus fuhr allerdings erst am nächsten Morgen um acht Uhr, also verbrachten die beiden die Nacht auf den Bänken des Busbahnhofs. Für die Fahrkarten waren achtzig Cruzeiros novos draufgegangen, so dass noch mehr als genug Geld übrig war und sie sich auf der langen Reise etwas zu essen kaufen konnten. Luís wollte wissen, wovon sie nach ihrer Ankunft leben sollten, doch Paulo beruhigte ihn mit den Worten »darum kümmern wir uns dann dort«. Nachdem sie durch die Bundesstaaten Rio de Janeiro, Minas Gerais und Bahia gefahren waren und in fünfzehn Städten gehalten hatten, erreichten sie zwei Tage später, am Morgen des 9. Juli 1967, die Hauptstadt des Bundesstaates Sergipe. Erst dort, in Aracaju, erfuhr Luís Carlos, dass Paulo weder eine Anschrift noch eine Telefonnummer noch etwas anderes hatte, womit er seine geliebte Genivalda in der Stadt mit ihren 170 000 Einwohnern hätte ausfindig machen können. Sein einziger Anhaltspunkt war der Name Mário Jorge de Vieira, ein junger Dichter und militantes Mitglied der klandestinen Kommunistischen Partei Brasiliens (PC do B), der über die Medizinstudentin und Kulturarbeiterin Ilma Fontes zu erreichen war.

Dank der Lügengeschichten, die er auftischte, war Paulo einen Tag später zusammen mit seinem Freund – den er allen als seinen »stummen Sekretär« vorstellte – im komfortablen Haus des Journalisten Marcos Mutti untergebracht und wurde sogar in der Lokalpresse erwähnt, einmal als »Student und Schauspieler« und woanders als »junger Dramaturg aus Rio«.

Nachdem er eine Woche lang gesucht hatte, gab Paulo die Hoffnung auf, Geni zu finden (erst viele Jahre später erfuhr er, dass sie tatsächlich abgetrieben hatte und noch als junge Frau bei einem Verkehrsunfall ums Leben gekommen war). Nun wollte er nach Rio zurückkehren, doch da ihn alle zum Bleiben aufforderten und wie einen Star behandelten, verschob er die Abreise gern. Die *Gazeta de Sergipe* führte ein langes Interview mit ihm und stellte ihn ihren Lesern vor: »Am neunten dieses Monats traf in unserer Stadt eine interessante Persönlichkeit ein: dünn, langes Haar, unrasiert, merkwürdiges Gesicht, aber den Kopf voll mit Ideen, großen Hoffnungen und dem Willen, der Kunst zu dienen – Paulo Coelho. Ein Künstler. Ein junger Mann, Sohn einer der angesehensten Familien von Rio de Janeiro, der aus Liebe zur Kunst von zu Hause weggegangen ist. Einer, der sich der Menschlichkeit verschrieben hat.«

Aus sicherer Distanz wurde Paulo plötzlich mutig und nutzte das Zeitungsinterview dazu, zum ersten Mal die Militärdiktatur zu attackieren bzw., noch schlimmer, den Präsidenten der Republik, Marschall Artur da Costa e Silva. »Ich werde nicht den Mund halten, nur weil ein pensionierter Marschall eine Knarre in die Hand genommen hat und sagt, er verteidige die Sitten und die Freiheit eines Volkes, das gar nicht weiß, was Freiheit bedeutet«, erklärte er vollmundig. Das Ganze wirkte nicht wie ein Interview, eher wie ein Manifest. »Ich bin nicht Tausende von Kilometer nach Aracaju gefahren, um zu schweigen oder zu lügen.« Nach diesen vehementen Erklärungen bot ihm *Gazeta de Sergipe* an, für die nächste Samstagsausgabe einen politischen Artikel zu schreiben.

Am Freitag erfuhr er jedoch, dass zwei Männer in der Stadt

nach »dem Kerl aus Rio« suchten und ihn umbringen wollten. Da er fest davon überzeugt war, dass es Verwandte von Geni waren, die ihre Ehre mit Blut reinwaschen wollten, verließ ihn sofort der Mut. Schnell packte er seine Siebensachen und wollte sich schon davonmachen, da erinnerte ihn der Stotterer an den versprochenen Artikel. Paulo griff in seine lederne Umhängetasche und zog eine herausgerissene Seite aus einer in Rio erscheinenden Zeitung heraus, die er unterwegs in einem Busbahnhof mitgenommen hatte. Er bat seine Gastgeber, ihre Schreibmaschine benutzen zu dürfen, und tippte daraus Wort für Wort einen Artikel ab, der die Militärdiktatur geißelte, weil sie den Brasilianern die Freiheit nahm. Auch die Überschrift behielt er bei, nur den Namen des Verfassers änderte er. Statt »Carlos Heitor Cony«, Journalist und berühmter Schriftstellers, der von Anfang an den Militärputsch attackiert hatte, stand da nun »Paulo Coelho de Souza«. Mit Luís Carlos im Schlepptau gab er das restliche Geld für zwei Fahrkarten nach Salvador aus – für mehr reichte es nicht. Empört über die Täuschung, erzählen die Leute aus Aracaju, die ihm damals begegnet sind, noch heute eine andere Version über seine plötzliche Abreise. »Er und der angeblich taubstumme Sekretär haben zwei Wochen lang nicht geduscht und den ganzen Tag nur gekifft«, erinnert sich Ilma Fontes. »Deshalb wurde Paulo Coelho von Marcos Mutti hinausgeworfen: weil er in einer reinen Wohnstraße den ganzen Tag gekifft hat.« Zwei Wochen lang nicht duschen, das hatte Paulo durchaus schon einmal gemacht, aber Kiffen zählte im Juli 1967 garantiert nicht zu seinen Angewohnheiten.

Nachdem sie ohne einen roten Heller in der Tasche in Salvador angekommen waren, gingen die beiden zehn Kilometer zu Fuß zur Wohltätigkeitseinrichtung Obras Sociais Irmã Dulce. Zuerst stellten sie sich in die lange Schlange von Bettlern, die sich mit einem Blechnapf in der Hand ihre tägliche Portion Suppe abholten, dann traten sie an einen kleinen Tisch, an dem die Nonne – von Paulo in seinem Tagebuch (nach der von Shirley MacLaine gespielten Prostituierten in Billy Wilders gleichnamigem Film) ketzerisch »Irma la Douce« genannt – die Notleidenden persönlich empfing. Er erklärte der schmächtigen Nonne mit dem traurigen Blick, dass er Geld für zwei Busfahrkarten nach Rio brauche. Da das zerlumpte Äußere der beiden Bittsteller der beste Beweis für ihre Armut war, stellte sie keine weiteren Fragen und schrieb in winziger Schrift auf ein Blatt Papier mit dem Stempel ihrer Institution:

Diese 2 jungen Leute bitten um Gratisfahrt nach Rio.
Irmã Dulce – 21/7/67

Nun brauchten sie nur noch am Schalter des Busbahnhofs das Papier gegen die Fahrkarten einzutauschen. In Bahia kam jedes von der Nonne unterschriebene Papier einem Gutschein gleich, für den man einen Teller Essen bekam, die Aufnahme eines Angehörigen in einer Klinik erreichte oder, wie in Paulos und Flávios Fall, Busfahrkarten erhielt. Die vierzigstündige Fahrt von Salvador nach Rio verbrachte Paulo damit, ein Konzept für ein Buch über ihre Flucht und ihre Reise in den Nordosten zu entwerfen. Nein, nicht nur ein Buch. Mit seinem üblichen Hang zur Gigantomanie plante er, nicht weniger als neun Bücher zu schreiben, jedes mit zwölf Kapiteln. Zwar hatte er am Ende der Reise alle Bände nummeriert und die Überschriften für die Kapitel formuliert und damit fünfzehn

Seiten seines Tagebuchs gefüllt, doch weiter gedieh das Projekt nicht. Auf dem Busbahnhof in Rio verabschiedeten sich die beiden Weggefährten tief bewegt. Paulo fuhr nach Hause und Luís Carlos zurück in die Klinik, wo er so lange als Pseudoverrückter ausharren wollte, bis er die erträumte Rente bekam. Und weil es bis dahin nur noch wenige Monate waren, wussten beide, dass die Chance, einander dort wiederzubegegnen, nicht sehr groß war.

Wäre es nach Paulo gegangen, dann hätten sie sich wenige Monate nach dem Abschied wieder gesehen. Kein Jahr nach seiner letzten Einlieferung verfiel Paulo abermals in Schwermut und Depressionen und schlug wieder alles in seinem Zimmer kurz und klein. Alles lief ab wie beim letzten Mal, bis auf das Ende. Als er die Tür öffnete, standen keine Sanitäter mit Spritzen und Zwangsjacken vor ihm, sondern ein netter junger Arzt, der ihn höflich fragte:

»Darf ich eintreten?«

Es war der Psychiater Antônio Ovídio Clement Fajardo, der seine Patienten manchmal auch zur Behandlung in die Klinik Dr. Eiras schickte. Als Lygia und Pedro den ersten Lärm aus Paulos Zimmer hörten, riefen sie bei Dr. Benjamim an, doch da ihn niemand erreichen konnte und es sich um einen Notfall handelte, nahmen sie Kontakt zu Dr. Fajardo auf. Am Telefon hatte der Arzt von Pedro Coelho erste Informationen über den Patienten erbeten:

»Ist er bewaffnet?«

»Nein.«

»Ist er Alkoholiker?«

»Nein.«

»Drogensüchtig?«

»Nein.«

Also war es nicht so schlimm. Fajardo fragte noch einmal: »Darf ich eintreten?«

Die überraschende Frage verunsicherte Paulo.

»Hier herein? Wollen Sie mich denn nicht einweisen?«

Der Arzt antwortete lächelnd:

»Nur, wenn Sie es wollen. Aber Sie haben mir noch nicht geantwortet: Darf ich eintreten?«

Der Arzt setzte sich aufs Bett, sah sich im Zimmer um, als wollte er den Schaden abschätzen, und sprach dann ganz ungezwungen weiter:

»Sie haben also alles kaputtgemacht? Prima. Wunderbar.«

Paulo verstand überhaupt nichts. Der Arzt fuhr fort:

»Was Sie hier zerschlagen haben, ist Ihre Vergangenheit. Ausgezeichnet. Da sie nun nicht mehr existiert, können wir jetzt anfangen, an die Zukunft zu denken, okay? Ich schlage vor, dass Sie von nun an zweimal in der Woche zu mir in die Praxis kommen, damit wir uns über Ihre Zukunft unterhalten können.«

Paulo war noch immer fassungslos:

»Ich habe einen Tobsuchtsanfall gehabt, aber Sie wollen mich nicht einweisen?«

Der Arzt blieb ungerührt:

»Alle Menschen haben ihre verrückten Seiten. Ich bestimmt auch, aber das ist noch kein Grund, die Leute kurzerhand einzuweisen. Sie sind nicht geisteskrank.«

Erst nach diesem Zwischenfall kehrte im Hause Coelho Frieden ein. »Ich glaube, meine Eltern hielten mich für einen hoffnungslosen Fall und wollten mich lieber in Sichtweite behalten und für den Rest meines Lebens für mich aufkommen«,

242

erinnerte sich Paulo später. »Sie wussten, dass ich mich wieder in ›schlechter Gesellschaft‹ bewegen würde, aber mich erneut einzuliefern, das kam für sie nicht in Frage.« Das Problem war, dass der Sohn nicht bereit war, weiterhin unter väterlicher Kontrolle zu leben. Er hätte alles akzeptiert, sofern es nicht die deprimierende Einzimmerwohnung des Großvaters im Zentrum war. Die Zwischenlösung für ein paar Monate kam wieder von den Großeltern. Wenige Jahre zuvor waren Mestre Tuca und Großmutter Lilisa nach Gávea in ein Haus in der Nähe gezogen, über dessen Garage sich eine Einzimmerwohnung mit Bad und eigenem Eingang befand. Wenn der Enkel wollte – und Dr. Pedro zustimmte, versteht sich –, konnte er dort einziehen.

Der Enkel wollte so gern, dass er, ehe der Vater nein sagen konnte, sofort alles, was nach der Verwüstung in seinem Zimmer noch übrig war, in die neue Bleibe schaffte: das Bett, den kleinen Schreibtisch, die wenigen Kleidungsstücke und die klugerweise verschonte Schreibmaschine. Sehr schnell wurde ihm klar, dass er dort praktisch im Vorzimmer des Paradieses wohnte – die liberalen Großeltern machten ihm wenig Vorschriften, und er konnte im Rahmen der großzügig bemessenen Anstandsgrenzen Tag und Nacht Besuch empfangen. Ihre Toleranz ging so weit, dass Paulo, als er später an diese Zeit zurückdachte, sich vage erinnerte, dass er wohl dort zum ersten Mal Haschisch ausprobiert hat.

Der Vater, der nun seinen Sohn nicht mehr unter Kontrolle hatte, aber auch von den Großeltern keine Klagen über sein Verhalten hörte, schlug ein paar Monate später Paulo einen Umzug in eine komfortablere Wohnung vor. Wenn ihm daran gelegen war, konnte er wieder allein wohnen, doch dieses Mal in einem schönen Apartment, das Dr. Pedro als Bezahlung für den Bau eines Wohnblocks in der Rua Raimundo Correia in Copacabana erhalten hatte. Da ihn solche Großzügigkeit misstrauisch machte, forschte Paulo nach und fand heraus, dass dahinter ein konkretes Interesse des Vaters steckte: Der eigentliche Zweck war, den Mieter loszuwerden, der häufig mit der Miete in Verzug war. Doch da nach dem Gesetz der Mietvertrag nur bei Eigenbedarf gekündigt werden konnte, war Paulos Umzug die Lösung für zwei Probleme, sein eigenes und das des Vaters. Doch wie fast alles, was von Dr. Pedro kam, hatte auch dies seinen Haken: Paulo durfte nur eines der drei Schlafzimmer benutzen und die Wohnung auch nur durch den Dienstboteneingang betreten, die Haupttür blieb abgeschlossen und der Schlüssel dazu beim Vater. Paulo behielt die Rua Raimundo Correia in bester Erinnerung. Die Liebschaften begannen und endeten, aber Fabíola blieb ihm treu. Sie schluckte ihre Eifersucht herunter und ertrug die »Renatas, Genis und Márcias, die da kamen und gingen«, wie sie rückblickend sagte, »doch wenn es darauf ankam, dann war ich bei ihm, nur aus Liebe, aus reiner Liebe«. Jahre später dachte Paulo sehnsüchtig an diese Zeit zurück:

Es war eine sehr schöne Zeit, in der ich versuchte, meine Freiheit zu leben und endlich ein »Künstlerleben« zu führen. Die Schule ließ ich ganz sein, ich widmete mich ausschließlich dem Theater und Besuchen in den Stammlokalen der Intellektuellen. Ein Jahr lang tat ich nur, was ich wollte. Dann trat Fabíola endgültig in mein Leben.

Als Vollzeitdramaturg machte er das Esszimmer der neuen Wohnung zu einer Werkstatt für Kulissen, Kostüme, Kompositionen und Proben. Und er weckte die Neugier der Nachbarn, indem er auf die eigentliche Wohnungstür – die er ja nie benutzte – den Satz malte, der laut Dante Alighieri über der Pforte zur Hölle steht: *»Lasciate ogni speranza, voi ch'entrate«* (Lasst, die ihr eintretet, alle Hoffnung fahren). Paulo übersetzte Theaterstücke, inszenierte und übernahm verschiedene Rollen als Schauspieler. Die erfolgreicheren Inszenierungen glichen die Verluste der weniger erfolgreichen aus, und so hielt er sich über Wasser, ohne völlig auf die Eltern angewiesen zu sein. Wenn es ganz knapp wurde, versuchte er, sich das Nötigste am Pokertisch oder beim Billard zu verdienen oder mit Pferdewetten. Im Colégio Guanabara hatte er das Klassenziel erreicht und damit die Schule beendet, er plante jedoch nicht, in absehbarer Zeit eine Aufnahmeprüfung für die Universität zu machen.

Ende 1968 beschloss Paulo, sich in dem einzigen Bereich des Theaters zu versuchen, in dem er noch keine Erfahrung hatte: der Produktion. Er schrieb selbst die Bühnenfassung von *Peter Pan*, wollte es inszenieren und plante außerdem, auch eine Rolle zu übernehmen, doch dann traf ihn wie eine kalte Dusche die trostlose Erkenntnis, dass seine Eigenmittel dafür bei weitem nicht reichten. Er brütete noch über dieser Enttäuschung, da erschien eines Abends Fabíola, öffnete ihre Tasche, nahm mit Gummibändern zusammengehaltene Bündel von Geldscheinen heraus – über fünftausend Cruzeiros novos (umgerechnet siebentausend Euro) –, breitete sie auf dem Bett aus und erklärte: »Das ist mein Beitrag, damit du *Peter Pan* inszenieren kannst.«

Sie erzählte ihm, dass sie sich zu ihrem bevorstehenden 18. Geburtstag von allen Verwandten, Paten, Freunden und selbst von reichen Kunden ihrer Mutter statt Geschenken Geld gewünscht hatte. Die Päckchen auf dem Bett waren zwar kein Vermögen, aber es reichte, um eine Theaterproduktion anzugehen. Paulo war gerührt: »Eine Freundin hat für zwei Kleider auf mich verzichtet, aber du verzichtest für mich auf alle Kleider und Geschenke. Das stellt mein Frauenbild total auf den Kopf.«

Fabíola schaffte nicht nur die Mittel für die Inszenierung herbei, sie verkaufte auch Anzeigen im Programmheft und arrangierte ein Tauschgeschäft mit den Restaurants in der Umgebung des Teatro Santa Terezinha im Stadtteil Jardim Botânico: Dafür, dass die Namen der Lokale in der Werbung genannt würden, durften die Schauspieler und das technische Personal bei ihnen gratis essen. Paulo zeigte sich für so viel Engagement erkenntlich und bot Fabíola die Titelrolle an. Er selbst wollte Captain Hook spielen. Mit der von Kakiko komponierten Musik war das Stück in der gesamten Spielzeit täglich ausverkauft, so dass jeder investierte Centavo wieder eingespielt wurde. Und entgegen der landläufigen Meinung, ein Publikumserfolg garantiere einen Verriss durch die Kritik, wurde das Stück außerdem auf dem ersten Kindertheaterfestival des Bundesstaates Guanabara ausgezeichnet. Der *Peter Pan*-Erfolg ermutigte ihn, sich dem Berufsverband anzuschließen, und schon bald war er stolzes Mitglied der Sociedade Brasileira de Autores Teatrais (SBAT – Verband brasilianischer Theaterautoren).

1969 wurde ihm eine Rolle in dem Stück *Viúva porém Honesta* (Witwe, aber ehrbar) von Nelson Rodrigues angetragen.

Als er in einer Probenpause in der Kneipe neben dem Teatro Sérgio Porto ein Bier trank, merkte er, dass er von einer hübschen Blondine, die am Tresen saß, beobachtet wurde. Er blickte absichtlich weg, doch als er sich umdrehte, blickte sie ihn immer noch mit einem zarten Lächeln auf den Lippen an. Der Flirt dauerte wohl keine zehn Minuten, aber Paulo war beeindruckt. Am Abend schrieb er in sein Tagebuch: »Ich kann nicht genau sagen, wie es angefangen hat. Sie war plötzlich da. Ich kam herein und spürte sofort ihren Blick. Unter Dutzenden von Menschen spürte ich ihren Blick heraus, hatte aber nicht den Mut, ihr in die Augen zu sehen. Ich hatte sie noch nie gesehen. Doch als ich ihren Blick spürte, war es um mich geschehen. Es war der Beginn einer Liebesgeschichte.«

Die schöne geheimnisvolle Blonde war Vera Prnjatovic Richter, elf Jahre älter als er, die gerade einen Schlusspunkt unter ihre fünfzehnjährige Ehe mit einem reichen Unternehmer zu setzen versuchte. Sie war immer elegant gekleidet, besaß ein Auto, was damals für eine Frau noch nicht selbstverständlich war, und wohnte in einem Apartment, das eine ganze Etage eines Hochhauses in der Avenida Delfim Moreira im Stadtteil Leblon einnahm, einer der teuersten Adressen Brasiliens. In Paulos Augen hatte Vera nur einen Fehler: Sie hatte eine Affäre mit dem Schauspieler Paulo Elísio, einem bärtigen Apoll, berühmt für seine Misslaunigkeit und Inhaber des schwarzen Karategürtels. Doch die im Tagebuch festgehaltenen Gefühle sollten stärker sein als die Kampfkunst. Zwei Wochen später war Vera Richter Paulo Coelhos erste Frau.*

---

* In Brasilien muss man nicht auf dem Standesamt gewesen sein, um als Mann und Frau zu gelten.

10

Vera

*Der Major droht: Falls du nicht die Wahrheit sagst,
kratze ich dir das Auge aus und esse es auf.*

Zu Beginn des Jahres 1969 herrschte die brutalste Diktatur in der Geschichte Brasiliens. Am 13. Dezember 1968 hatte der Staatspräsident Marschall Artur da Costa e Silva den Institutionellen Akt Nr. 5 (AI-5) erlassen, mit dem die letzten nach dem Militärputsch von 1964 verbliebenen Nischen der Freiheit beseitigt wurden. Der vom Präsidenten und all seinen Ministern – darunter auch Dr. Leonel Miranda, Gesundheitsminister und Besitzer der Klinik Dr. Eiras – unterschriebene Erlass setzte neben vielen anderen Angriffen auf die politischen Rechte und Freiheiten der Bürger auch das Recht auf Habeas Corpus außer Kraft und erlaubte der Regierung, Presse, Theater und Bücher zu zensieren sowie das Parlament aufzulösen. Doch 1968 stand nicht nur Brasilien kurz davor, in Flammen aufzugehen.

Im sechsten Jahr eines Angriffskrieges gegen Vietnam, in den die USA über eine halbe Million Soldaten geschickt hatten, wurde der Republikaner Richard Nixon zum amerikanischen Präsidenten gewählt. Im April war der schwarze Baptistenprediger und Bürgerrechtler Martin Luther King ermordet worden. Und keine sechzig Tage später wurde der demokratische Senator Robert Kennedy von Kugeln durchsiebt. Ein Symbol der Gegenkultur war die New Yorker Aufführung des Musicals *Hair,* in dem in einer Szene alle Schauspieler und Schauspielerinnen nackt auf der Bühne standen. Im Mai hatten die französischen Studenten die Sorbonne besetzt, Arbeiter und Studenten lieferten sich erbitterte Kämpfe mit der Staatsmacht, wodurch General Charles de Gaulle gezwungen wurde, sich zu Beratungen mit hohen französischen Militärs in Baden-Baden in Deutschland zu treffen. Die weltweite aufrührerische Stimmung überwand sogar den Eisernen Vorhang und erreichte die Tschechoslowakei in Form des Prager Frühlings, des Liberalisierungsprogramms von Generalsekretär Alexander Dubček, das im August von den Panzern des Warschauer Pakts niedergewalzt werden sollte.

In Brasilien formierte sich der Widerstand gegen die Diktatur. Zunächst als friedliche Studentendemonstrationen – an denen Paulo sich nur selten und abermals weniger aus Überzeugung als vielmehr wegen des Nervenkitzels beteiligte, den es bedeutete, »der Polizei die Stirn zu bieten«. Das politische Klima wurde zusätzlich durch Arbeiterstreiks in den Bundesstaaten São Paulo und Minas Gerais aufgeheizt und erreichte einen alarmierenden Zustand, als die Geheimdienste feststellten, dass sich Guerillagruppen bildeten, vom Regime unterschiedslos als Terroristen bezeichnet. Zum Jahresende gab es tatsächlich mindestens vier bewaffnete Organisationen, die als Stadtguerilla aktiv waren – Vanguarda Armada Revolucionária (VAR-Palmares), Ação Libertadora Nacional (ALN), Vanguarda Popular Revolucionária (VPR) und Comando de Libertação Nacional (Colina). Die Kommunistische Partei Brasiliens – PC do Brasil, an der Volksrepublik China orientiert –

hatte ihrerseits die ersten militanten Mitglieder nach Xambioá im Norden des Bundesstaates Goiás geschickt, damit sie am Rio Araguaia, also am Rande des Amazonasurwaldes, eine Landguerillazelle etablierten. Die extreme Linke überfiel Banken und verübte Bombenanschläge auf Kasernen, und die extreme Rechte organisierte Attentate auf eine der Keimzellen des Widerstands gegen das Regime, das Theater.

In São Paulo stürmte eine Gruppe des Kommunistenjagdkommandos (Comando de Caça aos Comunistas – CCC) eine Inszenierung des Stückes *Roda Viva* von Chico Buarque, verwüstete das Teatro Ruth Escobar, verlangte von Schauspielern und Technikern, sich auszuziehen, und verprügelte sie, unter ihnen auch die Schauspielerin Marília Pêra, mit der Paulo zusammen in der *Dreigroschenoper* aufgetreten war. Ein paar Monate später verwüstete das CCC das Teatro Opinião in Rio mit einem Bombenanschlag. Im Oktober nahm die Polizei fast tausend Studenten fest, die im Süden des Bundesstaates São Paulo an einem geheimen Kongress des vom Regime verbotenen nationalen Studentenverbands UNE teilnahmen. Einer Statistik des Journalisten Elio Gaspari zufolge endete das Jahr 1968 mit erschreckenden Zahlen: 18 Tote (zwölf bei Demonstrationen und sechs als Opfer von Guerillaattentaten), 21 Banküberfälle und 85 Anzeigen wegen Folterung politischer Häftlinge in Kasernen und Polizeirevieren. Unmittelbar nach dem Erlass AI-5 wurden im ganzen Land Hunderte von Menschen festgenommen, unter ihnen Carlos Lacerda, ehemaliger Gouverneur des Bundesstaates Guanabara und ziviler Kopf des Militärputschs von 1964, die Musiker Caetano Veloso und Gilberto Gil sowie der Journalist und Schriftsteller Carlos Heitor Cony, den Paulo in Aracaju plagiiert hatte.

Zwar brüstete Paulo sich damit, der »Kommunist der Clique« zu sein, doch obwohl er die Gewalt gegen seinen Berufsstand miterlebte, war er gegenüber dem politischen Sturm, der über Brasilien hinwegfegte, ziemlich gleichgültig. Wie schon den Militärputsch nahm er auch den Erlass AI-5 praktisch nicht zur Kenntnis und erwähnte ihn in seinen Tagebüchern mit keinem Wort. Der erste Eintrag im Jahr 1969 verrät, worauf er seine Energie verwandte: »Heute ist Neujahr. Die Nacht habe ich mit Ehebrecherinnen, Homosexuellen, Lesbierinnen und betrogenen Ehemännern verbracht.«

1964 konnte man sein mangelndes Interesse an Politik noch auf seine Jugend zurückführen, doch nun war er ein erwachsener Mann von knapp zweiundzwanzig Jahren, also im gleichen Alter wie die meisten jungen Leute, deren Namen als Anführer der politischen und kulturellen Bewegungen auftauchten, die das Land in Atem hielten. Und dass in seinem Leben eine wichtige Veränderung stattfand, lag nicht an den politischen Wirrnissen, sondern an seiner neuen Liebe Vera Richter.

Die zierliche Vera war 1936 in Belgrad geboren, der Hauptstadt des damaligen Königreichs Jugoslawien, als Tochter einer wohlhabenden Großgrundbesitzer-Familie. Bis zwanzig führte sie das typische Leben eines jungen Mädchens aus der Oberschicht, doch als sie das erste Jahr an der Theaterhochschule im Fach Regie studierte, bekam sie am eigenen Leib die politischen Veränderungen zu spüren, die sich in Europa vollzogen. Nach Stalins Tod kam es zu einer Annäherung zwischen Moskau und Jugoslawiens Marschall Josip Broz Tito. Nachdem Tito mit eiserner Hand das Land geeint hatte, teilte er die Großgrundbesitzungen in kleine nichtstaatliche, von den Arbeitern verwaltete Betriebe auf. Für die Reichen das Signal, das Land zu verlassen. Da sie Freunde in Rio de Janeiro hatten, entschieden sich die Prnjatovics – die verwitwete Mutter, die ältere Schwester und Vera –, nach Brasilien auszuwandern. Auf dem Höhepunkt des Kalten Krieges waren die Grenzen geschlossen, was bedeutete, dass ihre Ausreise so unauffällig wie möglich vonstatten gehen musste. Die Mutter und die ältere Schwester reisten voraus, und erst nach ein paar Monaten, als sie bereits in Rio wohnten, schickten sie Vera das Ticket. Da sie außer ihrer Muttersprache nur Englisch sprach, fühlte sie sich in Brasilien entwurzelt und akzeptierte schließlich eine von der Familie arrangierte Ehe mit einem millionenschweren und zwölf Jahre älteren Landsmann. Vera selbst sagte Jahre später, dass sogar Fremden auffiel, wie wenig die Eheleute zusammenpassten. Wie die meisten zwanzigjährigen Mädchen war sie ausgelassen, liebte Sport, tanzte und sang gern. Ihr schüchterner Mann dagegen widmete jede Stunde, in der er sich nicht um sein Exportgeschäft kümmerte, seiner Lektüre und klassischer Musik.

Als sich an diesem Abend in dem Lokal neben dem Theater Paulos und Veras Blicke begegneten, bestand Veras Ehe nur noch auf dem Papier. Die Eheleute lebten unter einem Dach, doch nicht mehr als Paar. Zum Teatro Carioca hatte Vera eine Zeitungsnotiz gelockt, der zufolge der junge Regisseur aus Bahia, Álvaro Guimarães – der angeblich Caetano Veloso »entdeckt« hat –, Teilnehmer für einen Theaterkurs suchte. Nach fast vier Jahrzehnten erinnert sie sich, dass ihr erster Eindruck von Paulo nicht sehr schmeichelhaft war: »Er sah aus wie Professor Abronsius, der dickköpfige Wissenschaftler aus Roman Polanskis Film *Tanz der Vampire:* ein großer Kopf auf einem schmächtigen Körper. Hässlich, voller Pickel, wulstige, hängende Lippen, Froschaugen – Paulo war wirklich keine Schönheit …«

Doch er besaß Reize, die eine verliebte Frau sehr schnell erkennen konnte: »Paulo war ein Don Quixote! Ein Traumtänzer … Für ihn war alles problemlos, alles einfach. Er lebte in den Wolken, ohne Bodenhaftung. Aber ständig von der fixen Idee besessen, jemand zu sein. Er hätte alles getan, um jemand zu sein. Das war Paulo.«

Nachdem Vera die Szene betreten hatte, war die Beziehung zu Fabíola zwangsläufig über kurz oder lang dem Untergang geweiht, doch wirklich vorbei war es, als Fabíola ihn mit der anderen ertappte. Sie hatte den Verdacht, dass Paulo sich heimlich mit einer jungen holländischen Schauspielerin traf, die zu den Proben erschienen war. Um sich Klarheit zu verschaffen, setzte sie sich eines Nachts vor Paulos Wohnungstür in der Rua Raimundo Correia, so lange, bis er am späten Vormittag des Folgetages mit der Ausländerin das Haus verließ. Enttäuscht von dem Menschen, dem sie unmissverständlich ihre Liebe bewiesen hatte, machte sie mit ihm Schluss. Ein paar Monate später schockierte Fabíola die Familie Coelho, zu der sie inzwischen in recht vertrauter Beziehung stand, mit einem Nacktfoto auf der Titelseite des wöchentlich erscheinenden Satireblatts *Pasquim*.

Wie Paulo selbst Jahre später sagte, lernte er von der erfahrenen Vera richtigen Sex, Englisch und sich etwas besser zu kleiden. Doch das Trauma von Araruama zu überwinden, dabei konnte auch sie ihm nicht helfen – schon allein bei der Vorstellung, sich in einem Auto ans Steuer zu setzen, fing er an zu zittern. Ihre Vorlieben und Interessen trafen sich auch in beruflicher Hinsicht: Veras Geld war der Treibstoff, der Paulo noch fehlte, um sich endlich ganz und gar aufs Theater zu konzentrieren. Zwischen der alten Adresse in Copacabana und Veras luxuriösem Apartment in Leblon pendelnd, wo er nun fast jede Nacht schlief, hieb Paulo wochenlang in die Tasten seiner Schreibmaschine, bis er seiner Freundin stolz *O Apocalipse*, sein erstes Theaterstück für Erwachsene, präsentieren konnte. Die beiden waren wirklich wie füreinander gemacht: Vera verstand nicht nur das ganze Stück (ein Wunder, das nur ganz wenige Menschen fertigbrachten), sondern es gefiel ihr auch so gut, dass sie bereit war, es als Produzentin – sprich, als Geldgeberin – professionell auf die Bühne zu bringen, sofern Paulo die Regie übernahm. Alles lief so gut, dass Ende April 1969 die Kritiker und Kulturredakteure der Zeitungen die Einladung zur Vorpremiere erhielten und dazu das Programm mit den Namen der Mitglieder des Ensembles, in dem Vera als Hauptdarstellerin aufgeführt war. Wie im Herzen des Autors und Regisseurs spielte Fabíola Fracarolli auch im Stück nur noch eine Nebenrolle. Als Komponisten für die Musik hatte Paulo seinen Freund Kakiko engagiert, inzwischen frischgebackener Zahnarzt, der nun seine Zeit zwischen Praxis und Musik aufteilte. Mit Kakiko als Partner schrieb er auch seinen ersten Liedtext, einen Frevo* mit dem Titel ›Tragiblefe‹, der zwar im Stück nicht zum Einsatz kam, aber Jahre später von der berühmten Sängerin Nara Leão aufgenommen wurde.

Mit der Einladung und dem Programm erhielten die Journalisten und Kritiker eine in hochgestochener, hermetischer Sprache verfasste Pressemitteilung, die eine Vorstellung von dem Theaterstück vermitteln sollte. »Das Stück ist ein Ab-

---

* Frevo ist eine aus Nordostbrasilien stammende, rasend schnelle Liedform.

bild des aktuellen Augenblicks, der existenziellen Krise der Menschheit, die alle ihre individuellen Charakteristika verliert, zugunsten einer bequemeren, weil das Denken dogmatisierenden Vermassung«, hieß es in dem Text, und weiter, ebenso abgehoben: »*O Apocalipse* ist eine Transzendenz der Gegenwart in dem Versuch, die archaischen aktuellen Begriffe vollständig neu zu bewerten.« Und zum Schluss versprach Paulo die große Revolution der modernen Dramaturgie: die vollkommene Abschaffung von Personen, »so dass die Arbeit des Schauspielers sich auf die zu interpretierende Person beschränkt«.

Die Aufführung begann mit der Projektion von Ausschnitten aus einem Dokumentarfilm über den Mondflug von Apollo 8, dann führte das Ensemble eine Choreographie »indianischer Prägung mit orientalischem Einfluss« vor, wie es im Programm hieß. Schauspieler und Schauspielerinnen traten nacheinander auf und deklamierten Nachdichtungen von Passagen aus *Der gefesselte Prometheus* von Aischylos, *Julius Cäsar* von Shakespeare und aus den Evangelien. Bevor die Schauspieler zum Abschluss das Publikum beschimpften, spielten sie alle sich selbst und stellten traumatische Erlebnisse aus ihrer Kindheit dar.

O Apocalipse sorgte dafür, dass Paulo zum ersten – und wahrlich nicht letzten – Mal mit negativer Kritik konfrontiert wurde. In den Tagen nach der Vorpremiere wurde das Stück in sämtlichen Zeitungen von Rio verrissen. Die Inszenierung, das Bühnenbild und die Kostüme, der Text und die Darstellung: alles wurde von der Kritik gegeißelt und fiel auch beim Publikum durch. Clóvis Levi von der Zeitung *O Dia* warf dem Autor vor, er habe das Stück *Roda Viva* von Chico Buarque, den Film *Os Fuzis* von Ruy Guerra, *Das Leben des Galilei* von

Bertolt Brecht und *Cemitério de Automóveis* von Fernando Arrabal in einem Mixer verquirlt und daraus die im Programm angekündigte »Plastizität einer neuen Ästhetik« gewinnen wollen. Vom gleichen Kaliber war die Kritik, die Jaime Rodrigues vom *Diário de Notícias* abgab: »Es wäre völlig unangebracht, von Engagement oder Darstellung zu sprechen bei diesem totalen Missgriff, diesem bedauerlichen, überflüssigen Stück, das im Teatro Nacional de Comédia auf dem Spielplan steht.«

Die Inszenierung fiel mit einer wichtigen Veränderung in Paulos und Veras Leben zusammen. Veras Ehe war gescheitert, doch da ihr Mann nach wie vor in der gemeinsamen Wohnung lebte, beschloss sie, die Lage zu entspannen und mit ihrem Liebhaber in ein Haus umzuziehen, das zum Symbol für die Gegenkultur im Rio Ende der sechziger Jahre geworden war: in den Solar Santa Terezinha. Der ursprünglich als Nachtquartier für Bettler gegründete Solar war ein riesengroßes rechteckiges Gebäude mit einem Innenhof, um den herum die Zimmer angeordnet waren. Wegen der äußerst günstigen Lage – in der Rua Lauro Muller, auf halbem Weg zwischen Botafogo und Copacabana, neben dem Show-Theater Canecão – quartierte sich dort die junge mittellose Intelligenz von Rio de Janeiro ein. Das Haus sah aus wie eine verkommene Mietskaserne, aber dort zu wohnen war Kult.

Ende Juli 1969 – Paulo und Vera bewohnten im Solar eine Suite, bestehend aus einem Zimmer plus Bad – nahmen sie sich etwas Besonderes vor. Mitte August sollte die brasilianische Fußballnationalmannschaft in Asunción ein Qualifikationsspiel für die Weltmeisterschaft 1970 in Mexiko gegen die Mannschaft von Paraguay bestreiten. Obwohl Paulo sich damals kaum für Fußball interessierte, hatte er an einem Sonntag Vera zu einem Spiel zwischen den Vereinen Flamengo und Fluminense in das ausverkaufte Maracanã-Stadion mitgenommen. Vera fand es so spannend, dass sie zu einem Fußballfan wurde. Und so kam dann auch von ihr der Vorschlag, im Auto nach Paraguay zu fahren und sich das Länderspiel anzusehen. Paulo wusste nicht einmal, dass Brasilien dort spielen sollte, war aber von der Idee begeistert und stürzte sich in die Reiseplanung. Als Erstes stellte er klar, dass sie die zweitausend Kilometer unmöglich allein bewältigen könnten – ein Marathon mit Vera als einziger Fahrerin, weil Paulo noch immer nicht den Mut aufgebracht hatte, den Führerschein zu machen. Also mussten zwei Freunde mit: der Musiker und Zahnarzt Kakiko und Arnold Bruver Júnior, ein neuer Freund vom Theater. Kakiko wurde mit einem Hintergedanken eingeladen, denn er fuhr nicht nur gut, sondern konnte ihnen allen in Asunción im Haus einer paraguayischen Geliebten seines Vaters ein Quartier besorgen. Der dreiunddreißigjährige Bruver war ein bunter Vogel, Sohn eines lettischen Vaters und einer galizischen Mutter, Balletttänzer, Musiker, Schauspieler und Opernsänger und nach einer von den Putschisten 1964 angesetzten militärpolizeilichen Untersuchung wegen angeblicher revolutionärer Umtriebe bei der Marine – wo er es bis zum Korvettenkapitän gebracht hatte – rausgeworfen worden. Erst nachdem er die Einladung angenommen hatte, gestand er, dass er auch nicht Auto fahren konnte. Der nächste Schritt bestand darin, Mestre Tuca, der einmal mit Großmutter Lilisa im Auto nach Foz de Iguaçu an der Grenze zu Paraguay gefahren war, zu bitten, einen Routenplan zusammenzustellen, mit Angaben zu den Orten, wo sie tanken, essen und übernachten konnten.

An dem sonnigen, kühlen Morgen des 14. August, einem Donnerstag, stiegen die vier in Veras weißen Volkswagen. Als das Auto die Uferstraße in Flamengo entlangfuhr, sah Paulo dasselbe Panorama wie vor einem Jahr: dicke weiße ballonförmige Wolken hingen über der Guanabara-Bucht. Und er atmete erleichtert durch, weil ihm bewusst war, dass er sich dieses Mal nicht unterwegs in eine Irrenanstalt, sondern unterwegs in die Freiheit befand. Der von Großvater Tuca sorgfältig in eine Landkarte eingezeichnete Routenplan sah vor, dass sie in einer ersten Etappe bis São Paulo fahren sollten, dann in Richtung Vale do Ribeiro und erst in Registro zum Übernachten anhalten. Die Fahrt verlief ohne Zwischenfälle, Vera und Kakiko wechselten sich alle hundertfünfzig Kilometer am Steuer ab. Es war schon dunkel, als ihr Auto vor dem kleinen Hotel in Registro hielt und die vier erschöpft, aber glücklich ausstiegen – in zwölf Stunden auf der Landstraße hatten sie sechshundert Kilometer zurückgelegt, knapp ein Drittel der Gesamtstrecke. Die Ortsansässigen beäugten jeden Fremden, der sich dort blicken ließ, aus gutem Grund mit Misstrauen. Seit das Departamento de Ordem Política e Social (DOPS), die damalige Politische Polizei in den Bundesstaaten, ein paar Monate zuvor den Kongress des Nationalen Studentenbundes UNE in dem hundert Kilometer entfernten Ibiúna aufgelöst hatte, erschienen in den Kleinstädten des Vale do Ribeira, der ärmsten Region des Bundesstaates São Paulo, immer wieder Fremde, bei denen die Einheimischen nicht erkennen konnten, ob sie von der Polizei waren oder weiß der Himmel woher. Doch die vier waren so kaputt, dass sie niemandem Gelegenheit gaben, neugierig zu werden – sie kamen an und gingen direkt ins Bett.

Am Freitag standen sie früh auf, denn die vor ihnen liegende Strecke war die längste der ganzen Fahrt. Wenn alles gutginge, würden sie zum Abendessen in Cascavel eintreffen, einer Stadt im Westen des Bundesstaates Paraná, siebenhundertfünfzig Kilometer von Registro entfernt. Aber es ging nicht alles gut. Der dichte Lastwagenverkehr zwang sie immer wieder, auf den richtigen Moment zum sicheren Überholen zu warten. Mit dem Ergebnis, dass sie sich abends um zehn mit knurrendem Magen noch zweihundert Kilometer vor Cascavel befanden. In diesem Moment fuhr Vera rechts ran und bat Kakiko nachzusehen, ob mit den Reifen alles in Ordnung sei, denn sie hätte das Gefühl, dass der Wagen zu einer Seite zog.

Da alles in Ordnung war, kamen sie zu dem Schluss, dass die Fahrbahn vom dichten Nebel rutschig war. Kakiko schlug vor, Vera solle sich nach hinten setzen und ausruhen, während er bis Cascavel das Steuer übernehme. Nach einer weiteren Stunde hielt er an einer Tankstelle. Da sie sämtliche gemeinsamen Ausgaben immer sofort umlegten, merkte Vera, als sie nach ihrem Portemonnaie greifen wollte, dass sie ihre Tasche mit dem Geld und allen Papieren, darunter ihr Führerschein und die Autopapiere, verloren hatte. Die Tasche konnte nur in dem Augenblick hinausgefallen sein, als sie das Steuer an Kakiko abgegeben hatte. Sie mussten also die hundert Kilometer zu der Stelle zurückfahren, wo sie angehalten hatten, und nach der Tasche suchen. Drei Stunden waren sie hin und zurück unterwegs, ohne Erfolg. Vergeblich suchten sie im Scheinwerferlicht nach der Tasche, und in den Kneipen und Tankstellen wusste auch niemand etwas. Fest davon überzeugt, dass dies ein böses Vorzeichen sei, schlug Paulo vor, umzukehren und nach Rio zurückzufahren, doch seine drei Begleiter waren dagegen. Sie setzten die Fahrt fort und erreichten Cascavel am Samstag im Morgengrauen, genau in dem Moment, als das Auto die erste Panne hatte: Die Kupplung gab den Geist auf, sie konnten nicht weiterfahren.

Wegen des Fußballspiels am nächsten Tag war fast alles in Cascavel geschlossen, auch die Autowerkstätten. Daraufhin beschlossen die vier Freunde, den letzten Streckenabschnitt nach Asunción mit dem Bus zurückzulegen. Sie kauften Fahrkarten nach Foz do Iguaçu, und da Vera keine Papiere hatte, mischten sie sich unter die Horden Touristen und Fußballfans und passierten mit ihnen die Brücke, die Brasilien von Paraguay trennt. Auf paraguayischem Gebiet stiegen sie wieder in einen Bus bis zur Hauptstadt. Gleich nachdem sie sich bei der Geliebten von Kakikos Vater einquartiert hatten, erfuhren sie, dass das Spiel seit Tagen ausverkauft war, aber das machte ihnen nichts aus. Das Wochenende verbrachten sie mit einem Besuch bei Guarani-Indianern in einem Vorort und langweiligen Bootsfahrten auf dem Rio Paraguay. Am Montagmorgen kümmerten sie sich in Cascavel um die Autoreparatur. Da Veras Tasche verschwunden war, mussten sie auf der Rückfahrt doppelt vorsichtig sein, ohne die Wagenpapiere durften sie sich keinen Verkehrsverstoß erlauben, und ohne Veras Geld konnten die Ausgaben nur durch drei geteilt werden, was bedeutete, weniger zu essen und in billigeren Häusern zu übernachten. Sie folgten der vom Großvater vorgeschlagenen Route und beschlossen, nach Curitiba zu fahren, dort zu übernachten und zu versuchen, neue Wagenpapiere und einen Ersatzführerschein für Vera zu bekommen.

Gegen zehn Uhr abends zwang sie der Hunger anzuhalten, bevor sie die Hauptstadt von Paraná erreicht hatten. Als sie den

Wagen auf dem Parkplatz eines Grillrestaurants an der Ortseinfahrt von Ponta Grossa abstellten, hatten sie rund vierhundert Kilometer zurückgelegt. Um zu sparen, verfuhren sie so wie immer, seit Vera ihre Tasche verloren hatte: Paulo und sie setzten sich allein an den Tisch und bestellten für zwei. Wenn das Essen serviert war, kamen Kakiko und Arnold dazu und teilten sich das Essen mit ihnen. Als sie sich zur Weiterfahrt bereit machten, betraten mit Maschinenpistolen bewaffnete Soldaten der Kasernierten Polizei das Restaurant. Derjenige, der offenbar das Sagen hatte, kam zu ihnen an den Tisch:

»Der weiße Käfer mit dem Nummernschild von Guanabara da draußen auf dem Parkplatz, gehört der Ihnen?«

Als Einziger, der einen Führerschein vorweisen konnte, fühlte Kakiko sich verpflichtet zu antworten:

»Ja, der gehört uns.«

Als der Soldat die Wagenpapiere sehen wollte, erklärte Kakiko unter den entsetzten Blicken seiner Freunde in allen Einzelheiten, dass Vera ihre Tasche mit allen Papieren verloren hatte und dass sie in Curitiba übernachten und sich dort um Zweitschriften der verlorenen Papiere bemühen wollten. Der Soldat hörte sich das alles ungläubig an und sagte:

»Das können Sie dann dem Kommissar erklären. Kommen Sie mit.«

Auf der Wache saßen sie eine ganze Nacht in eisiger Kälte auf einer Holzbank, bis morgens um sechs der Kommissar, in Ponchos und Schals gehüllt, ihnen persönlich mitteilte:

»Ihnen wird Terrorismus und ein Banküberfall vorgeworfen. Und dafür bin nicht mehr ich zuständig, das ist jetzt Sache des Militärs.«

Die politische Situation hatte sich in den letzten Monaten

deutlich verschärft. Seit Erlass des AI-5 im Dezember 1968 waren mehr als zweihundert Universitätsprofessoren und Wissenschaftler zwangspensioniert, verhaftet oder ins Exil getrieben worden, unter ihnen international so renommierte Persönlichkeiten wie der Soziologe und spätere Staatspräsident Fernando Henrique Cardoso, der Historiker Caio Prado Jr. und der Physiker Mário Schemberg. 110 Parlamentsabgeordneten und vier Senatoren wurde ihr Mandat entzogen, und in den Bundesstaaten und Gemeinden waren rund fünfhundert Personen unter dem Vorwurf der Subversivität aus der öffentlichen Verwaltung entfernt worden. Mit der Absetzung von drei Richtern des Supremo Tribunal Federal hatte die Gewalt das höchste Gericht des Landes erreicht. Im Januar war der Hauptmann Carlos Lamarca aus einer Kaserne in Quitaúna, einem Viertel der Stadt Osasco im Bundesstaat São Paulo, mit einem Fahrzeug mit 63 Automatikgewehren, drei halbautomatischen Maschinenpistolen und viel Munition desertiert und zur Stadtguerilla übergelaufen. In São Paulo hatte der Gouverneur Abreu Sodré die Operação Bandeirantes (Oban) gegründet, eine aus Polizisten und Angehörigen der drei Waffengattungen bestehende Organisation zur Unterdrückung der Opposition, die für den ersten Namen in einer ganzen Reihe von 139 politischen Gefangenen sorgte, die unter der Diktatur »verschwanden«: Virgílio Gomes da Silva, »Jonas« genannt.

Zwei Tage bevor Paulo und seine Freunde festgenommen wurden, hatten vier mit Maschinenpistolen bewaffnete Guerilleros – drei Männer und eine blonde Frau –, die einen weißen Volkswagen mit Kennzeichen aus Guanabara fuhren, in Jandaia do Sul, hundert Kilometer nördlich von Ponta Grossa, eine Bank und einen Supermarkt überfallen. Das konnten nur die vier sein. Vor Angst und Kälte zitternd, wurden sie in einem olivgrünen Gefangenentransporter, bewacht von schwerbewaffneten Soldaten, zur Kaserne des 13. Panzerinfanteriebataillons im Stadtteil Uvaranas auf der anderen Seite der Stadt gebracht. Dank seiner Manie, in allem Zeichen zu sehen, hätte Paulo Hoffnung schöpfen können, diese Verwechslung unbeschadet zu überstehen. Denn über dem imposanten Eingangstor der Kaserne stand »Bataillon Tristão de Alencar Araripe«, so benannt zu Ehren des illustren Ratsherrn des Kaiserreichs, der Mestre Tucas Urgroßvater und folglich Paulos Urururgroßvater war. In verknautschter Kleidung, ungewaschen und halb tot vor Kälte stiegen die vier in einem großen Innenhof aus, wo Hunderte von Rekruten aufmarschiert waren. Um ihnen noch mehr Angst zu machen, schlugen sich einige Soldaten mit der flachen rechten Hand auf die zur Muschel geformte linke, eine obszöne Geste, die jeder Brasilianer versteht: Sie waren verloren.

Sie wurden in Einzelzellen gesteckt, mussten sich ausziehen und eine Leibesvisitation über sich ergehen lassen, dann begannen die Verhöre. Als Erster wurde Kakiko aufgerufen und in eine Zelle geführt, in der es lediglich einen Tisch und zwei Stühle gab. Auf einem saß ein großer, kräftiger braunhäutiger Mann in Stiefeln und Kampfanzug, auf der Brust eingestickt seine Identifikation: *Maj. Índio.* Major Índio do Brasil Lemes, damals 39 Jahre alt, Abkömmling von Charrua-Indianern und in Alegrete im Bundesstaat Rio Grande do Sul geboren, sollte in die brasilianische Geschichte nicht deshalb eingehen, weil er ein Enkel des bekannten General Honório Lemes war, auch nicht wegen der Tragödie, dass er als Fünfzehnjähriger hatte mit ansehen müssen, wie sein Vater, der Staatsbeamte Gaspar

Lemes, ermordet wurde. Vielmehr tauchte nach dem Ende der Diktatur sein Name dreimal in den Listen der »direkt an Folterungen Beteiligten« des von der Erzdiözese São Paulo koordinierten Projekts Brasil Nunca Mais (dt.: Brasilien Nie Wieder) auf.

Major Índio forderte Kakiko auf, sich ihm gegenüberzusetzen. Er hob seine Hand, wobei er Zeige- und Ringfinger gestreckt hielt, und bewegte sie wie einen Spachtel wenige Millimeter vor Kakikos Nase. Und dann setzte er zu der kleinen Rede an, die der Musiker-Zahnarzt sein Leben lang Wort für Wort im Gedächtnis behalten sollte:

»Bislang hat euch noch keiner angefasst, aber hör genau zu, was ich dir sage. Wenn nur eine Information von dir falsch ist – und eine einzige genügt –, dann bohre ich dir diese beiden Finger in dein linkes Auge, reiße dir den Augapfel raus und esse ihn auf. Dein rechtes Auge bleibt dir erhalten, damit es zusehen kann. Haben wir uns verstanden?«

Bei dem bewaffneten Überfall auf die Kassierer eines Supermarktes in Jandaia do Sul hatte es zunächst keine Opfer gegeben. Doch bei dem Versuch, die Geldkoffer an sich zu reißen, die zu der Filiale der Banco de Crédito Real de Minas Gerais in Jandaia do Sul transportiert wurden, hatte die Bande den Geschäftsführer José Santamaria Filho erschossen. Die Ähnlichkeit der vier Touristen mit den Guerilleros rechtfertigte nach Ansicht der Militärs ihren Verdacht. Zwar hatten die Täter sich Nylonstrümpfe über das Gesicht gezogen, doch bestand kein Zweifel daran, dass es drei weiße Männer waren, einer davon so langhaarig wie Paulo, und eine blonde Frau wie Vera und dass sie wie die vier in einem weißen Volkswagen mit einem Kennzeichen aus Guanabara unterwegs waren.

Auch die Karte, die Paulo bei sich hatte, war für die Militärs viel zu genau und professionell, als dass er von einem besorgten Großvater für seinen Hippieenkel angefertigt worden sein konnte. Und außerdem hätte die ausgewählte Strecke verfänglicher nicht sein können – Informationen des militärischen Geheimdienstes zufolge konnte die Gruppe um Hauptmann Carlos Lamarca dabei sein, eine Guerillazelle im Vale do Ribeira zu gründen, und genau dieses Tal entlang waren sie nach Asunción gefahren. Ein Dossier mit dem Steckbrief der vier und Informationen über den Wagen war an die Sicherheitsorgane in Brasília, Rio und São Paulo geschickt worden.

Abgesehen von der ungesetzlichen Festnahme und den immer beängstigenderen Einschüchterungen hatte bislang keiner von ihnen körperliche Gewalt erlitten. Major Índio hatte auch den anderen gegenüber seine Drohung wiederholt: »Noch hat niemand euch angefasst. Wir geben euch zu essen und Decken zum Wärmen, weil wir davon ausgehen, dass ihr unschuldig seid. Doch denkt daran: Wenn auch nur eine Silbe eurer Aussagen gelogen ist, löse ich mein Versprechen ein. Ich habe schon anderen Terroristen ein Auge ausgerissen und werde dies auch bei euch tun, kein Problem.«

Die Lage wurde richtig ernst, als am späten Dienstagvormittag Angestellte des Supermarktes zur Identifizierung der Verdächtigen in die Kaserne geholt wurden. Paulo und Vera wurden durch das kleine Guckfenster in der Zellentür beobachtet, ohne dass sie es merkten. Bei Arnold und Kakiko wurden die Zellentüren kurz geöffnet, damit die Supermarktangestellten – genauso erschrocken wie die Gefangenen – einen kurzen Blick hineinwerfen konnten. Obwohl die Täter beim Überfall ihre Gesichter nicht gezeigt hatten und die Zeugen die

Gefangenen in den unbeleuchteten Zellen kaum hatten sehen können, waren sie sich einig: Das waren die Täter. Die Verhöre wurden verschärft und sie wurden bedrohlicher, dieselben Fragen wurden ihnen vier-, fünf-, sechs-, zehnmal gestellt. Vera und Arnold mussten allen – inzwischen lösten sich Zivilisten und Militärs beim Verhör in den Zellen ab – erklären, was eine Jugoslawin und ein wegen revolutionärer Umtriebe rausgeworfener Marineoffizier in dieser Gegend machten. Auch Paulo musste unzählige Male dieselben Fragen beantworten: Wenn sie so weit gefahren waren, warum hatten sie dann nicht das Spiel gesehen, sondern waren nach Brasilien zurückgekehrt? Wie hatte Vera es geschafft, die Grenze zu Paraguay in beide Richtungen ohne Papiere zu passieren? Warum enthielt der Routenplan so viele verschiedene Vorschläge zum Tanken und Übernachten? Bei einer der seltenen Gelegenheiten, als sie sich allein in derselben Zelle befanden, beschwerte Paulo sich bei Arnold, das Ganze sei ein kafkaesker Alptraum: Selbst sein harmloses Aerosol, das seine Asthmaanfälle linderte, musste er mehrfach in allen Einzelheiten erklären.

Der Alptraum zog sich fünf Tage hin. Am Samstagmorgen betraten bewaffnete Soldaten die Zellen und wiesen die Gefangenen an, ihre Sachen zu packen, weil sie »verlegt« würden. Erneut auf der Ladefläche des olivgrünen Gefangenentransporters zusammengepfercht, waren sie fest davon überzeugt, dass sie nun exekutiert würden. Doch zu ihrem Erstaunen hielt der Wagen ein paar Minuten später vor einem Bungalow inmitten sorgfältig beschnittener Rosen. Oben auf der Eingangstreppe erwartete sie lächelnd ein graumelierter Militär mit einem Blumenstrauß in der Hand. Es war Coronel Ivan Lobo Mazza, 49 Jahre alt, Kommandant des Panzerinfanteriebatail-

lons und Held des Brasilianischen Expeditionskorps, das im
Zweiten Weltkrieg in Italien gekämpft hatte. Mazza erklärte
den verblüfften jungen Leuten, alles habe sich aufgeklärt, sie
seien tatsächlich unschuldig. Mit der Bitte um Entschuldigung
wurden die vom Coronel persönlich geschnittenen Rosen Vera
überreicht. Der Offizier erklärte ihnen die Gründe für ihre
Festnahme – der sich ausweitende bewaffnete Kampf, ihre
Ähnlichkeit mit den Räubern von Jandaia do Sul, ihre Fahrt
durch Vale do Ribeira – und fragte jeden einzeln ausdrücklich,
ob sie physische Gewalt erlitten hätten. In Anbetracht ihres
ungepflegten Aussehens – immerhin hatten sie sich sieben Tage
lang nicht waschen können – bot er ihnen an, das Badezimmer
zu benutzen, und anschließend ließ er ihnen Häppchen und
Whisky servieren. Die Kupplung ihres Autos war in der Werkstatt der Kaserne repariert worden, und damit sie unbehelligt
nach Rio zurückkehren konnten, erhielten sie einen von Co-
lonel Mazza persönlich unterzeichneten Geleitbrief. Die Reise
war zu Ende.

II
Die Marihuana-Jahre

>*»Die Droge ist für mich das, was für*
>*die Kommunisten und Guerilleros die*
>*Maschinenpistole ist.«*

Zu Beginn der 70er Jahre entdeckte Paulo für sich einen neuen Treibstoff: Marihuana. Später kamen noch andere Drogen dazu. Nachdem Vera und er das Gras gemeinsam ausprobiert hatten – für sie beide war es das erste Mal –, wurden sie zu regelmäßigen Konsumenten. Als Neulinge mit der Wirkung wenig vertraut, schlossen sie vor dem Rauchen sämtliche Messer und scharfen Gegenstände in einer Schublade weg, »um jedem Risiko vorzubeugen«, wie Vera sagte. Sie rauchten jeden Tag und unter jedem Vorwand: abends, um den roten Sonnenuntergang über Leblon besser zu genießen, spätabends, um die aufregende Situation zu meistern, wenn sie sich auf dem Stadtflughafen Santos Dumont ans Ende der Rollbahn legten und die Flugzeuge nur wenige Meter entfernt mit ohrenbetäubendem Donnern landeten oder starteten. Und wenn sie keinen besonderen Grund hatten, rauchten sie, um die Langeweile zu vertreiben. Paulo sollte sich später erinnern, dass er manchmal tagelang unter dem Einfluss von Marihuana stand.

Inzwischen endgültig der väterlichen Kontrolle entzogen, hatte sich Paulo zu einem echten Hippie entwickelt, der sich nicht nur wie ein Hippie kleidete und aufführte, sondern auch so dachte. Er wandte sich vom Kommunismus ab, ohne je Kommunist gewesen zu sein, nachdem ein militantes Mitglied der kommunistischen Partei Brasiliens ihn öffentlich gemaßregelt hatte, weil er gesagt hatte, der Film *Die Regenschirme von Cherbourg* mit Catherine Deneuve sei wunderbar. Genauso flott, wie er vom Christentum der Jesuiten zum Marxismus übergetreten war, verstand er sich jetzt als Adept des weltweiten Hippieaufstands. »Dies wird die letzte Revolution der Menschheit sein«, schrieb er in sein Tagebuch. »Der Kommunismus ist passé, es entsteht eine neue Brüderlichkeit, der Mystizismus durchdringt die Kunst, die Droge wird zum wesentlichen Nahrungsmittel. Als Christus den Wein weihte, weihte er die Droge. Die Droge ist ein Wein aus edlerer Rebe.«

Nach ein paar Monaten im Solar da Fossa mieteten Vera und er zusammen mit einem Freund eine Wohnung mit zwei Schlafzimmern in Santa Teresa, einem Künstlerviertel auf einem Hügel oberhalb von Lapa mitten in der Stadt, in dem sich eine romantische Straßenbahn quietschend die steilen Straßen hinaufquälte.

Wenn Marihuana, wie manche Fachleute sagen, den Konsumenten im Allgemeinen für längere Zeit in Lethargie und Mattigkeit versetzt, so hatte die Droge bei Paulo offenbar die gegenteilige Wirkung. Von plötzlicher Hyperaktivität gepackt, schrieb Paulo eine Bühnenfassung von *Krieg der Welten* von H. G. Wells und inszenierte das Stück. Er nahm an Workshops mit dem Dramaturgen Amir Haddad teil, bewarb sich mit Texten am Concurso de Contos do Paraná und dem (später eingestellten) Prêmio Esso de Literatura. Und er fand noch die Zeit, drei Theaterstücke zu schreiben, *Os Caminhos do Misti-*

cismo über den wundertätigen Padre Cícero Romão Batista aus dem Nordosten, *A Revolta da Chibata: História à Beira de um Cais* über den Matrosenaufstand in Rio de Janeiro im Jahre 1910 und *Os Limites da Resistência,* eine Textcollage. Diesen Text schickte er mit einem Antrag auf Veröffentlichung an das Instituto Nacional do Livro, doch scheiterte er bereits an der ersten Hürde, der Lektürekommission. Sein Werk landete bei dem Kritiker und Romancier Otávio de Faria, der zwar punktuelle Qualitäten vermerkte, doch das Original mit einem vielsagenden Gutachten direkt ins Archiv schickte:

Offen gestanden macht mich *Os Limites da Resistência* ratlos, ein Buch, das ich auch nach der Lektüre keinem literarischen Genre zuordnen kann, das auf dem Umschlag lediglich den Hinweis trägt: Os Limites da Resistência – bestehend aus »11 Diferenças Fundamentais« (dt.: 11 wesentlichen Unterschieden), mit einem Motto von Henry Miller und dem Anspruch, in Sachen »Wahrnehmung« des Lebens alles zu sein. Phantastereien, surrealistische Konstruktionen, Aussagen über psychedelische Erfahrungen, Spielereien aller erdenklichen Art. Insgesamt ein Konglomerat von »wesentlichen Unterschieden«, fraglos intelligent und gut geschrieben, das sich meiner Ansicht nach aber nicht in das Schema der von uns beurteilten Texte fügt. Um Werke dieser Art kümmern sich »fortschrittliche« Verlage, in der Hoffnung, ein »Genie« zu entdecken, nicht aber das Instituto Nacional do Livro, ganz gleich, wie die Zukunft des Herrn Paulo Coelho de Souza aussehen mag.

Es blieb Paulo immerhin der Trost, dass er sich in bester Gesellschaft befand. Dieselbe Lektürekommission hatte mindestens zwei Werke von Autoren abgelehnt, die zu modernen Klassikern der brasilianischen Literatur werden sollten: *Sargento Getúlio*, mit dem der Schriftsteller João Ubaldo Ribeiro in Brasilien und den USA bekannt wurde, und *Objeto Gritante* von Clarice Lispector, das später unter dem Titel *Água Viva* erschien. Zwar war Paulo zuversichtlich, dass sein Stück über Padre Cícero glänzende Aussichten hatte, tatsächlich aber hatte nur *A Revolta da Chibata* einen gewissen Erfolg. Paulo hatte das minuziös recherchierte Stück über den von dem schwarzen Matrosen João Cândido angeführten Aufstand für den angesehenen Wettbewerb Concurso Teatro Opinião eingereicht, allerdings ohne große Hoffnung auf eine Platzierung. Der ausgelobte Preis für den Sieger war mehr wert als Geld: eine Inszenierung des Stücks durch das Ensemble des Teatro Opinião, die erfolgreichste Avantgardetruppe des Landes. Als Vera ihm am Telefon mitteilte, *A Revolta* habe den zweiten Platz errungen, reagierte Paulo bar jeder Bescheidenheit schlecht gelaunt:

»Nur den zweiten Platz? So eine Scheiße! Bald hängt mir der Makel an, dass ich immer nur den zweiten Platz schaffe.«

Auf den ersten Platz war die Krimikomödie *Os Dentes do Tigre* der Debütantin Maria Helena Kühner aus Minas Gerais gekommen. Wenn es Paulo aber wirklich darum ging, berühmt zu werden, brauchte er sich nicht zu beklagen. *A Revolta da Chibata* wurde nicht nur in sämtlichen Zeitungen erwähnt und von so bekannten Kritikern wie João das Neves und José Arrabal gelobt, als zweitplatziertes Stück wurde es auch in den beliebten Ciclo de Leituras des Teatro Opinião aufgenommen, der jede Woche öffentliche Lesungen veranstaltete. Zwar hatte Paulo den zweiten Platz verächtlich zur Kenntnis genommen, doch in den Tagen vor der szenischen Lesung packte ihn große Unruhe. Die ganze Woche davor konnte er an nichts anderes denken und war dann mächtig stolz, dass eine so bekannte Schauspielerin wie Maria Pompeu einen von ihm verfassten Text vor ausverkauftem Haus las.

Der Kontakt mit dem Teatro Opinião verhalf ihm zu der näheren Bekanntschaft mit einem internationalen Mythos der Gegenkultur, der amerikanischen Theatertruppe The Living Theatre, die sich gerade auf Brasilien-Tournee befand. Die 1947 von dem Ehepaar Julian Beck und Judith Malina – die dem breiten Publikum erst viel später als die makabre Großmutter in dem Film *The Addams Family* bekannt wurde – gegründete Truppe reiste durch die Welt und verkündete die ästhetische Revolution, die das engagierte Theater und Kino der 60er und 70er Jahre stark beeinflusste. Ein Jahr zuvor war der Rocksänger Jim Morrison in Miami verhaftet worden, weil er während eines Auftritts vor zehntausend Zuschauern seinen Penis gezeigt hatte. Auf der Polizeiwache erklärte er, dieser Exhibitionismus sei eine dramaturgische Technik, die er in einem Kurs am Living Theatre gelernt habe. Als es Paulo gelang, Karten für eine Vorstellung der amerikanischen Truppe zu ergattern, wurde er so aufgeregt, dass er »Angst bekam, als hätte er gerade eine große Entscheidung getroffen«. Da er fürchtete, er könnte in der Pause oder nach der Aufführung aufgefordert werden, sich zu diesem oder jenem zu äußern, las er vor dem Theaterbesuch Nietzsche, damit er »etwas parat hatte«. Zum Schluss waren Vera und er so tief beeindruckt, dass sie sich erfolgreich um eine Einladung in das Haus bemühten, in dem die ganze Truppe – auch Beck und Malina – untergebracht war, und von wo aus sie die Favela Vidigal besichtigen fuhren. Den Tagebuchnotizen nach zu urteilen, verlief die Begegnung aber wohl nicht so erfreulich: »Privater Kontakt mit dem Living Theatre. Wir waren bei Julian Beck und Judith Malina, aber niemand hat sich um uns gekümmert. Ein bitteres Gefühl der Demütigung. Wir waren mit ihnen in der Favela. Für mich das erste Mal, dass ich eine Favela besucht habe. Eine andere Welt.«

Obwohl sie am nächsten Tag mit der Truppe zu Mittag aßen und bei den Proben zusehen durften, verhielten sich die Nordamerikaner unverändert gleichgültig. »Julian Beck und Judith Malina sind uns gegenüber nach wie vor eiskalt«, schrieb er. »Aber ich mache ihnen keinen Vorwurf. Ich weiß, dass es sehr schwierig gewesen sein muss, so weit zu kommen.« Ein paar Monate später hörte Paulo in einem Taxi im Radio, dass die ganze Truppe in Ouro Preto im Bundesstaat Minas Gerais verhaftet worden war, weil man ihnen den Besitz und Konsum von Marihuana zur Last legte. Julian Beck und seine Frau hatten in der historischen Stadt eine Villa gemietet und veranstalteten dort einen Workshop mit dramaturgischen Experimenten, an dem Schauspieler aus diversen Bundesstaaten teilnahmen. Am 1. Juli 1971, ein paar Wochen nach ihrem Einzug, umstellte die Polizei das Haus, verhaftete alle achtzehn Mitglieder der Truppe und brachte sie in die Zellen der Politischen Polizei DOPS in Belo Horizonte.

Trotz der Proteste von Prominenten aus der ganzen Welt – Jean-Paul Sartre, Michel Foucault, Pier Paolo Pasolini, Jean-Luc Godard, Umberto Eco u. a. – beließ die Militärregierung die Truppe sechzig Tage in Haft und verwies anschließend alle ausländischen Mitglieder unter der Anschuldigung »Drogenhandel und revolutionäre Umtriebe« des Landes.

Ein paar Monate nachdem Paulo und Vera mit Marihuana Bekanntschaft gemacht hatten, erhielten sie von einem Freund, dem bildenden Künstler Jorge Mourão, einen kleinen Riegel, so groß wie eine Kaugummipackung, der aussah, als bestünde er aus einem sehr dunklen, fast schwarzen Wachs. Es war Haschisch. Obwohl Haschisch aus derselben Pflanze wie Marihuana gewonnen wird, ist es stärker und wird von jeher mehr in Europa und Nordafrika konsumiert als in Südamerika, weshalb es damals unter den brasilianischen Drogenkonsumenten als Neuigkeit galt.

So obsessiv, wie Paulo immer alles plante und organisierte, beschloss er, aus dem Rauchen eines einfachen Joints einen feierlichen wissenschaftlichen Versuch zu machen. Kaum hatte er den ersten Zug getan, sprach er alles, was er empfand, in ein Diktiergerät, und notierte die Zeit. Das Endergebnis wurde getippt und in das Tagebuch geklebt:

Kurze Notizen über die Erfahrung mit Haschisch
Für Edgar Allan Poe

Um zwanzig Minuten vor elf Uhr abends fangen wir in meinem Zimmer an zu rauchen. Anwesend Vera, Mourão und ich. Das Haschisch wird im Verhältnis von ungefähr eins zu sieben mit normalem Tabak gemischt und in eine spezielle silberne Pfeife gefüllt. Die Pfeife sorgt dafür, dass der Rauch durch das kalte Wasser geleitet und so perfekt gefiltert wird. Drei Züge für jeden sind ausreichend. Aber Vera nimmt nicht an dem Experiment teil, weil sie für die Aufnahme und die Fotos zuständig ist. Mourão, alter Drogenveteran, gibt die Richtung vor.

3 Minuten – Gefühl von Euphorie und Leichtigkeit. Ungehemmte Fröhlichkeit. Ziemlich heftige innere Erregung. Ich bewege mich vor und zurück, wie volltrunken.

6 Minuten – Schwere Lider. Schwindelgefühl und Schläfrigkeit. Der Kopf fühlt sich übergroß an, die Bilder sind leicht kreisförmig verzerrt. In dieser Phase des Versuchs melden sich bestimmte Hemmungen (moralischer Art). Anmerkung: Die Wirkung kann durch übergroße Nervosität beeinflusst sein.

10 Minuten – Enorme Schläfrigkeit. Die Nerven sind völlig entspannt, ich lege mich auf den Fußboden. Ich fange an zu schwitzen, mehr aus Angst als vor Hitze. Völlig antriebslos – wenn im Haus ein Feuer ausbrechen würde, dann möchte ich lieber sterben als aufstehen müssen.

20 Minuten – Ich bin bei Bewusstsein, habe aber jede akustische Orientierung verloren. Ein angenehmer Zustand, der zu völliger Sorglosigkeit führt.

28 Minuten – Das Gefühl, dass Zeit relativ ist, ist sehr beeindruckend. So muss es gewesen sein, als Einstein das entdeckt hat.

30 Minuten – Ich habe das Gefühl, ich werde das Bewusstsein verlieren. Ich versuche zu schreiben, merke aber nicht, dass es nur ein Versuch, ein Test ist. Ich fange an zu tanzen, tanze wie von Sinnen, die Musik kommt von einem anderen Stern und besitzt eine unbekannte Dimension.

33 Minuten – Die Zeit vergeht übertrieben langsam. Ich wage nicht, LSD auszuprobieren ...

45 Minuten – Die Angst, aus dem Fenster zu fliegen, ist so groß, dass ich mein Bett verlasse und mich am Ende des Zimmers, weit weg von der Straße draußen, auf den Fußboden lege. Mein Körper verlangt nicht nach Bequemlichkeit. Ich kann auf dem Fußboden liegen, ohne mich zu bewegen.

1 Stunde – Ich sehe auf die Uhr und verstehe nicht, warum ich das alles aufnehmen will. Für mich ist das nur eine Ewigkeit, aus der ich nie wieder herausfinden werde.

1 Stunde 15 Minuten – Auf einmal das enorme Bedürfnis, aus der Trance herauszukommen. Mitten im Winter überkommt mich plötzlich Mut, und ich bin bereit, kalt zu duschen. Ich spüre das Wasser nicht. Ich bin nackt. Aber es gelingt mir nicht, aus der Trance herauszukommen. Die Vorstellung, dass es womöglich für immer so bleibt, versetzt mich in Panik. Bücher über Schizophrenie, die ich gelesen habe, marschieren durchs Badezimmer. Ich will raus. Ich will raus!

1 Stunde 30 Minuten – Ich bin steif, liege und schwitze vor Angst.

2 Stunden – Der Übergang von der Trance zum normalen Zustand vollzieht sich unmerklich. Es tritt keine Übelkeit, Müdigkeit oder Erschöpfung auf, nur ungeheuer großer Hunger. Ich gehe in ein Restaurant an der Ecke. Ganz langsam. Setze einen Fuß vor den anderen.

Nicht damit zufrieden, Haschisch zu rauchen und seine Wirkung zu notieren, wagte Paulo etwas, was ihm vor nicht langer Zeit auf Veranlassung seines Vaters eine Serie Elektroschocks in der Klinik eingebracht hätte. Er kopierte seine »Kurzen

Notizen ...« und gab sie seinen Eltern, die natürlich der Schlag traf. Von seinem Standpunkt aus war dies nicht einmal eine reine Provokation. Zwar hatte er in seinem Tagebuch festgehalten, er habe »eine neue Welt entdeckt« und »Drogen sind das Beste, was es gibt«, aber er betrachtete sich nicht als gewöhnlichen Kiffer, sondern als einen »aktiven Ideologen der Hippie-Bewegung«, der überall rumposaunte: »Die Droge ist für mich das, was für die Kommunisten und Guerilleros die Maschinenpistole ist.«

Abgesehen von Marihuana und Haschisch konsumierten Paulo und Vera nun auch häufig synthetische Drogen. Seit seinem ersten Klinikaufenthalt nahm Paulo auf ärztliche Anordnung Valium zur Behandlung seiner Unruhezustände. Ohne sich darüber Gedanken zu machen, welchen Schaden diese Cocktails bei ihren Neuronen anrichten konnten, stopften sie sich mit Drogen wie Artane, Dexamil, Mandrix und Pervitin voll. Das in einigen dieser Medikamente enthaltene Amphetamin beeinflusste das zentrale Nervensystem, beschleunigte den Herzrhythmus und steigerte den Blutdruck, was ein angenehmes Gefühl von Muskelentspannung auslöste mit anschließender Euphorie, die bis zu vierzehn Stunden anhalten konnte. Wenn der Organismus ermüdete, nahmen sie ein Schlafmittel wie Mandrix und kippten um. Medikamente gegen Epilepsie oder zur Behandlung von Parkinson ermöglichten endlose »Trips«, die sich über Tage und Nächte hinzogen. An einem Wochenende in Kakikos Haus auf dem Land bei Friburgo, hundert Kilometer außerhalb von Rio, führte Paulo einen Selbsttest durch, um herauszubekommen, wie lange er im Drogenrausch bleiben konnte, ohne zwischendurch zu schlafen. Er war überglücklich, als er es schaffte, mehr als 24 Stunden ohne

Schlaf »zugedröhnt« zu bleiben. »Ernährung ist etwas ziemlich Subjektives geworden«, schrieb er in sein Tagebuch. »Man weiß nicht, wann man zuletzt etwas gegessen hat, und trotzdem hat uns das Essen überhaupt nicht gefehlt.«

Mit der Welt der Normalen, also derer, die keine Drogen nahmen, verband ihn nichts mehr, nur noch die fixe Idee, Schriftsteller zu werden. Er wollte sich bei Onkel José in Araruama verkriechen und nur schreiben. »Schreiben, viel schreiben, alles schreiben«, so lautete sein nächster Plan. Vera war einverstanden und spornte ihn an, schlug aber vor, ehe er sich dorthin zurückzog, sollten sie eine Vergnügungsreise unternehmen. Im April 1970 beschlossen sie, ein Mekka der Hippiebewegung zu besuchen: Machu Picchu, die heilige Stadt der Inkas in den peruanischen Anden auf knapp 2400 Meter Höhe. Paulo, noch ganz traumatisiert von der Reise nach Paraguay, fürchtete, es könnte ihm erneut etwas zustoßen, wenn er ins Ausland reiste. Erst nach genauester Planung und wochenlangem Studium von Landkarten und Touristenplänen ging es endlich los. Wie die beiden von Peter Fonda und Dennis Hopper gespielten Biker im Hippie-Kultfilm *Easy Rider* von 1969 fuhren sie einfach los, ohne festes Datum für die Rückkehr. Am 1. Mai starteten sie in einem Flugzeug der Lloyd Aéreo Boliviano in Richtung La Paz zu einem Abenteuer voller neuer Erfahrungen – die erste machten sie gleich bei der Ankunft auf dem Flughafen El Alto der bolivianischen Hauptstadt: Schnee. Paulo war so begeistert von der makellos weißen Schicht, die über allem lag, dass er nicht widerstehen konnte, er warf sich auf den Boden und aß Schnee. Dies war der Beginn eines Monats kompletten Müßiggangs. Vera, der die dünne Luft in dem fast viertausend Meter hoch gelegenen La Paz zu schaffen

machte, blieb im Hotel und verbrachte den Tag im Bett. Paulo
dagegen zog los, erkundete die Stadt und erschrak über den
Großaufmarsch bei den Arbeiterkundgebungen zum Tag der
Arbeit.

Politische Prognosen waren eigentlich nicht seine Stärke,
doch dieses Mal bewies er zumindest ein gutes Gespür. Vier
Monate später war die Regierung von General Alfredo Ovando Candía, der im September des Vorjahres zum dritten Mal
Staatspräsident geworden war, am Ende.

Dank der niedrigen Lebenshaltungskosten in Bolivien
konnten sie es sich leisten, ein Auto zu mieten, in guten Hotels abzusteigen und in den allerbesten Restaurants zu essen.
Alle zwei Tage ging die elegante Vera zum Friseur, während
Paulo auf den steilen Straßen der Hauptstadt unterwegs war.
In La Paz lernten sie auch eine in Brasilien praktisch unbekannte Droge kennen: Meskalin, je nach Ursprungsland auch
Peyote, Peyotl oder Mescal genannt. Begeistert von der inneren Ruhe und Gelassenheit, die ihnen Meskalintee bescherte,
genossen sie endlose halluzinatorische Visionen und erlebten
überwältigende Synästhesien, eine Vermischung der Sinne, bei
der der Drogenkonsument glaubt, eine Farbe riechen oder einen Geschmack hören zu können.

Fünf Tage lang tranken sie in La Paz diesen Tee, besuchten *peñas* – Lokale mit landestypischer Musik –, *diabladas*,
Theateraufführungen, bei denen ein Mann den Supay spielte,
das Pendant der Inkas zum Teufel der Christen. Von La Paz
ging es mit der Eisenbahn zum Titicaca, dem höchstgelegenen
schiffbaren See der Welt, und von dort weiter nach Cuzco und
Machu Picchu und anschließend im Flugzeug zurück nach
Lima.

In der peruanischen Hauptstadt mieteten sie ein Auto und fuhren weiter über Arequipa, Antofagasta und Arica nach Santiago de Chile. Eigentlich hatten sie für diese Strecke mehr Zeit eingeplant, doch die Hotels waren so dürftig, dass sie sich nicht länger aufhielten. Die chilenische Hauptstadt gefiel keinem von beiden besonders gut – »eine Stadt wie jede andere«, schrieb Paulo –, aber immerhin hatten sie dort Gelegenheit, den Film Z des griechischen Regisseurs Costa-Gavras zu sehen, der die Obristendiktatur in Griechenland anprangert und in Brasilien verboten war. Fast ständig high vom Meskalin, erreichten sie nach drei Wochen Mendoza in Argentinien und fuhren weiter in Richtung Buenos Aires. Paulo war höllisch eifersüchtig, wenn die attraktive Vera von anderen Männern hofiert wurde, vor allem, wenn sie mit ihnen englisch sprach und er fast nichts verstand. Wenn ihn in La Paz der Anblick von Schnee fasziniert hatte, so staunte er in Buenos Aires, als er zum ersten Mal in seinem Leben mit der U-Bahn fuhr. An die niedrigen Preise unterwegs gewöhnt, gingen sie nichtsahnend zum Abendessen ins Michelangelo, ein als »Kathedrale des Tango« bekanntes Restaurant, wo sie das Glück hatten, den bedeutenden Tangosänger Roberto »Polaco« Goyeneche zu erleben; erst als die Rechnung kam, merkten sie, dass sie sich in einem der teuersten Lokale der Stadt befanden.

Im Hochgebirge der Anden hatte Paulo kein Problem mit seinem Asthma gehabt, doch in Buenos Aires direkt am Meer musste er mit Atemnotanfällen und 39 Grad Fieber drei Tage lang das Bett hüten. Besser ging es ihm erst wieder in Montevideo, am Tag vor ihrem Rückflug nach Brasilien. Auf sein Verlangen hin flogen sie nicht mit dem Lloyd Aéreo Boliviano. Der Wechsel zu einer anderen Fluggesellschaft hatte nichts mit

Aberglauben zu tun und auch nicht damit, dass Lloyd sie über La Paz nach Rio zurückgebracht hätte, sondern mit der Bronzestatue am Flughafen der bolivianischen Hauptstadt, die »den heldenhaften Piloten der LAB, die in Ausübung ihres Amtes ihr Leben verloren« gewidmet war.

»Nur ein Verrückter würde mit einer Gesellschaft fliegen, die ihre Piloten, deren Flugzeuge abgestürzt sind, wie Helden behandelt! Was machen wir bloß, wenn unser Pilot davon träumt, eine Statue zu werden?«

Schließlich flogen sie mit der Air France nach Rio zurück, wo sie am 3. Juni eintrafen, gerade rechtzeitig, um im Fernsehen das erste Spiel der brasilianischen Mannschaft bei der Fußballweltmeisterschaft von 1970 in Mexiko zu sehen, das sie 4:1 gegen die Tschechoslowakei gewann, mit Toren von Jairzinho, Gerson, Pelé und Carlos Alberto.

Mit dem Plan, Schriftsteller zu werden, ging es nicht voran. »Blutenden Herzens habe ich die Nachricht im *Reporter Esso** gehört«, jammerte Paulo in seinem Tagebuch, als er bei einem Kurzgeschichtenwettbewerb wieder einmal leer ausgegangen war. »Wieder nicht gewonnen. Nicht einmal eine lobende Erwähnung.« Doch ließ er sich von den Misserfolgen nicht unterkriegen und notierte weiterhin als Stoff für spätere Werke Themen wie »fliegende Untertassen«, »Jesus«, »Der Schneemann«, »Inkarnation von Geistern in Leichen« und »Telepathie«. Die Preise zogen in immer größerer Entfernung an ihm vorbei, wie seinem Tagebuch zu entnehmen ist: »Mein lieber heiliger Joseph, mein Schutzpatron. Du bist mein Zeuge,

---

* Reporter Esso war eine erstmals 1963 in Argentinien im privaten Fernsehen produzierte Nachrichtensendung, die später in anderen Ländern kopiert wurde.

wie viel ich in diesem Jahr versucht habe. Trotzdem habe ich keinen einzigen Wettbewerb gewonnen. Als ich gestern von meinem Misserfolg bei dem Kindertheaterwettbewerb erfuhr, hat Vera gesagt, wenn das Glück sich mir zuwenden wird, dann wird alles auf einmal kommen. Ob das stimmt? Irgendwann werde ich dies beantworten können.«

Zu seinem 23. Geburtstag am 24. August schenkte ihm Vera ein raffiniertes Mikroskop und freute sich über den Erfolg ihres Geschenks: Noch Stunden nachdem er es ausgepackt hatte, saß Paulo darüber gebeugt, betrachtete aufmerksam die Glasplättchen und machte sich in einem Heft Notizen. Neugierig geworden, las sie, was er schrieb: »Genau vor 23 Jahren bin ich geboren. Ich war einmal das, was ich hier unter dem Mikroskop sehe. Unruhig, zum Leben hin drängend, winzig klein, aber schon mit allen Erbanlagen meiner Vorfahren. Alles war schon programmiert, meine beiden Arme, meine Beine und mein Gehirn. Ich sollte mich aus dem Spermium entwickeln, die Zellen würden sich teilen und vervielfältigen.« Da begriff Vera, dass Paulo seinen Samen auf die Glasplättchen des Mikroskops gestrichen hatte. In seinem Bericht hieß es weiter: »Da geht ein möglicher Ingenieur dahin. Ein Stück weiter stirbt ein potenzieller Arzt. Auch ein Wissenschaftler, der die Erde hätte retten können, stirbt, und ich betrachte das alles teilnahmslos durch mein Mikroskop. Vor meinen Augen bewegen sich meine Spermien rasend schnell, rasend auf der Suche nach einer Eizelle, um sich fortzupflanzen.«

Bei Vergnügungen war Vera gern mit von der Partie, aber wenn es galt, Paulo zur Ordnung zu rufen, wurde sie streng. Als ihr klar wurde, dass er von sich aus nie mehr anstreben würde als das Schulabgangszeugnis, das er vom Colégio Guanabara erhalten hatte, zwang sie ihn praktisch, sich auf die Aufnahmeprüfung für ein Studium vorzubereiten – und war damit erstaunlich erfolgreich. Zum Jahresende bekam Paulo die Zulassung zu drei verschiedenen Studiengängen, Jura an der Hochschule Cândido Mendes, Theaterregie an der Escola Nacional de Teatro und Kommunikationswissenschaften an der Pontífica Universidade Católica (PUC) in Rio. Diese Leistung war natürlich nicht allein Veras Überredungstalent zuzuschreiben. Dass Paulo seine Schullaufbahn in einer Schule ohne Qualitätstradition beendet, aber die Aufnahmeprüfung an drei Hochschulen bestanden hatte, ließ sich auch mit seinem Lesehunger erklären. Seit er vier Jahre zuvor begonnen hatte, sich systematisch Notizen zu seinen Lektüren zu machen, hatte er über dreihundert Bücher gelesen, mithin 75 pro Jahr, eine astronomische Zahl, wenn man bedenkt, dass seine Landsleute damals im Schnitt ein einziges Buch im Jahr lasen. Paulo war ein Viel- und Allesleser: von Cervantes bis zu Kafka, von Jorge Amado bis zu F. Scott Fitzgerald, von Aischylos bis zu Aldous Huxley. Er las sowjetische Dissidenten wie Alexander Solschenizyn und den respektlosen brasilianischen Humoristen Stanislaw Ponte Preta. Er las, schrieb einen kurzen Kommentar zu jedem Werk und verteilte nach Gutdünken Sterne, genau wie die Kritiker, die er später so verteufeln sollte. Vier Sterne, die höchste Auszeichnung, erhielten nur wenige Auserwählte wie Henry Miller, Borges und Hemingway, während *Der Alptraum* (Norman Mailer), *Revolution in der Revolution* (Régis Debray) und die beiden brasilianischen Klassiker *Krieg im Sertão* (Euclides da Cunha) und *História Econômica do Brasil* (Caio Prado Jr.) null Sterne bekamen.

In diesem bunten Salat von Themen, Zeiten und Autoren

wandte sich Paulos Interesse allmählich einem bestimmten Genre zu: Büchern, die sich mit Okkultismus, Hexerei und Satanismus beschäftigten. Seit ihm das schmale Buch *Alquimia Secreta de los Hombres* des spanischen Gurus José Ramón Molinero in die Hände gefallen war, verschlang er alles, was mit Übersinnlichem zu tun hatte. Nachdem er den Weltbestseller *Aufbruch ins dritte Jahrtausend* von dem Belgier Louis Pauwels und dem Franko-Ukrainer Jacques Bergier gelesen hatte, betrachtete er sich selbst bereits als Mitglied dieser neuen Gesellschaft. »Ich bin ein Magier, der sich zum Aufbruch rüstet«, schrieb er in sein Tagebuch. Ende 1970 hatte er rund fünfzig Bücher zum Thema zusammengetragen. Und in dieser Zeit hatte er gelesen, kommentiert und mit Sternen bedacht: alle sechs in Brasilien publizierten Bücher von Hermann Hesse (darunter natürlich auch *Das Glasperlenspiel*), die Bestseller des Schweizers Erich von Däniken (u. a. *Zurück zu den Sternen*) sowie eine bunte Mischung aus so anspruchsvollen Werken wie Goethes Klassiker *Faust,* der nur drei Sterne erhielt, bis zu Quacksalbereien wie *Magia Negra e Magia Branca* von einem gewissen V. S. Foldej, der ihm keinerlei Benotung wert war.

Einer der meistgefeierten Autoren dieser neuen Welle schrieb nicht nur über Okkultismus, sondern machte auch aus seiner eigenen Geschichte ein großes Geheimnis. Es war Carlos Castaneda, der angeblich 1925 in Peru geboren wurde (oder anderen Quellen zufolge 1935 in Brasilien) und an der University of California in Los Angeles Anthropologie studiert hatte. Als er an seiner Dissertation arbeitete, beschloss er, die Ergebnisse seiner Feldforschungen in Mexiko über den Gebrauch natürlicher Drogen wie Peyote, Pilze und Stramonium (»Stechapfel«) bei indianischen Ritualen zu autobiographischen Büchern zu verarbeiten. Castanedas weltweiter Erfolg, der ihm sogar eine Titelgeschichte in der *Times* einbrachte, lockte scharenweise Hippies aus der ganzen Welt, die auf der Suche nach dem neuen gelobten Land waren, zum Schauplatz seiner Werke, der Sonora-Wüste zwischen Kalifornien, Arizona und Mexiko.

Für einen wie Paulo, der nicht an Zufälle glaubte, kam es einem »Zeichen« gleich, dass just zu diesem Zeitpunkt seine Mutter ihm eine Reise schenkte, und zwar ... in die USA. Großmutter Lilisa wollte ihre Tochter Lúcia, die mit dem Diplomaten Sérgio Weguelin verheiratet war, in Washington besuchen, und Paulo durfte mit und, wenn er wollte, anschließend allein oder mit seinem ein paar Jahre jüngeren Cousin Serginho noch ein wenig umherreisen. Abgesehen von der Möglichkeit, Castanedas Schamanenregion vor Ort kennenzulernen, kam das Geschenk gerade richtig, denn die Liaison mit Vera ging offenbar zu Ende. »Das Leben mit ihr wird immer schwieriger«, schrieb er Anfang 1971 in sein Tagebuch. »Wir haben keinen Sex mehr, sie geht mir auf die Nerven und ich ihr. Ich liebe sie nicht mehr. Es ist nur noch Gewohnheit.« Die Beziehung hatte sich so abgenutzt, dass sie nicht mehr zusammenwohnten. Vera war in das Apartment in Leblon zurückgekehrt, und er zog zurück in sein Zimmer bei den Großeltern. In seinem Tagebuch kündigte er zudem an, dass er »so gut wie verheiratet« sei mit einer neuen Frau, der jungen Schauspielerin Christina Scardini, die er an der Schauspielschule kennengelernt und in die er sich angeblich unsterblich verliebt hatte. Das stimmte zwar nicht, sah aber ganz danach aus, denn von seiner anderthalb Monate langen USA-Reise erhielt sie nicht weniger als 44 Briefe.

Nach einem festlichen, von den Eltern spendierten Abendessen zum Abschied von seinen Freunden flog er mit den Großeltern nach New York. Am John-F.-Kennedy-Flughafen in New York wunderten sich Paulo und seine Großmuter über Mestre Tuca, der plötzlich unbedingt noch die 11-Uhr-Maschine nach Washington erreichen wollte, deren Check-in der Lautsprecherdurchsage zufolge bereits abgeschlossen war. Der dickköpfige Großvater ließ sich nicht beirren und gab erst Ruhe, als sie alle angeschnallt glücklich im Flieger saßen. Als sie abends bei der Tante die Fernsehnachrichten sahen, wurde Paulo klar, dass das Schicksal seine Hand im Spiel gehabt und Mestre Tuca zur Eile gedrängt hatte. Die 11-Uhr-30-Maschine, die Paulo und seine Großmutter hatten nehmen wollen, hatte technische Probleme gehabt und war bei dem Versuch, siebzig Kilometer von New York entfernt in der Nähe von New Haven notzulanden, am Boden zerschellt, wobei alle dreißig Passagiere und Besatzungsmitglieder ums Leben gekommen waren.

Als Gast im Haus des Diplomatenonkels beschloss Paulo, kein Tagebuch zu führen, sondern alles, was er erlebte, in einer Flut von Briefen an Christina festzuhalten. Er kam nicht aus dem Staunen heraus. Minutenlang stand er mit offenem Mund vor den Automaten, aus denen man Briefmarken, Zeitungen oder Getränke ziehen konnte, und verbrachte Stunden in Kaufhäusern, wo er nichts kaufte, sondern einfach nur das breite Warenangebot bewunderte. Gleich im ersten Brief an Christina bedauerte er, nicht einen ganzen »Sack voll Kleingeld« aus Brasilien mitgebracht zu haben, denn er hatte herausgefunden, dass die 20-Centavos-Münze von allen Automaten wie eine 25-Cent-Münze akzeptiert wurde, dabei war die brasilianische Währung damals nur ein Fünftel des US-Dollars wert. »Ich hätte viel sparen können, wenn ich Münzen mitgebracht hätte«, schrieb er, »denn 25 Cents muss ich an den Briefmarkenautomaten für das Porto eines Briefs nach Brasilien bezahlen oder als Eintritt, wenn ich in einem der vielen Pornoshops, die es hier gibt, einen Sexfilm sehen will.« Alles war für ihn neu und aufregend, von den überquellenden Supermarktregalen bis zu den Kunstwerken in der National Gallery of Art, wo er vor Rührung in Tränen ausbrach, als er hinter dem Rücken des Museumswärters das Gemälde *Tod eines Geizhalses* von Hieronymus Bosch berührte – ein Prozedere, das er noch mehrmals wiederholte. »Ich habe van Gogh, Gauguin, Degas berührt und gespürt, dass etwas in mir wächst, verstehst du?«, schrieb er seiner Freundin. »Ich wachse hier. Und lerne viel.«

Nichts hat ihn aber offenbar so beeindruckt wie der Besuch des Washingtoner Militärmuseums und eine Führung beim FBI. Das Museum präsentierte eine Vielzahl von Exponaten zur Beteiligung der USA an beiden Weltkriegen und wirkte auf ihn wie ein Ort, »wohin man die Kinder schickt, damit sie die Feinde der USA hassen lernen«. Nicht nur Kinder, wenn man seine eigene Reaktion bedenkt. Nachdem er durch das ganze Museum gelaufen war und Flugzeuge, Raketen und Filme über die amerikanische Militärmacht gesehen hatte, »hasste er die Russen, hatte Mordgelüste und geiferte vor Hass«. Bei der FBI-Führung sah er das Gangster-Museum mit Originalkleidungsstücken und –waffen, die so berühmte Verbrecher wie Dillinger, »Baby Face«, »Machine Gun Kelly« benutzt hatten, sowie die Originale schriftlicher Mitteilungen von berühmten Entführungsopfern. In einem Raum wunderte er sich über ein

Blinklicht in einer Ecke, darüber stand auf einer Tafel: »Bei jedem Aufblinken dieser Lampe wird in den USA ein Verbrechen der Kategorie A (Mord, Entführung oder Vergewaltigung) begangen.« Die Lampe leuchtete alle drei Sekunden auf. Im Schießstand brüstete sich der Führer, ein Angehöriger der Bundespolizei, beim FBI werde nur geschossen, um zu töten. Am Abend fasste Paulo in einem Brief voller Ausrufungszeichen seine Eindrücke vom Tag zusammen:

Die Typen schießen nie daneben! Sie schießen mit Revolvern und Maschinenpistolen und immer in den Kopf! Niemals daneben! Und das kommen sich hier die Kinder ansehen! Ganze Schulklassen im Schießstand des FBI, denen vorgeführt wird, wie der FBI das Vaterland verteidigt! Das ist heftig, mein Schatz! Der Polizist, der die Führung machte, hat mir erzählt, was die Voraussetzungen für die Aufnahme beim FBI sind: Körpergröße von mindestens 1,80 m, Treffsicherheit beim Schießen und keine Einwände gegen komplette Durchleuchtung des Vorlebens. Mehr nicht. Kein Intelligenztest, nur Treffsicherheit beim Schießen. Ich befinde mich im fortschrittlichsten Land der Welt, in dem Land mit dem höchsten Komfort und der höchsten sozialen Sicherheit. Aber warum gibt es hier dann so etwas?

Um sein Ansehen besorgt, schrieb Paulo unter fast alle Briefe, Christina solle sie niemandem zeigen. »Sie sind sehr privat und ganz ohne stilistische Sorgfalt geschrieben«, erklärte er. »Erzähl ruhig, was drinsteht, aber zeig die Briefe nicht herum.« Nach einer Woche Besichtigungen kaufte er ein Zugticket nach New York, dort wollte er entscheiden, wohin es weiter gehen sollte. In einem komfortablen blauroten Abteil zweiter Klasse der Gesellschaft Amtrak bekam er wenige Minuten nach der Abfahrt aus der amerikanischen Hauptstadt eine Gänsehaut, als ihm klar wurde, dass die Betonkasematten mit der gelben Beschriftung *fallout shelter,* die er längs der Bahnlinie sah, Atomschutzbunker waren, in denen die Menschen bei einem Atomkrieg Zuflucht suchen sollten. Aus solch düsteren Gedanken riss ihn der Schaffner in blauer Uniform, eine Ledertasche am Gürtel:

»Hi, guy, can you show me your ticket?«

Erschrocken, weil er nicht verstand, dass er seine Fahrkarte zeigen sollte, antwortete Paulo auf Portugiesisch:

»Desculpe? Wie bitte?«

Der Schaffner hatte es offenbar eilig und war nicht sonderlich gut gelaunt:

»Don't you understand? I asked for your ticket! Without a ticket nobody travels in my train.«

Da wurde Paulo klar, dass Vera sich völlig vergeblich bemüht hatte, ihn zu einem perfekt Englisch sprechenden Menschen zu machen. Er musste feststellen, dass es eins war, englische Texte zu lesen und notfalls seine Frau oder ein Wörterbuch zu Rate zu ziehen, und etwas ganz anderes, selbst Englisch zu sprechen oder auch nur zu verstehen, was die Leute sagten. Er musste sich eingestehen, dass er ganz allein in Amerika war und kein Wort Englisch konnte.

12

Die Entdeckung Amerikas

In New York wundert sich ein Mädchen:
»Paulo, du hast ja einen Viereckigen!«

Sein erster Eindruck von New York hätte nicht schlechter sein können. Die Stadt, die draußen vorbeizog, nachdem sie den Brooklyn-Tunnel passiert und Manhattan erreicht hatten, war offenbar überhaupt nicht so sauber, fröhlich und bunt, wie er sie aus Filmen und Büchern kannte, sondern von Bettlern sowie hässlichen, schlecht gekleideten und gefährlich aussehenden Menschen bevölkert. Aber Paulo ließ sich von dem Anblick nicht entmutigen. Ohnehin wollte er nur wenige Tage in New York verbringen und rasch das eigentliche Ziel seiner Reise ansteuern: den Grand Canyon in Arizona und die von Castaneda vielbesungenen magischen Wüsten in Mexiko. Die ersten Tipps fürs Überleben in diesem Dschungel erhielt er von einem Mitreisenden hispanischer Abstammung, der ihm in der Situation mit dem Amtrak-Schaffner beigesprungen war. Er empfahl ihm, da Paulo nur über (auf heutige Verhältnisse umgerechnet) 1500 Dollar verfügte und zwei Monate lang »kreuz und quer durch die Vereinigten Staaten« reisen wollte, als Erstes vom Zug auf Greyhound-Busse umzusteigen, die er von Filmen her kannte. Wer ein Ticket für 99 Dollar erstand, konnte 45 Tage lang an jeden Ort fahren, zu dem es eine Greyhound-Verbindung gab, und das waren mehr als zweitausend Städte in den USA, Mexiko und Kanada. Und wenn er tatsächlich zwei Monate unterwegs sein wollte, solle er unbedingt in den Gästehäusern des YMCA absteigen, wo die Übernachtung sechs Dollar kostete, Frühstück und Abendessen inklusive.

Zwei Tage nach seiner Ankunft in New York legte sich seine Enttäuschung. Die Zimmer beim YMCA waren zwar klein – halb so groß wie sein Zimmer bei den Großeltern –, ohne Fernseher oder Klimaanlage, aber sehr sauber. Das Personal war höflich, das Essen durchaus schmackhaft. Wäre da nicht das Etagenbad gewesen, das er mit allen Gästen im Gang teilen musste, dann wäre Paulo bestimmt länger geblieben. Das Hauptproblem war weiterhin die Sprache. Jeden Tag dieselbe Qual, wenn es darum ging, im Speisesaal das Essen zu wählen. Das Tablett in der Hand, hinter sich die drängelnden und hungrigen Mitbewohner, schaffte er es einfach nicht, die Namen der Speisen korrekt auszusprechen. Etwas einfacher wurde es, als er erfuhr, dass die schmackhaften Bohnen, die von der YMCA angeboten wurden, *porotos* hießen. Dann würde er eben, bis er richtig Englisch konnte, nur noch *porotos* essen.

Abgesehen von der angenehmen Atmosphäre im Gästehaus versöhnte ihn New Yorks tolerantes, liberales Klima binnen weniger Tage mit der Stadt. Paulo fand heraus, dass genau wie Sex auch Marihuana und Haschisch auf der Straße zu haben waren, vor allem in der Umgebung des Washington Square, wo Hippies aus aller Welt den lieben langen Tag Gitarre spielten und die erste Frühlingssonne genossen. Eines Abends kam Paulo fünf Minuten vor Ende der Essenszeit in den Speisesaal des Gästehauses. Obwohl fast alle Plätze frei waren, nahm er sein Tablett und setzte sich einem etwa zwanzigjährigen Mädchen gegenüber, das allein an einem Tisch saß. Sie hatte lange, sehr weiße Arme und trug ein typisches Hippiekleid, knöchellang und aus buntbedruckter indischer Baumwolle. Sie reagierte mit einem Lächeln im sommersprossigen Gesicht, und Paulo, in der Überzeugung, genug Englisch für ein Kompliment zu beherrschen, sprach sie an:

»*Excuse me?*«

Sie verstand nicht:

»*What?*«

Als ihm klar wurde, dass er nicht einmal ein banales *excuse me* richtig aussprechen konnte, lehnte er sich zurück und lachte über sich selbst. Das erleichterte die Kontaktaufnahme, und um elf Uhr abends spazierten der Brasilianer und Janet – so hieß das Mädchen – gemeinsam durch die Straßen. Obwohl Paulo sich die größte Mühe gab herauszubekommen, was Janet machte, begriff er nicht, was das Wort *belêi* bedeutete. Was konnte das sein, was sie studierte? Erst als Janet mit ausgebreiteten Armen in die Luft sprang, sich dabei um die eigene Achse drehte, unter den neugierigen Blicken von Passanten ein paar Schritte auf den Fußspitzen tänzelte und schließlich wie ein Untertan vor seinem König vor ihm auf die Knie sank, dämmerte es ihm langsam. Aha! Sie war Balletttänzerin! Auf dem Weg zurück zum Gästehaus, wo Männer und Frauen in verschiedenen Gebäuden untergebracht waren, blieben sie zum Abschied in einer Nische des Madison Square Garden stehen. Sie umarmten und küssten sich, und irgendwann ließ Janet eine Hand über Paulos Jeans hinunterwandern, hielt aber sehr schnell in der Liebkosung inne und flüsterte ihm fast buchstabierend, damit er es auch verstand, ins Ohr:

»Ich habe ja schon andere Männer gekannt, aber du ... *Wow!*
Du bist der erste, der einen viereckigen *dick* hat.«

Wieder brach Paulo in Lachen aus und erklärte, nein, er habe keinen viereckigen Penis. Weil er seine Papiere nicht im YMCA im Schrank liegen lassen wollte, hatte er sein ganzes Geld und das Ticket für den Rückflug nach Brasilien in seinen Pass mit dem harten Deckel gelegt und alles zusammen an eine, wie er meinte, sichere Stelle gesteckt: in die Unterhose. An der Hand der Tänzerin Janet – mit der er bald in versteckten Ecken in Parks und Grünanlagen regelmäßig Sex hatte – lernte er ein neues New York kennen, mit allem, was diese Stadt zu Beginn der 70er Jahre an Kultur und Verrücktheit zu bieten hatte. Er ging zu Anti-Vietnamkrieg-Demonstrationen, zu Barockkonzerten im Central Park und staunte, als er die Treppen unter dem Madison Square Garden hinunterging und sich plötzlich in der märchenhaft beleuchteten Pennsylvania Station befand. »Der Bahnhof ist größer als die Central do Brasil in Rio«, schrieb er an seine Freundin nach Hause, »mit dem Unterschied, dass er ganz unterirdisch ist.« Im Madison Square Garden war »drei Monate zuvor Cassius Clay von Joe Frazier besiegt worden«. Paulo verehrte den Boxer, der sich später in Muhammad Ali umbenannte, so glühend, dass er sich nicht nur über alle seine Kämpfe informierte, sondern auch seine eigenen schmächtigen Körpermaße mit denen des amerikanischen Riesen verglich. Zwar hatte er keinen festen Termin für den Rückflug nach Brasilien, trotzdem schien die Zeit zu knapp zu sein, um alles zu genießen, was New York einem jungen Mann aus einem armen Land mit einer Militärdiktatur zu bieten hatte. Wenn Paulo etwas Zeit blieb, versuchte er, seine intensiven Erlebnisse in Briefen zu resümieren:

Es gibt Viertel, wo alles – Bücher, Zeitungen, Anzeigen – auf Chinesisch geschrieben ist, in anderen Vierteln auf Spanisch oder Italienisch. Hier im YMCA gibt es einfach alles: Männer mit Turban, militante Mitglieder der Black Panther, Inderinnen in langen Kleidern... Gestern Abend trat ich aus meinem Zimmer und musste als Erstes einen bösen Streit zwischen zwei Sechzigjährigen schlichten. Die haben sich doch tatsächlich richtig geprügelt. Ich habe Dir noch nichts von Harlem erzählt, dem Schwarzenviertel, das ist wirklich erdrückend, überwältigend. Was ist NY? Ich glaube, NY sind die Nutten, die am helllichten Tag im Central Park auf den Strich gehen, es ist das Hochhaus, in dem *Rosemary's Baby* gedreht wurde, es ist der Ort, wo *West Side Story* gedreht wurde.

Bevor er den Umschlag zuklebte, garnierte er die Briefe am Rand mit schmalzigen Liebeserklärungen (»angebetete, geliebte, wunderbare Frau« oder »ich werde Dich anrufen, auch wenn ich, um eine Minute lang Deine Stimme zu hören, einen ganzen Tag hungern muss«) und der einen oder anderen Lüge wie »mach Dir keine Sorgen, ich könnte Dich betrügen« oder »Du kannst mir uneingeschränkt vertrauen«.

Tatsache ist, dass Paulo sich nach zwei Wochen heißem Flirt mit der größten amerikanischen Stadt über mindestens zwei Einschränkungen im Klaren war: Weder sein englisches Gestotter noch seine Finanzen reichten aus, um den Plan, zwei Monate allein durch die USA zu reisen, in die Tat umzusetzen. Das Geldproblem ließ sich durch die von Janet vorgeschlagene Notlösung umgehen: Paulo sollte das Greyhound-Ticket ausschließlich für Nachtfahrten von mindestens sechs Stunden

Dauer benutzen und auf diese Weise den Bus zum Schlafraum umfunktionieren. Das Sprachproblem jedoch schien unlösbar. Sein in der Schule erworbener Wortschatz und seine mittlerweile verbesserte Aussprache reichten zwar für die Grundbedürfnisse wie Essen und Schlafen aus, doch war Paulo klar, dass die Reise an Reiz verlieren würde, wenn er nicht richtig verstehen konnte, was die anderen sagten. Vor die Wahl gestellt, nach Brasilien zurückzukehren oder sich Hilfe zu holen, entschied er sich für die zweite, bequemere Lösung: Er meldete ein R-Gespräch zur Tante in Washington an und bat seinen Cousin Sérgio, der fließend Englisch sprach, mit ihm zusammen zu reisen. Wenige Tage später stiegen sie mit ihren Rucksäcken in den Greyhound, der in der Nacht nach Chicago fuhr, die erste Teilstrecke zum Grand Canyon im Herzen von Arizona, über viertausend Kilometer von Manhattan entfernt und in einer anderen Zeitzone.

Die einzigen Aufzeichnungen über diese Tage sind die Briefe an Christina. Paulo erwähnt seinen Begleiter mit keinem Wort, obschon der ihm letztlich die Reise gerettet hatte. Das ist kein Versehen, denn Paulo überging seinen Cousin nicht nur, sondern behauptete der Freundin gegenüber, er reise allein, vermutlich um sich aufzuspielen.

Da er knapp bei Kasse war, notierte Paulo sämtliche Ausgaben auf einem Zettel, neben dem Dollarbetrag immer den Gegenwert in Cruzeiros. Eine Schachtel Zigaretten 60 Cents (3 Cruzeiros), ein Hamburger 80 Cents, ein Metro-Ticket 30 Cents, eine Kinokarte 2 Dollar. Wenn sie den Nachtbus verpassten, schrumpfte die Kasse jedes Mal um sieben Dollar, so viel kostete eine Nacht in den einfachsten Motels. Das »Bad« in der Zivilisation und Barbarei von New York hatte

ihn so schockiert – aufgewühlt, wie er es selbst nannte –, dass
es ihm schwerfiel, sich an den provinziellen Mittleren Westen
zu gewöhnen. »Nach NYC gibt es nicht mehr viel zu erzählen«,
klagte er in einem Brief an Christina, den er in krakeliger
Schrift im fahrenden Bus verfasste. »Ich schreibe nur, weil ich
so große Sehnsucht nach meiner Frau habe.« Die übrigen
Städte, durch die sie kamen, wurden in den Briefen nur
oberflächlich erwähnt. Von Chicago blieb ihm der Eindruck,
es sei von allen amerikanischen Städten »bisher die kälteste«.
»Die Menschen sind völlig neurotisch, hochgradig aggressiv.
Und alle nehmen ihre Arbeit sehr ernst.«

Nach fünf Tagen *on the road* sah Paulo durch das einge-
staubte Busfenster plötzlich ein Schild mit der Aufschrift
CHEYENNE – 100 MILES. Er strahlte, denn diese Stadt im Bundesstaat Wyoming an der Grenze zu Colorado, mitten im
amerikanischen Westen, kannte er sozusagen schon seit seiner
Kindheit. Er hatte so viel darüber gelesen und im Kino so viele
Western gesehen, die in Cheyenne spielten, dass er die Namen
all der Straßen, Hotels und Saloons, in denen sich die Abenteuer der Cowboys und Rothäute abspielten, auswendig wusste. Nur wunderte er sich, dass es die Stadt tatsächlich gab. In
seiner Vorstellung war Cheyenne ein Phantasieort der Indianer, den Autoren, Filmregisseure und Comiczeichner mit Geschichten aus dem Wilden Westen bevölkert hatten. Obwohl
er wirklich nicht das Gegenteil erwarten konnte, war er doch
enttäuscht, als er feststellte, dass die Cowboys mit ihren Cow-
boystiefeln, breitkrempigen Hüten, Gürteln mit Stierköpfen
auf den Schnallen und Revolvern im Hüfthalfter sich inzwischen in Cadillac-Cabriolets fortbewegten. Die einzigen Spuren der Stadt Cheyenne, wie er sie vom Westernklassiker von

John Ford erinnerte, waren die Postkutschen der dort ansässigen Amish-People, die bekanntlich kein so modernes Zeug wie Fahrstühle, Telefone und Autos benutzen. Doch die größte Enttäuschung war, dass die alte staubige Pioneer Street, in der die Cowboys in den Western immer ihre spätnachmittäglichen Duelle austrugen, inzwischen eine verkehrsreiche, vierspurige Ausfallstraße war, an der sich Dutzende von Geschäften mit elektronischem Schnickschnack aneinanderreihten. Bevor sie in den Bus nach Arizona stiegen, kaufte Paulo das einzige Souvenir, das sein Geldbeutel ihm gestattete: ein Gesetzlosen-Diplom, unterzeichnet von dem legendären Banditen Jesse James.

Um zum Grand Canyon zu gelangen, hätten sie normalerweise rund eintausend Kilometer in Richtung Südwesten fahren müssen, quer durch Colorado und ein Stück von New Mexico. Da aber beide Cousins den Yellowstone Nationalpark sehen und das Greyhound-Ticket unbedingt bis auf den letzten Cent ausnutzen wollten, machten sie sich in umgekehrter, nördlicher Richtung auf den Weg. Als sie erfuhren, dass der dem Park nächstgelegene Ort im Greyhound-Streckennetz das dreihundert Kilometer entfernte Idaho Falls war, mietete Paulo für dreißig Dollar ein Auto und legte, da er wegen des Unfalls in Araruama noch immer nicht den Führerschein hatte, seinen Schauspielergewerkschaftsausweis als angeblichen brasilianischen Führerschein vor. Obwohl er sich des Risikos bewusst war, im Gefängnis zu landen, falls er unterwegs von einem Verkehrspolizisten angehalten würde, fuhr er den ganzen Tag fröhlich zwischen den Geysiren herum, die in hohen Fontänen heißes Wasser und Schwefel spuckten, und sah Bären und Hirsche die Straße überqueren. Am Abend gaben sie den Wagen zurück und beeilten sich, in einen Greyhound zu steigen, um der Kälte zu entfliehen. Obwohl es Hochsommer war und sie schon Temperaturen von bis zu 38 Grad erlebt hatten, war es dort, zwei Stunden südlich der Grenze zu Kanada, so unerträglich kalt, dass die Heizung im Auto nicht ausreichte. Also liefen sie, da sie beide nicht für so niedrige Temperaturen gekleidet waren, sowie sie auf dem Busbahnhof von Boise, der Hauptstadt von Idaho, angekommen waren, sofort zum Greyhound-Schalter und erkundigten sich, wann der nächste Nachtbus abfuhr. Wohin? Ganz gleich, wohin, Hauptsache, es war dort nicht so kalt. Und wenn es nur noch im Bus nach San Francisco Plätze gab, dann würden sie eben dorthin fahren.

Mitten in der Nacht, als der Bus die Wüste von Nevada durchquerte, schrieb er einen Brief an Christina, in dem er sich brüstete, die Angestellte beim Autoverleih mit seinem Ausweis getäuscht zu haben, aber bedauerte, dass die zusätzliche Ausgabe für den Mietwagen »das Budget gesprengt« habe. Und er erzählte auch, dass er herausgefunden hatte, woher der starke Whiskygeruch in den Greyhound-Bussen kam: »Hier hat jeder seinen Flachmann in der Tasche. In den USA wird viel getrunken.« Der Brief bricht mittendrin ab und wird ein paar Stunden später fortgesetzt:

Eigentlich wollte ich direkt nach San Francisco fahren, aber dann habe ich festgestellt, dass in Nevada Glücksspiele zugelassen sind, und bin über Nacht hiergeblieben. Ich wollte spielen und zusehen, wie andere spielen. Habe im Kasino keinen Menschen kennengelernt, alle waren zu sehr auf das Spiel konzentriert. Am Ende habe ich fünf Dollar an den einarmigen Banditen verloren, du weißt schon, diese Maschinen, wo man an einem Hebel ziehen muss. Neben mir saß ein Cowboy mit Stiefeln, Hut und Halstuch, genau wie im Kino. Übrigens ist der ganze Bus voll von Cowboys. Ich befinde mich im Wilden Westen unterwegs nach San Francisco, um elf Uhr nachts sollen wir ankommen. In sieben Stunden kann ich sagen, dass ich quer durch ganz Amerika gefahren bin, das machen nicht viele Leute.

Als sie nach 22 Reisetagen erschöpft in San Francisco ankamen, mieteten sie sich in einem YMCA ein und schliefen den ganzen Tag, um sich von der über 100-stündigen Busfahrt zu erholen. San Francisco, die Wiege der Hippiebewegung und der Protestdemonstrationen von 1968, beeindruckte Paulo genauso stark wie New York. »Diese Stadt ist viel freier als NYC. Ich bin in einen Luxusnachtklub gegangen und habe gesehen, wie nackte Frauen auf der Bühne mit Männern Sex hatten, vor den Augen reicher Amerikaner mit ihren Ehefrauen«, schrieb er aufgeregt und bedauerte, dass er nicht länger bleiben konnte. »Ich war kurz drin und habe nur etwas gesehen, aber weil ich kein Geld hatte, mich hinzusetzen, hat mich ein Aufpasser rausgeworfen.« Er staunte darüber, dass Jugendliche am helllichten Tag LSD-Tabletten kauften und konsumierten, er selbst kaufte im Hippieviertel Haschisch und rauchte seinen Joint auf der Straße, ohne deswegen angesprochen zu werden, nahm an Anti-Vietnam-Demonstrationen teil und erlebte mit, wie eine pazifistische Kundgebung buddhistischer Mönche von einer Gang junger Schwarzer mit Knüppeln auseinander getrieben wurde. »In den Straßen dieser Stadt atmet man eine Atmosphäre völliger Verrücktheit«, schrieb er an Christina. Nach fünf Tagen »totalem High-Sein« nahmen die Cousins wieder einen Bus Richtung Grand Canyon. Auf halber Strecke stiegen sie in Los Angeles aus, da der Stopp aber auf den 4. Juli fiel, den amerikanischen Unabhängigkeitstag, weshalb die Stadt menschenleer war, blieben sie nur wenige Stunden. »Alles ist geschlossen, und es war gar nicht so einfach, irgendwo einen Kaffee zu bekommen«, beklagte er sich. »Der berühmte Hollywood Boulevard lag völlig verlassen da, kein Mensch auf der Straße, aber man konnte sehen, dass alles extrem luxuriös ist, selbst die einfachste Kneipe.« Und da die Hotelkosten in Los Angeles sich nicht mit dem Budget von Rucksackreisenden vertragen, blieben sie nicht einmal über Nacht, sondern nahmen den nächsten Bus, weiter nach Flagstaff am Eingang zum Grand Canyon.

Mindestens so beeindruckend wie der Canyon, auf dessen Grund der schlammige Colorado River floss, waren die Preise der Hotels und Restaurants, fast genauso hoch wie in den Großstädten. Da es in der Gegend kein YMCA gab, kauften sie sich ein Nylonzelt (das ein Loch von neunzehn Dollar in den mageren Geldbeutel riss) und verbrachten die erste Nacht in einem Hippiezeltlager, wo sie wenigstens gratis kiffen konnten. Bei Tagesanbruch bauten sie ihr Zelt ab, stopften Wasserflaschen und Konserven in den Rucksack und marschierten los in Richtung Grand Canyon. Sie liefen den ganzen Tag in glühender Sonne, und als sie erschöpft und hungrig Rast machten, stellten sie fest, dass sie sich an der breitesten Stelle des Canyons befanden – das Flussbett lag 1800 Meter unter ihnen. Sie bauten das Zelt auf, machten ein Feuerchen, um die Dosensuppe aufzuwärmen, fielen danach sofort in Schlaf und erwachten erst bei Anbruch des nächsten Tages.

Als Serginho vorschlug, zum Colorado River hinunterzusteigen, bekam Paulo es mit der Angst. Außer ihnen war hier weit und breit keine Menschenseele, und Paulo dachte, auf dem offenbar wenig benutzten Pfad könnten sie niemanden um Hilfe bitten, sollten sie in Schwierigkeiten geraten. Serginho aber war wild entschlossen: Wenn Paulo nicht mitwollte, würde er eben allein gehen. Er schwang sich den Rucksack auf den Rücken und begann mit dem Abstieg, während sein Cousin hinter ihm herrief:

»Serginho, das Problem ist nicht der Abstieg, sondern der Aufstieg zurück! Es wird heiß werden, und dann müssen wir ungefähr fünfhundert Stockwerke wieder hochklettern! Und das in glühender Sonne!«

Serginho drehte sich nicht einmal um. Paulo musste seinem Cousin notgedrungen hinterherlaufen. Die Schönheit der Landschaft verscheuchte die bösen Ahnungen. Der Grand Canyon glich einer 450 Kilometer langen Wunde in einer roten Sandwüste, auf deren Grund ein scheinbar winziges Wasserrinnsal floss – in Wirklichkeit der reißende Colorado River, der in den Rocky Mountains im Bundesstaat Colorado entspringt, auf einer Länge von über 2300 Kilometern sechs amerikanische Bundesstaaten (Arizona, Kalifornien, Nevada, Utah, New Mexico und Wyoming) durchquert und schließlich in den Golf von Kalifornien mündet. Sich dort mittendrin zu befinden war ein unbeschreibliches Gefühl. Nachdem sie fünf Stunden gelaufen waren, blieb Paulo erschöpft stehen und schlug vor, das Abenteuer zu beenden und den Rückweg anzutreten:

»Wir haben gestern Abend nichts Ordentliches gegessen, heute kaum gefrühstückt und noch kein Mittagessen gehabt. Sieh dir einmal an, wie weit wir hinaufsteigen müssen.«

Doch Sérgio ließ sich nicht beirren:

»Du kannst ja hier auf mich warten, ich gehe bis zum Fluss hinunter.«

Und er lief weiter. Paulo fand einen schattigen Platz, setzte sich, rauchte eine Zigarette, genoss das überwältigende Panorama in absoluter Stille und stellte mit einem Blick auf die Uhr fest, dass es zwölf war. Dann stieg er ein paar Meter hinunter, versuchte Serginho auszumachen, sah ihn aber nicht. Und auch keinen anderen Menschen – so weit das Auge reichte. Kein Tourist, kein Einheimischer, kein einziger Mensch im Umkreis von vielen, vielen Kilometern. Ein Stückchen weiter entdeckte er eine von Felsen eingefasste Stelle, die einen noch weiteren Blick ermöglichte. Doch auch von dort konnte er den Cousin nicht ausmachen. Er formte die Hände zur Muschel und rief nach ihm. Er rief, schwieg eine Weile, hoffte auf eine Antwort, rief wieder, nichts. Seine Stimme hallte wider von den roten Felswänden, doch von Serginho keine Spur. Sie hatten fraglos einen wenig begangenen, unwirtlichen Weg gewählt. Aus Angst wurde Panik. Paulo fühlte sich völlig hilflos und allein an diesem gottverlassenen Ort, und da drehte er durch. »Ich werde hier sterben«, sagte er laut. Immer wieder: »Ich werde hier sterben. Ich schaffe es nicht. Komme nicht weg von hier. Ich muss hier sterben, in dieser wunderbaren Landschaft.«

Paulo wusste, dass es im Grand Canyon im Hochsommer über fünfzig Grad heiß werden würde. Er hatte kein Wasser mehr, und nichts deutete darauf hin, dass es in dieser Wüste einen Wasserhahn geben konnte. Und im Grunde wusste er auch nicht mehr, wo er sich befand, so viele Pfade liefen kreuz und quer in alle Richtungen. Er rief um Hilfe, aber es kam niemand, er hörte nichts außer dem Echo seiner eigenen Stimme.

Inzwischen war es schon nach vier Uhr nachmittags. In seiner Verzweiflung lief er taumelnd bergab in Richtung Fluss, obwohl er wusste, dass er jeden Schritt wieder würde hinaufsteigen müssen. Die Sonne brannte ihm ins Gesicht, als er schließlich auf einem Felsblock ein eisernes Schild entdeckte, mit einem roten Knopf und der Inschrift: »Wenn Sie sich verirrt haben, drücken Sie den roten Knopf, wir holen Sie per Hubschrauber oder Maultier. Sie zahlen ein Bußgeld von US$ 500.« Paulo besaß nur noch achtzig Dollar – sein Cousin hatte vermutlich ebenso wenig –, doch das Schild beruhigte ihn in zweierlei Hinsicht: Sie hatten nicht als Erste die Dummheit begangen und diesen Weg gewählt, und es bestand nicht mehr die Gefahr, dass sie dort sterben würden. Auch wenn sie für ein paar Tage ins Gefängnis wandern mussten, bis die Eltern das Bußgeld geschickt hatten. Zuerst aber musste Paulo Serginho finden. Er stieg weiter hinunter, versuchte aber immer den roten Knopf im Auge zu behalten. Nach einer Biegung stieß er auf einen Aussichtspunkt mit einem Münzfernrohr. Er steckte eine 25-Cent-Münze hinein, die Linse öffnete sich, und er suchte das Flussufer nach seinem Cousin ab. Da lag Serginho zusammengerollt im Schatten eines Felsens, offenbar genauso kaputt wie Paulo, und schlief tief und fest.

Es war stockdunkel, als sie nach Flagstaff zurückkehrten, wo sie zwei Tage zuvor aus dem Bus ausgestiegen waren. Sie waren hundemüde, hatten einen zünftigen Sonnenbrand, aber sie waren am Leben. Die Aussicht, nach diesem anstrengenden Tag noch einmal im Hippiecamp zu übernachten, war so wenig verlockend, dass Paulo vorschlug:

»Ich finde, heute haben wir es verdient, in einem Restaurant zu essen und in einem Hotel zu schlafen.«

Sie fanden ein billiges, aber komfortables Motel, deponierten ihre Rucksäcke, gingen ins nächstgelegene Restaurant und bestellten sich jeder ein T-Bone-Steak, so groß, dass es kaum auf den Teller passte, und zum Preis von zehn Dollar, so teuer wie die Übernachtung im Motel. Doch vor Erschöpfung konnten sie kaum das Besteck halten. Völlig ausgehungert schlangen sie das Fleisch hinunter, doch fünf Minuten später standen sie in der Toilette und erbrachen alles. Im Motel fielen sie ins Bett. Es war ihre letzte gemeinsame Nacht, am nächsten Tag trat Serginho die Heimreise nach Washington an und Paulo reiste weiter nach Mexiko.

Ursprünglich hatte er das Geschenk der Mutter angenommen, weil er so die Gelegenheit bekam, zu den geheimnisvollen Wüsten zu pilgern, die Castaneda inspiriert hatten – doch das hatte Paulo vor lauter neuen Eindrücken völlig vergessen. Und nun, wo ihm infolge des Abenteuers im Grand Canyon der ganze Körper schmerzte und das Geld immer knapper wurde, wollte er eigentlich nichts anderes, als nach Brasilien zurückzukehren. Da ihm das Greyhound-Ticket jedoch noch ein paar Tage Freifahrten gewährte, setzte er die Reise fort wie ursprünglich geplant. Inzwischen an den amerikanischen Wohlstand gewöhnt, war Paulo während seines fünftägigen Aufenthalts in Mexiko schockiert über das Elend in den Straßen, das genauso groß war wie in Brasilien. Doch erst nachdem er alle Extrakte von Magic Mushrooms und Aufgüsse aus halluzinogenen Kakteen ausprobiert hatte, die er bekommen konnte, und keinen Cent mehr besaß, nahm er einen Bus nach New York und flog nach Hause.

13

Gisa

> *»Die Regierung lässt foltern, und ich habe Angst*
> *vor Folter, Angst auch vor den Schmerzen. Ich*
> *habe Herzklopfen.«*

Nachdem Paulo sich eine Woche lang zu Hause von der Reise erholt hatte, wusste er noch immer nicht, was er nun mit seinem Leben anfangen sollte. Als Einziges stand für ihn fest, dass er das kaum begonnene Jurastudium an den Nagel hängen wollte. Aber den Regiekurs an der Faculdade de Filosofia do Estado da Guanabara (Fefieg), aus der später die Universidade do Rio de Janeiro (UniRio) wurde, besuchte er weiter. Gleichzeitig versuchte er mit allen Mitteln, seine Texte in den Zeitungen von Rio unterzubringen. Aufgrund seiner eigenen Erfahrungen schrieb er einen Artikel darüber, wie liberal man in den USA mit Drogen umging, und schickte ihn der damals populärsten Zeitschrift, dem humoristischen Wochenblatt *Pasquim,* das sich später zu einem einflussreichen Organ der Opposition entwickelte. Er gelobte dem heiligen Joseph, fünfzehn Kerzen für ihn anzuzünden, wenn der Text veröffentlicht würde, und stand jeden Mittwoch als Erster vor dem Zeitungskiosk an der Straßenecke. Eifrig blätterte er die Zeitschrift durch und legte sie jedes Mal enttäuscht zurück. Erst nach drei Wochen begriff er, dass man seinen Artikel nicht angenommen hatte. Obwohl er jede Ablehnung wie eine Ohrfeige empfand und danach tagelang litt, hielt er an seinem Traum, Schriftsteller zu werden, fest. »Ich habe über Ruhm nachgedacht und bin zu dem Schluss gekommen, dass das Glück sich noch nicht gezeigt hat«, notierte er in sein Tagebuch, fügte dann aber prophetisch hinzu: »Aber es ist gut, dass es sich noch nicht gezeigt hat. Wenn es kommt, dann mit aller Macht.« Das Problem war, dass er bis dahin irgendwie seinen Lebensunterhalt verdienen musste. Theater machte ihm immer noch viel Spaß, doch die Einnahmen deckten im Allgemeinen nicht einmal die Kosten der Inszenierung. Weshalb er schließlich das Angebot annahm, in einem privaten Vorbereitungskurs für die Zulassungsprüfung zum Studium an der Fefieg zu unterrichten, was ihn zwar in seinen Zukunftsplänen keinen Schritt voranbrachte, aber wenig Zeit in Anspruch nahm und ihm ein Monatsgehalt von 1600 Cruzeiros (umgerechnet rund dreihundert Euro) sicherte.

Am 13. August 1971, einem Freitag, einen Monat nach seiner Rückkehr aus den USA, erhielt Paulo einen Anruf aus Washington: Sein Großvater Arthur Araripe war gestorben. Mestre Tuca war im Haus der Tochter in Bethesda die Treppe hinuntergestürzt, hatte dabei ein Schädel-Hirn-Trauma erlitten und war auf der Stelle tot gewesen. Paulo war so schockiert, dass er minutenlang bewegungslos dasaß und seine Gedanken zu ordnen versuchte. Er sah seinen Großvater vor sich, wie er wenige Wochen zuvor lachend, mit der Mütze auf dem Kopf, in Washington aus dem Flugzeug stieg. Die Erinnerung war so frisch, dass Paulo kaum glauben konnte, dass der Großvater nun tot war. Er hatte das Gefühl, wenn er auf die Terrasse hinausginge, würde er dort Mestre Tuca vorfinden, der mit offenem Mund über seinem *Reader's Digest* eingeschlummert war. Oder – was er besonders gern tat – ihn, seinen Hippieenkel, mit reaktionären Sprüchen und Vorurteilen provozieren, zum Beispiel, indem er Pelé als einen »dummen Neger« bezeichnete und den Schlagersänger Roberto Carlos als »einen hysterischen Schreihals«. (Bei solcher Gelegenheit mischte sich auch Dr. Pedro gern ein und behauptete, »jeder Stümper« könne so malen wie Picasso oder Gitarre spielen wie Jimi Hendrix.) Anschließend würde er ein Plädoyer für alle rechten Diktatoren anstimmen, angefangen beim portugiesischen Salazar bis zum spanischen Franco. Paulo hatte sich über die Übertreibungen seines Großvaters jedes Mal kaputtgelacht, denn trotz seiner stockkonservativen Grundhaltung, aber auch vielleicht weil er in seiner Jugend ein lockeres Leben geführt hatte, war Mestre Tuca der Einzige in der Familie, der Paulos merkwürdige Freunde respektierte und verstand. Durch den langjährigen Kontakt, der während Paulos Exil über der Garage noch enger wurde, war der Großvater für ihn zu einem zweiten Vater geworden – einem großherzigen und toleranten Vater, im Gegensatz zu seinem leiblichen, dem harten, reizbaren Dr. Pedro. Das alles machte den plötzlichen Tod des Großvaters noch schmerzlicher, und es sollte lange dauern, bis Paulo den Verlust verwinden konnte.

Er unterrichtete weiterhin in dem Vorbereitungskurs für die Zulassungsprüfung und besuchte den Theaterkurs, hatte daran aber inzwischen auch einiges auszusetzen. »Im ersten Jahr lernt der Student, trickreich das eigene Prestige einzusetzen, um zu erreichen, was er will«, schrieb er in sein Tagebuch. »Im zweiten Jahr verliert er den Sinn für Ordnung, den er vorher besaß, und im dritten Jahr wird er zur Schwuchtel.«

Paulos Paranoia nahm unerträgliche Ausmaße an, als er erfuhr, dass der Kripomann Nelson Duarte, dem man nachsagte, er gehöre zur Todesschwadron, in der Theaterhochschule auf »Kiffer und Kommunisten« Jagd machte. Bei einer seiner Razzien stellte sich ihm eine mutige Frau entgegen, die Professorin für Stimmbildung und Sprechunterricht, Glória Beutenmüller, und sagte mit erhobenem Zeigefinger: »Meine Studenten tragen ihr Haar so lang, wie sie wollen – und wenn Sie einen verhaften wollen, dann müssen Sie ihn schon mit Gewalt hier rausschleppen.«

Einsam protestierte Paulo im Schutz des Tagebuchgeheimnisses gegen die Willkür:

Nelson Duarte hat erneut Professoren und Studenten, die lange Haare haben, mit Sanktionen gedroht, und nun wurde ihnen doch tatsächlich der Zutritt zur Hochschule verboten. Ich bin heute nicht hingegangen, weil ich noch nicht entschieden habe, ob ich mir die Haare abschneide oder nicht. Es macht mich völlig fertig: Haare abschneiden, keine Halsketten mehr tragen und mich nicht wie ein Hippie kleiden dürfen... Es ist unglaublich. Dieses Tagebuch wird zu einem regelrechten Geheimdokument über mein Leben. Eines Tages werde ich alles veröffentlichen. Oder in eine strahlungssichere Urne stecken, mit einem leicht zu entschlüsselnden Code, damit man eines Tages lesen kann, was ich geschrieben habe. Wenn ich es recht überlege, finde ich es ziemlich bedenklich, dieses Heft aufzubewahren.

Er hatte schon häufig notiert, dass er die linken Ideen vieler seiner Freunde, die Gegner der Diktatur waren, nicht teilte. Sätze wie »Es nützt nichts, dem Ganzen ein Ende zu machen und den Kommunismus einzuführen, das gäbe die gleiche Scheiße« oder »Zu den Waffen greifen war noch nie eine Lösung« fanden sich damals öfter in seinem Tagebuch. Doch das Land erlebte gerade den Gipfel an Repression und des bewaffneten Kampfes, und die Ausläufer der Repression erreichten selbst bloße Sympathisanten und ihre Freunde. Trotz der Pressezensur kamen auch ihm Nachrichten über brutale Gewaltakte der Regierung gegen Oppositionelle zu Ohren, und der Schatten der Sicherheitsorgane rückte von Tag zu Tag näher. Ein Freund wurde vom Geheimdienst verhaftet, nur weil er seinen Pass hatte verlängern lassen, um nach Chile zu reisen, das damals von dem Sozialisten Salvador Allende regiert wurde. Ein Jahr zuvor hatte Paulo vor Schreck fast das Herz stillgestanden, als er in der Zeitung las, dass ein ehemaliger Flirt von ihm, die schöne Nancy Unger, in Copacabana angeschossen und festgenommen worden war, nachdem sie sich ihrer Verhaftung widersetzt hatte. Nun erfuhr er, dass Nancy zusammen mit 69 anderen politischen Gefangenen des Landes verwiesen wurde, freigelassen im Austausch gegen den Schweizer Botschafter Giovanni Enrico Bucher, der von einem Kommando der Vanguarda Popular Revolucionária entführt worden war. Selbst wer nicht im bewaffneten Widerstand war, bekam die Repression zu spüren. Der von der Zensur verfolgte Komponist und Sänger Chico Buarque de Hollanda ging freiwillig ins Exil nach Italien. Den Musikern Gilberto Gil und Caetano Veloso, beide aus Bahia, wurde in einer Militärkaserne in Rio der Kopf kahlrasiert, danach gingen sie nach London ins Exil. Allmählich wurde Paulo auf das Militärregime wütend, doch nichts konnte ihn dazu bewegen, den Mund aufzumachen und öffentlich zu sagen, was er dachte. Hilflos, weil er nichts gegen ein Regime tun konnte, das Menschen folterte und umbrachte, verfiel er in eine Depression.

Im September 1971 spürte das Militär Hauptmann Carlos Lamarca im Sertão von Bahia auf und brachte ihn um. Nachdem Paulo Auszüge aus dem Tagebuch des Guerilleros in der Zeitung gelesen hatte, schrieb er eine lange, bittere Klage, die sehr genau die Widersprüche spiegelt, mit denen er kämpfte. Und er gestand sich abermals ein, dass er aus einem einzigen Grund nichts über Politik schrieb: aus Angst. Hinter verschlossener Tür, in seinem Zimmer, jammerte er sich aus:

Ich lebe in einem schrecklichen, SCHRECKLICHEN! Klima. Ich habe das Gefühl, es gibt überhaupt nur noch Verhaftungen und Folter, keine Freiheit mehr. Meine Berufssparte steht unter idiotischer, beschissener Zensur.

Ich habe Lamarcas Tagebuch gelesen. Ich hatte ihn lediglich bewundert, weil er für seine Ideen gekämpft hat. Aber wenn ich heute die widerwärtigen Kommentare in der Presse lese, möchte ich am liebsten laut schreien vor Wut. Und dann entdeckte ich in seinem Tagebuch, dass es in seinem Leben eine große, sehr romantische Liebe gab, die in der Presse als »die Abhängigkeit des Terroristen von seiner Geliebten« apostrophiert wurde. Ich habe einen äußerst selbstkritischen, sich selbst gegenüber superehrlichen Mann entdeckt, auch wenn er für eine in meinen Augen falsche Idee gekämpft hat.

Die Regierung lässt foltern, und ich habe Angst, Angst

auch vor den Schmerzen. Ich habe Herzklopfen, denn diese Zeilen sind kompromittierend. Aber ich muss schreiben, es ist alles Scheiße. Alle, die ich kenne, sind schon einmal verhaftet oder sogar zusammengeschlagen worden. Und dabei waren alle schuldlos.

Ich denke immer, dass sie irgendwann dieses Zimmer durchsuchen werden und dann mein Tagebuch finden. Aber der heilige Joseph beschützt mich. Nachdem ich jetzt diese Zeilen geschrieben habe, weiß ich, dass ich ständig auf der Hut sein werde, aber so konnte es nicht weitergehen. Ich musste es mir von der Seele schreiben. Ich tippe es auf der Maschine, das geht schneller. Es muss schnell gehen. Je schneller dieses Heft aus meinem Zimmer verschwindet, umso besser. Ich habe große Angst vor körperlichem Schmerz. Ich habe Angst, noch einmal verhaftet zu werden, so wie damals. Das will ich nie wieder erleben, deshalb denke ich möglichst noch nicht einmal an Politik. Ich könnte nicht Widerstand leisten. Aber ich leiste Widerstand.

Bis heute, den 21. September 1971, hatte ich Angst. Aber heute ist ein historischer Tag – vielleicht sind es auch nur ein paar historische Stunden. Ich befreie mich aus dem Gefängnis, das ich mir selbst gebaut habe.

Es ist mir sehr schwergefallen, diese Zeilen zu schreiben. Ich betone das noch einmal, damit ich mich nicht täusche, wenn ich in dreißig Jahren in diesem Tagebuch über die Zeit nachlesen will, in der ich heute lebe. Aber jetzt ist es passiert. Der Würfel ist gefallen.

Dabei wusste Paulo, dass sein Widerstand gegen das Regime niemals über das Papier hinausgehen würde, und das stürzte ihn erneut in depressive Krisen und Einsamkeitsgefühle. Er verkroch sich tagelang in dem Zimmer über der Garage der Großmutter, rauchte Marihuana und versuchte, endlich das lang erträumte Buch zu schreiben. Oder wenigstens ein Theaterstück, einen Essay. Notizblöcke voller Ideen für alle diese Genres lagen bereit, aber irgendetwas fehlte – innere Bereitschaft? Inspiration? –, und wenn es Abend wurde, hatte er noch immer keine einzige Zeile zu Papier gebracht. Er unterrichtete drei Stunden im Vorbereitungskurs und fuhr zur Theaterschule. Er ging hinein, unterhielt sich mit ein paar Leuten, und weil er das Ganze immer langweiliger fand, saß er irgendwann allein in einer Eckkneipe neben der Schule, trank Kaffee, rauchte eine Continental mit Filter nach der anderen und schrieb ganze Heftseiten mit Notizen voll.

An einem solchen Abend erschien ein Mädchen – Minirock, hohe Stiefel und eine schwarze Mähne, die ihr weit über die Schultern herabfiel –, setzte sich neben ihn an den Tresen, bestellte einen Kaffee und fing an zu reden. Es war die frischgebackene Architektin Adalgisa Eliana Rios de Magalhães, genannt Gisa, aus Alfenas im Bundesstaat Minas Gerais und zwei Jahre älter als Paulo. Sie war zum Studium nach Rio gekommen und verdiente sich jetzt ihr Geld mit Projekten für die Banco Nacional de Habitação, die staatliche Wohnungsbaukreditanstalt, doch am liebsten zeichnete sie Comics. Gisa war schlank wie ein Mannequin und hatte ein exotisches Gesicht, mit melancholischen schwarzen Augen und vollen, sinnlichen Lippen. Sie unterhielten sich eine Weile, tauschten Telefonnummern aus und verabschiedeten sich dann. Wie der

Fuchs angesichts unerreichbarer Trauben begrub Paulo wieder einmal mit wenigen Worten jede Aussicht darauf, dass aus der Begegnung etwas mehr entstehen könnte, indem er abschätzig notierte: »Sie ist hässlich und hat keinen Sex-Appeal.«

Im Gegensatz zu ihm hatte Gisa – was Paulo niemals erfuhr – aktiv im Widerstand gegen das Militärregime mitgearbeitet, auch wenn sie nicht bei bewaffneten Aktionen oder anderen gefährlichen Einsätzen dabei gewesen war. Im Sprachgebrauch des Regimes galt sie deshalb als *Subversive,* aber nicht als *Terroristin.* Seit Beginn ihres Architekturstudiums 1965 hatte sie sich in Zellen verschiedener Linksgruppierungen in der Studentenbewegung bewegt. Über die Studentenvertretung Diretório Acadêmico wurde sie zunächst Mitglied der Kommunistischen Partei Brasiliens PC do B und hatte die Aufgabe, bei Studentenversammlungen die marxistische Zeitschrift *Voz Operária* (Arbeiterstimme) zu verteilen. Sie verließ die Partei zusammen mit der Gruppe Dissidência da Guanabara, einer Organisation, die sich 1969 in Movimento Revolucionário 8 de Outubro oder einfach MR-8 umbenannte und an der Entführung des amerikanischen Botschafters Charles Elbrick beteiligt war. Zwar hatte Gisa niemals eine Führungsposition inne, aber sie war aktiv.

Obwohl Paulo sich nach der ersten Begegnung so verächtlich über sie geäußert hatte, trafen sie sich fortan jeden Abend in dem Lokal neben der Theaterschule. Eine Woche später begleitete er sie bis vor die Haustür in der Straße Praia de Flamengo, wo sie mit ihrem Bruder José Reinaldo wohnte. Sie lud ihn ein, mit nach oben zu kommen, wo sie bis spät in die Nacht Musik hörten und Marihuana rauchten. Als der Bruder nachts um zwei nach Hause kam, überraschte er sie nackt auf dem Teppich im Wohnzimmer. Gisa machte mit ihrem bisherigen Freund Schluss, denn Paulo und sie hatten beschlossen zusammenzuziehen. Doch mussten sie noch drei Wochen damit warten, denn so lange dauerte es, bis Gisa ihren Bruder aus dem kleinen Apartment hinauskomplimentiert hatte. In der ersten Nacht, die sie unter demselben Dach verbrachten, schlug Paulo vor, anderthalb Monate später, am Tag vor Weihnachten, zu heiraten. Gisa war einverstanden, obwohl sie etwas erstaunt war, wie schnell Paulo mit Sack und Pack bei ihr eingezogen war – und sich sehr über seine Angewohnheit wunderte, in der Wohnung immer nackt herumzulaufen.

Dona Lygia, die vielleicht hoffte, die Heirat würde ihren Sohn zur Vernunft bringen, reagierte freudig wie immer. Am 22. November, drei Monate nach dem ersten Blickwechsel zwischen den beiden, hieß es im Tagebuch: »Gisa ist schwanger. Wenn es so ist, dann werden wir das Kind bekommen.« Dass es den Sternen zufolge ein Junge im Zeichen des Löwen werden sollte, freute ihn umso mehr. »Mit der Geburt dieses Kindes werden meine Kräfte neu erstarken«, jubelte er. »In den nächsten acht Monaten werde ich mich doppelt anstrengen, um endlich etwas zustande zu bringen.«

Doch der Traum währte keine Woche. Paulo bekam kalte Füße und sah ein, dass es ein kompletter Wahnsinn wäre, unter den gegebenen Umständen ein Kind in die Welt zu setzen – ohne feste Arbeit, ohne richtigen Beruf und außerstande, eine Familie zu ernähren. Also blieb als Lösung nur die Abtreibung. Als Erstes sprach er mit seiner Mutter – nicht mit Gisa! – darüber. Sie reagierte nicht wie erwartet wie eine erzkonservative Katholikin, sondern teilte seine Ansicht, dass jetzt nicht der richtige Zeitpunkt für ein Baby war. Gisa sträubte sich lange, sah aber schließlich ein, dass es tatsächlich unverantwortlich wäre, das Kind zu bekommen. Über Freunde fanden sie eine auf Abtreibungen spezialisierte Klinik – eine Geheimadresse, versteht sich, denn Abtreibungen waren verboten. Der Eingriff wurde auf Donnerstag, den 9. Dezember 1971, festgesetzt. Paulo und Gisa machten in der Nacht davor kein Auge zu. Am Morgen standen sie schweigend auf, duschten und stiegen draußen in ein Taxi. Punkt sieben Uhr trafen sie wie vereinbart in der Klinik ein.

Zu ihrem Erstaunen befanden sich dort rund dreißig Frauen, die meisten noch sehr jung, viele in Begleitung ihrer Ehemänner oder Freunde, alle mit Leichenbittermiene. Die Frauen mussten sich bei einer Krankenschwester anmelden, ein Bündel Geldscheine auf den Tisch legen – Schecks wurden nicht akzeptiert – und warten, bis sie aufgerufen wurden. Obwohl es genug Stühle gab, warteten die meisten lieber im Stehen. Fünf Minuten später wurde Gisa von einer weiteren Krankenschwester über eine gefliese Treppe ein Stockwerk höher geführt. Sie ging mit gesenktem Kopf, ohne sich zu verabschieden. Binnen wenigen Minuten waren alle Frauen aufgerufen, im Wartezimmer blieben nur Männer zurück. Paulo setzte sich auf einen Stuhl und zückte ein Notizheft. Er schrieb in ganz kleiner Schrift, damit seine Leidensgenossen das Geschriebene nicht lesen konnten. Bewusst oder unbewusst versuchte jeder seine Unruhe zu kaschieren. Der Mann auf dem Stuhl zu Paulos Rechten krümelte vor jeder neuen Zigarette die Hälfte des Tabaks in den Aschenbecher, ein anderer blätterte geistesabwesend in einer Zeitschrift, und Paulo blinzelte ständig. Trotz seines Ticks wirkte er nicht nervös. Doch hatte er plötzlich das unangenehme Gefühl, ganz klein zu sein, als wäre er in Sekundenschnelle geschrumpft. Aus zwei Lautsprechern kam leise Musik, und obwohl keiner richtig zuhörte, wippten alle mit den Füßen im Takt oder trommelten mit den Fingern auf ihr Schlüsselbund. Paulo notierte in seinem Tagebuch: »Alle versuchen sich irgendwie zu beschäftigen, denn der Befehl des Unterbewusstseins ist klar: Nicht an das denken, was oben passiert.« Alle schauten immer wieder zu der Uhr an der Wand, und jedes Mal, wenn Schritte ertönten, drehten alle den Kopf zur Treppe hin. Zwischendurch klagte einer, wie langsam die Zeit vergehe. Ein paar versuchten sich abzulenken, indem sie sich leise über Fußball unterhielten. Paulo beobachtete nur und schrieb:

Neben mir beschwert sich einer, dass es so lange dauert und dass er sein Auto nicht rechtzeitig in der Werkstatt abholen kann. Aber in Wirklichkeit denkt er überhaupt nicht an sein Auto, er markiert damit nur den starken Mann. Ich lächele und lese in seinem Kopf: Oben liegt seine Frau mit gespreizten Beinen, und der Arzt nimmt die Zange, schneidet ab, schabt aus und stopft zum Schluss Watte rein. Er weiß, dass ich es weiß, wendet sich ab und schweigt, atmet ganz flach.

Um halb neun Uhr morgens war die Hälfte der Frauen wieder fort, aber von Gisa keine Spur. Paulo ging in ein Café an der Ecke, trank einen Kaffee, rauchte eine Zigarette und kehrte zurück, ungeduldig und in Sorge, bei seiner Freundin sei etwas schiefgegangen. Noch eine Stunde verging. Um halb zehn griff er ruckartig nach dem Stift in seiner Tasche und schrieb: »Eben ist es passiert, ich habe es gespürt. Mein

Kind ist in die Ewigkeit eingegangen, die es niemals verlassen hat.«

Auf einmal kam irgendwoher plötzlich ein Laut, den hier bestimmt niemand erwartet hatte: das gesunde, schrille Schreien eines Babys, und unmittelbar darauf der erstaunte Ausruf eines Scherzbolds im Wartezimmer: »Es lebt!« Für einen Moment befreit von Schmerz, Trauer und der Angst, in der sie gemeinsam an diesem düsteren Ort verharrten, brachen alle spontan in ein unbeherrschtes, wildes Gelächter aus. Gerade als sie sich wieder gefasst hatten, hörte Paulo Schritte auf der Treppe: Es war Gisa, bleich, wie er sie noch nie gesehen hatte, mit tiefen dunklen Ringen unter den Augen, von der Narkose noch halb benebelt. Auf der Rückfahrt bat Paulo den Taxifahrer, möglichst langsam zu fahren, denn »meine Freundin hat sich am Fuß verletzt und hat große Schmerzen«.

Gisa schlief den ganzen Nachmittag, und als sie erwachte, fing sie an zu weinen und hörte nicht mehr auf. Schluchzend erzählte sie, wie sie vor der Narkose am liebsten weggelaufen wäre: »Der Arzt hat einen Zylinder in mich hineingeschoben und ein Kind herausgeholt, das ganz gesund zur Welt gekommen wäre. Und jetzt verfault unser Kind irgendwo, Paulo …«

Keiner von beiden konnte schlafen. Es war spät in der Nacht, als sie sich behutsam dem Schreibtisch näherte, an dem er seine Notizen machte:

»Es ist mir peinlich, aber ich muss jetzt die Tamponade wechseln. Ich glaube, ich schaffe es allein, aber wenn es sehr weh tut, kommst du dann ins Badezimmer und hilfst mir?«

Er antwortete lächelnd: »Ja, natürlich«, doch kaum hatte sich die Badezimmertür geschlossen, flehte Paulo tausendfach zum heiligen Joseph, er möge ihm dies ersparen. »Vergib mir meine Feigheit, mein heiliger Joseph«, murmelte er, den Blick gen Himmel gerichtet, »aber die Tamponade nach Gisas Abtreibung wechseln, das ertrage ich nicht. Nie und nimmer!« Zu seiner Erleichterung betätigte Gisa kurz darauf die Spülung und legte sich wieder ins Bett. Seit sie die Abtreibungsklinik verlassen hatte, weinte Gisa ununterbrochen. Am Samstag, als es ihr scheinbar etwas besser ging, fuhr Paulo am Nachmittag zu der Schule, wo er unterrichtete. Als er am Abend zurückkam, begegnete er Gisa an der Bushaltestelle vor dem Haus. Erst als sie wieder oben in der Wohnung waren, und nach langem Drängen gestand Gisa, warum sie das Haus verlassen hatte:

»Ich wollte sterben.«

Paulos Reaktion war verblüffend. Mit ernstem Gesicht, damit klar war, dass er es auch wirklich so meinte, antwortete er wie aus der Pistole geschossen:

»Das ist aber sehr ärgerlich, dass ich ein so wichtiges Vorhaben durchkreuzt habe. Wenn du wirklich sterben willst, dann los, bring dich um.«

Aber sie hatte keinen Mut mehr. In der dritten schlaflosen Nacht schluchzte Gisa erneut und Paulo redete ohne Unterlass. Er erklärte, sie habe keine Wahl: War der Todesengel erst einmal zur Erde gerufen worden, kehrte er erst zurück, wenn er eine Seele mitnehmen konnte. Es helfe nichts, einen Rückzieher zu machen, der Engel werde sie ewig verfolgen, und selbst wenn sie gar nicht sterben wolle, könne er sie töten, sie zum Beispiel von einem Auto überfahren lassen. Er berichtete von seiner Begegnung mit dem Todesengel, als er einer Ziege die Kehle durchschneiden musste, um nicht sein eigenes Leben herzugeben. Das war die Lösung, sich mit dem Engel messen:

»Du musst ihn herausfordern. Tu, was du dir vorgenommen hattest, versuch dich umzubringen, aber hoffe darauf, dass du mit dem Leben davonkommst.«

Als Gisa erschöpft die Augen schloss, notierte er rasch, wie er darüber wirklich dachte:

Ich weiß, dass Gisa nicht sterben wird, aber sie weiß es nicht, und sie braucht Gewissheit. So oder so muss man dem Engel eine Antwort geben. Vor ein paar Tagen hat sich unsere Freundin Lola den ganzen Körper mit Rasierklingen aufgeschnitten, wurde aber im letzten Moment gerettet. Neuerdings versuchen viele Leute, sich das Leben zu nehmen. Aber nur wenige schaffen es auch, und das ist gut, denn sie sind mit dem Leben davongekommen und haben eine Person in sich getötet, die sie nicht mochten.

Diese makabre Theorie war nicht einfach nur Paulos kranker Phantasie entsprungen, sondern wissenschaftlich untermauert von einem Psychiater, bei dem er regelmäßig in Behandlung war und den er in seinem Tagebuch »Dr. Sombra«, »Dr. Schatten«, nannte. Im Kern bestand Dr. Sombras Ansatz darin, das Trauma des Patienten zu verstärken, genau wie Paulo es mit Gisa versucht hatte. Sombra zufolge konnte kein Mensch mit konventionellen Methoden geheilt werden. »Wenn man nicht mehr ein noch aus weiß und meint, die Welt sei viel stärker, dann bleibt einem nur der Selbstmord«, sagte er seinen Patienten. Und genau darin lag für Paulo die Genialität seiner These:

»Man kommt völlig am Boden zerstört aus der Praxis. Dann

erst wird einem klar, dass man nichts mehr zu verlieren hat, und man tut Dinge, die man unter anderen Umständen nie gewagt hätte. Kurzum, Dr. Sombras Methode ist wirklich die einzige in Sachen Unterbewusstsein, in die ich ein gewisses Vertrauen habe. Sie heilt durch Verzweiflung.«

Am nächsten Morgen, einem strahlend sonnigen Sommersonntag, zog Gisa wortlos ihren Badeanzug an, holte ein Gläschen mit Schlafmittel aus dem Medizinschränkchen – es sah aus wie das Mittel Orap, das Paulo seit seinem ersten Klinikaufenthalt nahm –, kippte sich den Inhalt in den Mund und trank ein Glas Wasser hinterher. Gemeinsam verließen sie das Haus, Gisa auf wackligen Beinen, und gingen an den Strand. Paulo blieb auf der Promenade stehen, während Gisa ins Wasser watete und losschwamm. Obwohl er wusste, dass sie mit so vielen Pillen im Leib es kaum schaffen konnte, wieder zurückzuschwimmen, blieb er stehen und sah zu, wie sie sehr bald zu einem schwarzen Punkt wurde, der zwischen den Reflexen der Sonne auf dem Wasser verschwand. Und sich immer weiter entfernte. »Ich bekam Angst, am liebsten hätte ich nachgegeben, sie gerufen, ihr nachgerufen, sie solle es nicht tun«, schrieb er später, »aber ich wusste, dass Gisa nicht sterben würde.« Zwei Männer, die am Strand Yoga machten, sprachen ihn besorgt an: »Wollen Sie nicht einen Rettungsschwimmer alarmieren? Das Wasser ist eiskalt, und wenn sie einen Krampf kriegt, schafft sie es nicht zurück.«

Paulo beruhigte sie lächelnd mit einer Lüge:

»Nicht nötig, sie ist Profischwimmerin.«

Eine halbe Stunde später, als sich auf der Promenade schon ein kleiner Menschenauflauf gebildet hatte, weil alle mit einer Tragödie rechneten, kehrte Gisa endlich um. Kaum hatte sie, bleich wie ein Gespenst, einen Fuß auf den Strand gesetzt, erbrach sie lange, die Muskeln im Gesicht und in den Armen ganz steif vom kalten Wasser und der Überdosis Medikamente. Paulo stützte sie auf dem Weg nach Hause, dann hielt er in seinem Tagebuch die »Heilung durch Verzweiflung« fest:

Ich überlege: Mit wem wird sich der Todesengel dieses Mal begnügt haben, da ich ja Gisa in den Armen halte? Sie hat geweint und war ganz erschöpft, schließlich hatte sie acht Tabletten geschluckt. Wir sind nach Hause gegangen, und sie ist noch auf dem Teppich eingeschlafen, war beim Aufwachen aber ganz verändert, ihre Augen glänzten stärker. Wir sind längere Zeit aus Angst vor Ansteckung nicht aus dem Haus gegangen. Die Selbstmordepidemie grassiert schlimmer denn je.

Wer in den Monaten vor Gisas Selbstmordversuch Paulos Tagebücher gelesen hätte, der hätte sich über sein ungeheuerliches Verhalten nicht gewundert. Seit er zum ersten Mal – durch Molineros Buch – mit dem Thema in Berührung gekommen war, hatte er sich intensiv mit Okkultismus und Hexerei beschäftigt. Es ging nicht mehr nur darum, zu Zigeunerinnen, Candomblé-Priestern, Kartenlegerinnen und Tarot-Experten zu gehen. Irgendwann war er zu dem Schluss gekommen, dass der »Okkultismus meine einzige Hoffnung ist, der einzige Ausweg weit und breit«. Als hätte er den alten Traum von der Schriftstellerei aufgegeben, wandte er jetzt all seine Energie darauf, »tief in die Magie einzutauchen, als letztes Mittel gegen meine Verzweiflung«. Alles, was mit Zauberern, Hexen und okkulten Mächten zu tun hatte, verschlang er begierig. Im Bücherregal der Wohnung, die er sich mit Gisa teilte, wichen die Bücher von Borges und Henry Miller nun Werken mit Titeln wie *O Dom da Profecia* (Die Gabe der Hellseherei), *Livro do Juizo Final* (Das Buch über das Jüngste Gericht), *Levitação* (Levitation) und *O Poder Secreto da Mente* (Die geheime Macht des Geistes). Immer wieder fuhr er nach Ibiapas, einer Kleinstadt, hundert Kilometer von Rio entfernt, und ließ sich dort von einem »Pajé Katunda« (Medizinmann Katunda) genannten Mann mit reinigenden Bädern in schwarzem Schlamm behandeln. Und von einer solchen Reise stammt Paulos erster Eintrag, mit dem er sich die Fähigkeit bescheinigt, auf die Elemente der Natur Einfluss zu nehmen. »Ich habe ein Gewitter bestellt«, schrieb er, »und dann brach ein Gewitter los, wie ich es noch nie erlebt hatte.« Doch nicht immer funktionierten die übernatürlichen Kräfte. »Ich habe vergeblich versucht, Wind zu rufen«, schrieb er wenig später, »und bin schließlich enttäuscht nach Hause gegangen.« Ein anderes Mal versuchte er vergeblich, einen Gegenstand allein kraft seiner Gedanken zu zerbrechen: »Gestern haben Gisa und ich versucht, mit unserem Geist einen Aschenbecher zu zerbrechen, es aber nicht geschafft. Aber als wir dann beim Mittagessen saßen, da kam doch tatsächlich die Haushilfe und sagte, der Aschenbecher sei kaputt. Ein irres Erlebnis.«

Sekten faszinierten Paulo ebenfalls. Ganz gleich, ob es die Kinder Gottes oder Hare Krishna waren, Anhänger der Satanischen Bibel oder der Satanskirche, die er auf der Amerikareise kennengelernt hatte. Die Sekte brauchte nur einen Hauch von Übernatürlichem – oder Schwefel, je nachdem – zu verbreiten, schon weckte sie sein Interesse. Ganz zu schweigen von den unzähligen Grüppchen, die sich für Außerirdische begeisterten oder fliegende Untertassen jagten. Er beschäftigte sich so intensiv mit Esoterik, dass man ihm anbot, für die Zeitschrift *A Pomba* zu schreiben. Die Zeitschrift, die bei PosterGraph erschien, einem kleinen, auf die Underground-Kultur und den Druck von politischen Postern spezialisierten Verlag, brachte eine Mischung aus Artikeln und Interviews zu Themen, für die sich die Hippiegemeinde interessierte: Drogen, Rockmusik, Halluzinationen und übernatürliche Erlebnisse. Jede der schwarzweiß gedruckten Ausgaben enthielt einen Fotoessay mit einer nackten Frau, so wie in den Herrenmagazinen, nur mit dem Unterschied, dass die Models aussahen, als hätte man sie unter den im Verlagsgebäude arbeitenden Frauen ausgesucht. Und wie Dutzende ähnlicher Publikationen hatte auch *A Pomba* keine Breitenwirkung, besaß aber wohl ein Stammpublikum, denn immerhin konnte sie sich sieben Monate halten. Für die Hälfte dessen, was er in der Schule erhielt, nahm Paulo die Stelle bei der Zeitschrift als Mädchen für alles an: Er legte Themen fest, führte Interviews, schrieb Essays. Den graphischen Teil – Layout, Illustrationen und Fotografien – übernahm Gisa. Offenbar mit Erfolg, denn nachdem zwei Nummern unter Paulos Verantwortung erschienen waren, akzeptierte der PosterGraph-Verleger Eduardo Prado seinen Vorschlag, eine zweite Publikation herauszubringen, die den Titel *2001* erhielt. Da Paulo nun für zwei Zeitschriften verantwortlich war, bekam er auch das doppelte Gehalt, musste aber den Unterricht im Vorbereitungskurs aufgeben.

Bei seinen Recherchen zu einer Reportage über die Apokalypse erhielt Paulo den Hinweis auf einen gewissen Marcelo Ramos Motta, der sich selbst »Erbe des Großen Tiers von Brasilien« nannte. An die in esoterischen Zirkeln üblichen phantasievollen Verkleidungen gewöhnt, war Paulo erstaunt, dass sein Interviewpartner ihn nicht, wie erwartet, in einem schwarzen Umhang mit einem Dreizack in der Hand empfing, sondern in einem eleganten marineblauen Anzug, weißem Hemd, Seidenkrawatte und schwarzen Lackschuhen. Motta lebte in einer einfachen, nüchternen Wohnung, klassisch möbliert, Regale voller Bücher. Das einzig Auffällige war, dass sie alle mit dem gleichen braunen Papier eingeschlagen waren und auf dem Rücken eine handgeschriebene Nummer trugen. Er war sechzehn Jahre älter als Paulo, groß und schlank, mit dichtem schwarzen Bart – und einem merkwürdigen Blick. Auch seine Stimme klang hohl, als spräche er nicht normal, sondern versuchte, jemand anderen zu imitieren. Er lächelte nicht, forderte seinen Interviewer mit einer Handbewegung auf, sich zu setzen, und nahm dann ihm gegenüber Platz. Paulo zückte einen Notizblock und stellte, um das Eis zu brechen, eine erste Frage: »Warum sind alle Ihre Bücher in Papier eingeschlagen?«

Der Mann war offenbar nicht zu Smalltalk aufgelegt:

»Das geht Sie nichts an.«

Erschrocken über die barsche Antwort, fing Paulo an zu lachen:

»Entschuldigen Sie, ich wollte Sie nicht beleidigen, es war reine Neugier.«

Motta antwortete im gleichen schroffen Ton:

»Das ist nichts für Kinder.«

Paulo führte das Interview zu Ende, schrieb und veröffentlichte die Reportage, doch der seltsame Mann und seine Bibliothek mit den nummerierten Buchrücken ging ihm nicht aus dem Kopf. Nach mehrmaliger Weigerung war Motta schließlich bereit, ihn noch einmal zu empfangen, und legte die Karten auf den Tisch:

»Ich bin der internationale Leiter einer Gesellschaft, die sich A. A. nennt, Astrum Argentum.«

Er stand auf, holte aus dem Regal die Beatles-Platte *Sgt. Pepper's Lonely Hearts Club Band* und wies auf ein Gesicht in der großen Collage, die das Cover zierte. Es war ein älterer Mann mit Glatze, neben einem indischen Guru:

»Dieser Mann heißt Aleister Crowley, und wir tragen seine Ideen in die Welt. Informieren Sie sich erst einmal über ihn, dann können wir uns weiter unterhalten.«

Nachdem Paulo Bibliotheken und Antiquariate durchstöbert hatte, stellte er fest, dass es in Brasilien sehr wenig über den alten Mann gab, der auf dem Cover der Beatles-Platte neben Mae West, Mahatma Gandhi, Hitler, Jesus Christus und Elvis Presley abgebildet war.

Während er sich auf das nächste Gespräch mit dem geheimnisvollen Motta vorbereitete, kümmerte er sich mit Gisa um die beiden Zeitschriften. Da das knappe Budget nicht erlaubte, noch einen Mitarbeiter einzustellen, schrieb Paulo praktisch sämtliche Artikel selbst. Damit die Leserschaft nicht merkte, wie ärmlich die Redaktion ausgestattet war, benutzte Paulo neben seinem Namen diverse Pseudonyme. Eines Tages, zu Beginn des Jahres 1972, erschien ein Fremder in der Redaktion, einem bescheidenen Raum im zehnten Stock eines Bürogebäudes im Zentrum von Rio. Er trug einen glänzenden Anzug aus knitterfreiem Material und einen schmalen Schlips, in der Hand ein Diplomatenköfferchen und sagte, er wolle den »Redakteur Augusto Figueiredo« sprechen. Paulo brachte den Besucher zwar nicht sofort mit dem Anrufer in Verbindung, der ein paar Tage zuvor nach ebendiesem Augusto Figueiredo gefragt hatte, doch schon wurden alte Verfolgungsängste wach. Der Kerl sah ganz nach einem Polizisten aus, dachte er, wahrscheinlich war er wegen einer Denunziation – Drogen? – gekommen, und das Problem war, dass es gar keinen Augusto Figueiredo gab, denn Figueiredo war eins der Pseudonyme, mit denen Paulo seine Artikel unterschrieb. In Angst und Panik und trotzdem um Natürlichkeit bemüht, versuchte er, den Fremden möglichst schnell loszuwerden:

»Augusto ist nicht da. Soll ich ihm etwas ausrichten?«

»Nein, ich möchte ihn persönlich sprechen. Darf ich mich setzen und auf ihn warten?«

Ganz klar, der Typ kam wirklich von der Polizei. Er setzte sich an einen Tisch, griff nach einer alten *Pomba*-Nummer, steckte sich eine Zigarette an und fing an zu lesen, als hätte er alle Zeit der Welt. Nach einer Stunde saß er immer noch da. Er hatte sämtliche alten Nummern der Zeitschrift gelesen, machte aber nicht die geringsten Anstalten zu gehen. Paulo erinnerte sich an die Lehre aus seiner Kindheit, als er von der Brücke ins kalte Wasser springen musste. Am besten, man tritt die Flucht nach vorn an. Er beschloss, dem Polizisten reinen Wein einzuschenken, denn dass es ein Polizist war, davon war er fest überzeugt. Vorher jedoch sah er genau in allen Schubladen nach und vergewisserte sich, dass sich darin auch nicht der winzigste Rest einer Marihuanazigarette befand. Dann nahm er all seinen Mut zusammen und gestand heftig blinzelnd, dass er gelogen hatte:

»Sie müssen bitte entschuldigen, aber es gibt hier gar keinen Augusto Figueiredo. Den Artikel habe ich, Paulo Coelho, selbst geschrieben. Um welches Problem geht es?«

Worauf der Besucher lächelnd die langen Arme ausbreitete und mit starkem Bahia-Akzent sagte:

»Dann sind Sie ja der, den ich sprechen will. Sehr erfreut, mein Name ist Raul Seixas.«

14

Der Dämon und Paulo

Zum Beweis, dass er es ehrlich meint, verspricht Paulo dem Dämon, sechs Monate lang weder die Namen von Heiligen auszusprechen noch zu beten.

Abgesehen davon, dass sie sich beide für fliegende Untertassen interessierten und miserable Schüler gewesen waren, hatten Raul Seixas und Paulo Coelho wenig gemeinsam. Der Erste arbeitete als Musikproduzent für die internationale Plattenfirma CBS, hatte einen ordentlichen Haarschnitt und trug immer Jackett, Schlips, in der Hand ein Diplomatenköfferchen. Er hatte noch nie Drogen genommen, nicht einmal einen Zug von einem Joint. Der andere hatte ungekämmtes Haar bis auf die Schultern und trug Hüfthosen, Riemensandalen, Halsketten, eine achteckige Brille mit lila Gläsern – und war meistens high. Raul hatte eine feste Adresse, war verheiratet und Vater der zweijährigen Simone. Paulo dagegen lebte in Gruppen, deren Mitglieder ständig wechselten. Seit ein paar Monaten bestand seine Familie nur noch aus Gisa und Stella Paula, einem bildhübschen Hippiemädchen aus Ipanema, das vom Okkultismus und allem Jenseitigen genauso fasziniert war wie er. Und was Bildung betraf, war der Unterschied zwischen ihnen noch viel deutlicher. Mit seinen fünfundzwanzig Jahren hatte Paulo über fünfhundert Bücher gelesen – und außerdem kommentiert und mit Sternen benotet –, und er schrieb gewandt und flüssig. Raul hatte zwar in der Kindheit die Bücher seines Vaters, eines Eisenbahners und Gelegenheitsdichters, um sich gehabt, doch konnte man ihn nicht gerade als leidenschaftlichen Leser bezeichnen. Ein Datum jedoch war in ihrer beider Biographie gleichermaßen wichtig, wenn auch mit ganz anderen Vorzeichen. Am 28. Juni 1967, als Paulo unter Betäubung zum dritten Mal in der Klinik Dr. Eiras eingeliefert wurde, feierte Raul seinen zweiundzwanzigsten Geburtstag und heiratete in seiner Heimatstadt Salvador da Bahia die amerikanische Studentin Edith Wisner. Beide glaubten sie an Astrologie, und hätten sie die Konstellation ihrer Sterne miteinander verglichen, dann hätten sie festgestellt, dass sich ihren Horoskopen zumindest eine sichere Vorhersage entnehmen ließ: Ganz gleich, was sie sich vornahmen, es war ihnen vorherbestimmt, damit viel Geld zu verdienen.

Als Raul Seixas in sein Leben trat, steckte Paulo Coelho bis über beide Ohren in der hermetischen und gefährlichen Welt des Satanismus. Er war immer wieder zu Marcelo Ramos Motta gegangen, und nachdem er gewichtige Lehrbücher über Drudenfüße, die Kabbala, über magische und astrologische Systeme verschlungen hatte, konnte er sich das Werk des auf dem Cover der Beatles-Platte abgebildeten Glatzkopfes vornehmen und ein wenig davon verstehen. Der in der letzten Stunde des 12. Oktober 1875 im englischen Leamington geborene Aleister Crowley war 23 Jahre alt, als er nach eigener Aussage in Kairo ein Wesen empfing, das ihm das *Liber AL Vel Legis* übermittelte, das »Buch des Gesetzes von Thelema« oder, wie es später genannt wurde, einfach *Liber Oz*, sein erstes und wichtigstes mystisches Werk.

Das Gesetz von Thelema verkündete den Beginn eines Zeitalters, in dem der Mensch frei seinen wahren Willen verwirklichen könne, nach der Devise »Tu, was du willst, soll sein das ganze Gesetz«, worin Crowleys Anhänger die Grundlage allen Handelns sahen. Um diese Stufe zu erreichen, wurden die sexuelle Befreiung, Drogenkonsum und Wiederbesinnung auf orientalische Weisheiten propagiert. 1912 trat Crowley der Sekte Ordo Templi Orientis (O. T. O., Orden der Tempelritter des Orients) bei, einer freimaurerähnlichen Organisation von mystisch-magischer Färbung, und wurde schon bald ihr Leiter und wichtigster Theoretiker. Der englische Magier, der sich selbst »Das Große Tier« nannte, gründete in Cefalù auf Sizilien eine Abtei, wurde aber 1923 von der Mussolini-Regierung beschuldigt, Orgien zu veranstalten, und aus Italien ausgewiesen. Zu seinen Anhängern zählte auch der portugiesische Dichter Fernando Pessoa, der sich ebenfalls mit Astrologie beschäftigte, er führte sogar mit Crowley einen Briefwechsel über Horoskope. Im Zweiten Weltkrieg beauftragte ihn der Schriftsteller Ian Fleming, Schöpfer der Romanfigur James Bond und damals Geheimdienstoffizier der britischen Marine, den Engländern Tipps zu geben, wie die abergläubischen und mystischen Neigungen der Naziführer zugunsten der Alliierten genutzt werden könnten. Und laut Fleming war es angeblich Aleister Crowley, der Winston Churchill vorschlug, als Symbol das V von *victory* (Sieg) zu verwenden – in Wirklichkeit ein Zeichen für den Gott der Zerstörung und Vernichtung mit Namen Apophis-Typhon, der den Energien des Hakenkreuzes der Nazis überlegen sei.

In der Welt der Musik wurden nicht nur die Beatles – diese allerdings nur für kurze Zeit – zu Thelemiten, wie sich Crowleys Anhänger nannten. Seine Satanstheorien lockten diverse Rockbands und Sänger wie zum Beispiel Black Sabbath, Iron Maiden und Ozzy Osbourne an (der den Klassiker *Mr. Crowley* komponierte). Das berühmte Boleskine House, in dem Crowley ein paar Jahre gewohnt hatte, kaufte später Jimmy Page, der Gitarrist von Led Zeppelin. Die Ideen des englischen »Großen Tiers« inspirierten auch zu grauenhaften Tragödien: Im August 1969 richtete sein amerikanischer Jünger Charles Manson zusammen mit anderen in einer Villa im kalifornischen Malibu ein Blutbad an. Unter den vier mit Schüssen, Messerstichen und Knüppelschlägen ermordeten Opfern war auch die junge Schauspielerin Sharon Tate, die von ihrem Mann, dem Regisseur Roman Polanski, ein Kind erwartete.

Paulo war von den mystischen Texten und übernatürlichen Praktiken so vergiftet, dass ihn selbst solche Greueltaten wie die von Manson begangene offenbar nicht zur Besinnung kommen ließen. Sharon Tates Mörder wurde von den Geschworenen als »der bösartigste und teuflischste Mensch, der je auf Erden gewandelt ist« bezeichnet und zum Tode verurteilt, später wurde das Strafmaß in lebenslänglich umgewandelt. Als Paulo davon las, notierte er: »Heutzutage wird mit den seltsamsten Waffen Krieg geführt. Mit Drogen, Religion, sogar mit Mode … Das ist etwas, wogegen man nicht ankämpfen kann. So gesehen, ist Charles Manson ein gekreuzigter Märtyrer.«

Bevor er Paulo kennenlernte, hatte Raul weder von Crowley noch von Astrum Argentum, von O. T. O. oder *Liber Oz* gehört. Er las gern etwas über fliegende Untertassen, doch seine Passion war die Musik, genauer Rock 'n' Roll, zu dem Paulo nur eine oberflächliche Beziehung hatte – er hörte gern Elvis Presley, kannte die Namen der berühmtesten Rockbands, und damit hatte es sich. Wegen seiner Rockleidenschaft hatte Raul das zweite Gymnasialjahr im Colégio São Bento in Salvador zweimal wiederholen müssen, und mit achtzehn war er mit seiner Band Os Panteras ziemlich erfolgreich in der Provinz von Bahia aufgetreten. Auf Betreiben seines künftigen Schwiegervaters, eines amerikanischen protestantischen Pastors, hatte er dann allerdings seine durchaus vielversprechende künstlerische Laufbahn aufgegeben und war in die Schule zurückgekehrt. In einem Spezialkurs holte er die verlorene Zeit nach und bestand dann als einer der Besten die Aufnahmeprüfung für die Juristische Fakultät. »Ich wollte meiner Familie und allen anderen nur beweisen, wie einfach es ist, zu lernen und Prüfungen zu bestehen«, sagte er viele Jahre später, »denn mir war das überhaupt nicht wichtig.« In den ersten Ehemonaten verdiente Raul den Lebensunterhalt mit Gitarren- und Englischunterricht. Die Sprache war ihm nicht nur durch Ediths Herkunft vertraut. Nachdem man Ende der dreißiger Jahre in Lobato, einem Stadtteil von Salvador de Bahia, die ersten Erdölvorkommen entdeckt hatte, strömten Techniker, Geologen und Ingenieure in solchen Scharen aus den USA nach Salvador, dass Englisch in gewissen Kreisen bald »in« war.

Keine drei Monate nach seiner Heirat mit Edith wurde der Musiker in Raul in Versuchung geführt. Im Oktober 1967 kam der Sänger Jerry Adriani nach Salvador, wo er zusammen mit der Bossa-Nova-Muse Nara Leão und dem populären Humoristen Chico Anysio in dem pikfeinen Clube Baiano de Tênis auftreten sollte. Adriani, zum nationalen Star der Jovem Guarda (»Neue Generation«) erhoben, galt zwar anspruchsvolleren Hörern als Schnulzensänger, hatte aber bei der Jugend großen Erfolg. Am Tag seines Auftritts kam ein Mitarbeiter des Klubs zu dem Sänger ins Hotel und teilte ihm mit, dass seine Darbietung aus dem folgenden Grund gestrichen sei: »In der Band, die Sie engagiert haben, sind mehrere Schwarze, und Schwarze haben im Clube Baiano keinen Zutritt.«

Zwar war seit 1951 die Lex Afonso Arinos in Kraft, das Gesetz, das Rassendiskriminierung unter Strafe stellte, doch »ein Schwarzer hatte nicht mal durch die Küchentür Zutritt zum Baiano«, wie es Jahre später in dem Lied *Tradição* des berühmten Komponisten, Sängers und späteren Kulturministers Gilberto Gil hieß – selbst Mulatte und ebenfalls aus Bahia gebürtig. Besonders absurd wurde das Ganze dadurch, dass es sich um einen Klub im Bundesstaat Bahia handelte, dessen Bevölkerung zu mehr als siebzig Prozent aus Schwarzen und Farbigen besteht. Anstatt die Polizei zu rufen, wollte der für die Show verantwortliche Manager lieber eine andere Band engagieren. Als erste fiel ihm die aufgelöste Band Os Panteras von Raul Seixas ein, die sich in den letzten Monaten ihres Bestehens in The Panthers umbenannt hatte. Raul, den man zu Hause aus einem Mittagsschlaf holte, war begeistert von der Idee, seine Band zu neuem Leben zu erwecken, und machte sich auf die Suche nach seinen ehemaligen Mitmusikern: dem Bassisten Mariano Lanat, dem Gitarristen Perinho Albuquerque und dem Schlagzeuger Antônio Carlos Castro, Carleba genannt, allesamt weiß. Der improvisierte Auftritt klappte, die Panthers verließen die Klubbühne unter Applaus. Nach dem Konzert flüsterte Nara Leão Jerry Adriani ins Ohr: »Die Band, die dich begleitet hat, ist hervorragend. Du solltest die für dich engagieren.«

Als Raul noch am selben Abend das Angebot des Sängers erhielt, ihn mit seiner Band auf einer Tournee durch den Norden und Nordosten Brasiliens zu begleiten, die in der Woche darauf beginnen sollte, war er ganz aus dem Häuschen. Mit einem landesweit bekannten Künstler wie Jerry Adriani auf Tour zu gehen, eine solche Chance beschert einem das Schicksal nicht zweimal. Aber er wusste auch, dass er die Ehe mit Edith aufs Spiel setzte, wenn er das Angebot annahm, und das wollte er nicht riskieren. Darum lehnte er schweren Herzens ab:

»Es wäre eine große Ehre, aber wenn ich jetzt wegfahre, geht meine Ehe zu Bruch.«

Doch Jerry Adriani ließ sich nicht so schnell abwimmeln: »Wenn es so ist, kein Problem: Deine Frau ist Gast der Produktion, du nimmst sie mit auf die Tournee.«

Unter dem Namen Raulzito e os Panteras bereisten sie mit Adriani das Land. Die Tournee bescherte dem jungen Paar abwechslungsreiche und ungewöhnliche Flitterwochen und verlief so erfolgreich, dass Jerry Adriani am Ende der Tour Raul und seine Musiker dazu überredete, nach Rio umzuziehen und Profis zu werden. Anfang 1968 wohnten sie alle in Copacabana, zu einem Abenteuer bereit, das kein gutes Ende nehmen sollte. Zwar war es ihnen gelungen, für Odeon die LP *Raulzito e os Panteras* aufzunehmen, doch ansonsten waren ihre einzigen Arbeitsangebote die Auftritte als Begleitband von Jerry Adriani. Es gab Zeiten, da musste Raul sich von seinem Vater Geld leihen, um die Miete des Apartments zu bezahlen, in dem Edith und er mit den anderen Bandmitgliedern wohnten. Mit leeren Taschen nach Bahia zurückzukehren war hart für alle, vor allem für Raul, den Kopf der Band, doch sie hatten keine andere Wahl. Widerstrebend nahm er den Englischunterricht wieder auf und sah seine Karriere als Musiker eigentlich als beendet an, da kam ein Angebot von Evando Ribeiro, dem

Direktor der CBS, wieder in Rio zu arbeiten – nicht als Bandleader, sondern als Manager in der Musikproduktion. Den Tipp hatte ihm Jerry Adriani gegegeben, dem daran gelegen war, seinen Freund auf die Achse Rio–São Paulo zurückzuholen, dem Zentrum der brasilianischen Musikproduktion. Raul überlegte nicht lange. Er bat Edith, den Umzug zu organisieren, und ein paar Tage später saß er im Anzug und mit Krawatte im alten Zentrum von Rio, wo sich die Büroräume der CBS befanden. Nach wenigen Monaten war er Plattenproduzent von prominenten Musikern, allen voran Adriani.

Ende des Monats Mai im Jahr 1972 ging Raul die sieben Straßenblocks zwischen dem Gebäude der CBS und der Redaktion der Zeitschrift *Pomba* nicht nur, um dem nicht existenten Augusto Figueiredo zu seiner Reportage über Außerirdische zu gratulieren. In seinem Diplomatenköfferchen steckte ein von ihm selbst verfasster Artikel über fliegende Untertassen. Er erkundigte sich, ob man vielleicht an einer Veröffentlichung interessiert sei. Paulo nahm die Seiten höflich entgegen, versprach, den Artikel zu veröffentlichen und zog mit gewissen Hintergedanken das Gespräch über Ufologie und das Leben auf anderen Planeten in die Länge. Die Erwähnung des Namens CBS hatte in ihm niedere materielle Instinkte geweckt – wenn Raul *A Pomba* gefiel und er Manager bei einer multinationalen Firma war, dann konnte er doch wohl für Anzeigen der Plattenfirma in Paulos Zeitschrift sorgen. Die kurze Begegnung endete damit, dass Raul Paulo für den nächsten Tag, einen Donnerstag, zum Abendessen zu sich nach Hause einlud. Damals unternahm Paulo nichts, ohne vorher seine Adoptivfamilie zu befragen, die zu diesem Zeitpunkt aus Gisa und Stella Paula bestand. Selbst über eine so banale Frage, ob er zu jemandem gehen sollte oder nicht, wurde abgestimmt: »Wir hatten eine regelrechte ideologische Diskussion in unserer winzigen Hippiepartei, ob wir auf einen Schluck zu Raul gehen sollten oder nicht.«

Obwohl ihm bewusst war, dass sie außer dem Interesse an Ufologie wohl nichts gemeinsam hatten, stimmte Paulo im Hinblick auf die Anzeigen der CBS, die beim Abendessen herausspringen konnten, dafür, die Einladung anzunehmen. Gisa begleitete ihn, während Stella Paula, die überstimmt worden war, zu Hause blieb. Unterwegs zu Raul ging Paulo in einen Plattenladen und kaufte eine LP mit Orgelpräludien von Johann Sebastian Bach. Der Bus, in dem sie von Flamengo zu dem winzigen, schicken, zwischen Ipanema und Leblon in der Südzone von Rio eingequetschten Viertel Jardim de Alah fuhren, wo Raul wohnte, wurde unterwegs wegen einer Polizeirazzia angehalten. Seit der Verschärfung der Diktatur im Dezember 1968 gehörten die »Feiner Kamm« genannten Razzien der Polizei in den brasilianischen Großstädten zum Alltag. Dennoch sah Gisa darin, dass die Polizisten im Bus die Fahrgäste nach ihren Ausweisen fragten, ein schlechtes Vorzeichen, eine Warnung und wollte umkehren. Paulo ließ sich jedoch nicht beirren, und so klingelten sie pünktlich um acht an Rauls Wohnung. Das Treffen dauerte drei Stunden. Um nichts zu vergessen, machte der zwanghafte Paulo, nachdem sie gegangen waren, in der erstbesten Kneipe halt, beugte sich über den Tresen und notierte auf dem Cover der Bach-Platte Einzelheiten über den Besuch bei dem »Typ«, wie er ihn nannte. Sämtliche freien Stellen auf der Plattenhülle füllte er mit seiner winzigen, fast unleserlichen Schrift:

Mônica Antunes (oben mit Paulo und Freunden in Dubai, unten im Büro der Agentur Sant Jordi), treuer ergeben als eine bloße Agentin, verwaltet für Paulo Coelho Hunderte von Verlagsverträgen in der ganzen Welt.

Christina und Paulo in Prag. Nach zwanzig Jahren löst der Schriftsteller sein Gelübde ein und bringt dem Jesuskind den mit Goldfäden bestickten Umhang.

Oben: Der Schriftsteller vor seinem Haus in Saint-Martin, einer ehemaligen Mühle mit Blick auf die Pyrenäen. *Unten:* Paulo erhält die Schlüssel zu dem Haus, das er in Dubai geschenkt bekommen hat.

Paulo signiert Bücher in Kairo.

In Ägypten führen Paulo Coelhos Werke regelmäßig die Bestsellerlisten an – dabei handelt es sich größtenteils um Raubdrucke.

Lygia mit Baby Paulinho auf dem Arm, das dem Vater wie aus dem Gesicht geschnitten ist.

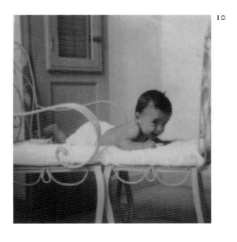

Vor den vom Vater gebauten Reihenhäusern spielt Paulo (jeweils 2. v. r.) mit den Cousins. Sie haben Spaß daran, Küken zu töten und den Mädchen Wasser in den Haarfestiger zu gießen.

Paulo (vorne links) mit seiner Bande und ein Rundbrief der gefährlichen Organizações Arco.

Paulo als Zehnjähriger im Nossa Senhora das Vitórias (1. Reihe, 2. v. l.) ...

... und als Fünfzehnjähriger im Colégio Santo Inácio (zweitletzte Reihe, 4. v. l.). Seine Leistungen wurden von Jahr zu Jahr schlechter.

Erinnerungen an ein Paradies namens Araruama: Onkel Josés phantastisches Haus.

Pater Ruffier (rechts) und die schrecklichen Klausurtage in der Casa da Gávea. Für Masturbation wurde als Strafe ewiges Höllenfeuer angedroht.

Links: Mit Hilfe des umtriebigen Joel Macedo findet Paulo Zugang zur »Paissandu-Clique«, muss dafür aber seinen Schülerausweis fälschen und sich zwei Jahre älter machen. *Rechts:* Márcia, die erste Liebe, gab den Freund für zwei Kleider auf.

casa de saúde
dr. eiras s/a rua assunção n.º 2 - botafogo - tel. 551-8442 - c.g.c. 34.161.232/0001-43 - insc. mun. 430.653,01

Rio de Janeiro, 05 de maio de 1998.

Ofício n° 2269
Ilmo. Sr.
Paulo Coelho de Souza
Av. Atlântica, n° 3370 apt° 701 - Copacabana
Rio de Janeiro - RJ

Prezado Senhor,
Em resposta ao seu requerimento de 24 de abril de 1998, transcrevemos, abaixo, os dados constantes do prontuário médico em nome de **Paulo Coelho de Souza**:

Internações:
- 1ª 01.06.65 a 28.06.65 -> Alta médica
- 2ª 20.07.66 a 09.09.66 -> Alta por evasão
- 3ª 28.06.67 a 09.07.67 -> Alta por evasão

Histórico:
- **1ª internação:** segundo o pai, o paciente vem apresentando modificações psicológicas, principalmente no que se refere à conduta. Tornou-se agressivo, irritável, hostilizando abertamente os genitores. Até politicamente mostra-se contrário aos pai-sic. Na escola, vem decaindo progressivamente e fala em largar os estudos. A mãe pensa que o paciente enfrenta problemas de ordem sexual, pois tem fimose e não parece ter amadurecido suficientemente-sic. Quando não consegue obter o desejado, usa de artifícios nem sempre aceitáveis. Assim, assinara pelo pai um atestado que o mesmo se recusara a dar-sic. "Sinto que o menino vem tomando atitudes cada vez mais extremadas e isto nos levou a interná-lo." Ultimamente estava trabalhando como repórter e parece que tinha boa produtividade, pois iria ser efetivado-sic.
- **2ª internação:** Queixasse apenas de cansaço. Nega-se a dar informações. Está calmo, bem orientado no tempo e no espaço.
- **3ª Internação:** Internado para observação e tratamento.

Diagnóstico: CID 10 (JANEIRO/98) -> F60.1
Tratamento: Psicotrópicos, complexo vitamínico, antitóxicos.
Médico Assistente: Dr. Benjamim Gomes

Atenciosamente,

p/ Dr. Heyder Gomes de Mattos
Diretor-Técnico

Dr. Antonio Paris
Médico
CRM 52 00792 1

Nota: A divulgação deste laudo é de exclusiva responsabilidade do requerente.

Cód.: 046

Paulos Akte in der Klinik Dr. Eiras. Er sei nicht nur »aggressiv, reizbar, feindselig und politisch anderer Meinung als die Eltern«, nach Ansicht seiner Mutter hatte er auch sexuelle Probleme.

Links: Zum Beweis ihrer Liebe lässt die schöne Fabíola Paulo eine Zigarette auf ihrem Oberschenkel ausdrücken. *Rechts:* Die Freundin Renata Sorrah schreibt Paulo in die Psychiatrie: »Mein Batatinha, sei mutig, kämpf, lass dich nicht unterkriegen und auch nicht von der Atmosphäre beeinflussen.«

Als zwanghafter, aber wenig wählerischer Leser konsumierte Paulo alles von T. S. Eliot bis Henry Miller, aber auch die Sambasängerin Elza Soares und Bücher über den afrobrasilianischen Kult Umbanda, und er führte darüber genau Buch.

Während die Welt des Theaters Paulo immer mehr faszinierte ...

... ließen seine Schulleistungen entsprechend nach.

Die Premiere von *Herren des Strandes* im Teatro Serrador – Probleme mit der Zensur und Lob von Jorge Amado.

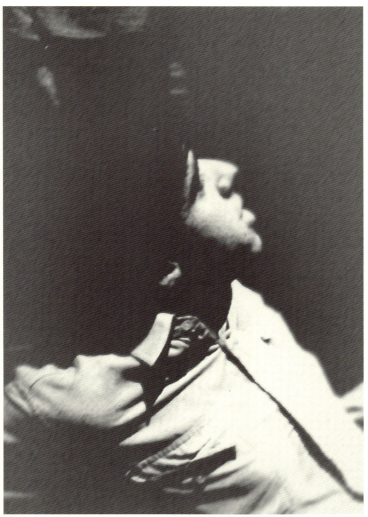
Paulo spielt darin den Homosexuellen Almiro, der am Ende des Stücks stirbt.

Oben: Paulo und seine neue Flamme Vera Richter bei einer Show im Canecão, Rio de Janeiro. *Unten:* Drei Freunde und eine Frau (Vera, die sie fotografiert und chauffiert) unterwegs zum Fußballländerspiel in Asunción, Paraguay, das sie verpassen, weil sie mit gesuchten Terroristen verwechselt werden und für fünf Tage ins Gefängnis wandern.

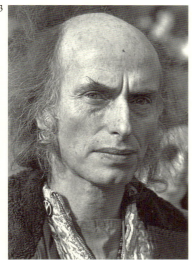

33 In einem Taxi schreibt Paulo ein Minitheaterstück darüber, wie es gewesen sein mochte, als die brasilianische Polizei Julian Beck und sein Living Theatre verhaftete.

34 Paulo und Vera zwischen den Ruinen von Machu Picchu in Peru – Drogen, Ausflüge und täglich zum Friseur.

Stationen der Reise à la *Easy Rider* durch die USA. *Oben:* Paulo und Janet: »Hast du einen viereckigen Schwanz?«

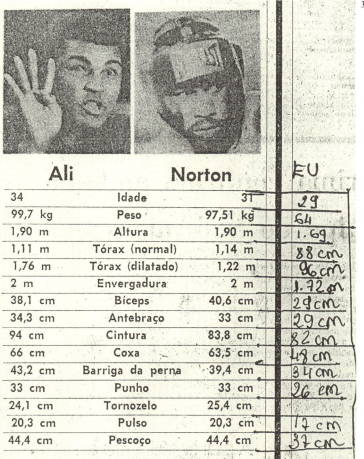

Ali		Norton	EU
34	Idade	31	29
99,7 kg	Peso	97,51 kg	64
1,90 m	Altura	1,90 m	1.69
1,11 m	Tórax (normal)	1,14 m	88 cm
1,76 m	Tórax (dilatado)	1,22 m	96 cm
2 m	Envergadura	2 m	1.72 m
38,1 cm	Bíceps	40,6 cm	29 cm
34,3 cm	Antebraço	33 cm	29 cm
94 cm	Cintura	83,8 cm	82 cm
66 cm	Coxa	63,5 cm	48 cm
43,2 cm	Barriga da perna	39,4 cm	34 cm
33 cm	Punho	33 cm	26 cm
24,1 cm	Tornozelo	25,4 cm	
20,3 cm	Pulso	20,3 cm	17 cm
44,4 cm	Pescoço	44,4 cm	37 cm

Paulo vergleicht seine eigenen Körpermaße mit denen der Schwergewichtsboxer Muhammad Ali und Ken Norton.

Rechte Seite: Ein Exemplar der Zeitschrift *A Pomba,* der Satanist Marcelo Motta (mit Bart) und der auf dem Cover der Beatles-Platte (linke Seite) abgebildete Aleister Crowley (hinterste Reihe, 2. v. l.).

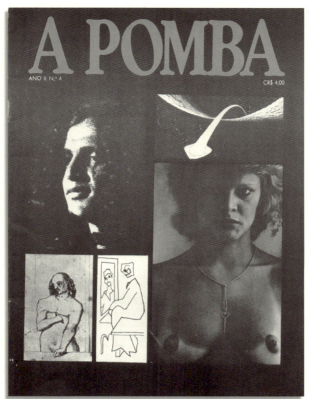

40

41

42

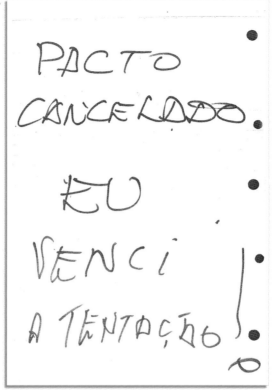

Oben: Paulo überlegt es sich anders und tritt vom Pakt mit dem Teufel zurück. *Unten:* Der Comic vom Kleinen Vampir, von ihm geschrieben und von Gisa gezeichnet.

In Mato Grosso setzt Paulo (rechts, halb liegend) bei seinen Schauspielkursen für Jugendliche Techniken und Rituale der Schwarzen Magie ein.

Paulo während der Dreharbeiten zu der Pornoschmonzette *Os Mansos*. Links der Schauspieler Ari Fontoura und rechts der Schauspieler Felipe Carone.

Linke Seite, oben: Edith, Raul Seixas und Gisa in den USA. *Unten:* Das Comic-Beiheft *Krig-ha, bandolo* zur gleichnamigen LP, das die Polizei auf den Plan ruft. *Rechte Seite:* Musikalische Demonstration von Paulo und Raul in den Straßen von Rio.

50

Am 19. Mai 1974 der »Vulgär-Ära« legt Paulo Coelho seinen profanen Namen ab und nennt sich fortan »Luz Eterna« (Ewiges Licht) oder einfach 313.

51

Das Plattencover zu *Gita*, noch mit dem Siegel der Sociedade Alternativa – auf Verlangen von Paulo wurde der kommunistische Stern von Raul Seixas' Mütze wegretuschiert.

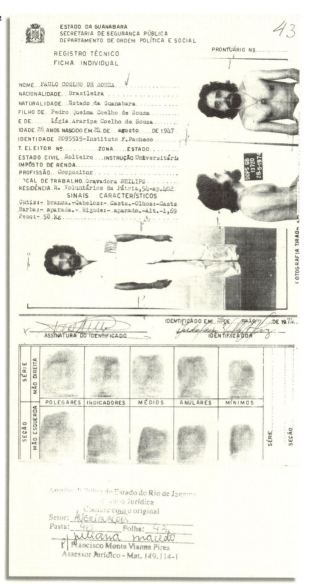

Paulo nach der Verhaftung durch die Politische Polizei (DOPS) im Häftlings-Overall, als »Aufrührer« eingestuft.

Paulo und Cissa frisch verheiratet zwischen ihren und seinen Eltern. Darunter zwei Hochzeitseinladungen, eine bürgerliche und eine im Hippiestil.

Paulo erscheint 1989 überraschend bei Raul Seixas' Show in der Konzerthalle Canecão in Rio und tritt zum letzten Mal mit seinem Partner auf, der wenige Monate später stirbt.

Vi as velas se acenderam para o papa
Babilônia sendo riscada do mapa
Conde Drácula sugando sangue novo
e se escondendo atrás da capa
Vi a arca de Noé cruzar os mares
Vi colombo abrir as portas ~~escolas novas~~
Salomão cantar seus salmos pelos ares
Vi Zumbi fugir com os negros para floresta
pro o Quilombo dos Palmares

Fragmente des Originals von ›Eu Nasci Há 10 Mil Anos Atrás‹, dem Erfolgssong des Duos Paulo und Raul.

Flitterwochen mit Cissa in England. Paulo in einem Londoner Pub und in der Badewanne bei der Lektüre von Nachrichten aus Brasilien. *Unten:* In der Freizeit verteilt das Paar Flugblätter für die Freigabe von Cannabis.

Keiko und Paulo ...

... Cissa und Peninha ...

... und die komplette neue Familie.

Roberto Menescal reist nach London und holt Paulo zurück nach Brasilien. Die englischen Ferien haben ein Ende.

Im Januar 1980 begegnet Paulo wieder Christina Oiticica. Es ist der Beginn einer Liebesgeschichte, die bis heute andauert.

Verstört verlässt Paulo das Krematorium des
Konzentrationslagers Dachau, und nach Betrachten
der Skulptur hat er die Erscheinung, die sein Leben
verändern sollte.

Links: Auf dem Schutzumschlag von *Arquivos do Inferno* gibt sich Paulo als Intellektueller neben Chris und Stella mit entblößten Brüsten. *Rechts:* Chris macht den Verlag Shogun zu einem großen Geschäft: der Verlagsstand auf der Bienal do Livro.

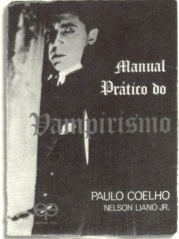

Links: Paulos erster Verleger Ernesto Emanuelle Mandarino, in dessen Verlag Eco das *Manual Prático do Vampirismo* und *Auf dem Jakobsweg* erscheinen. Die Rechte von *Der Alchimist* gibt Mandarino nach wenigen Monaten zurück, wegen zu geringer Erfolgschancen. *Rechts:* Bela Lugosi auf dem Umschlag des *Manual Prático do Vampirismo*.

Mit einem Führer bei den Pyramiden. Paulo auf der Suche nach Inspiration, die sich später in seinen Büchern niederschlagen wird.

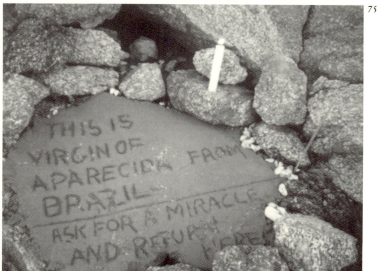

Oben: Paulo und Christina auf ihrer Pilgerreise durch die Mojave-Wüste im Südwesten der USA. *Unten:* An dieser Stelle hatte Paulo die Figur der Nossa Senhora Aparecida einzementiert, die später gestohlen wurde.

Nach dem Erfolg von *Der Alchimist* in Brasilien prophezeit die junge Agentin Mônica Antunes: Das Coelho-Fieber hat gerade erst angefangen.

Paulo und sein Übersetzer und erster Agent in den USA, Alan Clarke.

Paulo und Anne Carrière, seine erste Verlegerin in Frankreich. Den Autor zu entdecken war für sie ein »grenzenloses Glück, das ihr acht Millionen verkaufte Exemplare bescherte«.

79 Vor den Augen der brasilianischen First Lady Ruth Cardoso bleibt der französische Präsident Jacques Chirac am Stand stehen und begrüßt Paulo, der von der offiziellen brasilianischen Delegation geschnitten wurde.

80 Paulo wird im Vatikan von Papst Johannes Paul II. in Audienz empfangen.

81 Mit dem Orden der französischen Ehrenlegion am Revers.

Paulo 2002 bei seiner Aufnahme in die Academia Brasileira de Letras.

83

84

85

In Paris fahren Busse mit Paulos Konterfei und dem Umschlag von *Veronika beschließt zu sterben*, doch dem Leser ist so viel Marketing zu viel.

Paulo mit seinem iranischen Verleger Arash Hejazi (ganz rechts, mit Brille). Um Raubdrucke zu verhindern, musste *Der Zahir* in Teheran noch vor der Veröffentlichung in Brasilien erscheinen.

Paulo (im Frack) und Christina (2. v. r.) 2006 als Gäste der englischen Königin Elisabeth II. mit dem brasilianischen Staatspräsidenten Lula und der brasilianischen First Lady Marisa Letícia im Buckingham-Palast.

88 89

90 91

Die Presse will herausfinden, wer Paulos Muse in *Der Zahir* ist: Die russische Modeschöpferin Anna Rossa *(oben links)*, Ex-Miss Universo und Ehefrau des ehemaligen argentinischen Präsidenten Menem, Cecilia Bolocco *(unten links)* oder die italienische Schauspielerin Valeria Golino *(oben rechts)*? Es ist keine der drei, sondern eine vierte, die Journalistin der *Sunday Times*, Christina Lamb *(unten rechts)*.

Mit der Transsibirischen Eisenbahn auf Pilgerfahrt und beim Signieren seiner Bücher in Russlands eisiger Steppe (oben). Zu Besuch beim russischen Präsidenten Putin (Mitte).

Die von Paulo unterstützte NGO Meninos da Luz.

Booklet zur Feier eines äußerst seltenen Erfolgs – 100 Millionen verkaufte Exemplare.

Wir wurden von seiner Frau Edith empfangen, mit ihrer kleinen Tochter, die höchstens drei Jahre alt sein dürfte. Alles sehr bürgerlich und aufgeräumt. Sie bot Schälchen mit salzigem Knabberzeug an ... Seit Jahren war ich bei niemandem mehr eingeladen, wo es vor dem Essen Schälchen mit Knabberzeug gab. Knabberzeug, so was Lächerliches! Dann kam der Typ und fragte:

»Wollt ihr einen Whisky?«

Und ob wir einen Whisky wollten, ist doch klar! Ein Drink für Reiche. Kaum waren wir mit dem Essen fertig, wollten Gisa und ich am liebsten sofort nach Hause. Da sagte Raul:

»Ah, ich wollte euch ein paar Lieder von mir vorspielen.«

Ach du Scheiße, mussten wir uns jetzt auch noch Musik anhören? Aber ich musste unbedingt die Anzeige kriegen. Wir gingen ins Dienstmädchenzimmer, er nahm eine Gitarre in die Hand und spielte uns ein paar wunderbare Stücke vor. Zum Schluss sagte er:

»Du hast doch den Artikel über die fliegenden Untertassen geschrieben, stimmt's? Ich plane, wieder Sänger zu werden, willst du nicht ein paar Texte für mich schreiben?«

Ich dachte: Texte schreiben? Wie soll ich denn für diesen Spießer Texte schreiben, der noch nie in seinem Leben Drogen angefasst hat! Noch nie einen Joint im Mund gehabt hat. Auch keine gewöhnliche Zigarette. Aber wir waren schon im Gehen, und ich hatte noch nichts von der Anzeige gesagt. Ich nahm allen Mut zusammen und sagte:

»Wir werden deinen Artikel veröffentlichen, aber könntest du nicht eine Anzeige der CBS für die Zeitschrift besorgen?«

Wie man sich vorstellen kann, staunte ich nicht schlecht, als er sagte, er habe am selben Tag bei CBS gekündigt:

»Ich gehe zu Philips, ich will meinen Traum verwirklichen. Ich bin nicht zum Manager geboren, ich will Sänger werden.«

In dem Augenblick wurde mir klar: Der Spießer bin ich, der Typ da verdient größten Respekt. Einer, der seinen Job aufgibt, der ihm ein sicheres Auskommen gibt, für die kleine Tochter, die Frau, das Hausmädchen, die ganze kleine Familie, das Knabberzeug! Beim Abschied war ich wirklich tief beeindruckt von dem Kerl.

25. Mai 1972

Gisas böse Vorahnungen waren nicht ganz falsch. Sie hatte sich im Jahr geirrt, aber nicht im Tag und Monat. Der 25. Mai stand nun zwar für Paulos ersten Schritt in Richtung Verwirklichung eines seiner Träume – berühmt werden –, doch sollte er viele Jahre später nochmals zu einem entscheidenden Datum, einer Art Wasserscheide in Paulos Leben, werden: Denn wieder an einem 25. Mai sollte seine Begegnung mit dem Dämon stattfinden, eine Zeremonie, auf die Paulo sich schon eifrig vorbereitete, als Raul Seixas in sein Leben trat. Von Marcelo Ramos Motta angeleitet, sah er sich als Eleven der Phalanx des Großen Tiers. Fest entschlossen, sich den bösen Kräften anzuschließen, die so viele – von Lennon bis zu Charles Manson – erobert hatten, setzte er den Prozess in Gang, der zu seiner Aufnahme im O.T.O. als Proband führen sollte, der ersten

Stufe in der Hierarchie der Sekte. Zu seinem Glück war sein Lehrer nicht Motta, sondern ein anderes Mitglied der Organisation, Euclydes Lacerda de Almeida, ein leitender Angestellter der staatlichen Erdölgesellschaft Petrobras, der sich Magier Frater Zaratustra oder einfach Frater Z. nannte und in Paraíba do Sul, 150 Kilometer von Rio entfernt, wohnte. »Marcelo hat mir geschrieben, unhöflich wie immer«, schrieb Paulo an Frater Z., nachdem er dies erfahren hatte. »Ich darf nur noch über Sie Kontakt mit ihm aufnehmen.« Es war eine wahre Wohltat, einen so höflichen Mann wie Euclydes zum Lehrer zu haben und nicht den ruppigen Marcelo Motta, der alle ihm Untergebenen wie Fußabtreter behandelte. Auszüge aus Briefen an andere Mitglieder des O. T. O. von Parzival XI. (wie Motta sich selbst großspurig nannte) belegen, dass Paulo sich noch vorsichtig ausgedrückt hatte, als er das Oberhaupt der Satansjünger »unhöflich« nannte:

[...] Am besten schreiben Sie mir gar nicht mehr. Wenn doch, legen Sie einen frankierten und adressierten Umschlag für eine Antwort bei – sonst gibt es keine Antwort.

[...] Was glauben Sie, auf welcher Stufe der Wirbeltiere Sie stehen, Sie Affe!

[...] Wenn Sie nicht in der Lage sind, sich auf die Hinterbeine zu stellen und Ihren Weg aus eigener Kraft zu suchen, dann laufen Sie doch auf allen vieren weiter, und jaulen Sie wie der Hund, der Sie sind.

[...] Sie sind doch bloß ein Spritzer Scheiße auf der Pimmelspitze des Affen.

[...] Sollte einmal Ihr Lieblingskind oder Sie selbst an einer lebensbedrohlichen Krankheit leiden, die eine kost-

spielige Operation erforderlich macht, und Sie verfügen
nur über das Geld des O. T. O., dann lassen Sie Ihr Kind
sterben oder sterben Sie selbst. Aber lassen Sie die Finger
von dem Geld.

[…] Sie haben noch gar nichts erlebt. Warten Sie nur
ab, bis bekannt wird, dass Sie O. T. O.-Mitglied sind. Der
Geheimdienst des brasilianischen Militärs, der CIA, der
Shin-Beth [Israels militärischer Geheimdienst], die Russen, die Chinesen und unzählige katholische Priester, die
sich als Sektenmitglieder ausgeben, werden sofort mit Ihnen Kontakt aufnehmen wollen.

Mindestens zwei Mal wird Paulos Name in den Briefen von
Parzival XI. an Euclydes erwähnt. Im ersten entsteht der Eindruck, der künftige Schriftsteller habe vermittelt, dass der Verlag Editora Três aus São Paulo das von Crowley geschriebene
und von Marcelo Motta ins Portugiesische übersetzte Buch
Der Equinox veröffentlichen werde: »[…] Ich habe mit der
Editora Três über ihren Vertreter in Rio direkten Kontakt aufgenommen und hoffe auf baldigen Bescheid. Paulo Coelho ist
jung, begeisterungsfähig und voller Phantasie, aber noch wissen wir nicht, ob der Verlag *Equinox* tatsächlich veröffentlichen wird.« Im zweiten Brief wird Euclydes getadelt, weil er
dem Neuling verfrüht und übertrieben mitgeteilt habe, über
welche Macht Parzival XI. verfüge: »[…] Paulo Coelho sagt,
du habest ihm erzählt, ich hätte die Freimaurerei in Brasilien
zerschlagen. Du redest zu viel. Selbst wenn es so wäre, besitzt
Paulo Coelho noch nicht die magische Reife, um zu begreifen,
wie solche Dinge funktionieren, und reagiert folglich verwirrt.«

Zu diesem Zeitpunkt hatte Paulo seine eigenen Experimente durchgeführt, um sich dem Dämon zu nähern. Mehrere Monate vor seiner Bekanntschaft mit Motta und dem O. T. O. war er in einer seiner vielen Angstkrisen in Selbstmitleid zerflossen. Gründe dafür gab es viele, doch bei Licht besehen zählte vor allem einer: Mit seinen knapp 25 Jahren war Paulo immer noch ein Nichts, und es bestand nicht die geringste Aussicht, dass er eines Tages ein berühmter Schriftsteller werden würde. Offensichtlich steckte er in einer Sackgasse, und dieses Mal litt er so sehr, dass er, anstatt wie sonst immer die Jungfrau Maria oder den heiligen Joseph um Hilfe anzuflehen, einen Pakt mit dem Fürsten der Finsternis schließen wollte. Wenn der Teufel ihm ermöglichte, alle seine Träume zu verwirklichen, sollte er dafür seine Seele erhalten. »Als gebildetem Menschen, der weiß, welche philosophischen Prinzipien die Welt, die Menschheit und den Kosmos regieren«, brüstete er sich in seinem Tagebuch, »ist mir vollkommen bewusst, dass der Dämon nicht das Böse ist, sondern lediglich ein Pol im Gleichgewicht der Menschheit.« Mit roter Tinte (»die Farbe des besagten übernatürlichen Wesens«) begann er, den Pakt in Form eines an den Teufel gerichteten Briefes aufzusetzen. Gleich in den ersten Zeilen stellte er klar, dass er selbst die Bedingungen festsetzen und mit keinem Vermittler zu tun haben wolle:

Du warst schon lange darauf aus. Ich habe gespürt, dass Du mich immer enger eingekreist hast, und ich weiß, dass Du stärker bist als ich. Du hast ein größeres Interesse daran, meine Seele zu kaufen, als ich daran, sie zu verkaufen. So oder so muss ich eine Vorstellung davon haben, welchen Preis Du mir zahlen sollst. Dafür werde ich ab heute, dem 11. November 1971, bis zum 18. November ein Experiment durchführen. Ich werde direkt zu Dir sprechen, König des anderen Pols.

Um der Verhandlung einen rituellen Rahmen zu geben, riss er eine Blüte aus einem Blumentopf ab, zerquetschte sie auf der Schreibtischplatte und schlug dem Dämon gleichzeitig eine Art Testlauf vor: »Ich werde diese gelbe Blume zerquetschen und sie essen. Ab sofort werde ich alles tun, was ich will, und erreichen, was ich möchte, weil Du mir das ermöglichen wirst. Wenn Du mit der Probe zufrieden bist, gebe ich Dir meine Seele. Sollte dafür ein Ritual erforderlich sein, werde ich es durchführen.«

Zum Beweis, dass er es ernst meinte, versprach Paulo dem Dämon, für die Dauer des Experiments weder zu beten noch die Namen irgendwelcher Heiligen auszusprechen. Doch hielt er ausdrücklich fest, dass es sich um einen Test handelte und nicht um einen ewigen Vertrag. »Ich behalte mir das Recht vor, jederzeit von dem Vertrag zurückzutreten«, schrieb er weiter, »und möchte hinzufügen, dass ich dies nur aus der tiefen Verzweiflung heraus tue, in der ich mich befinde.« Der Pakt hielt keine Stunde. Er schlug das Heft zu, ging hinaus, um eine Zigarette zu rauchen und ein wenig am Strand zu laufen, und als er nach Hause kam, war er totenbleich und entsetzt, was für einen Wahnsinn er begangen hatte. Er schlug das Heft auf und schrieb in Großbuchstaben quer über die ganze Seite:

PAKT ANNULLIERT
ICH HABE DIE VERSUCHUNG ABGEWENDET!

Paulo war der festen Überzeugung, er habe den Teufel reingelegt. Solange es noch zu keiner Begegnung zwischen ihnen gekommen war, beschwor er beständig den Geist des Bösen in den Reportagen und Artikeln, die er für *A Pomba* schrieb, und ebenso in seinem neuesten Projekt, Comicgeschichten. Die von ihm ersonnenen Geschöpfe des Jenseits wurden in Gisas Zeichnungen lebendig und illustrierten fortan die Zeitschrift. Das gute Echo auf die Reihe *Os Vampiristas,* in der es um die Abenteuer eines einsamen, friedliebenden kleinen Vampirs ging, ermutigte Gisa, ihre Arbeiten an King Features zu schicken, eine große amerikanische Agentur für Comics, die ihr aber nie antwortete. Doch gelang es ihnen, Comics bei zwei der größten Zeitungen von Rio unterzubringen, *O Jornal* und *Jornal do Brasil.* Für dessen sonntägliche Kinderbeilage schufen Gisa und Paulo einen besonderen Comic über den kleinen Vampir. Die gemeinsame Arbeit brachte einen äußerst beliebten Spross hervor, die Figur Curingão; sie wurde sogar auf den Scheinen der Sportlotterie abgedruckt. Ab und zu begegnete man selbst auf den Seiten des gefeierten *Pasquim,* des offiziösen Sprachrohrs der Intelligenz von Rio, einem Comic der beiden. Die Zeitschrift *A Pomba,* die sich praktisch ohne Anzeigen hielt und zeitweilig bis zu zwanzigtausend Exemplare verkaufte – eine phänomenale Auflage angesichts des begrenzten Marktes der Gegenkultur –, ächzte Mitte 1972 unter einem Schuldenberg und zog auch *2001* in den Abgrund. Als der Verleger Eduardo Prado ankündigte, beide Zeitschriften einstellen zu wollen, wechselten Paulo und Gisa zu der Zeitung *Tribuna da Imprensa,* wo sie von da an eine ganze Seite in der Samstagsausgabe verantworteten, die sie genauso nannten wie die eben eingegangene Zeitschrift: *2001.*

Mit dem Wechsel zur *Tribuna* tat ihre Arbeit einen weiteren Schritt aus der Welt der fliegenden Untertassen, Elfen und Magier heraus und erreichte ein breiteres Publikum. Trotz ihrer im Vergleich zu den großen Tageszeitungen von Rio eher bescheidenen Auflage genoss die Zeitung wegen ihrer kämpferischen Tradition großes Ansehen. Das 1949 von dem Journalisten Carlos Lacerda zur Bekämpfung der Ideen, Anhänger und künftigen Regierung des Präsidenten Getúlio Vargas (1951 bis 1954) gegründete Blatt, nun im Besitz von Hélio Fernandes, war unter der Militärdiktatur ein Lieblingsopfer der Zensur. Als Paulo und Gisa ihre Arbeit in dem alten Gebäude in der Rua do Lavradio aufnahmen, hatte die Repression ihren Höhepunkt erreicht. Seit drei Jahren erschienen allabendlich Offiziere des 1. Heeres in der *Tribuna*-Redaktion, lasen alles und entschieden dann, was veröffentlicht werden durfte und was nicht. Hélio Fernandes zufolge warfen die Zensoren ein Fünftel der Tagesproduktion der Redaktion in den Papierkorb. Fernandes selbst war ein Beispiel für das, was mit denen geschah, gegen die sich die Gewalt des Regimes richtete, denn er war seit 1964 nicht weniger als 27 Mal eingesperrt worden. Da sich aber die Militärs wenig um übernatürliche Themen kümmerten, war die von Gisa und Paulo gestaltete Seite der *Tribuna* nie betroffen. Die Öffentlichkeit, die ihm die Zeitung bot, ermutigte Paulo, der Werbeabteilung der Petrobras vorzuschlagen, ein von Gisa und ihm produziertes Comicheft an ihren Tankstellen zu vertreiben. Der Petrobras-Mann hatte sich bereits einverstanden erklärt, doch um seinem Projekt den Anstrich größter Seriosität zu geben, setzte Paulo noch nach:

»Damit die Petrobras kein Risiko eingeht, können wir den ersten Monat gratis arbeiten.«

Der Mann erwiderte:

»Gratis? Entschuldigung, aber Sie sind wirklich kein Profi. Hier macht niemand etwas gratis. Kommen Sie wieder, wenn Sie ein echter Profi sind.«

Tief beschämt musste Paulo wieder abziehen. Im August lud ihn seine Mutter ein, sie und Großmutter Lilisa auf eine dreiwöchige Europareise zu begleiten. Paulo, der in seiner journalistischen Arbeit völlig aufging, zögerte erst, bevor er zusagte. Schließlich wurde einem nicht alle Tage eine kostenlose Europareise angeboten. Außerdem konnte er ja die Comics und Texte für mehrere Ausgaben im Voraus vorbereiten, so dass Gisa sie in seiner Abwesenheit illustrieren und das Layout gestalten konnte. Die Reise führte sie von Nizza über Rom, Mailand, Amsterdam, London nach Paris. Bis auf wenige Male in Amsterdam, wo es ihm gelang, der mütterlichen Kontrolle zu entkommen und Haschisch zu rauchen, diente die Reise auch dazu, ihn vom täglichen Drogenkonsum zu entwöhnen.

Als Sohn einer zwanghaft ordentlichen Mutter packte ihn bei seiner Rückkehr aus Europa eine heilige Wut: »Die Wohnung ist ein einziges Chaos, und das ärgert mich wahnsinnig. Nicht einmal der Fußboden ist gefegt. Die Stromrechnung ist nicht bezahlt, die Miete auch nicht. Die Seite für die *Tribuna* wurde nicht fristgerecht abgeliefert, was völlig unverantwortlich ist. Ich bin so aufgebracht, dass ich nicht weiterschreiben kann.«

Doch erwarteten ihn in Brasilien nicht nur schlechte Nachrichten. Mit der Post war ein verlockendes Angebot gekommen. Professorin Glória Albues vom Bildungsministerium des Bundesstaates Mato Grosso hatte endlich ein altes Projekt auf den Weg gebracht, das sie bei einer ihrer Reisen nach Rio gemeinsam ausgeheckt hatten. Ihrem Plan zufolge sollte Paulo alle zwei Monate für drei Wochen in drei Städten – Campo Grande, Três Lagoas und Cuiabá – einen Kurs zum Thema »Theater und Bildung« für Lehrer und Schüler des staatlichen Schulwesens abhalten. Das Gehalt war verlockend – 1500 Cruzeiros im Monat (umgerechnet 1700 Euro) –, das Doppelte von dem, was Paulo für die Redaktion von *A Pomba* und *2001* bekommen hatte. Es gab jedoch noch einen anderen Grund, weshalb Paulo das süße Leben in Rio gegen die unwirtliche Umgebung von Mato Grosso einzutauschen bereit war. Als er und Glória sich das Projekt ausgedacht hatten, hatte er noch keinerlei Verbindung zum O.T.O., doch nun, da ihm daran lag, Crowleys Ideen zu verbreiten, dachte er: Warum nicht den Kurs zu einem Workshop über Praktiken der schwarzen Magie umfunktionieren?

15

Paulo und Raul

> Paulo Coelho gibt es nicht mehr. Er hat sich
> für den Satanskult den Namen Luz Eterna
> (Ewiges Licht) oder Staars zugelegt.

Allein oder gemeinsam mit Gisa hatte Paulo in letzter Zeit einige der sogenannten Exerzitien oder magischen Praktiken des Satanismus ausprobiert. Eine häufige Übung bestand darin, sich zunächst aus einem Garten ein Blatt einer *Sansevieria trifasciata* zu besorgen, in Brasilien *Schwert des heiligen Georg* genannt. In der Öffentlichkeit setzte sich der Novize damit einer gewissen Lächerlichkeit aus, denn wenn er sich das Blatt besorgt hatte, musste er es wie ein echtes Schwert zücken, zehn Schritte gehen, mit dem »Schwert« der Reihe nach in alle vier Himmelsrichtungen weisen, sich verbeugen und, beginnend mit dem Westen, aus voller Kehle schreien: »Die Kraft liegt im Westen!« Zu jedem Schritt nach links musste er einen Schrei ausstoßen, dabei den Blick gen Himmel richten: »Die Weisheit liegt im Süden! Der Schutz liegt im Osten! Der Sieg liegt im Norden!«

Zu Hause wurde dann das Blatt in elf Stücke gehackt (elf ist die magische Zahl der Thelema-Theorie), und zwar mit einem normalen Messer oder Taschenmesser, das erst in Erde gestochen, dann über Feuer erhitzt und zum Schluss in Meerwasser gewaschen werden musste. Anschließend wurden die Stücke auf dem Küchentisch zum Marssymbol angeordnet – ein Kreis und obendrauf ein kleiner Pfeil, wie das Symbol für das männliche Geschlecht –, und gleichzeitig wurde in einem Topf Wasser aufgesetzt und, wenn es kochte, das Häufchen Sansevieria-Schnipsel zusammen mit den zerzupften Blütenblättern zweier gelber Rosen dazugegeben. Die ganze Zeremonie musste so ausgeführt werden, dass der dabei entstehende dickflüssige Schleim genau um elf Uhr abends – dem *Liber Oz* zufolge die Sonnenstunde – fertig war und warmem Badewasser beigegeben werden konnte, in dem Paulo jeweils bis Mitternacht, der Venusstunde, liegen sollte. Nach einer solchen Übung trocknete Paulo sich ab und schrieb im Licht einer Kerze in sein Tagebuch:

Dieses Ritual mag ausgesprochen naiv wirken. Es hat insgesamt fast zwei Stunden gedauert. Aber ich kann sagen, dass ich die meiste Zeit mit einer anderen Dimension in Kontakt stand, wo alle Dinge nach den Gesetzen (Causas Segundas) miteinander verbunden sind. Ich ahne den Mechanismus, kann ihn aber noch nicht verstehen. Auch nicht mit dem Verstand erfassen. Ich spüre nur, dass die Intuition ganz ähnlich wie der Verstand funktioniert und dass diese beiden Bereiche sich fast berühren. Etwas veranlasst mich zu glauben, dass der Dämon tatsächlich existiert.

Eine andere Zeremonie, die er auch häufig durchführte, war das »Ritual des Kleinen Pentagramms«, wofür er ein weißes Laken auf dem Fußboden ausbreitete und darauf einen grünen fünfzackigen Stern malte. Drum herum legte er eine schwefel-getränkte Schnur und formte sie zum Marssymbol. Alle Lampen wurden ausgeschaltet, nur eine einzige Glühbirne hing von der Decke genau über dem Mittelpunkt des Pentagramms, um eine Lichtsäule zu simulieren. Mit einem Schwert in der Hand trat er vollkommen nackt, nach Süden gewandt, in die Lakenmitte, nahm die Yogaposition »Drachen« ein – für die man in die Hocke geht –, hüpfte dann mehrmals wie ein Frosch hoch und rief dazu mit lauter Stimme den Dämon an. Eine dieser Zeremonien nahm ein ungewöhnliches Ende, wie im Tagebuch festgehalten:

Nach der ersten halben Stunde störten meine persönlichen Probleme ernsthaft meine Konzentration, was mich viel Energie kostete. Ich wechselte vom Drachen-Asana zum Ibis-Asana, bis ich schließlich in der Kreismitte hockte und mich schüttelte. Das erregte mich sexuell, bis ich masturbierte, wobei ich an keine Frau dachte, nur an die Lichtsäule über dem Kreis. Ich ejakulierte in mehreren Kontraktionen zu der Lichtsäule hinauf. Das war für mich wie eine endgültige Weihe. Natürlich kamen mir beim Masturbieren allerhand Schuldgefühle, aber das legte sich schnell, ich war viel zu erregt.

In dieser Phase bereitete sich Paulo also auf sein erstes Gastspiel in Mato Grosso vor, während er gleichzeitig die Texte und Comicgeschichten für die *Tribuna* und andere Blätter, für die er auch arbeitete, fertigschrieb. Am Programm, das er für seinen Kurs tippte, hätte ein Laie nichts Magisches oder Diabolisches entdecken können. »Das war mein Trick, damit niemand etwas merkt«, gestand er später, »denn es war natürlich absolut unverantwortlich, im Unterricht für Lehrer und Jugendliche magische Techniken und Rituale einzusetzen. [...] Ich praktizierte schwarze Magie – ich benutzte die nichtsahnenden Leute für meine magischen Experimente.«

Vor seiner Abreise musste Paulo noch bei Frater Zaratustra die Erlaubnis erbitten, im Kurs die *Smaragdtafel* von Hermes Trismegistos zu verwenden, ein Vademekum mit dreizehn Geboten, so größenwahnsinnig wie die von Crowley – im Stil von »Mit diesen Mitteln kannst du allen Ruhm der Welt erringen«, »Alles Obskure wird dich fliehen« oder »Deine Kraft ist allen anderen Kräften überlegen«. Nicht ahnend, dass sie als Versuchskaninchen für Experimente einer Satanssekte benutzt werden sollten, empfingen ihn die Menschen in Mato Grosso mit offenen Armen. In allen drei Städten wurde Paulos Ankunft von der Lokalpresse in den höchsten Tönen und fast übertrieben gefeiert. Die Zeitung *Diário da Serra* in Campo Grande verglich ihn mit zwei Stardramatikern des brasilianischen Theaters, Plínio Marcos und Nelson Rodrigues, und beglückwünschte die Regierung zu der Idee, Paulo nach Mato Grosso einzuladen, dort einen Kurs abzuhalten, der »schon in Rio de Janeiro, Belém do Pará und Brasília so großen Erfolg hatte«. Die Zeitung *Jornal do Povo* aus Três Lagoas wurde noch blumiger:

Nun ist Três Lagoas an der Reihe. Wir haben die Gelegenheit, eine der großen Persönlichkeiten des brasilianischen Theaters zu erleben: Paulo Coelho. Er mag zunächst nach nichts aussehen, aber er ist ein Großer! Der Prototyp des Konkretismus, wo alles stark und strukturiert ist und weiter wächst. Einen wie ihn kann man nicht übersehen, und das ist es, was ihn beständig antreibt und zum geborenen Vermittler macht. Ohne allzu große Übertreibung könnte man ihn symbolisch mit Christus vergleichen, der ebenfalls auf die Erde kam, um etwas zu erschaffen.

Seit Aracaju, wo er den Artikel von Carlos Heitor Cony plagiiert hatte, war er nicht mit so vielen Ehrenbezeugungen überhäuft worden. Die wenigen freien Stunden nutzte Paulo dazu, sich noch weiter in den Mystizismus zu vertiefen, wobei ihn wenig scherte, mit welchem Mittel er sich Zugang verschaffte. In Três Lagoas besuchte er »mit Hilfe eines Tibeters, der dort eine Mission erfüllt«, den Sitz der Sociedade Brasileira de Eubiose, einer Gruppe, die sich für ein Leben in Harmonie mit der Natur einsetzt, und die Freimaurerloge Grande Ordem do Brasil. Als er erfuhr, dass am Stadtrand ein Dorf akkulturierter Indianer lag, besuchte er sie, um sich über die Zauberkunst der Indianer zu informieren. Nach drei Wochen zog er eine erste Bilanz:

Anfangs war die Arbeit mit der *Smaragdtafel* eine große Enttäuschung. Keiner kapierte so richtig, wie es funktionierte (auch ich nicht, trotz der vielen Workshops, die ich dazu besucht hatte). Aber irgendwie wurde den Schülern die Saat in den Kopf gepflanzt, und manche haben sich stark verändert und denken jetzt anders. In einer Stunde fiel eine Schülerin in Trance. Die meisten reagierten ablehnend, und erst in der letzten Stunde bekam meine Arbeit einen Sinn, als es mir gelang, ihre emotionalen Blockaden irgendwie zu brechen. Natürlich spreche ich von einer rein symbolischen Verwendung der *Tafel*. Wenn der letzte Tag der erste gewesen wäre, dann hätte ich mit ihnen vielleicht etwas Interessantes erreichen können.

Ach ja, bevor ich es vergesse: Neulich war ich in der Stadt unterwegs, um ein paar Pflanzen zu pflücken (ich hatte gerade Paracelsus gelesen und wollte ihn ehren), da entdeckte ich doch tatsächlich vor der Niederlassung der Banco do Brasil einen Marihuanabusch. Das muss man sich mal vorstellen!

Zurück in Rio, erfuhr Paulo von einem Kollegen bei der *Tribuna*, dass die Redaktion von *O Globo* jemanden suche. Es war sehr verlockend, für die Zeitung zu schreiben, die sich selbst als »die größte Zeitung des Landes« pries. Es gelang ihm, einen Vorstellungstermin bei Iran Frejat zu bekommen, dem gefürchteten Chefreporter. Wenn er es schaffte, bei der Zeitung der Familie Marinho angenommen zu werden, dann hatte er wahrhaftig ein Werkzeug, mit dem er das Gedankengut des O. T. O. verbreiten konnte. In seiner Korrespondenz mit Frater Zaratustra hatte er der Sekte mehrfach angeboten, die Seite in der *Tribuna* zu nutzen, doch war man nie darauf eingegangen. Als er Raul Seixas gegenüber erwähnte, dass er sich für eine Stelle bei *O Globo* interessiere, versuchte dieser ihn davon abzubringen und schlug ihm erneut eine Zusammenarbeit in der Musik vor:

»Vergiss es. Du wirst dich bei überhaupt keiner Zeitung bewerben. Wir werden Musik machen. Der Fernsehsender TV Globo will ein Remake von *Beto Rockefeller* machen [eine innovative, sehr erfolgreiche Telenovela, die 1968–69 vom danach aufgelösten Sender TV Tupi ausgestrahlt wurde] und hat mich mit der Musik beauftragt. Lass uns das zusammen machen. Ich komponiere, und du schreibst die Texte.«

Während Paulo sich ziellos zwischen Übernatürlichem und der Notwendigkeit bewegte, seinen Lebensunterhalt zu verdienen, beschäftigte Raul sich ausschließlich mit Musik und arbeitete an seiner Karriere als Sänger. Er hatte eine LP auf den Markt gebracht – *Sociedade da Grã Ordem Kavernista* –, die er ein paar Wochen vor seiner Kündigung sozusagen heimlich bei CBS aufgenommen hatte, und bereitete sich für die Teilnahme an dem vom Medienkonzern Rede Globo veranstalteten siebten Festival Internacional da Canção vor. Für Paulo hätte die Zusammenarbeit mit Raul bedeutet, sich wieder der Lyrik zuzuwenden, was er sich geschworen hatte, nie mehr zu tun. Für den Moment erschien ihm daher die Stelle bei *O Globo* erstrebenswerter, also bewarb er sich. Zum vereinbarten Vorstellungstermin erschien er pünktlich im Redaktionsgebäude in der Rua Irineu Marinho, meldete sich bei dem (sichtlich schlechtgelaunten) Chefreporter, setzte sich in eine Ecke und wartete darauf, aufgerufen zu werden. Zu Hause hatte Paulo noch für alle Fälle ein Buch mit Gedichten von San Juan de la Cruz eingesteckt, das ihm über die Wartezeit helfen sollte. Um zwei Uhr mittags, eine Stunde nach seiner Ankunft, hatte Frejat ihn noch keines Blickes gewürdigt, obwohl er mehrmals an ihm vorbeigegangen war, Anweisungen gegeben und Papiere auf den Tischen verteilt hatte. Paulo stand auf, schenkte sich aus einer Thermoskanne Kaffee ein, zündete sich eine Zigarette an und setzte sich wieder. Als es drei Uhr wurde, platzte ihm der Kragen. Er riss die Seiten aus dem Buch, zerfetzte sie in kleine Schnipsel, stand auf und warf Frejat den ganzen Haufen auf den Tisch. Der Chefreporter war so verblüfft, dass er laut auflachte:

»Was soll das, junger Mann? Sind Sie verrückt geworden?«

Paulo zischte wütend:

»Seit zwei Stunden warte ich hier, haben Sie das nicht gemerkt? Machen Sie das nur, weil ich mich um eine Stelle bewerbe? Das ist doch einfach rücksichtslos!«

Frejat reagierte überraschend:

»Gut, gut, ich entschuldige mich. Sie möchten also die Stelle haben? Dann machen wir einen Test – wenn Sie den bestehen, können Sie sofort bei uns anfangen. Also nichts wie los! Gehen Sie zum Krankenhaus Santa Casa da Misericórdia, und zählen Sie die Toten.«

Die Toten zählen? Paulo hatte sich nicht verhört. Zu seinen künftigen Pflichten gehörte es, die großen Krankenhäuser der Stadt abzuklappern und sich dort die Liste mit den Namen derer zu besorgen, die in der Zeitung des nächsten Tages als Sterbefälle aufgeführt würden. Trotz seiner Erfahrung beim *Diário de Notícias* und der *Tribuna* musste er bei *O Globo* als blutiger Anfänger einsteigen. Als B-Reporter-Praktikant, die unterste Stufe im Journalismus, arbeitete er täglich sieben Stunden, hatte einen Tag pro Woche frei und ein Gehalt von umgerechnet 260 Euro. Die ersten Wochen vergingen mit dem, was er »Reportagen über Stillleben« oder »Berichterstattung über friedliche Demonstrationen« nannte, also die täglichen Besuche in den Leichenhallen der Stadt. Die prominenten Toten, wie zum Beispiel Politiker oder Künstler, waren den erfahreneren Journalisten vorbehalten, die auch die Nachrufe und Würdigungen abfassten. Wenn er den täglichen makaberen Büßergang früher hinter sich hatte, machte Paulo einen

Abstecher ins Nuttenviertel Mangue und plauderte mit den Prostituierten.

Obwohl er wie die meisten Neulinge in der brasilianischen Presse formal nicht fest angestellt war (was bedeutete, dass er keinerlei Sozialleistungen bekam), durfte er wenigstens in der spottbilligen Kantine der Zeitung essen, und oft genug sah er an einem Tisch keinen Geringeren als Roberto Marinho persönlich sitzen, den Besitzer der Zeitung. Der Chef hatte ihn offenbar ebenfalls bemerkt. Ein paar Tage nachdem sie sich in der Schlange in der Kantine begegnet waren, ließ »Doktor Roberto«, wie der Verleger und Journalist genannt wurde, durch Frejat ausrichten, er habe die Wahl – entweder Paulo lasse sich die schulterlangen Haare schneiden, oder er brauche sich in der Redaktion nicht mehr blicken zu lassen. Bei O *Globo* zu arbeiten war wichtiger, also kam Paulo der Aufforderung widerspruchslos nach und ließ seine schwarze Mähne gründlich stutzen.

Immerhin wurde Paulo, wenn Not am Mann war, für ein paar Reportagen eingesetzt, so dass er die Gelegenheit hatte, seinen Vorgesetzten zu beweisen, dass er schreiben konnte und selbstsicher genug war, um Interviews zu führen. Zwar wurde er nie mit wichtigen Reportagen beauftragt, dennoch war er jeden Tag wie alle anderen Reporter unterwegs, und anscheinend hatte er ihnen eins voraus: Er kam fast nie mit leeren Händen zurück. Was seine Chefs nicht wussten: Wenn er keine Interviewpartner fand, um die Vorgaben zu erfüllen, dachte er sich die Gespräche einfach aus. Einmal erhielt Paulo den Auftrag, eine Reportage über Menschen zu schreiben, deren Arbeit mit dem Karneval zu tun hatte. Nachdem er den ganzen Tag draußen unterwegs gewesen warm, überreichte er am frühen Abend dem Redakteur Henrique Caban, einem erfahrenen Journalisten, fünf getippte Seiten mit Interviews, unter anderem mit »Joaquim de Sousa, Wachmann«, »Alice Pereira, Serviererin« und »Adilson Lopes de Barros, Kneipenwirt«. Den Abschluss der Reportage bildete eine »Analyse des Verhaltens der Bewohner von Rio im Karneval« von einem höchst suspekten »Psychologen namens Adolfo Rabbit«*. Abends notierte Paulo auf dem Durchschlag, den er mit nach Hause genommen hatte, was weder Caban noch sonst jemand jemals erfuhr: »Dieser Artikel ist VON VORN BIS HINTEN erfunden.«

Auch wenn er sich solcher unlauterer Hilfsmittel bediente, so machte er seine Arbeit bei der Zeitung doch offenbar sehr gut. Denn keine zwei Monate nachdem er bei *O Globo* angefangen hatte, wurde schon ein von ihm geführtes (diesmal echtes) Interview mit Luís Seixas, dem Präsidenten der nationalen Sozialversicherungsanstalt (Instituto Nacional de Previdência Social – INPS), in der Hauptschlagzeile der Zeitung angekündigt: »Kostenlose Medikamente beim INPS«. Und bald darauf erhielt er die Nachricht, wenn er bereit sei, als Chef vom Dienst in der Frühschicht zu arbeiten, bekäme er eine Gehaltserhöhung von fünfzig Prozent. Die unmenschlichen Arbeitszeiten – täglich von zwei Uhr nachts bis neun Uhr morgens, weswegen die meisten Kandidaten abgesprungen waren – konnten jemanden wie ihn, der Schlafstörungen hatte und sich im Dunkeln genauso wohl fühlte wie bei Tageslicht, natürlich nicht schrecken. Seine Aufgabe bestand darin, sämtliche Konkurrenzblätter vom nächsten Tag zu lesen, die es in der Nacht

---

* Hierzu muss man wissen, dass Coelho »Kaninchen«, englisch: »rabbit«, bedeutet.

an den Kiosken im Stadtzentrum zu kaufen gab, sie mit der Ausgabe des *Globo* zu vergleichen und zu überprüfen, ob manche Themen in die Spätausgabe mit aufgenommen werden sollten. Anschließend fischte er aus den Nachrichtensendungen im Radio heraus, was am nächsten Tag eine Zeitungsmeldung werden würde, und bereitete den Arbeitsplan für die Reporter vor, die dann am Morgen eintrafen. Außerdem hatte er während seiner Arbeitszeit zu entscheiden, ob etwas, was während der Nacht passierte, es wert war, einen Reporter oder Fotografen rauszuschicken. In den ersten Tagen hoffte er, dass während der Nacht etwas Wichtiges geschah. »Irgendwann gibt es den großen Knaller in der Nacht, und dann muss ich darüber berichten, wodurch ich noch mehr Verantwortung bekomme«, notierte er im Tagebuch. »Die andere Dienstzeit gefiel mir besser, aber die Frühschicht wäre nicht weiter schlimm, wenn dieser verdammte Frejat mich nicht morgens noch hier festhalten würde.« In den sechs Monaten auf diesem Posten mobilisierte er die Reporter und Fotografen nur ein einziges Mal: als Almir Albuquerque, genannt »Pernambuquinho«, ein Stürmer des Fußballklubs Flamengo, von portugiesischen Touristen im Restaurant Rio Jerez in der Zona Sul von Rio erschossen wurde. Meistens aber verliefen die Nächte ereignislos, weshalb er, allein in der Redaktion, ganze Seiten vollschreiben konnte, die er später in sein Tagebuch einklebte.

[…] Ich glaube, Frejat mag mich nicht. Er hat zu einem Kollegen gesagt, ich sei ein »Möchtegernintellektueller«.

[…] Wie ich zu Gisa gesagt habe, was mir am Journalismus gefällt, ist die Tatsache, dass sich keiner lange hält. Jeder stürzt irgendwann ganz plötzlich, kommt aber wieder hoch. Frejats Sturz steht kurz bevor, keine Frage, denn die ganze Redaktion übt Druck aus. Im Journalismus gibt es keine netten Menschen. Wer nett ist, hat von vornherein verloren.

[…] Ich habe in der Zeitung gelesen, dass ein Mann seine Frau erstochen hat, nur weil sie sich immer alles gefallen ließ. Ich werde die Notiz ausschneiden und Gisa zu lesen geben. Ich hoffe, sie versteht die Botschaft.

[…] Adalgisa ist nach Minas gefahren und hat die Wohnung völlig chaotisch hinterlassen. Sie hat das Layout nicht bei der *Tribuna* abgeliefert, die Stromrechnung nicht bezahlt und nicht einmal Wäsche gewaschen. Das macht mich sauer. Offenbar ist ihr überhaupt nicht bewusst, was zusammenleben heißt. Ich komme nicht dazu, die Stromrechnung zu bezahlen, also bleibt die Wohnung dunkel. Am Telefon hat sie gesagt, sie habe es »vor lauter Arbeit nicht geschafft«, aber darum geht es nicht. Sie hat einfach null Verantwortungsbewusstsein.

Da Paulo Mato Grosso zugesagt hatte, bevor er beim *Globo* anfing, fühlte er sich verpflichtet, den Kurs auch abzuhalten, doch musste er dafür drei Wochen unbezahlten Urlaub einreichen, den er erst nach langem Drängen bekam. Anfang 1973 stellte sich das Problem erneut. »Ich stecke in einer Zwickmühle zwischen dem Kurs in Mato Grosso und der Arbeit hier bei der größten Zeitung Brasiliens«, schrieb er in sein Tagebuch. »Caban hat gesagt, ich könne nicht weg, und wie es aussieht, muss ich eins von beidem aufgeben.« Außerdem versuchte Raul weiterhin, ihn als Texter zu gewinnen, und machte ihm zum Beweis dafür, wie ernst er es meinte, ein verführerisches Geschenk: Er bezeichnete das Lied ›Caroço de Manga‹, das er allein für die neue Version der Telenovela *Beto Rocke-feller* geschrieben hatte, als Gemeinschaftsarbeit, was bedeutete, dass Paulo und er sich auch die Tantiemen teilen würden. Die Person Raul Seixas nahm allmählich einen festen Platz in Paulos Leben ein: »[...] Es ist beruhigend, nachts zu arbeiten. Heute habe ich nicht geduscht und von neun Uhr früh bis sieben Uhr abends geschlafen. Als ich aufstand, entdeckte ich, dass Gisa nicht zur Arbeit gegangen war. Wir haben Raul angerufen und Bescheid gesagt, dass wir heute nicht ausgehen können. [...] Ich bin müde. Habe den ganzen Tag auf der Maschine geschrieben, und jetzt kann ich mich nicht an das Stück erinnern, das ich Raul versprochen habe.[...] Raul hat tausend blöde Skrupel, kommerzielle Musik zu machen. Er begreift nicht, dass man immer wichtiger wird, je besser man die Medien im Griff hat.«

Genau wie vorhergesehen musste Paulo im April 1973 entscheiden, ob er beim *Globo* bleiben wollte oder nicht. Wie immer in letzter Zeit überließ er die Entscheidung, egal ob sie wichtig war oder nicht, dem »Buch der Wandlungen« *I Ging.* Er war allein zu Hause, konzentrierte sich, und nach einer Weile warf er dann die drei Münzen des chinesischen Orakels und notierte die sich daraus ergebenden Hexagramme. Das Ergebnis war eindeutig: Das *I Ging* warnte ihn vor der Arbeit bei der Zeitung, sie bedeute »eine langsame, lange Übung hin zum Unglück«. Das genügte. Am nächsten Morgen war seine Karriere beim *Globo* endgültig beendet. Mit positivem Resultat, auch auf dem Bankkonto. Das dank dem Verkauf der Comics, dem Kurs in Mato Grosso, der Seite in der *Tribuna* und der Arbeit bei *O Globo* angesammelte Sümmchen reichte nicht nur für die üblichen Ausgaben, sondern erlaubte ihm auch, durch bescheidene, aber vorsichtige Investitionen an der Börse erste Rücklagen zu bilden. »Ich habe mein Geld mit Aktien der Banco do Brasil verloren. Bin pleite ...«, notierte er irgendwann in seinem Tagebuch, doch nur wenige Tage später besserte sich seine Laune wieder. »Die Aktien der Petrobras, die nur 25 kosteten, als ich sie gekauft habe, stehen heute bei 300.«

Zwischen der Kündigung bei *O Globo* und dem Beginn seiner Partnerschaft mit Raul Seixas machte Paulo alles Mögliche: Er unterrichtete wieder in dem Vorbereitungskurs für die Aufnahmeprüfung zum Universitätsstudium, managte Auftritte seines Musikerfreundes und spielte sogar in einem Pornofilm mit. Da er nun nicht mehr nachts in der Redaktion sitzen und folglich auch nicht tagsüber schlafen musste, traf er sich fortan mit Raul mal bei ihm, mal bei sich, um die so oft angesprochene Zusammenarbeit voranzubringen. Die Aussicht hatte für Paulo noch etwas Verlockendes – wenn ›Caroço de Manga‹ schon spürbare Tantiemen auf sein Konto spülte, was bedeutete es dann erst, einen Hit zu schreiben?

Mit der Erfahrung eines Musikers, der in so kurzer Zeit über achtzig Stücke geschrieben hatte, die von verschiedenen Interpreten aufgenommen worden waren – und von denen ihm, wie er sagte, kein einziges gefiel –, besaß Raul das notwendige Geschick, die Vorurteile auszuräumen, die Paulo immer noch gegen jede Form von Dichtung hegte. »Wer sich ernsthaft mit anderen Menschen unterhalten will, darf sich nicht kompliziert ausdrücken«, sagte Raul während ihrer endlosen Gespräche immer wieder. »Im Gegenteil, je einfacher du bist, umso ernster kannst du sein.« Fast lehrerhaft erklärte er, es gehe nicht um ein Wunderwerk: »Einen Song schreiben heißt in zwanzig

Zeilen eine Geschichte erzählen, die man zehnmal hören kann, ohne dass sie einem auf die Nerven geht. Wenn du das hinkriegst, hast du einen großen Sprung getan und ein Kunstwerk geschaffen, das alle verstehen.«

Und so fingen sie an. Mit der Zeit wurden aus den reinen Partnern enge Freunde oder, wie sie es Journalisten gegenüber nannten, »Intimfeinde«. Sie gingen mit ihren Frauen gemeinsam aus und besuchten einander häufig. Es brauchte nicht viel, bis Raul und Edith sich von den betörenden Reizen der Drogen und der schwarzen Magie locken ließen. Zu diesem Zeitpunkt spielten Drogen in Paulos Leben allerdings eine Nebenrolle, so fasziniert war er von den Mysterien, die Frater Zaratustra und der O.T.O. ihm offenbarten. Die vielbeschworene »Intimfeindschaft« der beiden war nicht ganz aus der Luft gegriffen, sondern entstand offenbar gleichzeitig mit ihrer Freundschaft. Während Raul seinem neuen Freund die Türen zu Ruhm und Wohlstand öffnete, revanchierte sich dieser damit, ihn in die Welt der geheimen Mächte einzuführen, in eine Welt, zu der normale Sterbliche keinen Zugang hatten. Es war ein subtiler, kaum merkbarer persönlicher Wettstreit, bei dem beide ihre Karten auf den Tisch legten – Raul kannte den Weg zum Ruhm, aber Paulo wusste, wie man zum Dämon gelangte.

Das erste Ergebnis ihrer Zusammenarbeit erschien 1973 in Form einer LP mit dem Titel *Krig-ha, bandolo!*, einem Tarzan nachempfundenen Kriegsschrei. Von den fünf Stücken, für die Paulo den Text geschrieben hatte, wurde nur eines, ›Al Capone‹, zu einem Hit, den die Leute in den Straßen summten. Mit *Krig-ha* erwies sich auch Raul Seixas als begabter Texter. Mindestens drei der Stücke, die er komponiert und getextet hatte, wurden noch viele Jahre nach seinem Tod 1989 im Radio gespielt. Zwar war die erste gemeinsame Platte nicht gerade ein Kassenschlager, aber Paulo erlebte zum ersten Mal, dass auf seinem Konto richtig Geld einging. Als er Wochen nach Erscheinen von *Krig-ha* in der Filiale der Banco do Brasil in Copacabana seinen Kontostand abfragte, traute er seinen Augen nicht, denn die Plattenfirma Philips hatte nicht weniger als 240 Millionen Cruzeiros – umgerechnet rund 150 000 Euro – auf sein Konto überwiesen, ein Geldsegen, wie er ihn noch nie gesehen hatte.

Der Plattenerfolg gestattete dem Quartett – Raul und Edith, Paulo und Gisa –, in vollen Zügen zu feiern. Sie stiegen ins Flugzeug, amüsierten sich wie die Kinder eine Woche in Disney World in Florida, besuchten Memphis in Tennessee, die Geburtsstadt von Elvis Presley, und stürzten sich einen Monat lang in New York ins Vergnügen. Bei einem ihrer vielen Streifzüge durch den Big Apple klopften sie am Dakota Building an, dem grauen, neugotischen und etwas düsteren Apartmenthaus, in dem der Beatle John Lennon wohnte und in dem Roman Polanski *Rosemary's Baby,* einen Klassiker des Satanskults, gedreht hatte. Vielleicht glaubten Raul und Paulo in ihrer typisch brasilianischen Selbstüberschätzung, *Krig-ha* reiche als Empfehlung für zwei schmächtige Rockmusiker wie sie, dass sie mit dem Komponisten und Texter von *Imagine* Freundschaft schließen könnten.

Zurück in Brasilien gaben Paulo und Raul mehrere Interviews, auch internationalen Publikationen, und erzählten detailliert von ihrer Unterhaltung mit Lennon, der sie, obwohl vergrippt, zusammen mit seiner Frau Yoko empfangen, mit ihnen Partituren ausgetauscht und eine mögliche Zusammenarbeit erörtert habe. Einer nach ihrer Rückkehr gedruckten Pressemitteilung ist zu entnehmen, wie sich die Begegnung angeblich abgespielt hat:

[…] John Lennon zeigte sich schließlich einen Tag vor unserer Rückreise. Wir waren in Begleitung eines brasilianischen Fernsehjournalisten. Kaum hatten wir uns gesetzt, fragte der Journalist, ob es stimme, dass John und Yoko sich trennen wollten. Worauf John den Journalisten auf der Stelle hinauskomplimentierte, er habe nicht die Absicht, seine Zeit mit Klatsch zu vergeuden. Die Begegnung begann wegen dieses Zwischenfalls in frostiger Atmosphäre, und John warnte uns, jeder Versuch, aus unserem Treffen in Brasilien Kapital zu schlagen, würde uns sehr übelgenommen werden. Doch nach einigen Minuten entspannte sich die Atmosphäre, und wir unterhielten uns eine halbe Stunde lang über die Gegenwart und die Zukunft. Die Ergebnisse dieses Treffens werden nach und nach, je nach Stand der Dinge, bekanntgegeben.

Es war alles gelogen. Doch allmählich kam die Wahrheit ans Licht. Paulo und Raul waren niemals bei John Lennon zu Hause und sind auch nie von seiner Frau Yoko Ono empfangen worden. Sie kamen nur bis zum Portier des Dakota Building, der ihnen über die Gegensprechanlage knapp und bündig mitteilte: »Mr. Lennon ist nicht zu Hause.« Entsprechend erfunden war der Passus in der Pressemitteilung, dass der Beatle sehr beeindruckt gewesen sei von einem Projekt namens Sociedade Alternativa (Alternative Gesellschaft), das Paulo und Raul in Brasilien in Angriff nehmen wollten.

Der Plan bestand darin, eine Gemeinschaft nach dem Vorbild der von Aleister Crowley zu Beginn des 20. Jahrhunderts in Cefalù auf Sizilien gegründeten Gruppe aufzubauen. Angesiedelt werden sollte die »Stadt der Sterne«, wie Raul sie getauft hatte, in der Stadt Paraíba do Sul, wo Euclydes Lacerda alias Frater Zaratustra lebte. Der Rockmusiker hatte die Welt der Drogen und Magie so schnell verinnerlicht, dass er ein Jahr nach seiner ersten Begegnung mit Paulo nicht mehr entfernt an den geschniegelten Geschäftsmann erinnerte, der damals in der Redaktion der *Pomba* erschienen war, um über fliegende Untertassen zu reden. Bärtig und mit einer üppigen schwarzen Mähne, kleidete Raul sich nun entschieden extravagant: Er trug knallenge Schlaghosen und glänzende Lamé-Jacketts, ohne Hemd drunter, so dass man seine bleiche, knochige, eingefallene Brust sehen konnte.

Nach der Rückkehr aus Amerika begannen sie mit den Vorarbeiten zu der LP *Gita*, die zu ihrem weitaus größten Erfolg wurde. Zu sieben der elf Stücke auf der Platte hatte Paulo den Text geschrieben, und mindestens drei davon wurden zum Markenzeichen des Duos: ›Medo da Chuva‹, ›Gita‹ und ›Sociedade Alternativa‹. Das erste Stück verriet gleich in der Anfangszeile die wenig orthodoxen Vorstellungen des Texters von der Ehe *(Schade, dass du denkst, ich sei dein Sklave/ Wenn du sagst, dass ich dein Mann bin und nicht weggehen kann/ Wie die Felsen am Strand bleibe ich an deiner Seite/ Weiß nicht, welche Lieben das Leben mir bescherte, die ich aber nicht leben konnte…).* Der Titelsong ›Gita‹ war nicht weniger als die getreue und sorgfältige Übersetzung des Dialogs zwischen Krishna und Arjuna in der *Bhagavadgita*, einem heiligen Text des Hinduismus, den sie gerade gelesen hatten. Das spannendste Stück auf dem Album war jedoch der sechste Titel ›Sociedade Alternativa‹ (Alternative Gesellschaft). Oder zumindest das, was sich dahinter verbarg. Auf den ersten Blick klingt der Text wie ein harmloser surrealistischer Jux über eine einzige Strophe, die während des ganzen Stücks dauernd wiederholt wird:

Wenn ich Lust habe und du auch
Mit Hut zu duschen
Oder auf den Weihnachtsmann zu warten
Oder über Carlos Gardel zu diskutieren
Dann los!

Im Refrain jedoch, mit dem das Stück beginnt und endet, verbirgt sich das Geheimnis. Stimmlich unterstützt von einem Chor, predigte Raul:

Tu, was du willst, denn alles ist Gesetz.
Hurra! Hurra! Es lebe die Alternative Gesellschaft!

Als wollten sie keinen Zweifel an ihren Absichten lassen, übernahmen die Autoren *ipsis litteris* ganze Passagen aus dem *Liber Oz*. Während Raul den Refrain sang, deklamierte seine darübergelegte Stimme:

Die Zahl 666 heißt Aleister Crowley!
Hurra! Hurra!
Es lebe die Alternative Gesellschaft!
Das Gesetz von Thelema
Hurra! Hurra!

Es lebe die Alternative Gesellschaft!
Das Gesetz des Starken
Das ist unser Gesetz und die Freude der Welt
Hurra! Hurra!
Es lebe das Novo Aeon, das neue Zeitalter!

Paulo Coelho und Raul Seixas hatten beschlossen, sich zum Sprachrohr des O. T. O. und somit des Dämons zu machen, was allerdings nur die in Crowleys Welt Eingeweihten verstanden. Viele ihrer Hörer hielten den Text für eine wegen der Zensur verschlüsselte Botschaft zugunsten einer neuen Gesellschaft als Alternative zur Militärdiktatur. Das glaubte offenbar auch das Regime, denn nachdem die Zensurbehörde zwar die Aufnahme von ›Sociedade Alternativa‹ freigegeben hatte, verbot sie doch den öffentlichen Vortrag bei den Konzerten, die Raul im ganzen Land gab.

Ob mit oder ohne Zensur, Tatsache ist, alles lief so gut, dass Paulo zu dem Schluss kam, die Tage seiner materiellen und emotionalen Not seien zu Ende. An diesem Abend schrieb er nicht in sein Tagebuch, sondern sprach (was er gelegentlich tat) auf Band, mit dramatischer Betonung, als stünde er auf einer Bühne:

Am 15. April 1974 habe ich, Paulo Coelho, 26 Jahre alt, endgültig für meine Verbrechen bezahlt. Erst mit 26 Jahren ist mir bewusst geworden, dass ich für alles bezahlt habe. Jetzt gebt mir die Belohnung.
Ich verlange jetzt, was mir zusteht.
Und mir steht zu, was ich begehre!
Und ich begehre Geld!

Ich begehre Macht!

Ich begehre Ruhm, Unsterblichkeit und Liebe!

Wenn auch nicht alle Wünsche wahr wurden, Geld, Ruhm und Liebe konnte er genießen. Anfang Mai lud Raul Gisa und ihn nach Brasília ein, wo er bei dem Fest der Nationen, das vom 10. bis 12. in der Hauptstadt stattfand, dreimal auftreten sollte. Dort wollten sie auch die Promotionkampagne für die LP *Gita* starten, die ein paar Wochen später auf den Markt kommen sollte.

Als absoluter *I Ging*-Gläubiger warf Paulo die drei Münzen des Orakels mehrmals nacheinander, bis er die Gewissheit hatte, dass die Reise kein Risiko barg. Nachdem sie in dem damals eleganten Hotel Nacional eingetroffen waren, wurden sie zur Polícia Federal bestellt, ein damals üblicher Vorgang, bei dem die Zensur den Künstlern mitteilte, was sie bei einem öffentlichen Auftritt singen durften und was nicht. Die beiden ersten Auftritte in dem überfüllten Sportstadion verliefen ohne Zwischenfall. Am Sonntagabend beim Abschlusskonzert bekam Raul, der den ganzen Nachmittag und frühen Abend über Marihuana geraucht hatte, einen »Aussetzer«, wie er es nannte. Schlagartig konnte er sich an keinen einzigen Text der Lieder mehr erinnern, die er singen wollte. Während die Band das Publikum bei Laune hielt, hockte er sich an den Bühnenrand und flüsterte seinem Partner zu, der in der ersten Reihe saß:

»Dom Paulete, hilf mir, ich hab ein Problem. Komm rauf, und unterhalt das Publikum, ich muss kurz den Kopf unter Wasser halten.«

Das Mikro in der Hand, stellte Raul Paulo dem Publikum

als »meinen lieben Partner« vor, dann gab er ihm das Mikro und verschwand.

Da das Publikum die Band mit Händeklatschen begleitete und den verbotenen Refrain skandierte, tat Paulo es ihm gleich und sang mit allen zusammen:

Hurra! Hurra! Es lebe die Alternative Gesellschaft!
Hurra! Hurra! Es lebe die Alternative Gesellschaft!

Zurück in Rio, fasste er das Wochenende in Brasília in wenigen Zeilen zusammen:

Es war eine ruhige Reise. Am Freitag waren wir beim Chef der Zensur und einem Obersten der Bundespolizei vorgeladen. Am Sonntag sprach ich zum ersten Mal zu einer Menge, worauf ich überhaupt nicht vorbereitet war. Die Sociedade Alternativa wird in den kommenden Interviews bekanntgemacht.

In dieser Woche traf Paulo eine wichtige Entscheidung – er wurde ordentliches Mitglied des O. T. O. als »Proband« (oder auch »Novize«) und schwor »ewige Hingabe an das Große Werk«. Für die Anhänger des Dämons existierte seit dem 19. Mai des »Jahres 1974 der Vulgär-Ära« der »profane Name« Paulo Coelho de Souza nicht mehr, an seine Stelle trat der »magische Name«, den er selbst gewählt hatte: *Luz Eterna* (Ewiges Licht) oder *Staars* oder schlicht *313*. Nachdem er sein Gelöbnis in einem Brief notiert und abgeschickt hatte, schrieb er in sein Tagebuch: »Nach so vielen Anrufungen dürfte Er schon mit Feuer speienden Nüstern in der Nähe lauern.« Was er auch tat. Am Morgen des 25. Mai, sechs Tage nach seinem Eintritt in die Welt der Finsternis, erlebte Paulo endlich die so lang ersehnte Begegnung mit dem Satan.

16

Eine andere Art von Dämon

Paulo entkommt dem Dämon und der politischen Polizei DOPS, *landet aber an einem Ort, der noch schlimmer als die Hölle ist: beim Geheimdienst* DOI-*Codi.*

Der Geldsegen, den Philips auf Paulos Konto überwiesen hatte, war nur ein Vorgeschmack auf das, was noch kommen sollte. Im Kielwasser des enormen Erfolgs von *Krigha, bandolo!* hatte die Plattenfirma eine Single mit den Stücken ›Gita‹ und ›Não Pare na Pista‹ (dt.: Bleib nicht auf der Fahrbahn stehen) herausgebracht. Der zweite Song war auf der Überlandstraße Rio–Bahia entstanden, als das Duo von ein paar Tagen Urlaub im Wochenendhaus von Rauls Vater im Landesinnern von Bahia zurückkehrte. Eigentlich sollte die Single lediglich dem Publikum Appetit auf die LP machen, die im Juni auf den Markt kommen würde, doch noch keinen Monat später hatte sich die Single hunderttausendmal verkauft und brachte dem Duo eine Goldene Schallplatte ein, die erste von insgesamt sechs, die ihnen die beiden Lieder bescherten. Jedes Mal wenn ein Radiosender mit dem Refrain »Viva! Viva a Sociedade Alternativa!« nichtsahnend den Satan anrief, klingelte die Kasse der beiden Partner. Im April 1974 kaufte Paulo eine 150 Quadratmeter große Wohnung in der Rua dos Voluntários da Pátria im Stadtteil Botafogo, wenige Straßen von dem

Reihenhaus entfernt, in dem er seine frühe Kindheit verbracht hatte, und zog dort mit Gisa ein.

Am 24. Mai, einem Freitag, zwei Wochen nach ihrem Minigastspiel in Brasília, rief Raul an und sagte, er habe eine Vorladung der politischen Polizei DOPS erhalten, am Montag »Erklärungen abzugeben«. Daran gewöhnt, häufig zu Verhandlungen über die Freigabe von Musikstücken für seine Auftritte oder Konzerte aufgefordert zu werden, wirkte er nicht sonderlich beunruhigt, bat aber für alle Fälle seinen Partner mitzukommen. Sowie Paulo aufgelegt hatte, befragte er das *I Ging,* ob es riskant war, mit Raul zum DOPS zu gehen. Da die Antwort negativ war oder zumindest danach aussah, denn das Orakel lässt sich nicht immer präzise auslegen, dachte er nicht weiter darüber nach.

Als Paulo am Samstagmorgen aufstand, lag auf der Kommode ein Zettel von Gisa, auf dem stand, sie sei kurz weggegangen, komme aber bald zurück. Bei einem Blick auf die erste Seite der Zeitung *Jornal do Brasil,* die unter der Wohnungstür hindurchgeschoben worden war, fiel ihm das Datum auf – auf den Tag genau vor zwei Jahren hatte er Raul kennengelernt, und seitdem war sein Leben völlig umgekrempelt worden. Er frühstückte, rauchte eine Zigarette, warf einen Blick aus dem Fenster, sah, dass die Sonne schien, ging ins Schlafzimmer und zog sich Bermudas für den täglichen einstündigen Weg an. Dann merkte er, dass es ein wenig verbrannt roch, er überprüfte alle Steckdosen und Elektrogeräte, fand aber nichts. Er ging zwei Schritte weiter, da war der Geruch wieder, diesmal stärker. Nein, nein, es roch nicht nach durchgeschmorten elektrischen Leitungen, vielmehr kam ihm der Geruch immer bekannter vor. Ihm wurde mulmig: Genau so hatte es damals in

der Leichenhalle des Krankenhauses Santa Casa de Misericórdia gerochen, in dem er monatelang die Daten der Verstorbenen für die Sterbefälle-Seite der Zeitung O Globo eingeholt
hatte. Es war der makabre Geruch der Kerzen, die dort offenbar ständig brannten und im Aussegnungsraum des Krankenhauses den Seelen der Toten leuchteten. Der Unterschied war,
dass alles rings um ihn so intensiv roch wie hundert, nein tausend brennende Kerzen.

Als er sich bückte, um die Turnschuhe zuzubinden, war
ihm, als käme ihm der Parkettboden entgegen und näherte sich
gefährlich seinem Gesicht. Die Beine versagten ihm plötzlich,
als hätte er unvermittelt einen heftigen Schwindelanfall bekommen, so dass er sich vornüberbeugen musste. Um ein Haar
wäre er der Länge nach gestürzt. Als das Schwindelgefühl immer stärker wurde, überlegte er, ob er vielleicht etwas Ver-
kehrtes gegessen hatte, aber nein, daran lag es wohl nicht, denn
weder war ihm schlecht, noch hatte er das Gefühl, er müsse
sich erbrechen. Er und alles um ihn herum wurde von einem
Strudel erfasst. Zusätzlich zu den immer wiederkommenden
Schwindelgefühlen bemerkte er, dass sich dunkler Nebel in der
Wohnung ausbreitete, als wäre die Sonne plötzlich unterge-
gangen und graue Wolken wären in die Wohnung eingedrun-
gen. Sekundenlang dachte er, es handele sich um das, wovor
Drogenkonsumenten sich am meisten fürchten: einen *bad trip*,
auf den man (gelegentlich ohne Wiederkehr) nach der Ein-
nahme von LSD gerät. Aber das war nicht möglich, denn er
hatte schon lange kein LSD mehr genommen. Und dass Marihuana oder Kokain jemandem eine solche Hölle beschert hätten, hatte er noch nie gehört.

Er wollte die Tür öffnen und hinausgehen, doch die Angst

lähmte ihn. Draußen konnte es noch schlimmer sein als in der Wohnung. Außerdem war zu den Schwindelgefühlen und dem Rauch nun auch noch schrecklicher Lärm hinzugekommen, so als würde alles um ihn herum zertrümmert, und doch standen die Gegenstände nach wie vor heil an ihrem Platz. Panisch und unfähig, sich zu rühren, schöpfte er neue Hoffnung, als das Telefon klingelte. Er flehte zu Gott, es möge Euclydes Lacerda sein, der Frater Zaratustra, ja, der würde diesem Inferno ein Ende bereiten können. Er nahm den Hörer ab, hätte ihn aber beinah gleich wieder aufgelegt, als ihm bewusst wurde, dass er den heiligen Namen Gottes angerufen hatte, um mit einem Jünger des Teufels zu sprechen. Wäre es doch Euclydes gewesen! Stattdessen war es Stella Paula, die Freundin, die er auch für den O. T. O. geworben hatte. In Tränen aufgelöst und genauso in Panik wie er, wollte sie ihn um Hilfe bitten, denn in ihrer Wohnung breiteten sich schwarze Rauchschwaden, ein starker Verwesungsgeruch und andere giftige Ausdünstungen aus. Jetzt brach Paulo in hemmungsloses Weinen aus. Er legte auf, dann fiel ihm das Mittel ein, zu dem er immer griff, wenn er es mit dem Konsum von Marihuana oder Kokain übertrieben hatte; er ging zum Kühlschrank, trank nacheinander mehrere Gläser Milch, dann hielt er im Badezimmer den Kopf unter den Wasserhahn und drehte das kalte Wasser auf. Es half nichts. Der Totengeruch, der Rauch und das Schwindelgefühl bestanden unverändert fort, ebenso der Krach, so laut, dass er sich die Ohren zuhalten musste.

Dann erst dämmerte ihm allmählich, was sich da abspielte. Nach seinem vollständigen Bruch mit dem christlichen Glauben hatte er in den letzten Jahren mit negativen Energien gearbeitet, um etwas zu erreichen, was selbst Aleister Crowley nicht gelungen war: eine Begegnung mit dem Satan. Was an diesem Samstagvormittag geschah, war das, was Frater Zaratustra als »Rückfluss magischer Energien« bezeichnete: Das, worum er in Anrufungen und Bädern mit Blätterzusatz so oft gebetet hatte, war ihm gewährt worden. Paulo stand dem Satan von Angesicht zu Angesicht gegenüber. Am liebsten wäre er aus dem Fenster gesprungen, doch ein Sprung aus dem vierten Stock musste nicht unbedingt tödlich sein, sondern konnte auch nur dazu führen, dass er als Krüppel weiterleben musste. Er schluchzte endlos wie ein ausgesetztes Kind, presste die Hände auf die Ohren, den Kopf zwischen die Knie. Da kamen ihm plötzlich Bruchstücke der Drohungen in den Sinn, die Pater Ruffier von der Kanzel der Kapelle im Colégio Santo Inácio gedonnert hatte. Deutlich, als schiene eine helle Mittagssonne, sah er, wie der Priester seine kurzen dicken Arme gen Himmel streckte:

[...] Wir befinden uns in der Hölle! Hier sieht man nur Tränen und hört nur das Zähneknirschen derer, die einander hassen.

[...] Und während wir vor Schmerz und Reue weinen, grinst der Dämon so gemein, dass wir noch mehr leiden. Die schlimmste Strafe aber, der schlimmste Schmerz, das schlimmste Leiden ist die Gewissheit, dass wir keinerlei Hoffnung haben. Wir befinden uns hier für alle Ewigkeit.

[...] Und der Dämon wird sagen: Dein Leiden, mein Lieber, hat noch gar nicht angefangen!

Das war es also, er befand sich in der Hölle – und die war weit schrecklicher, als Pater Ruffier angekündigt hatte, und offenbar war er ganz allein dazu verdammt. Wann hatte das Ganze angefangen. Vor zwei Stunden? Drei? Er hatte kein Zeitgefühl mehr – und von Gisa fehlte jede Spur. War ihr womöglich etwas passiert? Um nicht weiter darüber nachzudenken, fing er an zu zählen, wie viele Bücher er hatte, dann Schallplatten, Bilder, Messer, Löffel, Gabeln, Teller, Socken, Unterhosen ... Als er mit allem durch war, fing er wieder von vorn an, Bücher, Schallplatten ... Er hockte in der Küche unter der Spüle, die Hände voller Besteck, als Gisa nach Hause kam. Am ganzen Leib zitternd wie er, frierend und mit den Zähnen klappernd, fragte sie, was passiert sei, aber Paulo wusste es nicht. Sie wurde böse:

»Wieso nicht? Du weißt doch sonst alles!«

Arm in Arm knieten sie sich auf den Boden und weinten. Als er sich Gisa gestehen hörte, er habe Angst zu sterben, wurden die Geister des Colégio Santo Inácio wach. »Du hast Angst zu sterben«, hatte Pater Ruffier ihn einmal vor seinen Schulkameraden angeschrien, »und ich bin empört über deine Feigheit.« Auch Gisa empfand es als beschämend, wie verängstigt der Mann neben ihr hockte, der noch vor wenigen Tagen der Alleswisser gewesen war, der tolle Kerl, der sie dazu verleitet hatte, sich auf die durchgeknallten Gurus vom O. T. O. einzulassen. Doch in diesem Grauen spielte für Paulo keine Rolle, was der Pater, seine Freundin, seine Eltern von ihm dachten. Für ihn zählte einzig, dass er nicht sterben wollte und schon gar nicht seine Seele dem Dämon überlassen. Er nahm all seinen Mut zusammen und flüsterte Gisa ins Ohr:

»Komm mit in eine Kirche! Lass uns von hier direkt zu einer Kirche laufen!«

Die linksmilitante Gisa traute ihren Ohren nicht:

375

»Eine Kirche? Was willst du in einer Kirche, Paulo?«

Zu Gott. Er wollte Gott bitten, ihm zu vergeben, dass er an Seiner Existenz gezweifelt hatte, und seinen Qualen ein Ende zu bereiten. Er zerrte Gisa mit ins Badezimmer, drehte den Kaltwasserhahn der Dusche auf und hockte sich neben ihr darunter. Dann begann er, laut sämtliche Gebete zu sprechen, die er kannte – das Ave-Maria, das Vaterunser, das Salve-Regina, das Glaubensbekenntnis –, bis auch sie mitbetete. Sie hätten später nie sagen können, wie lange sie dort hockten, doch hatten beide schon bläulich verfärbte und vom Wasser schrumpelig gewordene Fingerspitzen, als Paulo aufstand, ins Wohnzimmer lief und die Bibel aus dem Bücherregal holte. Zurück unter dem Wasserstrahl, schlug er die Heilige Schrift aufs Geratewohl auf, sein Blick fiel auf Markus, Kapitel 9, Vers 24, und nun sprachen Gisa und er unablässig wie ein Mantra unter der Dusche:

Ich glaube, hilf meinem Unglauben …
Ich glaube, hilf meinem Unglauben …
Ich glaube, hilf meinem Unglauben …

Wie ein altgriechisches Chorlied sprachen sie diese fünf Wörter hundertfach, vielleicht sogar tausendfach laut vor sich hin. Paulo schwor ab, sagte sich, ebenfalls laut, los von seinen Beziehungen zum O. T. O., zu Crowley und von all den Dämonen, die sie offenbar an diesem Samstag freigelassen hatten. Als endlich Ruhe einkehrte, war es dunkel draußen. Paulo war körperlich wie seelisch vollkommen ausgelaugt.

Zutiefst verängstigt durch dieses Erlebnis, wagten sie nicht, die Nacht in der Wohnung zu verbringen. Die Möbel, Bücher und sonstigen Dinge befanden sich alle an ihrem gewohnten Platz, als wäre nichts geschehen, aber sie wollten einfach nur weg und fuhren zum Übernachten zu Lygia und Pedro nach Gávea. Seit Gisa mit Paulo zusammen war, hatte sie die Coelhos regelmäßig besucht und war immer freundlich aufgenommen worden, vor allem von Lygia, die sie mit Liebenswürdigkeiten überhäufte. Das Einzige, was die Coelhos an Gisa auszusetzen hatten, war ihre politische Radikalität. Bei den ausgedehnten sonntäglichen Mittagessen in Gávea, zu denen auch Paulos Onkel, Tanten und Großmutter erschienen, vertrat Gisa unbeirrt ihre Ansichten, obwohl sie wusste, dass sie sich in einem Kreis von Salazar- und Franco-Anhängern und Befürwortern der brasilianischen Militärdiktatur befand. Zwar deutete alles darauf hin, dass Gisa ihre politischen Aktivitäten in der Studentenbewegung nach und nach aufgegeben hatte, doch ihre Ansichten hatten sich nicht geändert.

Als die beiden am Montagmorgen das Haus verließen, lud Lygia sie zu einem kleinen Essen ein, das sie am selben Abend für ihre Schwester Heloísa geben wollte. Im Taxi (Paulo hatte noch immer keinen Führerschein) kehrten sie zu ihrer Wohnung in der Rua dos Voluntários da Pátria zurück. Kein Geruch, keine giftigen Ausdünstungen, keine Glasscherben, nichts ließ erkennen, dass diese Räume der Schauplatz eines Krieges – daran bestand für sie nicht der geringste Zweifel – zwischen Gut und Böse gewesen waren. Als Paulo aussuchte, was er nach dem Duschen anziehen wollte, beschloss er, sich nicht mehr zum Sklaven von Aberglauben zu machen. Er nahm ein hellblaues Jeanshemd mit kurzen Ärmeln und buntbestickten Taschen aus dem Schrank, das seine Mutter ihm drei Jahre zuvor geschenkt und das er noch nie getragen hatte. Denn die

Mutter hatte es auf einer Reise mit ihrem Mann nach Asunción gekauft, der Hauptstadt des Nachbarlandes, dessen Namen er seit der Verhaftung in Ponta Grossa nicht mehr in den Mund genommen hatte. Indem er das Hemd anzog, wollte er vor allem sich selbst beweisen, dass er die esoterischen Ticks abgelegt hatte. Er aß mit Gisa zu Mittag, und um zwei Uhr war er bei Raul, um mit ihm zur politischen Polizei DOPS zu fahren.

Für die fünfzehn Kilometer vom Jardim de Alah, wo Raul wohnte, bis zum DOPS-Gebäude im Stadtzentrum brauchten sie über eine halbe Stunde, denn es herrschte dichter Verkehr. Raul und Paulo unterhielten sich über die Promotion der *Gita*-LP. Als ein Jahr zuvor das Album *Krig-ha, bandolo!* herausgekommen war, hatten die beiden eine »musikalische Demonstration« durch die Geschäftsstraßen im Zentrum des alten Rio angeführt, eine Idee von Paulo, mit der sie großen Erfolg gehabt hatten. Das Happening hatte ihnen kostbare Minuten Berichterstattung im Fernsehen eingebracht, außerdem Reportagen in Zeitungen und Illustrierten. Dass sie sich in einer Militärdiktatur so seelenruhig zur politischen Polizei begaben, ohne einen Anwalt oder einen Vertreter der Plattenfirma mitzunehmen, war nicht leichtsinnig. Abgesehen davon, dass sie beide – oder zumindest Raul – relativ bekannte Musiker waren, hatte auch keiner von ihnen irgendwelche Leichen im Keller. Bis auf Paulos Verhaftung 1969 in Ponta Grossa und die Geplänkel mit der Zensur konnte keinem von beiden irgendetwas angelastet werden, was man als Widerstand gegen die Diktatur hätte auslegen können. Außerdem hatte das Regime sowieso alle im Land aktiven Gruppen des bewaffneten Widerstands zerschlagen. Ende 1973, also ein halbes Jahr zuvor, hatte das Militär unter den letzten Guerillanestern am Araguaia im Süden des Bundesstaates Pará ein Massaker angerichtet, dem 69 militante Mitglieder der Kommunistischen Partei Brasiliens (PC do B) zum Opfer gefallen waren. Nachdem die bewaffnete Opposition vernichtet war, konnte der Repressionsapparat naturgemäß nach und nach abgebaut werden. Noch immer wurden viele Verbrechen und Grausamkeiten vom Regime begangen und sollten noch begangen werden, doch an jenem Montag im Mai 1974 war es keine Tollkühnheit, einer Vorladung der politischen Polizei DOPS Folge zu leisten – zumal bekannt war, dass die Vorwürfe hinsichtlich Folterung und Beseitigung von Verhafteten sich mehrheitlich gegen die Geheimdienste und andere Abteilungen des Heeres, der Luftwaffe und der Marine richteten.

Als das Taxi sie am 27. Mai vor dem alten dreistöckigen Gebäude in der Rua da Relação absetzte, zwei Straßen von den Büros der Plattenfirma Philips entfernt, war es Punkt drei Uhr nachmittags. Während Paulo sich zum Warten auf eine Bank setzte und Zeitung las, zeigte Raul an einem Schalter seine Vorladung und verschwand anschließend in einem Gang. Nach einer halben Stunde kam er zurück. Anstatt sich an seinen Partner zu wenden, der sich schon zum Gehen bereit machte, ging Raul zu einem öffentlichen Fernsprecher an der Wand, tat, als wählte er eine Nummer, und trällerte auf Englisch: *»My dear partner, the men want to talk with you, not with me ...«* (Mein lieber Partner, die Herren wollen mit dir sprechen, nicht mit mir.)

Da Paulo offensichtlich nicht verstand, dass Raul ihn warnen wollte, trommelte er weiter mit den Fingern auf dem Telefon und wiederholte wie einen Refrain: *They want to talk with you, not with me ... They want to talk with you, not with me ...* (Sie wollen mit dir sprechen, nicht mit mir ...)

Doch Paulo begriff noch immer nicht. Er war aufgestanden und fragte lachend:

»Was soll der Blödsinn, Raul? Was ist das für ein Lied, das du da singst?«

Als er zum Ausgang gehen wollte, legte ihm ein Polizist die Hand auf die Schulter:

»Nein, Sie nicht. Sie bleiben hier, Sie müssen noch ein paar Fragen beantworten.«

Wie betäubt konnte Paulo gerade noch »Raul, sag meinem Vater Bescheid« stammeln, dann verschwand er hinter einer Tür. Er wurde durch ein schlechtbeleuchtetes Gängelabyrinth geführt, dann quer über einen Innenhof, bis sie in einen von vergitterten, größtenteils leeren Zellen gesäumten Korridor gelangten. Es roch intensiv nach einer Mischung aus Urin und Desinfektionsmittel. Der Beamte blieb vor einer Zelle, in der sich bereits zwei Häftlinge befanden, stehen, stieß Paulo hinein und schloss ab. Ohne ein Wort zu den beiden setzte Paulo sich auf den Fußboden, zündete sich eine Zigarette an und überlegte panisch, was der Grund für seine Festnahme sein mochte. Während er so grübelte, sprach ihn einer der beiden anderen an:

»Du bist doch Paulo Coelho, oder?«

Erschrocken antwortete er spontan:

»Ja. Warum?«

»Wir sind Kinder Gottes. Ich bin mit Talita verheiratet, ihr habt euch in Amsterdam kennengelernt.«

Das stimmte. Paulo konnte sich erinnern, dass ihn in Holland ein brasilianisches Mädchen aufgrund der auf seine Jeans-

380

jacke genähten kleinen brasilianischen Fahne angesprochen hatte. Es stellte sich heraus, dass seine beiden Zellengenossen ebenso wenig wussten wie er, warum sie hier gelandet waren. Die einige Jahre zuvor in Kalifornien gegründete Sekte Kinder Gottes hatte in Brasilien Hunderte von Anhängern werben können und sah sich jetzt schweren Vorwürfen ausgesetzt, unter anderem dem, sie würde zu Sex mit Kindern anstiften, auch mit den eigenen. Dass diese drei nun in einer Zelle des DOPS saßen, war eine typische Momentaufnahme der politischen Repression in Brasilien. Der von der Diktatur aufgebaute brutale Apparat zur Bekämpfung der Guerilla widmete sich nun Hippies, Kiffern und Anhängern verrückter Sekten.

Erst gegen sechs Uhr abends erschien ein Polizist in Zivil, im Gürtel eine Pistole und in der Hand eine Mappe, schloss die Zelle auf und fragte:

»Wer von euch ist Paulo Coelho de Souza?«

Paulo meldete sich und wurde in einen Raum in der zweiten Etage geführt, in dem lediglich ein Tisch und zwei Stühle standen. Der Polizist nahm Platz und wies Paulo an, sich auf den anderen Stuhl zu setzen. Dann zog er das vier Seiten umfassende Comicbeiheft, das der LP *Krig-ha, bandolo!* beigepackt war, aus der Mappe, warf es auf den Tisch und begann ein surreales Gespräch:

»Was soll der Scheiß hier?«

»Das ist die Beilage zu dem Album, das Raul Seixas und ich zusammen aufgenommen haben.«

»Was bedeutet *Krig-ha, bandolo!*?«

»Das bedeutet ›Achtung, Feind!‹«

»Feind? Welcher Feind? Feind der Regierung? Und in welcher Sprache ist das überhaupt?«

»Nein! Das ist nichts gegen die Regierung. Die Feinde sind die afrikanischen Löwen, und es ist in der Sprache geschrieben, die in dem Reich Pal-Ul-Don gesprochen wird.«

Fest davon überzeugt, dass er von diesem ausgemergelten Kerl zum Narren gehalten wurde, drohte der Polizist mit Gewalt, weshalb Paulo sich gezwungen sah, ihm Stück für Stück zu erklären, dass alles reine Fiktion war, inspiriert von den Schauplätzen, Personen und der Sprache der Comics mit Tarzangeschichten, die an einem imaginären Ort in Afrika namens Pal-Ul-Don spielten. Der Polizist gab sich noch nicht zufrieden:

»Und wer hat das geschrieben?«

»Geschrieben habe ich es, und meine Frau, die Architektin ist, hat es gezeichnet.«

»Wie heißt deine Frau? Ich will sie auch verhören. Wo ist sie jetzt?«

Paulo geriet in Panik bei der Vorstellung, Gisa in diesen Alptraum hineinzuziehen, aber er wusste, dass er in dieser Situation nicht lügen durfte – und dazu gab es ja auch keinen Grund, denn sie hatten sich beide nichts zuschulden kommen lassen. Er sah auf die Uhr, es war schon fast acht.

»Sie heißt Adalgisa Rios. Wir sind heute Abend zum Essen bei meinen Eltern eingeladen, sie ist wahrscheinlich schon dort.«

Der Polizist steckte das Heft, das Feuerzeug und seine Zigaretten, die er vor sich auf den Tisch gelegt hatte, wieder ein, erhob sich und wies den verängstigten Paulo an, ihm zu folgen.

»Dann fahren wir jetzt dahin und holen sie, deine Alte.«

Als man ihn in einen schwarzweißen Mannschaftswagen

mit dem Emblem der Behörde für innere Sicherheit von Rio de Janeiro steckte, war Paulo für einen Moment erleichtert. Das bedeutete, dass er offiziell festgenommen und sich zumindest theoretisch unter der Obhut des Staates befand. Die Hölle waren die Verhaftungen durch Polizisten in Zivil, in gewöhnlichen Autos mit falschen Nummernschildern, ohne jeden Haftbefehl. Das war im Allgemeinen das Vorspiel zu Folterungen, wie es die 117 Menschen mehrmals erlebt hatten, ehe sie verschwanden.

Die Eltern trauten ihren Augen nicht, als sie ihren Sohn umringt von vier bewaffneten Männern aus dem Transporter aussteigen sahen. Sie sagten, Gisa sei noch nicht da, und wollten wissen, was passiert sei. Paulo versuchte sie zu beruhigen, es handele sich nur um ein kleines Problem mit der *Krig-ha, bandolo!*-LP, das sich schnell klären werde, so schnell, dass Gisa und er pünktlich zum Abendessen zurück sein würden. Ein Polizist bestätigte, an Lygia und Pedro gewandt:

»Ganz richtig, die beiden kommen bald zurück.«

In der gleichen Sitzordnung wie auf der Hinfahrt – Paulo auf dem Rücksitz, rechts und links von ihm je ein Polizist, und zwei auf den Vordersitzen – fuhren sie ein paar Minuten zurück in Richtung Stadtzentrum. Auf halber Strecke fragte Paulo, ob sie bei einem öffentlichen Telefon halten könnten, er müsse der Plattenfirma mitteilen, dass es Probleme mit der Platte gebe. Einer der Polizisten sagte nein und beruhigte ihn, in wenigen Stunden würden er und seine Frau wieder frei sein. Die von ihm gelegte Finte hatte also nicht verfangen: Paulo hatte nämlich nicht die Plattenfirma, sondern bei sich zu Hause anrufen und Gisa bitten wollen, ein Gefäß mit Marihuana wegzuwerfen, das im Wohnzimmer im Regal stand. Nun saß er steif da und sagte keinen Ton, bis sie vor seinem Haus hielten. Ein Polizist blieb am Steuer sitzen, die anderen drei quetschten sich mit ihm in den engen Fahrstuhl und fuhren mit ihm nach oben. Paulo hatte das Gefühl, als brauchte der ohnehin schon langsame Fahrstuhl an diesem Tag eine Ewigkeit bis zum vierten Stock. Gisa, in einen knöchellangen indischen Sari gekleidet und ausgehfertig, war gerade dabei, überall das Licht auszumachen, als Paulo mit den Polizisten hereinkam.

»Die Herren sind vom DOPS, mein Schatz, und möchten dir ein paar Fragen zu der LP stellen, die ich mit Raul aufgenommen habe, und zu dem Comic, den wir beide zusammen für Philips gemacht haben.«

Gisa war zwar erschrocken, blieb aber ruhig: »Sehr wohl, ich stehe zur Verfügung. Was möchten Sie wissen?«

Ein Polizist sagte, so gehe es nicht: »Wir können Aussagen nur im DOPS-Gebäude aufnehmen, deshalb müssen wir Sie bitten, uns zu begleiten.«

Sie verstand nicht: »Heißt das, wir sind verhaftet?«

Der Polizist erwiderte höflich: »Nein. Sie werden zum Beantworten von Fragen festgehalten, danach werden Sie wieder freigelassen. Doch bevor wir gehen, wollen wir uns kurz in der Wohnung umsehen. Sie gestatten.«

Paulos Herz schlug ihm bis zum Hals – gleich würden sie das Marihuana finden. Er stand mitten im Wohnzimmer, einen Arm um Gisas Schulter gelegt, und ließ die Polizisten nicht aus den Augen. Einer griff sich einen Stapel von rund hundert *Krig-ha, bandolo!*-Comics, ein anderer wühlte in den Schubladen und Schränken, während der dritte, offenbar der Chef, das Regal mit den Büchern und Schallplatten untersuchte. Als sein Blick auf die chinesische Lackdose in der

Größe einer Bonbonniere fiel, nahm er sie in die Hand, hob den Deckel an und sah, dass sie bis zum Rand gefüllt war. Er schnupperte an dem Inhalt, als atmete er den Duft eines Blumenstraußes ein, legte den Deckel wieder drauf und stellte die Dose zurück. Da wurde Paulo klar, dass die Situation weit brisanter war, als er geglaubt hatte. Wenn der Polizist bereit war, ein Gefäß voll Marihuana zu übersehen, konnte das nur heißen, dass man ihn viel schlimmerer Verbrechen verdächtigte. Sofort musste er an Ponta Grossa denken – wurde er womöglich erneut mit einem Terroristen, einem Bankräuber verwechselt?

Erst als sie beim DOPS eintrafen, wurde Paulo und Gisa klar, dass sie an diesem Abend definitiv nicht bei Lygia und Pedro essen würden. Kaum hatten sie das Gebäude betreten, wurden sie getrennt, dann mussten sie ihre eigene Kleidung ablegen und stattdessen in gelbe Overalls schlüpfen, auf deren Brusttasche in Großbuchstaben HÄFTLING stand. In der Nacht zum 28. wurden sie fotografiert und kriminaltechnisch erfasst, mussten ihre Finger in Stempelfarbe drücken und auf den Karteikarten, die in dieser Nacht auf ihre Namen angelegt wurden, wie man in Brasilien sagt, »Klavier spielen«. Paulo erhielt die Nummer 13720, Gisa die Nummer 13721. Anschließend wurden sie für ihr Gefühl stundenlang verhört. Man hatte ihnen neben ihren persönlichen Gegenständen auch die Uhren abgenommen, so dass sie auch kein rechtes Zeitgefühl mehr hatten. In den Verhören – ohne körperliche Folter – ging es im Wesentlichen um den psychedelischen Comic zu der Platte *Krig-ha, bandolo!* und die Bedeutung des Begriffs »Alternative Gesellschaft«. Zuvor aber hatten die Polizisten selbstverständlich den Protokollanten stundenlang einen minutiösen, detaillierten Bericht über sämtliche Aktivitäten diktiert, die der Häftling bis zu jenem Tag ausgeübt hatte. Als Paulo sagte, er sei im Mai 1970 mit Vera Richter in Santiago de Chile gewesen, wollten sie aus ihm Informationen über dort lebende Brasilianer herauspressen, doch konnte er ihnen nichts erzählen, aus dem einfachen Grund, weil er mit keinem Brasilianer im chilenischen oder sonstigen Exil Kontakt hatte. Gisa ihrerseits hatte Mühe, die Polizisten davon zu überzeugen, dass der Titel *Krig-ha, bandolo!* während eines Brainstormings bei der Plattenfirma Philips entstanden war, bei dem Paulo auf einen Tisch geklettert war und Tarzans Schrei nachgemacht hatte.

In der Zwischenzeit kamen Paulos Eltern fast um vor Sorgen um ihren Sohn. Mit Hilfe einer Freundin, der Sekretärin des Gouverneurs des damaligen Bundesstaates Guanabara, Antônio de Pádua Chagas Freitas, konnte Lygia zur allgemeinen Erleichterung in Erfahrung bringen, dass ihr Sohn tatsächlich vom DOPS festgenommen worden war und sich in der Rua da Relação befand. Offiziell festgenommen zu sein war eine – wenn auch nicht hundertprozentige – Garantie dafür, nicht auf der Liste der Verschwundenen zu landen. Da mit dem AI-5 das Recht auf Haftprüfung abgeschafft worden war, blieb ihnen nichts anderes übrig, als sich an Personen zu wenden, die irgendeine Beziehung – verwandtschaftlicher oder persönlicher Natur – zu einflussreichen Leuten bei den Sicherheitskräften hatten. Sônia Marias Ehemann Marcos bot die Hilfe eines Freundes an, der Beziehungen zum Geheimdienst hatte, doch Dr. Pedro wollte lieber zuerst die legalen Kanäle nutzen, egal, wie unsicher sie waren. Es war schließlich Tante Heloísa, die auf die Idee kam, den Anwalt Antônio Cláudio Vieira anzurufen, der früher für »Onkel Candinho«, den mit der Familie befreundeten und im Jahr zuvor verstorbenen ehemaligen Generalstaatsanwalt Cândido de Oliveira Neto, gearbeitet hatte. Nachdem der Kontakt hergestellt war, fanden sich um fünf Uhr nachmittags alle vor dem schönen, aber düsteren Gebäude ein, dessen Zellen schon so berühmte Leute wie der brasilianische Kommunistenführer Luís Carlos Prestes und seine deutsche Frau Olga Benario, der argentinische Kommunistenführer Rodolpho Ghioldi und Intellektuelle wie die Schriftsteller Jorge Amado, Graciliano Ramos und Mario Lago gesehen hatten.

Während der Anwalt versuchte, von dem diensthabenden Kommissar etwas über Paulo in Erfahrung zu bringen, mussten Pedro, Lygia, Sônia und ihr Mann Marcos draußen vor dem Gebäude im einsetzenden Nieselregen warten. Nach ein paar Minuten kehrte der Anwalt mit einer guten Nachricht zurück:

»Paulo ist hier und wird wohl noch heute freigelassen. Der Kommissar telefoniert gerade mit seinem Vorgesetzten und fragt, ob ich Paulo kurz sehen kann.«

Dann wurde der Anwalt hineingerufen, in einen geschlossenen Raum geführt und konnte ein paar Minuten mit Paulo sprechen. Er war erschüttert über sein Aussehen. Obwohl er keinerlei körperliche Gewalt erlitten hatte, sah Paulo aus wie ein Zombie: leichenblass, mit tiefen schwarzen Ringen unter den Augen und einem stumpfen Blick. Der Anwalt beruhigte ihn, der Kommissar habe versprochen, ihn in den nächsten Stunden freizulassen. Das war alles. Lygia wollte unbedingt draußen warten, bis ihr Sohn freigelassen würde, doch der Anwalt redete es ihr aus.

Am Dienstagabend gegen zehn Uhr schloss ein Polizist –

derjenige, der auf Paulo immer am sympathischsten und am wenigsten bedrohlich gewirkt hatte – die Zelle auf und reichte ihm seine Kleider und die Papiere, die er bei seiner Festnahme bei sich gehabt hatte. Gisa und er seien frei. Paulo zog sich rasch um und traf in der Eingangshalle auf Gisa. Der Polizist begleitete sie in das Café neben dem DOPS. Man rauchte gemeinsam eine Zigarette. Um so schnell wie möglich von diesem Ort des Schreckens wegzukommen, rief Paulo ein Taxi und gab als Ziel das Haus seiner Eltern in Gávea an. Der Taxifahrer fuhr die Avenida Mem de Sá entlang, dann bog er in die modernen, baumgesäumten breiten Uferstraßen in Flamengo ein, und als das Taxi mit hoher Geschwindigkeit am Hotel Glória vorbeifuhr, wurde ihm plötzlich von mehreren Zivilfahrzeugen – darunter zwei Kombis Chevrolet Veraneio, damals eine Art Erkennungsfahrzeug des Repressionsapparats –, der Weg abgeschnitten. Heraus sprangen mehrere Männer, ebenfalls in Zivil, rissen die hinteren Türen des Taxis auf und prügelten Paulo und Gisa heraus. Mit Handschellen gefesselt und bäuchlings auf dem Rasen liegend, sah Paulo noch aus dem Augenwinkel, wie Gisa in einen der beiden Kombis geworfen wurde, dann fuhr der Wagen mit quietschenden Reifen davon. Das Letzte, was er sah, bevor man ihm eine schwarze Kapuze über den Kopf zog, war das elegante weiße, märchenhaft beleuchtete Hotel Glória. Als auch er auf dem Rücksitz eines Autos saß, brachte er noch stammelnd die Frage heraus: »Wollt ihr mich umbringen?«

Der Polizist, der die Panik in Paulos Stimme hörte, antwortete: »Beruhige dich, Mann. Niemand will dich umbringen. Wir haben nur ein paar Fragen.«

Doch Paulo ließ sich nicht beruhigen. Mit zitternden Händen, kurz vorm Zusammenbrechen, vergaß Paulo jede Scham und fragte: »Darf ich mich an deinem Bein festhalten?«

Der Typ fand die ungewöhnliche Bitte offenbar lustig: »Halt dich fest, solange du willst. Und mach dir keine Sorgen, wir bringen dich nicht um.«

17
Paulo schwört dem Dämon ab

*Paulo kommt aus den Katakomben heraus und schwört,
seine Angst mit dem Glauben zu überwinden und den
Hass durch Liebe zu besiegen.*

Erst dreißig Jahre später, nachdem das Land zur Demokratie zurückgekehrt war, erfuhr Paulo, dass er an jenem
Abend von einem Kommando des Geheimdienstes DOI-Codi
verschleppt worden war.

In Sorge darüber, welchen Schaden die Verhaftung durch
den DOPS bei seinem psychisch labilen Sohn angerichtet hatte,
bestand Pedro Queima Coelho darauf, zu Hause zu sein und
seinem Sohn nach dessen Freilassung beizustehen. Er blieb die
ganze Nacht wach, saß neben dem schweigenden Telefon, und
um acht Uhr morgens fuhr er im Taxi zum DOPS. Fassungslos
hörte er an, was der diensthabende Polizist gleich am Eingang
sagte: »Ihr Sohn und seine Freundin sind gestern Abend um
zehn Uhr entlassen worden.«

Da der Vater entsetzt die Augen aufriss, schlug der Polizist
einen Ordner auf und zeigte ihm zwei Seiten mit offiziellem
Briefkopf. »Das hier ist der Entlassungsschein, und hier sind
ihre Unterschriften«, sagte er mit gespielt mitfühlender Miene.
»Entlassen worden ist er jedenfalls. Wenn Ihr Sohn nicht nach
Hause gekommen ist, dann ist er vielleicht untergetaucht.«

Damit begann für Paulos Vater der gleiche Alptraum, der so viele Gegner der Diktatur und ihre Angehörigen um den Schlaf brachte. Am Tag zuvor um zehn Uhr abends waren Paulo und Gisa auf der Liste der »Verschwundenen« gelandet. Dies bedeutete, dass, ganz gleich, was ihnen fortan widerfuhr, und auch, wenn sie tatsächlich verschwanden, der Staat nicht mehr dafür verantwortlich war. Beide hatten sie ja ein offizielles Papier unterzeichnet, dass sie heil und unversehrt entlassen worden waren.

Um das, was dann auf die Verschleppung folgte, rankt sich ein dichtes Gespinst von Rätseln, die bis heute nicht ganz gelöst sind. Den Unterlagen der Sicherheitsorgane ist zu entnehmen, dass Raul nie verhaftet wurde und dass der DOPS am 27. Mai das Paar Paulo und Gisa inhaftierte und die beiden in der Nacht zum 28. Mai und im Laufe des Tages erkennungsdienstlich behandelte und verhörte. Aus Unterlagen des 1. Heeres geht zudem hervor, dass Paulo und Gisa nach ihrer Entführung vor dem Hotel Glória getrennt voneinander zum 1. Bataillon der Militärpolizei in der Rua Barão de Mesquita im Norden von Rio gebracht wurden, wo sich die Einrichtungen des Geheimdienstes DOI-Codi befanden, doch gibt es keine Informationen darüber, wie lange sie in der Kaserne festgehalten wurden. Einigen Familienmitgliedern zufolge war Paulo »bis zu zehn Tage« beim DOI-Codi, sie können es aber nicht beschwören. Fest steht jedoch, dass Paulo am Freitag, dem 31. Mai, in Gávea zurück war und zum ersten Mal seit seiner Freilassung wieder in sein Tagebuch schrieb: »Ich bin bei meinen Eltern untergebracht. Ich fürchte mich sogar davor, aufzuschreiben, was mir passiert ist. Es war mit das Schlimmste, was ich je erlebt habe – wieder eine ungerechtfertigte Verhaftung. Aber dank dem Glauben werde ich meine Ängste überwinden und den Hass durch Liebe besiegen. Aus der Unsicherheit wird Selbstgewissheit erwachsen.«

Nun findet sich jedoch in den Akten der Abin, Agência Brasileira de Inteligência (Nachfolgeorganisation des aufgelösten Geheimdienstes SNI, Serviço Nacional de Informações), die Niederschrift eines langen Verhörs von Paulo, das von abends elf Uhr des 14. Juni bis morgens vier Uhr des 15. Juni in den Räumen des DOI-Codi stattgefunden habe. Rätselhaft ist dabei, dass Paulo versichert, nach seiner Freilassung nie wieder beim DOI-Codi gewesen zu sein. Ebenso entschieden versichert der Anwalt Antônio Cláudio Vieira, weder Paulo jemals zur Rua Barão de Mesquita begleitet zu haben, noch von der Familie Coelho ein zweites Mal um Hilfe gebeten worden zu sein. Diese Version wird bekräftigt durch die Aussagen von Dr. Pedro, Paulos Schwester Sônia Maria und ihrem inzwischen geschiedenen Mann Marcos, der damals alles aus nächster Nähe miterlebt hat. Der erste, normale Verdacht, dass Paulo vielleicht in seiner Angst Freunde verraten oder anderen Menschen geschadet habe und nun versuche, diesen Makel auszumerzen, hält der Lektüre der sieben auf der Maschine geschriebenen Seiten auf offiziellem Papier des 1. Heeres nicht stand. Auf den ersten vier Seiten wird der Lebenslauf wiederholt, mit allen Details, die er schon beim DOPS genannt hatte: Schulen, Arbeit am Theater, Reisen, Verhaftung im Bundesstaat Paraná, *O Globo,* der Kurs in Mata Grosso, *A Pomba,* die Partnerschaft mit Raul ... Der Abschnitt über seine und Rauls Beziehung zum O. T. O. ist so unverständlich, dass der Protokollant ihn mit diversen *sic* versehen musste – damit kein Zweifel daran blieb, dass der Häftling es genau so gesagt hatte.

Als die Polizisten die Namen von Personen mit linker Gesinnung hören wollten, fielen Paulo nur zwei ein: einer aus der Paissandu-Clique, »von allen der Philosoph genannt«, und ein ehemaliger Freund von Gisa in der Studentenbewegung, an dessen Namen er sich aber auch nicht erinnern konnte, »wahrscheinlich fing er mit H oder A an«. Auch sein Tagebuch unterstützt die Aussage, dass er nach der Verschleppung kein zweites Mal beim DOI-Codi gewesen ist, denn es gibt darin keinen einzigen Hinweis darauf, dass er in der Nacht vom 14. auf den 15. Juni dort noch einmal ausgesagt hätte. Die Annahme, dass der Protokollant versehentlich ein falsches Datum geschrieben hat, wird hinfällig angesichts der Tatsache, dass die Aussage sieben Seiten umfasst und allesamt mit dem Datum 14. Juni versehen sind. Doch der endgültige Beweis dafür, dass Paulo an diesem Tag tatsächlich beim DOI-Codi war, findet sich in einem kleinen Detail: Als er beim DOPS wenige Stunden nach seiner Festnahme am 27. Mai fotografiert und identifiziert wurde, trug er einen Schnurr- und Vollbart. Als er am 14. Juni erfasst wurde, hieß es, er sei »glattrasiert«.

Gisa wurde beim DOI-Codi zweimal verhört. Das erste Verhör begann am 29. Mai um acht Uhr morgens und endete um vier Uhr nachmittags, das zweite fand zwischen acht und elf Uhr am Vormittag des nächsten Tages statt, eines Donnerstags. Beide Male wurde sie als militantes Mitglied der Açao Popular (Volksbewegung) und der Kommunistischen Partei Brasiliens PC do B verhört. Doch genau wie Paulo hatte sie wenig oder nichts mitzuteilen, abgesehen von ihrer Basisarbeit in der Studentenbewegung, als sie in verschiedenen Organisationen der Linken aktiv gewesen war.

In einer Nacht, in der sie noch beim DOI festgehalten wurden, geschah etwas, was zum endgültigen Bruch zwischen ihnen führte. Als Paulo, eine Kapuze über dem Kopf, von einem Polizisten zur Toilette geführt wurde, hörte er, wie jemand weinend nach ihm rief: »Paulo? Bist du hier? Wenn ja, sag etwas zu mir!« Es war Gisa, vermutlich ebenfalls mit einer Kapuze über dem Kopf, die seine Stimme erkannt hatte. Vor lauter Angst, man könnte ihn erneut nackt in den »Kühlschrank« stecken – eine geschlossene Zelle, in der die Temperatur ihrem Spitznamen entsprechend niedrig gehalten wurde –, blieb Paulo stumm. Gisa flehte weiter: »Paulo, Liebling! Bitte sag ja. Mehr nicht, sag nur, dass du es bist!« Nichts. Sie gab noch nicht auf: »Bitte, Paulo, sag ihnen, dass ich mit dem Ganzen hier nichts zu tun habe.«

Paulo machte den Mund nicht auf – und später sollte er dieses Verhalten als die größte Feigheit seines Lebens bezeichnen. An einem Nachmittag derselben Woche, sehr wahrscheinlich am Freitag, dem 31., erschien ein Gefängniswärter mit seinen Sachen, befahl ihm, sie anzuziehen und sich die Kapuze über den Kopf zu ziehen. Sie setzten ihn auf die Rückbank eines Autos und ließen ihn auf einem kleinen Platz in Tijuca raus, einem Mittelklasseviertel zehn Kilometer entfernt von der Kaserne, in der man ihn festgehalten hatte.

Die ersten Tage bei seinen Eltern waren die reinste Tortur. Jedes Mal wenn jemand an die Tür klopfte oder das Telefon klingelte, schloss Paulo sich in seinem Zimmer ein, aus Angst, er würde wieder von der Polizei, dem Militär oder wer ihn sonst verschleppt hatte, abgeholt. Um ihn ein wenig zu beruhigen, musste Dr. Pedro schwören, dass er eine neuerliche Verhaftung um keinen Preis zulassen würde. »Wenn hier einer erscheint, der dich ohne Haftbefehl festnehmen will, wird er von mir mit einer Kugel empfangen«, versprach er. Erst nach zwei Wochen wagte sich Paulo aus dem Haus, und dafür suchte er sich einen Tag aus, an dem er schnell würde feststellen können, ob ihm jemand folgte: Donnerstag, den 13. Juni, als im Eröffnungsspiel der Fußballweltmeisterschaft 1974 in Deutschland Brasilien gegen Jugoslawien antrat und das ganze Land vor den Fernsehgeräten saß und die Straßen wie leergefegt waren. Im Bus fuhr er nach Flamengo, und nach langem Zögern nahm er all seinen Mut zusammen und betrat die Wohnung, in der Gisa und er bis zu dem Samstag gewohnt hatten, an dem ihnen, wie sie glaubten, der Teufel erschienen war. Die Wohnung war immer noch genau so, wie die Polizisten sie an dem Montagabend der Hausdurchsuchung hinterlassen hatten. Bevor der Schiedsrichter abpfiff – das Spiel endete null zu null –, befand Paulo sich wieder unter dem schützenden Dach seines Elternhauses. Zu den Bußübungen, die er sich übrigens selbst auferlegte, damit »alles so schnell wie möglich zur Normalität zurückkehrt«, gehörte auch, sich kein Spiel der Weltmeisterschaft anzusehen.

Das Schwierigste war die Suche nach Gisa. Seit der schrecklichen Begegnung im Zellentrakt des DOI-Codi hatte er nichts mehr von ihr gehört, doch innerlich hörte er ständig ihre Stimme, wie sie weinend »Paulo! Sag etwas zu mir, Paulo!« rief. Als er es endlich schaffte, in ihrer alten Wohnung anzurufen, in der sie nun wieder lebte, kam ihm der Gedanke, dass das Telefon womöglich abgehört würde, und er wagte nicht, sie zu fragen, ob sie gefoltert worden war und wann man sie freigelassen hatte. Als er ihr vorschlug, sich zu treffen, um über die Zukunft zu sprechen, bekam er von Gisa eine dramatische definitive Abfuhr: »Ich will nicht mehr mit dir zusammenleben, ich will nie mehr mit dir sprechen, und ich will nicht, dass du jemals wieder meinen Namen aussprichst.«

Paulo erlitt einen so schweren psychischen Zusammenbruch, dass sich die Familie abermals um Hilfe an den Psychiater aus der Klinik Dr. Eiras, Dr. Benjamim Gomes, wenden musste. Zu Paulos Glück beschloss der Arzt dieses Mal, anstatt Elektroschocks tägliche Analysesitzungen zu verordnen, die in den ersten Wochen bei den Coelhos zu Hause stattfanden. Paulos Verfolgungswahn hatte sich so extrem gesteigert, dass er einmal vor lauter Angst in Copacabana vor einer Buchhandlung ohnmächtig wurde und Passanten ihm helfen mussten. Als er von Philips den Probeabzug für die Hülle der *Gita*-LP erhielt, fielen ihm fast die Augen aus dem Kopf: Die Hülle zeigte ein Foto von Raul mit einer Che-Guevara-Mütze, die der fünfzackige rote Stern der Kommunisten schmückte. Entsetzt rief er sofort bei der Plattenfirma an und stellte sie vor die Wahl: Entweder änderten sie das Foto auf dem Cover, oder sie konnten alle seine Stücke von der Platte nehmen. Als er gefragt wurde, warum, antwortete er so langsam, als müsste er jedes einzelne Wort buchstabieren: »Weil man mich wegen dieses Fotos auf dem Cover wieder verhaften wird, und das möchte ich nicht noch einmal erleben. Haben Sie verstanden?«

Nach langem Hin und Her erklärte er sich damit einverstanden, dass Raul auf dem Cover mit der Che-Guevara-Mütze abgedruckt würde, aber die Plattenfirma sollte eine schriftliche Erklärung abgeben, dass die Entscheidung für das Cover einzig von ihr zu vertreten sei. Schließlich setzte sich der Vorschlag eines Grafikers durch, der alle Wünsche berücksichtigte: Der rote Stern wurde einfach wegretuschiert, so dass die Mütze wie eine harmlose Baskenmütze ohne jede kommunistische Konnotation aussah.

Da Gisa nicht mehr ans Telefon ging, verlegte er sich darauf, ihr jeden Tag zu schreiben, bat sie um Verzeihung und schlug vor, wieder mit ihm zusammenzuziehen. In manchen Briefen sprach er von der Unsicherheit, die er in den drei Jahren ihres Zusammenseins verspürt hatte: »Ich habe nicht verstanden, warum Du nur die nötigste Wäsche mitgebracht hast, als Du bei mir eingezogen bist. Ich habe nie verstanden, warum Du darauf bestanden hast, weiterhin die Miete für die leere Wohnung zu zahlen. Ich habe versucht, mit Geld Druck zu machen, und gesagt, ich würde nicht mehr zahlen, trotzdem hast Du die alte Wohnung behalten. Das bedeutete, dass Du jederzeit abhauen und Deine Freiheit wiedererlangen konntest.«

Gisa beantwortete keinen einzigen Brief, doch er schrieb weiter. Eines Tages nahm ihn der Vater, sichtlich peinlich berührt, etwas beiseite. »Mein Sohn, Gisa hat mich im Büro angerufen«, sagte er, eine Hand auf Paulos Schulter. »Du sollst ihr bitte nicht mehr schreiben.« Doch Paulo ließ sich nicht abwimmeln und schrieb weiter: »Heute hat mir mein Vater ausgerichtet, dass ich aufhören soll, Dir zu schreiben. Und auch, dass Du arbeitest, dass es Dir gutgeht, das hat mich erfreut und zugleich verletzt. Gerade habe ich ›Gita‹ im Radio gehört. Und ich überlege, ob Du an mich denkst, wenn Du dieses Stück hörst. Ich glaube, das ist der schönste Text, den ich je geschrieben habe. Da ist alles von mir drin. Zurzeit habe ich nichts zu lesen, nichts zu schreiben und keine Freunde.«

Dies war ein Aspekt seiner Paranoia – er beschwerte sich, seine Freunde hielten sich auf Distanz, aus Angst, mit einem

Mann Kontakt zu haben, der von den Sicherheitsorganen verhaftet und verschleppt worden war. Ob Realität oder Einbildung, Tatsache ist, dass sich seiner Erinnerung nach, abgesehen von Raul, nur zwei Bekannte um ihn gekümmert haben: die Journalistin Hildegard Angel und Roberto Menescal, einer der Väter des Bossa Nova und zum damaligen Zeitpunkt Chef der Polygram. Wie Phonogram, Polydor und Elenco gehörte auch Polygram zum multinationalen Philips-Konzern mit Stammhaus in Holland. Dessen Hauptkonkurrent in Brasilien war die CBS, Tochterunternehmen der amerikanischen Columbia. Hilde, wie sie genannt wurde, blieb mit Paulo befreundet, obwohl sie Grund genug hatte, weitere Schwierigkeiten mit der Diktatur zu vermeiden, denn drei Jahre zuvor hatte man ihren jüngsten Bruder Stuart Angel, militantes Mitglied der Guerillagruppe MR-8, auf bestialische Weise in einer Kaserne der Luftwaffe ersticken lassen, indem man seinen Mund an den Auspuff eines Jeeps mit laufendem Motor gepresst hatte. Und Stuarts Frau, die Wirtschaftswissenschaftlerin Sônia Moraes Angel, militantes Mitglied der ALN (Ação Libertadora Nacional, Nationale Befreiungsaktion), war wenige Monate vorher, Ende 1973, ebenfalls vom DOI-Codi in São Paulo zu Tode gefoltert worden. Als wäre es für ein und dieselbe Familie noch nicht genug mit diesen beiden Tragödien, sollte die Mutter von Hilde und Stuart, die Modeschöpferin Zuzu Angel, 1976 bei einem Autounfall ums Leben kommen, der alle Merkmale eines Attentats aufwies und später in dem die Diktatur anprangernden Film *Zuzu Angel* auf den Kinoleinwänden gezeigt wurde.

Mit viel Hartnäckigkeit konnte Hilde Paulo dazu überreden, sich wieder unter Menschen zu begeben. Sie lud ihn ein, sich die Diskussionsrunde zum Thema »Frauen und Kommunikation« im Museu Nacional de Belas-Artes anzuhören, an der sie zusammen mit der Feministin Rose Marie Muraro teilnahm. Paulos durchaus berechtigter Verfolgungswahn hätte sich ins Unerträgliche gesteigert, wenn er gewusst hätte, dass im Publikum ein Spitzel saß, der Polizist Deuteronômio Rocha dos Santos, der noch am selben Tag für den DOPS einen Bericht über die Veranstaltung abfasste und darin auch festhielt: »[...] unter den Anwesenden befand sich der Journalist und Schriftsteller Paulo Coelho, persönlicher Freund von Hildegard Angel.«

Sowie er sich nach diesen »schwarzen Wochen« stark genug fühlte, sich wieder einigermaßen angstfrei in der Stadt zu bewegen, war es eins seiner ersten Anliegen, wieder mit dem O.T.O. Kontakt aufzunehmen. Zwei Dinge bewogen ihn, sich bei Frater Zaratustra zu melden: Erstens wollte er verstehen, was sich an jenem schrecklichen Samstag in seiner Wohnung abgespielt hatte, und zweitens wollte er, unabhängig davon, welche Erklärung ihm die Sekte geben würde, endgültig mit ihr brechen. Seine Angst vor dem Teufel war so stark, dass er Euclydes-Zaratustra bat, sich tagsüber mit ihm im Haus seiner Eltern zu treffen, wo er inzwischen wieder wohnte, und zur Sicherheit lud er Roberto Menescal als Zeugen mit dazu ein.

Das war eine weise Eingebung gewesen, denn zu seiner Überraschung erschien im Haus in Gávea kein Geringerer als der finstere, schroffe Marcelo Ramos Motta alias Parzival XI., das selbsternannte Weltoberhaupt der Sekte. Paulo wollte ohne lange Umschweife zur Sache kommen. Nachdem er kurz zusammengefasst hatte, was in seiner Wohnung und während der beiden Festnahmen geschehen war, sagte er: »Ich möchte wissen, was mit mir an jenem Samstag und den folgenden Tagen geschehen ist.«

Parzival XI. sah ihn verächtlich an: »Du hast immer gewusst, dass bei uns das Gesetz des Stärkeren gilt. Weißt du nicht mehr, dass ich dich das gelehrt habe? Nach dem Gesetz des Stärkeren kommt weiter, wer durchhält. Wer nicht durchhält, muss dran glauben. Punkt, aus. Du warst schwach und musstest dran glauben.«

Menescal, der dem Gespräch bisher als stiller Beobachter gefolgt war, wollte sich schon auf den Sektenführer stürzen.

Aber Paulo hielt ihn zurück und antwortete, indem er den höchsten Priester der Sekte zum ersten Mal mit seinem gewöhnlichen Namen ansprach: »Das ist also der O. T. O., Marcelo? Am Samstag erscheint in meiner Wohnung der Satan, am Montag werde ich verhaftet und am Mittwoch verschleppt? Das ist der O. T. O.? Wenn das so ist, mein Lieber, dann bin ich nicht mehr dabei.«

Kaum war er den Guru los, empfand Paulo so große Erleichterung, als hätte man ihm ein schweres Kreuz vom Rücken genommen. Sofort setzte er sich an die Schreibmaschine und tippte ein offizielles Schreiben, mit dem er seinen Austritt aus dem mysteriösen O. T. O. formell bestätigte.

Sein kurzer, aber dramatischer Abstecher in das Reich der Finsternis hatte keine zwei Monate gedauert:

Rio de Janeiro, 6. Juli 1974

Ich, Paulo Coelho de Souza, der ich meinen Eid als Proband am 19. Mai des Jahres LXX, mit der Sonne im Zeichen des Stiers, 1974 e. v., unterschrieben habe, bitte um

Ausschluss und betrachte mich als ausgeschlossen aus dem Orden, wegen völliger Unfähigkeit, die mir zugewiesenen Aufgaben zu verwirklichen.

Ich erkläre, dass ich diese Entscheidung im vollen Besitz meiner geistigen und körperlichen Kräfte getroffen habe.

93 93/93
Eigenhändig
Paulo Coelho

Wenn Paulo auch ein für alle Mal mit dem Satan und dessen Anhängern gebrochen hatte, seinen Verfolgungswahn war er deshalb noch lange nicht los. Im Grunde fühlte er sich nur dann richtig sicher, wenn er zu Hause bei seinen Eltern und dort alles verriegelt war. In dieser verzweifelten Situation kam ihm die Idee, für eine Weile Brasilien zu verlassen, zumindest so lange, bis die Ängste sich gelegt hatten. Da Gisa sich von ihm abgewandt hatte, hielt ihn nichts mehr in Brasilien. Und der Verkauf der *Gita*-LP übertraf selbst die optimistischsten Erwartungen, so dass unaufhörlich Geld auf sein Konto strömte.

Diese Wende in Paulos Leben dank der Zusammenarbeit mit Raul ließ ein wichtiges Ereignis in seiner Karriere fast untergehen: die Veröffentlichung seines ersten Buches. Noch handelte es sich nicht um das große Werk, von dem er träumte, aber es war immerhin ein Buch. Das Ende 1973 bei dem angesehenen, auf didaktische Bücher spezialisierten Verlag Editora Forense erschienene *O Teatro na Educação* war eine systematische Darstellung des Programms der Kurse, die er in den staatlichen Schulen in Mato Grosso gegeben hatte. Doch selbst ein lobender Bericht, geschrieben von Gisa und veröffentlicht auf der von ihnen wöchentlich gestalteten Seite der *Tribuna da Imprensa,* hatte den Verkauf nicht ankurbeln können. Ein Jahr nach Erscheinen waren von der Gesamtauflage mit 3000 Exemplaren erst 500 verkauft. Zwar war abzusehen, dass das Werk in der Welt der Literatur unbemerkt bleiben würde, doch es war Paulos erstes Buch, und das musste gefeiert werden. Als Gisa an dem Tag, als das Buch fertig war, nach Hause kam, standen auf dem Esstisch zwei Gläser und ein Minifläschchen Bénédictine, das Paulo mit fünfzehn Jahren geschenkt bekommen und all diese Jahre über aufbewahrt hatte, um damit das Erscheinen seines ersten Buches zu feiern. Doch weder seine missglückte Premiere als Autor noch das Füllhorn des Ruhmes konnte ihn von seinem Traum abbringen, der, wie er selbst zugab, zu einer Zwangsvorstellung geworden war: dem Traum, ein weltberühmter Schriftsteller zu werden. Selbst nachdem er als Songtexter berühmt geworden war, überkam ihn diese fixe Idee in stillen Momenten mit aller Macht. Wenn man in seinen Tagebüchern blättert, zeigen hier und da eingestreute Sätze, dass die öffentliche Anerkennung als Texter ihn nicht von seinen Plänen abgebracht hatte. Er wollte nicht bloß ein Schriftsteller unter vielen sein, sondern »weltberühmt«. Er beklagte, dass die Beatles in seinem Alter »schon die Welt erobert hatten«, aber »trotz aller Rückschläge« verlor er nicht die Hoffnung. »Ich bin wie ein Krieger, der auf den entscheidenden Moment wartet, die Szene zu betreten«, schrieb er, »und der Erfolg ist mir vom Schicksal bestimmt. Mein großes Talent besteht darin, dafür zu kämpfen.«

Da die Verhaftungen seines Freundes auch Raul mitgenommen hatten, war es nicht schwierig, ihn dazu zu überreden, ebenfalls für eine Zeit ins Ausland zu gehen. Zwischen dieser Entscheidung und ihrer Abreise vergingen keine zehn Tage. Als er noch einmal zum DOPS musste, um sein Ausreisevisum zu beantragen – eine Vorschrift der Diktatur für alle, die ins Ausland reisen wollten –, löste die Angst bei Paulo einen furchtbaren Asthmaanfall aus. Doch am 14. Juli 1974, anderthalb Monate nach seiner Verschleppung, flogen die beiden Partner nach New York, ohne festen Termin für die Rückkehr.

Beide schleppten eine neue Freundin mit. Raul hatte sich von Edith, der Mutter seiner Tochter Simone, getrennt und lebte jetzt mit Gloria Vaquer zusammen, ebenfalls Amerikanerin und Schwester des Schlagzeugers Jay Vaquer. Nachdem Gisa nichts mehr von ihm wissen wollte, hatte Paulo eine Beziehung mit der schönen Maria do Rosário do Nascimento e Silva angefangen, einer schlanken dreiundzwanzigjährigen Schauspielerin, Drehbuchautorin und Filmproduzentin. Rosário war die Tochter des Juristen Luiz Gonzaga do Nascimento e Silva, der eine Woche vor ihrer Abreise vom Staatspräsidenten General Ernesto Geisel zum Minister für Soziales ernannt worden war. Trotz der Stellung des Vaters war Rosário eine linke Aktivistin, die vom Regime Verfolgte versteckte und sogar einmal verhaftet wurde, als sie auf dem Bahnhof Central do Brasil in Rio Aussagen von Arbeitern filmte. Als sie über die Journalistin Hilde Angel Paulo kennenlernte, löste sie sich gerade aus einer turbulenten dreijährigen Ehe mit Walter Clark, dem damaligen Generaldirektor des Fernsehsenders Rede Globo de Televisão.

Alle vier verfügten über ein so gut gepolstertes Bankkonto, dass sie – wie so viele Stars auf der Durchreise – ganz selbstverständlich im luxuriösen Plaza Hotel am Central Park oder im Künstlerhotel Algonquin hätten absteigen können. Doch in den wilden 1970er Jahren war es Kult, an Orten zu wohnen, die große Gefühle weckten. Deshalb klopften Paulo, Rosário, Raul und Glória an der Tür des Marlton Hotel an – oder besser gesagt, an dem Eisengitter, das den Hoteleingang vor den Straßengangs des benachbarten Szeneviertels Greenwich Village schützte. Das 1900 erbaute Marlton war dafür berühmt, dass zu seinen Gästen Zuhälter, Prostituierte, Drogendealer, Filmschauspieler, Jazzmusiker und Beatniks zählten. In seinen 114 Zimmern, zumeist mit Bad auf dem Flur, hatten schon die Filmstars John Barrymore, Geraldine Page und Claire Bloom, die Sänger Harry Belafonte, Carmen McRae und Miriam Makeba sowie der Beat-Schriftsteller Jack Kerouac logiert. Und aus einem Zimmer des Marlton war im Juni 1968 die fanatische Feministin Valerie Solanas mit einem Revolver zu dem Attentat losgestürmt, das den Popkünstler Andy Warhol um ein Haar das Leben gekostet hätte. Rauls und Glorias Suite, bestehend aus Salon, Schlafzimmer und Bad, kostete pro Monat dreihundert Dollar. Paulo und Rosário zahlten für ihr Zimmer mit Bad, ohne Salon, zweihundert Dollar, hatten aber keinen Kühlschrank, weshalb sie lauwarme Cola und Whiskey pur trinken mussten, wenn sie nicht gerade Marihuana rauchten oder Kokain schnupften – worin ihr Hauptzeitvertreib bestand.

An diesem 8. August 1974 blickte die ganze Welt auf die USA. Nach zwei Jahren und zwei Monaten Verstrickung in den Bespitzelungsskandal »Watergate« lag die Regierung des Republikaners Richard Nixon in den letzten Zügen. Die großen Entscheidungen wurden in Washington getroffen, doch Amerikas Herz schlug in New York. Das Klima im Big Apple wirkte geradezu elektrisch aufgeladen. Man rechnete jeden Moment damit, dass ein Impeachment gegen den Präsidenten angestrengt oder er von sich aus zurücktreten würde. Paulo und Rosário, die die Nacht in einem In-Klub durchgemacht hatten, standen um drei Uhr nachmittags auf, gingen zu einem kräftigen Frühstück ins Child, ein berüchtigtes Lokal einen Block vom Marlton entfernt, und kehrten dann auf ihr Zimmer zurück. Dort zogen sie sich eine Linie Kokain rein, und als sie wieder klar waren, wurde es draußen dunkel. Im Radio am Bett verkündete der Sprecher, in zehn Minuten würde eine landesweite Radio- und Fernseherklärung von Präsident Nixon übertragen. Paulo sprang vom Bett auf: »Komm, Maria! Wir gehen runter und nehmen die Reaktionen der Leute auf den Rücktritt auf Band auf.«

Er zog sich eine Jeansjacke an, ohne Hemd drunter, kniehohe Reitstiefel, nahm den Kassettenrekorder – ein schweres Ding, so groß wie ein Telefonbuch –, stopfte sich jede Menge Kassetten in die Taschen, hängte Rosário den Fotoapparat um und trieb sie an: »Los, komm, Maria! Das dürfen wir nicht verpassen. Das wird besser als ein Endspiel bei der WM!«

Draußen schaltete er den Rekorder ein und sprach im Gehen, als machte er eine Live-Reportage für den Rundfunk:

Paulo: Heute ist der 8. August 1974. Ich befinde mich in der 8th Street, unterwegs zum Restaurant Shakespeare. In fünf Minuten wird der Präsident der Vereinigten Staaten zurücktreten. Inzwischen sind wir im Shakespeare angekommen, der Fernsehapparat ist eingeschaltet, aber die Erklärung hat noch nicht begonnen ... Was hast du gesagt?

405

Rosário: Ich habe gesagt, die Amerikaner sind überhaupt nicht kalt. Ganz im Gegenteil!

Paulo: Hier geht es zu wie bei einer Fußballübertragung. Der Fernsehapparat in der Bar des Shakespeare ist eingeschaltet. Die Erklärung hat noch nicht begonnen, doch draußen auf der Straße hat sich bereits ein Riesendemonstrationszug formiert.

Rosário: Die Leute schreien, hörst du das?

Paulo: Ja!

In dem vollbesetzten Lokal ergatterten sie einen Platz vor dem von der Decke hängenden Fernsehapparat, der Ton war voll aufgedreht. In dunkelblauem Anzug erschien Nixon mit versteinerter Miene auf dem Bildschirm. Als er damit begann, seine Rücktrittserklärung vom wichtigsten Amt der Welt vorzulesen, wurde es still wie in einer Kirche. Eine Viertelstunde lang, während der niemand im Lokal sprach, niemand sich räusperte, erklärte Nixon, was ihn zu der dramatischen Entscheidung bewogen habe. Seine Rede endete mit einer melancholischen Note:

To have served in this office is to have felt a very personal sense of kinship with each and every American. In leaving it, I do so with this prayer: may God's grace be with you in all the days ahead. [In diesem Amt gedient zu haben bedeutet, mich jedem einzelnen Amerikaner ganz persönlich nahe gefühlt zu haben. Wenn ich dieses Amt nun aufgebe, so tue ich es mit diesem Gebet: Möge Gottes Gnade für alle Zeit bei Ihnen sein.]

Kaum war Nixons Rede zu Ende, stand Paulo schon draußen, neben ihm Maria do Rosário, die ihm wie eine Radioreporterin das Mikro vor den Mund hielt.

Paulo: Verdammt noch mal! Das hat mich echt umgehauen, Rosário! Sollte ich je einmal zurücktreten müssen, dann so... Sieh dir das an: Nixon ist gerade zurückgetreten, und an der Ecke da drüben tanzt einer.

Rosário: Tanzt und spielt Banjo. Wahnsinn, dieses Land!

Paulo: Was wir hier sehen, ist einfach unbeschreiblich. Wir gehen gerade die 8th Street entlang.

Rosário: Die Leute sind wirklich richtig glücklich, und das ist einfach toll!

Paulo: Und wie! Die Leute sind richtig sprachlos, Maria. Die Fernsehsender interviewen die Leute auf der Straße. Ein historischer Tag, heute!

Rosário: Eine Frau weint, ein Mädchen weint. Bestimmt vor Rührung.

Paulo: Das ist ein richtig geiler Moment hier, nicht? Aber wirklich echt geil!

Völlig aufgedreht kehrten sie ins Hotel zurück. Rosário stieg im dritten Stock aus, wo ihr Zimmer lag, Paulo fuhr zu Raul hinauf in den siebten Stock, weil er ihm die Bänder vorspielen wollte. Als er, ohne anzuklopfen, wie es zwischen ihnen üblich war, die Zimmertür öffnete, sah er seinen Partner auf einem Sofa zusammengesunken mit offenem Mund schlafen. Auf dem Lampentischchen eine Linie Kokain zum Reinziehen bereit, eine zur Hälfte geleerte Flasche Whiskey und ein Packen

Geldscheine, ungefähr fünftausend Dollar in Hundertern. Auf einen, der wie Paulo gerade von einer Art »Karneval« kam und ein Volksfest ohnegleichen erlebt hatte, wirkte der Anblick seines dem Koks und Alkohol verfallenen Freundes wie ein Schock. Er war nicht nur darüber erschüttert, seinen Freund, den er in die Welt der Drogen eingeführt hatte, in diesem Zustand zu sehen, ihm war auch völlig bewusst, dass das Kokain ihn auf denselben Weg führen würde. Auch wenn er es keiner Menschenseele gestanden hat, so wusste Paulo doch, dass er auf dem Weg war, drogenabhängig zu werden.

Schockiert kehrte er in sein Zimmer zurück. Nur von dem bläulichen Licht beleuchtet, das von draußen ins Zimmer fiel, lag Rosários schlanker Körper nackt auf dem Bett. Bedrückt setzte Paulo sich neben sie, streichelte ihr sanft über den Rücken und verkündete fast flüsternd:

»Heute ist auch für mich ein historischer Tag. Am 8. August 1974 habe ich zum letzten Mal Kokain genommen.«

18

Cissa

*Senhora Paulo Coelho setzt Grenzen: Ein kleiner Joint
ist okay, aber keine sexuellen Extravaganzen.*

Der Plan, mehrere Monate in New York zu bleiben, wurde durch einen Unfall durchkreuzt. Eines Abends probierte Paulo einen elektrischen Dosenöffner aus, und aus Unachtsamkeit rutschte die scharfe Klinge ab und schnitt ihm in die rechte Hand. Das Handtuch, mit dem Rosário die Blutung zu stillen versuchte, war schnell ein blutiger Klumpen. In einer Notfallambulanz im Village erfuhr er, dass das Gerät die Beugesehne seines rechten Ringfingers durchtrennt hatte. Nach einer Notoperation wurde der Finger mit neun Fäden genäht, und Paulo musste wochenlang eine Metallschiene tragen, so dass er die Hand nicht bewegen konnte.

Ein paar Tage später flogen Rosário und er zurück nach Brasilien, während Raul und Glória nach Memphis, Tennessee, weiterreisten. Wieder in Rio, meinte Paulo, er habe nun Kraft genug, sich den Gespenstern der Vergangenheit zu stellen, und zog allein in die Wohnung, in der er früher mit Gisa gewohnt hatte. Sein Mut verließ ihn jedoch schnell wieder. Schon nach zwei Wochen, am 10. September, steuerte er sein Boot wieder in den sicheren väterlichen Hafen in Gávea. Ängstlich darauf bedacht, alles loszuwerden, was ihn an Dämonen, Verhaftungen und Verschleppungen erinnern konnte, verkaufte er alle seine Bücher, Schallplatten und Bilder. Beim Anblick der nackten Wände und Regale schrieb er in sein Tagebuch: »Ich habe gerade meine Vergangenheit abgelegt.« So einfach sollte es jedoch nicht sein. Paranoia, Ängste und Komplexe plagten ihn weiterhin und auch Schuldgefühle wegen allem Möglichen, was in seiner Kindheit passiert war, etwa dass er »einem Mädchen die Hand aufs Geschlecht gelegt« oder gar »von sündigen Dingen mit Mama geträumt« habe – doch wenigstens konnte er, solange er zu Hause bei seinen Eltern war, darauf hoffen, dass ihn niemand ungestraft verschleppen würde.

Zu einer Zeit, als häufiger Partnerwechsel und sexuelle Promiskuität scheinbar noch wenig Gefahren bargen, wurde das Kommen und Gehen der Frauen in seinem Leben zwar im Tagebuch registriert, doch keine war eine besondere Notiz wert – bis auf die eine oder andere Beurteilung ihrer sexuellen Leistung. Ab und zu sorgte er für ein Wiedersehen mit ehemaligen Freundinnen, doch im Grunde war er noch immer nicht über Gisa hinweggekommen – er schrieb ihr nach wie vor, erhielt aber nie eine Antwort. Als er hörte, dass Vera Richter wieder mit ihrem Exmann zusammen war, notierte er: »Heute war ich in der Stadt, um mein psychoanalytisches Problem mit den Aktien der Banco do Brasil zu klären. Ich hatte vor, sie zu verkaufen und das Geld Mário dafür zu geben, dass ich Vera über ein Jahr lang besessen habe. In Wirklichkeit hat Vera mich besessen, aber in meinem geschmolzenen Hirn habe ich immer das Gegenteil geglaubt.«

Die Partnerschaft mit Raul war noch immer höchst erfolgreich, doch intern begann das Schiff der Sociedade Alternativa leckzuschlagen. Schon vor der »schwarzen Nacht« und Paulos

Verhaftung war es zwischen ihnen und dem Philips-Konzern zu kleineren Meinungsverschiedenheiten über die Bedeutung der besagten Gesellschaft gekommen. Alles deutete darauf hin, dass Raul es ernst gemeint hatte mit der Idee, eine Gesellschaft – oder Sekte, Religion, Bewegung – zu gründen, mit der die Gebote von Aleister Crowley, Parzival xi. und Frater Zaratustra verbreitet und umgesetzt würden. Für die Manager der Plattenfirma jedoch bedeutete Sociedade Alternativa nicht mehr als eine gute Marke, mit der der Plattenverkauf angekurbelt werden konnte. Paulo hatte den Unterschied zwischen diesen beiden Interpretationen im April dieses Jahres 1974 erlebt.

Der Chef der Philips in Brasilien, der aus Syrien stammende, naturalisierte André Midani, hatte eine Arbeitsgruppe eingesetzt, die ihm helfen sollte, seine Künstler besser zu vermarkten. Das von Midani und dem Komponisten Roberto Menescal geleitete *dream team* bestand aus dem Marktforscher Homero Icaza Sánchez, dem Schriftsteller Rubem Fonseca und den Journalisten Artur da Távola, Dorrit Harazim, Nelson Motta, Luis Carlos Maciel, João Luís de Albuquerque und Zuenir Ventura. Die Gruppe traf sich einmal in der Woche in einem Luxushotel in Rio und diskutierte den ganzen Tag über Profil und Werk eines bestimmten Philips-Künstlers. Erst diskutierten sie nur unter sich, in der Woche darauf war der Künstler anwesend. Die Teilnehmer wurden fürstlich entlohnt – Zuenir Ventura erzählt, er habe pro Sitzung »viertausend oder vier Millionen bekommen, das weiß ich nicht mehr, aber ich erinnere mich, dass es genauso viel war, wie ich im Monat als Chef der Rio-Redaktion der Zeitschrift *Visão* verdiente«. Die Künstler reagierten jeder auf seine Art. Die rebellische Rita Lee verlor die Geduld mit »diesem Haufen Schwätzer«, die ihr sogar raten wollten, welche Haarfarbe am besten sei, und beendete die Sitzung mit den Worten: »Solange ihr darüber diskutiert, ob ich eine Black-Power-Perücke tragen soll oder nicht, gehe ich auf die Toilette und werfe ein Acid ein.«

Als Paulo und Raul an der Reihe waren, mit der Gruppe zu diskutieren, steckte Raul gerade in einer fürchterlichen Paranoiaphase. Fest davon überzeugt, dass er von getarnten Polizisten verfolgt wurde, hatte er als Leibwächter den Polizeifahnder Millen Yunes vom Kommissariat Leblon engagiert, damit er in seiner Freizeit den Musiker überallhin begleitete. Als Paulo ihm Menescals Einladung übermittelte, als Nächste mit der Intellektuellengruppe zu debattieren, sprang Raul auf: »Dahinter steckt die Polizei, damit sie uns fassen können! Ich könnte schwören, die haben einen in die Gruppe eingeschleust, der aufnehmen soll, was wir da sagen. Mach das nicht mit, Dom Paulete! Sag Menescal, dass wir nicht kommen.«

Paulo versicherte ihm, es gebe keine Gefahr, er kenne die meisten Mitglieder der Gruppe, es seien sogar Gegner der Diktatur dabei, und zum Schluss schwor er Stein und Bein, weder Midani noch Menescal würde so eine Schweinerei mitmachen. Da Raul nicht zu bewegen war, blieb ihm nichts anderes übrig, als allein zu der Sitzung zu gehen – doch sicherheitshalber stellte er dort ein Aufnahmegerät auf den Tisch, um die Bänder später seinem Partner zu geben. Bevor die eigentliche Diskussion begann, erteilte jemand Paulo das Wort mit der Aufforderung, so ausführlich wie nötig zu erklären, was genau die Sociedade Alternativa sei. Soweit er sich drei Jahrzehnte später erinnern konnte, hatte er vorher weder Ma-

rihuana geraucht noch irgendeine andere Droge genommen.
Doch das Gegenteil schien der Fall zu sein, nach dem zu urteilen, was auf dem Band zu hören ist:

Die Sociedade Alternativa betrifft die politische, die soziale Ebene, die soziale Ebene eines Volkes, verstehen Sie, was ich meine? Und sie betrifft, verdammt, die intellektuelle Schicht eines Volkes, die nicht nur Spaß haben will, die anspruchsvoller ist... Das geht so weit, dass es in São Paulo eine Diskussion über die Zeitschrift *Planeta* gegeben hat. Ich glaube, *Planeta* wird in einem Jahr eingehen, denn alle Leute, die sie lesen, können auch lernen und finden *Planeta* allmählich ziemlich blöde, so wie sie in Frankreich eingegangen ist, da haben sie dann *La Nouvelle Planète* erfunden und dann *La Nouvelle, nouvelle Planète*, verstehen Sie, was ich meine? Zum Schluss wurde sie eingestellt. Genauso wird es auch all den Leuten ergehen, die heute ihren Spaß mit Macumba haben. Nein, nein, nein! Nicht das Proletariat, hm? Aber das, was man Mittelschicht nennt. Die Bourgeoisie, die sich auf einmal dafür interessiert, intellektuell, klar? Natürlich gibt es da noch einen anderen Aspekt, den des Glaubens, dass man hingeht und ein Gelübde ablegen kann, dass man schafft, ein Grundstück zu bekommen, kurzum, noch allerhand anderes. Na ja, aber kulturell gesehen wird sich was verändern, verstehen Sie? Und diese Veränderung wird von außen kommen, so wie schon immer, Sie verstehen, was ich meine? Und sie wird niemals von einem brasilianischen Produkt namens Spiritualität gefiltert werden. Das heißt jetzt schon auf spiritueller Ebene diskutieren, denn auf der politischen Ebene habe ich mich ja klar ausgedrückt, nicht wahr?

Sich klar auszudrücken war offenkundig nicht seine Stärke, doch die Arbeitsgruppe schien solche Leute gewöhnt zu sein. Er schob eine neue Kassette ein und fuhr fort:

Also ... Ich will hier keinen Standpunkt verteidigen oder so. Also wird es zu dieser Filterung kommen. Meiner Ansicht nach ist es keine Filterung, aber an Satan wird einer immer seinen Spaß haben, weil das nämlich ungemein faszinierend ist: »Hey, Satan?« Ein Tabu wie ... wie die Jungfräulichkeit, verstehen Sie, was ich meine? Wenn also alle anfangen, von Satan zu sprechen, auch wenn du Angst vor dem Dämon hast und ihn verabscheust, willst du das eigentlich doch mitmachen, verstehen Sie? Weil es Aggression bedeutet, Aggression des Systems gegen sich selbst, die Aggression der Repression, verstehen Sie? Da gibt es noch eine ganze Menge in diesem Schema, und man hat dann seinen Spaß daran ... Das ist eine Welle, die hält nur ganz kurz an, aber noch ist sie nicht da, die Satanswelle. Aber sie ist ein Phänomen. Das Ergebnis der Aggression, derselben Sache wie freie Liebe, des sexuellen Tabus, das die Hippies gebrochen haben.

[...] Was ich Ihnen jetzt hier gegeben habe, war kein Überblick über die Sociedade Alternativa. Ich habe ein paar Dinge erwähnt, aber ich wollte einen Überblick über all das geben, was wir uns ausgedacht haben, so einen allgemeinen Überblick, klar? Also, was hat Raul Seixas darin zu suchen ... Die Sociedade Alternativa dient Raul

Seixas, und er lässt sich nicht beeinflussen, denn wir haben zwei Tage über die Sociedade Alternativa gesprochen, wir sprechen nur über die Sociedade Alternativa, verstehen Sie? Die Sociedade Alternativa dient Raul Seixas insofern, als er diese Art von Bewegung katalysiert, verstehen Sie? Man hat sie für einen Mythos gehalten. Kein Mensch kann erklären, was die Sociedade Alternativa ist.

Verstehen Sie, was ich meine?

»So ungefähr«, beeilte sich der Journalist Artur da Távola zu antworten. Da in Wirklichkeit die meisten Anwesenden von dem wirren Zeug kein Wort verstanden hatten, stellten sie Paulo vor ein einfaches Problem: Sollten Raul und er der Presse mit diesen Worten erklären, was Sociedade Alternativa bedeutete, dann müssten sie sich darauf gefasst machen, dass die Medien über sie herfallen würden. Dorrit Harazim, damals Chefin des Auslandsressorts der Zeitschrift *Veja*, gab zu bedenken, wenn sie dem Publikum klarmachen wollten, dass Sociedade Alternativa nicht nur ein Marketingtrick war, sondern eine mystische oder politische Bewegung, dann brauchten sie sachlichere Argumente: »Als Erstes müsst ihr entscheiden: Ist die Sociedade Alternativa eine politische oder eine metaphysische Bewegung? Mit den gerade vorgebrachten Argumenten dürfte es schwierig werden, jemandem zu erklären, was die Sociedade Alternativa wirklich ist.«

Zwar vertrat die Gruppe zum ersten Mal einstimmig dieselbe Meinung, doch musste Artur da Távola sie darauf aufmerksam machen, dass sie Gefahr liefen, eine Goldmine trockenzulegen: »Wir müssen sehr aufpassen, denn wir bemängeln ein

Duo, das Zigtausende von Platten verkauft und enorm erfolgreich ist.«

Es gab noch ein Problem, das der Gruppe Sorgen bereitete. Die beiden Künstler behaupteten der Presse gegenüber steif und fest, sie hätten fliegende Untertassen gesehen. Das sei Spinnerei, sagten alle, und die könne sich negativ auf den kommerziellen Erfolg der beiden auswirken, weshalb sie Paulo nahelegten, Raul dazu zu bringen, diesen Quatsch abzulegen. Sie waren aus gutem Grund beunruhigt. Ein paar Monate zuvor hatte Raul der Zeitschrift *Pasquim* ein langes Interview gegeben und war, wie nicht anders zu erwarten, von den Journalisten bedrängt worden, die Sociedade Alternativa zu erklären und die Umstände, unter denen sie die fliegenden Untertassen gesehen hätten. Da er dabei ungehemmt phantasieren konnte, erklärte er, diese Alternative Gesellschaft werde von keinem Willen, keinem Führer gegründet, sondern sei geboren aus »der Bewusstwerdung einer neuen Taktik, neuer Mittel«. Da seine Antwort offenbar nicht klar verständlich war, erklärte er genauer, was er meinte: »Die Sociedade Alternativa ist das Produkt ihrer inneren Mechanismen«, und fügte hinzu, sie habe sich bereits über die Landesgrenzen hinaus ausgebreitet. »Wir stehen in ständigem Briefwechsel mit John Lennon und Yoko Ono, sie gehören auch der Gesellschaft an.« Da ihn niemand überwachte, phantasierte er auch über bekannte Tatsachen, wie zum Beispiel seine erste Begegnung mit Paulo. »Ich habe Paulo am Strand von Barra da Tijuca kennengelernt«, behauptete er. »Es war fünf Uhr nachmittags, ich meditierte dort und er auch, aber ich wusste nicht, wer er war – und an diesem Tag haben wir die fliegenden Untertassen gesehen.« Einer der Interviewer fragte, ob er das Ufo beschreiben könne, und er antwortete auf der Stelle: »Es war ungefähr so ... silbrig, aber rundherum ein orangefarbener Schein. Es stand da am Himmel, bewegte sich nicht. Paulo kam angelaufen, ich kannte ihn nicht, aber er sagte: ›Siehst du auch, was ich sehe?‹ Dann setzten wir uns hin, und die fliegende Untertasse sauste in unbeschreiblichem Zickzack davon.«

Aussagen wie diese ließen die Arbeitsgruppe von Philips befürchten, das Duo könnte sich öffentlich lächerlich machen, und als die Marathonsitzung zu Ende war, packte Paulo die Kassetten mit der kompletten Aufzeichnung all dessen ein, was an diesem Tag besprochen worden war. Da die Kommentare nicht unbedingt schmeichelhaft waren, sprach Paulo, anstatt Raul persönlich Bericht zu erstatten, zu Hause auf ein weiteres Band seine eigene Meinung zu der Sitzung im Hotel Meridien:

Die große Angst der Arbeitsgruppe ist, dass es mit der Sociedade Alternativa etwas wird und dass Raul – also du, der du das Band jetzt abhörst – dem Ganzen nicht gewachsen sein wird. Sie haben Angst, dass die Sociedade Alternativa an Gewicht gewinnt und dass Raul ein Interview dazu geben wird, was die Sociedade Alternativa ist, über ihre Grundlagen. Raul wird, wie Artur da Távola sagte, viel reden, aber nichts erklären. Und die Presse wird sich darauf stürzen und sagen, das Ganze ist eine Farce, und dann geht Rauls Karriere drauf. Das heißt, die große Sorge von Philips ist das Problem, ob Raul dem Ganzen gewachsen ist. Die Sitzung war extrem angespannt. Die anderen wichen keinen Fingerbreit von ihrer Meinung, dass Raul, also du, der Sache nicht gewachsen bist. Das kannst du auf dem Band hören, und ich sage es jetzt, weil ich ganz stark diesen Eindruck hatte.

Dann wurde auch noch das Problem mit der fliegenden Untertasse angesprochen, wobei alle gesagt haben, das ist Spinnerei. Sie haben zum Beispiel gesagt, jedes Mal wenn du irgendwohin kommst und die Geschichte mit der fliegenden Untertasse erzählst, wird sich die Presse darauf stürzen. Verdammt, ich habe lieber den Mund gehalten, nicht gesagt, ob es wahr ist oder gelogen. Aber die Arbeitsgruppe vertritt die Ansicht, dass diese Geschichte mit der fliegenden Untertasse allmählich aufhören muss. Gesagt habe ich es nicht, aber ich habe offengelassen, dass wir zumindest der Arbeitsgruppe gegenüber die Sache mit der fliegenden Untertasse dementieren.

Zwar besaß die Idee der Sociedade Alternativa noch genug Strahlkraft, um Hunderttausende von Käufern anzuziehen und eine unbestimmte Anzahl von Satansanhängern in ganz Brasilien zu locken, doch mit der Zeit erwies sich, dass die Arbeitsgruppe recht gehabt hatte. Da es sich weder um eine politische noch um eine metaphysische Bewegung handelte, war Jahre später »Sociedade Alternativa« vielen nur noch als Refrain eines Songs aus den 70er Jahren in Erinnerung.

Mit genähter und verbundener Hand aus New York zurückgekehrt, erhielt Paulo, als die (während ihrer Abwesenheit herausgekommene) *Gita*-LP ihre größten Erfolge feierte, von Menescal das Angebot, sich als Berater der Arbeitsgruppe anzuschließen, und zwar für das gleiche Honorar wie die anderen. Von allen Seiten kam Geld. Als er die erste Abrechnung der Plattenfirma über den Absatz der neuen LP erhielt, schwankte er, ob er das Geld in Aktien anlegen oder sich ein Sommerhaus in Araruama kaufen sollte, doch am Ende entschied er sich für ein Apartment in der belebten Rua Barata Ribeiro in Copacabana. Neben seiner Zusammenarbeit mit Raul schrieb Paulo in dieser Zeit noch den Text zu drei Songs – ›Cartão Postal‹, ›Esse Tal de Roque Enrow‹ und ›O Toque‹ – der LP *Fruto Proibido,* die Rita Lee Anfang 1975 herausbrachte, und verfasste Drehbücher für Maria do Rosário. Daneben arbeitete er auch als Schauspieler in der Pornoschmonzette *Tangarela, a Tanga de Cristal.* Im Dezember 1974 schaffte die Plattenfirma die Arbeitsgruppe ab und drehte damit einen der Geldhähne zu, die sein Konto nährten, drehte aber kurz darauf einen anderen auf. Auf Vorschlag von Menescal stellte André Midani nämlich Paulo Coelho als Chef der Abteilung Kreativität ein.

Doch weder die finanzielle noch die berufliche Stabilität vermochte Paulos gemarterte Seele zu besänftigen. Wenn er schon bis Mai 1974 unter Verfolgungswahn und dem Gefühl, abgelehnt zu werden, gelitten hatte, dann müssen sich diese Empfindungen nach den Tagen in der Haft ins Unerträgliche gesteigert haben. Von den sechshundert Seiten Tagebuch, die er in den zwölf Monaten nach seiner Freilassung geschrieben hat, geht es auf über vierhundert Seiten um Ängste infolge der »schwarzen Wochen«. In einem wahllos herausgegriffenen Heft von sechzig Seiten taucht das Wort »Angst« 142 Mal auf, gefolgt von 118 Mal »Problem«, außerdem dutzendfach die Wörter »Einsamkeit«, »Verzweiflung«, »Verfolgungswahn«, »Widerwillen« usw. Zur Beschreibung seines Gemütszustands griff er gern auf die Klassiker zurück, wie zum Beispiel, als er eine Seite im Tagebuch mit dem Zitat von Guimarães Rosa beschließt: »Nein, Angst ist es nicht. Ich habe nur keine Lust mehr, mutig zu sein.« Im Mai 1975 ließ er zum ersten Jahrestag seiner Freilassung nach der Verschleppung durch den DOI-Codi in der Kirche São José – der Kirche seines Schutzheiligen – eine Dankmesse lesen.

Mehr noch als auf Dr. Benjamim oder vielleicht sogar den eigenen Vater vertraute Paulo seit seiner Haftentlassung auf den Anwalt Antônio Cláudio Vieira, der seiner Meinung nach seine Freilassung erwirkt hatte. Gleich nach seiner Rückkehr aus den USA bat er seinen Vater, ihm einen Termin zu besorgen, weil er sich bei Vieira für dessen Hilfe bedanken wollte. Bei der Ankunft in dem luxuriösen Apartment, das sich über ein ganzes Stockwerk erstreckte und einen großartigen Blick auf die Bucht vor Flamengo bot, traf Paulo zu seiner Überraschung auf Eneida, die Tochter des Anwalts, eine hübsche schlanke Brünette, wie ihr Vater Anwältin, die auch in dessen Kanzlei arbeitete und außerdem bevorzugt mit wehenden Haaren in einem echten, aus England importierten MG Kabrio durch Rios Straßen fuhr. Bei dieser Begegnung kam es nur zu einem kurzen Flirt, doch exakt 47 Tage später machte Paulo Eneida einen Heiratsantrag, und sie nahm ihn sofort an. Nach den für einen guten Teil der brasilianischen Gesellschaft gültigen Maßstäben galt er inzwischen als gute Partie – das heißt als einer, der genug Geld besaß, um für Frau und Kinder zu sorgen. Ende 1975 war ein neues Album von Raul und ihm mit dem Titel *Novo Aeon* erschienen. Von den dreizehn Songs stammten vier aus ihrer beider Feder (›Rock do Diabo‹, ›Caminhos I‹, ›Tu És o MDC da Minha Vida‹ und ›A Verdade sobre a Nostalgia‹). Die LP verriet auch, welch enge Beziehung Raul noch immer zu den Satanisten vom O. T. O. pflegte: Der grobe Marcelo Motta hatte für nicht weniger als fünf Stücke den Text geschrieben. Zwar betrachteten Raul und seine Fans das Album als Meisterwerk, aber *Novo Aeon* blieb weit hinter den anderen Alben zurück und verkaufte sich nur etwas über vierzigtausendmal.

Die materiellen Voraussetzungen zur Gründung einer Familie waren also vorhanden, doch dass er so kurz entschlossen um ihre Hand anhielt, ließ sich nur mit leidenschaftlicher Verliebtheit erklären – die aber beruhte nicht auf Gegenseitigkeit. Für ihn konnte es nicht passender sein: Auf einen Schlag hatte er eine Frau erobert, um endlich zu heiraten und zu »verspießern«, wie er es sich seit seiner Freilassung vorgenommen hatte, und als Dreingabe bekam er Antônio Cláudio Vieira, den Garanten für seine psychische Sicherheit, zum Schwiegervater. Am späten Abend des 16. Juni 1975 befand Paulo, nachdem er sich einen doppelten Joint angesteckt hatte, es sei an der Zeit, die Sache festzumachen. Er rief Eneida an und bat sie, sie solle ihren Eltern mitteilen, dass er die Verlobung offiziell besiegeln und in wenigen Stunden um ihre Hand anhalten wolle. »Ich muss nur zu Hause vorbeifahren und meine Eltern abholen. Dann sind wir gleich da.«

Die Eltern schliefen tief und fest, wurden aber von ihrem verrückten Sohn aus dem Bett geholt, der es sich plötzlich in den Kopf gesetzt hatte, sich zu verloben. Ob es nun am Kiffen lag oder daran, dass er diese Rolle noch nie gespielt hatte, ist nicht bekannt, jedenfalls hatte Paulo, als er das Wort an seinen künftigen Schwiegervater richten wollte, einen trockenen Mund, verschluckte sich, stotterte und bekam keine einzige Silbe heraus. Angesichts der fassungslosen Blicke von Lygia und Pedro rettete Vieira geistesgegenwärtig die Situation: »Wir alle wissen, was du sagen möchtest. Du willst um Eneidas Hand anhalten, nicht wahr? Wenn es darum geht, dann hast du meinen Segen.«

Ja, darum gehe es, antwortete er erleichtert. Nach kurzem Anstoßen mit französischem Champagner öffnete Paulo seine lederne Umhängetasche und holte einen prächtigen Brillantring heraus, den er für seine künftige Ehefrau gekauft hatte. Am nächsten Tag revanchierte sich Eneida mit *dem* Objekt der Begierde aller Journalisten und Schriftsteller: einer elektrischen Olivetti Schreibmaschine, die Paulo benutzen sollte, bis er 1992 auf den Computer umsattelte. Noch keine drei Wochen waren vergangen, da verriet das Tagebuch, dass er die Verlobung vielleicht überstürzt hatte: »Ich habe ernsthafte Probleme mit Eneida. Ich habe sie gewählt, weil ich mir davon psychische Sicherheit und Stabilität versprach. Ich habe sie gewählt, weil ich für mein von Natur aus unausgeglichenes Temperament nach Ausgeglichenheit gestrebt habe. Jetzt merke ich, welchen Preis ich dafür zahlen muss: Kastration. Kastration im Verhalten, Kastration im Gespräch, Kastration in Verrücktheiten. Das kann ich nicht akzeptieren.«

Den Rückzug anzutreten und die Verlobung zu lösen, das kam ihm nicht in den Sinn, denn das hätte bedeutet, dass er nicht nur seinen Anwalt verlieren, sondern ihn sich auch noch zum Feind machen würde, und schon allein bei dem Gedanken daran bekam er Bauchschmerzen. Aber Paulo merkte auch, dass Eneida seiner Eigenarten überdrüssig wurde. Zwar machte es ihr nichts aus, dass er weiterhin Marihuana rauchte, aber sie wollte nicht gezwungen werden, selbst Drogen zu nehmen, und Paulo drängte sie die ganze Zeit dazu. Und in Bezug auf »sexuelle Vorschläge« hatte sie klipp und klar gesagt, eine

Ménage à trois stehe nicht zur Debatte. Dass Freundinnen von ihm das Bett des jungen Brautpaars teilten, kam für sie nicht in Frage. Das Ende der Beziehung war also abzusehen. Als das Verlöbnis vierzig Tage alt war, notierte Paulo in seinem Tagebuch, dass alles aus war:

> Eneida hat mich schlicht und einfach verlassen. Es ist sehr schwierig gewesen, wirklich sehr schwierig. Ich habe sie als Frau und Gefährtin gewählt, aber sie hat nicht durchgehalten und ist plötzlich aus meinem Leben verschwunden. Ich habe verzweifelt versucht, ihre Mutter zu erreichen, aber die Eltern haben sich auch zurückgezogen. Ich fürchte, sie hat ihnen von meinen Castaneaden und sexuellen Vorschlägen erzählt. Von Letzteren weiß ich, dass sie sie erzählt hat. Die Trennung hat mich hart getroffen, viel härter, als ich mir vorgestellt hatte. Meine Alten werden schockiert sein, wenn sie erfahren, dass unsere Verlobung geplatzt ist. Und sie werden nicht so leicht eine andere Frau genauso akzeptieren. Das weiß ich, aber was kann ich tun? Ich mache mich erneut unverzüglich auf die Suche nach einer anderen Gefährtin.

Die Gefährtin, auf die er ein Auge geworfen hatte, war die Praktikantin Cecília Mac Dowell aus der Presseabteilung von Philips. Doch bevor er sich Cissa, wie sie genannt wurde, erklärte, hatte Paulo noch eine Blitzaffäre mit Elisabeth Romero, ebenfalls Journalistin, die ihn für eine Musikzeitschrift interviewt hatte. Erst gingen sie ein paarmal zusammen aus, dann funkte es. Beth fiel dadurch auf, dass sie auf einer robusten Kawasaki 900 durch Rios Straßen donnerte, und nun also mit

Paulo hintendrauf. Zwar hielt die Liebschaft nur kurze Zeit, doch erlebte Beth mit, worüber Paulo später in Interviews immer wieder sprechen sollte: die missglückte Begegnung zwischen ihm und seinem Idol Jorge Luis Borges.

Gegen Weihnachten lud er Beth ein, ihn nach Buenos Aires zu begleiten, wo er den großen argentinischen Schriftsteller besuchen wollte. Er hatte die Reise schon einige Zeit vor sich hergeschoben, weil er erneut und aus naheliegenden Gründen Angst hatte, zum DOPS zu gehen, um das Ausreisevisum zu beantragen. Ohne irgendjemanden in Buenos Aires zu kennen und auch ohne vorherige Anmeldung nahmen die beiden die achtundvierzigstündige Busfahrt auf sich, in der Tasche allein die Adresse Calle Maipú 900, wo Borges damals wohnte. Sobald sie in der Stadt ein Quartier gefunden hatten, zog Paulo los. Der Portier in Borges' Wohnhaus teilte ihm mit, Don Jorge Luis trinke gerade auf der anderen Straßenseite in einem alten Hotel einen Kaffee. Paulo überquerte die Straße, betrat das Hotelfoyer und sah im Gegenlicht vor einer breiten Fensterscheibe die unverwechselbare Silhouette des großen Schriftstellers, damals 76 Jahre alt, der allein an einem Tisch saß und einen Espresso trank. Der Anblick war so ergreifend, dass Paulo es nicht wagte, näher zu treten. So unauffällig, wie er hereingekommen war, schlich er wieder hinaus, ohne auch nur ein einziges Wort an Borges gerichtet zu haben, was er sich nie verziehen hat.

Trotz seiner achtundzwanzig Jahre war dies für ihn das erste Weihnachten fern der Familie. Da er sich inzwischen wieder dem Christentum zugewandt hatte, schlug er am 24. Dezember Beth vor, gemeinsam mit ihm die Mitternachtsmesse in der Basilika Nuestra Señora de Pilar unweit der Casa Rosada, des Sitzes der argentinischen Regierung, zu besuchen. Da Beth zu seiner Überraschung ablehnte, weil sie die Nacht lieber zu Streifzügen durch die Straßen von Buenos Aires nutzen wollte, machte er kurzerhand Schluss mit ihr. Dann rief er unter dem Vorwand, ihr frohe Weihnachten wünschen zu wollen, Cissa in Rio an und erklärte sich: »Ich habe mich in dich verliebt und komme in drei Tagen zurück. Wenn du versprichst, dass du mich am Flughafen abholst, nehme ich ein Flugzeug, damit wir so schnell wie möglich zusammen sein können.«

Cissa, schmächtig wie er, braune Augen und eine leicht gebogene Nase, war neunzehn und studierte, als sie Paulo kennenlernte, an der renommierten Universität PUC in Rio Journalismus. Als Tochter der Amerikanerin Patricia Fait und des angesehenen, wohlhabenden Tuberkulosefacharztes Afonso Emílio de la Rocque Mac Dowell, Besitzer einer großen Klinik für Tuberkulosekranke in dem Vorort Jacarepaguá, hatte sie das traditionelle Colégio Brasileiro de Almeida in Copacabana besucht, das die Lehrerin Nilza Jobim, Mutter des Komponisten und Sängers Tom Jobim, gegründet hatte und leitete. Obwohl Cissas Eltern konservativ waren – der Vater entstammte einer traditionsreichen Familie aus dem Nordosten, die Mutter hatte eine streng protestantische Erziehung genossen –, nahmen sie den Paradiesvogel, der sich in ihre jüngste Tochter verliebt hatte, mit offenen Armen auf. Nach einigen Monaten verschlossen Patricia und Afonso Emílio sogar die Augen vor der Tatsache, dass Cissa jedes Wochenende bei ihrem Freund verbrachte (der seine Wohnung in der Rua dos Voluntários da Pátria vermietet hatte und in das Zweizimmerapartment in der lauten Rua Barata Ribeiro gezogen war). Im Rückblick nach dreißig Jahren sah Cissa mit bissigem Humor in der liberalen Haltung ihrer Eltern gewisse Hintergedanken: »Da meine beiden älteren Schwestern noch nicht verheiratet waren, hatten meine Eltern wohl ihre Erwartungen hinsichtlich künftiger Schwiegersöhne etwas heruntergeschraubt. Jedenfalls fanden sie es wahrscheinlich besser, potentielle Kandidaten nicht zu vergraulen.«

Welche Gründe auch immer die Eltern hatten, Tatsache ist, wenn die Mac Dowells am Wochenende nach Petrópolis in ihr Haus in den Bergen fuhren, packte Cissa Kleider und ein paar persönliche Dinge in einen Stoffbeutel und zog ins Apartment in der Rua Barata Ribeiro. Doch das Gespenst der gescheiterten Verlobung mit Eneida suchte noch immer Paulos Seele heim, sobald das Thema sich andeutete, wie er in seinem Tagebuch notierte. »Heute Abend gibt es ein Essen bei Cissa zu Hause, und so was ist für mich ein Riesenproblem«, jammerte er, »denn das klingt nach Verlobung, und mich verloben ist das Letzte, was ich jetzt möchte.« In einer der Therapiesitzungen, die noch immer regelmäßig stattfanden, warf Dr. Benjamim Gomes die Frage auf, ob seine nervösen Anspannungen vielleicht ihren Ursprung in Schwierigkeiten in Sexualbeziehungen hatten: »Er hat gesagt, mein Desinteresse an Sex sei schuld an meiner Anspannung. Tatsächlich ist Cissa ähnlich wie ich, ihr ist es nicht so wichtig, ins Bett zu gehen. Mir war das bisher recht, weil ich damit keine Verpflichtung hatte, aber ab jetzt werde ich Sex als Therapie gegen die Anspannung einsetzen. Dr. Benjamim hat gesagt, die Kurve beim Elektroschock sei die gleiche wie beim Orgasmus und wie bei einem epileptischen Anfall. Dadurch habe ich im Sex eine Therapie entdeckt.«

Obwohl ihn alles beunruhigte, was irgendwie an Verlobung gemahnte, machte Paulo Cissa im März 1976, als sie von einer dreiwöchigen Europareise zurückkehrte, einen Heiratsantrag. Cissa nahm ihn mit aufrichtiger Freude an, stellte aber Bedingungen: Es müsse eine richtige Trauung geben, schwarz auf weiß vom Standesamt besiegelt und auch mit Kirche, Priester, weißem Brautkleid und Bräutigam mit Schlips und Kragen. Er antwortete laut lachend, er sei mit allem einverstanden, im Namen der Liebe und »weil ich wirklich spießbürgerlicher werden will, und nichts eignet sich dazu so gut wie eine Hochzeit«. Doch bevor es so weit war, warf Paulo noch mehrmals das I Ging, um sich zu vergewissern, dass er das Richtige tat, und hielt in seinem Tagebuch seine Unsicherheit fest: »Gestern habe ich einen Riesenschiss vorm Heiraten bekommen und bin in Panik geraten. Wir waren sowieso schon schlecht aufeinander zu sprechen, und es endete böse zwischen uns.« Zwei Tage später war er in anderer Stimmung: »Ich habe nicht in meiner Wohnung übernachtet, weil ich unter Paranoia leide. Ich brenne darauf, dass Cissa bei mir einzieht. Im Grunde lieben wir uns und verstehen uns gut, und sie ist unkompliziert. Aber vorher müssen wir noch das Theater mit der Hochzeit über uns ergehen lassen.«

Am 2. Juli erschien Paulo noch eleganter herausgeputzt, als seine Verlobte verlangt hatte. Pünktlich um 19 Uhr, als Geigen das *Nocturne Nr. 2* von Chopin anstimmten, zwängte er sich in der Kirche São José im Zentrum von Rio an den Altarschranken vorbei und postierte sich rechts neben dem Priester. Verglichen mit dem Paulo Coelho, der sich zwei Jahre zuvor völlig zugedröhnt in New York hatte fotografieren lassen, sah der Paulo vor dem Altar wie ein Prinz aus. Mit kurzen Haaren, sorgfältig gestutztem Schnurr- und Kinnbart trug er einen Stresemann, also ein schwarzes Sakko mit gestreifter

Hose, schwarze Schuhe, weißes Hemd mit Manschettenknöpfen und eine silberne Krawatte, genau wie sein Vater und der Schwiegervater, nur die Trauzeugen Roberto Menescal und Raul Seixas brauchten sich nicht an diese Kleidervorschrift zu halten.

Zu den Klängen von Elgars *Pomp and Circumstance* schritten fünf Mädchen, als Brautjungfern gekleidet, vor der Braut im bodenlangen weißen Kleid am Arm des Vaters herein. Unter den Dutzenden Gästen stach dank seiner ungewöhnlichen Aufmachung – Sonnenbrille, obwohl es draußen schon dunkel war, rote Fliege und ebenfalls in Rot abgestepptes Jackett – Raul Seixas heraus. Als der Priester die Ringe segnete, durchfluteten Geigenklänge das Kirchenschiff, und mit dem *Adagio* von Albinoni endete die Zeremonie. Danach fuhren alle in die Wohnung der Brauteltern in der Rua General Urquiza im Stadtteil Leblon, wo die standesamtliche Trauung stattfand, und anschließend wurde den Gästen ein opulentes Essen serviert.

Die Hochzeitsreise war nichts Besonderes. Da beide schon bald wieder an ihren Arbeitsplatz zurückkehren mussten, verbrachten sie nur eine Woche in einem Ferienhaus von Verwandten von Paulo auf der Insel Jaguanum südlich von Rio. Keinem von beiden sind diese Tage in besonderer Erinnerung geblieben. In Paulos Tagebuch findet sich überhaupt kein Hinweis auf die Hochzeitsreise, und auch Cissas knappe Erinnerungen zeugen nicht von einem Wonnemond: »Paulo war nicht sehr glücklich. Ich glaube, er wollte dieses ganze Offizielle nicht ... Er hat es akzeptiert, aber ich glaube, nur weil ich darauf gedrängt habe. Aber es war keine Hochzeitsreise, bei der wir gesagt hätten, oh, wir sind ganz wahnsinnig verliebt, es war wunderbar. Nein. So eine Erinnerung habe ich nicht. Ich weiß nur, dass wir ein paar Tage da verbracht haben und dann in unseren Alltag in Rio zurückgekehrt sind.«

Der Alltag begann mit einer kleinen Verstimmung zwischen den Eheleuten. Obwohl Paulo die geräumige Wohnung in der Rua Voluntários da Pátria besaß, in der er drei Jahre mit Gisa gelebt hatte, wollte er sie weitervermieten und in dem kleinen Zweizimmerapartment in der lauten Rua Barata Ribeiro wohnen. Wäre es darum gegangen, Geld zu sparen, dann hätte es Cissa nichts ausgemacht. Das Problem war, dass er dort wegen der größeren Nähe zu seinen Eltern wohnen wollte, die inzwischen das Haus in Gávea verkauft hatten und nun auch in Copacabana, nur eine Straße weiter, in der Rua Raimundo Correia, lebten. Cissa hat die ersten Ehemonate als nicht gerade ermutigend in Erinnerung:

> Dort zu wohnen war grauenhaft. Das einzige Schlafzimmer ging nach vorn zur Rua Barata Ribeiro hinaus, und draußen herrschte ein Höllenlärm. Aber Paulo steckte in einer Mutterphase und wollte unbedingt in der Nähe der Mutter sein, die im selben Straßenblock wohnte. Unsere ganze Wohnung war kaum so groß wie ein ordentliches Wohnzimmer. Er besaß ja auch die andere Wohnung, aber er wollte in der Nähe der Mutter sein. Da ich protestantisch erzogen war, in dem Sinn, dass man alles für eine glückliche Ehe tut, schlief ich also beim Lärm der Rua Barata Ribeiro. Unsere Hochzeit war im Juli, ich glaube, wir sind sechs Monate da geblieben.

Gut möglich, dass es kein besonders vielversprechender Anfang einer Ehe war, doch da keinem Paar die Widrigkeiten des

Lebens zu zweit erspart bleiben, nahm alles seinen Lauf. Mitunter kam es zu lautstarkem Streit, so wie in der Nacht zum 24. August, als Paulo 29 Jahre alt wurde. Cissa wachte nachts um zwei von einem ohrenbetäubenden Knall auf, als wäre eine Bombe in der Wohnung explodiert. Erschrocken stand sie auf und fand ihren Mann im Wohnzimmer mit einer abgebrannten Rakete in der Hand. Von einem ordentlichen Joint richtig in Stimmung gebracht, hatte er beschlossen, in seinen Geburtstag hineinzufeiern, und feuerte zur Freude der Nachbarschaft Raketen ab. Alles, versteht sich, für die Nachwelt auf dem Kassettenrekorder festgehalten:

Paulo: Es ist 1:59 Uhr in der Nacht zum 24. August 1976. Ich werde heute 29 Jahre alt. Ich zünde eine Rakete zur Feier dessen, der ich bin, und nehme den Knall auf. [Geräusch einer gezündeten Rakete] Toll! Die Nachbarn sind ans Fenster gekommen!

Cecília: Paulo!!

Paulo: Was ist? Alle Leute sind wach geworden, die Hunde bellen …

Cecília: Was soll das?

Paulo: Was?

Cecília: Bist du verrückt?

Paulo: Es hat einen schönen Knall gegeben! Durch die ganze Stadt hat es gehallt! Ich bin der Champion!! [lacht laut] Tolle Idee, dass ich damals diese Raketen gekauft habe! Hervorragend! Klasse! [lacht laut] Mein Gott, richtig irre! Ich glaube, dass ich diese Rakete abgeschossen habe, das hat mich von einer Menge Sachen befreit!

Cecília: Komm ein bisschen zu mir, ich bin nervös.

Paulo: Warum bist du nervös? Hast du irgendeine Vorahnung, etwas in der Art?

Cecília: Nein, Paulo, ich habe nur einen sehr anstrengenden Tag gehabt.

Paulo: Ah, Gott sei Dank! O Mann, das war eine Befreiung, Cecília. Schieß eine Rakete ab, dann wirst du auch gleich ganz ruhig. Hier, von diesem Fenster aus.

Cecília: Nein! Wer den Lärm hört, sieht auch, woher er kommt. Lass die Raketen sein. Komm ein bisschen zu mir, ja?

Paulo: [lacht laut] Richtig toll! Zwei Uhr nachts, eine Rakete zur Feier meines Geburtstags, der Himmel voller Sterne. Oh, mein Gott! Vielen Dank! Ich schieße noch mehr in die Stadt ab! [Geräusch explodierender Raketen]

Cecília: Paulo! Die Portiers von allen Häusern ringsum können sehen, dass es von hier kommt.

Cissa war tatsächlich unkompliziert, aber sie hatte eine starke Persönlichkeit und mochte es gar nicht, gezwungen zu werden, etwas gegen ihren Willen zu tun. So wie schon Eneida akzeptierte sie die Castaneaden ihres Mannes – hin und wieder rauchte sie sogar eine Marihuanazigarette mit ihm –, doch von ehelichen Extravaganzen, die er »sexuelle Vorschläge« nannte, wollte sie nichts hören. Eines Tages stand Paulo erst am späten Vormittag auf, als Cissa wie üblich schon bei der Arbeit war. Auf der Kommode lag ein von ihr mit der Hand beschriebenes Blatt, das ihm gleichsam die Finger verbrannte, als er es las. Die Zeilen verrieten, dass der Ehemann, sofern er tatsächlich hatte »verspießern« wollen, dies nur für die Außenwelt umgesetzt hatte.

To whom it may concern:

In Bezug auf Paulos fünfhundert Frauen bin ich unbesorgt, denn keine stellte eine wirkliche Bedrohung dar. Heute aber bin ich in Bezug auf meine Ehe durchgedreht. Als Paulo mit einer Sekretärin scherzte und sagte, er werde ihr an den Hintern gehen, fand ich das schon reichlich geschmacklos. Noch schlimmer aber war, dass ich mir anhören musste, wie er indirekt vorschlug, »ein paar Typen« dafür zu bezahlen, dass sie sich an unserer sexuellen Beziehung beteiligen. Ich wusste, dass er so was schon gemacht hatte, aber ich hätte nie gedacht, dass er mir so etwas Ekelhaftes vorschlagen würde, da er mich doch kennt und weiß, wie ich darüber denke. Deshalb fühle ich mich heute so einsam wie nie zuvor, denn ich weiß, dass ich mit niemandem darüber sprechen kann. Ich kann nur vorhersehen und jetzt sogar insgeheim wünschen, dass ich mich schnellstmöglich von Paulo trenne, so schnell, wie es diese verdammte Gesellschaft zulässt, aber ich weiß, dass es für meine Familie und mich ein schweres Trauma sein wird.

Die Ehe bestand noch nicht einmal ein Jahr – sie hatten erst vor wenigen Monaten geheiratet –, da ging sie schon in die Brüche.

19
London

*»In London haben sich meine Chancen zerschlagen, eines Tages
ein weltberühmter Schriftsteller zu werden.«*

Wenn es auch mit der Ehe bergab ging, so galt dies beruflich auf keinen Fall. Im Dezember 1976 brachte
Philips die fünfte LP von Paulo und Raul auf den Markt. Auch
diese Platte – *Há Dez Mil Anos Atrás* (wörtl.: Vor zehntausend
Jahren) –, für die Paulo zehn der zwölf Stücke getextet hatte,
wurde zu einem Riesenerfolg. Der Titelsong war eine leicht abgewandelte Übersetzung von ›I Was Born Ten Thousand Years
Ago‹, einem allgemein bekannten amerikanischen Lied, von
dem es mehrere Versionen gab, die berühmteste hatte Elvis
Presley vier Jahre zuvor aufgenommen. Eine weitere Besonderheit war, dass Paulo einen Song jemandem widmete, in diesem Fall seinem Vater. Es war eine ungewöhnliche Form der
Ehrenbezeugung, denn der Text spricht von den Unterschieden zwischen seinem Vater und ihm und suggeriert Nachsichtigkeit. Zwar hat der Autor dies erst Jahre später zugegeben,
doch jeder, der nur ein bisschen mit Paulos familiären Verhältnissen vertraut war, konnte unschwer erkennen, dass mit dem
»Pedro« aus der Rockballade ›Meu Amigo Pedro‹ (wörtl.:
Mein Freund Pedro) der Vater gemeint war:

Immer wenn ich das Paradies fühle
Oder mich brennend in der Hölle winde
Denke ich an dich, meinen armen Freund
Der immer nur denselben Anzug trägt

Ich denke an die alten Tage, Pedro
Als wir beide über die Welt nachdachten
Heute nenne ich dich einen Spießer, Pedro
Und du nennst mich einen Nichtsnutz

Pedro, wohin du gehst, gehe auch ich
Aber alles endet, wo es begann
Und ich habe dir nichts zu sagen
Aber kritisier nicht, wie ich bin
Jeder von uns ist eine Welt für sich, Pedro
Wohin du gehst, gehe auch ich.

Erfolg war gleichbedeutend mit Geld, und Geld musste für Paulo in Stein und Kalk umgesetzt werden. Noch vor Ende des Jahres 1976 wurde er zum Besitzer einer dritten Immobilie, einem Dreizimmerapartment, wieder in der Rua Paulino Fernandes im Stadtteil Flamengo gelegen, unweit des Reihenhauses, in dem er seine frühe Kindheit verbracht hatte. Zwar machte es ihm Freude, die Wohnungen zu besitzen, doch das Reichwerden brachte auch ein Problem mit sich: die Sorge, andere könnten seinen Besitz begehren, vor allem die Kommunisten. In dieser Hinsicht war der Partner von Raul Seixas ein echter Spießer geworden. Der langhaarige Typ, der vor gar nicht langer Zeit die Konsumgesellschaft angeprangert hatte, erschauderte bei dem Gedanken, er könnte seine so gierig angehäuften Besitztümer verlieren. »Heute im Kino habe ich eine fürchterliche Angst gehabt, die Kommunisten könnten kommen und mir alle meine Wohnungen wegnehmen«, gestand er seinem Tagebuch und fügte unumwunden hinzu: »Ich würde niemals für das Volk kämpfen. Dies mögen verpönte Worte sein, aber ich würde es niemals tun. Ich kämpfe für Gedanken und vielleicht für eine Elite von Privilegierten, die für eine andere Gesellschaft votieren.«

Die materielle Sorglosigkeit, die ihm die Welt der Musik sicherte, konnte ihn aber weiterhin nicht von seinem alten Traum abbringen, ein großer Schriftsteller zu werden. Wenn ihn die Unruhe überkam, war er sich »fast sicher«, dass er es nie schaffen würde. Immer wenn er an seinen bevorstehenden dreißigsten Geburtstag dachte, erschrak er, denn er hatte sich vorgenommen, spätestens dann ein berühmter Schriftsteller zu sein, weil er glaubte, danach könne es nicht mehr die geringste Hoffnung auf Erfolg in der Literatur geben. Aber seine Stimmung stieg wieder, wenn er zum Beispiel las, dass Agatha Christie allein mit dem Verkauf ihrer Bücher ein Vermögen von achtzehn Millionen Dollar angehäuft hatte. In solchen Momenten gab er sich Träumen hin: »Ich will meine Bücher auf keinen Fall in Brasilien veröffentlichen. Hier gibt es dafür noch keinen Markt. In Brasilien ist ein Buch mit einer verkauften Auflage von dreitausend Exemplaren ein Erfolg, in den Vereinigten Staaten hingegen ist das ein kompletter Flop. Wenn ich Schriftsteller werden will, muss ich mich damit abfinden, von hier wegzugehen.«

Bis es so weit war, musste sich Paulo dem Alltag mit dessen Terminen, Sitzungen und Reisen nach São Paulo beugen, die sein Amt als Plattenmanager von ihm verlangten. Philips hatte beschlossen, alle seine Abteilungen in einem Haus zu konzentrieren, und zwar in der damals als entlegen geltenden Gegend der Barra da Tijuca, wo gerade die ersten Straßenzüge eines modernen Stadtteils entstanden. Paulo maulte wegen des Umzugs, nicht nur, weil der Weg zu seinem Arbeitsplatz nun vierzig Kilometer lang war, was ihn zwang, das Trauma von Araruama zu überwinden, sich ein Auto zu kaufen und den Führerschein zu machen, sondern auch, weil für ihn nur ein winziges Büro vorgesehen war.

Außerdem stellte er fest, dass sein Posten sich im Epizentrum eines permanenten Erdbebens befand, in dem es um Eitelkeiten, Prestige und Konkurrenz um Medienpräsenz ging. Diese Arena, in der die Egos einander bekämpften, war kein idealer Ort für einen derart paranoiden Menschen. Wenn ihn ein hohes Tier im Fahrstuhl nicht überschwenglich grüßte, sah er sofort seine Stelle in Gefahr. Wurde er zu einer Show oder einer vielbesuchten Präsentation in der Musikszene nicht eingeladen, waren mehrere schlaflose Nächte und seitenlanges Gejammer im Tagebuch garantiert. Die Nichtteilnahme an einer Sitzung in der Firma konnte massive Asthmaanfälle auslösen. Seine Unsicherheit nahm extreme Ausmaße an. Wenn ein Musikproduzent nicht geradewegs mit ihm sprach, geriet er innerlich in eine Krise, die ihn praktisch am Arbeiten hinderte. Wenn mehrere Symptome zusammenkamen, war Paulo verloren.

Heute geht es mir miserabel, die Paranoia hat mich fest im Griff. Ich glaube, dass keiner mich mag, dass sie jeden Augenblick eine richtige Schweinerei gegen mich anzetteln und dass man mich nicht mehr beachtet.

Diesen Schiss habe ich deshalb, weil man mich praktisch von einer Vormittagssitzung ausgeschlossen hat. Seitdem läuft mir die Nase, könnte es sein, dass meine Erkältungen psychisch bedingt sind? André Midani, der Chef der Firma, kommt herein und spricht nicht geradewegs mit mir; mein Partner ist miserabler Laune, und ich glaube, es wird ein Komplott gegen mich geschmiedet. In einem Zeitungsartikel wird mein Name nicht erwähnt, dabei müsste er genannt werden.

Um meinen Verfolgungswahn noch zu steigern und mich völlig zu verunsichern, habe ich festgestellt, dass ich nicht zur Präsentation des Buches von Nelson Motta eingeladen bin. Er hat mich in letzter Zeit öfter geschnitten, aber er gehört auch zu den Leuten, denen gegenüber ich meine Antipathie nicht verbergen kann.

Ich glaube, die Leute dulden mich nur, weil ich mit Menescal befreundet bin. Das beschäftigt mich furchtbar.

Die doppelte Arbeitsbelastung – als Manager der Plattenfirma und als Songtexter – verursachte ihm ebenfalls massive Ängste. Sehr oft musste Paulo aufgrund seiner Stellung für die Chefetage ausführliche Berichte schreiben, mit kritischen Beurteilungen der wichtigsten Künstler, die bei Philips unter Vertrag standen, das heißt also, Beurteilungen seiner Kollegen. Zwar bekamen diese Berichte nur Midani, Menescal, Armando Pittigliani und noch ein oder zwei Direktoren zu lesen, doch erstarrte er allein bei der Vorstellung, sie könnten den beurteilten Künstlern in die Hände fallen oder ihnen zu Ohren kommen. Die Angst war nicht unbegründet, denn im Allgemeinen geizte er mit Lob und übte harsche Kritik. Doch bei all dem Stress, den dieser Job mit sich brachte, war Paulo ein überfleißiger Mitarbeiter und mit so großer Begeisterung bei der Sache, dass er nicht selten bis spät in die Nacht hinein arbeitete. Die Arbeit bei Philips war einer der drei Pfeiler, auf die sich seine labile psychische Verfassung stützte. Der zweite war die Ehe und der dritte etwas Neues, dem er sich mit Leib und Seele hingab: Yoga. Wenn es aber allzu schlimm wurde, suchte er Hilfe bei dem Psychiater Benjamim Gomes, der ihn mit ganzen Batterien von Antidepressiva wieder ins Gleis brachte.

Im Januar 1977 hatte Paulo eingesehen, dass Cissa anders war als seine bisherigen Gefährtinnen. »Sie ist, wie sie ist, und daran wird sich so bald nichts ändern«, stellte er fest. »Ich hatte es aufgegeben, meine Zeit zu verändern, stattdessen wollte ich sie verändern, aber nun merke ich, dass es vergebliche Liebesmüh ist.« So allmählich gelang es ihm aber, seine Frau wenigstens für eine Facette seiner Welt zu motivieren: Drogen. Cissa wurde nie zu einer regelmäßigen Konsumentin, aber er brachte sie dazu, zum ersten Mal Marihuana zu rauchen, und anschließend probierte sie auch LSD. Mit einem ähnlichen Ritual wie damals, als Vera Richter und er zum ersten Mal Haschisch rauchten, führten sie das LSD-Experiment an einem 19. März durch, dem Tag des heiligen Joseph, und küssten zuvor beide das Bild des Heiligen. Als sie die Tablette in den Mund nahm, schalteten sie ein Aufnahmegerät ein, und dann beschrieb Cissa die anfängliche Unsicherheit, das Taubheitsgefühl und Kribbeln in den Gliedern, bis sie den Höhepunkt ihres Trips erreichte. In diesem Augenblick nahm sie, wie bei LSD-Konsum üblich, »unbeschreibliche« Klänge wahr. Der Ehemann überwachte das »Experiment« und kümmerte sich auch um den Soundtrack zu der Aufnahme. Als Aufmacher diente eine Schlagzeile der Abendnachrichten von TV Globo über hohe Zahlen von Verkehrsunfällen in Rio. Es folgten die *Toccata und Fuge in d-Moll* von Bach sowie der *Hochzeitsmarsch* von Wagner. Um sein Versuchskaninchen zu beruhigen, behauptete Paulo, im Falle eines *bad trip* würde ein einfaches Glas frischgepresster Orangensaft ausreichen, um die Wirkung des LSD aufzuheben.

Paulo halfen die Drogen zwar, seine Ängste zu überdecken, doch sie gänzlich zu vertreiben vermochten sie nicht. Als er wieder einmal in einer tiefen Depression steckte, drang ein Superheld in sein Schlafzimmer ein mit dem Auftrag, ihn zu retten. Es war der Schwergewichtsboxer Rocky Balboa, gespielt von Sylvester Stallone in dem Film *Rocky*. Als Paulo in jener Märznacht 1977, zusammen mit Cissa im Bett sitzend, die Fernsehübertragung der Oscarverleihung ansah, wurde er ganz aufgeregt, weil der Film nicht weniger als drei Oscars kassierte – in den Kategorien Bester Film, Beste Regie und Bester Schnitt. So wie der Boxer, der aus dem Nichts zum Champion aufsteigt, wollte auch er zum Sieger werden und war fest entschlossen, sich seinen Preis abzuholen. Und der einzige Preis, der ihn interessieren konnte, war immer noch der, ein in der ganzen Welt gelesener Schriftsteller zu werden. Der erste Schritt auf dem langen Weg zum literarischen Ruhm musste – wie es ja in seinem Kopf schon klar formuliert war – darin bestehen, dass er aus Brasilien wegging und seine Bücher im Ausland schrieb. Am nächsten Tag suchte er Menescal auf und teilte ihm mit, dass er gehe. Wäre es nach Paulo gegangen, dann wären sie nach Madrid gereist, doch Cissa setzte sich durch, und Anfang Mai 1977 landeten sie in Heathrow, dem

Flughafen der Stadt, in der sein erstes literarisches Werk das Licht der Welt erblicken sollte.

Wenige Tage später bezogen sie ein Einzimmerapartment in der Nummer 7 der Palace Street, einem dreistöckigen Haus, auf halber Strecke zwischen der Victoria Station und dem Buckingham-Palast, für das sie 186 Pfund Miete zahlten. Die Wohnung war eng, aber gut gelegen und besaß einen für Brasilianer, die praktisch nur Duschen kennen, besonders verlockenden Gegenstand: eine richtige Badewanne. Nach der Ankunft in der britischen Hauptstadt eröffneten sie bei der Filiale der Banco do Brasil ein Konto und zahlten 5000 Dollar ein. Geld war für Paulo eigentlich kein Problem, doch abgesehen davon, dass er damit bekanntermaßen sparsam umging, hatte er es mit einem – gesetzlich begründeten – Problem zu tun, denn an Brasilianer, die im Ausland lebten, durften monatlich nicht mehr als 300 Dollar überwiesen werden. Um die Vorschriften der Banco Central zu umgehen, setzten sich am Monatsende in Rio Großmutter, Tanten, Onkel und Cousins in Bewegung und schickten jeder dreihundert Dollar an in London lebende brasilianische Freunde von Paulo und Cissa, die das Geld dann anschließend auf deren Konto bei der Banco do Brasil überwiesen. Mit diesem Trick erhielten sie jeden Monat rund 1500 Dollar abgabenfrei.

Dazu kamen die Mieteinnahmen, die Paulo aus Brasilien erhielt, sowie die Honorare für seine wöchentliche Musikkolumne in der Illustrierten *Amiga*. Cissa arbeitete manchmal für die brasilianische Abteilung der BBC und veröffentlichte gelegentlich kleine Reportagen in der Zeitung *Jornal do Brasil*. Cissa besorgte auch den Haushalt, denn der diesbezügliche Beitrag des Ehemanns war gleich null. Schlimmer noch: Nicht nur, dass er sich nicht an den häuslichen Aufgaben beteiligte, er gestattete auch kein tiefgekühltes Essen und forderte seine Frau höflich auf, sich ein Kochbuch zu besorgen. Das Problem war nun, die Rezepte des *Basic Cookery* zu übersetzen. Stundenlang bemühten sie sich, die Texte zu verstehen, damit Cissa daraus Gerichte zaubern konnte. Ein Wochenspeiseplan wurde feierlich an einer prominenten Stelle an der Wand befestigt. Daraus war zu entnehmen, dass sie sich Fleisch nur einmal in der Woche leisteten, dafür aber häufig auf die exotische Küche der pakistanischen und thailändischen Restaurants auswichen.

Es mangelte ihnen nie an Geld – was sie erhielten, reichte für ihre Lebenshaltungskosten, und dazu gehörten, versteht sich, die Yoga-, Foto- und Vampirismuskurse, die Paulo besuchte, sowie Ausflüge, kurze Reisen und die Nutzung von Londons breitem kulturellem Angebot. Wurde ein Film gezeigt, dessen Aufführung in Brasilien von der Zensur verboten war – wie der Film *Belagerungszustand* von Costa-Gavras, der die Diktatur in Uruguay anprangerte –, dann standen sie als Erste vor der Kasse. Es dauerte drei lange, verfaulenzte Monate, bis Paulo sich des Schlendrians bewusst wurde, in dem er lebte: »Ich habe höchstens zwei Tage pro Woche gearbeitet. Auf die vergangenen drei Monate umgerechnet, heißt dies, dass ich seit meiner Ankunft in Europa weniger als einen Monat gearbeitet habe. Für einen, der sich vorgenommen hatte, die Welt zu erobern, der mit tausend Träumen und Wünschen hergekommen ist, sind zwei Tage Arbeit pro Woche sehr wenig.«

Da er keine Möglichkeit sah, das verflixte und so lang ersehnte Buch zustande zu bringen, versuchte Paulo, seine Freizeit mit etwas Produktivem auszufüllen. Sein Vampirismuskurs brachte ihn dazu, ein Drehbuch für einen Film mit dem

Titel *The Vampire of London* zu schreiben. Alle großen Produktionsfirmen, denen er das Drehbuch zuschickte, antworteten höflich, doch unmissverständlich, dass Vampire ihrer Ansicht nach Kassengift seien. Ein besonders höflicher Produzent erklärte sich bereit, »den Film zu prüfen, wenn er fertig ist, und Ihnen mitzuteilen, ob wir bereit wären, ihn zu vertreiben«.

Im Juli wurde Paulo und Cissa klar, dass es nicht so einfach war, in London Freundschaften zu schließen. Um diesen Mangel zu überbrücken, kamen seine Eltern auf einen kurzen Besuch. Die Korrespondenz mit Brasilien war auch intensiver geworden, teils in Briefform, teils, was Paulo lieber war, in Form von Tonbandaufnahmen, wenn ein Bote zur Verfügung stand. Die Kassetten stapelten sich bei seinen Eltern und Freunden, vor allem bei dem engsten Freund Roberto Menescal, von dem er erfuhr, dass Rita Lee einen neuen Partner hatte, was sich zusammen mit Absagen von Produzenten und Verlagen in seitenlangem Gejammer niederschlug:

Meine Partnerin hat auch einen anderen Partner gefunden. Man hat mich viel schneller vergessen, als ich geglaubt hatte: innerhalb von drei Monaten. Schon nach drei Monaten spiele ich keine Rolle mehr im Kulturleben meines Landes. Seit Tagen schreibt niemand mehr.

Was ist passiert? Was steckt hinter den Geheimnissen, die mich hierhergeführt haben? Und was ist mit dem Traum, den ich mein Leben lang geträumt habe? Nun gut, ich bin jetzt kurz davor, meinen Traum zu verwirklichen, aber ich fühle mich, als wäre ich dafür nicht bereit.

Als es Ende 1977 darum ging, den Halbjahresmietvertrag zu verlängern, beschlossen sie, aus der Palace Street auszuziehen, weil sie die Miete für überhöht hielten und mit dem Vermieter ständig Ärger hatten. Sie annoncierten in einer Londoner Zeitung: »Junges Ehepaar sucht Wohnung mit Telefon zum 15. November.« Wenige Tage später zogen sie in die Bassett Road in Notting Hill, unweit der Portobello Road mit ihrem berühmten Flohmarkt, in der Paulo dreißig Jahre später die Geschichte seines Romans *Die Hexe von Portobello* ansiedeln sollte. Die Adresse war nicht ganz so schick, doch die Wohnung war wesentlich geräumiger, besser und billiger als die vorherige.

Auch wenn der Vampirismuskurs es Paulo nicht ermöglicht hatte, Drehbuchautor zu werden, so hinterließ er doch seine Spuren. Denn in diesem Kurs lernte er eine zierliche japanische Masseuse von 23 Jahren namens Keiko Saito kennen. Keiko besuchte nicht nur denselben Kurs, bald begleitete sie ihn beim Verteilen von Flugblättern in den Straßen von London – einmal gegen die Massenvernichtungen in Kambodscha durch »Marschall« Pol Pot, dann für eine Unterschriftensammlung zugunsten der Freigabe von Marihuana in Großbritannien. Paulo legte Cissa gegenüber die Karten auf den Tisch: »Ich habe mich in Keiko verliebt und möchte wissen, was du davon hältst, wenn ich ihr anbiete, bei uns zu wohnen.«

Nur ein einziges Mal – im Oktober 1992 in einem *Playboy*-Interview mit dem Journalisten W. F. Padovani – hat Paulo öffentlich über diese Geschichte gesprochen und dabei verraten, dass seine Frau angeblich gar nichts gegen den Bigamie-Vorschlag einzuwenden hatte:

Playboy: Und Ihre dritte Ehe, mit Cecília Mac Dowell?

Paulo: Die wurde in der Kirche geschlossen.

Playboy: Und Sie waren wie ein Bräutigam gekleidet, mit allem Drum und Dran?

Paulo: Ja, und Raul Seixas war Trauzeuge. Dann sind Cecília und ich nach London gegangen, da haben wir eine Ménage à trois geführt.

Playboy: Wie das?

Paulo: Ich habe einen Kursus über Vampire besucht und mich in eine Teilnehmerin verliebt, eine Japanerin namens Keiko. Da ich auch Cecília liebte, wollte ich mit beiden zusammenleben.

Playboy: Und die Frauen waren einverstanden?

Paulo: Ja, wir haben ein Jahr zusammengelebt.

Playboy: Und wie war es im Bett?

Paulo: Ich habe mit beiden gleichzeitig geschlafen, aber die beiden nicht miteinander.

Playboy: Waren die Frauen nicht eifersüchtig auf einander?

Paulo: Nein, überhaupt nicht.

Playboy: Kam es nicht vor, dass Sie am liebsten nur mit der einen zusammen gewesen wären?

Paulo: Nein, nicht dass ich mich erinnern könnte. Es war wirklich eine Liebe zu dritt, und sehr intensiv.

Playboy: Cecília und Keiko schliefen nicht miteinander, aber was empfanden sie wirklich füreinander?

Paulo: Sie hatten sich sehr gern. Sie begriffen genau, wie weit meine Liebe zu ihnen ging, und ich wusste auch, dass sie mich liebten.

So wie die chinesischen und sowjetischen Kommunistenführer mit politischen Dissidenten auf offiziellen Fotos umgingen, so hatte auch Paulo aus der dem *Playboy* geschilderten Geschichte eine wichtige Person gestrichen, nämlich den jungen, langhaarigen brasilianischen Musikproduzenten Peninha, der damals ebenfalls in London lebte. Ihre Wohnung bestand aus einem einzigen Raum, mit einem einzigen Bett, und Cissa wurde klar, dass er mit ihnen beiden wie ein arabischer Scheich leben wollte. Paulo hatte sie immer für »unkompliziert« gehalten, doch nach einem Jahr Ehe war ihm klar, dass er eine Frau geheiratet hatte, die sich nicht alles gefallen ließ. Zu seiner Überraschung antwortete sie mit für ihre bürgerliche Herkunft, noch dazu mit vornehmem Familiennamen, schockierender, unvorstellbarer Selbstverständlichkeit: »Ich bin damit einverstanden, dass Keiko einzieht, vorausgesetzt, du bist damit einverstanden, dass Peninha zu uns kommt, denn in ihn habe ich mich verliebt.«

Paulo blieb nichts anderes übrig, als der Aufnahme des vierten Mitglieds der, wie er sie nannte, »erweiterten Familie« oder »UNO-Vollversammlung« zuzustimmen. Tauchte ein Verwandter des ursprünglichen Ehepaares in London auf, mussten Keiko und Peninha so lange verschwinden, wie sich der Besuch in der Stadt aufhielt – wie zum Beispiel, als Cissas ältere Schwester Gail für eine Woche bei ihnen abstieg. Das erste und einzige Silvester, das die Coelhos in England erlebten, wurde von der erweiterten Familie auf einer mehrtägigen Zugreise nach Edinburgh gefeiert.

Zum Jahresende zog Paulo wie üblich eine endlose frustrierende Bilanz dessen, was er erreicht hatte – und all dessen, worin er nichts erreicht hatte. Noch war nicht der Zeitpunkt gekommen, nach dem imaginären Oscar zu greifen, der ihn im März so sehr stimuliert hatte, dass er ins Ausland gegangen war. Monat um Monat war vergangen, ohne dass er auch nur eine einzige Zeile des so sehnsüchtig erträumten Buches zu Papier gebracht hatte. Es war eine Niederlage nach der anderen, was er aber wieder nur seinem Tagebuch anvertraute:

Es war eine Zeit der Absagen. Sämtliche Texte, die ich bei all den Wettbewerben eingereicht habe, an denen ich teilnehmen konnte, wurden abgelehnt. Heute habe ich bekommen, was noch fehlte. Alle Frauen, mit denen ich ausgehen wollte, haben mich abgewiesen. Das ist nicht bildlich, sondern ganz konkret gemeint.

[…] Von klein auf habe ich davon geträumt, Schriftsteller zu werden, ins Ausland zu gehen, um dort meine Werke zu schreiben, und weltberühmt zu werden. Nach London gehen war der Schritt, von dem ich seit meiner Kindheit geträumt habe. Dabei herausgekommen ist allerdings nicht, was ich mir erhofft hatte. In erster Linie und am meisten bin ich von mir selbst enttäuscht. Sechs Monate Inspiration von allen Seiten, aber ich bringe nicht die Disziplin auf, auch nur eine Zeile zu schreiben.

Nach außen hin gab er sich gern als erfolgreicher Songtexter, der zum Zeitvertreib aus London für brasilianische Zeitschriften schrieb. Sein alter Freund Menescal jedoch, mit dem Paulo viel korrespondierte, spürte allmählich, dass es seinem Schützling nicht gutging, und fand, es sei an der Zeit, den London-Aufenthalt zu beenden. Paulo war zwar damit einverstanden, nach Brasilien zurückzukehren, doch wollte er nicht wie ein Gescheiterter nach Hause kommen. Sollte Philips ihm anbieten, wieder bei ihr zu arbeiten, war er bereit, ins nächste Flugzeug nach Rio de Janeiro zu steigen. Der Chef der Plattenfirma reiste nicht nur persönlich nach London, um ihm das Angebot zu machen, sondern er brachte auch noch Heleno Oliveira mit, einen führenden Manager des Multis. Die Stelle sollte erst im März 1978 frei werden, doch Paulo brauchte nicht die Stelle, sondern das Angebot. Am Tag vor der Abreise packte er alle Texte zusammen, die er in diesen Monaten zustande gebracht hatte, steckte sie in einen Umschlag, versiegelte ihn und schrieb seinen Namen und seine Anschrift drauf. Als er am Abend in einem einfachen Pub mit Menescal einen Whisky trank, ließ er den Umschlag »versehentlich« auf dem Tresen liegen. In seiner letzten Nacht in London erklärte er seinem Tagebuch, warum: »Alles, was ich in diesem Jahr geschrieben habe, ist in der Kneipe geblieben. Es ist meine letzte Chance, dass mich jemand entdeckt und sagt: Der ist ja genial. Für den Fall steht mein Name und meine Anschrift darauf. Wer will, kann mich finden.«

Entweder ist der Umschlag verlorengegangen, oder derjenige, der ihn entdeckt hat, fand den Inhalt doch nicht so genial. Eskortiert von ihrem fürsorglichen Freund, kehrten die Coelhos im Februar 1978 nach Brasilien zurück. Während bei Cissa die Tränen liefen, fasste Paulo – vielleicht schon ahnend, wie sich die Situation verschärfen würde, die er im September kritisiert hatte – die ganze Zeit in wenigen Worten zusammen: »In London haben sich meine Chancen zerschlagen, eines Tages ein weltberühmter Schriftsteller zu werden.«

Es war lediglich eine neuerliche Niederlage, doch keineswegs ein Scheitern, wie es mehrere Figuren ausdrücken sollten, die er Jahre später schuf. Ohne das Buch, das zu schreiben er sich geschworen hatte, ohne Partner, ohne feste Stelle, mit wenigen Freunden und ohne den Schutz der Anonymität, die ihm in London die unorthodoxe Ehegestaltung erlaubt hatte, kehrte er mit Cissa zurück in die Wohnung in der Rua Barata Ribeiro, die ihnen schon vor der Reise nach England nicht behagt hatte. Kaum waren sie wieder eingezogen, sagte Paulo ihrer Ehe düstere Zeiten voraus, sollte die »emotionale Flexibilität« nicht auch in Brasilien gelten:

Die Beziehung zu Cissa kann halten, wenn die emotionale Flexibilität, die in London existierte, auch hier existiert. Wir haben schon zu große Fortschritte gemacht, als dass ein Schritt zurück akzeptabel wäre. Sonst haben wir keine Chance. Es ist nur eine Frage der Zeit. Aber ich hoffe trotzdem, dass alles gutgeht. Allerdings glaube ich, dass die Rückkehr nach Brasilien sich eher dahin gehend auswirken wird, dass wir uns trennen, als dahin, dass wir zusammenbleiben, denn hier sind wir in Bezug auf die Schwächen des anderen unnachsichtiger.

Ein paar Monate später zogen sie in die vierte Wohnung, um die Paulo sein Immobilien-Portfolio erweitert hatte. Es war ein komfortables Vierzimmerapartment, erworben von den während seiner Abwesenheit angesammelten Tantiemen, in der Rua Senador Eusébio im Stadtteil Flamengo, zwei Blocks vom Cine Paissandu entfernt, drei von der Wohnung seiner Exverlobten Eneida und wenige Meter von dem Haus, in dem Raul Seixas inzwischen wohnte. Sie schmückten die halbe Wohnzimmerwand mit Fotos und Gegenständen aus London, was einen doppelten Zweck erfüllte: Zum einen erinnerte es sie an glückliche Zeiten, zum anderen gemahnte es Paulo ständig daran, dass er es nicht geschafft hatte, das so lang ersehnte Buch zu schreiben.

Im März trat er die Stelle als künstlerischer Produzent der Philips an, und im Laufe der folgenden Monate fand er sich wieder im Alltag eines Plattenmanagers. Da er ungern früh aufstand, weckte ihn nicht selten um zehn Uhr ein Anruf der Sekretärin, die ihm mitteilte, dass jemand nach ihm gefragt habe. Er fuhr in seinem eigenen Auto, einem bescheidenen Ford Corcel, zur Barra da Tijuca hinaus und verbrachte den restlichen Tag in endlosen Besprechungen, häufig außer Haus, mit Künstlern, Direktoren der Plattenfirma und Journalisten aus der Musikszene. Im Büro kümmerte er sich um alles: Zwischen Dutzenden von Telefongesprächen erledigte er Papierkram, genehmigte Plattencover, schrieb im Namen von berühmten Künstlern Briefe an ihre Fans.

Die nachbarschaftliche Nähe zu Raul Seixas brachte die Partner nicht wieder zusammen. Am Ende des Jahres wurden die beiden »Intimfeinde« von Rauls neuer Plattenfirma WEA überredet, gemeinsam ins Studio zu gehen, um ihren Erfolg als Duo zu neuem Leben zu erwecken. Vergeblich. Die Anfang 1979 auf den Markt gebrachte LP *Mata Virgem,* für die Paulo fünf Songtexte geschrieben hatte (›Judas‹, ›As Profecias‹, ›Tá na Hora‹, ›Conserve seu Medo‹ und ›Magia de Amor‹), erreichte nur einen Bruchteil der Verkaufszahlen von Alben wie *Gita* und *Há Dez Mil Anos Atrás.*

Die Berühmtheit, die sie in den Jahren 1973 bis 1975 erlebt hatten, gehörte nun der Vergangenheit an, doch Paulo hatte den »großen Satz« verinnerlicht, den Raul ihn gelehrt hatte –

»Einen Song schreiben heißt in zwanzig Zeilen eine Geschichte erzählen, die du zehnmal hören kannst, ohne dass sie dir über wird« –, und war nicht mehr auf ihn angewiesen. Abgesehen von den fünf Songs für *Mata Virgem* schrieb er im Laufe des Jahres 1978 fast zwanzig Lieder, zusammen mit Musikern, deren Namen die damalige brasilianische Popmusik prägten. Als eine Art Mädchen für alles des Showbiz konzipierte und inszenierte er Shows, und als Pedro Rovai, ein auf Pornoschmonzetten spezialisierter Regisseur, den Spielfilm *Amante Latino* [Latin Lover] drehen wollte, wurde, wie nicht anders zu erwarten, Paulo Coelho beauftragt, das Drehbuch zu schreiben.

Bei seinen labilen Emotionen war es üblicherweise so: Wenn es mit der Arbeit gut klappte, haperte es im Gefühlsleben, und umgekehrt. Und das war auch dieses Mal nicht anders. Den Schönwetterhimmel, unter dem er sich beruflich bewegte, verdüsterten Wolken, wenn er nach Hause kam. Immer häufiger kam es zu aggressiven Streitereien und anschließend zu mitunter tagelangem Schweigen. Im Februar 1979 unternahm er allein eine Schiffsreise nach Patagonien. Als der Dampfer auf der Rückfahrt in Buenos Aires anlegte, rief er Cissa an und schlug ihr vor, sich zu trennen. Merkwürdigerweise ist ihm, der so sehr auf Zeichen achtete, dabei nicht aufgefallen, dass er drei Jahre zuvor ebenfalls von Buenos Aires aus und ebenfalls per Telefon Cissa einen Heiratsantrag gemacht hatte.

Faktisch trennten sie sich am 24. März 1979, als Cissa aus der Wohnung in der Rua Senador Eusébio auszog, und juristisch wurde die Trennung am 11. Juni vollzogen, vor einem Familienrichter nur fünfhundert Meter von der Kirche São José entfernt, in der sie geheiratet hatten. Um ein Haar hätte die

Scheidung nicht am vereinbarten Tag vollzogen werden können. Erstens, weil Cissa im letzten Moment einen Rock kaufen gehen musste, da der Richter keine Jeans in seiner Amtsstube duldete. Dann hatte der Anwalt ein Dokument vergessen, weshalb sie einen Beamten bestechen mussten, damit sie die Scheidungsurkunde durch die Hintertür erhielten. Nachdem alle Hindernisse überwunden waren, gingen Exehemann und Exehefrau wie zivilisierte Leute gemeinsam in einem Restaurant zu Mittag essen. Jeder hielt das Ende dieser Ehe auf seine Art fest. Paulo tat es noch am selben Tag: »Ich weiß nicht, ob sie wirklich verzweifelt ist, aber sie hat sehr geweint. Für mich war die Sache überhaupt nicht schmerzhaft. Nachdem ich von da weggegangen war, habe ich mich in anderen Büros, anderen Räumen, anderen Welten um meine Geschäfte gekümmert. Am Abend habe ich gut gegessen, so gut wie schon lange nicht mehr, aber das hat überhaupt nichts mit der Trennung zu tun. Nur mit der Köchin, die sehr lecker gekocht hat.« Cissa dagegen fasste ihre Gefühle in knappen Worten auf Englisch zusammen und schickte diese ihrem Exehemann per Post. Sie attackierte ihn mit wenigen Worten genau dort, wo er sich für eine absolute Kanone hielt, im Bett: »Eins der größten Probleme zwischen uns war meiner Meinung nach das Bett. Ich habe nie begriffen, warum du dich im Bett nicht um mich gekümmert hast. Ich hätte sehr viel besser sein können, wenn ich gespürt hätte, dass dir meine Lust im Bett wichtig gewesen wäre. Aber das war sie nicht. Du hast dich nie darum gekümmert. Also habe ich mich auch nicht mehr um deine Lust gekümmert.«

Für einen, dessen emotionale Stabilität so stark auf eine feste Liebesbeziehung angewiesen war, auf eine Frau, die ihm half,

die Stürme seiner Psyche durchzustehen, war das Ende der
Ehe ein sicherer Vorläufer einer neuerlichen Depression und
Schwermut. Nicht dass es ihm an Frauen gemangelt hätte, im
Gegenteil, das Problem war, dass er sich nun in den Kopf gesetzt hatte, sie saugten aus ihm die Energien heraus, die er
eigentlich für die Schriftstellerkarriere einsetzen müsse. »Ich
bin viel ausgegangen, habe viel gevögelt, aber mit Vampir-
frauen«, schrieb er, »und davon will ich nichts mehr wissen.«

Ernsthaft erschüttert über die Trennung von Cissa war
offenbar seine Mutter. In den Tagen, in denen man der Aufer-
stehung Christi gedachte, schickte sie einen langen, enggetipp-
ten Brief an ihren Sohn. Er wirkte keineswegs wie von einer
»Blöden« geschrieben, als die er Lygia mehrfach bezeichnet
hatte. Das in elegantem Portugiesisch verfasste Schreiben verriet auch, dass der Autorin – wie sonst nur wenigen Laien – der
Fachjargon der Psychoanalytiker vertraut war. Und sie be-
harrte darauf, dass er mit seiner Unsicherheit und seiner Unfähigkeit, einzusehen, dass er verloren hatte, schuld an der
Trennung war:

Mein über alles geliebter Sohn,

wir haben viel gemeinsam, unter anderem, dass wir uns
in Briefen gut ausdrücken können. Deshalb schreibe ich
Dir am heutigen Ostersonntag diese Zeilen in der Hoffnung, Dir zu helfen. Oder um Dir wenigstens zu sagen,
dass ich Dich sehr liebe und folglich auch leide, wenn Du
leidest, und mich freue, wenn Du glücklich bist.

Wie Du Dir wohl vorstellen kannst, muss ich die ganze
Zeit an Cissa und Dich denken. Unnötig, mir zu sagen,
dass es Dein Problem ist und dass ich mich am besten

nicht dazu äußere. Deshalb weiß ich auch nicht, ob ich diesen Brief wirklich an Dich abschicken werde.

Wenn ich sage, dass ich Dich gut kenne, stütze ich mich allein auf meine Intuition, denn in vielem bist du leider ohne unsere Beteiligung geprägt worden, weshalb ich vieles nicht weiß. Als Kind wurdest Du unterdrückt, dann wurdest Du gebremst in dem, wofür Du Dich eingesetzt hast, und schließlich musstest Du enge Beziehungen kappen, Schemen durchbrechen und wieder bei null anfangen. Trotz Deiner Ängste, Deiner Befürchtungen, Deiner Unsicherheit hast Du es geschafft. Und wie! Aber Du hast auch einer ganzen unterdrückten Seite von Dir freien Lauf gelassen, mit der Du noch nicht umgehen kannst.

Ich kenne Cecília nicht sehr gut, aber ich glaube, sie ist eine vernünftige Frau. Stark. Unerschrocken. Intuitiv. Unkompliziert. Für Dich muss es ein schwerer Schlag gewesen sein, als sie Dir nach und nach zurückgab, was zu Dir gehörte und was sie neurotisch unterdrückt hatte, als wäre es ein Teil von ihr: Deine Abhängigkeit, Deine Probleme, Deine Bedürfnisse. Sie hat nicht mehr die Bürde eines anderen mittragen wollen, da hat sich das Gleichgewicht in der Ehe verschoben, ist zum Ungleichgewicht geworden. Ich weiß nicht, wie euer Dialog am Ende war, aber Du hast es als Ablehnung aufgefasst, als Lieblosigkeit und konntest es nicht mehr ertragen. Es gibt nur einen Weg, ein Problem zu lösen: Man muss es erkennen. Du hast mir gesagt, Du könnest nicht verlieren. Wir können das Leben nur dann vollkommen leben, wenn wir akzeptieren, dass wir gewinnen, aber auch verlieren können.

Lygia

PS: Wie Du siehst, bin ich im Tippen noch immer miserabel. Ich habe beschlossen, mich in die Höhle des Löwen zu begeben... Der Brief wird abgeschickt.

Mein geliebter Sohn: Ich habe heute auf meine Art viel für Dich gebetet. Möge Gott Dich zu der Einsicht bringen, dass es in Deiner Hand liegt, Dein Leben zu gestalten. Und dass es immer so sein möge, wie es bis heute gewesen ist – voller bewusst und ehrlich verwirklichter Pläne und voller Freuden- und Glücksmomente.

Tausend Küsse.

L.

Wie er selbst immer gern auf die erste Seite seiner Tagebücher schrieb, gab es nichts Neues unter der Sonne. Und wie schon so oft in seinem Leben bestand die einzige Möglichkeit, den Kummer über eine Niederlage in Liebesdingen aufzuwiegen, darin, Erfolg in der Arbeit zu suchen. So kam das Angebot, das er im April 1979, einen Monat nach der Trennung, erhielt, gerade wie gerufen, von Philips als Produktmanager zu deren größtem Konkurrenten, CBS, zu wechseln. Das Angebot beinhaltete auch die Aussicht, binnen kurzem zum künstlerischen Direktor der amerikanischen Plattenfirma aufzusteigen. Nach einer ganzen Reihe von Misserfolgen in beruflicher und privater Hinsicht – der Flop des Albums *Mata Virgem*, die Blitzverlobungszeit mit Eneida, die literarisch fruchtlose Zeit in London, das Scheitern der Ehe mit Cissa – wirkte das Angebot wie Balsam, schon allein deshalb, weil Paulo damit nach einer längeren Pause wieder in Kontakt zu den Medien in Rio und São Paulo kam. Aber die neue Stelle förderte auch eine hässliche, bislang unbekannte Facette seines Charakters zutage: Arroganz. Da eine seiner Aufgaben darin bestand, die künstlerische Abteilung neu zu organisieren, begann er Türen knallend. »Es stimmt, ich habe dort mit einer unerhörten Arroganz angefangen«, sagte er Jahre später im Rückblick. »Ich habe strikt Befehle gegeben und auf Schmeichler eingedroschen, das reinste autoritäre Verhalten!« Da er vermutete, dass Firmengelder veruntreut wurden, weigerte er sich, Rechnungen und Quittungen abzuzeichnen, bei denen er Zweifel hatte.

Ohne zu ahnen, dass er sich damit sein eigenes Grab schaufelte, stellte er die einen ein, kündigte den anderen, kürzte Ausgaben und strich Posten, kurzum, er warf sozusagen Brandbeschleuniger in eine Welt, in der das Feuer der Eitelkeiten und Egos bereits lichterloh brannte. Unterdessen formierte sich rund um ihn ein Netz von Intrigen und Fallen, betrieben von den vielen, die seinen Säuberungsaktionen zum Opfer gefallen waren. Am Montag, den 13. August 1979, nach zwei Monaten und zehn Tagen bei der Plattenfirma, kam er am späten Vormittag ins Büro und wurde, nachdem er hier und da zugeschlagen hatte, zu Juan Truden, dem argentinischen Direktor der brasilianischen CBS bestellt. Der Chef erwartete ihn stehend, streckte ihm lächelnd eine Hand entgegen und sprach einen einzigen Satz: »Mein lieber Freund, Sie sind entlassen.« Mehr nicht. Kein »Guten Tag«, kein »Gehaben Sie sich wohl«.

Der Schock saß tief, nicht nur wegen der harschen Kündigung, sondern auch, weil er wusste, dass dies das Ende seiner Karriere als Plattenmanager besiegelte. »Ich wurde auf dem Gipfel, dem höchsten Posten in der Branche entlassen und konnte nicht zurück, nicht wieder da ansetzen, wo ich angefangen hatte«, sagte Paulo Jahre später in einem Beitrag für das

Museu da Imagem e do Som (MIS, Museum für Bild und Ton) in Rio de Janeiro. »Es gab nur sechs Plattenfirmen in Brasilien, und die sechs Posten, die ich anstreben konnte, waren besetzt.« Bevor er seine Sachen packte, verfasste er noch einen langen, gekränkten Brief an Truden, in dem er behauptete, wegen der mangelhaften Struktur der Firma »genießen die Künstler der CBS zur Zeit das schlechteste Image auf dem brasilianischen Markt«. Und für den dramatischen Schluss machte er sich die in ganz Brasilien bekannten Worte zu eigen, die der Staatspräsident Jânio Quadros 1961 in seinem Rücktrittsschreiben geprägt hatte: »Und dieselben dunklen Mächte, die heute für meine Kündigung verantwortlich sind, werden sich eines Tages mit der Wahrheit herumschlagen müssen. Denn die Sonne lässt sich nicht mit einem Sieb abdecken, Senhor Juan Truden.«

Sein Rausschmiss (»wegen Unfähigkeit«, wie er anschließend erfuhr), gefeiert von der Phalanx seiner Feinde, die er sich als Manager gemacht hatte, bescherte ihm auch noch Demütigungen: Ein paar Tage später begegnete Paulo auf einem Fest Antônio Coelho Ribeiro, dem frischgekürten Chef bei Philips, die er selbst verlassen hatte, um sein Glück bei CBS zu versuchen. Bei seinem Anblick zog Ribeiro vor einer ganzen Runde von Künstlern schwer vom Leder: »Sie haben doch immer nur geblufft.«

Es ist nicht bekannt, dass Paulo davon in einer afrobrasilianischen Kultstätte gesprochen und einen Zauber bestellt hätte, aber zehn Monate später stand Antônio Coelho Ribeiro ebenfalls auf der Straße. Als Paulo davon erfuhr, nahm er aus einer Schublade ein Paket in Geschenkpapier, das er dort hineingelegt hatte, nachdem er von Ribeiro öffentlich beleidigt worden war. Er fuhr zu Ribeiro nach Hause, und als dieser die Tür öffnete, erklärte Paulo ihm, warum er gekommen war: »Wissen Sie noch, was Sie zu mir gesagt haben, als man mir gekündigt hatte? So, und jetzt können Sie sich selbst dieselben Worte jeden Tag sagen, wenn Sie sich in die Augen sehen.«

Er packte das Paket aus und überreichte es Ribeiro. Es war ein Wandspiegel, auf den er in Großbuchstaben die Worte hatte schreiben lassen: »SIE HABEN DOCH IMMER NUR GEBLUFFT.« Dann drehte er sich um, betrat den Fahrstuhl und verließ das Haus.

Jetzt galt es, die Wunden zu lecken. Nachdem er unfreiwillig nicht mehr zum Showbiz gehörte, tauchte sein Name erst Ende des Jahres wieder in der Presse auf, und zwar in der Klatschillustrierten *Fatos&Fotos* in einer Reportage mit dem Titel: »Vampirologie – eine Wissenschaft, die nun auch in Brasilien gelehrt wird«. Natürlich von ihm, der sich nun als Spezialist auf diesem Gebiet ausgab und verkündete, er schreibe an einem Drehbuch für einen Spielfilm über Vampire – der allerdings nie gedreht wurde. Die überraschende Kündigung bei der CBS hatte ihn kalt erwischt, so kurz nach dem Ende seiner Ehe, deren Scheitern ihm noch zu schaffen machte, so dass er mit diesem Schlag kaum allein fertig werden konnte. Sein von tausendfacher Einsamkeit geprägtes Denken schwankte zwischen Größenwahn und Verfolgungswahn, was er mitunter im Tagebuch in einem einzigen Satz wie dem folgenden zum Ausdruck brachte: »Es kommt mir von Tag zu Tag schwieriger vor, mein großes Ideal zu erreichen: berühmt und geachtet zu werden, derjenige zu sein, der DAS Buch des Jahrhunderts geschrieben hat, DIE Gedanken des Jahrtausends, DIE Geschichte der Menschheit.«

Es klang alles nach einer Neuauflage der alten paranoiden

Schizophrenie oder manischen Depression, die diverse Ärzte bei ihm diagnostiziert hatten, allen voran Dr. Benjamim Gomes. Das Problem war, dass der Zeitpunkt für die traditionelle Bilanz zum Jahresende nahte und er mit seinen 32 Jahren es noch immer nicht geschafft hatte, seinen Traum zu verwirklichen. Hin und wieder kam er sogar aus der Deckung, dann sah es aus, als könnte er sich damit abfinden, ein Schriftsteller wie tausend andere zu sein. »Manchmal denke ich daran, eine erotische Erzählung zu schreiben, denn die würde, das weiß ich, garantiert veröffentlicht«, notierte er im Tagebuch. »Vielleicht sollte ich mich überhaupt nur diesem Genre widmen, denn das hat Auftrieb, seit Pornohefte erlaubt sind. Ich könnte ein richtig markantes Pseudonym verwenden.« Doch dann fragte er sich: Erotische Bücher schreiben, wozu? Um Geld zu verdienen?

Also, Geld verdiente er, aber glücklich war er nicht. Um sich nicht eingestehen zu müssen, dass es seine eigenen Probleme waren und nicht die eines anderen Menschen, kehrte er zu dem alten Geschwätz zurück: Vorher hatte er nicht geschrieben, weil er verheiratet war und Cissa nichts beisteuerte, und jetzt schrieb er nicht, weil er allein war und das Alleinsein ihn daran hinderte.

[...] Ich habe weiterhin dieselben Pläne, noch sind sie in mir lebendig. Ich kann sie jederzeit neu beleben, ich muss nur die Frau meines Lebens finden. Und die würde ich so gern bald finden ...

[...] Ich bin in letzter Zeit sehr, sehr einsam. Ich kann ohne eine Frau an meiner Seite nicht glücklich sein.

[…] Ich bin es leid, zu suchen. Ich brauche jemanden. Wenn ich eine Frau hätte, die ich liebe, würde ich es gut aushalten.

Mit so viel Gejammer bestätigte Paulo die Volksweisheit, dass der schlimmste Blinde der ist, der nicht sehen will. Denn die Frau seines Lebens zeigte sich ihm seit mehr als zehn Jahren, doch er hatte ihr noch nie ein freundliches Lächeln oder einen Händedruck gewährt. Erstaunlich übrigens, dass eine so hübsche Frau – etwas puppenhaft, schwarzes Haar, sanfter Blick und Porzellanteint – einem ausgemachten Frauenhelden wie ihm so lange nicht aufgefallen ist. Christina Oiticica und er hatten sich 1968 kennengelernt, als ihr Onkel Marcos Paulos Schwester Sônia einen Heiratsantrag machte.

Auf Lygias Wunsch mussten alle Frauen zu dem Verlobungsabendessen in langen Kleidern erscheinen. Den Männern wurde ein dunkler Anzug vorgeschrieben – auch Paulo, der damals eine mächtige schwarze Mähne trug und bei dem Fest den deutlichen Eindruck vermittelte, mit Drogen zugedröhnt zu sein. In den folgenden Jahren begegneten sie sich immer wieder bei Familienfesten oder Essen, beachteten einander aber nie. Zumal eines dieser Feste die Hochzeit von Paulo und Cissa war. Als Paulos Schwester ihn 1979 zum weihnachtlichen Mittagessen bei Christinas Eltern mitnahm, war Christina fest mit Vicente liiert, einem jungen Millionär, der neben anderen Luxusgütern eine riesige Yacht in die Ehe einbringen wollte. Das Schicksal hatte indes bestimmt, dass sie Paulos lang ersehnte Frau fürs Leben war. Eine Woche später waren die beiden ein Paar, für immer, wie im Märchen.

20

Christina

Paulo verliert das Interesse an Sex, Geld und Kino.
Selbst zum Schreiben hat er keine Lust.

Als Christina nach der Grundschule das traditionsreiche, protestantisch orientierte Colégio Bennett besuchte, interessierte sie sich einzig für die im Religionsunterricht erzählten biblischen Geschichten. In allen übrigen Fächern versagte sie regelmäßig rundweg, weshalb sie das Colégio verlassen musste, dann von einer Schule zur nächsten wechselte und schließlich ganz aufgab, genau wie seinerzeit Paulo. Mit sechzehn konnte sie dank einer besonderen Bestimmung im brasilianischen Schulsystem eine Spezialprüfung ablegen, die sie zum Studium berechtigte. Da das Colégio Bennett inzwischen auch Hochschulkurse anbot, nahm sie dort das Studium der bildenden Künste und Architektur auf. Und als Architektin arbeitete Christina Ende jenes Jahres 1979, als Paulo bei ihren Eltern zum Weihnachtsmittagessen erschien.

Christinas Eltern Cristiano und Paula waren zwar praktizierende Christen, doch vertraten sie ungewöhnlich liberale Positionen. Wenn Christina zum Unterricht gehen wollte, gut. Wenn sie lieber ins Kino gehen wollte, kein Problem. Und als sie alt genug war, brachte sie ihre Freunde zum Übernachten mit nach Hause, ohne dass ihre Eltern etwas dagegen hatten.

Aber dieses Glück wurde nicht sehr vielen zuteil. Chris war sehr hübsch, aber kein typisch leichtlebiges Mädchen. Sie verhielt sich reflektiert, las gern, und obschon sie nicht sehr religiös war, sang sie in einem frommen Chor mit. Sie war ein modernes Mädchen, besuchte Kunstfilme im Cine Paissandu, kaufte im Bibba ein, der damals angesagten Boutique in Ipanema, und trank Whisky im Lama's. Sie ging jeden Abend aus und kam nicht selten erst bei Tagesanbruch auf schwankenden Beinen nach Hause. »Meine Droge war der Alkohol«, gestand sie viele Jahre später. »Ich fand Alkohol einfach wunderbar.«

Es wurde schon dunkel, als man in Rio bei den Oiticicas den letzten Kaffee nach dem Weihnachtsessen trank. Paulo, der seit seiner Ankunft Chris nicht aus den Augen gelassen hatte, ließ seinen Cousin Sérgio Weguelin in Erfahrung bringen, dass sie an dem Abend noch nichts vorhatte – obwohl sie ja fest liiert war. Dann, als man sich verabschiedete, schlug er zu, doch nicht direkt. Er bat seinen Cousin, Chris einzuladen, mit ihnen zusammen Woody Allens jüngsten Erfolg *Manhattan* im Cine Paissandu anzusehen. Sie war so überrascht, dass sie nicht recht wusste, was sie antworten sollte. Und ehe sie sich's versah, saß sie im Kino, nur mit Paulo und nicht im Paissandu, das ausverkauft gewesen war, sondern im Condor, wo der schon zehn Jahre alte Film *Airport* gezeigt wurde.

Paulo schaffte es, sich die mehr als zwei Stunden wie ein richtiger Kavalier zu benehmen, und versuchte nicht einmal, Christinas Hand zu berühren. Nach dem Halbdunkel im Kino kam ihnen der Platz Largo do Machado wie ein märchenhaftes Bombay vor, auf dem sich Jongleure, Kartenleger, Handleser, Feuerschlucker und, natürlich, diverse Chöre unter den dichten Baumkronen tummelten. Paulo und Chris gingen zu einem Pseudoindianer, der vor einem leeren Weidenkorb saß, um seinen sichtlich mit Anilin bemalten Körper wand sich eine eklige, beängstigende, sechs Meter lange Schlange. Es war eine riesige Anakonda, eine Schlange, die zwar nicht giftig ist, aber einen ganzen Ochsen oder einen Menschen erwürgen, ihn ungekaut verschlingen und wochenlang verdauen kann. Halb furchtsam, halb abgestoßen von der Schlange, traten sie näher an den »Indianer« heran. So harmlos, als fragte er nach der Uhrzeit, forderte Paulo Chris heraus: »Wenn ich diese Schlage aufs Maul küsse, gibt du mir dann auch einen Kuss auf den Mund?«

Sie traute ihren Ohren nicht. »Das Viech willst du küssen? Bist du verrückt geworden?«

Als sie merkte, dass er es ernst meinte, sagte sie: »Na gut. Wenn du die Anakonda küsst, bekommst du von mir einen Kuss auf den Mund.«

Nicht nur zu ihrem, sondern zum Staunen aller Umstehenden und sogar des »Indianers« trat Paulo vor, packte die Schlange am Kopf und drückte ihr einen Kuss auf das Maul. Vor den verblüfften Blicken der Zuschauer drehte er sich um, nahm Chris in die Arme und gab ihr unter allgemeinem Applaus geradezu filmreif einen langen Kuss. Paulo wurde nicht nur mit einem Kuss belohnt. Ein paar Stunden später schliefen sie miteinander in seiner Wohnung in der Rua Senador Eusébio.

Am letzten Tag des Jahres nahm er einen neuen Anlauf, allerdings erst, nachdem er das *I Ging* befragt hatte, und lud sie ein, die Silvesternacht mit ihm in der sechsten Immobilie in seinem Besitz zu verbringen, einem kleinen, aber netten Wochenendhäuschen in Cabo Frio, einem Badeort eine halbe

Stunde von dem Araruama seiner Kindheit entfernt. Das fünfzig Quadratmeter große weiße Häuschen mit roten Fenstern
und grasgedecktem Dach sah exakt genauso aus wie die übrigen 74 Häuser des Cabana Clube, einer von dem Architekten
Renato Menescal, dem Bruder seines Freundes Roberto, be-
triebenen Anlage. Auf der Fahrt dorthin erzählte Paulo Christina, er habe geträumt, dass eine Stimme mehrmals nacheinander denselben Satz gesagt habe: »Verbring die Silvesternacht
nicht auf dem Friedhof.« Da keiner von beiden entziffern
konnte, was diese Warnung bedeutete, und sie auch nicht die
Absicht hatten, die Jahreswende zwischen Gräbern zu erleben, dachten sie nicht weiter darüber nach. Gleich nach der
Ankunft in Cabo Frio hatten sie das Gefühl, etwas im Haus
sei merkwürdig, konnten es aber nicht genauer benennen. Es
war weder ein Geruch noch etwas Sichtbares, vielmehr etwas,
was Paulo in Ermangelung eines besseren Wortes als negative
Energie bezeichnete. Am frühen Abend hörten sie dann Ge-
räusche, deren Ursprung sie auch nicht lokalisieren konnten, es
klang, als kröche etwas – ein Tier oder ein Mensch – durch die
Räume, doch außer ihnen beiden war niemand da. Beunruhigt
und etwas verängstigt gingen sie in ein Restaurant essen. Als
sie dem Kellner von den merkwürdigen Dingen erzählten,
hörten sie eine haarsträubende Erklärung:

»Sie sind im Cabana Clube? Das war früher ein Indianer-
friedhof. Als sie den Boden für die Fundamente ausgehoben
haben, hat man die Gebeine von Hunderten von Indianern
ausgegraben, aber die Häuser trotzdem gebaut. Hier in Cabo
Frio wissen alle, dass es da spukt.«

Bingo! Das war es also, was die Stimme im Traum gemeint
hatte. Das genügte. Paulo und Chris übernachteten in einem

Hotel und kehrten erst bei Tageslicht zu dem Haus zurück, allerdings nur, um ihre Sachen zu holen. Ein paar Wochen später wurde das Haus für den gleichen Preis verkauft, den Paulo Monate zuvor dafür bezahlt hatte. Mit der Zeit erwies sich, dass der Spuk ihre Beziehung nicht beeinträchtigen sollte. Nachdem Chris sich von ihrem Freund getrennt hatte, zog sie in den ersten Tagen des Jahres von ihren Eltern im Stadtteil Jardim Botânico in die Rua Senador Eusébio, mitsamt all ihren Kleidern, Möbeln und persönlichen Gegenständen, darunter auch das Reißbrett, an dem sie als Architektin arbeitete. Das war der Anfang einer Ehe, die, obwohl nie offiziell besiegelt, die Jahrhundertwende überdauern und bis ins dritte Jahrtausend hinein unerschütterlich fortbestehen sollte.

Der Anfang des gemeinsamen Lebens war alles andere als einfach. Als Chris – die genau wie Paulo die Zeichen im Alltag genau beobachtete – das erste Mal das Apartment betrat, in dem sie dann zusammenwohnten, stach ihr eine Bibelstütze mit einer aufgeschlagenen Dracula-Biographie ins Auge. Nicht dass sie etwas gegen Vampire oder Vampirologen hatte, sie sah sich sogar gern einschlägige Filme an, aber dass ein heiliger Gegenstand für so einen profanen Spaß benutzt wurde, schockierte sie, denn das zog garantiert negative Energien auf das Haus. Sie war so betroffen, dass sie hinunter auf die Straße ging und vom erstbesten öffentlichen Telefon aus den Baptistenpastor anrief, den sie immer um Rat fragte, und ihm erzählte, was sie gesehen hatte. Sie beteten gemeinsam am Telefon, und bevor sie nach Hause ging, suchte Chris vorsichtshalber noch eine Kirche auf. Und sie beruhigte sich erst, als Paulo ihr erklärte, sein Interesse an Vampirologie habe nichts mit Satanismus, o. t. o. oder Aleister Crowley zu tun: »Den Vampirmythos gibt es seit hundert Jahren vor Christi Geburt. Und mit den Typen vom Reich der Finsternis habe ich seit Jahren keinen Kontakt mehr.«

Tatsächlich hatte er seit 1974 mit den Satanisten um Marcelo Motta keinen Kontakt mehr, trat aber in der Öffentlichkeit immer wieder als Fachmann für das Werk von Aleister Crowley auf. Das ging so weit, dass er sogar Monate später in der Zeitschrift *Planeta* einen langen Essay über den englischen Guru veröffentlichte, mit Illustrationen von Chris. Doch trotz der Übereinstimmung in ihren Überzeugungen wackelte die Beziehung anfangs beträchtlich, bevor sie sich endgültig stabilisierte. Paulo grübelte immer wieder darüber nach, ob Chris wirklich die »wunderbare Gefährtin« war, auf die er schon seit so vielen Jahren wartete. Obwohl er in ihr ein »Goldstück« sah, wie Dona Lygia sagte, fürchtete er, dass sie im Grunde aus dem gleichen, uneingestandenen Motiv zusammen waren, das er als »paranoiden Wunsch, der Einsamkeit zu entfliehen« bezeichnete. Während er einerseits Angst davor hatte, er könne sich in sie verlieben, brach ihm andererseits allein bei der Vorstellung, er könne sie verlieren, der kalte Schweiß aus. »Vor ein paar Tagen hatten wir unseren ersten ernsthaften Streit, weil sie sich weigerte, mit mir nach Araruama zu fahren. Ich bekam auf einmal Panik, denn mir wurde klar, dass Chris sich mir mühelos entziehen könnte. Ich habe alles getan, um sie bei mir zu haben, und im Augenblick habe ich sie bei mir. Ich mag sie, sie schenkt mir Ruhe und Frieden, und ich spüre, dass wir versuchen können, etwas gemeinsam aufzubauen.«

Trotz solcher Auf und Abs zu Beginn ihres gemeinsamen Lebens feierten sie inoffiziell Hochzeit. Am 22. Juni 1980, einem grauen Sonntag, besiegelten sie ihre Verbindung mit einem Mittagessen in ihrer Wohnung, zu dem sie die Eltern, Verwandte und ein paar Freunde eingeladen hatten. Christina übernahm die Dekoration und schrieb auf jede Einladung einen Psalm oder ein Sprichwort, jeweils mit einer Zeichnung von ihr illustriert.

Christinas eklektisches Interesse an Religion kam der Beziehung offenbar zugute. Als sie sich kennenlernten, war sie bereits eine Tarotspezialistin und hatte viele Bücher darüber gelesen, außerdem warf sie oft, wenn auch weniger obsessiv als Paulo, das I Ging und wusste seine Orakel zu interpretieren. Als Paulo das *Buch der Medien* von Allan Kardec las, beschlossen sie, ihre eigenen Fähigkeiten als Medium zu testen. So wie Cissa als Versuchskaninchen für LSD hatte herhalten müssen, so versuchte Paulo Chris dazu zu bringen, Botschaften aus dem Jenseits zu psychographieren. Das »Experiment« förderte neue Erkenntnisse zutage und mit ihnen neue Ängste: »Ich habe ein paar Experimente gemacht. Wir haben in der letzten Woche angefangen, als ich das Buch gekauft habe. Chris hat die Rolle des Mediums übernommen, und wir konnten ein paar wesentliche Verbindungen herstellen. Ich bin zutiefst verunsichert. Meine Vorstellung von den Dingen hat sich radikal geändert, nachdem ich wissenschaftlich zu der Erkenntnis gekommen bin, dass die Geister existieren. Sie existieren und sind um uns herum.«

Sehr viel später sollte Chris versichern, dass das Experiment wirklich funktioniert hatte. »Ich bin mir sicher, dass ein Tisch sich tatsächlich bewegt hat«, sagte sie, »und ich habe sogar auch ein paar Texte psychographiert.« Die Vermutung, sie besitze mediale Fähigkeiten, gewann an Gewicht, als sie feststellte, dass, immer wenn sie das Badezimmer in der Rua Senador Eusébio betrat, unerklärliche morbide Gefühle sie überkamen. Es waren sehr seltsame Empfindungen, die sie selbst kaum verstand und über die sie mit niemandem sprach. Jedenfalls kam ihr mehrmals der Gedanke, den Gashahn der Dusche aufzudrehen, die Lüftungsschlitze abzudichten und sich umzubringen. Am späten Nachmittag des 13. Oktober, eines Montags, ließ sie von ihrem Reißbrett ab und ging ins Badezimmer. Dieses Mal war das Selbstmordverlangen unbezwingbar. Sie fügte sich und beschloss, ihrem Leben ein Ende zu machen, doch da sie fürchtete, der Erstickungstod würde sehr langsam und qualvoll sein, wollte sie lieber Medikamente nehmen. In aller Ruhe stieg sie in ein Taxi und fuhr zu ihren Eltern, denn sie wusste, dass diese Beruhigungsmittel im Haus hatten, die ihre Mutter regelmäßig nahm – Somalium, in ihrer Erinnerung, oder Valium, wie Paulo sagt. Egal, wie das Medikament hieß, fest steht, dass sie den Inhalt einer ganzen Packung einnahm, ein paar Zeilen für ihren Mann schrieb und auf das Bett sackte.

Als Paulo nach Hause kam und sie nicht vorfand, fuhr er zu ihren Eltern, wo sie oft zu Abend aßen. Dort lag sie bewusstlos auf dem Bett und neben ihr der Zettel und eine leere Medikamentenpackung. Mit Hilfe der Schwiegermutter, die gerade nach Hause gekommen war, konnte er sie zum Fahrstuhl schleppen, vorher allerdings zwang er sie, sich den Finger in den Hals zu stecken und möglichst viel zu erbrechen. Draußen hielten sie ein Taxi an und fuhren zur Klinik São Bernardo in Gávea, wo die Ärzte Chris den Magen auspumpten. Einige Stunden später wurde sie entlassen und fuhr mit ihrem Mann nach Hause.

Während Chris in ihrem gemeinsamen Schlafzimmer einschlief, trieb ihn die quälende Frage um: Woher kamen diese mysteriösen Emanationen, die in seiner Frau so morbide Gefühle weckten? Schließlich fuhr Paulo nach unten zum Hausmeister, erzählte ihm, was geschehen war, und fragte, ob er ihm helfen könne, das Rätsel zu lösen. Der Hausmeister hatte sofort eine Erklärung parat: »Vor Ihnen hat in der Wohnung zuletzt ein Pilot der Panair gewohnt, und der hat im Badezimmer das Gas aufgedreht und sich das Leben genommen.« Als Paulo in die Wohnung zurückkam und die Geschichte seiner Frau erzählte, überlegte sie nicht lange. Mit einer Entschlossenheit, wie man sie bei einer noch vor wenigen Stunden im Krankenhaus liegenden Person nie für möglich gehalten hätte, sprang Chris aus dem Bett, packte etwas Wäsche zum Wechseln ein, suchte Kämme, Zahnbürsten und persönliche Gegenstände zusammen, steckte alles in einen Koffer und verkündete: »Wir fahren zu meiner Mutter. Diese Wohnung betrete ich nie wieder.«

Auch Paulo nicht. Weder er noch Christina kehrten jemals in die Wohnung zurück, auch nicht für den Umzug. Sie blieben etwas über einen Monat bei Chris' Eltern Paula und Cristiano, bis die Renovierung der siebten von Paulo gekauften Wohnung abgeschlossen war und sie dort einziehen konnten. Die Wohnung lag im Erdgeschoss, hatte einen hübschen Garten und einen weiteren Vorteil: Im selben Gebäude wohnten Lygia und Pedro Queima Coelho. Noch mehr emotionale Sicherheit hätte er nur direkt bei ihnen in der Wohnung gefunden.

Zwar setzten sich, was die sexuellen Extravaganzen des Ehemanns betraf, immer die von Chris aufgestellten Regeln durch, aber insgesamt waren die beiden wirklich kein Paar wie alle anderen. Zum Beispiel schlug Paulo eines Tages vor, aneinander eine mittelalterliche Züchtigung auszuprobieren, und bezeichnete das Ganze pompös als »gegenseitiges Austesten der Schmerzgrenze«. Chris war einverstanden, obwohl sie wusste, worum es dabei ging: Beide sollten sich nackt ausziehen und einander mit einem dünnen, einen Meter langen Bambusstock peitschen. Abwechselnd schlugen sie einander zunehmend kräftiger auf den Rücken, bis sie ihre physische Schmerzgrenze erreicht hatten, was erst der Fall war, als sich auf der aufgerissenen Haut dünne Blutrinnsale bildeten.

Tatsache ist, dass die Ehe nach und nach ins Lot kam. In den beiden ersten Jahren gab es nichts, was ihr gemeinsames Leben gestört oder verändert hätte. Von ihrem Mann ermutigt, fing Chris wieder mit Malen an, was sie vier Jahre zuvor aufgegeben hatte, und Paulo führte bei der Rede Globo de Televisão bei »Specials« Regie. Nicht dass sie noch mehr Geld zum Leben gebraucht hätten. Abgesehen von den 41 Songs, die er mit Raul Seixas zusammen geschrieben hatte, hatte Paulo in den letzten Jahren zu mehr als hundert Songs – Originale oder Coverversionen ausländischer Hits – die Texte geschrieben, für Dutzende von zumeist beim großen Publikum unbekannte Musiker. Dies bedeutete, dass der Tantiemengeldhahn unablässig sprudelte.

Weniger des Geldes wegen, vielmehr weil er fürchtete, Müßiggang würde zu Depressionen und Leiden führen, bemühte er sich, nicht untätig herumzusitzen. Abgesehen von den »Specials« im Fernsehen hielt er Vorträge und nahm an Podiumsdiskussionen über Musik und gelegentlich auch Vampirismus teil. Doch es half nicht immer, denn selbst mitten in intensiver Aktivität meldete sich hin und wieder die leidende Seele.

Dann lud er seine Ängste, wie bei einer Krise im Herbst 1981, nach wie vor in seinem Tagebuch ab:

> In den letzten zwei Tagen habe ich zwei Termine platzen lassen unter dem Vorwand, ich müsse zum Zahnarzt, um mir einen Zahn ziehen zu lassen. Ich weiß überhaupt nicht, was ich tun soll. Habe nicht die geringste Lust, eine kleine Pressemitteilung zu schreiben, die auch nur minimal bezahlt würde. So sieht es in mir aus. Ich schaffe es nicht einmal, diese Seiten zu schreiben, und das Jahr, von dem ich gehofft hatte, es würde besser als das letzte, hat zu dem geführt, was ich oben geschrieben habe. Ach ja: Seit mehreren Tagen habe ich nicht geduscht.

Die Krise war offenbar so heftig, dass sich selbst seine Einstellung gegenüber Geld änderte. »Ich interessiere mich für gar nichts mehr, auch nicht für Geld, das ich eigentlich liebe. Ich weiß nicht mal, was ich auf der Bank habe, das habe ich sonst immer ganz genau gewusst. Neuerdings habe ich kein Interesse mehr an Sex, am Schreiben, am Kino, am Lesen. Nicht mal an den Pflanzen, die ich so lange so liebevoll gepflegt habe und die jetzt eingehen, weil sie nur sporadisch gegossen werden.«

Wenn er sich nicht einmal mehr für Geld oder Sex interessierte, dann war die Lage so ernst, dass die Notbremse gezogen werden musste – was bedeutete, dass er wieder die Praxis von Dr. Benjamim aufsuchen musste, nun aber nur einmal wöchentlich. Und immer wieder stellte er Chris dieselbe Frage: »Bin ich wirklich auf dem richtigen Weg?« So kam es, dass sie Ende 1981 einen Vorschlag machte, der eine sensible Saite seiner unsteten Seele anschlug. Was halte er davon, wenn sie alles stehen- und liegenließen und sich auf Reisen begäben, ohne bestimmtes Ziel und ohne festes Datum für die Rückkehr? »Etwas sagte mir, alles werde gut«, erinnerte sich Christina Jahre später. »Paulo verließ sich auf meine Intuition und gab alles auf.« Fest entschlossen, »nach dem Sinn des Lebens zu suchen«, wo immer er sich befinden mochte, ließ Paulo sich bei TV Globo ohne Bezahlung beurlauben, kaufte zwei Flugtickets nach Madrid – die billigsten, die er bekommen konnte – und versprach Chris, sie würden erst nach Brasilien zurückkehren, wenn sie die 17 000 Dollar, die er in der Tasche hatte (entspricht heute 40 000 Dollar), bis auf den letzten Cent ausgegeben hätten.

Anders als sonst immer trat Paulo diese Reise, die insgesamt acht Monate dauern sollte, ohne jede Vorbereitung an. Obwohl er mehr als genug Geld für eine komfortable Reise ohne Einschränkungen mitnahm, sparte er wo immer möglich. Er entschied sich für die Iberia, weil sie den günstigsten Flug anbot und dazu noch gratis eine Hotelübernachtung in Madrid. Von Spanien reisten sie Anfang Dezember 1981 weiter nach London und mieteten dort das billigste Auto, einen Citroën 2 CV. In der britischen Hauptstadt legten sie auch die erste Regel für die Reise fest: Keiner von ihnen durfte mehr als sechs Kilo Gepäck mitführen. Das bedeutete, die schwere Olivetti-Schreibmaschine zu opfern, die Paulo mitgenommen hatte. Sie wurde noch von London aus auf dem Seeweg nach Brasilien zurückgeschickt.

Solange sie darüber nachdachten, wohin es weitergehen sollte, blieben Paulo und Chris in London, dann, Mitte Januar 1982, machten sie sich auf den Weg mit dem Entschluss, zwei

Städte kennenzulernen: zum einen Prag, wo Paulo vor dem Kleinen Jesuskind ein Gelübde ablegen wollte, und die rumänische Hauptstadt Bukarest, wo 550 Jahre zuvor der Fürst Vlad Tepes geboren worden war, der den irischen Schriftsteller Bram Stoker 1897 zum Grafen Dracula, dem berühmtesten Vampir der Literaturgeschichte, inspiriert hatte. Am Nachmittag des 19. Januar, eines Dienstags, erreichten sie steifgefroren Wien. Die Heizung des bescheidenen 2 CV funktionierte schlecht, weshalb sie sich in Wolldecken hüllten. In Wien mussten sie einen Stopp einlegen und sich ein Visum für Ungarn besorgen, denn um nach Rumänien zu gelangen, mussten sie durch Ungarn fahren. Nachdem dieses Problem gelöst war, begaben sie sich zur brasilianischen Botschaft, wo Chris eine kleine bürokratische Angelegenheit zu erledigen hatte. Paulo blieb so lange draußen vor dem Gebäude und ging rauchend auf und ab. Plötzlich löste sich mit einem Knall, als wäre eine Bombe explodiert, ein ellenlanger Eiszapfen vom Dach des fünf Stockwerke hohen Gebäudes, landete wenige Zentimeter von Paulo entfernt auf einem geparkten Auto und riss ein Loch in die Karosserie; um ein Haar hätte er Paulo erschlagen.

Nach einer Übernachtung in Budapest fuhren sie weiter in Richtung Belgrad, der Hauptstadt des damaligen Jugoslawien, wo sie drei Tage bleiben wollten. Nicht dass sie Belgrad besonders reizvoll fanden, vielmehr trauten sie sich kaum mehr, wieder in den kalten, unbequemen Citroën zu steigen. Das Auto war ihnen inzwischen ein so großes Hemmnis, dass sie beschlossen, es dem Vermieter zurückzugeben. Mit Hilfe des Geschäftsführers ihres Hotels gelang ihnen ein Schnäppchen: Die Botschaft von Indien bot einen hellblauen Mercedes-Benz zum Verkauf an, neun Jahre alt, aber in gutem Zustand, zum

Spottpreis von tausend Dollar. Das Auto hatte zwar schon viele Kilometer auf dem Tacho, besaß aber einen 110-PS-Motor und eine ordentliche Heizung. Der Autokauf sollte die einzige große Ausgabe auf der ganzen Reise sein. Für alles andere – Hotels, Restaurants und Sehenswürdigkeiten – richteten sie sich nach dem bekannten Reiseführer *Europe on 20 Dollars a Day*.

Nun, da sie in einem richtigen Auto reisten, hätten sie die fünfhundert Kilometer zwischen Belgrad und Bukarest, ihrem nächsten Ziel, an einem Tag zurücklegen können. Gerade deshalb aber – weil sie in einem schnellen, bequemen Auto saßen – wollten sie lieber im Zickzack fahren. Nach einer Fahrt von 1500 Kilometern quer durch Ungarn und einen Zipfel von Österreich erreichten sie Prag, wo Paulo vor dem Jesuskind das Gelübde ablegte, das er 25 Jahre später einlösen sollte. Dann erst fuhren sie wieder südwärts Richtung Rumänien, was eine Strecke von weiteren 1500 Kilometern bedeutete – für Menschen, denen es weder an Zeit noch an Geld mangelte, wunderbar.

Bei dem vielen Kreuz und Quer durch Europa bestimmte schließlich der Zufall ein neues Reiseziel. Erst Wochen nachdem er den Mercedes gekauft hatte, stellte Paulo fest, dass der Wagen aus der Bundesrepublik Deutschland stammte und dass der Besitzerwechsel beim Bundesverkehrsamt in der damaligen deutschen Hauptstadt Bonn gemeldet werden musste. Von Bukarest nach Bonn bedeutete 2000 Kilometer quer durch ganz Europa fahren, was sie nun aber überhaupt nicht mehr schreckte.

Zwei Tage später passierte der hellblaue Mercedes die Grenze nach Westdeutschland. Als sie München erreichten, hatten sie seit Bukarest 1193 Kilometer zurückgelegt. Die Stadt lag unter einer Schneedecke, es war fast zwölf Uhr mittags, doch da sie beide keinen Hunger verspürten, beschlossen sie, anstatt zum Mittagessen zu halten, noch bis Stuttgart weiterzufahren. Kurz hinter München jedoch bog Paulo in eine von kahlen Bäumen gesäumte Landstraße ab, denn er hatte ein Hinweisschild entdeckt: *Konzentrationslager Dachau*. Mit eigenen Augen zu sehen, was von dem berüchtigten Konzentrationslager Dachau noch übrig war, das war ein alter Plan von Paulo, denn schon als Junge war er ja von Büchern und Geschichten über den Zweiten Weltkrieg fasziniert gewesen. Noch ahnte er nicht, dass dieser Besuch von nur wenigen Stunden sein Leben und Schicksal radikal verändern sollte.

21

Die erste Begegnung mit Jean

*Im Konzentrationslager Dachau sieht Paulo ein
gleißendes Licht und darin eine Gestalt.*

Obwohl er sein erstes Buch erst 1987 veröffentlicht, wird
der Schriftsteller Paulo Coelho bereits am 23. Februar
1982 im Alter von 35 Jahren im Konzentrationslager von
Dachau geboren. Fünf Tage zuvor hatte er in Prag ein seltsames Erlebnis. Nachdem er vor dem Prager Jesulein sein Gelübde abgelegt hatte, war er mit Chris zu einem Rundgang
durch die Stadt aufgebrochen, die wie fast ganz Mitteleuropa
unter einer Schneedecke lag und in der es bitterkalt war. Sie
überquerten die Moldau auf der eindrucksvollen Karlsbrücke,
die auf beiden Seiten von schwarzen Heiligenstatuen, Helden
und biblischen Gestalten gesäumt ist. Die Brücke verbindet die
Altstadt mit der Kleinseite, und dort, auf der Prager Burg,
befindet sich die Alchimistengasse, in der, wie die Sage behauptet, das Eingangstor zur Hölle liegt. Paulo hatte die Gasse
selbstverständlich besucht, war allerdings nur schnell durch sie
hindurchgegangen, da sein Interesse einem mittelalterlichen
Kerker galt, der erst kurz zuvor für das Publikum geöffnet
worden war. Bevor sie eingelassen wurden, mussten Chris und
er warten, bis eine große Gruppe sowjetischer Rekruten wieder herausgekommen war.

475

Kaum waren sie durch das Tor zum finsteren Verlies getreten und an den Zellen vorbeigangen, als Paulo das Gefühl überkam, die alten Geister, von denen er sich befreit zu haben glaubte, wären zurückgekehrt – die Elektroschocks der Casa de Saúde Dr. Eiras, das, was er für seine Begegnung mit dem Dämon hielt, die Entführung, sein feiges Verhalten Gisa gegenüber. Diese Erlebnisse wurden wieder so lebendig, dass er in heftiges Weinen ausbrach und von Chris hinausgeführt werden musste. Die Erinnerungen, die dieser düstere Ort geweckt hatte, drohten, Tausende von Kilometern von seinen ihm Sicherheit gebenden Eltern, von der Praxis Dr. Benjamims und der Schulter seines Freundes Roberto Menescal entfernt, ihn in eine tiefe Depression zu stürzen.

Hinzu kamen noch die Berichte in Zeitungen und Fernsehen über die auf der Welt immer zahlreicher werdenden Diktaturen, die Unterdrückung von Menschen durch den Staat, Kriege, geheime Gefängnisse, Entführungen wie jene, deren Opfer auch er geworden war. So lag beispielsweise auf dem Rücksitz seines Wagens eine Ausgabe der amerikanischen Wochenzeitschrift *Time,* deren Titelstory der »Agonie Mittelamerikas« gewidmet war. Im kleinen Salvador hatte der Bürgerkrieg fast 80 000 Menschenleben gekostet. In Chile herrschte seit fast zehn Jahren die grausame Diktatur Pinochets, der fester denn je im Sattel saß. In Brasilien schien sich das Militärregime zwar seinem Ende zuzuneigen, doch Demokratie war noch lange nicht in Sicht. Paulos Stimmung konnte daher nicht schlechter sein, als er den Mercedes auf dem Besucherparkplatz des Konzentrationslagers Dachau abstellte.

Das Konzentrationslager Dachau, das im Dritten Reich als erstes Lager gebaut wurde und Vorbild für die 56 in zehn Ländern Europas verteilten weiteren war, bestand von 1933 bis zum 29. April 1945, als seine Tore von alliierten Truppen geöffnet wurden. Obwohl es ursprünglich für 6000 Menschen geplant war, befanden sich dort am Tag der Befreiung mehr als 30 000 Häftlinge. In den zwölf Jahren seines Bestehens gingen etwa 200 000 Menschen aus sechzehn Ländern durch das Lager. Die meisten Häftlinge waren Juden, doch sind in Dachau auch Kommunisten, Sozialisten, zudem Sinti und Roma und Zeugen Jehovas inhaftiert gewesen. Aus unerfindlichen Gründen wurde die in Dachau gebaute Gaskammer nie benutzt. Daher mussten die zum Tode verurteilten Gefangenen mit dem Bus zu dem auf halben Wege zwischen dem Lager und der Stadt Linz gelegenen Schloss Hartheim gebracht werden, das zu einem Massenvernichtungszentrum umgebaut worden war.

Als Paulo und Chris durch das Eingangstor von Dachau traten, sahen sie zu ihrer Überraschung keinen einzigen Menschen: niemand, der ihnen hätte Informationen geben können, kein Pförtner, kein Wärter, kein anderer Angestellter. Offenbar waren sie ganz allein auf dem 180 000 Quadratmeter großen, rundum von Mauern und unbemannten Wachtürmen umgebenen Geviert. Paulo hatte sich zwar noch nicht von den bösen Erinnerungen erholt, die ihn ein paar Tage zuvor in Prag überfallen hatten, doch er wollte die Gelegenheit nicht versäumen, eines der größten Konzentrationslager der Nazis zu besuchen. Sie folgten den Hinweispfeilen und dem vorgeschlagenen Weg, demselben, den die Gefangenen einst gegangen waren. Sie kamen durch das Eingangtor im Jourhaus zum »Schubraum«, in dem die Häftlinge sich nackt ausziehen mussten und registriert wurden, und dem »Häftlingsbad«, in dem die Häftlinge kahlgeschoren und mit Insektenvernichtungsmittel desinfiziert wurden. Dann kamen sie im Korridor an den Zellen vorbei, sahen an den Dachbalken die Haken, an denen die Häftlinge während der Foltersitzungen an den Armen aufgehängt worden waren. Anschließend traten sie in die Baracken, wo die Häftlinge wie Tiere in Holzkäfigen in Hunderten drei- oder vierstöckigen Betten geschlafen hatten. Mit jeder Station ihres Rundgangs wurde das Entsetzen von Paulo und Chris größer.

Paulo war erschüttert, aber für ihn waren die Konzentrationslager Teil einer unheilvollen Vergangenheit, des Naziregimes, das durch einen Krieg gestürzt wurde, der noch vor seiner Geburt zu Ende gegangen war. In dem Saal der Totenehrung, in dem Familienangehörige ihrer Verwandten gedenken, brach Paulo wie Tage zuvor schon in Prag zusammen. Die frischen, erst vor wenigen Tagen dort hingelegten Blumensträuße mit den darangehefteten Karten waren der lebende Beweis dafür, dass Dachau immer noch eine offene Wunde war.

Verstört kehrten beide in den Außenbereich des Lagers zurück, folgten einer Allee, deren kahle Zweige in den Himmel gereckten, knochigen Krallen glichen. Im Nordteil des Lagers gab es drei kleine Gotteshäuser – ein katholisches, ein protestantisches und ein jüdisches, neben denen in den 90er Jahren ein viertes errichtet werden sollte, ein russisch-orthodoxes. Paulo und Chris gingen, der Hinweistafel folgend, auf der »Krematorium« stand, an den Gotteshäusern vorbei. Während das eigentliche Lager keinen Quadratzentimeter Grün aufwies, was dem Ort den unwirtlichen Charakter einer Mondlandschaft verlieh, führte der Weg zum Krematorium nun durch ein kleines Wäldchen. Auf einer Lichtung trafen sie auf ein einfaches, ländliches Gebäude aus Ziegelstein, das sich nur durch den für ein so kleines Haus zu großen Schornstein von einem traditionellen Wohnhaus unterschied. Dies war das Krematorium, in dem mehr als 30 000 Häftlinge verbrannt worden waren, die, sei es durch Exekution, Unterernährung, Selbstmord oder Krankheit wie durch die Typhusepidemie, die das Lager wenige Monate vor der Befreiung verheerte, ums Leben gekommen waren.

Paulo sah sich die acht ebenfalls aus rotem Backstein gemauerten Öfen an, in deren Öffnungen die Metallbahren lagen, auf denen die Leichen für die Verbrennung gestapelt wurden, und blieb vor einer Tür stehen, auf der in abblätternder Farbe nur ein einziges Wort stand: *Badezimmer.* Es handelte sich aber keineswegs um ein ehemaliges Bad, sondern um die Gaskammer von Dachau. Obwohl sie nie benutzt worden war, wollte Paulo das von Millionen von Menschen in den Konzentrationslagern erlebte Grauen am eigenen Leib spüren. Er trennte sich einen Augenblick von Chris, trat in den Raum und schloss die Tür hinter sich. Er lehnte sich an die Wand, schaute hoch und sah die falschen Duschen, durch die das Gas austreten sollte, das zur wichtigsten Waffe der Massenexekutionen Hitlers und seiner Gefolgsleute geworden war. Paulo wurde von Grauen gepackt. Als er aus dem Krematorium trat, läutete die Glocke der kleinen katholischen Kapelle. Es war zwölf Uhr mittags. Er ging dem Klang nach und bemerkte, als er wieder auf dem grauen Belag des Lagers stand, eine moderne Skulptur, die an das berühmte Bild Guernica von Pablo Picasso erinnerte. Darauf stand in mehreren Sprachen »Nie wieder«! Da fühlte er sich einen kurzen Augenblick lang etwas besser. Dann betrat er die kleine Kapelle.

Doch kurz darauf – er hatte gerade eine Kerze angezündet

und ein kurzes Gebet gesprochen – schlug die positive Stimmung in Verzweiflung um. Während er ein paar Meter hinter Chris durch das eisige Lager ging, wurde ihm klar, dass dieses »Nie wieder«, das er gerade gelesen hatte, eine Farce in vielen Sprachen war:

Ich sagte mir, wieso »Nie wieder«? Nie wieder – von wegen! Was in Dachau geschehen war, passiert weiterhin, auf meinem Kontinent, in meinem Land. Es ist bekannt, dass in Brasilien Regimegegner auf hoher See aus Hubschraubern geworfen wurden. Ich selber habe mehrere Jahre in geradezu paranoiden Zuständen gelebt, weil ich, wenn auch in sehr viel geringerem Maße, ebenfalls Opfer dieser Gewalt geworden war! Und mir fiel die Titelgeschichte der *Time* über das Massaker in El Salvador wieder ein, der schmutzige Krieg, den die Diktatur in Argentinien gegen die Opposition führte. In diesem Augenblick verlor ich jede Hoffnung in die Menschheit. Ich spürte, dass ich ganz unten angekommen war. Kam zu dem Schluss, dass die ganze Welt Scheiße war, das Leben Scheiße, ich Scheiße, weil ich nichts dagegen tun konnte.

Inmitten dieser widersprüchlichen Gedanken tauchte immer wieder ein Satz in seinem Kopf auf: »Niemand ist eine Insel.« Wo hatte er das bloß gelesen? Nach und nach gelang es ihm sogar, den gesamten Text in Gedanken zu rezitieren. »Niemand ist eine Insel, in sich selbst vollständig; jeder Mensch ist ein Stück des Kontinents, ein Teil des Festlands. Wenn ein Lehmkloß in das Meer fortgespült wird, so ist Europa weniger, gerade so als ob es ein Vorgebirge wäre, als ob es das Landgut deines Freundes wäre oder dein eigenes. Jedes Menschen Tod ist mein Verlust, denn mich betrifft die Menschheit; und darum verlange nie zu wissen, wem die Stunde schlägt; es gilt dir selbst.«

Das war es: Es handelte sich um eine Stelle aus John Donnes *Meditationen,* die der amerikanische Schriftsteller Ernest Hemingway in seinem im Spanischen Bürgerkrieg (1936–1939) spielenden Roman *Wem die Stunde schlägt* wiederaufgegriffen hatte.

Was in den folgenden Minuten geschah, wird immer ein Geheimnis bleiben, das aber vor allem von der Hauptperson genährt wird, deren Gefühle bei den wenigen Anlässen, bei denen sie dazu gedrängt wurde, das Geschehen genau zu beschreiben, immer so aufgewühlt waren, dass sie in Tränen ausbrach. »Wir befanden uns mitten im Konzentrationslager, meine Frau und ich, allein, ganz allein, keine Menschenseele war in der Nähe! Da begriff ich das Zeichen: die Glocken der Kapelle läuteten für mich. Da hatte ich eine Erscheinung.«

Ihm zufolge handelte es sich bei der Erscheinung in Dachau um ein Licht, aus dem heraus ihm die Silhouette eines menschlichen Wesens ein Treffen in zwei Monaten voraussagte, es sei eher ein »Miteinanderkommunizieren von Seelen« gewesen. Obwohl dieses Ereignis immer etwas im Dunkeln bleiben wird, muss auch der größte Skeptiker einräumen, dass in Dachau etwas geschehen ist – denn das Leben Paulos sollte sich von diesem Tag an radikal ändern. Das wird ihm damals allerdings nicht gleich bewusst. Auf dem Weg zurück zum Parkplatz erzählte er seiner Frau weinend, was er gerade erlebt hatte. Sein erster schrecklicher Verdacht fiel auf O.T.O. Und wenn nun das, was er Minuten zuvor gesehen hatte, eine Reinkarnation des »Großen Tieres« war? Wenn nun die Geister von Crowley und Marcelo Motta zurückgekommen waren, um ihn zu verwirren? Sechs Stunden später, bei seiner Ankunft in Bonn, hatte sich Paulo für die bequemste Deutung entschieden – er betrachtete die Vision als einfache Halluzination, die von den Ängsten und der Anspannung, in der er sich befunden hatte, hervorgerufen worden war.

In Bonn wollten Paulo und Chris Paula, ihre erste wenige Monate alte Nichte, kennenlernen und hatten vor, nur so lange zu bleiben, bis die Frage der Autopapiere geklärt war. Da sie bei Tânia, Chris' Schwester, untergebracht waren, hatten sie keine Hotelkosten und blieben am Ende eine Woche dort. In den ersten Märztagen setzten sich die beiden wieder in den Mercedes und machten sich auf den Weg nach Amsterdam, in die Stadt, die Paulo zehn Jahre zuvor so begeistert hatte. Dort quartierten sie sich für siebzehn damalige Dollar am Tag im Brouwer ein, einem kleinen Hotel an der Singel-Gracht. Im ersten Brief an seine Eltern erzählt Paulo von den *potshops*, »Cafés, in denen man leichte Drogen wie Haschisch oder Marihuana frei kaufen und rauchen kann, während Kokain, Heroin, Opium und Amphetamine, ebenso LSD verboten sind«, und tritt andeutungsweise für eine Liberalisierung leichter Drogen ein: »Damit will ich nicht sagen, dass die holländische Jugend drogensüchtig ist. Ganz im Gegenteil, Regierungsstatistiken belegen, dass es hier proportional gesehen weniger Drogensüchtige gibt als in den USA, in Deutschland, England oder Frankreich. Holland hat die niedrigste Arbeitslosenrate in Westeuropa, und Amsterdam ist das viertgrößte Handelszentrum der Welt.«

In dieser freien Atmosphäre, in der beide bis zum Überdruss

Marihuana rauchten, probierte Chris zum ersten und letzten Mal LSD. Paulo war vom körperlichen Verfall der Heroinsüchtigen, Zombies verschiedener Nationalitäten, die durch die Straßen irrten, derart beeindruckt, dass er zwei Reportagen für die brasilianische Zeitschrift *Fatos&Fotos* mit dem Titel »Heroin, Weg ohne Wiederkehr« und »Amsterdam – der Kuss der Nadel« schrieb. Die Beziehung zu dieser Unterwelt war diesmal allerdings rein beruflich, die eines Reporters, der ein Thema genau erforscht. Den Briefen nach zu urteilen, war die Rundreise der beiden durch Europa nur scheinbar eine Reise von Hippies: »Wir haben alles getan, wozu wir Lust hatten, jeden Tag zu Mittag und zu Abend gegessen. Obwohl wir ein durstiges Kind zu ernähren haben (den Mercedes mit 100 PS), sind wir ins Kino, in die Sauna, zum Friseur, in Nachtklubs und sogar ins Casino gegangen.«

Nach ein paar Wochen in Amsterdam hatte Paulo allerdings genug vom Marihuana. Da ihn keine Verbote einschränkten, hatte er verschiedene Sorten aus so fernen Ländern wie dem Jemen oder Bolivien und *blends* mit unterschiedlichem THC-Gehalt, darunter wahrhaftige »Bomben«, geraucht, Stoff, der bei dem einmal jährlich in Amsterdam stattfindenden Cannabis Cup, der Weltmeisterschaft der Marihuanawelt, prämiert worden war. Außerdem hatte er *skunk* probiert, eine Neuheit, bei der es sich um im Gewächshaus mit Spezialdünger und Proteinen angebautes Cannbabis handelte. Und ausgerechnet dort, in diesem Hippieparadies, zu dem sich die holländische Hauptstadt entwickelt hatte, entdeckte Paulo, dass ihm Gras nichts mehr sagte. Er habe, wie er selbst notierte, von den sich ewig wiederholenden Wirkungen der Droge »die Nase voll« gehabt und den Schwur, den er acht Jahre zuvor in New York in Bezug auf Kokain getan hatte, noch einmal geleistet: Er würde nie wieder Marihuana rauchen.

Er setzte dies gerade Chris im Café des Hotels Brouwer auseinander, als er wieder diesen kalten Schauer spürte, der ihn in Dachau überfallen hatte. Die menschliche Gestalt, die er in Dachau »gesehen« hatte, saß, zu Fleisch und Blut geworden, an einem Tisch in der Nähe und trank Tee. Paulo erschrak zuerst maßlos. Er hatte von Gesellschaften gehört, die, um ihre Geheimnisse zu wahren, Abtrünnige verfolgten, ja sogar töteten. Verfolgte ihn jemand aus der Welt der schwarzen Magie und des Satanismus? Während ihn die Angst in Wellen überlief, erinnerte er sich einmal mehr an eine der Lektionen des Sportunterrichts in der Fortaleza de São João: Die beste Art, weniger zu leiden, war, sich der Angst zu stellen. Er schaute den Fremden an – einen etwa vierzigjährigen, europäisch aussehenden Mann in Jackett und mit Krawatte –, nahm allen Mut zusammen, stand auf, ging zu ihm hinüber und sprach ihn dann unfreundlich auf Englisch an: »Ich habe Sie vor zwei Monaten in Dachau gesehen und möchte eines klarstellen: Ich habe keine Verbindungen mehr zum Okkultismus, zu Sekten oder Orden und will auch keine haben. Wenn Sie deswegen hier sind, war Ihre Reise vergebens.«

Der Fremde blickte sichtbar verwirrt hoch und antwortete zu Paulos Überraschung in fließendem Portugiesisch, wenn auch mit einem starken Akzent: »Beruhigen Sie sich. Setzen Sie sich zu mir, ich möchte mit Ihnen reden.«

»Darf ich meine Frau hinzubitten?«

»Nein, ich möchte mit Ihnen allein reden.«

Paulo bedeutete Chris mit einer Geste, dass alles in Ordnung sei, setzte sich und fragte:

»Worüber wollen Sie reden?«

»Was ist das für eine Geschichte mit dem Konzentrationslager?«

»Ich glaube, ich habe Sie dort gesehen.«

Der Mann tat anfangs so, als wüsste er nicht, worum es ging, und meinte, es müsse sich um eine Verwechslung handeln. Doch Paulo ließ nicht locker: »Verzeihen Sie, aber ich glaube, dass wir uns im Februar im Konzentrationslager Dachau gesehen haben. Erinnern Sie sich nicht daran?«

Angesichts von Paulos Beharrlichkeit räumte der Mann ein, Paulo habe ihn möglicherweise tatsächlich gesehen, es habe sich dann aber um ein »Astralprojektion« genanntes Phänomen gehandelt. Paulo war dies durchaus bekannt, hatte er es doch in seinem Tagebuch unzählige Male erwähnt. »Ich war nicht in Dachau, aber ich verstehe, was Sie sagen wollen. Zeigen Sie mir Ihre Handfläche.«

Paulo erinnert sich nicht mehr daran, ob es die linke oder die rechte war, doch der Mann, der sich offenbar auch aufs Handlesen verstand, schaute sie an und fing dann langsam an zu sprechen, als habe er eine Vision: »Hier gibt es etwas Unvollendetes. Etwas, was sich zwischen 1974 und 1975 aufgelöst hat. In der Magie sind Sie in der Tradition der Schlange groß geworden. Die Tradition der Taube kennen Sie möglicherweise nicht einmal.«

Nicht nur als ehemaliger Jünger des Satanismus, sondern als jemand, der alles verschlungen hatte, was es über diese Welt zu lesen gab, hatte Paulo mehr als nur rudimentäre Kenntnisse in diesem Bereich. Er war mit den Grundlagen der okkulten Wissenschaften vertraut, kannte die Traditionen der verschiedenen Wege, die zu ein und demselben führen: zum magischen

Wissen, worunter die Fähigkeit verstanden wird, Gaben zu nutzen, die zu entwickeln nicht allen Menschen gelingt. Diesen Traditionen zufolge ist mit dem Weg der Tradition der Taube (auch Sonnentradition genannt) ein allmählicher, stetiger Lernprozess gemeint, bei dem der Schüler oder Jünger von einem Meister unterwiesen wird. Die Schlangentradition (oder Mondtradition) ist ein Weg, der überwiegend von Menschen mit großer Intuition und solchen gewählt wird, die aus vorangegangenen Leben eine Verbindung oder einen Pakt mit der Magie mitbringen. Die beiden Wege schließen einander nicht aus, meist wird den Kandidaten der sogenannten »magischen Unterweisung« empfohlen, nachdem sie den Weg der Schlange gegangen sind, auch den der Taube zu gehen.

Paulo entspannte sich, als der Mann sich schließlich vorstellte. Er sei Franzose jüdischer Herkunft, arbeite als Manager des niederländischen Philips-Konzerns und gehöre einem jahrhundertealten geheimnisvollen katholischen Orden mit dem Namen R. A. M. – Regnum Agnus Mundi (»Lamm des Reiches der Welt« oder Rigor, Amor, Misericordia – Strenge, Liebe, Barmherzigkeit) an. Portugiesisch habe er gelernt, als er für Philips in Brasilien und in Portugal gearbeitet habe. Seinen wahren Namen gibt Paulo nie preis, er wird ihn in der Öffentlichkeit nur »den Meister«, »Jean« oder einfach nur »J.« nennen.

Mit ruhiger Stimme sagte Jean, er wisse wohl, dass der Brasilianer den Weg der schwarzen Magie eingeschlagen, diesen aber abgebrochen habe. Er sei bereit, ihm zu helfen. »Wenn Sie den Weg der Magie wiedereinschlagen und Sie es innerhalb unseres Ordens machen wollen, kann ich Sie führen. Aber wenn Sie sich einmal dafür entschieden haben, müssen Sie alles, was ich Ihnen sage, widerspruchslos befolgen.«

Paulo, den das Gehörte verwirrt hatte, bat um Bedenkzeit. Jean war rigoros: »Sie haben einen Tag Zeit, um sich zu entscheiden. Ich erwarte Sie morgen um die gleiche Zeit wieder hier.«

Paulo dachte an nichts anderes mehr. Er war zwar sehr erleichtert gewesen, als er die O.T.O. verlassen und Crowleys Vorstellungen abgeschworen hatte, doch die Welt, die er hinter sich gelassen hatte, faszinierte ihn weiterhin sehr. Die »Schwarze Nacht«, das Gefängnis und die Entführung waren eine mehr als ausreichende Lektion gewesen, die Welt der Magie aber hatte für ihn ihre Faszination nie verloren. »Ich hatte schreckliche Erfahrungen mit alldem gemacht, diese Welt aber nur verstandesmäßig verlassen«, erinnert er sich später. »Emotional war ich immer noch mit ihr verbunden.«

»Das ist so, als würdest du dich in eine Frau verlieben und mit ihr Schluss machen, weil sie dir einfach nicht guttut. Aber du liebst sie weiter. Eines Tages erscheint sie in einem Café, wie J. plötzlich aufgetaucht ist, und du versuchst zu sagen: ›Geh bitte wieder. Ich möchte dich nicht wiedersehen, nicht noch einmal leiden.‹«

Er redete die ganze Nacht mit Chris, und als er sich endlich entschieden hatte, war es in Amsterdam schon wieder Tag geworden. Er hatte beschlossen, die Herausforderung anzunehmen, wie auch immer es ausgehen würde. Wenige Stunden später begegnete er dem geheimnisvollen Mann, der nun sein Meister sein würde, zum zweiten (oder dritten?) Mal. Jean stellte Paulo auch gleich die ersten Aufgaben für den Weg zu seiner Initiation: Am Dienstag der darauffolgenden Woche solle er sich im Vikingskipshuset, dem Wikinger-Schiff-Museum, in Oslo einfinden.

487

»Gehen Sie in den Saal, in dem die drei Schiffe mit dem Namen *Gokstad*, *Oseberg* und *Borre* ausgestellt sind. Dort wird Ihnen jemand etwas übergeben.«

Paulo verstand die ihm übertragene Aufgabe nicht ganz und wollte mehr erfahren:

»Um wie viel Uhr soll ich in diesem Museum sein? Wie soll ich die Person erkennen? Ist es ein Mann oder eine Frau? Was wird sie mir geben?«

Jean stand auf, legte ein paar Münzen auf den Tisch und beantwortete nur eine seiner Fragen.

»Seien Sie, gleich wenn das Museum öffnet, in diesem Saal. Die anderen Fragen brauchen keine Antwort. Wenn wir uns wieder sehen müssen, erfahren Sie es rechtzeitig. Bis dann.«

Er gab nur diese Antwort und verschwand darauf, als hätte es ihn nie gegeben – wenn es diesen Jean überhaupt je gegeben hat. Real oder übernatürlich, er hatte seinem neuen Schüler eine Aufgabe übertragen, die mit einer fast tausend Kilometer weiten Reise zu einer Stadt begann, in der Paulo noch nie gewesen war.

Über verschneite Autobahnen fuhren Chris und Paulo von Holland über Deutschland, Dänemark und Schweden nach Norwegen.

Weil er unbedingt pünktlich sein wollte und befürchtete, am Museumseingang könnte es Schlangen oder Touristengruppen geben, die ihn aufhalten würden, stand Paulo an dem bewussten Dienstag früh auf. Das Faltblatt des Museums, das sie am Hotelempfang mitgenommen hatten, gab an, dass das Museum um 9 Uhr öffnete, doch Paulo war schon eine Stunde früher als nötig auf dem Weg dorthin.

Das auf der Halbinsel Bygdøy, zehn Minuten vom Stadtzentrum entfernt gelegene Vikingskipshuset ist ein massiges gelbes, fensterloses Gebäude in Kreuzform mit einem Spitzdach. Als Paulo dort ankam, merkte er, dass er die Öffnungszeiten auf dem Faltblatt nicht richtig gelesen hatte: von neun bis achtzehn Uhr war das Museum nur in der Hauptsaison von Mai bis September geöffnet, in der Nebensaison, von Oktober bis April, jedoch nur von elf bis siebzehn Uhr – was bedeutete, dass er noch zwei Stunden Herzklopfen aushalten musste, bevor er den ersten Schritt in die neue geheimnisvolle Welt tun konnte. Er dachte während der Wartezeit über die Entscheidung nach, die er getroffen hatte. »Ich hatte alles versucht, um meinen Traum zu verwirklichen, Schriftsteller zu werden, und war mit 34 Jahren immer noch ein Niemand«, würde sich Paulo später erinnern. »Die schwarze Magie und die okkulten Wissenschaften hatte ich aufgegeben, weil mir klargeworden war, dass sie mir nicht weiterhalfen, warum sollte ich dann nicht den Weg zu gehen versuchen, den mir Jean vorgeschlagen hatte?«

Um Punkt elf Uhr gesellte er sich zu dem halben Dutzend japanischer Touristen, die sich verfroren in den vertrockneten Anlagen rings um das Gebäude versammelt hatten, und folgte dann den Pfeilen bis zum Saal mit der gewölbten Decke, in dem die Boote *Gokstad*, *Oseberg* und *Borre* lagen. Dort befand sich außer ihm nur noch eine hübsche blonde, etwa vierzigjährige Frau, die in die Lektüre einer Wandtafel versunken zu sein schien. Als sie seine Schritte hörte, wandte sie sich zu ihm um, und er sah, dass sie einen Gegenstand von der Länge eines Spazierstocks oder ein Schwert in der Hand hielt. Sie ging wortlos auf ihn zu, zog einen Silberring vom Mittelfinger, auf dem ein Uroboro abgebildet war – eine Schlange, die sich in den eigenen Schwanz beißt –, und steckte ihn auf Paulos linken Mittelfinger. Mit dem Stock oder Schwert zog sie einen imaginären Kreis auf den Boden, wies Paulo mit einer Geste an, sich in diesen Kreis zu stellen, und machte mit der Hand eine Bewegung, als gösse sie ein Glas aus. Dann fuhr sie, ohne ihn jedoch zu berühren, mit der Hand über Paulos Gesicht, bedeutete ihm damit, die Augen zu schließen. »In diesem Augenblick spürte ich, dass jemand aufgestaute Energien freigemacht hatte«, würde er Jahre später in einer sehr emotionalen Erklärung sagen, »als würde eine spirituelle Schleuse geöffnet und frisches Wasser hereinströmen.« Als er die Augen öffnete, war die geheimnisvolle Frau verschwunden. Ihm blieb nur der seltsame Ring, den er seit diesem Tag trägt.

Jean sollte erst geraume Zeit später wieder mit Paulo in Kontakt treten, als dieser zurück in Brasilien war. Es war vorgesehen, dass Paulo seine Arbeit für *Globo* Ende April 1982 wiederaufnehmen sollte, doch nachdem er lange mit Chris überlegt hatte, beschloss er, den Job hinzuwerfen und in Europa zu bleiben. Sie hatten mehr als genug Geld, um noch weitere drei Monate in Amsterdam zu bleiben. Und so packten sie erst Mitte Juli ihre Koffer und legten in drei Tagen die 1900 Kilometer von Amsterdam nach Lissabon zurück, von wo aus sie nach Brasilien zurückfliegen wollten. Doch die erste Veränderung in Paulos Verhalten nach der Begegnung mit seinem Meister sollte sich noch in Europa zeigen. Nur übernatürliche Kräfte konnten jemanden, der so vorsichtig mit Geld umging wie er, dazu bringen, den Mercedes nicht zu verkaufen, sondern ihn im Gegenteil zu verschenken, und zwar der 1758 von der Königin Maria 1. gegründeten Bruderschaft des Jesuskindes der Blinden Männer von Lissabon.

22

Paulo und Christina gehen unter die Verleger

> *Toninho Buda möchte die Alternative Gesellschaft
> wiederaufleben lassen und den Kopf der Christus-
> statue auf dem Corvocado in die Luft jagen.*

Zurück von ihrer achtmonatigen Europareise, in der sie
ausgiebig Kraft geschöpft hatten, zogen Paulo und Chris
in Rio de Janeiro wieder in die Erdgeschosswohnung in der
Rua Raimundo Correia, in der zwischenzeitlich Chris' Eltern
gewohnt hatten. Paulo machte sich daran, in Vorbereitung auf
seine Aufnahme in den R. A. M.-Orden die Initiationsaufgaben,
die sogenannten Feuerproben, zu erfüllen, die ihm Jean in
Briefen oder per Telefon mitteilte. Die erste, »Ritual des Körpers« genannte Prüfung bestand in einer kurzen Zeremonie,
die sechs Monate lang immer zur gleichen Zeit durchgeführt
werden und bei der er allein sein musste: Sie bestand darin, ein
extra hierfür gekauftes Glas mit Wasser zu füllen, es auf einen
Tisch zu stellen, das Neue Testament an beliebiger Stelle auf-
zuschlagen und einen zufällig ausgewählten Absatz laut zu lesen. Neben der gelesenen Textstelle sollte er das Datum notieren. Fiel später die Wahl auf einen bereits gelesenen Text, sollte
er den nächsten Absatz lesen, und wenn er diesen ebenfalls bereits gelesen hatte, sollte er so lange weitersuchen, bis er einen
neuen, noch nicht markierten Text fand. Als Zeitpunkt für

sein Ritual wählte Paulo die erste Morgenstunde, um so zu vermeiden, dass ihm ein Kinobesuch oder ein Essen dazwischenkam. Und da nicht gesagt worden war, wie das Glas aussehen sollte, kaufte Paulo ein kleines Schnapsglas, das er problemlos und diskret zusammen mit dem Neuen Testament mit sich führen konnte.

Keine der ihm von Jean auferlegten Prüfungen beeinträchtigte seinen Alltag. Auch Geld war weiterhin kein Problem, wenn auch seine Partnerschaft mit Raul offensichtlich nicht mehr so gefragt war. Die Platten verkauften sich zwar weiterhin, doch die Tantiemen flossen spärlicher. Obwohl ihm die Einkünfte aus den fünf Wohnungen, die er vermietet hatte, ein bequemes Leben finanzierten, war zu befürchten, dass das Nichtstun ihn bald in Depressionen stürzen würde. Also schien es ratsam, sich schnellstens eine neue Arbeit zu suchen.

Im Jahr vor seiner Europareise hatte Paulo seine Frau dazu überredet, ein Unternehmen zu gründen, Shogun Editora e Arte Ldta (Shogun Verlag und Kunst, GmbH). Ursprünglich sollte der Verlag es Chris ermöglichen, Rechnungen für von ihr geleistete Arbeiten für Architekten auszustellen. Und sie verfügten ab sofort über Geschäftsvisitenkarten, -briefbögen und -umschläge. Und warum sollte er seine Bücher zu gegebener Zeit nicht im Selbstverlag herausbringen? Nach seiner Rückkehr nach Brasilien griff er die Idee mit dem Verlag wieder auf und mietete als Erstes zwei Räume in einem Gebäude in der Rua Cinco de Julho zwei Blocks von seiner Wohnung in Copacabana entfernt. Obwohl der Verlag später wuchs und sogar eine Menge Geld einbrachte, blieb er ein kleines, von seinen zwei Eigentümern geführtes Familienunternehmen, dessen Buchführung Paulos Vater übernahm, der gerade in Rente gegangen war. Es gab nur einen einzigen Angestellten – einen Büroboten.

Schon im Oktober 1982, drei Monate nach ihrer Rückkehr nach Brasilien, veröffentlichte der Verlag seinen ersten Titel, das Buch *Arquivos do Inferno* [dt.: Archive der Hölle], eine Sammlung von sechzehn Texten aus der Feder seines Besitzers Paulo Coelho, ein in vieler Hinsicht eigentümliches Werk. Auf dem Umschlag ist der Autor zu sehen, der mit übergeschlagenen Beinen, in Denkerpose, eine Zigarette zwischen den Fingern, vor einer Schreibmaschine sitzt, neben sich zwei junge barbusige Frauen: eine von ihnen ist seine Frau, Chris, die andere Stella Paula – die alte Gefährtin aus Zeiten crowleyanischer Hexereien –, deren langhaarige Perücke auf dem Foto nicht nur teilweise die Brüste bedeckt, sondern sogar bis über die Taille reicht. Obwohl es sich um ein kleines Werk von kaum mehr als hundert Seiten handelte, war *Arquivos do Inferno* wenigstens in Bezug auf die Anzahl der Vorworte, Kommentare zum Werk und Klappentexte rekordverdächtig. Das erste Vorwort war »Vorwort der niederländischen Ausgabe« überschrieben und stammte vom Popgenie Andy Warhol (der das Buch, wie Paulo Jahre später gestand, nie gelesen hatte):

[...] Ich lernte Paulo Coelho bei einer meiner Ausstellungen in London als jemanden kennen, der wie wenige junge Leute zuversichtlich in die Zukunft schreitet. Er ist kein Literat auf der Suche nach großen Ideen und Worten, sondern er spricht klar aus, was die heutige Zeit bewegt, und den Weg, den sie nimmt – und trifft damit ins Schwarze. Lieber Paulo, du hast mich um ein Vorwort für dein Buch gebeten. Ich bin zutiefst überzeugt davon, dass dieses

Buch das Vorwort zu einer neuen Ära ist, die beginnt, noch bevor die andere zu Ende ist. Wer wie du voranschreitet, wird niemals Gefahr laufen, in ein Loch zu fallen, denn die Engel breiten ihre Gewänder auf dem Boden aus und fangen ihn darin auf.

Das zweite Vorwort steuerte Jimmy Brouwer bei, der Besitzer des Hotels, in dem Paulo und Chris in Amsterdam gewohnt hatten, das dritte der Journalist Artur da Távola, ein Kollege aus der Arbeitsgruppe bei Philips, das vierte stammt aus der Feder des Psychiaters Eduardo Mascarenhas, der damals Moderator mit einer eigenen Fernsehsendung und Abgeordneter auf Bundesebene war, und das fünfte schließlich von Roberto Menescal, dem Paulo – neben Chris – das Buch widmete. Fast alles in *Arquivos do Inferno* ist verwirrend und zudem mit Informationen vermischt, die nicht zusammenpassen. Dem Text auf dem Umschlag zufolge soll es sich um eine Koedition der Shogun mit der holländischen Brouwer Free Press handeln, einem Verlag, den es offenbar nie gegeben hat. Gemäß einer von Shogun herausgegebenen Pressemitteilung war *Arquivos* bereits im Ausland veröffentlicht worden, was nicht stimmte.

Auf den ersten Seiten folgten dann weitere verwirrende Informationen. Zuerst einmal die Angabe, dass neben den Werken des Autors (darunter das *Manifest von Krig-ha* und *Teatro na Educação*) noch ein Buch mit dem Titel *Lon: Diário de um Mago* im Jahr 1979 von Shogun veröffentlicht worden sein sollte – obwohl es den Verlag damals noch nicht gegeben hatte und *Diário de um Mago* (so der Originaltitel von *Auf dem Jakobsweg*), erst 1987 erscheinen sollte. Bei einer der wenigen Gelegenheiten, bei denen er Jahre später hierüber sprach, lieferte Paulo für das Durcheinander folgende Erklärung: »Es kann sich nur um eine Prophezeiung gehandelt haben.« Auf der Rückseite des Einbandes stand in winziger Schrift noch etwas Seltsames: »Von der ersten Ausgabe in portugiesischer und niederländischer Sprache wurden 300 nummerierte und vom Autor signierte Exemplare für US $ 350 zugunsten des Ordens vom Goldenen Stern verkauft.«

Überraschenderweise griff kein einziges Kapitel oder Essay das im Buchtitel angegebene Thema der Hölle auf. Die sechzehn Texte bilden ein Sammelsurium ohne thematische oder chronologische Ordnung. Der Autor stellt Aphorismen des englischen Dichters William Blake neben einen grundlegenden Essay zu Homöopathie und Astrologie, stellt dazwischen Textstellen aus den Manuskripten eines gewissen Pero Vaz de Caminha zu Beginn des 16. Jahrhunderts und Texte aus eigener Produktion wie diesen mit dem Titel: »Die Stücke«.

Es ist sehr wichtig, zu wissen, dass ich Teile meines Körpers auf der ganzen Welt verteilt habe. In Rom habe ich meine Nägel geschnitten, in Holland und in Deutschland meine Haare. Mein Blut hat den Asphalt von New York benetzt, und mein Sperma ist auf einem Weinberg in der Nähe von Tours mehrfach auf französischen Boden gefallen. Ich habe meinen Darm in Flüsse auf drei Kontinenten entleert, habe ein paar Bäume in Spanien mit meinem Urin begossen und in den Ärmelkanal und in den Oslo-Fjord gespuckt. Irgendwann habe ich mich im Gesicht gekratzt und an einem Zaun in Budapest ein paar Hautzellen gelassen. Diese kleinen Dinge, die ich hervorgebracht habe und nie wiedersehen werde, geben mir das angenehme Gefühl der Omnipräsenz. Ich bin Teil der Orte, durch die ich gekommen bin, der Landschaften, die ich gesehen habe und die mich angerührt haben. Außerdem haben die von mir verteilten Stückchen einen ganz praktischen Nutzen: In meiner nächsten Inkarnation werde ich mich nicht allein oder hilflos fühlen, denn etwas Vertrautes – ein Haar, ein Stückchen Fingernagel, ein bisschen getrocknete Spucke – wird immer in der Nähe sein. Ich habe an verschiedenen Orten der Erde gesät, denn ich weiß nicht, wo ich eines Tages wiedergeboren werde.

In dem Potpourri der *Arquivos do Inferno* ist vor allem das zweite Kapitel mit dem Titel »Die Wahrheit über die Inquisition« interessant. Paulo stellt eingangs klar, nur aufgezeichnet zu haben, was ihm vom Geist des Spaniers Tomás Torquemada, des gefürchteten Dominikanermönchs, der Ende des 15. Jahrhunderts auf der Iberischen Halbinsel den Gerichten der Iniquisition vorstand, diktiert worden sei. Der Autor erklärt, als wollte er jegliche Verantwortung für den Inhalt von sich weisen: Nicht nur die Orthographie und das schräg Gedruckte, sogar einige »syntaktische Fehler« seien übernommen worden, genau so, wie der Geist des Großinquisitors es ihm diktiert habe. Die acht Seiten des Kapitels sind voll vom Lob der Folter und des Martyriums als Werkzeuge zur Verteidigung des Glaubens:

[…] Es ist daher nur gerecht, dass die Todesstrafe bei denen angewandt wird, die beharrlich Ketzereien verbreiten, dazu beitragen, dass dasjenige, was für den Menschen das Kostbarste ist, für immer verloren geht, der Glaube!

[…] Jeder, der das Recht hat, zu befehlen, hat auch das Recht, zu strafen! Derjenige, der die Macht hat, Gesetze zu machen, hat auch die Macht, etwas dafür zu tun, dass die Gesetze eingehalten werden!

[…] Spirituelle Strafen reichen nicht immer. Die meisten Menschen begreifen sie nicht. Die Kirche muss daher das Recht haben – und hat es auch –, körperliche Strafen zu verhängen!

Offenbar in der Absicht, diesem Diktat eines Geistes einen wissenschaftlichen Charakter zu verleihen, schließt Paulo den Text mit einer merkwürdigen Bemerkung, die er in Klammern setzt: »[Im Anschluss an diese Worte wurde von demjenigen, der sich ›Geist von Torquemada‹ nannte, nichts weiter gesagt. Da es im Hinblick auf zukünftige wissenschaftliche Forschungen immer wichtig ist, zu notieren, wann die Übertragung stattgefunden hat, halten wir die Temperatur der Umgebung (29° C), Luftdruck (760 mm/Hg), Wetter (bewölkt) und Stunde des Empfangs (von 21 Uhr 15 Minuten bis 22 Uhr 7 Minuten) fest.]«

Paulos Interesse an der Inquisition war nicht neu. Schon im September 1971 hatte er überlegt, etwas darüber zu schreiben, und war bei seinen Vorarbeiten auf ein Buch von Henrique Hello gestoßen, das vom Verlag Editora Vozes 1936 veröffentlicht und 1951 wiederaufgelegt worden war und das den suggestiven Titel *A Verdade sobre a Inquisiçao* [Die Wahrheit über die Inquisition] trug. Der Text umfasst neunzig Seiten und verteidigt die Ziele der Inquisitionsgerichte und deren Methoden. Am Ende seiner Lektüre hatte Paulo ironisch geschlossen: »Ich habe mit dem Stück über die Inquisition begonnen. Das ist ganz einfach. Man muss nur einen gewissen Henrique Hello plagiieren. Nicht plagiieren, kritisieren. Der Typ hat ein Buch über die Inquisition geschrieben, und zwar ist er dafür!«

Möglicherweise hat Paulo wegen seiner Verhaftung und der Entführung, deren Opfer er 1974 gewesen war, davon Abstand genommen, den Autor zu kritisieren, und sich darauf beschränkt, bei ihm abzuschreiben. Ein Vergleich zwischen dem Text in *Arquivos do Inferno* und dem im Jahr 1936 veröffentlichten Buch zeigt, dass, falls es sich tatsächlich um das Diktat eines Geistes gehandelt haben sollte, dieser nicht Tomás Torquemadas Geist war, sondern der von Henrique Hello, denn 95 Prozent des Textes waren einfach aus dem Werk Hellos abgeschrieben.

Den Vogel schießt allerdings die überraschende Information ab, die der Autor gleich zu Anfang seines Textes über die Inquisition liefert: Paulo behauptet dort, dass das Diktat aus dem Jenseits in der Nacht des 28. Mai 1974 stattgefunden habe. Nur befand er sich am 28. Mai 1974 zwischen 21.15 Uhr und 22.07 Uhr in Handschellen auf dem Boden eines Wagens der politischen Polizei, hatte eine Kapuze über dem Kopf und war auf dem Weg zu einem Posten der DOI-Codi. Es fällt schwer, zu glauben, dass die Kerkermeister eines der gewalttätigsten Folterkeller der brasilianischen Diktatur einem Gefangenen erlaubt hätten, einen mehr als zehnseitigen Essay zu schreiben, auch wenn es sich dabei um eine Predigt zum Lob der Folter handelte. Der Autor selber schien aber auch irgendwie bemerkt zu haben, dass *Arquivos do Inferno* nicht recht konsistent war: Als die erste bescheidene Auflage vergriffen war, zeigte er kein Interesse an einer Neuauflage. Heute ist ihm das Werk auf seiner Website gerade mal sechzehn dürre Wörter wert: ›1982 gab er selber sein erstes Buch, *Arquivos do Inferno,* heraus, dem kein Erfolg beschert war.‹

Ein Vierteljahrhundert nach dem Flop ist *Arquivos do Inferno* eine Rarität, für das Sammler auf Internetversteigerungen mindestens 220 Dollar zu bieten bereit sind, und lassen Paulos anfängliche Utopie auf krummen Wegen Wirklichkeit werden.

Anstatt sich vom Misserfolg des ersten vom Verlag Shogun publizierten Buches entmutigen zu lassen, diente jener Paulo als wichtige Lehre. Ihm war klargeworden, dass ein Verlag professionell geführt werden musste, und er nahm, als erste Maßnahme in dieser Richtung, sieben Wochen lang diszipliniert an einem Fernkurs über Finanzplanung und Rechnungswesen teil. Das Arbeitsmaterial, das er durcharbeiten musste, scheint etwas gebracht zu haben, denn 1984, zwei Jahre nachdem der Verlag Shogun aktiviert worden war, stand er auf Platz 34 der von der Fachzeitschrift *Leia Livros* (Lesen Sie Bücher) herausgegebenen Ranking-Liste der brasilianischen Verlage. Als Konkurrent für traditionelle Verlage wie Civilização Brasileira und Agir und noch vor dem FTD und sogar Rocco (der Jahre später Paulos Verlag werden würde) mietete der Verlag Shogun Stände auf Buchmessen und Biennalen und konnte einen Katalog von mehr als siebzig Titeln vorweisen.

Unter den veröffentlichten Autoren gab es neben den beiden Besitzern nur zwei bekannte Namen, allerdings gehörten sie nicht Schriftstellern: Es waren die Rocksängerin Neusinha Brizola, Tochter des damaligen Gouverneurs von Rio de Janeiro, Leonel Brizola (*O Livro Negro de Neusinha Brizola –* Das Schwarzbuch der Neusinha Brizola), und der ewige »Intimfeind«, Raul Seixas (*As Aventuras de Raul Seixas na Ci-*

dade de Thor – Die Abenteuer von Raul Seixas in der Stadt Thor). Die Zahlen, die den Verlag Shogun auf die Liste der großen Verlage katapultierten, hatten jedoch nichts mit den Werken einer dieser Berühmtheiten zu tun. Das Gold kam im Gegenteil von Hunderten, Tausenden namenloser Dichter aus ganz Brasilien, die wie der Besitzer des Shogun jahrelang davon geträumt hatten, eines Tages ein Buch in der Hand zu haben, in dem ihre Verse abgedruckt waren. In einem Land, in dem Hunderte junger Autoren immer wieder an die Türen der Verlage klopfen und um eine Veröffentlichung geradezu betteln, wartete der Verlag Shogun mit einem wahren Ei des Kolumbus auf: dem Poesiewettbewerb ›Concurso Raimundo Correia de Poesia‹.

Durch Kleinanzeigen in Zeitungen oder am Ausgang von Theatern und Kinos verteilte Flugblätter wurden unveröffentlichte Dichter aus ganz Brasilien eingeladen, an dem Wettbewerb teilzunehmen, der den Namen des Anfang des 20. Jahrhunderts verstorbenen parnassischen Dichters aus dem Bundesstaat Maranhão trug, der auch der der Straße war, in der Paulo und Chris in Copacabana wohnten. Die Bestimmungen waren einfach: Bewerben konnten sich »Autoren, Amateure oder Profis ohne Altersgrenze, egal ob sie schon etwas veröffentlicht hatten oder nicht, sofern ihre Gedichte in portugiesischer Sprache verfasst waren«. Jeder durfte höchstens drei Gedichte von maximal zwei Schreibmaschinenseiten mit doppeltem Zeilenabstand einreichen, wobei es einer ›Jury aus Kritikern und bedeutenden Spezialisten‹ (deren Namen nie veröffentlicht wurden) oblag, diejenigen auszuwählen, die in einer von Shogun herausgegebenen Anthologie vertreten sein würden. Die Ausgewählten würden einen Vertrag erhalten, in dem sie sich verpflichteten, 380 000 Cruzeiros vorab für eine Mindestbestellung von 10 Exemplaren zu zahlen – wer zwanzig Bücher haben wollte, bezahlte 760 000 Cruzeiros, und so fort. Das Ganze wirkte eher wie eine der phantastischen Aktionen der Organizações Arco, die Paulo in seiner Kindheit in Botafogo gegründet hatte, doch zu Paulos und Chris' Überraschung wurden bei einem der Wettbewerbe mehr als 1150 Gedichte eingesandt, von denen 116 für ein Buch mit dem Titel *Poetas Brasileiros* (Brasilianische Dichter) ausgewählt wurden. Für die Verleger handelte es sich um ein Nullrisikogeschäft, denn das Buch wurde erst gedruckt, wenn die vier Teilzahlungen durch die Autoren geleistet worden waren. Jeder von ihnen hatte neben den erworbenen Büchern noch Anrecht auf ein vom Verlag Shogun ausgestelltes Diplom und eine handgeschriebene Karte von Paulo:

Lieber Soundso:
ich habe Ihre Gedichte erhalten und gelesen. Ohne hier auf die (selbstverständlich hohe) Qualität Ihrer Werke eingehen zu wollen, möchte ich Sie dazu beglückwünschen, dass Sie Ihren Gedichten das Schicksal erspart haben, in der Schublade zu bleiben. In der heutigen Welt und in diesem ganz besonderen Augenblick der Geschichte ist es notwendig, den Mut aufzubringen, seine eigenen Gedanken in die Öffentlichkeit zu tragen.
Noch einmal meine Glückwünsche
Paulo Coelho

Was auf den ersten Blick wie eine Aktion unter Freunden wirkte, war letztlich ein Riesengeschäft. Als Chris und Paulo das letzte Bücherpaket bei der Post aufgegeben hatten, verzeichnete die Verlagskasse den Eingang von vierzigtausend Cruzeiros. Der Erfolg dieser scheinbar banalen Idee bewegte Paulo und Chris dazu, das Projekt in großem Stil zu wiederholen. Neben den *Poetas Brasileiros* kündigte der Verlag Shogun wenige Wochen später die Eröffnung von Wettbewerben im Hinblick auf vier neue Anthologien an mit den Titeln *Poetas Brasileiros de Hoje* (Brasilianische Dichter von heute), *A Nova Poesia Brasileira* (Die neue brasilianische Poesie), *A Nova Literatura Brasileira* (Die neue brasilianische Literatur) und *Antologia Poética de Cidades Brasileiras* (Anthologie von Gedichten aus brasilianischen Städten). Um die in die erste Anthologie nicht Aufgenommenen dazu zu bewegen, ihre Schubladen noch einmal zu öffnen, schickte Chris jedem von ihnen einen aufmunternden Brief, in dem sich mittlerweile die Anzahl der mit der Veröffentlichung prämierten Gedichte von 116 auf 250 erhöht hatte.

Rio de Janeiro, 29. August 1982

Sehr geehrte Dichterin, sehr geehrter Dichter,

ein großer Teil der Gedichte, die wir beim ›Concurso Raimundo Correia de Poesia‹ leider nicht berücksichtigen konnten, war so gut, dass wir uns überlegt haben, ob es für diejenigen, die, weil sie entweder die Bestimmungen nicht erfüllt haben oder von der Jury nicht ausgewählt wurden, nicht doch noch eine Möglichkeit geben könnte, publiziert zu werden. Allerdings sind wir gezwungen, die Anzahl der prämierten Gedichte auf 250 zu beschränken.

Das Buch *Poetas Brasileiros de Hoje* (Brasilianische

Dichter von heute), eine weitere Lyrikanthologie des Verlages Shogun, ist noch für dieses Jahr geplant. Wir würden uns sehr freuen, Ihre Gedichte darin aufzunehmen. Jeder der Autoren zahlt einen in der Editionsvereinbarung festgelegten Betrag ein und erhält dafür zehn Exemplare der ersten Auflage. Damit zahlen Sie pro Exemplar nur wenig mehr als für eine Wochenzeitschrift – und investieren dabei in sich selber, geben Ihrem Werk die Chance, ein größeres Publikum zu erreichen, und, wer weiß, vielleicht ist das der Beginn einer vielversprechenden neuen Karriere.

Der Verlag Shogun verpflichtet sich, wie in der Vertragsvereinbarung angegeben, Rezensionsexemplare von *Poetas Brasileiros de Hoje* an die wichtigsten Literaturkolumnisten Brasiliens und Informationsmaterial an mehr als zweihundert wichtige Zeitungen und Zeitschriften zu verschicken. Ein Teil der ersten Auflage wird an staatliche und Gemeindebibliotheken gestiftet, so dass im Laufe der Jahre Tausende von Lesern Zugang zu Ihren Gedichten haben werden.

Lord Byron, Lima Barreto, Edgar Allan Poe und andere große Namen der Literatur mussten dafür bezahlen, dass ihre Werke gedruckt wurden. Dieses System der Kostenteilung hat den Vorteil, dass die Anthologie mit Ihrem Gedicht kostengünstig produziert und landesweit vertrieben werden kann, so dass Ihr Werk bald in aller Munde sein wird. Um bei *Poetas Brasileiros de Hoje* mitzumachen, brauchen Sie nur die beigefügte Vereinbarung auszufüllen, zu unterzeichnen und mit dem vom Verlag Shogun geforderten Betrag loszuschicken.

Für weitere Informationen stehe ich selbstverständlich zur Verfügung.

Mit freundlichen Grüßen,
Christina Oiticica

Die immer populärer werdenden Anthologien von Shogun ließen überall im Land die Dichter wie Pilze aus dem Boden schießen. Bei den abendlichen Feiern zur Vergabe der Diplome und weiterer Ehrungen war das Publikum aus Prämierten, deren Verwandten und Freunden so zahlreich, dass der Verlag, um sie alle unterzubringen, gezwungen war, den Circo Voador, eine der neuesten Veranstaltungshallen Rios, im Stadtteil Lapa anzumieten. Hinzu kamen die von Chris organisierten öffentlichen Lesungen, die normalerweise an Orten mit viel Publikumsverkehr abgehalten wurden und bei denen die prämierten Dichter ihre Gedichte Passanten und Arbeitslosen vortrugen, die voller echtem Interesse stehen blieben und zuhörten. Es gab selbstverständlich auch diesen oder jenen Rückschlag, Leute, die ewig nicht zahlten, oder Unzufriedene wie jenen Dichter, der in einem Brief an die Zeitung *Jornal do Brasil* gegen die Initiative protestierte.

Ich habe am v. Poesiewettbewerb Raimundo Correia teilgenommen, und mein Gedicht ›Mensch sein‹ wurde prämiert und in die Publikation aufgenommen. Um publiziert zu werden, musste ich als Vorauszahlung für zehn Belegexemplare vier Teilzahlungen im Wert von insgesamt CR$ 380 000 leisten. Nach der letzten Teilzahlung erhielt ich kurz vor Ablauf der Frist die Bücher. Ein erster Blick auf und in ein Exemplar enttäuschte mich derart, dass ich keine Lust mehr hatte, es zu lesen. Mir war sofort klar, dass ich auf einen Schwindel hereingefallen war.

Das Buch wurde gesetzt, ein Verfahren, das für diese Art von Arbeiten längst veraltet ist. Das Layout gehört zum Schlechtesten, was ich je gesehen habe, es ist unsystematisch und unschön. Der Philosophie von Shogun zufolge wird, wer nicht zahlt, nicht veröffentlicht. Ich weiß von mehreren Leuten, die nicht aufgenommen wurden, weil sie nicht alle Raten zahlen konnten. Einhundertsechzehn Gedichte wurden veröffentlicht. Wenn ich nachrechne, dann hat Shogun insgesamt CR$ 44 Millionen damit gemacht, wobei der Verlag schon von der ersten Rate an mit unserem Geld arbeiten konnte.

Für das, was wir gezahlt haben, hätten wir wirklich etwas Besseres verdient. Als Graphiker weiß ich, wovon ich rede. Ich würde das Buch nicht einmal meinem ärgsten Feind schenken.

Rui Dias de Carvalho – Rio de Janeiro

Eine Woche später veröffentlichte *Jornal do Brasil* die Antwort von Shogun, in der die Direktorin Christina Oiticica anführt, dass die Drucker, die ihre Bücher druckten, dieselben seien, die auch für Branchenriesen wie die Verlage Record und Nova Fronteira arbeiteten. Und was das Problem betraf, mit Kultur Geld zu verdienen, so gab sie zurück, dass mit ebendiesen Gewinnen Projekte finanziert werden könnten, die große Verlage niemals interessieren würden, wie *Poesie im Gefängnis* (ein Wettbewerb, der unter Häftlingen der Haftanstalten von Rio de Janeiro durchgeführt worden war), und alles ohne öffentliche Gelder: »Wir betteln für unsere Aktivitäten nicht um staatliche Fördergelder. Wir sind unabhängig und stolz, denn wir alle (Verlag und Dichter) sind ein Beweis dafür, dass auch neue Künstler publiziert und ihre Werke an eine breite Öffentlichkeit gelangen können.«

Jahre später sollte sich der Dichter Marcelino Rodrigues in seinem Blog im Internet stolz daran erinnern, dass sein ›Ewiges Sonett‹ in den Anthologien des Verlages aufgenommen worden war.

Mein erstes literarisches Abenteuer wurde beim Verlag Shogun herausgegeben, der dem Ehepaar Paulo Coelho (heute unser wichtigster Schriftsteller, obwohl viele »Akademiker« seinen Wert nicht anerkennen, vielleicht weil sie sein Werk nicht verstehen) und Christina Oiticica gehört, einer sympathischen und sehr talentierten Malerin (bis heute habe ich ihr Lächeln nicht vergessen, mit dem sie mich damals im Verlag empfing).

Tatsache ist, dass das Projekt, einmal abgesehen davon, welchen Anreiz es für junge Autoren bot, auch ein großer unternehmerischer Erfolg war. Mit den vier Anthologien, die der Verlag im Jahr herausbrachte, setzte Shogun jährlich etwa 160 Millionen Cruzeiros um (was auf heutige europäische Verhältnisse umgerechnet rund 400 000 Euro bedeutet). Zwischen 1983 und 1986, den Jahren des Booms der Anthologien und Poesiewettbewerbe, könnte der Verlagsumsatz sogar noch höher gewesen sein, zumal sich die Anzahl der Preisträger verdoppelt hatte.

Paulo ging auf die vierzig zu, und sein Leben schien endlich ins Lot zu kommen. Chris erwies sich als eine starke Frau, ihre

Ehe festigte sich mit jedem Tag, und die Geschäfte liefen ausgezeichnet. Um sein Glück vollkommen zu machen, musste er
nur seine altbekannte fixe Idee umsetzen: ein auf der ganzen
Welt anerkannter Schriftsteller werden. Jean unterwies ihn
derweil weiterhin in spirituellen Dingen, doch das hielt Paulo
weder von Lesungen und öffentlichen Debatten zu esoterischen Themen ab, noch minderte es seine alte Faszination für
den Vampirismus. Mehr noch, 1985 nahm Paulo die Einladung
an, im größten Kongresszentrum der Stadt, dem »Riocentro«,
einen Vortrag über Vampirologie zu halten. Der Anlass war
die erste Esoterikmesse Brasiliens, die ihrerseits auf die Initiative von Guru Kaanda Ananda zurückging, der in Rio, im
Stadtteil Tijuca, einen Laden für esoterische Produkte besaß.
Ihm verdankte Paulo die Einladung, auf der Eröffnungsveran-
staltung einen Vortrag über Vampirismus zu halten. Als Paulo
am 19. Oktober, einem Samstag, dort ankam, erwartete ihn der
Reporter Nelson Liano Júnior, der für die Sonntagsausgabe des
Jornal do Brasil mit Paulo ein Interview machen sollte. Obwohl Liano erst 24 Jahre alt war, arbeitete er bereits für die Re-
daktionen der wichtigsten Zeitungen von Rio. Wie Paulo hatte
er alle möglichen Drogen ausprobiert. Wenn es unter Esoteri-
kern so etwas wie Sympathie auf den ersten Blick gibt, dann
gab es sie zwischen Paulo und Liano. Die Begeisterung füreinander war so groß, dass ihr Gespräch erst endete, als Kaanda
Ananda Paulo das dritte Mal auf den vollen Saal hinwies, in
dem ihn das Publikum ungeduldig erwartete. Nachdem sie ihre
Telefonnummern ausgetauscht hatten, verabschiedeten die beiden sich mit einer herzlichen Umarmung voneinander, und
während Paulo ans Rednerpult trat, machte sich Liano zum
Stand des Verlages Eco auf, um dort mit dessen Besitzer, sei-

nem Freund Ernesto Emanuelle Mandarino, einen Kaffee zu trinken.

Der Anfang der 1960er Jahre gegründete Editora Eco war ein kleiner Verlag. Doch obwohl in intellektuellen Zirkeln völlig unbekannt, war er nach mehr als zwanzig Jahren Geschäftstätigkeit im Kreis der an Umbanda und Candomblé (den brasilianischen Äquivalenten von Voodoo), Magie und Volksglauben Interessierten eine feste Größe. Während sie ihren Kaffee tranken, erzählte Liano Mandarino, dass er gerade einen Vampirologen interviewt habe: »Der Typ heißt Paulo Coelho und hat in England Vampirologie studiert. Jetzt hält er gerade vor einem rappelvollen Saal einen Vortrag zum Thema. Könnte man daraus nicht ein Buch machen?«

Mandarino staunte:

»Vampirismus? Das hört sich an wie aus dem Kino. Verkauft sich so was? Bring ihn auf einen Kaffee an den Stand, wenn er fertig ist.«

Sie mussten gar nicht viel reden. Wenige Minuten nachdem sie einander vorgestellt worden waren, schlug Mandarino Paulo schon vor: »Wenn Sie ein Buch über Vampirismus schreiben, machen wir es.«

Als wäre alles bereits abgesprochen, antwortete Paulo wie aus der Pistole geschossen:

»Ich sage zu, wenn Nelson Liano einverstanden ist, es mit mir zu schreiben, sozusagen vierhändig.«

Mandarino wunderte sich.

»Aber Nelson hat mir doch gesagt, Sie hätten sich gerade erst kennengelernt!«

»Das stimmt, aber mir kommt es so vor, als seien wir bereits Freunde fürs Leben.«

Man wurde sich schnell handelseinig. Liano und Paulo sagten zu, Eco ein fünfteiliges Buchmanuskript mit dem Titel *Manual Prático do Vampirismo* [Praktisches Handbuch des Vampirismus] zu liefern. Den ersten und fünften Teil würde Paulo schreiben, den zweiten und vierten Liano und den dritten die beiden gemeinsam. Paulo fragte sich rückblickend, ob das Buch nicht besser bei Shogun hätte erscheinen sollen, aber Liano überzeugte ihn davon, dass nur ein Verlag wie Eco in der Lage war, ein Buch über dieses Thema angemessen zu vermarkten – die Spezialität von Shogun seien nun einmal Lyrikanthologien. In der Annahme, es handelte sich um einen zukünftigen Bestseller, bestand Paulo bei Vertragsunterzeichnung auf Änderungen in Ecos Standardautorenvertrag. So verlangte er angesichts der Inflation monatliche und nicht vierteljährliche Zahlungen. Außerdem diktierte Paulo Mandarinos Sekretärin noch einen Nachsatz, nach dem Liano, obwohl er die Hälfte des Buches schreiben und die Endfassung des Textes herstellen würde, »nur auf dem Titelblatt und auch dort nur als Herausgeber aufgeführt werden sollte, während auf dem Cover einzig der Name Paulo Coelho prangen wird.«

Gemäß dem von Paulo vorgeschlagenen Nachtrag sollte Liano außerdem anteilig nur 5 Prozent der Tantiemen erhalten, während auf seinen Partner 95 Prozent kamen. Da Mandarino vermeinte, ein Huhn vor sich zu haben, das goldene Eier legen würde, akzeptierte er geduldig, was der Neuling verlangte, und da Liano auch keine Einwände vorbrachte, wurde eine Woche nach ihrem ersten Treffen der Vertrag unterzeichnet. Innerhalb der vorgesehenen Frist gab nur Liano seine Kapitel ab. Paulo, der viel Arbeit für Shogun vorschützte, hatte von dem Teil, der ihm zukam, noch keine Silbe geschrieben.

Die Zeit verging, und sein Partner und Mandarino fragten schließlich täglich nach, doch kein Text kam. Erst nach großem Druck und nachdem alle Fristen überschritten waren, reichte Paulo schließlich seinen Text bei Eco ein. In letzter Sekunde, möglicherweise, weil es ihm leidtat, sich seinem Partner gegenüber ungerecht verhalten zu haben, genehmigte er die Nennung von dessen Namen auf dem Umschlag – allerdings in kleinerer Schrift, als wäre er nicht der Mitautor, sondern nur ein Mitarbeiter.

Das *Manual Prático do Vampirismo* wurde mit einem Stehempfang, bei dem Kellner Weißwein und Schnittchen servierten, im eleganten Hotel Glória vorgestellt, vor dem Paulo elf Jahre zuvor vom DOI-Codi entführt worden war. Chris hatte den Einband entworfen, auf dem in Fraktur der Titel zu sehen war, darunter ein Foto des amerikanisch-ungarischen Schauspielers Bela Lugosi, der 1931 mit der Darstellung des Grafen Drakula im berühmten Film von Tod Browning international bekannt wurde. Die Texte behandelten Themen, die von den Ursprüngen des Vampirismus bis zu den großen Dynastien menschlicher Blutsauger reichten – von denen es einen rumänischen, britischen, deutschen, französischen und spanischen Zweig gab. In einem Kapitel wird erklärt, wie man einen Vampir erkennt – zum Beispiel, indem man genau die Gewohnheiten und Charakterzüge seines Gegenübers studiert. Trifft man etwa auf einen Menschen, der gern rohes oder leicht angebratenes Fleisch verzehrt und zudem noch wissbegierig und sprachgewandt ist, sollte man sich vorsehen: dann hat man einen echten Erben des Rumänen Vlad Dracul vor sich. Während des Geschlechtsverkehrs, so lehrte das Handbuch, könne der Leser noch leichter herausfinden ob er gerade mit einem gefährlichen Bluttrinker schlief: Vampire bewegen während des Geschlechtsaktes ihr Becken nicht, behauptet das Buch, die Temperatur des Penis sei um viele Grade niedriger als bei gewöhnlichen Sterblichen. Das *Manual Prático do Vampirismo* barg noch viel mehr Geheimnisse, als es auf den ersten Blick vermuten ließ. Ganz gewiss wusste keiner der Gäste, die sich in der Lobby des Glória ergingen, am Weinglas nippten und über das eben signierte Buch hinwegschauten, dass Paulo, obwohl sein Name größer auf dem Umschlag stand als der Lianos, von den 144 Seiten des Handbuches keine einzige Silbe geschrieben hatte. Der Autor würde niemals zugeben, dass er, von Fristen gedrängt und weil er keine Lust hatte, seinen Verpflichtungen nachzukommen, schließlich heimlich jemanden dafür engagiert hatte, seinen Teil zu schreiben.

Seine Wahl fiel auf einen Mann aus Minas Gerais namens Walter Sena Júnior, der in der Esoterikszene als »Toninho Buda« bekannt war, was für jemanden, der nie mehr als 55 Kilo wog, ein eher ironischer Spitzname war. Er hatte an der Universität von Juiz de Fora, seiner Heimatstadt, Ingenieurwissenschaften studiert und Paulo 1981 während einer Diskussion über Vampirismus kennengelernt. Er war an Themen wie Magie und Okkultismus interessiert und hatte die Karriere von Paulo und Raul Seixas begleitet. Sein Traum war die Wiederauferstehung der alten Sociedade Alternativa. Von der Möglichkeit geschmeichelt, seinen Namen neben dem von Paulo in einem Buch gedruckt zu sehen, akzeptierte Toninho die Aufgabe für »den Preis eines Mittagessens in einem billigen Restaurant in Copacabana«. Er schrieb die Kapitel, die Paulo hätte schreiben sollen, und pünktlich zum vereinbarten Termin lagen die fehlenden Seiten im Briefkasten von Shogun.

Am 25. April 1986, einem Freitag, befand sich Toninho Buda in Juiz de Fora und erholte sich, ein Bein in Gips, das andere geschient, von einem Unfall, den er Wochen zuvor erlitten hatte, als er von einem Wagen angefahren worden war. Es versetzte ihm einen Schlag, in der *Jornal do Brasil* in einer Kolumne zu lesen, dass noch am selben Abend Paulo Coelho im Hotel Glória sein neues Buch, *Manual Prático do Vampirismo,* signieren werde. Er fand es unhöflich, zur Vorstellung des Buches nicht einmal eingeladen worden zu sein, tröstete sich aber mit dem Gedanken, dass die Einladung vielleicht nicht rechtzeitig angekommen war. Obwohl er sich nur unter Mühen mit Hilfe eines Spazierstocks fortbewegen konnte, beschloss er, zur Präsentation des Buches zu fahren, das letztlich ja auch seines war. Er ging zum Busbahnhof, nahm den Bus nach Rio, wo er bei Einbruch der Dunkelheit eintraf. Er durchquerte die Stadt im Taxi und stieg dann mühsam, auf den Spazierstock gestützt, die weißen Marmorstufen zum Haupteingang des Hotels Glória hinauf. Oben angekommen, fiel ihm auf, dass er der Erste war: Außer den Angestellten des Verlages, die auf einem Möbelstück die Bücher aufbauten, war sonst niemand da, nicht einmal der Autor.

Toninho nutzte die Gelegenheit, ein Exemplar zu kaufen – er hatte nicht nur keine Einladung erhalten, sondern auch kein Belegexemplar –, und setzte sich in einen Sessel am Ende des Saales, um das Werk, dessen Coautor er war, in Ruhe zu genießen. Er bewunderte den Umschlag, schlug das Buch auf, blätterte zur Titelseite, überflog Klappen- und Rückseitentext. Nichts. Sein Name erschien nirgendwo in dem Buch. Das konnte nicht wahr sein, er musste es überlesen haben. Während die ersten Gäste kamen und sich an dem Tisch, an dem der Autor die Bücher signieren würde, in eine Schlange einreihten, blätterte Toninho das Buch noch einmal Seite für Seite durch und war sich nun sicher, dass er sich nicht geirrt hatte. Er wollte gerade ein Taxi zum Busbahnhof nehmen, als er Paulo in Begleitung von Chris, Liano und Mandarino lächelnd hereinkommen sah.

Da wollte der Mann aus Minas nicht länger an sich halten und machte seinem Herzen Luft: »Scheiße, Paulo. Du hast meinen Namen im Buch nicht angegeben. Nur darum hatte ich dich gebeten! Mann, sonst wollte ich doch nichts weiter!«

Paulo tat so, als verstehe er nicht, worum es ging, bat um ein Exemplar des *Manual*, blätterte darin herum und meinte dann: »Du hast recht, Toninho. Dein Name steht da tatsächlich nicht. Aber ich verspreche, dass ich einen Stempel mit deinem Namen machen lassen werde, und wir werden die gesamte erste Auflage stempeln. Bei den nächsten berichtige ich das. Diese Auflage stempeln wir Buch für Buch. Tut mir wirklich leid.«

Obwohl er tieftraurig war, wollte Toninho Buda dem anderen das Fest nicht verderben und beschloss, es dabei bewenden zu lassen: »Paulo, ich bin kein Idiot. Komm mir nicht mit der Geschichte mit den Stempeln, Mann. Geh zu deiner Buchpräsentation, da wollen jede Menge Leute ein Autogramm. Mach schon, ich gehe jetzt jedenfalls.«

Toninho schluckte die Enttäuschung im Namen der noch größeren Hoffnung hinunter, Paulo zur Wiederaufnahme der Sociedade Alternativa bewegen zu können. Die Strategie des Mannes aus Minas Gerais war einfach: Bei öffentlichen Veranstaltungen und Volksfesten sollte die Aufmerksamkeit der Medien oder der öffentlichen Meinung darauf gelenkt werden.

Monate zuvor hatte er Paulo aus Juiz de Fora einen langen Brief geschrieben, in dem er »öffentliche Aktionen« der Gruppe vorschlug, unter anderem die Stürmung der Bühne des ersten internationalen Rockkonzerts in Rio an dem Abend, an dem die Brasilianer Baby Consuelo (später Baby do Brasil) und Pepeu Gomes neben den internationalen Megastars Whitsnake, Ozzy Osbourne, Scorpions und AC/DC auftreten würden. Toninhos Plan sah vor, dass man auf dem Höhepunkt der Veranstaltung das Mikrophon ergreifen und für die Sociedade Alternativa werben würde: »Alles steht und fällt mit dir und deinen Beziehungen in Rio. Ich bin bereit, dort aufzutreten. Wenn du magst, kannst du schon mit den Vorbereitungen anfangen, aber halte mich bitte auf dem Laufenden.«

Im Januar 1986, drei Monate vor der Signierstunde des *Manual*, hatten die beiden in Rio an einem Happening teilgenommen. Sie hatten eine Protestaktion der Bewohner der Zona Sul gegen die Entscheidung der Stadtverwaltung, den Parque Lage, eine der grünen Lungen der Stadt, für die Öffentlichkeit zu schließen, dazu genutzt, die Neuerscheinung einer Zeitschrift mit dem Titel *Sociedade Alternativa* bekanntzugeben, die Toninho ganz allein entworfen hatte. Er hatte sich auch von den Organisatoren der Kundgebung auf die Rednerliste setzen lassen. Als sein Name aufgerufen wurde, war er in Anzug und mit Krawatte auf die improvisierte Bühne gestiegen und hatte vor den Fernsehkameras das ›Manifest Nummer 11‹, wie er es bezeichnete, vorzulesen begonnen. Es handelte sich um eine vollgeschriebene Seite, auf der Dinge standen wie »der Raum ist frei, alle müssen ihren Raum ausfüllen«, »die Zeit ist frei, alle müssen in ihrer Zeit leben« und »die Künstlerklasse gibt es nicht mehr: wir alle sind Schriftsteller, Hausfrauen, Chefs und

Angestellte, Illegale und Konservative, Weise und Verrückte«. Das Ungewöhnliche an dieser Performance war nicht der Inhalt, sondern die Form. Bei jedem Satz, Absatz oder Gedanken, den Toninho Buda vorlas, schnitt Chris sorgfältig und schweigend ein Stück von seiner Kleidung ab: erst die Krawatte, dann einen Ärmel des Jacketts, dann ein Hosenbein, noch einen Ärmel, einen Kragen, einen Hemdärmel... Als er den letzten Satz aussprach (etwas im Stil wie »das große Wunder wird nicht mehr darin bestehen, auf dem Wasser zu gehen, sondern auf der Erde«), war er splitterfasernackt.

Nachts feierten sie alle im Parque Lage den Widerhall der »öffentlichen Aktion«. Paulo mäkelte, man müsse etwas noch Skandalöseres tun, was noch mehr Wirkung hätte. Toninho überraschte Chris und Paulo mit der Enthüllung, dass die Aktion, die er sich vorstellte, »die Sociedade Alternativa auf ewig in die Erinnerung von Millionen von Brasilianern einprägen werde«. Ihm ging es um nichts Geringeres als darum, den Kopf der Christusstatue auf dem Corvocado in die Luft zu jagen. Mit Papier und Bleistift setzte er ihnen den Plan in allen Einzelheiten auseinander, den er, der Ingenieur, ausgearbeitet hatte, um den 3,75 m großen, dreißig Tonnen schweren Kopf der Statue abfliegen zu lassen, die ab dem Jahr 2007 zu den sieben neuen Weltwundern gehören sollte. Jeder normale Mensch hätte einem Verrückten wie Toninho sofort das Maul gestopft, nicht so Paulo. Ganz im Gegenteil, er sagte nur zwei Worte: »Sprich weiter.«

Genau das wollte Toninho hören. Stehend, wild gestikulierend, vor Vorfreude auf die große Katastrophe geradezu überschäumend:

»Stell dir die Bevölkerung von Rio de Janeiro vor, wenn sie

morgens aufwacht und den Christus dort oben ohne Kopf dastehen sieht und ein Haufen Eisenstäbe aus seinem Hals in den indigoblauen Himmel ragt! Stell dir den Appell des Papstes vor, der zur Buße aufrufen wird, die Massen, die in einer Prozession zum Corcovado hinausziehen, um nach Betonbrocken zu suchen, die sie als Reliquien verwahren können. Hast du dir das mal überlegt? Die Kirche zieht den Zehent für das Wunder eines Wiederaufbaus ein, und die Drogendealer aus den Favelas demonstrieren zur Unterstützung der Behörden! Und dann würden wir auftauchen und ›Sie lebe hoch! Sie lebe hoch, die Sociedade Alternativa!‹ singen und die erste Nummer unserer Zeitung mit den brandneuen Nachrichten über die beklagenswerte Geschichte verteilen ...«

Das war der Häresie zu viel, vor allem für jemanden, der gerade dabei war, sich mit der katholischen Kirche zu versöhnen, und Paulo beschloss, einen Schlussstrich unter dieses Thema zu ziehen und die Sache nie wieder anzusprechen. Paulo stand damals kurz davor, in den R. A. M., den religiösen Orden, in den er von Jean eingeführt worden war, als Meister aufgenommen zu werden. Sein spiritueller Führer hatte eine Dienstreise nach Brasilien genutzt und den 2. Januar 1986 für die geheime Zeremonie anberaumt, bei der er das Schwert empfangen würde, das Symbol seiner Ordinierung als Meister. Als Ort hatte er den Gipfel eines Berges unweit der Agulhas Negras, einer der höchsten Erhebungen Brasiliens, im Mantiqueira-Gebirge gewählt, das die Staaten Rio de Janeiro und Minas Gerais voneinander trennt. Neben den beiden waren noch Chris und ein im Ort angeheuerter Bergführer und ein Mann zugegen, der ebenfalls in den Orden aufgenommen werden sollte. Die einzige Anweisung, die Paulo erhalten hatte, war, das alte Schwert mitzubringen, das er seit Jahren für seine esoterischen Exerzitien benutzte. Wie Paulo selber in seinem Vorwort zu seinem ersten großen literarischen Erfolg, *O Diário de um Mago* [dt.: Auf dem Jakobsweg], berichtet, versammelten sie sich alle um ein Feuer, und die Liturgie begann damit, dass Jean ein funkelnagelneues Schwert, das er mitgebracht und nicht einmal aus der Scheide gezogen hatte, zum Himmel hob und dabei folgende Worte aussprach:

»Mögest du im heiligen Angesicht des R. A. M. das Wort des Lebens mit deinen Händen berühren und so viel Kraft daraus gewinnen, dass du bis ans Ende der Welt Zeugnis dafür ablegst.«

Nachdem er mit den Händen eine lange flache Kuhle in die Erde gegraben hatte, empfing Paulo von Chris sein altes Schwert, das er dort hineinlegte und mit Erde bedeckte. Schwer atmend und mit zitternder Stimme sprach er die Worte des Rituals. Als er geendet hatte, sah er, wie Jean das neue und so lang ersehnte Schwert auf die Stelle legte, an der er das Schwert vergraben hatte. Als dann alle mit ausgebreiteten Armen dastanden, berichtet Paulo, »ließ der Meister ein seltsames Licht entstehen, das zwar keine Helligkeit spendete, jedoch unsere Umrisse in eine andere Farbe als den gelben Schein tauchte, der vom Feuer ausging«. Dann kam der Höhepunkt der Zeremonie. Während Jean mit der Klinge des neuen Schwertes über Paulos Stirn fuhr, sprach er:

»Aus der Macht und der Liebe des R. A. M. heraus ernenne ich dich zum Meister und Ritter des Ordens, heute und für alle Tage bis an dein Lebensende. R steht für *Rigor,* die Strenge, A steht für *Amor,* die Liebe, M steht für *Misericordia,* die Barmherzigkeit; R steht für *Regnum,* das Reich, A steht für

Agnus, das Lamm, M steht für *Mundus,* die Welt. Wenn das Schwert dein ist, lasse es nie lange in seiner Scheide, denn es könnte rosten. Doch wenn es seine Scheide verlässt, soll es niemals dorthinein zurückkehren, ohne zuvor Gutes getan oder einen Weg gebahnt zu haben.«

Wenn seine Hand gleich das Schwert berührte, das Jean auf den Boden gelegt hatte, würde Paulo endlich ein Magier sein. Doch als Paulo die Hand zum Schwert ausstreckte, trat jemand auf die Finger seiner rechten Hand. Der Schrecken war größer als der Schmerz: Er schaute hoch und sah, dass Jean seinen Schuh auf Paulos Hand gestellt hatte. Jean hob das Schwert zornig vom Boden auf, steckte es wieder in die Scheide und gab es an Chris weiter. Das seltsame Licht war verschwunden, und Jean fuhr Paulo an:

»Du hättest das neue Schwert verweigern sollen. Wäre dein Herz rein gewesen, hättest du es erhalten. Doch wie ich schon befürchtet hatte, bist du im entscheidenden Augenblick gestrauchelt und gefallen. Wegen deiner Begehrlichkeit musst du dich nun erneut auf die Suche nach deinem Schwert begeben. Wegen deines Hochmuts musst du es nun unter den einfachen Menschen suchen. Und wegen deiner Verblendung durch die Wunder wirst du jetzt hart kämpfen müssen, um das wiederzuerlangen, was dir großherzig gegeben worden wäre.«

Die Zeremonie endete bedrückt. Auf der Rückfahrt nach Rio de Janeiro schwiegen Paulo und Chris lange, bis er seine Neugier nicht länger im Zaum halten konnte und fragte:

»Was geschieht nun mit mir? Hat Jean dir etwas aufgetragen?«

Seine Frau beruhigte ihn und meinte, er werde ganz bestimmt das Schwert wieder bekommen und den Titel eines

Meisters oder Magiers erhalten. Chris hatte von Jean genaue Anweisungen erhalten, wo sie das Schwert verstecken sollte, damit Paulo sich auf die Suche danach machte. Daraufhin wollte Paulo wissen, ob er gesagt habe, wo er nach diesem Weg suchen solle.

»Genau hat er das nicht gesagt. Er meinte, du sollest auf der Landkarte von Spanien einen Weg aus dem Mittelalter suchen, der Jakobsweg genannt wird.«

23

Auf dem Jakobsweg

> *Paulo geht den Jakobsweg, ist aber weiterhin unglücklich.*
> *Er hat immer noch nicht das Buch geschrieben, von dem*
> *er träumt.*

Als er 1986 in Reisebüros Informationen einholte, stellte
Paulo fest, dass sich fast niemand für den sogenannten
Jakobsweg interessierte. Weniger als vierhundert Pilger im Jahr
wagten das Abenteuer, die siebenhundert beschwerlichen Kilometer der mystischen Strecke zwischen dem Ort Saint-Jean-
Pied-de-Port in den französischen Pyrenäen und der Kathedrale von Santiago de Compostela, der Haupstadt Galiziens
im äußersten Nordwesten Spaniens, zu Fuß zurückzulegen, auf
der seit dem ersten Jahrtausend der christlichen Ära Menschen
zum angeblichen Grab des Apostels Jakobus pilgerten. Paulo
brauchte nur seinen Mut zusammenzunehmen und loszufah-
ren. Der Alltag von Shogun, um den sich Chris kümmerte,
reizte ihn nicht, er saß zu Hause und füllte Tagebücher seiten-
lang mit dem immer gleichen Gejammer: »Seit langem habe
ich keine so große Erbitterung mehr gespürt wie heute. Und
sie richtet sich nicht gegen Jesus, sondern gegen meine eigene
Unfähigkeit, endlich die nötige Kraft aufzubringen, meine
Träume zu verwirklichen.«

Er befand sich wieder einmal in einer Glaubenskrise und

fühlte sich kraftlos und äußerte immer wieder, dass er Lust habe, zum »totalen Atheismus« zu konvertieren. Die Abmachung, die er mit Jean getroffen hatte, verlor er allerdings nie aus den Augen. Doch da er offenbar die Reise ewig aufschieben würde, ergriff Chris schließlich die Initiative. Sie begab sich, ohne ihrem Mann etwas davon zu sagen, in ein Reisebüro, kaufte zwei Tickets und stellte ihn zu Hause vor vollendete Tatsachen: »Wir fahren nach Madrid.«

Er versuchte noch, mit dem Hinweis, der Verlag könne nicht ohne Führung zurückgelassen werden, die Abreise ein weiteres Mal aufzuschieben. Auch fand er diese Geschichte, dass er ein Schwert finden solle, das Chris an einer siebenhundert Kilometer langen Straße verstecken würde, plötzlich absurd: »Wahrscheinlich hat mir mein Meister eine unlösbare Aufgabe gestellt.«

Chris war jedoch wild entschlossen: »Seit sieben Monaten sitzt du herum. Es ist Zeit, dein Versprechen einzulösen.«

Anfang August 1986 stiegen die beiden in Madrid aus dem Flugzeug. Dort erwartete sie der spillerige Sklave Antônio Walter Sena Júnior, ebenjener Toninho Buda, der davon geträumt hatte, den Kopf der Christusstatue auf dem Corvovado in die Luft zu jagen. »Sklave«, genau so nannte Paulo ihn, seit er den Ingenieur als Gehilfen eingestellt hatte. Toninho hatte sich noch nicht ganz von der Frustration erholt, die ihm das *Manual Prático do Vampirismo* beschert hatte, und war gerade dabei, in Juiz de Fora ein makrobiotisches Restaurant aufzumachen, als er das Angebot erhielt, Paulo nach Spanien zu begleiten. Paulo hatte allerdings keinen Zweifel daran gelassen, dass es sich mitnichten um die Einladung zu einer gemeinsamen Reise handelte, sondern um eine Arbeitsbeziehung mit entsprechendem Arbeitsvertrag. Als Toninho am Telefon Details dieses Arbeitsvertrags hörte, die ihm deutlich machten, dass es sich um Sklavenarbeit handelte, die ihm da angeboten wurde, meinte er: »Du bietest mir ja an, dein Sklave zu sein!«

»Genau: Willigst du ein, während der sechs Monate, die ich in Spanien verbringen werde, mein Sklave zu sein?«

»Aber was soll ich da? Ich habe kein Geld, habe Brasilien nie verlassen, bin noch nie geflogen.«

»Mach dir wegen des Geldes keine Sorgen. Ich zahle dir den Flug und ein monatliches Gehalt von 27 000 Peseten.«

»Was ist das in Dollar?«

»Das sind etwa 200 Dollar. Ein Heidengeld, wenn du bedenkst, dass Spanien eines der billigsten Länder in Europa ist. Schlägst du ein?«

Toninho war 36 Jahre alt, ledig und unabhängig, warum sollte er ablehnen: schließlich bekam man nicht jeden Tag die Einladung zu einer Europareise, egal, wozu man dorthin fuhr. Und wenn es nicht gut laufen sollte, konnte er immer noch das Flugzeug zurück nach Brasilien nehmen. Aber erst als er mit gepackten Koffern, abreisebereit in Rio ankam und den von Paulo getippten Arbeitsvertrag las, wurde ihm klar, dass das so einfach nun auch wieder nicht war. Erstens hatte Paulo – der mit seiner Frau mit der Iberia flog, was eine Nacht im Hotel mit einschloss –, um Geld zu sparen, für ihn ein Ticket für die schlecht beleumundeten Linas Aéreas Paraguaias (LAP) gekauft. Einmal abgesehen davon, dass es sich dabei um die Fluggesellschaft handelte, die auf der Liste der Airlines mit den größten Sicherheitsrisiken ganz oben stand, würde er in Asunción umsteigen müssen. Und da es sich, zur Senkung der

Kosten, um ein Hin-und-Rückflug-Ticket mit festgelegten Daten handelte, konnte er, wie auch immer die Wetterlage sein würde, erst zwei Monate später, das heißt Anfang Oktober, nach Brasilien zurückkehren. Der in den Tiefen einer Truhe in Rio de Janeiro vergilbte Vertrag zeigt die drakonischen Bedingungen, die Paulo seinem Sklaven, hier Tony genannt, auferlegte:

Abmachungen

1. Falls Tony in meinem Zimmer schläft, darf er dort erst hinein, wenn tatsächlich geschlafen wird, da ich darin Tag und Nacht arbeiten werde.

2. Tony erhält eine Kostenbeihilfe von US$ 200 monatlich, rückzahlbar, wenn er wieder in Rio ist, sofern er dahin zurückwill, wozu er aber nicht verpflichtet ist.

3. Falls mein Zimmer oder Apartment von jemand anderem mitbelegt wird, muss Tony auf eigene Kosten woanders schlafen.

4. Alle Unternehmungen, bei denen Tony mich begleiten soll, gehen auf meine Kosten.

5. Auf der Reise mit Chris wird Tony mich nicht begleiten, er wird in Madrid warten.

6. Tony wurde eigens auf Folgendes hingewiesen:

6.1. Das Flugticket erlaubt keine Änderung des Rückflugdatums;

6.2. Es ist illegal, dort zu arbeiten;

6.3. Über die monatliche Beihilfe von US$ 200 hinaus muss er sich selber Geld beschaffen;

6.4. Falls er den Rückflug verfallen lässt, muss er den dem Normaltarif (US$ 2080) entsprechenden Betrag und

die Differenz zwischen diesem Betrag und den für das
Hin-und-Rückflug-Ticket gezahlten US-Dollar zahlen.

1. August 1986

Antônio Walter Sena Júnior   Paulo Coelho

Als Toninho Buda diesen Knebelvertrag las, fragte er sich, ob
es nicht besser wäre, nach Minas zurückzukehren, doch sein
Wunsch, Europa kennenzulernen, war größer als seine Bedenken, und so unterzeichnete er die Abmachungen. Da seine
Flugzeiten nicht mit denen von Paulo und Chris überein-
stimmten, kam er einen Tag vor den beiden in Madrid an und
musste, ohne ein Wort Spanisch zu können, den Behörden drei
Stunden lang erklären, wie er sich vorstellte, mit den vier Zehn-
dollarnoten, die er in der Tasche hatte, sechzig Tage in Spanien
zu verbringen. Zudem musste er sich noch ausziehen, was er-
niedrigend war, aber letztlich ließ man ihn laufen. Am nächsten Tag, dem 5. August, einem Dienstag, stand er wieder am
Flughafen Barajas und wartete auf die Ankunft seines Herrn.
Toninho hatte sich in der Pension einer blinden Alten einquartiert, die Brasilien hasste (»ein Land voller Frauen ohne
Schamgefühl«, brummelte sie) und die Haustür um elf Uhr
abends verrammelte – wer um diese Zeit noch auf der Straße
war, würde auf der Straße schlafen. Das einzig Gute an Doña
Cristina Belarano war, dass sie nur 600 Peseten (auf heutige
Verhältnisse umgerechnet, sieben Dollar) pro Nacht inklusive
bescheidenes Frühstück verlangte. Paulo und Chris verbrachten nur die erste Nacht in Madrid gemeinsam, denn Chris mietete am nächsten Tag einen Wagen und machte sich auf, das
Schwert an dem von Jean bestimmten Ort zu verstecken.

Als Paulo am 7. August 1986 Madrid in einem Mietwagen

verließ, war es dort drückend heiß. Nach einer Fahrt von ca. 450 Kilometern in nördlicher Richtung überquerte er die französische Grenze und gab den Wagen bei einer Filiale des Autovermieters in Pau ab, wo er zwei Nächte blieb. Am Morgen des 10. August bestieg er einen Zug in Richtung Pyrenäen und schrieb dort den letzten Eintrag vor seiner Rückkehr von der Wallfahrt in sein Tagebuch:

11 Uhr 57 – St.-Jean-Pied-de-Port.
Fest in der Stadt. Baskische Musik in der Ferne.

Gleich darunter ein Stempel mit der lateinischen Inschrift ST. JOANNES PEDIS PORTUS, daneben eine handschriftliche Notiz in französischer Sprache, die von jemandem unterzeichnet ist, dessen Vorname »J.« und dessen Nachname »Relul« oder »Ellul« sein könnte.

Steht die Initiale J für Jean, den von Amsterdam und von Agulhas Negras? Wie immer, wenn jemand mit vielen Fragen die Grenze seiner mystischen Welt übertreten will, gibt es von Paulo Coelho hierzu weder eine Bestätigung noch ein Dementi.

Eine Geschichte, die im japanischen Fernsehen gebracht wurde, in der ein geschäftstüchtiger Taxifahrer aus Roncesvalles vor laufender Kamera behauptete, Paulo habe die ganze Wallfahrt in seinem Taxi, einem bequemen Citroën mit Klimaanlage, gemacht und er habe ihn gefahren, brachte Paulo dazu, in den Vorworten zu späteren Auflagen von *Auf dem Jakobsweg* einen kleinen Absatz einzufügen, in dem er dem Leser freistellte, welcher Version er glauben wollte, und nährte so einmal mehr das Geheimnis um die Reise:

Ich habe die unterschiedlichsten Kommentare zu meiner Wallfahrt gehört; von der Behauptung, ich hätte sie im Taxi gemacht (man stelle sich vor, was das kostet), bis hin zu der Annahme, ich hätte die heimliche Unterstützung irgendwelcher Geheimgesellschaften gehabt (man stelle sich das Durcheinander vor).

Die Leser brauchen keine Gewissheit darüber, ihnen geht es um die innere Erfahrung, nicht um das, was ich erlebt habe (oder nicht).

Ich habe die Wallfahrt nur ein Mal gemacht – und nicht einmal ganz. Ich habe sie in Cebreiro beendet und bin mit dem Bus nach Santiago de Compostela gefahren. Manchmal denke ich über diese Ironie der Geschichte nach: Der bekannteste Text über den Jakobsweg am Ende dieses Jahrtausends wurde von jemandem geschrieben, der den Pilgerweg nie ganz zu Ende gegangen ist.

Der wichtigste und geheimnisvollste Augenblick der ganzen Reise ereignete sich, kurz bevor er den Ort Cebreiro erreichte. Dort stieß Paulo am Straßenrand auf ein herrenloses Lamm. Wie er in seinem Buch berichtet, folgte er dem Tier intuitiv durch den Wald bis zu einer Stelle, an der er Licht im Inneren einer kleinen Kirche erkennen konnte, die am Ortseingang neben einem kleinen Friedhof stand:

Die Kapelle war hell erleuchtet, als ich an ihrer Tür ankam. [...] Das Lamm verschwand zwischen den Bänken, und ich blickte nach vorn. Vor dem Altar stand lächelnd – und vielleicht ein wenig erleichtert – mein Meister. Mit meinem Schwert in der Hand.

Ich blieb stehen, und er kam auf mich zu, ging an mir vorbei ins Freie. Ich folgte ihm. Vor der Kapelle zog er, während er in den dunklen Himmel blickte, das Schwert aus der Scheide und bat mich, den Griff gemeinsam mit ihm zu halten. Er richtete das Schwert in die Höhe und sprach den heiligen Psalm derer, die reisen und kämpfen, um zu siegen.

»Ob tausend fallen zu deiner Linken und zehntausend zu deiner Rechten, so wird es doch dich nicht treffen.

Es wir dir kein Übel begegnen, und keine Plage wird zu deiner Hütte sich nahen.«

Da kniete ich nieder, und er berührte mit der Klinge meine Schulter und sprach:

»Denn Er hat Seinen Engeln befohlen über dir, dass sie dich behüten auf allen deinen Wegen.

Auf Löwen und Ottern wirst du gehen und treten auf junge Löwen und Drachen.«

Paulo berichtet, dass in dem Augenblick, als Jean geendet hatte, ein Sommerregenguss herniederging. »Ich suchte mit dem Blick das Lamm, aber es war verschwunden«, schreibt er. »Doch das war jetzt nicht wichtig. Das lebendige Wasser kam vom Himmel herunter und ließ die Klinge meines Schwertes glänzen.«

Wie jemand, der so etwas wie eine Wiedergeburt feiert, gab sich Paulo nach seiner Rückkehr nach Madrid mit Leib und Seele der Movida hin. Er zog von dem Hotel, in dem er nach seiner Ankunft abgestiegen war, in eine schöne möblierte Wohnung im eleganten Viertel Alonzo Martinez um und feierte das große Fest mit, das Spanien ergriffen hatte. Bis Anfang Oktober konnte er mit der Arbeit von Toninho Buda rechnen, den er in seinem Tagebuch nur mit »der Sklave« oder nur »der Skl.« erwähnte, doch er bemerkte bald, dass er den Falschen als Diener eingestellt hatte. Während Paulo sich in einen Sybariten verwandelte, der das Bohemeleben bis zur Neige auskosten wollte, erwies sich Toninho als radikaler Vegetarier, der sich von winzigen Portionen makrobiotischer Nahrungsmittel ernährte und keinen Alkohol anrührte. Mit seiner Weigerung, einen Schluck Wein aus Rioja, einem der berühmtesten Weinanbaugebiete der Welt, zu trinken, zog er sich Paulos Unmut zu: »Nun probier schon, Sklave. Es gibt keinen besseren Wein, aber wie es aussieht, hast du nicht einmal dafür einen Sinn…«

Toninho trank nicht, aß kein Fleisch und konnte sich auch mit seinem Herrn nicht die Nacht um die Ohren schlagen, weil er spätestens um elf Uhr in der Pension von Doña Cristina sein musste, genau dann, wenn die Movida so richtig losging. Und er beklagte sich auch immer häufiger, dass sein Gehalt nicht zum Überleben ausreichte. Einmal entbrannte darüber ein heftiger Streit:

»Paulo, das Geld, das du mir gibst, reicht nicht zum Essen.«

»Du solltest lieber unseren Vertrag noch einmal lesen. Da steht, dass du dir selber Geld beschaffen sollst, falls die Mittel nicht reichen.«

»Scheiße, aber in dem Vertag steht auch, dass es verboten ist, in Spanien zu arbeiten.«

»Hör mal, Sklave, das ist Unsinn. Alle kriegen das hier irgendwie hin. Du bist nicht verkrüppelt, also sieh zu, wie du klarkommst.«

Toninho blieb nichts anderes übrig. Als er nur noch ein paar

Peseten in der Hosentasche hatte, griff er auf seine alte Gitarre zurück, die er aus Brasilien mitgebracht hatte.

Er suchte sich eine Metrostation mit viel Publikumsverkehr, setzte sich auf den Boden und sang zum Klang seines Instrumentes brasilianische Weisen. Neben ihm lag eine Mütze in Erwartung der Münzen und Geldscheine, die Passanten dort hineinwarfen. Toninho durfte nie lange an einem Platz bleiben, da Kontrolleure ihn und die anderen Bettler immer wieder verscheuchten, aber eine Stunde Singen brachte normalerweise zwischen achthundert und tausend Peseten ein (heute umgerechnet rund zehn Dollar), genug, um sich etwas zum Essen zu kaufen und die Pension zu bezahlen. Eine andere Verdienstmöglichkeit bestand darin, seine Kenntnisse asiatischer Massagetechniken – in seinem Fall Shiatsu – einzusetzen. Dazu brauchte er keine Spanischkenntnisse. Er überlegte, ob er in einer der Madrider Zeitungen eine Anzeige schalten sollte, doch der Preis überstieg seine finanziellen Möglichkeiten. Mit Hilfe eines Freundes gelang es ihm, eine barmherzige Seele dazu zu überreden, einen Stapel Visitenkarten zu drucken, auf denen er »Therapeutische Massagen gegen Schlaflosigkeit, Erschöpfung, Anspannung« anbot. Als die Karten fertig waren, klebte er eine in sein Tagebuch und schrieb darüber:

Donnerstag, 25. Sept. 86

Bin spät aufgewacht, aber im Retiro-Park laufen gegangen. Als ich zurückkam, bekam ich Durchfall und fühlte mich vollkommen kraftlos. Paulo rief mich an, und ich habe ihm gesagt, es müsse schon ein Wunder geschehen, damit mich hier noch etwas hält... Ich habe mir eine Visitenkarte als Masseur machen lassen, um sie an strate-

tisch günstigen Stellen in Madrid zu verteilen, aber eigentlich brauche ich selbst eine Massage! Ich muss wieder zu Kräften kommen. Die Anspannung macht mich
fertig …

Paulo war das Leiden des »Sklaven« (der Anfang Oktober,
ohne sich zu verabschieden, nach Brasilien zurückkehren würde) gleichgültig. Er wollte nur feiern. Er aß in guten Restaurants zu Mittag und zu Abend, ging viel ins Kino und in Mu-
seen und fand zwei neue Leidenschaften, denen er sich ganz
hingab: Stierkampf und Flippern. Beim Flippern verließ er normalerweise die Maschine erst, wenn er den Rekord des Spielers
vor ihm gebrochen hatte. Mit der Zeit wurde er zudem noch
ein so großer Aficionado des Stierkampfs, dass er stundenlange
Zugreisen unternahm, um den Auftritt eines bestimmten Stierkämpfers – oder Stiers – zu sehen. Wenn es keinen Stierkampf
gab, verbrachte er die Nachmittage in Spielhallen voller junger
Leute, die gebannt auf den leuchtenden Schirm des Flipper-
automaten starrten. Als sich der Reiz des Spiels abgenutzt
hatte, schrieb er sich in einen Kastagnettenkurs ein. Es dauerte
aber nicht lange, bis das alte Pendel von der Euphorie wieder
zur Depression ausschlug. Paulo hatte 300 000 Dollar auf dem
Bankkonto und fünf Wohnungen, die ihm ein regelmäßiges
Einkommen verschafften, er war in einer festen Beziehung und
hatte gerade sein Schwert als Meister oder Magier erhalten.
Trotz seines bewegten Lebens fand er Zeit, zwischen September und seiner Rückkehr nach Brasilien im Januar mehr als
fünfhundert Tagebuchseiten zu füllen. Auf den meisten wiederholte er natürlich zum x-ten Mal das alte Lied, das er seit
zwanzig Jahren zu Papier brachte und das mittlerweile zu ei-

nem weinerlichen Mantra geworden war: »Ich werde vierzig und bin immer noch kein berühmter Schriftsteller.«

Ende Oktober erschien Chris zu einem mehrwöchigen Besuch in Madrid und streute noch mehr Salz in seine Wunden. Als ihr Mann eines Tages die Produktivität von Pablo Picasso lobte, nutzte sie das zu einem Einstieg: »Hör mal, Paulo, du hast genauso viel Talent wie er. Aber seit ich dich kenne, und das sind mittlerweile sechs Jahre, hast du nichts produziert. Ich habe dir alle Unterstützung gegeben, die du gebraucht hast, und werde das weiter tun. Aber du musst ein konkretes Ziel haben und es beharrlich verfolgen. Nur so wirst du dahin kommen, wohin du willst.«

Als Chris Anfang Dezember nach Brasilien zurückflog, ging es Paulo schlechter als zuvor. Er jammerte ständig darüber, dass er die Fähigkeit verloren habe, »sogar Geschichten über mich selber oder über mein Leben« zu erzählen. Er fand sein Tagebuch »langweilig, mittelmäßig, nichtssagend. [...] Ich habe darin nicht einmal vom Jakobsweg erzählt.« Aber ihm war endlich klar, dass er selber dafür verantwortlich war: »Manchmal denke ich ganz tief in meiner Seele daran, mir aus Angst vor den Dingen das Leben zu nehmen, aber ich vertraue Gott, dass ich das niemals tun werde. Es hieße, eine Angst gegen eine größere einzutauschen. Ich muss mir diesen Gedanken aus dem Kopf schlagen, dass ein Buch zu schreiben etwas Wichtiges wäre, was ich jetzt hier in Madrid tun müsste. Vielleicht wäre ich imstande, jemand anderem ein Buch zu diktieren.«

Mitte Dezember rief Chris an, um ihm zu sagen, dass sie es nicht mehr aushielt, bei Shogun mit ihrem Schwiegervater zusammenzuarbeiten.

»Paulo, dein Vater ist sehr schwierig. Du musst unbedingt herkommen.«

Als Ingenieur alter Schule war Pedro Queima Coelho nicht mit den Ausgaben einverstanden, die der Verlag in die Werbung steckte, und das führte zu ständigen Reibereien zwischen ihm und seiner Schwiegertochter. Der Anruf war ein Ultimatum. Paulo sollte mit dem Countdown zu seiner Rückkehr – mit oder ohne Buch – beginnen. Was das Buch betraf, hatte Paulo jetzt Gott die Verantwortung übertragen, indem er ihn im Tagebuch anflehte, ihm ein Zeichen zu geben, wenn der Augenblick gekommen war, mit dem Schreiben zu beginnen. Ein paar Tage später, an einem kalten Dienstagmorgen, brach Paulo früh zu einem Spaziergang im Retiro-Park im Stadtzentrum Madrids auf. Als er davon zurückkam, setzte er sich sofort an sein Tagebuch: »Kaum hatte ich ein paar Schritte auf dem Bürgersteig gemacht, da sah ich das Zeichen, um das ich Gott gebeten hatte: eine Taubenfeder. Die Zeit ist gekommen, mich mit ganzer Kraft diesem Buch zu widmen.«

In anderen biographischen Würdigungen und auf den offiziellen Websites heißt es über *Auf dem Jakobsweg*, das Buch sei während des Karnevals 1987 geschrieben worden, doch finden sich im Tagebuch des Autors deutliche Hinweise darauf, dass er noch in Spanien war, als die ersten Zeilen des Buches entstanden, denn einen Tag nachdem er das göttliche Zeichen erhalten hatte, begann er mit der Arbeit an dem Buch:

15/12 – Ich darf dieses Buch nicht so schreiben, als handelte es sich um irgendein Buch. Ich darf dieses Buch nicht schreiben, um mir die Zeit zu vertreiben oder mein Leben und/oder mein Nichtstun zu rechtfertigen. Ich muss dieses Buch schreiben, als wäre es das Wichtigste in meinem Leben. Denn dieses Buch ist der Anfang von etwas sehr Wichtigem. Es ist der Anfang meiner Arbeit der Unterweisung innerhalb der R. A. M., und ihr muss ich mich von nun an widmen.

18/12 – Ich habe anderthalb Stunden am Stück geschrieben. Es lief gut, doch es fehlt noch viel. Der Text kam mir ziemlich unglaubwürdig vor, sehr castanedamäßig. Die erste Person macht mir Sorgen. Eine Alternative wäre ein wirkliches Tagebuch. Vielleicht versuche ich es morgen damit. Ich denke, die erste Szene ist gut, man kann mit ihr Varianten zum Thema ausarbeiten, bis die richtige Form gefunden ist.

Das Wunder schien sich offenbar zu vollziehen.

24

Der Alchimist

> »Mein Gott, warum ruft denn kein Journalist an
> und sagt, dass ihm mein Buch gefallen hat?«

Sofort nach seiner Rückkehr in Brasilien sprach Paulo mit
seinem Vater, und dieser schied ohne Groll aus dem Verlag aus. Nun konnte Chris wieder in Ruhe arbeiten. Sie hatte
den Verlag in Paulos Abwesenheit nicht nur äußerst kompetent geführt, sondern auch versucht, die Wettbewerbe über die
Grenzen Rios hinauszutragen und regionale Anthologien zu
schaffen. Die Gewissheit, dass Chris das Unternehmen ebenso
gut, wenn nicht besser führte als er, war ein Anreiz mehr für
Paulo, sich ganz dem Buch zu widmen. Der Schriftsteller hatte
allerdings noch Zweifel, sehr viele Zweifel: War es überhaupt
gut, über eine Wallfahrt zu schreiben? Gab es darüber nicht
schon genug Bücher? Warum nicht diese Idee aufgeben und ein
anderes Projekt angehen oder ein Traktat über praktische Magie schreiben? Und würde das Buch, welches auch immer sein
Thema sein würde, bei Shogun veröffentlicht werden, oder
sollte er es bei Eco publizieren wie damals das *Manual Prático
do Vampirismo*?

Diese Zweifel plagten ihn bis zum 3. März, einem Karnevalsdienstag. An diesem Tag setzte sich Paulo an seine elektrische Olivetti. Er hatte sich vorgenommen, das Haus erst wie-

534

der zu verlassen, wenn er den Schlusspunkt unter die letzte Seite von *Tagebuch eines Magiers/Auf dem Jakobsweg* gesetzt hätte. Er arbeitete 21 Tage wie im Rausch und stand nur vom Stuhl auf, um zu essen, zu schlafen oder ins Bad zu gehen. Als Chris am 24. zum Abendessen kam, lag vor ihrem Mann ein zweihundert Seiten dickes Päckchen bereit für den Drucker. Er trug sich ernstlich mit der Idee, das Buch bei Shogun herauszubringen, und hatte sogar schon kleine Anzeigen in *Idéias,* der Sonntagsbeilage der *Jornal do Brasil,* platziert mit dem Hinweis: »Bald ist es so weit! *Auf dem Jakobsweg* – bei Editora Shogun.«

Nelson Liano Jr. riet ihm jedoch erneut davon ab, Autor und Verleger zugleich sein zu wollen, und überredete ihn dazu, erneut bei Ernesto Mandarino anzuklopfen. Paulo überlegte noch ein paar Tage und unterzeichnete erst Mitte April, an der Theke eines kleinen Cafés neben dem Verlag, den Vertrag für die erste Auflage. Dieser Vertrag enthielt einige Besonderheiten. Erstens musste er, anders als die üblichen Verlagsverträge mit einer Laufzeit von fünf bis sieben Jahren, für jede Auflage erneuert werden (die Erstauflage betrug 3000 Exemplare). Anders als bei *Manual Prático do Vampirismo* forderte er keine monatlichen Abrechnungen, sondern begnügte sich mit den üblichen vierteljährlichen, obwohl die Inflation in Brasilien inzwischen fast 1% pro Tag erreicht hatte. Eine weitere Besonderheit findet sich am Fuß des Vertrags in einem Nachtrag, der auf den ersten Blick unsinnig wirkt, sich allerdings als prophetisch erweisen sollte: »Nach dem Verkauf von 1000 (eintausend) Exemplaren trägt der Verlag die Kosten für die Übersetzung in die spanische und die englische Sprache.« Besäße Paulo tatsächlich die Fähigkeit, die Zukunft vorauszusehen, hätte er auf Mandarinos Rechnung neben dem Englischen und Spanischen gleich noch die weiteren 44 Sprachen aufnehmen können, in die *Auf dem Jakobsweg* zwanzig Jahre später übersetzt sein würde, darunter Albanisch, Estnisch, Farsi, Hebräisch, Hindi, Malayalam und Marathi.

Obwohl sich der Verkauf langsam anließ, überstieg er bald den der anderen Titel von Eco. Jahre später, als er sich in Pretópolis, siebzig Kilometer außerhalb von Rio in den Bergen, zur Ruhe gesetzt hatte, würde sich Ernesto Mandarino daran erinnern, dass ein Teil des Erfolges von *Auf dem Jakobsweg* einer Tugend Paulos zu verdanken war, die nur wenige Autoren besitzen und die darin besteht, sich persönlich für die Verbreitung ihres Buches einzusetzen: »Normalerweise geben die Autoren ihr Manuskript im Verlag ab und tun dann nichts mehr für die Verbreitung ihrer Werke. Paulo erschien nicht nur in den Printmedien, im Rundfunk und im Fernsehen, sondern er hielt, wohin immer man ihn einlud, Vorträge über das Buch.«

Auf Anraten eines Freundes, des Journalisten Joaquim Ferreira dos Santos, machte Paulo etwas, was sogar berühmte, anerkannte Schriftsteller selten tun: Er engagierte auf eigene Kosten einen Pressesprecher, um den Kontakt zu den Medien zu halten, Andréa Cals, einen zwanzigjährigen Journalisten aus Pará.

Das Gehalt war bescheiden, 8000 Cruzados (umgerechnet 400 Dollar), doch der Schriftsteller winkte mit verführerischen Boni. Falls von dem Buch bis Ende 1987 20000 Exemplare verkauft würden, bekäme Andrea einen Flug nach Miami geschenkt. Pará, dem parallel auch die Promotion einer Bilderausstellung von Chris mit dem Titel Tarot übertragen worden war, winkte zusätzlich eine Prämie von 5000 Cruzados, falls bis zur Schließung der Ausstellung sämtliche 22 Bilder verkauft wären.

Außerdem machten Paulo und Chris gleichzeitig auch selber noch Werbung. Sie ließen Flyer drucken, die sie vor Kinos, Theatern und anderen Veranstaltungsorten verteilten.

All diese Maßnahmen dienten dazu, das fast völlige Desinteresse in den großen Presseorganen wettzumachen, die ein Buch wie *Auf dem Jakobsweg* kaum wahrnahmen. Man konnte nur in der ständig schrumpfenden Untergrundpresse mit Besprechungen rechnen. Andréa erinnert sich, wie er vergebens versuchte, das Buch als Merchandising in der Telenovela *Mandala* unterzubringen, die gerade vom Sender *Globo* ausgestrahlt wurde und deren Thema eine gewisse Ähnlichkeit mit dem Inhalt des Buches hatte.

Seiner Hartnäckigkeit war es zu verdanken, dass überhaupt eins der großen Blätter *Auf dem Jakobsweg* erwähnte, wenn auch nur in Form einer kurzen Notiz in der Rubrik »Persönlichkeiten« in der Sonntagsausgabe der *Jornal do Brasil;* daneben prangte ein Foto des Autors, der sich auf Joaquims Vorschlag hin mit schwarzem Umhang und Schwert in der Hand hatte ablichten lassen. So klein die Notiz auch war, so fiel sie doch den Produzenten des Interviewprogramms *Sem Censura* (Ohne Zensur) auf, das jeden Nachmittag auf dem nationalen Kanal vom Bildungsfernsehen ausgestrahlt wurde, und Paulo wurde in die Sendung eingeladen.

Auf eine Frage der Moderatorin Lúcia Leme offenbarte er erstmals öffentlich und vor Millionen Fernsehzuschauern, was bislang nur wenige Freunde wussten: Er sei tatsächlich ein Magier, und er könne es regnen lassen, wenn er wolle. Die Strategie funktionierte. Eine Reporterin der Zeitung *O Globo,* Regina Guerra, die die Sendung gesehen hatte, schlug ihrem Ressortchef vor, eine Reportage über diese neue Persönlichkeit der Kulturszene von Rio zu machen: Der Schriftsteller, der es regnen lassen kann. Der Ressortchef hielt das zuerst alles für ausgemachten Unsinn, ließ sich aber von der Begeisterung der jungen Frau anstecken. Am 3. August widmete die *O Globo*-Kulturbeilage Paulo Coelho unter der Schlagzeile »Der Castaneda von Copacabana« die erste Seite. Eine Fotostrecke zeigt Paulo mit Sonnenbrille im Garten seiner Wohnung zwischen zwei Büschen, wieder in dem schwarzen Umhang, ein Schwert in der Hand. Der Einleitungstext zu dem Interview wirkte, als sei er auf Bestellung für jemanden geschrieben worden, der von sich behauptete, übernatürliche Kräfte zu haben.

Die Wohnung ist, obwohl sie in einer der lautesten Gegenden der Stadt (Copacabana, Posto Quatro) liegt, wegen der dicken Wände des alten Gebäudes sehr ruhig. Eines der Zimmer dient als Büro, und auf der Terrasse davor gibt es ein üppiges Wäldchen aus Büschen, Kletterpflanzen und Farnen. Auf die erste Frage, »Sind Sie ein Magier?«, antwortet Paulo Coelho, der gerade sein fünftes Buch, *Auf dem Jakobsweg*, herausgebracht hat, mit einer Gegenfrage: »Weht es?«

Ein Blick auf das kompakte Blattwerk, ich schüttele den Kopf und denke, was spielt es für eine Rolle, ob es bei dem Interview weht oder nicht.

Unser Gastgeber sitzt einfach nur ruhig da. »Na, dann schauen Sie mal gut hin«, sagt er nur.

Erst beginnt der längste Wedel einer Palme sich sanft zu wiegen. Im nächsten Augenblick biegt sich die ganze

Pflanze und mit ihr die anderen ringsum. Auf dem Korridor klappern die Schnüre des Bambusrollos. Die Notizen der Interviewerin fliegen vom Klemmbrett. Nach ein oder zwei Minuten hört der Wind so unvermittelt wieder auf, wie er angefangen hat. Zurück bleiben ein paar welke Blätter auf dem Teppich und eine Frage: War das Zufall, oder ist er tatsächlich ein Magier, der den Wind herbeirufen kann? Lesen Sie und finden Sie es heraus.

Außer in *Globo* wurde der Regenmacher-Autor nur noch im *Pasquim* und in der Zeitschrift *Manchete* besprochen. Immer freundlich zu den Journalisten und empfänglich für ihre Vorschläge, ließ er sich in Yogastellungen, hinter dampfenden Reagenzgläsern im Laboratorium fotografieren, legte den Umhang und das Schwert um und wieder ab, gerade so, wie der Kunde es wünschte. Bald begannen sich die Medien für ihn zu interessieren, und Paulos Telefonnummer tauchte in den Agenden der Gesellschaftskolumnisten auf, zu denen auch seine Freundin Hildegard Angel gehörte, und erschien auch immer häufiger in den Kurzmeldungen oder Klatschspalten: Paulo Coelho hat in dem und dem Restaurant gegessen, war in jenem Theater. Zum ersten Mal wehte Paulo ein Hauch von Berühmtheit an, denn auf dem Höhepunkt seiner Erfolge im Musikleben hatte immer nur Raul Seixas im Rampenlicht gestanden. Seine Medienpräsenz wirkte sich zwar günstig auf den Verkauf des Buches aus, doch ein Bestseller war *Auf dem Jakobsweg* deshalb noch lange nicht.

Um aus diesem »Fast-Ruhm«, wie er es nannte, Kapital zu schlagen, tat er sich mit der Astrologin Cláudia Castelo Branco, die das Vorwort zum *Jakobsweg* geschrieben hatte, und der

Reiseagentur Itatiaia Tourismo zusammen. Gemeinsam planten sie eine spirituelle Pauschalreise auf den »Drei heiligen Wegen« des Christentums, des Judentum und des Islam. Die von Paulo und Cláudia geführte Reise würde in Madrid beginnen und auf einer Zickzackroute via Ägypten (Kairo und Luxor), Israel (Jerusalem und Tel-Aviv) und Frankreich (Lourdes) in Spanien, genauer in Santiago de Compostela, enden. Ob die schlecht gemachte Anzeige in den Zeitungen (in der die Angabe fehlte, wie lange die Reise dauern würde) oder der gesalzene Preis der Pauschalreise (auf heutige Verhältnisse umgerechnet rund 5000 Dollar) das Projekt scheitern ließ, ist nicht bekannt. Jedenfalls meldete sich kein einziger Interessent. Um die Organisatoren wenigstens ein bisschen für ihre Arbeit zu entschädigen, verkaufte ihnen die Reiseagentur zum halben Preis eine Reise in den Nahen Osten, der auch eine Etappe ihrer gescheiterten mystischen Pauschalreise gewesen war.

Paulo und Cláudia brachen am 26. September zu dieser Gruppenreise auf, auf der sie Paula, Chris' Mutter, begleitete. Doch bereits gleich nach ihrer Ankunft in Kairo beschloss Paulo, mit seiner Schwiegermutter allein weiterzureisen. Am zweiten Tag ihres Aufenthaltes in der ägyptischen Hauptstadt, engagierte er einen Reiseführer namens Hassan und ließ sich von ihm nach Moqattam, einem Viertel im Südosten der Stadt bringen, um dort das koptische St.-Simeon-Kloster zu besuchen. Anschließend durchquerten sie die Stadt im Taxi und gelangten, nachdem sie an einem riesigen Slum vorbeigekommen waren, an den Rand der größten Wüste der Welt, der Sahara und ließen dort, wenige hundert Meter von der Sphinx und den berühmten Pyramiden des Cheops, Chephren und Mykerinos entfernt das Taxi stehen und legten den Rest des Weges zu den

Pyramiden zu Pferde zurück (Paulo fürchtete, vom Rücken eines Kamels zu rutschen, dem anderen dort verfügbaren Transportmittel). Das letzte Stück jedoch wollte Paulo zu Fuß gehen. Hassan blieb bei den Pferden zurück und las im Koran. In der Nähe der erleuchteten Pyramiden habe Paulo dann, wie er berichtet, mitten in der Wüste eine mit einem Tschador bekleidete Frau gesehen, die einen Tonkrug auf der Schulter trug. Sie habe sich ihm genähert und sei dann genauso plötzlich verschwunden, wie sie aufgetaucht war. Als er sich umblickte, sah er auf der mondbeschienenen endlosen Sandfläche nur Hassan, der weiter seine heiligen Verse murmelte. Ihm zufolge sei es etwas anderes gewesen als das, was damals in Dachau geschehen war. »Eine Vision ist etwas, was man nur sieht, und eine Erscheinung ist etwas geradezu Körperliches«, war seine Erklärung. »In Kairo war es eine Erscheinung.« Und die hatte ihn so sehr beeindruckt, dass er sie Monate später in seinem zweiten Buch minutiös beschreiben konnte.

Noch während des Rückflugs nach Brasilien sollte er Wochen später auf eine erste große Nachricht über seine literarische Karriere stoßen. Als die Stewardess ihm ein Exemplar der *Globo* vom vorangegangenen Sonnabend gab, schlug er sie direkt auf der Kulturseite auf: Dort stand *Auf dem Jakobsweg* auf der Liste der meistverkauften Bücher der Woche. Bis zum Jahresende sollte er noch Verträge für fünf weitere Auflagen unterzeichnen, und insgesamt sollten bis dahin mehr als 12 000 Exemplare über den Ladentisch gehen. Der Erfolg ermutigte ihn, *Auf dem Jakobsweg* für den Preis des Nationalen Buchinstituts für bereits veröffentlichte Bücher anzumelden. Dieser Preis wurde vom Bildungsministerium ausgelobt. Die Wahl fiel letztlich auf das Buch *Die lange Zeit des Eduardo da*

Cunha Júnior des damals in Brasilien lebenden Portugiesen Cunha de Leiradella. *Auf dem Jakobsweg* schaffte es nicht unter die Finalisten und erhielt nur die Stimme eines einzigen Jurors.

»Ein Buch wie dieses hatte es zuvor bei uns noch nicht gegeben, es war ein sehr anregender Bericht, weil er darin die Realität mit Phantasmagorien vermischte«, erinnert sich das Mitglied der Akademie, Ivan Junqueira. »Mich persönlich hat es interessiert, weil ich Reiseliteratur sehr schätze und auch diese Art eines irgendwie düsteren Berichts.«

Gleich nach der Bekanntgabe des Ergebnisses erlebte Paulo noch eine weitere Enttäuschung. Die Zeitschrift *Veja* veröffentlichte eine lange Reportage über den Boom esoterischer Bücher in Brasilien, erwähnte aber darin *Auf dem Jakobsweg* mit keiner Zeile. Das traf Paulo so hart, dass er einmal mehr daran dachte, seine Karriere als Schriftsteller an den Nagel zu hängen. »Heute habe ich ernsthaft überlegt, alles aufzugeben und in Rente zu gehen«, notierte er ins Tagebuch. Ein paar Wochen darauf hatte er sich aber von seiner Niederlage erholt und befragte im Hinblick auf ein neues Buch das *I Ging*. Er schrieb die Frage ins Tagebuch: »Was muss ich tun, damit von meinem nächsten Buch mehr als 100 000 Exemplare verkauft werden?«, warf drei Münzen auf den Tisch und war über das Ergebnis hoch erfreut: Das chinesische Orakel war Paulo zufolge diesmal sehr unmissverständlich: »Besitz von Großem: Erhabenes Gelingen.«

Besitz von Großem – das neue Buch –, das hatte er bereits im Kopf. Das nächste Werk Paulo Coelhos beruhte auf einem persischen Märchen, das auch Jorge Luis Borges zu seiner Erzählung *Geschichte von den beiden Träumern* in seiner 1935

erschienenen Sammlung *Historia Universal da Infâmia,* (Welt-
chronik der Ruchlosigkeit) inspiriert hat. In Paulo Coelhos
Buch geht es um Santiago, einen Hirten, der, nachdem er mehrfach von einem bei den Pyramiden verborgenen Schatz geträumt hat, sein Heimatdorf verlässt und sich auf die Suche danach begibt. Auf seiner Reise nach Ägypten begegnet Santiago
verschiedenen Menschen, unter anderem einem Alchimisten.
Aus jeder dieser Begegnungen lernt er etwas. Am Ende findet
er den Schatz, den er gesucht hatte, in seinem Heimatdorf. Den
Titel hatte Paulo auch schon: *Der Alchimist.* Bemerkenswert
ist, dass das Buch, das zu einem der größten Bestseller aller Zeiten wurde (bis 2010 war *Der Alchimist* 35 Millionen Mal verkauft worden), eigentlich als Komödie konzipiert worden war,
in der Shakespeare mit dem brasilianischen Humoristen Chico
Anysio vereint werden sollte, wie der Autor im Januar 1987 in
seinem Tagebuch vermerkte:

Menescal und [der Schauspieler] Perry [Sales] haben
mich angerufen und gebeten, ein Einpersonenstück fürs
Theater zu schreiben. Ich sah zufällig gerade das Video
von *Duell* [Steven Spielberg, 1971], einen Film über einen
Mann, der allein unterwegs ist.

Da hatte ich folgende Idee: ein großes Laboratorium,
darin ein alter Mann, ein Alchimist, auf der Suche nach
dem Stein der Weisen. Er möchte wissen, was ein Mensch
durch Inspiration erreichen kann. Der Alchimist (wäre
vielleicht ein guter Titel) würde Texte von Shakespeare
und Chico Anysio deklamieren. Er würde Musik machen
und Selbstgespräche führen, mehrere Personen spielen. Es
könnte ein Alchimist oder ein Vampir sein. Ich weiß aus

eigener Erfahrung, dass Vampire die Phantasie der Menschen außerordentlich anregen, und Humor und Horror habe ich lange nicht zugleich auf der Bühne gesehen.

Aber genau wie Faust begreift auch der Alchimist, dass die Weisheit nicht in den Büchern, sondern in den Menschen zu finden ist, und die Menschen sitzen im Publikum. Um dem Publikum die Scheu zu nehmen, bringt er es dazu, gemeinsam zu singen. Perry wäre der Alchimist, der in seiner Rolle des Suchenden aufgeht. Und wichtig ist, dass dies alles mit einem großen Sinn für Humor gemacht wird.

Das Stück gelangte nie auf die Bühne, doch diese kleine Skizze für ein Theaterstück wurde so lange bearbeitet und verändert, bis daraus erzählende Prosa geworden war. Paul war am Ende so innig mit dieser Geschichte vertraut, dass er kaum mehr als zwei Wochen brauchte, um die zweihundert Seiten zu schreiben, etwa so lange wie für *Auf dem Jakobsweg.* Am Anfang steht die Widmung an Jean, dem Paulo das Privileg einräumte, das Manuskript als Erster zu lesen:

Für Jean,
den Alchimisten, der die Geheimnisse des Großen
Werkes kennt und von ihnen Gebrauch macht

Kurz vor der Veröffentlichung von *Der Alchimist* im Juni 1988 hatte *Auf dem Jakobsweg,* das seit neunzehn Wochen ununterbrochen auf den brasilianischen Bestsellerlisten stand, die Marke von 40 000 verkauften Exemplaren überschritten. Die hochmütige Ignoranz der großen Medien dem Buch gegenüber verlieh seinem Erfolg eine ganz besondere Note, den es nur den Bemühungen von Paulo, Chris und Andréa Cals verdankte. Das *I Ging,* das Paulo wieder um Rat fragte, empfahl ihm – zumindest interpretierte er das so –, den Vertrag mit Andréa zu erneuern. Doch da dieser einen anderen Auftrag übernommen hatte und der Autor ganzen Einsatz verlangte, wurde Chris mit der Pressearbeit betraut. Sie und Paulo wandten für *Der Alchimist* die gleiche Taktik wie für das erste Buch an: Die beiden verteilten wieder Flyer vor Theatern und Kinos, besuchten Buchläden und schenkten Verkäufern signierte Exemplare. Aus seiner Zeit in der Musikbranche hatte Paulo etwas in die Kampagne aufgenommen, was in der Welt der Literatur verpönt war: das sogenannte *jabaculé,* die Bezahlung für Reportagen und Kommentare über eine Platte im Radio. In den vom Autor gesammelten »Sendebescheinigungen«, die der Sender O Povo AM-FM ausgestellt hatte, sind in der Tat Spuren von *jabá,* Schmiergeld, zu finden. Die Formulare belegen, dass während der zweiten Julihälfte *Der Alchimist* bei O Povo in den Sendungen der damals populärsten Moderatoren dreimal täglich erwähnt wurde, in Form von »Kommentaren von Lesern« (ein Euphemismus für weitschweifige Lobeshymnen).

Für Paulo und Chris war diese Kampagne ein Krieg, in dem alles erlaubt war. Das ging vom Versenden signierter Exemplare an die brasilianischen Medienzaren (Silvo Santos, der Besitzer des Fernsehsender TV SBT, dankte mit einem freundlichen Telegramm) bis zu der Tatsache, dass Paulo zu einem Vollzeitvortragenden wurde, wenn er auch anders als üblich für seine öffentlichen Auftritte nichts verlangte. Wie ein Missionar stand er Tag und Nacht zur Verfügung und hatte die acht Themen, die er den Organisatoren von Vorträgen zur Auswahl anbot, jederzeit parat: ›Die heiligen Wege der Antike‹, ›Das Erwachen der Magier‹, ›Die Praktiken der R. A. M.‹, ›Philosophie und Praxis der okkulten Tradition‹, ›Von der esoterischen Tradition zu den Praktiken der R. A. M.‹, ›Wiedererstarken der Esoterik‹, ›Magie und Macht‹ und ›Wie man lehrt und lernt‹. Am Ende eines jeden Vortrags konnten die Zuhörer signierte Exemplare von *Auf dem Jakobsweg* und *Der Alchimist* erwerben. Und offensichtlich war es nicht schwer, viele Leute zusammenzubekommen, die ihn hören wollten. Paulos damaliger Terminkalender zeigt, dass er sowohl an so renommierten Stätten wie dem Teatro Nacional in Brasilia oder den Fakultäten Cândido Mendes in Rio als auch in Hotels auf dem Lande im Staat Goiás auftrat und sogar in Privathäusern, wie beispielweise im Apartment der Schwiegermutter des Filmemachers Cacá Diegues in Rio. Das Guerilla-Marketing zeitigte Erfolg, wenn auch nur langsam. Sechs Wochen nach Erscheinen des Buches waren ein paar tausend Exemplare verkauft – gewiss ein Wunder in einem Land wie Brasilien, aber nicht vergleichbar mit dem Erfolg des *Jakobswegs* und keinesfalls das, was der Autor geplant hatte: »Das Buch hat noch nicht einmal 10 % des geplanten Ziels erreicht. Ich glaube, dieses Buch braucht ein Wunder. Ich sitze den ganzen Tag am Telefon, aber es klingelt nicht. Mein Gott! Warum ruft denn kein Journalist an und sagt, dass ihm mein Buch gefällt? Mein Werk ist größer als meine Marotten, meine Worte, meine Gefühle. Um seinetwegen erniedrige ich mich, bitte ich, warte ich, verzweifle ich.«

Seit *Auf dem Jakobsweg* sich hartnäckig auf den Bestsellerlisten hielt und *Der Alchimist* auf dem Weg dorthin war, konnte man den Autor nicht mehr ignorieren. Dem Buch *Der Alchimist* wurden noch vor Erscheinen ganze Seiten in den wichtigsten Zeitungen Brasiliens gewidmet. Und da *Auf dem Jakobsweg* bei seinem Erscheinen mit Schweigen übergangen worden war, mussten die meisten Presseorgane es nach dem Erfolg des *Alchimisten* nachträglich entdecken. Erwähnung fand das Buch zuhauf, aber kein Journalist rief an, um Paulo zu sagen, dass ihm das Buch gefallen habe. Die Zeitungen hatten bislang nur Reportagen über den Autor und eine Zusammenfassung des Inhalts gebracht. Finanzschwächere Zeitungen hatten einfach nur die Pressemitteilungen des Verlages abgedruckt.

Die Zeitung *Folha de São Paulo* war die erste, die in einer Notiz eine Meinung zu Paulo Coelhos Buch abgab. In einer Reportage vom 9. August meint der Journalist und Kritiker Antônio Gonçalves Filho, dass *Der Alchimist* »nicht die verführerische Erzählweise« von *Auf dem Jakobsweg* besitze, und merkt ansonsten nur an, dass die Geschichte, die der Autor sich ausgesucht habe, »bereits Thema einer beträchtlichen Anzahl von Büchern, Theaterstücken, Filmen und Opern gewesen ist«.

Genau genommen ist nichts Neues an dieser Verschmelzung von Sagen, die ebenso aus Manuskripten des ersten Jahrhunderts der christlichen Ära (*Parzival* beispielsweise) wie von Saint-Exupéry stammen könnten. Aber darum geht es, wie es scheint, bei *Der Alchimist* auch gar nicht. Wie im *Parzival* ist der Held in Coelhos »Epos« ein »unschuldiger Narr«, der auf der Suche nach etwas ist, was das Böse in der Welt unschädlich machen könnte. Der Kult des Glaubens, der Wiederherstellung der Ordnung, die Behauptung der Unterschiedlichkeit innerhalb einer Struktur, die zur Gleichmacherei neigt, all das, was im *Parzival* zu finden ist, wiederholt sich in *Der Alchimist*. Sogar die schicksalhafte Vorbestimmung des Helden.

Der Kritiker schien offene Türen einzurennen. Der Autor selber hat in seinem Vorwort zur ersten Ausgabe deutlich gemacht, dass er von dieser Ähnlichkeit wisse, und hat erklärt, wo er die Inspiration für sein Buch gefunden hat:

Der Alchimist ist auch ein symbolischer Text, in dem ich, einmal davon abgesehen, dass ich darin alles weitergebe, was ich dazugelernt habe, die großen Schriftsteller zu ehren versuche, die eine universelle Sprache sprechen: Hemingway, Blake, Borges (der diese Geschichte auch für eine seiner Erzählungen verwandt hat) und Malba Tahan.

Im zweiten Halbjahr 1988, als Paulo sich fragte, ob er einen großen Sprung wagen und zu einem größeren, professionelleren Verlag als Eco wechseln sollte, wurde ihm von Jean eine weitere Prüfung auferlegt: Chris und er sollten vierzig Tage in der Mojavewüste im Süden Kaliforniens verbringen. Kurz vor ihrer Abreise, die Koffer waren schon gepackt, hatte er ein entmutigendes Telefonat mit seinem Verleger gehabt, der trotz seiner Begeisterung für *Auf dem Jakobsweg* nicht glaubte, dass *Der Alchimist* ebenso gut laufen würde. Paulo hätte die Reise am liebsten aufgeschoben, aber Jean ließ sich nicht darauf ein. Und so machten Paulo und Chris bei fünfzig Grad im Schatten die spirituellen Exerzitien des Ignatius von Loyola. Aus dieser Erfahrung sollte vier Jahre später das Buch *As Valkírias* entstehen.

Ende Oktober waren sie zurück in Rio. Paulo hätte seine vertragliche Bindung an Eco am liebsten gleich gelöst, aber es brachte nichts, den kleinen Verlag zu verlassen, bevor er nicht wusste, an wessen Tür er sonst klopfen könnte. Eines Abends begleitete er, um seine Probleme ein wenig zu vergessen, einen Freund zu einer Dichterlesung in einer kleinen In-Bar in der Zona Sul. Er hatte die ganze Zeit das Gefühl, dass jemand hinter ihm ihn anstarrte. Als die Lesung zu Ende war und das Licht wieder anging, wandte er sich um und sah, wie ihn ein hübsches, schwarzhaariges, etwa zwanzigjähriges Mädchen unverwandt anschaute. Es gab keinen offensichtlichen Grund, ihn so anzusehen. Er war längst nicht mehr der Hippie mit den wilden Haaren, der er noch wenige Jahre zuvor gewesen war. Der nunmehr 41 Jahre alte Paulo hatte fast ganz weißes, kurzgeschnittenes Haar, Lippen- und Kinnbart waren gestutzt und grau meliert. Das Mädchen war zu hübsch, um nicht angesprochen zu werden. Er ging also zu ihr und fragte unumwunden: »Hast du mich die ganze Zeit angestarrt?«

Das Mädchen lächelte. »Ja, das habe ich.«

»Ich bin Paulo Coelho.«

»Das weiß ich. Siehst du, was ich hier in meiner Tasche habe.«

Sie griff in ihren Lederbeutel und zog ein abgegriffenes Exemplar vom *Tagebuch eines Magiers* daraus hervor. Paulo wollte es umgehend signieren, doch als er erfuhr, dass das Buch einer Freundin von ihr gehörte, sah er davon ab: »Kauf dir eins, dann signiere ich es.«

Sie vereinbarten ein Treffen zwei Tage später in der eleganten Confeitaria Colombo, einer hundert Jahre alten Konditorei im Stadtzentrum. Sie sollte ein Exemplar mitbringen, das er dann signieren würde. Man möchte dem Autor auch bei der Auswahl eines so romantischen Treffpunkts Hintergedanken unterstellen, doch weit gefehlt: Paulo erschien mit mehr als einer halben Stunde Verspätung und sagte, er habe keine Zeit, weil er zu einem plötzlich anberaumten Treffen mit seinem Verleger gehen müsse, der ihm gerade mitgeteilt habe, er habe kein Interesse daran, *Der Alchimist* weiter zu verlegen. Um noch etwas länger miteinander reden zu können, gingen Paulo und das Mädchen zu Fuß zum Eco Verlag, der zehn Blocks von der Konditorei Colombo entfernt lag.

Das Mädchen war Mônica Rezende Antunes, einzige Tochter des Ingenieurs Jorge Botelho Antunes und der Chefsekretärin Belina Rezende Antunes, die ihrer Tochter keine schulischen Vorschriften machten, nur eine klassische Ballettausbildung musste nebenher sein. Sie hatte den Ballettunterricht aber bald aufgegeben. Als sie Paulo kennenlernte, studierte sie, nachdem sie eine der besten öffentlichen Schulen Rios, das Colégio Pedro II. besucht hatte, Chemieingenieurwissenschaften an der Staatlichen Universität von Rio (UERJ). An Flirts war sie nie besonders interessiert gewesen, liebte aber wie die meisten Mädchen ihrer Generation Kino, Shows und angeregte Gespräche. Ihren Freund, den Pharmazeuten Eduardo Rangel, der für die multinationale Pharmafirma Braun mit Sitz in Deutschland arbeitete, hatte sie bei einer Theatergruppe kennengelernt, der sie damals angehörte. Als Mônica viele Jahre später sich ihren Besuch mit Paulo beim Verlag Eco wieder ins Gedächtnis rief, war die stärkste Erinnerung die, dass sie »lächerlich angezogen war«.

»Stellen Sie sich vor, Sie gehen mit einem Mädchen in Shorts, geblümter Bluse und Lolitafrisur zu einem Verleger, um über Verträge zu sprechen.«

Zu guter Letzt wurde Mónica Augenzeugin, als Mandarino erklärte, das Buch *Der Alchimist* nicht weiter verlegen zu wollen, und damit auf ein Huhn verzichtete, das, wie sich herausstellen sollte, goldene Eier legte. Mandarino glaubte nicht daran, dass ein Roman wie dieser den Erfolg eines persönlichen Berichts wie *Auf dem Jakobsweg* wiederholen könnte. Obwohl sie den *Jakobsweg* gelesen hatte, verstand Mônica nicht, wie jemand ein Buch ablehnen konnte, das sie so tief beeindruckt hatte. Die Erklärung, die Paulo, um sich über die Ablehnung hinwegzutrösten, für die wahren Gründe Ernesto Mandarinos ins Feld führte, war wenig überzeugend: Bei einer jährlichen Inflation um die 1200 Prozent sei es rentabler, das Geld anzulegen, als Bücher herauszugeben, die vielleicht nicht einmal liefen. Paulo und Mônica gingen noch ein Stück Wegs zusammen, tauschten Telefonnummern aus und trennten sich dann. Paulo hatte sich noch nicht entschieden, was mit seinen Autorenrechten geschehen würde, als er ein paar Tage später in einer Zeitungskolumne las, dass die aus Rio Grande do Sul stammende Schriftstellerin Lya Luft ihren Gedichtband *O Lado Fatal* während eines von ihrem Verleger, Paulo Roberto Rocco, in der Buchhandlung Argumento in Leblon, einem Treffpunkt der Intellektuellen von Rio, veranstalteten Cocktails signieren würde. Paulo hatte seit einiger Zeit verfolgt, wie geschickt und erfolgreich der erst zehn Jahre junge Verlag Editora Rocco arbeitete, der in seinem Katalog Schwergewichte wie Gore Vidal, Tom Wolfe und Stephen Hawking führte. Um acht Uhr abends, als Paulo in die Buchhandlung Argumento trat, war es dort proppevoll. Er drängelte sich zwischen Gästen und Kellnern hindurch zu Rocco, den er nur von Fotos aus Zeitungen kannte, und begann ein kurzes Gespräch: »Guten Abend, mein Name ist Paulo Coelho, ich würde Sie gern kennenlernen.«

»Vom Namen her kenne ich dich schon.«

»Ich würde gern über meine Bücher mit Ihnen reden. Eine Freundin von mir, Bona, wohnt im selben Haus wie Sie, und ich hatte schon daran gedacht, sie zu bitten, Sie zu einem Abendessen einzuladen, damit sie mich Ihnen vorstellt.«

»Da ist nicht notwendig! Komm einfach in den Verlag, da trinken wir einen Kaffee und unterhalten uns über deine Bücher.«

Rocco machte einen Termin in zwei Tagen aus. Bevor Paulo eine Entscheidung traf, befragte er das *I Ging,* um zu erfahren, ob er den *Alchimisten* dem neuen Verlag übergeben sollte oder nicht – natürlich nur, falls Rocco Interesse hätte. Er deutete die Antwort des Orakels so, dass er ihm das Buch anvertrauen solle, sofern der Verleger sich verpflichtete, die Neuauflage vor Weihnachten in die Buchhandlungen zu bringen. Die Interpretation des *I Ging* war letztlich überflüssig, weiß doch jeder Autor, dass die Vorweihnachtszeit die beste Zeit für den Buchmarkt ist. Als er gerade aus dem Haus wollte, um zu Rocco zu gehen, klingelte das Telefon. Es war Mônica, und er lud sie spontan ein, ihn zu begleiten. Bei Rocco trafen sie den aus Rio Grande do Sul stammenden Autor João Gilberto Noll, der zweimal den Prêmio Jabuti des Brasilianischen Buchinstituts gewonnen hatte und dessen Werk sogar verfilmt worden war. Paulo freute sich, ihn dort zu sehen, und unterhielt sich kurz mit ihm. Beim Verleger ließ er je ein Exemplar von *Auf dem Jakobsweg* und *Der Alchimist* zurück. Rocco fand allerdings die Forderung, das Buch innerhalb so kurzer Zeit zu veröffentlichen, etwas eigenartig, doch Paulo erklärte ihm, er müsse dem Verlag Eco nur den Lichtsatz abkaufen, den Namen des Verlages ändern und könne so das Buch umgehend auf den Markt bringen. Rocco bat um Bedenkzeit bis zum Ende der Woche. Tatsächlich rief er schon zwei Tage später an, um mitzuteilen, dass der neue Vertrag fertig zum Unterzeichnen vorliege. Rocco werde das Buch *Der Alchimist* verlegen.

25

Die Kritiker schlagen zurück

*Mit dem Erfolg von »Brida« kommen die Kritiker
aus ihren Schlupflöchern: Die öffentliche Hinrich-
tung Paulo Coelhos beginnt.*

Der von Mandarino abgelehnte *Alchimist* wurde eines der
beliebtesten Weihnachtsgeschenke in diesem Jahr und
danach *das* Geschenk schlechthin, egal ob zu Weihnachten,
Silvester, zum Karneval, zur Fastenzeit oder zum Geburtstag.
Die erste Auflage war in wenigen Tagen vergriffen und war so
erfolgreich, dass Paulo nunmehr mit zwei Büchern auf zwei
unterschiedlichen Arten von Bestsellerlisten vertreten war: mit
Der Alchimist bei der Belletristik, mit *Auf dem Jakobsweg* bei
den Sachbüchern. Der Erfolg, zu dem das Buch in Roccos
Händen geworden war, bewog Paulo dazu, auch *Auf dem Jakobsweg* aus dem Eco Verlag abzuziehen und seinem neuen
Verlag zu übergeben. Da er für den Wechsel einen Vorwand
brauchte, stellte er dem alten Verleger Bedingungen. Die erste
davon war der Versuch, seine Tantiemen vor der inzwischen
1350-prozentigen Inflation zu schützen. Anstelle von viermo-
natlichen Abrechnungen (schon das ein Privileg) verlangte er
von Mandarino wöchentliche Zahlungen, was dieser schließlich akzeptierte. In einem zweiten Schritt nutzte Paulo die unendliche Geduld des Eco-Verlegers (und dessen Interesse, das

Buch zu behalten) schonungslos aus und fügte dem Vertrag zwei Klauseln hinzu, die es in brasilianischen Verlagsverträgen bisher noch nie gegeben hatte – tägliche Währungskorrektur und die Bereitstellung eines Prozentsatzes des Bruttoverkaufserlöses für Marketingzwecke.

Diese Kraftprobe Autor vs. Verleger schien das besondere Interesse von Mônica Antunes zu wecken, die Paulo jetzt überallhin begleitete. Anfang 1989 hatte die junge Frau ihm während eines Abendessens in einer Pizzeria in Leblon gestanden, dass sie vorhabe, sich vom Chemieingenieurstudium beurlauben zu lassen und mit ihrem Freund ins Ausland zu gehen. Coelhos Augen blitzten, als sähe er, wie sich eine neue Tür seiner Karriere öffnete: »Großartig! Warum zieht ihr nicht nach Spanien? Ich habe dort mehrere Freunde, die dir helfen könnten. Du kannst versuchen, meine Bücher zu verkaufen. Wenn es dir gelingt, erhältst du eine Provision von 15 Prozent, wie eine richtige Literaturagentin.«

Nachdem sie ihrem Freund davon erzählt hatte, fand dieser heraus, dass das Unternehmen, für das er arbeitete, auch eine Niederlassung in Barcelona besaß. Auf den ersten Blick sah es einfach aus, dorthin versetzt zu werden – oder dort im schlimmsten Fall ein mehrmonatiges bezahltes Praktikum zu machen. Mônica hatte zudem herausgefunden, dass einige der wichtigsten spanischen Verlage in Barcelona angesiedelt waren. 1989 landeten Mônica und Eduardo in Madrid, wo sie drei Wochen blieben, ehe sie nach Barcelona weiterreisten.

Während ihres ersten Jahres in Spanien wohnten Mônica und Eduardo in einem Apartment in Rubí, einer der vielen zu Barcelona gehörenden Umlandgemeinden. Bei den Buchmessen schauten sie bei allen Ständen vorbei und nahmen Kataloge von Verlagen mit, denen sie in den darauffolgenden Tagen eine kleine Pressemitteilung schickten und die Rechte von *Der Alchimist* und im Falle von nichtspanischen Verlagen auch die für *Auf dem Jakobsweg* zum Kauf anboten. Ihr Geld war allerdings knapp, und solange ihr das Glück nicht hold war, musste Mônica hart arbeiten: sie gab Nachhilfeunterricht in Englisch und in Mathematik, verteilte Werbematerial für eine Boutique, arbeitete als Kellnerin und fand sogar noch die Zeit, einen Kurs in Modedesign zu machen. Als *Auf dem Jakobsweg*, das die Bolivianerin H. Katia Schumer vermittelt und übersetzt hatte, beim Verlag Martínez Roca mit dem Titel *El Peregrino de Compostela* [Der Pilger von Compostela] veröffentlicht wurde, leisteten auch Mônica und Eduardo einen bescheidenen Beitrag zur Verbreitung des Buches: Sie fuhren stundenlang in der Metro und taten so, als würden sie das Buch lesen, damit der Umschlag die ganze Zeit lang von den anderen Fahrgästen gesehen wurde. »Da ich wirklich las«, erzählt Mônica ein einem Brief, »konnte ich den Text schließlich fast auswendig.«

Während das Paar in Spanien keinen Erfolg vermelden konnte, standen *Auf dem Jakobsweg* und *Der Alchimist* in Brasilien weiterhin auf den ersten Plätzen der Bestsellerlisten. Obwohl Mandarino allen Forderungen des Autors nachgekommen war, erhielt er Ende 1989 den Besuch von Paulo Rocco, der ihm eine schlechte Nachricht überbrachte: Für eine Vorauszahlung von 60 000 Dollar hatte sein Verlag gerade die Rechte für die Veröffentlichung von *Auf dem Jakobsweg* erworben. Noch zwanzig Jahre später kann Ernesto Mandarino seine Enttäuschung nicht verbergen, denn er hatte auf Coelho gesetzt, als der noch ein Niemand war.

»Eine Auflage folgte auf die andere und weckte die Gier anderer Verlage. Als mich Rocco besuchte, sagte er, er werde Paulo Coelho für 60 000 Dollar Vorschuss mitnehmen. Ich habe ihm nur gesagt, wenn Paulo es so wolle, könne ich ihn nicht daran hindern, weil die Verträge pro Auflage galten. Nach 28 Auflagen von *Auf dem Jakobsweg* hat Paulo uns verlassen. Das hat uns sehr weh getan. Ein weiterer großer Schmerz ist, dass er in Interviews niemals erwähnt, dass seine Karriere bei uns, dem kleinen Verlag Eco, begonnen hat.«

Doch trotz seines Grolls findet Mandarino anerkennende Worte für die Bedeutung des Autors für den brasilianischen Buchmarkt und für die brasilianische Literatur. »Paulo hat das Medium Buch in Brasilien popularisiert. Er hat unseren Verlagsmarkt revolutioniert, der sich zuvor mit Auflagen von lächerlichen dreitausend Exemplaren zufriedengegeben hatte. Paulo Coelho hat dem Buch in Brasilien und unserer Literatur in der Welt Ansehen verschafft.«

Auf einem kleinen Buchmarkt wie dem brasilianischen war es selbstverständlich, dass sich große Verlage für einen Autor interessierten, der mit nur zwei Titeln ca. 500 000 Exemplare verkauft hatte. Von den Medien unbeachtet, lösten sich Bücherstapel in Buchhandlungen in Luft auf und quetschten sich im ganzen Land die Menschen zu Tausenden in Vortragssäle – und zwar nicht, um das übliche Werbegerede zu hören. Die Leser schienen mit dem Autor persönlich die spirituellen Erfahrungen teilen zu wollen, über die er in seinen Werken sprach. Paulo hielt Vorträge vor ausverkauften Sälen, und es war nicht ungewöhnlich, dass wie im Fall des Auditório Martins Pena in Brasilien für weitere 2000 Zuschauer draußen Lautsprecher aufgebaut werden mussten. Ein Interview, das er Mara Regea von Rádio Nacional de Brasília gegeben hatte, musste auf Bitten von Leuten, die ihn eine Stunde lang über Alchimie und Spiritualität sprechen hören wollten, dreimal wiederholt werden.

Als die Presse endlich aufwachte, war sie verwirrt und konnte sich den umwerfenden Erfolg nicht erklären. Die Zeitungen zögerten, den literarischen Gehalt der Bücher zu bewerten, und zogen es vor, sie als ein vorübergehendes Marktphänomen zu betrachten. Der Meinung eines großen Teils der Journalisten zufolge war Paulo Coelho nur eine Modeerscheinung wie der Bambolê, der Twist oder auch der Komponist Paulo Coelho und seine Sociedade Alternativa. Seit ihn *O Globo* zwei Jahre zuvor den »Castaneda von Cobacabana« genannt hatte, hatten die Medien ihn praktisch vergessen. Erst als seine Bücher es auf den ersten Platz der Bestsellerlisten schafften und die Zeitung *O Estado de São Paulo* herausfand, dass vom *Jakobsweg* und vom *Alchimisten* mehr als eine halbe Million Exemplare verkauft worden waren, wurde den Kritikern klar, dass zwei Jahre für eine Modeerscheinung zu lang waren. Es sah so aus, als würde dieser Mann mit dem weißen Haar, der von Träumen, Engeln und Liebe sprach, bleiben, doch die Presse brauchte lange, bis sie das begriff. Er sollte erst wieder im Oktober 1989 an herausgehobener Stelle in einer Zeitung erwähnt werden, und zwar erneut in der Zeitung *O Estado de São Paulo*. Im ersten Teil beschrieb Thereza Jorge Paulos Karriere im Musikgeschäft und kam dann zum Schluss: »Aber einen festen Platz findet Paulo Coelho jetzt in der Literatur.« Unmittelbar daneben stand eine kleine Notiz von Hamilton dos Santos, der zu einem ganz anderen Ergebnis kam. Zusammenfassend beschreibt er Paulos Werk als eine »gallertartige Synthese von Lehren, die vom Christentum bis zum Buddhismus reichen«. Wie der Autor später gestehen würde, war dies der »erste ernsthafte Schlag«, den er seitens der Kritik einstecken musste. »Ich war wie gelähmt, als ich das las. Wirklich gelähmt. Es war so, als würde mich der Autor darauf hinweisen, was der Preis des Berühmtseins ist.«

Sogar das literarische Monatsblatt *Leia Livros,* das von Caio Graco Prado, dem Sohn des verehrten kommunistischen Historikers Caio Prado Jr. herausgegeben wurde, beugte sich am Ende angesichts der Verkaufszahlen. Der Umschlag der Dezemberausgabe des Jahres 1989 zeigt Paulo mit Schwert in der Hand, abstehendem Haar, den Blick ins Unendliche gerichtet. Die Behandlung, die ihm *Leia Livros* angedeihen ließ, unterschied sich jedoch in nichts von der der restlichen Presse. Von den zwölf Seiten des Artikels waren elf einem weitschweifigen Porträt des Autors gewidmet. Eine Bewertung seines Werkes fehlte. Die Kritik im eigentlichen Sinne, die aus der Feder von Professor Teixeira Coelho von der Universidade de São Paulo stammte, beschränkte sich auf einen halbseitigen Text. Der Durchschnittsbrasilianer hatte wahrscheinlich Schwierigkeiten, zu verstehen, ob Paulo gelobt oder beleidigt wurde, so abgehoben war die Sprache des Akademikers.

Die Zeit liegt weit zurück, in der Vision, Phantasie, das Nichtrationale (das aber seine eigene Rationalität besitzt) zum wesentlichen Bestandteil des Realen gehörte, »von oben« kam und ein geistiger Habitus war. Dieser Habitus definierte ein kulturelles Paradigma, eine Art, zu denken und die Welt zu erkennen. Ein Paradigma, neben das im 18. Jahrhundert das neue rationalistische Paradigma gestellt wurde. Heute erweist sich dieses Paradigma (zuweilen) als kraftlos. Das Phänomen Paulo Coelho ist ein Symbol der Dekadenz dieses Paradigmas und beinhaltet eine Infragestellung des Rationalismus, wie wir ihn in diesen zwei Jahrhunderten kannten.

[...] Ich ziehe es vor, im Verkaufserfolg von Paulo Coelho das Primat der Vorstellungskraft zu erkennen, welche ihre Rechte immer mehr unter anderen Formen erringt (die Religionen, die »Magie«, die »alternative« Medizin und der »alternative« Sex, die poetische Methode der Erkenntnis), jenen, die das vom emblematischen cartesianischen Habitus zerfressene Denken mit der Bezeichnung »irrational« versieht.

[...] Im Genre Paulo Coelhos ist Lawrence Durrell mit seinem *Avignonquintett* der bessere Schriftsteller, und Colin Wilson ist der intellektuellere Autor. Doch Urteile dieser Art sind überflüssig.

Während die Presse sich noch den Kopf darüber zerbrach, wie der Autor litararisch zu bewerten sei, wuchs das Phänomen Coelho weiter. In einem seltenen Moment der Indiskretion ist Paulo in einem Interview der Zeitung *Jornal da Tarde* herausgerutscht, dass die zwei Bücher ihm auf sein Konto nicht weniger als 250 000 Dollar eingebracht haben. Möglicherweise sogar noch mehr. Als Paulo gerade zwei Bestseller auf dem Markt, einen neuen Verleger, Hunderttausende von Dollar mehr an Vermögen hatte und möglicherweise vor dem Beginn einer großen internationalen Karriere stand, wurde er von Jean aufgefordert, einen weiteren der sogenannten heiligen Wege zu gehen, die die Initiierten der R. A. M.-Bruderschaft gehen mussten. Nach dem Jakobsweg und der Reise durch die Mojavewüste fehlte ihm noch die dritte Etappe, der Römische Weg; die vierte und letzte würde dann der Weg sein, der direkt zum Tod führt. Die Bezeichnung Römischer Weg war nur eine Metapher, denn dieser Weg konnte irgendwo auf der Welt und sogar mit dem Wagen zurückgelegt werden. Paulos Wahl fiel auf das Languedoc, die Region am Rand der Pyrenäen im Südwesten Frankreichs, wo im 10. und 13. Jahrhundert die christliche Sekte der Katharer oder Albigenser ihre Blüte erlebt hatte und von der Inquisition auf barbarische Weise ausgelöscht worden war. Eine weitere Besonderheit des Römischen Wegs, von der Paulo durch Jean erfahren hatte, besteht darin, dass der Wallfahrer immer seinen Träumen folgen soll. Paulo hatte diese Anweisung zu abstrakt gefunden und Jean um genauere Informationen gebeten, doch die Anwort fiel noch weniger erhellend aus: »Wenn du nachts von einer Bushaltestelle träumst, dann geh am folgenden Tag zur nächsten Autobushaltestelle. Wenn du von einer Brücke träumst, muss der nächste Punkt, an dem du anhältst, eine Brücke sein.«

Siebzig Tage lang wanderte Paulo durch die Täler, über die Berge und an den Bächen in dieser Region entlang, die zu den schönsten Europas gehört. Am 15. August verließ er das Hôtel d'Anvers, in dem er sich in Lourdes einquartiert hatte, und machte sich auf nach Foix, Riquefixade, Montségur, Peyrepertuse, Bugarach und wie die Katharer-Siedlungen alle heißen, die meist nur aus wenigen Häusern bestehen. Da Jean ihm keine Beschränkungen in dieser Hinsicht auferlegt hatte, begleitete ihn ein Stück weit Mônica, die sich eine Woche von ihrer Arbeit in Barcelona freigenommen hatte. Am Abend des 21. August 1989 rief er Chris von einer Telefonzelle in Perpignan aus in Brasilien an, weil er Sehnsucht nach ihr hatte.

Chris erzählte ihm, dass sein ehemaliger Partner, Raul Seixas, gerade in São Paulo an einer verschleppten Bauchspeicheldrüsenentzündung gestorben war, die er sich aufgrund seines Alkoholismus zugezogen hatte. Für Paulo war dies ein riesengroßer Verlust. Nachdem sie einander ein paar Jahre lang nicht gesehen hatten, waren er und Raul sich erst vier Monate zuvor in Rio de Janeiro bei einer von Rauls letzten Shows im Canecão wiederbegegnet. Es war keine Versöhnung gewesen, da sich die beiden nie zerstritten hatten, sondern der Versuch einer Wiederannäherung, zu dem der neue Partner von Raul, der junge Rockstar Marcelo Nova, den Anstoß gegeben hatte. Mitten in der Show wurde Paulo auf die Bühne gerufen und sang mit der Band den Refrain »Hurra! Hurra! Es lebe die Alternative Gesellschaft!« Paulos Exsklaven Toninho Buda zufolge, der zu Paulos erklärtem Gegner geworden war, habe der Schriftsteller beim Singen die Hände in der Hosentasche gehabt, »weil er den Daumen zwischen Zeige- und Mittelfinger gesteckt* hatte, da er gezwungen war, öffentlich das Mantra von Onkel Crowley anzustimmen«. Die Bilder der Show, die ein Fan gemacht und viele Jahre später ins Internet gestellt hat, zeigen einen zittrigen Raul Seixas mit vom Alkohol aufgedunsenem Gesicht. Die letzte Arbeit der beiden, die LP *Mata Virgem,* lag weit zurück, 1978. 1982 hatte das in São Paulo ansässige Label Eldorado versucht, das Duo in einem neuen Album wieder zusammenzuführen, doch die beiden Expartner schienen »an akuter Zickigkeit zu leiden«, wie ein Kolumnist aus Rio schrieb. Paulo lebte in Rio und Raul in São Paulo, und beide weigerten sich, für die Arbeit dorthin zu

---

* Die sogenannte »figa« soll gegen den bösen Blick helfen.

reisen, wo sich der andere befand. Der im wahrsten Sinne des Wortes salomonische Lösungsvorschlag kam von Roberto Menescal, der aufgefordert worden war, die Aufnahmen zu leiten: Sie würden sich auf halbem Weg zwischen den beiden Hauptstädten im Nationalpark Itatiaia treffen. Sie quartierten sich am Sonntag im Hotel Simon ein. Paulo wachte am Montag früh auf und hinterließ noch vor dem Frühstück ein Kärtchen an Rauls Tür: »Ich bin bereit, mit der Arbeit zu beginnen.« Raul ließ sich jedoch nicht blicken. Am Dienstag war es das Gleiche. Am Mittwoch wandte sich der Hotelbesitzer an Paulo, weil er sich Sorgen machte, da Raul sich drei Tage im Zimmer eingeschlossen und getrunken, die telefonisch bestellten Sandwiches jedoch unberührt vor der Zimmertür stehen gelassen hatte. Da starb die Hoffnung, das Duo noch einmal zusammenzubringen, das die brasilianische Rockmusik revolutioniert hatte.

Sechs Tage nach dem Schock über den Tod seines »Intimfeindes« hatte Paulo unterwegs eine »übersinnliche Wahrnehmung«, wie er es nannte. Er war mit dem Mietwagen zu einem der kleinen Orte der Region unterwegs, in dem er an einem sogenannten »Ritual des Feuers« teilnehmen wollte, als er plötzlich die Anwesenheit von – er könne es nicht anders sagen – seinem Schutzengel spürte. Es habe sich nicht um jemanden gehandelt, den man habe anfassen oder hören können, nicht einmal um ein Ektoplasma, sondern um ein Wesen, das er deutlich gespürt und mit dem er mental kommuniziert habe. Seinen Erinnerungen zufolge habe das Wesen sich an ihn gewandt, und dann habe der folgende nichtverbale Dialog stattgefunden:

»Was willst du?«

Paulo fuhr weiter, ohne einen Blick zur Seite zu werfen.

»Ich möchte, dass meine Bücher gelesen werden.«

»Dafür wirst du aber eine Menge Schläge einstecken müssen.«

»Aber warum denn? Nur weil ich möchte, dass meine Bücher gelesen werden?«

»Deine Bücher werden dich berühmt machen, und dann wirst du erst richtig einstecken müssen. Du musst entscheiden, ob du das wirklich willst.«

Bevor sich das Wesen in Luft auflöste, soll es Paulo noch Folgendes gesagt haben: »Ich gebe dir einen Tag Bedenkzeit. Heute wirst du von einem bestimmten Ort träumen. Und dort werden wir uns zur gleichen Stunde morgen wiedersehen.«

In dem kleinen Hotel, in dem er in Pau abgestiegen war, träumte Paulo von einer kleinen »Trambahn«. Am nächsten Morgen erfuhr er an der Hotelrezeption, dass eine der Sehenswürdigkeiten der Stadt die Funiculaire de Pau, eine Seilbahn, war. Der Berg, auf dem die kleine Bahn im Zehnminutentakt bis zu dreißig Touristen ausspuckte, war nicht so hoch wie der in seinem Traum, aber für Paulo bestand kein Zweifel, dass er auf dem richtigen Weg war. Als es dämmerte, stellte sich Paulo in eine kleine Schlange und kam Minuten später auf einer Aussichtsterrasse mit einem Brunnen, der Fontaine de Vigny, an, von wo aus er einen hinreißenden Blick auf die Stadt hatte, in der gerade die ersten Lichter angingen. Der Autor erinnert sich nicht nur ganz genau an das Datum – »es war der 27. September 1989, der Tag des heiligen Kosmas und des heiligen Damian«, sondern auch an die Bitte, die er an das Wesen gerichtet hat:

»Ich möchte, dass meine Bücher gelesen werden. Aber ich bedinge mir aus, meine Bitte in drei Jahren erneuern zu können. Gib mir drei Jahre, und ich komme am 27. September 1992 wieder her und sage dir, ob ich Manns genug bin oder nicht.«

Als die siebzig Tage der Wallfahrt sich endlich ihrem Ende näherten, sprach ihn in der Nacht nach dem »Feuerritual« eine junge Frau mit heller Haut und hellem Haar an. Es war Brida O'Fern, die wie er den Römischen Weg ging. Die dreißigjährige Irin würde ihm auf dem letzten Stück der Wallfahrt nicht nur eine angenehme Weggefährtin sein, sondern ihre Erzählungen würden ihn so sehr begeistern, dass er beschloss, sie zur Titelheldin seines dritten Buches zu machen. Über den Römischen Weg würde er ein andermal schreiben.

Nachdem er somit die ihm von Jean auferlegte Prüfung erfüllt hatte, begann er mit der Arbeit an *Brida*. Die bestand darin, dass er eine Zeitlang mit dem Stoff des Buches »schwanger« ging und die Geschichte, als sie reif war, innerhalb von zwei Wochen niederschrieb. Der Roman erzählt die Geschichte der jungen Brida O'Fern, die mit 21 Jahren beschließt, in die Welt der Magie einzutreten. Am Anfang ihrer spirituellen Entdeckungsreise steht die Begegnung mit einem Magier in einem 150 km von Dublin entfernt gelegenen Wald. Aber in die Welt der Magie eingeführt wird sie von Wicca, einer Hexe, von der sie zum Schluss auch noch zur Meisterin geweiht wird. Paulo warnt seine Leser gleich auf den ersten Seiten:

In *Auf dem Jakobsweg* habe ich zwei Praktiken der R. A. M. durch Wahrnehmungsübungen ersetzt, die ich in der Zeit lernte, in der ich mit dem Theater zu tun hatte. Obwohl die Ergebnisse vollkommen gleich sind, hat mir das eine harsche Rüge meines Meisters eingetragen: »Gleichgültig, ob es schnellere oder einfachere Mittel gibt, die Tradition darf nie gegen etwas anderes getauscht werden«, sagte er. Aus diesem Grund sind die wenigen in *Brida* beschriebenen Rituale genau jene, die jahrhundertelang in der Mondtradition ausgeübt wurden – einer ganz besonderen Tradition, die viel Wissen und Erfahrung voraussetzt. Derartige Rituale ohne Anleitung auszuführen ist sinnlos und gefährlich und kann die spirituelle Suche ernsthaft gefährden.

Als Rocco erfuhr, dass Paulo ein neues Buch ausbrütete, bot er Paulo dafür von sich aus einen Vorschuss von 60 000 Dollar an. Ungewöhnlich an diesem Angebot war nicht der an sich für brasilianische Verhältnisse hohe Vorschuss – Rocco hatte erst wenige Monate zuvor für die Rechte von Tom Wolfes *Fegefeuer der Eitelkeiten* das Dreifache hingelegt. Erstaunlich war vielmehr das von Paulo vorgeschlagene und künftig bei fast all seinen Buchvertragsverhandlungen in Brasilien beibehaltene Splitting: 20 000 Dollar sollte der Verlag für Marketing ausgeben; weitere 20 000 Dollar für Lese- und Promotionreisen des Autors innerhalb Brasiliens; und nur 20 000 würde er selber als Anzahlung für Autorenrechte erhalten. Bis unmittelbar vor Erscheinen geheim gehalten wurde auch die Startauflage von *Brida* – 100 000 Exemplare –, die in Brasilien bisher nur von einem Autor, Jorge Amado, mit dem Roman *Tieta aus Agreste* 1977, um 20 000 Exemplare getoppt worden war.

Auch wenn der Engel, mit dem sich Paulo in der Seilbahn von Pau traf, möglicherweise nur seiner Phantasie entsprungen war, so erfüllte sich doch seine Prophezeiung, dass der Autor von der Kritik hingerichtet werden würde, vollends. Hatte die

Presse den Autor bei *Auf dem Jakobsweg* und *Der Alchimist* noch durchweg freundlich behandelt, so schien sie, als *Brida* herauskam, Blut sehen zu wollen:

Der Autor schreibt miserabel. Er ist in Grammatik nicht firm, benutzt die Pronomina nicht richtig, wählt Präpositionen nach dem Zufallsprinzip aus, kennt so einfache Dinge wie den Unterschied zwischen den Verben »reden« und »sagen« nicht. (Luiz Garcia, *O Globo*)

Ästhetisch gesehen ist *Brida* ein Flop. Ein Abklatsch von Richard Bachs langweiliger *Möwe Jonathan,* abgeschmeckt mit etwas Carlos Castaneda. Paulo Coelhos Roman steckt voller Stereotypen. (Juremir Machado da Silva, *O Estado de São Paulo*)

Er sollte vielleicht mit noch mehr Schneid ankündigen, dass er es regnen lassen kann. Denn Paulo Coelho kann es tatsächlich – im eigenen Garten. (Eugênio Bucci, *Folha de São Paulo*)

Der Alchimist ist eines dieser Bücher, die man nicht wieder anfasst, wenn man sie einmal aus der Hand gelegt hat. (Raul Guidicelli, *Jornal de Commercio*)

Die Steine wurden von allen Seiten geworfen, nicht nur von Zeitungen und Zeitschriften. Wenige Tage nach *Bridas* Erscheinen war Paulo Gast der Sendung *Jo Soares Onze e Meia,* einer populären Talkshow des brasilianischen Fernsehsenders SBT. Obwohl der Moderator Paulo noch von der Pornoschmonzette *Tangarela, a Tanga de Cristal* her kannte, in der sie zusammen aufgetreten waren, stimmte er in die allgemeine Kritikerschelte mit ein und brachte zum Einstieg eine lange Liste von Fehlern mit, die er im Buch *Der Alchimist* entdeckt haben wollte. Die Schelte wurde wenige Tage später von Artur da Távola, Paulos ehemaligem Kollegen in der Philips-Arbeitsgruppe, der im Übrigen das Vorwort zu *Arquivos do Inferno* geschrieben hatte, in seiner Kolumne in *O Dia* noch einmal aufgegriffen:

Obwohl Jô Soares uns vorgestern nicht, wie er es hätte tun sollen, erwähnt hat, ist es doch Tatsache, dass der Moderator mit einer Fotokopie der in unserer Zeitung veröffentlichten Liste der von Editora Rocco übersehenen 86 Fehler im Buch *Der Alchimist* ins Studio ging.

Der Magier entschuldigt die Nachlässigkeit seines Verlages mit der Behauptung, die Fehler seien beabsichtigt. »Es sind Codes«, sagte Paulo Coelho. »Wären sie es nicht, hätte man sie in späteren Auflagen korrigiert.«

Paulo gab jedoch die Hoffnung nicht auf, dass irgendwann irgendjemand aus den Medien seine Bücher vorurteilsfrei lesen würde, mit dem Blick jener Tausenden, die wegen seiner drei Bestseller in die Buchhandlungen des Landes strömten. Würde etwa *Veja*, das einflussreichste, meistgelesene Magazin Brasiliens, Paulo seine nächste Titelgeschichte widmen? Nachdem er ein langes Interview gegeben und für Fotos posiert hatte, wartete der Autor gespannt auf den Sonntagmorgen, an dem das neue *Veja* erschien. Die erste Überraschung war, dass auf der Titelseite, statt eines Fotos von Paulo unter dem Titel »Die

Esoterikflut« eine Kristallkugel abgebildet war. Paulo blätterte die Zeischrift schnell bis zu der ihn betreffenden Reportage mit dem Titel »Der Magier auf der Höhe« durch, die ihn mit schwarzem Umhang, Turnschuhen und einem Stock in der Hand zeigte. Schon bei der zehnten Zeile blieb er hängen. Der (übrigens unsignierte) Text war ein Rundumschlag. Sowohl *Brida* als auch *Auf dem Jakobsweg* und *Der Alchimist* wurden als »schlecht geschriebene, von diffuser Esoterik durchtränkte Geschichten« bezeichnet. Und auch die folgenden sechs Seiten waren nur so gespickt mit ironischen Seitenhieben und hämischer Kritik:

[…] verrückter Aberglaube…

[…] niemand kann genau sagen, wo die wahre Überzeugung endet und die Farce beginnt…

[…] noch einer, der auf der lukrativen Esoterikwelle surft…

[…] er hat 20 000 Dollar Vorschuss für dieses Machwerk eingestrichen und überlegt bereits, ob er für seine Vorträge Eintritt nehmen soll…

[…] bestimmt sein schlechtestes Buch…

[…] belangloses Geschreibsel

Nicht einmal sein Glaube wurde verschont. An der Stelle, an der *Veja* den religiösen Orden erwähnt, dem der Autor angehört, heißt es, »Regnum Agnus Mundi« sei nichts anderes als »ein paar zusammenhanglose lateinische Wörter, die man versuchsweise mit ›Das Reich des Lammes Gottes‹ übersetzen könnte«. Aus dem Interview, das zahllose Stunden gedauert hatte, wurde nur ein einziger Satz ganz zitiert: Auf die Frage, was der Grund für seinen großen Erfolg sei, hatte Paulo geantwortet, »es ist eine Gottesgabe«.

Paulo Coelho reagierte auf den Artikel in *Veja* mit einem kurzen Brief: »Betreffend Ihre Reportage ›Der Magier auf der Höhe‹ erlauben Sie mir bitte nur eine kleine Berichtigung: Ich habe nicht vor, Eintritt für meine öffentlichen Vorträge zu verlangen. Im Übrigen entnehme ich Ihrer Reportage ohne Überraschung: Wir sind alle völlige Idioten und Ihr die Einzigen, die durchblicken.« Dem Journalisten Luiz García von *Globo* schickte er einen langen Text, der auf einer halben Seite der Zeitung unter dem Titel »Ich bin die fliegende Untertasse der Literatur« abgedruckt wurde und in dem Paulo sich zum ersten Mal über die Behandlung in den Medien beklagt.

[...] Zurzeit bin ich die fliegende Untertasse der Literatur – ob Sie nun die Form, die Farben oder die Mannschaft mögen oder nicht. Also schauen Sie mich doch staunend und nicht so aggressiv an. Seit drei Jahren kaufen die Leute meine Bücher, und zwar immer zahlreicher, und so viele Menschen aller Altersgruppen und Gesellschaftsschichten könnte ich doch nicht täuschen. Ich schreibe in meinen Büchern nur, wie ich die Dinge sehe, meine Wahrheit und die Dinge, an die ich ganz ehrlich glaube – auch wenn die Kritik mich nicht einmal in dieser Hinsicht geschont hat.

Die auf derselben Seite abgedruckte Entgegnung fiel in ebenso ätzendem Ton aus wie die Reportage:

[...] Da Sie, wie Sie in Ihrem unverwechselbaren Stil schreiben, weiter den »guten Kampf kämpfen« wollen, kann ich nur hoffen, dass sie nicht weiterhin einfach schreiben mit schlecht schreiben verwechseln. Auf diesen Stil dürfen Sie sich wahrlich nichts zugutehalten.

Zum Glück für Paulo konnte die Kritik den Buchhandel nicht infizieren. Während die Journalisten mit der Lupe nach schiefen Verben, zweifelhaften Konkordanzen und falsch gesetzten Kommata fahndeten, fand das Buch bei den Lesern weiterhin reißenden Absatz. Eine Woche nach Erscheinen führte *Brida* landesweit die Bestsellerlisten an, auf den überall auch seine beiden früheren Bücher standen. Das Massenphänomen, zu dem Paulo Coelho geworden war, zwang nun auch Intellektuelle, Künstler und andere öffentliche Personen, zu Paulo Stellung zu nehmen. Die Meinung bekannter Persönlichkeiten fiel indes ganz anders aus als die der Kritiker:

Er ist ein Genie. Er lehrt uns, dass die Erleuchtung nicht in komplizierten Dingen liegt. *(Regina Casé, Schauspielerin)*

Wer? Paulo Coelho? Nein, ich habe noch nie etwas von ihm gelesen. Doch das liegt wirklich nicht an mangelndem Interesse. Ich befinde mich einfach schon zu lange außerhalb der Realität. *(Olária Matos, Philosophin und Professorin an der Universidade de São Paulo)*

Der Alchimist hat etwas mit der Geschichte von jedermann zu tun. Mich hat dieses Buch dermaßen berührt

und gefangen genommen, dass ich es meiner Familie empfohlen habe. *(Eduardo Suplicy, Wirtschaftswissenschaftler
und Politiker)*

Ich las, und es ward Licht. Der Text nutzt die Intuition
und fließt ganz natürlich wie ein Fluss. *(Nelson Motta,
Komponist)*

Die beiden Bücher haben mich erleuchtet. Durch sie begriff ich viele schwer zu erklärende Dinge. *(Técio Lins e
Silva, Rechtsanwalt und Politiker)*

Auf dem Jakobsweg habe ich gelesen, aber ich ziehe die
Songtexte vor, die Paulo Coelho zusammen mit Raul Seixas gemacht hat. *(Cacá Rosset, Theaterregisseur)*

Trotz der ätzenden Kritik seitens der Presse hatte *Brida* ein
Jahr nach dem Erscheinen bereits 58 Auflagen erreicht und
führte mit einer Million verkauften Exemplaren die Bestsellerlisten an. Vom Erfolg beflügelt, begann Paulo mit der Arbeit
an einem Werk, das er 1991 herausbringen wollte und das wie
eine Bombe einschlagen sollte – eine Art Autobiographie, in
die Einzelheiten seines Ausflugs mit Raul Seixas in die Welt
der schwarzen Magie und des Satanismus einfließen sollten,
darunter auch die »schwarze Nacht«, in der er sich, wie er
meint, dem Dämon gestellt hatte. Anders als bei seinen vorangegangenen Büchern, bei denen er Chris das Manuskript erst
ganz zum Schluss gegeben hatte, zeigte er ihr diesmal jedes
neue Kapitel, sobald es fertig war. Während Paul die Tage über
sein kleines Toshiba Notebook 1100 gebeugt verbrachte, las

Christina und war von der Lektüre wie elektrisiert. Als er fast 600 Seiten geschrieben hatte, warnte Chris ihn jedoch eindringlich:

»Paulo, hör auf.«

»Was?«

»Ich finde das Buch großartig. Das Problem ist, dass es nur das Böse behandelt. Ich weiß, dass das Böse faszinierend ist, aber du darfst nicht weiter darüber schreiben.«

Zuerst versuchte Paulo, sich »mit Argumenten und dann mit Fußtritten« zu wehren, »mit denen er alles ringsum traktierte«, und brüllte: »Bis du wahnsinnig geworden, Chris? Das hättest du mir wirklich auf Seite 10 sagen können und nicht erst auf Seite 600.«

»Also gut, ich werde dir erklären, warum ich das sage. Als ich heute das Bild von Nossa Senhora Aparecida ansah, wurde mir klar, dass du dieses Buch nicht schreiben darfst.«

Nach langen Diskussionen siegte wie fast immer Chris' Gesichtspunkt: Das Werk würde nicht veröffentlicht werden. Paulo druckte es ein einziges Mal aus und löschte anschließend jede Spur davon auf dem Computer. Er lud seinen Verleger Rocco zum Mittagessen in das elegante portugiesische Restaurant Antiquarius in Leblon ein und packte den zehn Zentimeter dicken Wälzer auf den Tisch: »Hier ist das Manuskript des neuen Buches. Schlag es irgendwo auf.«

Obwohl Rocco aus Aberglauben sonst nie Paulos Manuskripte las, bevor er sie in Druck gab, ließ er sich ausnahmsweise dazu herbei. Er schlug das Bündel aufs Geratewohl auf und las ein paar Zeilen. Als er unten an der Seite angelangt war, sagte Paulo: »Außer mir und Christina wirst du der Einzige sein, der je eine Zeile dieses Buches gelesen haben wird, denn ich werde es zerstören. Ich bitte nur den Kellner nicht, es zu flambieren, weil ich nicht möchte, dass diese negative Energie sich in Feuer verwandelt. Auf meinem Computer wurde das Buch bereits vollständig gelöscht.«

Nach dem Mittagessen ging Paulo auf der Suche nach einer geeigneten Stelle, an der er das Buch für immer begraben könnte, allein am Strand von Leblon entlang. Als er einen Müllwagen sah, der den Inhalt der Mülleimer der Apartmenthäuser am Strand in sich hineinfraß, warf er das Paket mit dem Manuskript in die sich drehende Trommel – die das Buch, das niemals gelesen werden würde, in Sekundenschnelle zerstörte.

26
Erfolg im Ausland

Wie von Mônica prophezeit, werden auch die Leser in Frankreich, Australien und in den Vereinigten Staaten vom Fieber angesteckt.

M ag sein, dass sich Paulo, indem er das von negativer Energie erfüllte Manuskript von einem Müllwagen zerstören ließ, künftigen metaphysischen Ärger erspart hat. Doch die Tatsache, dass er ein praktisch fertiges Buch weggeworfen hatte, schaffte ihm und seinem Verlag auch ein Problem: Was sollte er 1991 herausbringen, um die phänomenale Erfolgswelle der drei vorangegangenen Bestseller nicht verebben zu lassen? Paulo schlug Rocco daher vor, solange er nicht entschieden hätte, was er Neues schreiben würde, erst einmal ein kleines Buch zu adaptieren und ins Portugiesische zu übersetzen. Es handelte sich um eine 1890 von einem jungen protestantischen Missionar, Henry Drummond, in England gehaltene Predigt über *The Greatest Thing in the World* [Die Liebe aber ist die Größte], in der er anhand des Korintherbriefs des Apostels Paulus über die Tugenden Geduld, Güte, Unschuld und Ehrlichkeit als Manifestationen »des größten Gutes, das der Menschheit gegeben wurde« spricht: die Liebe. Unter dem neuen Titel *O Dom Supremo* [Die höchste Gabe] sollte die brasilianische Ausgabe ein gerade mal hundert Seiten starkes Bändchen werden, das imstande wäre, die Herzen zu rühren. Obwohl es von den Medien praktisch nicht wahrgenommen und ohne großes Aufheben auf den Markt gebracht wurde, schaffte es auch *O Dom Supremo* in wenigen Wochen auf die Bestsellerlisten, wo es zu *Auf dem Jakobsweg*, *Der Alchimist* und *Brida* stieß, die sich dort weiterhin hartnäckig hielten.

Der Erfolg des Büchleins schien den Autor jedoch nicht zufriedenzustellen. Schließlich handelte es sich dabei nicht um ein Werk von ihm, sondern »nur« um eine Bearbeitung eines Textes von jemand anderem. Auf der Suche nach einem Thema für einen neuen Roman entschied sich Paulo am Ende für das Abenteuer, das er 1988 mit Chris im Süden der USA erlebt hatte. Die ihm damals von Jean aufgetragene Aufgabe war klar umrissen gewesen: Er und seine Frau sollten sich einer vierzigtägigen spirituellen Retraite in der Mojavewüste unterziehen, die mit ihren fast 60 000 Quadratkilometern fast so groß ist wie Litauen, für ihr unzuträgliches Klima und ihre einzigartigen geologischen Formationen wie das Death Valley bekannt ist und deren Flüsse jedes Jahr sechs Monate lang verschwinden und trockene, von Salz bedeckte Flussbetten zurücklassen. Die ihm von seinem Meister gestellte Aufgabe lautete, er müsse in dieser unendlichen Sandfläche, die sich über die Staaten Kalifornien, Nevada, Utah und Arizona erstreckt, seinen Schutzengel finden und sich dabei von jemandem mit dem einsilbigen Namen Took führen lassen.

Chris und Paulo landeten am 5. September 1988 auf dem Flughafen von Los Angeles, wo sie einen Wagen mieteten und nach Süden zum Salton Sea, einem fünfzig Kilometer langen und zwanzig Kilometer breiten Salzwassersee, aufbrachen.

Nach mehrstündiger Fahrt kamen sie an eine dieser typischen halb verlassenen Tankstellen, wie man sie aus Westernfilmen kennt. »Ist es noch weit bis zur Wüste?«, fragten sie das Mädchen, das sie bediente. Bis Borrego Springs am Rand der Wüste noch dreißig Kilometer, lautete die Antwort. Auch riet es ihnen, die Klimaanlage nur bei laufendem Motor zu benutzen, damit der Motor nicht überhitzte, außerdem immer zwei Gallonen Wasser im Kofferraum mitzuführen und das Fahrzeug nicht zu verlassen, falls etwas Unvorhergesehenes geschah. »Das Klima war angenehm und die Vegetation saftig grün«, schrieb Paulo in sein Tagebuch. »Mir fiel es schwer, zu glauben, dass sich in so kurzer Zeit alles so radikal ändern sollte. Aber es war tatsächlich so: Hinter der nächsten Bergkette lag schon die stille, unendliche Weite der Mojave.«

Während der folgenden vierzig Tage, in denen Paulo und Chris entweder kampierten oder, wenn immer möglich, in Hotels abstiegen, trafen sie auf all die historischen Relikte und Figuren, denen die Wüste ihren Ruf verdankt: verlassene Goldminen, staubbedeckte Pferdefuhrwerke der Pioniere, Geisterdörfer, Eremiten, die sich aus der Welt und von den Menschen zurückgezogen hatten, Kommunen von Hippies, die den Tag in stummer Meditation verbrachten. Sonst begegneten sie nur noch sogenannten Einheimischen: Klapperschlangen, Hasen und Kojoten, Tieren, die wegen der Hitze nur nachts aus ihren Verstecken kamen.

Die ersten zwei Wochen der Retraite sollten sie in vollkommenem Schweigen verbringen. Dem Ehepaar war nicht einmal erlaubt, einander guten Tag zu wünschen. Diese Phase sollte ganz den Exerzitien des heiligen Ignatius von Loyola gewidmet sein. Die 1548 vom Vatikan gutgeheißenen geistlichen

Übungen, *exercicios espirituales* genannt, basieren auf persönlichen Erfahrungen des Gründers des Jesuitenordens. Es handelt sich, dem katholischen Glauben zufolge, nicht um eine Spiritualität, die gepredigt oder intellektuell verarbeitet werden soll, sondern um gelebte Spiritualität. »Durch die Erfahrung wird das Mysterium Gottes jedem Menschen auf einzigartige und individuelle Art enthüllt«, erklären die von den Jesuiten herausgegebenen Handbücher, »und diese Enthüllung verändert unser Leben.« Das große Ziel des heiligen Ignatius war, dass jeder, der diese Übungen machte, dadurch ganz kontemplativ werde, »was bedeutet, in allem und allen die Gestalt Gottes zu sehen, die Gegenwart der Heiligen Dreifaltigkeit, die die Welt immer wieder neu aufbaut.« In den ersten Tagen widmeten sich Paulo und Chris nur dem einen: dem Beten und Meditieren. In einer sternenklaren Nacht, als sie betend und meditierend auf einer Düne saßen, durchbrach plötzlich ohrenbetäubender Lärm die friedliche Stille und danach in kurzem Abstand noch drei weitere Male. Der Lärm kam vom Himmel bzw. von riesigen explodierenden Feuerbällen, die in Tausende von bunten Funken zerstoben und dabei die Wüste in grelles Licht tauchten. Christina und Paulo brauchten ein paar Schrecksekunden, bis ihnen klar war, dass dies nicht das Armageddon war, wie Paulo sich Jahre später erinnerte:

»Erschrocken sahen wir überall gleißende Lichter herunterfallen, die die Wüste taghell beleuchteten. Plötzlich krachte es rings um uns herum: Es waren Militärflugzeuge, die die Schallmauer durchbrachen* und am Horizont Brandbomben abwar-

---

* Das Testgelände ist der legendäre Edwards-Luftwaffenstützpunkt in der kalifornischen Mojavewüste. Hier wurde zum ersten Mal die Schallmauer durchbrochen und schließlich Mach 6 erreicht.

fen. Erst am nächsten Tag erfuhren wir, dass die Wüste für Militärübungen genutzt wurde. Es war wirklich zum Fürchten.« Nachem sie die ersten zwei Wochen spiritueller Übungen hinter sich hatten, gelangten Paulo und Chris, immer Jeans Anweisungen folgend, schließlich zu dem alten Trailer in der Nähe von Borrego Springs, in dem Took lebte. Beide waren verblüfft, als sie das übernatürliche Wesen, von dem Jean gesprochen hatte, schließlich vor sich hatten – einen etwa zwanzigjährigen jungen Mann. Unter der Anleitung des jungen Magiers fuhren Paulo und Chris durch zig kleine Orte an der Grenze zu Mexiko, bis sie auf eine in der Region als »Walküren« bekannte Gruppe stießen, acht bildhübsche Frauen, die in schwarzer Lederkluft auf dicken Motorrädern durch die Mojave streiften. Ihre Anführerin, Walhalla, die älteste der acht Frauen, war eine ehemalige Managerin der Chase Manhattan Bank und wie Paulo und Took Mitglied der R. A. M. Am achtunddreißigsten Tag würde sie Paulo dazu bringen, sich dem blauen Schmetterling und einer Stimme zu stellen, die, wie er im Buch erzählt, mit ihm kommuniziert habe. Anschließend, berichtet er weiter, habe er seinen Engel auch gesehen – zumindest einen Teil von dessen Materialisierung –, einen Arm, der in der Sonne glänzte und seinen Namen in den Sand schrieb.

Ganz überwältigt, konnte es Paulo anschließend kaum erwarten, Chris davon zu erzählen und insbesondere ihr zu sagen, dass »den Engel zu sehen noch einfacher [gewesen sei], als mit ihm zu sprechen«.

Zur Feier der Begegnung mit seinem Schutzengel und zum Abschluss der Reise war Paulo dann noch mit Chris und Took nach Glorieta Canyon bei Santa Fe gefahren. Zu dritt wanderten sie durch eine unwirtliche Steinwüste, als Paulo unvermittelt vor einer kleinen Grotte stehen blieb. Er ging dann zurück zum Wagen, holte Beutel mit Zement und Sand und eine Fünfliterflasche Wasser aus dem Kofferraum und begann Zement anzumischen. Als die Masse die richtige Konsistenz hatte, bedeckte er den Boden der Grotte damit und ließ darin eine aus Brasilien mitgebrachte Statuette der Nossa Senhora de Aparecida ein, der schwarzen Schutzpatronin von Brasilien. Zu Füßen der kleinen Statue ritzte er folgende Worte in den noch weichen Zement: THIS IS THE VIRGIN OF PARACIDA FROM BRASIL. ASK FOR A MIRACLE AND RETURN HERE. [Dies ist die Heilige Jungfrau von Aparecida aus Brasilien. Bitte um ein Wunder, und komme hierher zurück.] Er zündete eine Kerze an, sprach ein kurzes Gebet und kehrte dann um.

Danach gingen Paulo die Ereignisse in der Mojavewüste drei Jahre lang nicht aus dem Sinn. Erst Ende 1991, als er nach einem Ersatz für das im Müllwagen zerstörte Manuskript suchte, beschloss er, *As Valkírias* zu schreiben. Den Angaben des Textverarbeitungssystems seines Computers zufolge tippte er die ersten Worte am 6. Januar 1992, einem Montag, um 23.30 Uhr und beendete das Buch nach siebzehn Tagen, an denen er, wie inzwischen üblich, ununterbrochen gearbeitet hatte, mit den Worten: »[…] Und erst dann werden wir imstande sein, Sterne, Engel und Wunder zu begreifen.«

Am 21. April, als das Buch schon in Druck gehen sollte, faxte Paulo Rocco, Jean habe Änderungen im Manuskript vorgeschlagen bzw. verlangt:

Lieber Rocco,

vor einer halben Stunde erhielt ich einen Anruf von J. (dem Meister), der mir befohlen hat, zwei Seiten des Buches zu streichen (oder zu verändern). Diese Seiten, die sich in der Mitte des Buches befinden, betreffen eine Szene, in der es um »Das Ritual, das die Rituale umstürzt« geht. Er sagt, dass ich in dieser Szene auf gar keinen Fall die Dinge so beschreiben darf, wie sie geschehen sind. Ich solle eine allegorische Sprache benutzen oder die Beschreibung des Rituals an der Stelle abbrechen, an der der verbotene Teil beginnt.

Ich habe mich für Zweiteres entschlossen, was bedeutet, dass ich einiges umschreiben muss. Ich werde dies gleich über die Feiertage tun. Ich wollte es Dir nur umgehend sagen. Am nächsten Mittwoch sind zum Abholen bereit:

– die von meinem Meister verlangten Änderungen,
– die neue »Anmerkung des Autors«.

Falls ich wider Erwarten nicht so schnell fertig werde, schicke ich noch mal ein Fax, aber mein Meister bestand darauf, dass ich sofort Kontakt mit dem Verlag aufnehme, was ich hiermit tue,

Paulo Coelho

Außer Jean, dem Autor und Paulo Rocco weiß niemand, was in den zensierten Stellen stand. Die Streichung scheint aber den Erfolg von *As Valkírias* bei den Lesern nicht gemindert zu haben. Einen Tag nach dem Erstverkaufstag im August 1992 war die Hälfte der Startauflage von 120 000 Exemplaren bereits weg. Zwei Wochen später wurde *Der Alchimist* vom ersten

Platz auf der Bestsellerliste, auf dem er sich drei Jahre lang ununterbrochen gehalten hatte, von *As Valkírias* verdrängt. Paulo wurde zum ersten brasilianischen Autor, der fünf Bücher gleichzeitig auf der Bestsellerliste hatte. Neben den soeben erschienenen *Valkírias* standen dort *Der Alchimist* (159 Wochen), *Brida* (106), *Auf dem Jakobsweg* (68) und *Die größte Gabe* (19); nur der Amerikaner Sidney Sheldon, einer der erfolgreichsten Autoren der Welt, war mit mehr Büchern – sechs – gleichzeitig auf den Bestsellerlisten gewesen.

Aber nicht der Inhalt weckte nach dem ersten Verkaufsboom des Buches das Interesse der Presse, sondern Einzelheiten aus dem Vertrag mit Rocco. Eine Zeitung behauptete, Paulo erhalte 15 Prozent vom Nettoladenpreis (im Gegensatz zu den weltweit üblichen 10 Prozent), eine andere enthüllte, er habe Anrecht auf eine Prämie von 400 000 Dollar, falls *As Valkírias* mehr als 600 000 Exemplare verkaufe. Eine dritte stellte Spekulationen über den Marketingetat des Verlages an und berichtete, der Autor habe sich, um sich vor der Inflation zu schützen, zweiwöchentliche Zahlungen ausbedungen. Die Zeitung *Jornal do Brasil* versicherte, dass der Markt infolge des Erfolges von *As Valkírias* von »Plastikstickern mit der Aufschrift ›Ich glaube an Engel‹, Plakaten mit ›Die Engel sind unter uns‹ und von Keramikbüsten des Autor sowie von T-Shirts der Marke Company mit einem Bild des Erzengels Michael überschwemmt werden würde«. Eine Kolumnistin aus Rio brachte die Nachricht, der Autor habe ein Honorar von 45 000 Dollar dafür ausgeschlagen, in einer Versicherungswerbung einen einzigen Satz zu sagen: »Ich glaube an ein Leben nach dem Tode, aber schließen Sie für alle Fälle trotzdem eine Versicherung ab.« Tatsächlich neu an alldem war aber, dass Paulo von diesem Zeitpunkt an auch ein Wort beim Preis des Buches mitreden wollte – in einem Bereich, der sonst Sache des Verlages ist. Weil er sein Werk auch für Menschen mit weniger Kaufkraft verfügbar machen wollte, legte der Autor von nun an auch einen Höchstpreis für seine Bücher vertraglich fest – im Falle von *As Valkírias* waren es damals elf Dollar.

Erst nachdem das anfängliche Interesse für Zahlen und Rekorde erlahmt war, erschienen die ersten Kritiken zum Inhalt. Und sie stießen ins gleiche Horn wie bei den anderen Büchern. »Die literarische Mittelmäßigkeit von *As Valkírias* hat letztlich auch etwas Positives. Es könnte ein aufregendes Buch sein, ist aber vor allem fad. So ist es einfacher zu lesen.« *(Folha de São Paulo)* »Vom literarischen Standpunkt aus gesehen, d. h., wenn man unter Literatur die Kunst des Schreibens versteht, zeigt *As Valkírias* in großzügigem Maße die gleiche Qualität wie Coelhos frühere Bücher: nämlich keine.« *(Veja)* »Die Bücher von Paulo Coelho, und *As Valkírias* bildet da keine Ausnahme, zeichnen sich nicht durch stilistische Virtuosität aus. Sieht man von der unwahrscheinlichen Handlung einmal ab, so sind die Sätze derart grob gehauen, dass sie aus einem Schulaufsatz zu stammen scheinen.« *(O Estado de São Paulo)*

Inmitten dieses Sperrfeuers der Kritik hatte die Schulbehörde von Rio de Janeiro beschlossen, die Werke von Paulo Coelho dazu zu nutzen, den Schülern die Freude am Lesen beizubringen. Darauf reagierten die Zeitungen womöglich noch bissiger. In einem mit »Eselei« überschriebenen Beitrag im *Jornal do Brasil* warf der Journalist Roberto Marinho de Azevedo der Behörde vor, »die unschuldigen Kinder mit in nachlässigem Portugiesisch geschriebener Esoterik aus achter Hand vollzustopfen«. Schlimmer als der Text war die Karikatur daneben, ein Schüler mit Eselsohren, der ein Exemplar von *Auf dem Jakobsweg* in der Hand hält.

Paulo Coelho hatte vier Bücher veröffentlicht, die zu den größten literarischen Erfolgen aller Zeiten in Brasilien geworden waren, doch positive Kritiken ließen sich an einer Hand abzählen. Die Medien, denen es nicht gelang, ihren Lesern eine Erklärung für das Phänomen eines Autors zu geben, den sie für mittelmäßig hielten, stocherten wie wild nach Erklärungen. Einige schrieben dem Marketing die Rekorde zu, die der Autor einen nach dem anderen brach – doch blieb die Frage weiterhin unbeantwortet: Wenn es doch so einfach war, warum benutzten andere Autoren und Verleger nicht dasselbe Rezept? Als sie zum Launch von *As Valkírias* in Brasilien war, ließ Mônica Antunes, fast zu streng gekleidet für jemanden, der fast noch wie ein Teenager aussah, die unvermeidliche Frage des *Jornal do Brasil,* »Was, glauben Sie, ist der Grund für Paulo Coelhos Erfolg?«, mit einer prophetischen Antwort ins Leere laufen: »Was wir heute sehen, ist erst der Anfang des Coelho-Fiebers.«

Ein weiteres Argument, das als Erklärung für den phänomenalen Erfolg herhalten musste – der niedrige Bildungsstand in Brasilien –, wird bald durch das Erscheinen von Paulos Büchern auf zwei der wichtigsten Buchmärkte, dem amerikanischen und dem französischen, entkräftet.

In den USA kam der Stein Ende 1990 ins Rollen. Paulo bereitete sich gerade im Holiday Inn in Campinas, einer 100 km von São Paulo entfernten Stadt, auf eine Debatte mit Studenten der Universidade Estadual de Campinas (Unicamp) über *Brida* vor, als das Telefon klingelte. Am anderen Ende der Leitung war der fünfzigjährige Alan Clarke, Besitzer des Gentleman's Farmer, eines kleinen Bed-&-Breakfast-Hotels mit fünf Zimmern in der kleinen Stadt West Barnstable im Staat Massachusetts. Clarke, der fließend Portugiesisch sprach, erklärte ihm, dass er in seiner Freizeit als vereidigter Übersetzer für die portugiesische Sprache arbeite und ein paar Jahre als Manager der Telefongesellschaft ITT in Brasilien tätig gewesen sei. Er habe *Auf dem Jakobsweg* gelesen, es habe ihm gefallen, und er würde es gern ins Englische übersetzen. Paul wusste, dass der amerikanische Markt ein Sprungbrett zum Rest der Welt sein könnte, doch er zeigte sich von dem Angebot nicht begeistert: »Vielen Dank für Ihr Interesse, aber ich brauche einen Verlag in den USA, keinen Übersetzer.«

Clark ließ sich nicht entmutigen. »Aber kann ich dann versuchen, einen Verlag für das Buch zu finden?«

Paulo, der annahm, dass dieses Gespräch folgenlos bleiben würde, willigte ein. Alan, der noch nie ein literarisches Werk übersetzt hatte, übersetzte die 240 Seiten von *Auf dem Jakobsweg* und machte sich mit dem englischen Manuskript unter dem Arm auf den Weg. Erst nachdem er unzählige Verlage abgeklappert und unzählige Absagen bekommen hatte, fand er jemanden, der Interesse zeigte. Die Mühe hatte sich gelohnt, denn der Verlag, der angebissen hatte, war kein geringerer als HarperCollins, damals der größte der USA. Erst 1992, als Paulo in Brasilien gerade *As Valkírias* veröffentlichte, erschien das Buch in den USA mit dem Titel *The Diary of a Magician*. Tage und Wochen vergingen, und es wurde bald klar, dass *The Diary* kein Hit sein würde. »In Wirklichkeit hat das Buch auf dem Buchmarkt praktisch nicht stattgefunden«, erinnert sich der Autor. »Es wurde in den Medien nirgends erwähnt und von der Kritik praktisch ignoriert.«

Der Misserfolg konnte jedoch die Begeisterung des Agenten-Übersetzers nicht dämpfen. Ein paar Monate nach Erscheinen des *Alchimisten* in Brasilien legte er HarperCollins bereits das Manuskript der Übersetzung vor – und das Buch eroberte alle professionellen Leser im Verlag, die dessen Chancen auf dem amerikanischen Buchmarkt beurteilen sollten. Die Begeisterung der HarperCollins-Mitarbeiter war mit ausschlaggebend für die hohe Startauflage: 50 000 Exemplare im Hardcover – das hatte noch kein brasilianischer Autor geschafft, nicht einmal der allseits anerkannte Jorge Amado. Die Lektoren von HarperCollins hatten einen guten Riecher gehabt: Innerhalb weniger Wochen stand das Buch auf der Bestsellerliste so maßgeblicher Zeitungen wie der *Los Angeles Times*, des *San Francisco Chronicle* und der *Chicago Tribune*. Obwohl sie teurer war, hatte die gebundene Ausgabe einen solchen Erfolg, dass der Verlag erst zwei Jahre später eine preiswertere Paperback-Ausgabe auf den Markt brachte.

Der Riesenerfolg von *The Alchemist* öffnete die Tore zu Märkten, an die der Autor selbst nicht im Traum gedacht hatte, wie beispielsweise Ozeanien. *The Alchemist*, der kurz nach seinem Erscheinen in den Vereinigten Staaten auch in Australien herauskam, sollte vom *Sydney Morning Herald* als »Buch des Jahres« gefeiert werden. Die Zeitung schrieb, es handele sich um »ein bezauberndes Buch von unendlicher philosophischer Schönheit«. Die australischen Leser schienen das auch so zu sehen, denn wenige Wochen nach Erscheinen erstürmte es den ersten Platz der wichtigsten Bestsellerliste des Landes, der des *Herald*. Paulos Träume waren allerdings noch hochfliegender. Er wusste, dass die eigentliche Anerkennung als Autor nicht aus New York oder Sydney kommen würde, sondern von der anderen Seite des Atlantiks. Wie bei den meisten Schriftstellern war es auch sein Traum, in Frankreich, der Heimat Victor Hugos, Flauberts und Balzacs, veröffentlicht und vor allem gelesen zu werden.

Anfang 1993 wurde Paulo während einer kurzen Reise nach Spanien vom ersten Widerhall des amerikanischen Erfolgs überrascht: Die Agentin Carmen Balcells, die Kaliber wie den Peruaner Mario Vargas Llosa und den Kolumbianer García Márquez, den Literaturnobelpreisträger aus dem Jahr 1982, auf ihrer Liste hatte, bot ihm an, künftig auch ihn zu vertreten. Die Versuchung war groß, denn von Carmen vertreten zu werden bedeutete, Wege zu betreten, die die wichtigsten Autoren Lateinamerikas geebnet hatten. Der Direktor der Agentur, der damit beauftragt war, Paulo aufzufordern, zur Agentur Balcells zu kommen, versprach ihm, dass der Vertragsschluss auf der Frankfurter Buchmesse feierlich verkündet werden würde. Ein weiterer Punkt war, dass Carmen Balcells im Gegensatz zu den meisten Literaturagenten, unter ihnen auch Mônica Antunes, die 15 Prozent der Erträge bekamen, nur 10 Prozent der Tantiemen der von ihr vertretenen Autoren einbehielt.

Das Angebot kam genau zur rechten Zeit. Paulo hatte sich bereits Sorgen wegen ihrer beider – seiner und Mônicas – mangelnden Erfahrung in der ausländischen Verlagswelt gemacht. Beide kannten dort weder Verleger noch Journalisten, und es bestand keine Aussicht darauf, dass sich daran kurzfristig etwas ändern würde. Paulo befürchtete, Mônica könnte ihre Jugend diesem Abenteuer opfern, das nunmehr schon vier Jahre ohne befriedigende Ergebnisse gedauert hatte. »Ich war verpflichtet, ihr zu sagen, dass sie niemals davon würde leben können, mich als Literaturagentin international zu vertreten«, sollte sich der Autor später erinnern. »Damit sie gut davon leben konnte, hätte ich Millionen von Büchern im Ausland verkaufen müssen, und das war nicht der Fall.« Jetzt war ein offenes Gespräch mit seiner Partnerin angesagt.

Er lud sie, nachdem er lange über das Angebot von Carmen Balcells nachgedacht hatte, in eine kleine Bar in Rubí ein und kam sofort zur Sache. Was folgte, war weniger ein Dialog als ein verbales Kräftemessen:

»Du weißt, wer Carmen Balcells ist, nicht wahr?«

»Ja, das weiß ich.«

»Sie hat mir geschrieben und mir angeboten, mich in Zukunft zu vertreten. Du investierst in jemanden, an den du glaubst, aber seien wir realistisch: Wir werden es nirgendwohin schaffen. Dieses Geschäft verlangt Erfahrung, es ist ein heftiger Kampf um Interessen.«

Mônica schaute ihn nur ungläubig an. Paulo fuhr fort: »Lass uns einfach akzeptieren, dass unsere Arbeit nicht die erwarteten Früchte getragen hat. Es ist nicht deine Schuld. Es geht um mein Leben, und ich möchte nicht, dass du auch deines für einen Traum opferst, dessen Verwirklichung unmöglich scheint.«

Noch blasser als sonst hörte Mônica ihm nur wortlos zu.

»Was hältst du also davon, wenn wir unsere Geschäftsbeziehung beenden? Ich gehe zu Carmen Balcells, zahle dich für die Jahre, die du für mich gearbeitet hast, aus und gehe meiner eigenen Wege. Aber du hast das letzte Wort. Du hast vier Jahre deines Lebens in mich investiert, also werde nicht ich derjenige sein, der dich wegschickt. Nur musst du verstehen, dass es für dich und für mich besser ist, wenn wir aufhören. Bist du damit einverstanden?«

»Nein.«

»Wieso nicht? Ich bezahle dich für die Zeit, die du mir gewidmet hast, für deinen ganzen Einsatz. Einen unterzeichneten Vertrag mit dir habe ich übrigens auch nicht, Mônica.«

»Kommt nicht in Frage. Wenn du mich wegschicken willst, tu das, aber ich werde nicht um meine Entlassung bitten.«

»Du weißt doch, wer Carmen Balcells ist! Und du willst, dass ich ihr absage? Sie will den Vertragsabschluss mit mir auf der Frankfurter Buchmesse mit Plakaten meiner Bücher verkünden, und du sagst, ich solle ihr absagen?«

»Nein. Ich sage, dass du mich entlassen kannst, wenn du es willst. Es steht dir frei, zu tun, was du willst. Im Übrigen hast du nicht auch diesen Alan Clarke da in den USA engagiert? Ich denke, ich hätte das besser als er gemacht.«

Vor so viel Überzeugung streckte Paulo die Waffen. In einer Sekunde löste sich der Taum von Plakaten in Frankfurt und seinem Namen auf der Agenturliste zusammen mit García Márquez und Vargas Llosa in Luft auf. Er hatte gerade die eleganten Konferenzzimmer bei Carmen Balcells, die mit ihren zig Angestellten in der Avenida Diagonal im Zentrum Barcelonas ein ganzes Stockwerk belegte, gegen die Agentur Sant Jordi Asociados eingetauscht, die aus nichts weiter bestand als aus einem hölzernen Bücherbord mit ein paar Pappordnern in Mônicas kleiner Wohnung. Vom Stützpunkt ihrer Wohnung in Rubí aus sollte sich die junge Frau mit *The Alchemist* als Sesam-öffne-dich im Gepäck dann auch zu den Verlagen in aller Welt aufmachen. Im September 1993 bereitete sie sich auf ihre erste große Herausforderung vor: den Versuch, Paulo Coelho auf dem wichtigsten Treffen von Verlegern und Literaturagenten zu verkaufen, auf der Frankfurter Buchmesse.

Sie war 25 Jahre alt, hatte keine Erfahrung auf dem Gebiet und fürchtete sich, diese Herausforderung ganz allein zu meistern. Daher bat sie eine Freundin, ihre Namensvetterin Mônica Moreira, die Tochter der Dichterin Marly de Oliveira, sie zu begleiten. Die erste Überraschung bei ihrer Ankunft in Frankfurt war, feststellen zu müssen, dass es kein einziges freies Hotelzimmer in der Stadt gab. Die beiden jungen Frauen waren nicht auf die Idee gekommen, ein Zimmer zu reservieren, und konnten von Glück reden, als sie schließlich in einer Jugendherberge in einem kleinen Vorort unterkamen. Während der fünftägigen Messe war Mônica bienenfleißig. Anders als Balcells, die Plakate und Banner versprochen hatte, stand ihr nur ein bescheidenes Kit zur Verfügung – eine kurze Bio-Bibliographie und eine Aufstellung der Verkaufszahlen von Paulos Büchern in Brasilien und einigen anderen Ländern. Damit klapperte sie die Stände von Verlagen aus aller Welt ab und vereinbarte so viele Termine wie irgend möglich. Ihre Mühen wurden königlich belohnt: Am Ende des Jahres hatte Mônica Buchrechte in nicht weniger als sechzehn Sprachen verkauft.

Der erste von ihr in Frankfurt ausgehandelte Vertrag – mit dem norwegischen Verlag ExLibris – sollte auch ihr persönliches Leben verändern: Vier Jahre später, 1997, heirateten Mônica und der Besitzer von ExLibris, Øyvind Hagen. Innerhalb weniger Monate gelang es ihr, die Rechte für *Auf dem Jakobsweg* und *Der Alchimist,* manchmal sogar im Doppelpack, nicht nur nach Norwegen, sondern auch nach Australien, Japan, Portugal, Mexiko, Rumänien, Argentinien, Südkorea und Holland zu verkaufen. 1993 kam Paulo in die brasilianische Ausgabe des Guinness-Buchs der Rekorde, da sich *Der Alchimist* nunmehr beeindruckende 208 Wochen ununterbrochen auf einer Liste der meistverkauften Bücher der Zeitschrift *Veja* gehalten hatte. Doch aus Frankreich, dem Land von Paulos Träumen, war bislang nichts zu hören. Mônica hatte die amerikanische Übersetzung an mehrere französische Verlage geschickt, aber keiner hatte Interesse an diesem unbekannten Brasilianer gezeigt. Einer, der die Bücher Paulo Coelhos ablehnte, war Robert Laffont, der Besitzer eines traditionsreichen und hochangesehenen Verlages, den er während des Zweiten Weltkriegs gegründet hatte. Die Gleichgültigkeit, mit der *Der Alchimist* bei Laffont aufgenommen wurde, war so groß, dass man dort die Entscheidung der einzigen Person im Verlag übertrug, die Portugiesisch konnte, der Sekretärin der Verwaltung, und die sprach sich für eine Ablehnung des Buches aus.

Das Schicksal schien jedoch beschlossen zu haben, dass die Familie Laffont in Bezug auf Paulo Coelhos literarische Zukunft in Frankreich trotzdem eine führende Rolle spielen sollte. Anfang 1993 hatte Roberts Tochter Anne ihren Posten als Pressesprecherin des Unternehmens ihres Vaters gekündigt, um einen eigenen kleinen Verlag zu gründen. Die Editions Anne Carrière waren noch nicht drei Monate alt, als Brigitte Gregory, Annes Cousine und beste Freundin (und eine der Investorinnen, die Geld in das neue Unternehmen gesteckt hatten), ganz aufgeregt aus ihrem Urlaub in Barcelona anrief und erzählte, dass sie die spanische Übersetzung eines »faszinierenden Buches eines unbekannten Brasilianers mit dem Titel *El Alquimista*« gelesen habe. Anne, die weder Spanisch noch Portugiesisch konnte, verließ sich auf die Meinung ihrer Cousine (und eine schnelle Lektüre ihres Sohns Stephen, der etwas Spanisch konnte) und bat sie, herauszufinden, ob die französischen Rechte noch zu haben seien. Als Brigitte schließlich Mônica ausfindig gemacht hatte, erfuhr sie, dass *Der Alchimist* im Mai in den Vereinigten Staaten herauskommen würde, und bekam die Zusicherung, gleich nach Erscheinen ein Exemplar zugeschickt zu bekommen.

Obwohl sie den Inhalt des Werkes erst in der amerikanischen Version kennengelernt hatte, war Anne bereit gewesen, ihre ganze Energie in das Projekt zu stecken. Das Angebot, das sie im August machte, betrug nur 5000 Dollar, dafür holte sie sich als Übersetzer einen Meister des Metiers ins Boot, Jean Orecchioni, einen Sprachlehrer, der vorher den kompletten Jorge Amado ins Französische übersetzt hatte. Anne Carrières Cousine Brigitte, die die Patin der Veröffentlichung gewesen war, sollte den Erfolg von *L'Alchimiste* nicht mehr erleben. Sie starb im Juli, noch bevor das Buch fertig war, an einem Gehirntumor. Viele Jahre später, 2001, widmete Anne Carrière ihr ihr Buch *Une chance infinie: l'histoire d'une amitié* [Eine unendliche Chance: die Geschichte einer Freundschaft], in dem sie die Geschichte ihrer Beziehung zu Paulo Coelho erzählt und die Hintergründe des größten Erfolgs eines lateinamerikanischen Schriftstellers in Frankreich.

Die Produktion des Buches, die wie überall auf der Welt langsam voranging, führte dazu, dass *L'Alchimiste* erst im März 1994 erschien, als Paulo sich in Brasilien gerade anschickte, sein fünftes Buch zu veröffentlichen, *Na Margem do Rio Piedra eu Sentei e Chorei* [dt.: *Am Ufer des Rio Piedra saß ich und weinte*] – unter Coelhos Lesern einfach nur als *Rio Piedra* bekannt. Anne sah sich vor ein zweifaches Problem gestellt: Wie sollte sie das Buch eines unbekannten Autors in einem ebenfalls unbekannten Verlag veröffentlichen? Was sollte sie tun, damit die Buchhändler inmitten von Tausenden ständig

von den Verlagen auf den Markt geworfenen Titeln ihren Blick
eine Minute länger auf diesem Buch ruhen lassen würden? Ihre
Überlegungen führten zu dem Entschluss, eine nummerierte
Vorabausgabe von *L'Alchimiste* zu machen, die einen Monat
vor der Veröffentlichung an fünfhundert ausgewählte franzö-
sische Buchhändler verschickt werden sollte. Auf der Rückseite
des Buches stand ein von ihr selbst verfasster Text: »Paulo
Coelho ist ein in ganz Lateinamerika berühmter Autor. *Der
Alchimist* erzählt die Geschichte eines jungen Hirten, der sein
Land verlässt, um einem Traum zu folgen: der Suche nach
einem am Fuß der ägyptischen Pyramiden versteckten Schatz.
In der Wüste lernt er die Sprache der Zeichen und begreift den
Sinn des Lebens, vor allem aber lernt er, sein Herz sprechen zu
lassen. Er wird sein Schicksal erfüllen.«

Auf der Rückseite stand der Satz, den HarperCollins bei der
Veröffentlichung des Buches in den Vereinigten Staaten benutzt hatte: »*Der Alchimist* ist ein magisches Buch. Dieses
Buch lesen ist, wie frühmorgens den Sonnenaufgang zu erleben, während der Rest der Welt noch schläft.«

Der guten Aufnahme durch den Buchhandel war ein Teil
des Weges zum Erfolg des Buches zu verdanken, die Kritik, die
wie ein Geschenk des Himmels kam, tat ein Übriges. Die Meinung der wichtigsten Presseorgane Frankreichs – allen voran
die der Zeitschrift *Le Nouvel Observateur*, die Jahre später den
Autor scharf kritisieren sollte –, war sehr positiv, wie die Pres-
sezitate zeigen, die Anne Carrière in ihrem Buch anführt:

Mit einem Märchen befriedet Paulo Coelho das Herz der
Menschen und bringt sie dazu, über die Welt nachzudenken, die sie umgibt. Ein faszinierendes Buch, das gesun-

den Menschenverstand im Kopf aussät und das Herz öffnet. (Annette Colin Simard, *Le Journal du Dimanche*)

[...] Paulo Coelho ist ein Meister an Klarheit, was seinem Stil die Frische eines unter schattigem Laubwerk dahingurgelnden Baches verleiht, ihn zu einem Weg der Energie macht, die den Leser, ohne dass er es merkt, zu sich selber führt, zu seiner geheimnisvollen, fernen Seele. (Christian Charrière, *Le Figaro Littéraire*)

[...] Es ist ein außergewöhnliches Buch, das man wie einen unverhofften Schatz genießen und mit anderen teilen muss. (Sylvie Genevoix, *L'Express*)

[...] Dieser in einer einfachen, sehr klaren Sprache geschriebene Bericht einer Initiationsreise durch die Wüste, in der ständig ein Zeichen auf ein nächstes verweist, wo jedes Geheimnis der Welt in einem Smaragd enthalten ist, wo man, wenn auch nur vorübergehend, »die Weltenseele« erkennt, wo man mit dem Wind und der Sonne spricht, nimmt einen im wahrsten Sinne des Wortes gefangen. (Annie Copperman, *Les Échos*)

[...] Diese heitere Erzählung besiegt unsere Vorurteile. Es ist sehr selten, sehr kostbar, in unseren staubtrockenen Zeiten etwas so Erfrischendes zu atmen. *(Le Nouvel Observateur)*

Nun musste man nur noch warten und die Früchte ernten. Die vorsichtige Startauflage von 4000 Exemplaren war in wenigen

Tagen vergriffen, und Ende April, als 18 000 verkauft worden waren, erschien *L'Alchimiste* zum ersten Mal auf der Bestsellerliste des Branchenblatts *Livres Hebdo,* wenn auch erst als Schlusslicht auf dem 20. Platz. Doch auch dies war, wie Mônica prophezeit hatte, erst der Anfang. Im Mai stand *L'Alchimiste* bereits auf Platz 9 der maßgeblichsten Bestsellerliste, nämlich der der Wochenzeitschrift *L'Express,* auf dem es sich unglaubliche dreizehn Wochen lang ununterbrochen halten sollte. Das Buch hatte in mehreren anderen Ländern außerhalb Brasiliens Erfolg gehabt, doch erst seine Anerkennung in den Vereinigten Staaten und in Frankreich sollte aus der lateinamerikanischen Kuriosität ein weltweites Phänomen werden lassen.

27
Weltruhm

> *Die brasilianische Regierung nimmt Paulo Coelho*
> *nicht in die Delegation der Schriftsteller auf, die*
> *nach Frankreich reist, doch Chirac empfängt ihn*
> *mit offenen Armen.*

Auch wenn sich die Welt vor Paulo Coelho verneigte, schien die brasilianische Kritik der vom Komponisten Tom Jobim geprägten Maxime treu zu bleiben, der zufolge »in Brasilien der Erfolg eines anderen als eine persönliche Beleidigung, als Ohrfeige, empfunden wird« – und drosch weiterhin auf seine Bücher ein. Offenbar ermutigte Paulo der Erfolg von *L'Alchimiste* dazu, seine Kritiker zu provozieren: »Früher konnten meine Verleumder sogar in beleidigender Weise behaupten, dass die Brasilianer Esel seien, weil sie mich lesen«, erklärte er dem Journalisten Napoleão Sabóia von der Zeitung *Jornal de São Paulo*. »Jetzt, wo meine Bücher sich im Ausland gut verkaufen, wird es schwierig, alle Welt als dumm zu bezeichnen.« Ganz so war es nun auch wieder nicht. Für den Kritiker Silviano Santiago, Doktor der Literatur der Sorbonne, bedeutete es selbst in einem Land wie Frankreich überhaupt nichts, ein Bestseller zu sein. »Man muss den Erfolg, den er in Frankreich hat, entmystifizieren«, erklärte er der Zeitschrift *Veja*. »Das große französische Publikum ist genauso mittelmäßig oder ebenso wenig kultiviert wie das große Publikum in jedem anderen Land.« Einige lehnten Paulos Bücher von vornherein ab, ohne eine Zeile gelesen zu haben. »Ich habe sie nicht gelesen, und sie haben mir nicht gefallen«, lautete das Urteil von Davi Arrigucci Jr., einem anderen geachteten Kritiker und Literaturprofessor der Universität von São Paulo. Doch all das schien die brasilianischen und noch viel weniger die ausländischen Leser anzufechten. Ganz im Gegenteil. Den Zahlen nach zu urteilen, schien das Heer seiner Leser umso mehr zu wachsen, je giftiger die Kritiker wurden. Das war auch wieder der Fall, als er im selben Jahr wie *Rio Piedra* auch *Maktub* [dt.: Der Wanderer / Unterwegs], eine 190 Seiten starke Sammlung von Geschichten und Gedanken veröffentlichte, die er seit 1993 in Form von Minikolumnen für die *Folha de São Paulo* geschrieben hatte.

Wie in *As Valkírias,* zu dem ihn ein 1988 in der Mojavewüste zusammen mit Chris gegangener Läuterungsweg inspiriert hatte, teilt Paulo auch in *Am Ufer des Rio Piedra saß ich und weinte* mit seinen Lesern eine spirituelle Erfahrung, den Römischen Weg, den er 1989 im Süden Frankreichs gegangen war und auf dem Mônica Antunes ihn eine Zeitlang begleitet hatte. Auf den 236 Buchseiten beschreibt er sieben Tage aus dem Leben Pilars, einer 29-jährigen Studentin, die sich bemüht, ihr Studium in Zaragoza zu beenden, und bei einem Vortrag in Madrid ihrer Jugendliebe wiederbegegnet, einem inzwischen glühenden Marienverehrer und angehenden Priester. Er bleibt übrigens wie auch alle anderen Figuren des Buches außer der Hauptfigur namenlos. Auf der Fahrt von Madrid nach Lourdes gesteht er Pilar seine Liebe. Die Geschichte von Pilar und ihrem Gefährten ist laut Paulo Coelho eine Auseinandersetzung mit dem Thema der Angst vor der Liebe, der Angst vor der vollkommenen Hingabe, welche die Menschheit wie eine Erbsünde verfolgt. Auf dem Rückweg nach Zaragoza setzt sich Pilar ans Ufer des Rio Piedra, eines kleinen Wasserlaufs hundert Kilometer südlich der Stadt, und weint. Ihre Tränen vermischen sich mit dem Wasser des Baches, der in einen Fluss mündet, welcher wiederum in einen noch größeren fließt, und gehen am Ende mit dessen Wasser im Meer auf.

Rio Piedra, in dem Rituale und Symbole des Katholizismus stärker im Mittelpunkt stehen als in den vorangegangenen Büchern, erhielt unerwartetes Lob seitens der Geistlichkeit, wie beispielsweise vom Kardinalerzbischof von São Paulo, Dom Evaristo Arns, doch von Seiten der Kritiker war nichts Neues zu hören. So wie es ausnahmslos bei seinen fünf vorangegangenen Büchern der Fall gewesen war, sollten sowohl *Rio Piedra* als auch *Maktub* von den brasilianischen Medien verrissen werden. Der Kritiker Geraldo Galvão Ferraz des *Jornal da Tarde* in São Paulo bezeichnete *Rio Piedra* als »einen schlecht gemixten Cocktail aus Esoterik, Religion und mittelmäßiger Fiktion voller Gemeinplätze und stereotyper Figuren, die den Großteil ihrer Zeit damit verbringen, feierliche Reden zu halten«. Das Thema des Buches, das der Autor selbst mit »das weibliche Antlitz Gottes« umschreibt, wurde von einem anderen Journalisten ironisch als »ein Paulo Coelho für junge Mädchen« abgetan. Die Zeitschrift *Veja* übertrug die Kritik für *Maktub* Diogo Mainardi, einem jungen Drehbuchautor, der Jahre später zu einem ihrer umstrittensten Kolumnisten werden sollte. Mainardi persifliert ganze Passagen des Buches und endet seinen Text mit der Feststellung, *Maktub* sei wie ein Paar gebrauchte Strümpfe.

Tatsächlich wäre dieser ganze Unsinn nicht der Rede wert, handelte es sich bei Paulo Coelho nur um einen Scharlatan, der mit der Dummheit anderer etwas Geld verdient. Ich würde niemals meine Zeit damit verschwenden, eine Kritik über einen miesen Autor zu schreiben, würde er sich damit zufriedengeben, hin und wieder ein Handbuch mit esoterischen Gemeinplätzen zu veröffentlichen. Leider tut er das nicht. Bei der letzten Frankfurter Buchmesse, deren Gastland Brasilien war, wurde Paulo Coelho als ein echter Schriftsteller verkauft, als legitimer Repräsentant der brasilianischen Literatur. Das geht zu weit. So schlecht unsere Autoren auch sein mögen, sie sind immer noch besser als Paulo Coelho. Von mir aus kann er machen, was er will, er sollte nur nicht als Schriftsteller auftreten. Letztlich ist in Paulo Coelho genauso viel Literatur enthalten wie in meinen gebrauchten Socken.

Wie schon zuvor gelang es auch diesmal den Kritikern nicht, den Buchhandel zu infizieren. Das von der Presse verrissene *Rio Piedra* brach mit 70 000 am ersten Tag verkauften Exemplaren den Rekord von *As Valkírias*. Und Wochen nach seiner Veröffentlichung erschien auch *Maktub* auf den Bestsellerlisten. Das Opfer der Angriffe hielt sich diesmal jedoch Tausende von Kilometern von Rio entfernt auf und reiste in Begleitung von Anne Carrière durch Frankreich, wo es zig Einladungen zu Vorträgen und Diskussionsrunden nachkam. Paulo Coelho hatte zwar großen Erfolg, doch als er 1994 das erste Mal an der Frankfurter Buchmesse teilnahm, wurde deutlich, dass nicht nur die brasilianischen Kritiker seinem Werk mit Vorurteilen begegneten, sondern auch seine Schriftstellerkollegen.

Obwohl das Kulturministerium unter Präsident Itamar Franco damals von einem alten Freund des Autors, dem Diplomaten Luíz Roberto do Nascimento Silva, dem Bruder seiner Exfreundin Maria do Rosário, geführt wurde, wurde er übergangen. Das Ministerium hatte eine aus achtzehn Autoren bestehende Delegation zusammengestellt, die Brasilien in Frankfurt repräsentieren sollte. Die Autoren sollten auf Kosten der Regierung nach Deutschland reisen – aber Paulo gehörte nicht dazu. Minister Nascimento Silva zufolge sei das Kriterium »die Popularität und der Bekanntheitsgrad der Autoren in Deutschland« gewesen. Paulo reiste daher auf Kosten des Verlages Editora Rocco.

Um die Verträge zu feiern, die er in der ganzen Welt abgeschlossen hatte, gab sein damaliger deutscher Verleger, Peter Erd, der Besitzer des Verlages gleichen Namens, einen Cocktailempfang, zu dem er alle auf der Messe anwesenden Verleger Paulos und selbstverständlich auch jedes Mitglied der brasilianischen Delegation einlud. Der Empfang, zu dem viele kamen, wurde nur deshalb nicht zu einem runden Erfolg, weil ganze zwei brasilianische Schriftsteller gekommen waren. Von den anderen Mitgliedern der Delegation war allein Chico Buarque so höflich gewesen, sich für die Einladung zu bedanken und sich zu entschuldigen, da er zur selben Zeit einen Vortrag halte. Zur Verteidigung Paulos sollte sich nur eine einsame, mächtige Stimme erheben, die von Jorge Amado, der ebenfalls nicht zur Delegation gehörte: »Einzig und allein Paulo Coelhos Erfolg bringt die brasilianischen Intellektuellen dazu, ihn anzugreifen.«

Unbeeindruckt von den brasilianischen Missfallensbekundungen sollte sich 1995 das von der britischen Branchenzeitschrift *Publishing News* »coelhomania« oder von den französischen Medien »coelhisme« genannte Fieber zu einer Pandemie ausweiten. Als der französische Filmregisseur Claude Lelouch und dann auch noch der Amerikaner Quentin Tarantino (der ein paar Monate zuvor die Goldene Palme des Filmfestivals von Cannes für seinen Film *Pulp Fiction* erhalten hatte) sich an Paulo wandten, weil sie daran interessiert waren, *Der Alchimist* zu verfilmen, erhielten sie von ihm die Antwort, dass der amerikanische Gigant Warner Brothers ihnen zuvorgekommen sei und die Rechte für 300 000 Dollar gekauft habe. Auch sei der preisgekrönte polnische Regisseur Roman Polanski, wie er der Presse enthüllte, daran interessiert, *As Valkírias* zu verfilmen. Im Mai, als Anne Carrière die Veröffentlichung einer von Moebius, dem größten Namen des HQ-Comics in Europa, illustrierten Ausgabe vorbereitete, verkündete der Verlag Hachette, dem die Frauenzeitschrift *Elle* gehört, dass der große Literaturpreis der *Elle* in diesem Jahr an Paulo Coelho vergeben werden würde. Das erregte so viel Aufsehen, dass Paulo in der Porträtreihe der Zeitschrift *Lire,* der Bibel der französischen Literaturwelt, porträtiert wurde. Doch die Krönung des Ganzen sollte im Oktober erfolgen. Nachdem *L'Alchimiste* 37 Wochen auf Platz 2 der Bestsellerliste von *L'Express* hinter dem unvollendeten Roman *Le Premier Homme* des französisch-algerischen Schriftstellers und Nobelpreisträgers von 1957, Albert Camus, gestanden hatte, löste er ihn auf Platz 1 ab. Gleichzeitig wurde *L'Alchimiste* von zwei gefeierten Kritikern mit einer anderen nationalen Ikone verglichen, nämlich mit *Der Kleine Prinz* von Antoine Saint-Exupéry. »Die Lektüre beider Bücher vermittelte mir das gleiche Gefühl«, schrieb Frédéric Vitoux in seiner Kolumne in der Zeitschrift *Le Nou-*

vel Observateur. »Ich war von der Sensibilität, der Frische und dieser Reinheit der Seele ganz bezaubert.« Sein Kollege Eric Deschot von der Wochenzeitschrift *Actuel* war der gleichen Meinung: »Der Vergleich ist kein Sakrileg, denn die Einfachheit, die Klarheit und Reinheit dieser Fabel erinnern an das Geheimnis der Geschichte von Saint-Exupéry.«

Die Nachricht, dass er in *L'Express* auf Platz 1 gelangt war, erreichte Paulo Coelho im fernen Osten, wo er sich in Begleitung von Chris auf Promotionreise befand. Als er an einem Nachmittag im Shinkansen, dem Höchstgeschwindigkeitszug, auf dem Weg von Nagoia nach Tokyo am schneebedeckten Fujiyama vorbeifuhr, fasste er einen Entschluss: Er würde, sobald er in Brasilien war, seinen Verlag wechseln. Der Entschluss rührte nicht von einem nur von ihm gesehenen Zeichen her, sondern beruhte auf langem Nachdenken über seine Beziehung zum Verlag Rocco. Es herrschte unter anderem Meinungsverschiedenheit über den Vertrieb seiner Bücher. Paulo verlangte ein System, das für seine Bücher andere Verkaufswege öffnete als nur über die Buchhandlungen – wie beispielweise über Kioske und Supermärkte –, damit sie auch zu Lesern mit geringerem Einkommen gelangten. Rocco hatte sogar von Fernando Chinaglia, einem erfahrenen Zeitungs- und Zeitschriftenvertrieb, ein Gutachten erarbeiten lassen, doch weiter war die Planung nicht gediehen. Der Autor hatte geheime Kontakte zu einigen Verlagen, doch am 15. Februar veröffentlichte der immer gut informierte Kolumnist Zózimo Barroso do Amaral in der Zeitung *O Globo* eine Notiz, in der er mitteilte, dass ein »langjähriges Dream-Team kurz vor dem Aus« stehe.

Die anderen Zeitungen zogen nach, und wenige Tage später wusste das ganze Land, dass Paulo für 1 Million Dollar vom

Verlag Rocco zum Verlag Objetiva wechseln würde. Diese noch nie an einen brasilianischen Schriftsteller bezahlte Vorschusssumme würde aber nicht ganz in die Tasche des Autors fließen, sondern mehr oder weniger den unterzeichneten Verträgen entsprechend mit dem alten Verleger geteilt werden: 55 Prozent stellten Vorauszahlungen von Autorenrechten dar, und die restlichen 45 Prozent sollten in die Verbreitung des nächsten Buches investiert werden, *O Monte Cinco* [dt.: *Der Fünfte Berg*]. Für Roberto Feith, den Journalisten, Wirtschaftswissenschaftler und ehemaligen internationalen Korrespondenten des Senders Rede Globo, der fünf Jahre zuvor den Verlag Objetiva übernommen hatte, war das ein hoher Einsatz. Allein die 550 000 Dollar, die Paulo für die Autorenrechte angeboten wurden, stellten 15 Prozent des Gesamtumsatzes des Verlages dar, den Feith hauptsächlich mit seinen drei Zugpferden, den Amerikanern Stephen King, Harold Bloom und Daniel Golemann, erwirtschaftete. Die von der Presse befragten Fachleute waren sich aber darin einig, dass Objetiva, sofern *Der Fünfte Berg* sich genauso gut verkaufen würde wie *Rio Piedra*, den Vorschuss in wenigen Monaten einspielen würde. Wie es schien, ließ der Wechsel bei seinem alten Verleger keinen Groll zurück – schließlich hinterließ ihm Paulo seine gesamte Backlist, sieben seit 1989 veröffentlichte, höchst einträgliche Bücher. Einen Monat nach Ankündigung des Wechsels wurde Paulo Rocco am 19. März unter den Gästen des Fests des heiligen Joseph gesehen, zu dem Paulo alljährlich einlud.

Der Roman *Monte Cinco* erzählt, von einer Stelle aus der Bibel (1. Könige 18,8-24) inspiriert, auf 248 Seiten das Leben, die Zweifel und die spirituellen Erfahrungen des Propheten Elias während seines Exils in Sarepta in Phönizien, dem heutigen Libanon. Die Stadt, deren gut ausgebildete und gebildete Bevölkerung für ihre Handelstüchtigkeit bekannt war, wird von den Assyrern belagert. Der Prophet stößt in Sarepta auf religiöse Konflikte, sieht sich mal dem Zorn der Menschen, mal dem Zorn Gottes ausgesetzt, dessen Willen er zuwiderhandelt, weil ihn irdische Dinge dazu zwingen. Im Vorwort zur brasilianischen Erstauflage weist Paulo einmal mehr auf das Zusammenspiel seiner eigenen Erfahrungen mit der Thematik seiner Bücher hin. Mit *Der Fünfte Berg* habe er gelernt, das Unausweichliche hinzunehmen, sagt er dort und erinnert sich an seine Entlassung bei der Plattenfirma CBS siebzehn Jahre zuvor, die seine vielversprechende Karriere als Manager in der Plattenindustrie beendete.

Als ich *Monte Cinco* zu Ende geschrieben hatte, erinnerte ich mich daran und an andere Situationen in meinem Leben, in denen ich mich dem Unausweichlichen stellen musste. Immer, wenn ich mich ganz als Herr der Lage fühlte, geschah etwas, was mich aus der Bahn warf. Ich fragte mich: Warum? War ich etwa dazu verdammt, dem Ziel immer ganz nah zu kommen, aber die Ziellinie nie zu erreichen? Sollte Gott etwa so grausam sein, dass er mich nur die Palmen am Horizont sehen ließ, um mich dann mitten in der Wüste verdursten zu lassen? Es hat lange gedauert, bis ich begriff, dass dem nicht so war. Manchmal geschehen in unserem Leben Dinge, damit wir auf den wahren Weg unseres Lebenstraums zurückfinden. Andere tauchen auf, damit wir all das anwenden können, was wir gelernt haben. Und schließlich kommen welche, um uns etwas beizubringen.

Das Buch war so weit fertig, dass es dem Verlag Objetiva übergeben werden konnte, als Paulo bei erneuten Nachforschungen Informationen über Teile des Lebens des Propheten Elias entdeckte, die nicht in den heiligen Schriften behandelt wurden, wie dessen Zeit im phönizischen Exil, also genau die Zeitperiode, in der der Autor *Der Fünfte Berg* spielen ließ. Diese faszinierenden Entdeckungen führten dazu, dass Paulo das Buch faktisch noch einmal neu schreiben musste, das infolgedessen erst im August 1996, während der 14. Bienal do Livro in São Paulo, erscheinen konnte. Der Veröffentlichung ging eine riesige Marketingkampagne voraus, mit der Objetiva die Agentur Salles/DMB&B aus São Paulo beauftragte, deren Besitzer, der Werbefachmann Mauro Salles, einem alten Freund und informeller Guru des Autors in Marketingfragen, *O Monte Cinco* gewidmet ist. Die Kampagne umfasste ganzseitige Anzeigen in den vier wichtigsten Tageszeitungen (*Jornal do Brasil, Folha de São Paulo, Estado de São Paulo* und *O Globo*), ferner in den Zeitschriften *Veja-Rio, Veja-SP, Caras, Claudia* und *Contigo,* 350 Plakate an Bussen in Rio de Janeiro und São Paulo, achtzig Außenwerbebanner in Rio, Displays und Plastikbanner am Point of sale. Paulo schlug Objetiva-Verleger Feith außerdem vor, Anne Carrières Idee einer nummerierten und signierten Sonderedition, die bei der Veröffentlichung von *L'Alchimiste* in Frankreich so erfolgreich gewesen war, zu übernehmen. Eine Woche vor Erscheinen der regulären Erstausgabe von *O Monte Cinco* gingen vierhundert Sonderexemplare an ausgewählte Buchhandlungen in ganz Brasilien. Um zu verhindern, dass vom Inhalt etwas an die Presse durchsickerte, musste jeder der handverlesenen Buchhändler eine entsprechende Vertraulichkeitserklärung unterzeichnen.

Das Verkaufsergebnis war dem Aufwand der Kampagne entsprechend. Die am 8. August ausgelieferte Startauflage von 100 000 Exemplaren war innerhalb von 24 Stunden zu vier Fünfteln verkauft. Weitere 11 000 gingen während der einwöchigen Bienal do Livro weg, auf der Paulo endlose Schlangen von Lesern erwarteten, für die er zehn Stunden am Stück signierte. Zwei Wochen nach Erscheinen war die Startauflage von *Der Fünfte Berg* restlos ausverkauft, und zwei Monate später waren der von Objetiva an den Autor bezahlte Vorschuss von 550 000 Dollar und die 450 000 Dollar Marketing- und Vertriebskosten bereits wieder eingespielt.

Die Kritik war diesmal milder. »Überlassen wir es den Hexern, zu beurteilen, ob Coelho ein Schamane oder ein Scharlatan ist, hier spielt es keine Rolle«, hieß es in der Zeitung *Folha de São Paulo*. »Tatsache ist, dass der Autor ohne literarische Kraftakte gut verdauliche Geschichten erzählt und es ihm gelingt, in zig Sprachen Leser zu verführen.« Im wichtigsten Konkurrenzblatt, *O Estado de São Paulo,* sparte der anspruchsvolle Kritiker und Schriftsteller José Castello nicht mit Lob für das neue Buch: »Der trockene, knappe Stil von *Der Fünfte Berg* zeigt, dass Coelhos Feder spitzer und genauer geworden ist. Man muss seine Bücher deswegen nicht lieber mögen, aber Paulo Coelho ist das Opfer schrecklicher Vorurteile – den gleichen Vorurteilen, die in der Welt der Religion immer wieder zu unermesslichem Blutvergießen geführt haben.« Sogar die griesgrämige Zeitschrift *Veja* schien endlich einzusehen, dass ihre Attacken unbegründet waren, und widmete dem Autor einen langen, wohlwollenden Artikel mit dem Titel »Das Lächeln des Magiers«. Sie druckte sogar exklusiv eine Passage aus *Der Fünfte Berg* ab. Nur bei der Zusammenfassung des Werks musste sie noch einmal kurz ihre Krallen zeigen, indem sie es als »naive Geschichte« abtat, deren »Botschaft den philosophischen Tiefgang von Karate-Kid-Filmen« habe.

Beim Erscheinen des nächsten Buches, *Manual do Guerreiro da Luz* [dt.: *Handbuch des Kriegers des Lichts*], fuhren die Kritiker umso härteres Geschütz auf. Das erste Buch Paulos, das im Ausland erschien, bevor es in Brasilien herauskam, war auf den Vorschlag von Elisabetta Sgarbi, der Verlegerin des italienischen Verlages Bompiani, entstanden. Sie hatte Mônica aufgesucht, um mit ihr zu besprechen, ob Paulo nicht eine unveröffentlichte Arbeit für die neu ins Leben gerufene philosophische Reihe *Assaggi* hätte. Paulo hatte länger schon mit dem Gedanken gespielt, die Notizen und Reflexionen, die er im Laufe der Jahre gesammelt hatte, in einem Buch zusammenzufassen – und möglicherweise war jetzt der richtige Augenblick dazu gekommen. Einige der im Buch wiedergegebenen Texte waren in der Zeitung *Folha de São Paulo* abgedruckt worden. Das bewog Paulo dazu, das ihm von der Zeitung für seine Kolumne vorgegebene Limit von elf Zeilen pro Kolumne im *Handbuch* zu übernehmen. In *Handbuch des Kriegers des Lichts* vermittelt der Autor seinen Lesern die Gesamtheit der Erfahrungen, die er während seines »spirituellen Wachstumsprozesses« gemacht hat, wie er ihn nennt. Er tut dies überwiegend in Metaphern und Gleichnissen mit religiösen Bezügen, die direkt oder indirekt auf frühere Denker Bezug nehmen. Nach seiner eigenen Einschätzung kommen hier Leben und Werk so nah zusammen, dass das *Handbuch* als »Schlüsselwerk« zum Verständnis seines Universums gesehen werden könne. »Nicht so sehr des magischen Universums, sondern vor allem des ideologischen Universums«, präzisiert er. »Das

Handbuch des Kriegers des Lichts ist für mich, was für Mao das Kleine Rote Buch und für Gaddhafi das Grüne Buch war.« Außer in der gleichnamigen Kolumne der Zeitung war die Bezeichnung »Krieger des Lichts« bereits in mehreren seiner Bücher aufgetaucht, wie beispielsweise in *Der Alchimist*, *As Valkírias* und *Rio Piedra*, und bezeichnete jemanden, der ungeachtet aller Hindernisse unbeirrt versucht, seinen Traum zu verwirklichen. Auf der kürzlich geschaffenen Homepage des Autors wurden letzte Zweifel, was die Bedeutung des Begriffs betrifft, ausgeräumt: »In diesem Buch sind eine Reihe von Texten zusammengestellt, die uns daran erinnern, dass in jedem von uns ein Krieger des Lichts steckt. Jemand, der imstande ist, die Stille seines Herzens zu hören, Niederlagen hinzunehmen, ohne sich von ihnen entmutigen zu lassen, der inmitten von Mutlosigkeit und Erschöpfung Hoffnung nährt.«

Als das Buch in Brasilien erschien, ging ihm bereits der Erfolg von *Manuale del guerriero della luce* in Italien voraus, doch das schien die brasilianischen Kritiker keinesweg zu beeindrucken. Nicht einmal die Zeitung *Folha de São Paulo*, die ursprünglich einige der Minikapitel veröffentlicht hatte, die später ins *Handbuch des Kriegers des Lichts* aufgenommen wurden. In einem kurzen zweispaltigen Artikel erwähnte der junge Journalist und einer der Herausgeber der Zeitung, Fernando Barros e Silva, die Veröffentlichung als »die letzte esoterische Zuckung unseres größten Verlagsphänomens« und kanzelte den Autor gleich in den ersten Zeilen ab:

Paulo Coelho ist kein Schriftsteller, nicht einmal ein schlechter Schriftsteller. Es erübrigt sich, das, was er macht, Subliteratur zu nennen. Es wäre zu viel Lob.

Coelho steht dem Bischof der charismatischen Kirche Igreja Universal do Reino de Deus, Edir Macedo, näher als Sidney Sheldon [...] Widmen wir uns nun dem Buch selber. Es bringt nichts Neues. Das Geheimnis liegt wie immer darin, Plattitüden so aneinanderzureihen, dass der Leser liest, was ihm am meisten zusagt. Wie beim *I Ging* geht es darum, Wege »zu erhellen« und Wahrheiten »anzubieten«. Dabei nimmt er vage Metaphern, Sätze zum Ausgangspunkt, die von metaphysischem Rauch dermaßen vernebelt sind, dass sie alles heißen können, weil sie überhaupt nichts heißen. [...] In diese erfolgreiche Formel passen alle Klischees: die umweltbewusste, idyllische Naturbeschreibung, Anspielungen auf nimmer endende Kämpfe zwischen Gut und Böse, Skizzen von Schuld und christlicher Erlösung – alles in einer kunstlosen, unbeholfenen Sprache, die sich liest wie das Werk eines Achtjährigen und auf Leser derselben geistigen Altersklasse abzielt. Bei jeder Lektüre von Paulo Coelho ist man am Ende, auch wenn man noch so aufpasst, noch dümmer oder noch schlechter dran als vorher.

Äußerungen wie diese führen dem Schriftsteller immer wieder auf ermüdende, ewig gleiche Weise den Abgrund zwischen der Meinung der Kritiker und dem Verhalten seiner Leser vor Augen. Wie schon *Maktub* stand auch das *Handbuch,* trotz der Verhöhnung in der *Folha de São Paulo,* wenige Tage nach seinem Erscheinen nicht nur auf der Bestsellerliste der Zeitung von Barros e Silva sondern auch auf der aller anderen brasilianischen Zeitungen. Und was in Brasilien noch kein Autor mit einem einzigen Buch geschafft hatte: Bald stand Paulo mit

Handbuch des Kriegers des Lichts in Brasilien gleichzeitig auf Platz eins der Belletristik- und der Sachbuch-Bestsellerliste. Weltweit sollte es nicht anders sein: Das in 29 Sprachen übersetzte *Handbuch* sollte in Italien mehr als 1 Million Mal verkauft werden und der größte Bucherfolg des Autors nach *Der Alchimist* und *Elf Minuten* werden. Auch über 10 Jahre nach Erscheinen verkauft Bompiani davon weiterhin durchschnittlich 100 000 Exemplare pro Jahr. Die Beliebtheit des *Manuale del guerriero della luce* in Italien war so groß, dass die Modedesignerin Donatella Versace, Schwester und Nachfolgerin des ein Jahr zuvor getöteten Gianni Versace, Ende 1997 verkündete, ihre Kollektion des Jahres 1998 sei von Paulos Buch inspiriert.

In Frankreich wurden von *L'Alchimiste* 2 Millionen Exemplare verkauft, von *Rio Piedra* 240 000, was Anne Carrière dazu ermutigte, die Rechte für die Veröffentlichung von *Der Fünfte Berg* für 155 000 Dollar zu kaufen. Ein paar Monate zuvor hatte der Autor überglücklich die Auszeichnung Chevalier de l'Ordre des Arts et des Lettres von der Regierung Frankreichs entgegennehmen dürfen. »Sie sind der Alchimist von Millionen von Lesern, die sagen, dass Sie Bücher schreiben, die Gutes tun«, begrüßte ihn der französische Kulturminister, Philippe Douste-Blazy, der Paulo den Orden überreichen durfte. »Ihre Bücher tun Gutes, weil sie uns zum Träumen bringen und dazu, auf die Suche zu gehen und selber an diese Suche zu glauben.«

Einige Brasilianer rümpften dennoch die Nase angesichts ihres Landsmannes, vor dem überall in der Welt der rote Teppich ausgerollt wurde. Die Haltung wurde ein weiteres Mal Anfang 1998 deutlich, als Brasilien Ehrengast des Salon du

Livre in Paris wurde. Der Kulturminister, Francisco Weffort, beauftragte den Vorsitzenden der Nationalbibliothek, das Akademiemitglied Eduardo Portela, damit, eine Delegation aus Schriftstellern zusammenzustellen, die als Gäste der brasilianischen Regierung am Salon teilnehmen sollten. Nach mehrwöchigen Beratungen erhielt die Presse zehn Tage vor der Abreise der Delegation die Liste der fünfzig Personen, die eine Woche subventionierte Freizeit in Paris geschenkt bekamen. Genau wie vier Jahr zuvor in Frankfurt zählte Paulo Coelho auch dieses Mal nicht zu ihnen – eine überflüssige Kränkung seitens einer Regierung, die er persönlich unterstützt hatte. Seine Teilnahme an solchen Veranstaltungen war freilich nicht mehr von offiziellen Einladungen abhängig. Als Gast seines Verlages hielt er am Tag der Eröffnung des Salons eine Signierstunde für *La cinquième montagne,* so der französische Titel von *Der Fünfte Berg,* das mit einer Erstauflage von 250 000 Exemplaren an den Start ging (nicht zu viel für jemanden, der in Frankreich inzwischen fast 5 Millionen Bücher verkauft hatte). Der Schriftsteller war bereits eine Woche vor der brasilianischen Delegation in Paris eingetroffen und hatte einen wahren Marathon an Interviews für Zeitungen, Zeitschriften und nicht weniger als sechs verschiedene französische Fernsehsender hinter sich. Am Abend des 19. März durchschnitt Präsident Jacques Chirac zusammen mit der First Lady Brasiliens, Ruth Cardoso, die ihren Mann, Fernando Henrique vertrat, das Band zur Eröffnung des Salons. Sie gingen dann, umringt von einer Traube von Journalisten und Sicherheitskräften durch einige Flügel des Kongresszentrums Paris Expo, in dem die Veranstaltung stattfand. Irgendwann löste sich Präsident Chirac zur Verblüffung der Brasilianer aus der Gruppe, trat in

den Stand der Editions Anne Carrière, begrüßte die Verlegerin und umarmte herzlich Paulo Coelho, den einzigen brasilianischen Autor, den er, wie später zu erfahren war, je gelesen
hatte. Zwei Jahre später sollte er ihm den hochangesehenen Orden der Ehrenlegion verleihen, den vor ihm Winston Churchill, John Kennedy und sogar einige berühmte Brasilianer wie
Santos Dumont, Pelé und Oscar Niemeyer erhalten hatten. Bevor er weiterging, machte er Anne Carrière noch ein Kompliment: »Sie haben sicher sehr viel Geld mit den Büchern von
Monsieur Coelô verdient. Mein Glückwunsch!«

Am nächsten Tag wurde der Salon für das Publikum geöffnet, und wieder brach der Brasilianer sämtliche Rekorde,
indem er sieben Stunden lang nonstop (von wenigen kurzen
Pausen zum Besuch der Toilette und zum Rauchen einer Galaxy abgesehen) Bücher signierte. Der Höhepunkt der gesell-
schaftlichen Ereignisse rund um den Pariser Salon war jedoch
das Abendessen im Carrousel du Louvre, der eleganten, ex-
klusiven Galerie unter dem berühmten Pariser Museum, in der
jährlich die Modeschauen der großen europäischen Modeschöpfer stattfinden. Dorthin hatte Paulo sechshundert Gäste,
Buchhändler, Verleger, Journalisten und Intellektuelle, zu einem Essen mit feinsten Weinen und Champagner eingeladen.
Der Gastgeber hatte zudem Wert darauf gelegt, dass jedem
Mitglied der brasilianischen Delegation in seinem Hotel eine
persönliche Einladung übergeben wurde, womit er denjenigen, die ihn hochnäsig behandelt hatten, eine Ohrfeige mit
Samthandschuhen verpasste. Einer von ihnen war der Journalist und Schriftsteller Zuenir Ventura, der gerade ein Buch mit
dem suggestiven Titel *Neid* veröffentlicht hatte und der sich
heute daran erinnert, wie sehr Paulo an dem Abend um das

Wohlergehen seiner brasilianischen Gäste bemüht war. »Er hat nichts gegessen, ging die ganze Zeit von Tisch zu Tisch. Obwohl ihm alles, was in der Literatur Rang und Namen hatte, zu Füßen lag, war Paulo immer noch der Alte. Als er an meinen Tisch kam, wollte er, anstatt sich feiern zu lassen, von mir erfahren, wie mein Buch lief, ob ich schon Angebote für Übersetzungen hätte, bot seine Hilfe an…«

Gegen Ende des Essens dankte der Autor sichtbar gerührt in gutem Französisch allen für ihr Kommen, überhäufte seine brasilianischen Kollegen mit Lob und widmete die Nacht einem Abwesenden, »dem größten und besten aller brasilianischen Schriftsteller, meinem lieben Freund Jorge Amado, und bitte Sie alle, das Glas auf ihn zu erheben«.

Später verwandelten die sechshundert Gäste zu brasilianischen Rhythmen die ehrwürdigen Marmorsäle des Carrousels in eine Disco und tanzten bis in die Morgenstunden Samba. Bei ihrer Rückkehr ins Hotel fanden sie eine Überraschung vor: ein eigens für diesen Anlass gedrucktes Exemplar von *La cinquième montagne* in einer Samthülle. In jedem stand handschriftlich und vom Autor signiert folgender Satz: »Beharrlichkeit und Spontaneität sind die paradoxen Voraussetzungen für die Verwirklichung des Lebenstraums.«

Als Paulo sich zwei Wochen danach ins Flugzeug nach Brasilien setzte, hatten seine französischen Leser bereits 200 000 Exemplare von *La cinquième montagne* gekauft.

Als Paulo im Jahr 1998 Einzelheiten und sehr Persönliches aus seinem Leben öffentlich machte, mag dies von ihm als Möglichkeit gesehen worden sein, sich von einigen Gespenstern der Vergangenheit zu befreien. In einem langen Interview, das er dem Korrespondenten der spanischen Zeitung *El País* in Brasilien, Juan Arias, gab und das in zehn Sprachen unter dem Titel *Confissões de um Peregrino* [dt.: *Geständnisse eines Suchenden*] in Buchform veröffentlicht wurde, spricht er zum ersten Mal offen über seinen spirituellen Weg, seine Frauen, seine Karriere und gesteht nicht nur, in bestimmten Situationen feige gewesen zu sein, sondern auch, dass er Beziehungen zu Männern gehabt habe, um herauszufinden, ob er homosexuell sei.

Sicher und bequem auf dem Podium der Autoren installiert, die weltweit die meisten Bücher verkaufen, wurde Paulo Gegenstand des Interesses eines anderen Bereichs außerhalb der Kritik. Die akademische Welt – nicht die der Akademie der Schönen Künste und der Literatur, sondern der Universität, der Magister und Doktoren – wandte sich ihm zu. Einer der ersten Essayisten, die sich dem Werk Paulo Coelhos widmeten, war Professor Mario Maestri der Universität von Passo Fundo in Rio Grande do Sul, der 1993 eine Studie verfasste, in der er anerkannte, dass Paulos Bücher »zu Recht der brasilianischen Literatur angehören«. Sechs Jahre später schien Maestri jedoch in seinem Buch *Warum Paulo Coelho Erfolg hat* von der ewigen Häme der Literaturkritik angesteckt worden zu sein.

Die von Sprüchen, Aphorismen und Klischees strotzende Prosa Paulo Coelhos besitzt zudem wichtige Selbsthilfefunktionen. Sie erlaubt es den von einem elenden Alltag entmutigten Lesern, davon zu träumen, das Glück schnell und auf magische Weise zu erlangen. Diese abgetakelte Esoterik dient den Lesern einfache und für jedermann zugängliche Methoden an, um persönliche Vorteile, nicht zuletzt materielle, für sich zu erringen. Es handelt sich um den magischen Weg zur virtuellen Konsumgesellschaft.

Die immer zahlreicheren Magister- und Doktorarbeiten über Paulo Coelhos Bücher stehen, mit wenigen Ausnahmen, an Gehässigkeit den Medien in nichts nach. Diese Gehässigkeit wurde 1998 in der Zeitung *Jornal do Brasil* direkt thematisiert. Sie berichtete über die Schwierigkeiten, mit denen Otalícia Rodrigues de Freitas, inzwischen Literaturprofessorin an der Universidade de São Paulo, bei der Verteidigung ihrer Doktorarbeit *Ein Bestseller im Visier des Lesers: ›Der Alchimist‹ von Paulo Coelho* zu kämpfen hatte, die einige ihrer Kollegen als dem Schriftsteller gegenüber »sehr freundlich« bezeichneten. Empört erzählte die Professorin, die Kollegen hätten ihr unterstellt, »Paulo Coelho habe mich für die Doktorarbeit bezahlt und ich sei seine Geliebte«.

Unbeirrt von der Meinung, die Magister und Doktoren von seinem Werk haben mochten, bereitete sich Paulo 1998 wieder einmal darauf vor, den Wirbel zu erleben, den seit dem Erscheinen des *Alchimisten* die Veröffentlichung seiner Bücher jedes Mal auslöste. *Veronika Decide Morrer* [dt.: *Veronika beschließt zu sterben*] spielt in Slowenien und erzählt die Geschichte der Romanze zwischen Eduard, einem Diplomatensohn, und Veronika, die nach einem Selbstmordversuch in eine psychiatrische Klinik eingeliefert und brutalen Behandlungen, wie beispielsweise Elektroschocks, unterzogen wird. Nicht die Handlung erregte die Gemüter, sondern die Tatsache, dass der Autor zum ersten Mal öffentlich erwähnte, Mitte der 1960er Jahre dreimal in der Klinik Dr. Eiras in Rio de Janeiro interniert gewesen zu sein.

Coelhos Mutter war fünf Jahre zuvor, 1993, an Komplikationen, die ihre Alzheimererkrankung mit sich brachte, gestorben. Ihr Sohn konnte an der Beerdigung nicht teilnehmen, weil ihn die Nachricht ihres Todes in Kanada erreichte, wo er sich um die Veröffentlichung von *The Alchemist* kümmerte, und er deshalb nicht rechtzeitig in Brasilien sein konnte. Obwohl der energische Dr. Pedro nicht nur weiterlebte, sondern, wie es im Buch heißt, »im vollen Besitz seiner geistigen Kräfte und seiner Gesundheit« war, werden in *Veronika beschließt zu sterben* Zwangseinweisung in die Psychiatrie und die dort praktizierten Behandlungsmethoden dargestellt, denen Coelho auf Betreiben seines Vaters und seiner verstorbenen Mutter ausgeliefert war. »Veronika ist Paulo Coelho«, erklärt der Schriftsteller.

Aus dem Bemühen heraus, seine Bücher auch Lesern mit geringer Kaufkraft zugänglich zu machen, änderte Paulo diesmal seine Marketingtaktik. Der Verlag Objetiva wurde angehalten, den vorgesehenen Werbeetat von 450 000 Dollar auf die Hälfte zu reduzieren, was eine Senkung des Buchpreises von 19,80 Real auf 15 Real ermöglichte. Ein weiterer Schritt, sein Werk unter die Leute zu bringen, war der Vertrag, den Paulo mit der Supermarktkette Carrefour schloss, die *Veronika* als einen Geschenkvorschlag zum Vatertag präsentierte. Als das Buch erschien, fand zudem in Brasilien gerade eine intensive öffentliche Diskussion über die Gewalt statt, der die Insassen von öffentlichen und privaten psychiatrischen Kliniken ausgesetzt waren. Der brasilianische Senat beriet damals ein Gesetzesvorhaben, das als Psychiatriereform bekannt werden sollte und das die allmähliche Abschaffung von Institutionen vorsah, in denen Patienten mit psychischen Störungen wie in Gefängnissen festgehalten wurden. Dabei wurden im brasilianischen Parlament sogar Passagen aus *Veronika* vorgelesen. Am Tag der Abstimmung über das Gesetz verlas Senator Eduardo Suplicy (PT-SP) einen Brief Paulo Coelhos, in dem dieser den Gesetzesentwurf lobte. »Da ich in der Vergangenheit Opfer der Gewalt gewesen bin, die grundlose Einweisungen darstellen – ich war 1965, 66 und 67 in der Klinik Dr. Eiras –, ist dieses Gesetzesvorhaben meiner Meinung nach nicht nur begrüßenswert, sondern absolut notwendig.« Mit dem Brief schickte der Schriftsteller eine Kopie der Unterlagen zu seinen drei Einweisungen. Die in dem Buch enthaltenen Anklagen fanden auch jenseits der Landesgrenzen Widerhall: Zwei Jahre später wurde Paulo eingeladen, Mitglied der Jury von The Russell Tribunal on Human Rights in Psychiatry (dem internationalen Russell-Tribunal zu Menschenrechtsverletzungen in der Psychiatrie) zu sein, das vom Europaparlament eingesetzt wurde.

Auch *Veronika* brach wieder alle vorigen Rekorde Paulos. Neu war nur die respektvolle Behandlung durch die Medien. Von den Enthüllungen im Buch beeindruckt, widmeten die Zeitungen und Zeitschriften der Tragödie seiner drei Aufenthalte in der psychiatrischen Klinik seitenlange Reportagen. Eine der wenigen Ausnahmen war Paulos Freund, der Schriftsteller und Journalist Marcelo Rubem Paiva, der *Veronika* für die Zeitung *Folha de São Paulo* rezensieren sollte und dies dann mit sehr viel Esprit tat und sogar noch Textveränderungen vorschlug. Der Artikel endet selbstironisch: »Aber was sage ich? Da gebe ich doch tatsächlich einem Schriftsteller Ratschläge, der Millionen Bücher verkauft, Orden und Preise im Ausland erhalten hat!«

In der Tat: Den Verkaufszahlen, Preisen und Ehrungen nach zu urteilen, wollten die Leser Coelhos Texte weiterhin genau so, wie sie waren. Gleich nach Erscheinen von *Veronika* in Brasilien widmete der Journalist und Professor Denis de Moraes einen Essay den sogenannten *Big Four*. Damit waren die vier Bestsellerautoren Stephen King, Michael Crichton, John Grisham und Tom Clancy gemeint. Moraes argumentierte, dass Coelho bereits dabei sei, aus diesem oben erwähnten Quartett ein Quintett zu machen:

Er sprach auf dem Weltwirtschaftsforum in Davos über Spiritualität. Er wurde im Vatikan von Papst Johannes Paul II. in Audienz empfangen und von ihm gesegnet. Er stellte mit *Der Fünfte Berg*, der in Frankreich bald 300 000 Mal verkauft wurde, beim Salon du Livre in Paris den Rekord im Signieren auf. Über sein Leben wurde ein Dokumentarfilm gedreht, die kanadisch-französisch-US-amerikanische Koproduktion *Das Phänomen*. Sein *Handbuch des Kriegers des Lichts* inspirierte die Kollektion 1998/1999 des Modehauses Gianni Versace. Er verbrachte acht Tage in Großbritannien, um sein Buch *Der Fünfte Berg* vorzustellen. Nach seiner Rückkehr im Mai gab er dem kanadischen Fernsehsender TV5 und den englischen Zeitungen *Sunday Times* und *The Guardian* Interviews. Zwischen August und Oktober nahm er Termine in Neuseeland, Australien, Japan, Israel und Restjugoslawien wahr. Er kam zu Interviews für das französische und deutsche Fernsehen nach Rio zurück und begab sich anschließend auf eine Lese- und Pressereise nach Osteuropa (Polen, Republik Tschechien, Slowakei und Bulgarien). Auf dem Rückweg nach Brasilien zu den Silvesterfeiern besuchte er noch Finnland und Russland. Hollywood hat vor, vier seiner Bücher zu verfilmen. Die französische Schauspielerin Isabelle Adjani streitet sich mit dem nordamerikanischen Star Julia Roberts um die Filmrechte für *Am Ufer des Rio Piedra saß ich und weinte*. Die mit Sony Entertainment verbundene Arenas Group möchte *As Valkírias* auf die Leinwand bringen, während die Produktionsfirma Virgin dies mit *Auf dem Jakobsweg* vorhat. Der brasilianische Staatspräsident, Fernando Henrique Cardoso, verleiht ihm den Rio-Branco-Orden. Und er wird zum Sonderberater der UNO für das Programm ›Spirituelle Konvergenz und interkultureller Dialog‹ ernannt.

Diese hektische internationale Geschäftigkeit wurde erst im Jahr 2000 unterbrochen, als Paulo sein neues Buch *Der Dämon und Fräulein Prym* schrieb. Einmal abgesehen davon, dass das Buch ebenso erfolgreich werden sollte wie die vorangegangenen, verlief die Veröffentlichung anders als gewohnt. Der Autor beschloss diesmal, sein Haus nicht zu verlassen, um das Buch international zu promoten (es erschien parallel in Brasilien und einigen anderen Ländern), sondern die ausländischen Journalisten in seiner neuen Residenz in Copacabana zu empfangen, einem ein ganzes Stockwerk einnehmenden Apartment, das er für etwa 600000 Real in einen riesigen Mehrzweck-Wohnraum verwandelt und von dem aus er einen ganz besonders schönen Blick auf den berühmtesten Strand Brasiliens hat. Die Idee zu einer solchen »internationalen Reporterwallfahrt« war ihm ein paar Wochen zuvor gekommen, als der amerikanische Fernsehsender CNN ein langes Interview mit ihm aufgenommen hatte, das danach in 230 Länder ausgestrahlt worden war.

In den darauffolgenden Wochen reisten von der Agentur

Sant Jordi eingeladene Journalisten der wichtigsten Zeitungen und Fernsehsender aus Deutschland, Argentinien, Bolivien, Chile, Kolumbien, Ekuador, Spanien, Frankreich, Griechenland, England, Italien, Mexiko, Portugal und der Tschechischen Republik an, um mit Paulo ein Interview zu führen. Viele von ihnen nutzten die Reise nach Brasilien außerdem dazu, Reportagen über Rio de Janeiro zu machen. »Die Werbung, die die Stadt auf diese Weise bekam, war enorm und kostete die Stadtverwaltung von Rio keinen Cruzeiro«, meinte Mônica Antunes dazu. Eine weitere Besonderheit war die Wahl des Ortes, an dem *Fräulein Prym* in Brasilien vorgestellt wurde. Anstatt die Präsentation in einer Buchhandlung oder in einem Hotel vorzunehmen, organisierte Paulo ein Fest in den klösterlichen Hallen der hundert Jahre alten Academia Brasileira de Letras. Es bedurfte keines besonderen Scharfsinns, um diese Wahl zu interpretieren: Der kühne Paulo Coelho, einer der von der einheimischen Kritik am schlechtesten behandelten Autoren, hatte ein Auge auf einen Sitz im Olymp der brasilianischen Literatur geworfen.

28

Unterwegs zur Unsterblichkeit

> *Mujahedin Bin Laden und amerikanische Marines*
> *haben etwas gemeinsam: Sie mögen die Bücher von*
> *Paulo Coelho.*

Das Buch, das Paulo zur Jahrtausendwende herausbringen wollte, war ursprünglich nicht *Der Dämon und Fräulein Prym* gewesen. Wie bereits zehn Jahre zuvor, als er ein abgeschlossenes Manuskript in den Müll geworfen hatte, in dem es um seine Erfahrungen mit dem Satanismus ging, hatte er auch diesmal auf Anraten von Christina einen Roman vom Computer gelöscht. Dessen zentrales Thema war Sex. Vor Mônica und einem Freund des Autors, dem Theologen und ehemaligen Manager Chivo Castro Silva, hatte das Werk bestanden, nicht aber vor seiner Ehefrau.

Es war nicht das erste Mal, dass Paulo sich in einem Buch mit dem Thema Sex beschäftigte. Ende der 1980er hatte er begonnen, ein Buch zu schreiben, in dem Sex auf eine noch nie da gewesene Art thematisiert wurde. In nur zwei Monaten – zwischen Januar und März 1989 – hatte er eine hundert Seiten starke Erzählung verfasst, in der die Geschichte eines nur »D.« genannten Mannes erzählt wird und die den Arbeitstitel *Die Magie des Sexes, der Ruhm Gottes* oder einfach nur *Gespräche mit D.* trug. Die Hauptfigur, ein etwa vierzigjähriger Mann, den Zweifel hinsichtlich seiner Sexualität quälen, findet nur im Bett mit seiner Ehefrau Erfüllung und hat Alpträume, in denen er seine Mutter nackt sieht, wie sie von mehreren Männern genommen wird, die, nachdem sie sie vergewaltigt haben, auf sie urinieren. Sorge macht »D.« auch die Tatsache, dass er als Zeuge dieser Gewalttaten Lust empfindet. »D.« beginnt, einem Freund, der der Erzähler der Handlung wird, von seinen grauenhaften Phantasien zu berichten. Beide treffen sich jeden Abend auf ein Bier in einer kleinen Bar, die sich in das Sprechzimmer eines Psychoanalytikers verwandelt. »D.« enthüllt seinem Freund Intimes und spricht über seine Unsicherheit und gesteht ihm schließlich, dass er, obwohl er nicht homosexuell ist, in Träumen, in denen er von Männern vergewaltigt wird, große Lust empfindet. (»Mir gefällt die Erniedrigung, auf allen vieren dem anderen unterwürfig Lust anzubieten.«) *Gespräche mit D.* blieb unvollendet, niemand weiß, welches Schicksal der Autor für die Hauptfigur vorgesehen hatte, deren Geschichte in einigen Passagen Ähnlichkeit mit Paulos eigener hat. Das Manuskript *Gespräche mit D.* verschwand in der Truhe mit den Tagebüchern, die nach dem Willen des Autors dereinst verbrannt werden sollen.

Die Idee zu diesem Buch war Paulo während eines Besuches im französischen Ort Visco an der spanischen Grenze gekommen. Der Brunnen auf dem Hauptplatz zeigt eine Sonne, aus der sich ein Wasserstrahl direkt in den Mund eines Frosches ergießt, und keiner der Bewohner des Ortes konnte ihm erklären, was dies bedeuten sollte. Monatelang beschäftigte ihn dieser Brunnen, bis er schließlich darauf kam, ihn als Darstellung des Guten und des Bösen zu interpretieren. Mit *Fräulein Prym* schloss Paulo eine Trilogie ab, die er »Und am siebten

Tag« nannte und die 1994 mit *Rio Piedra* begonnen und mit *Veronika* ihre Fortsetzung gefunden hatte. Dem Autor zufolge sind es »drei Bücher, die von einer Woche im Leben ganz normaler Menschen handeln, die sich unvermittelt mit Liebe, Tod und Macht auseinandersetzen müssen«.

Der Dämon und Fräulen Prym spielt in einem imaginären Dorf mit 281 Einwohnern, die alle als äußerst ehrbar gelten. Die Alltagsroutine im Ort wird durch die Ankunft von Carlos, einem Fremden, durcheinandergebracht, den die Witwe Berta, die älteste Bewohnerin, sofort als jemanden erkennt, der das Böse ins friedliche Dorf bringt – oder, besser gesagt, als niemand andern als den Dämon persönlich. Der Fremde steigt in dem Hotel ab, in dessen Gastraum die einzige ledige Frau des Ortes arbeitet, Chantal Prym. Chantal Prym, eine bei den anderen nicht besonders gut gelittene Waise, wird von dem Besucher eingesetzt, die Ehrlichkeit der Dorfbewohner auf die Probe zu stellen. Er stellt sich als Unternehmer vor, der seine Frau und zwei Töcher durch ein entsetzliches Verbrechen verloren hat, und bietet der jungen Frau die Chance, reich zu werden und das langweilige Leben im Dorf hinter sich zu lassen. Im Gegenzug soll sie ihm helfen, die Dorfbewohner dazu zu überreden, an einem makabren Wettbewerb teilzunehmen: Wenn es einem von ihnen gelänge, mindestens einen Bewohner innerhalb einer Woche grundlos zu töten, würde das Dorf zehn Goldbarren erhalten, die er an einem geheimen Ort versteckt hat. Das Buch handelt von den Konflikten, die durch dieses ungewöhnliche Angebot entstehen, und schließt mit einem Gleichnis, in dem aufgezeigt wird, dass es in der Seele eines jeden Menschen zugleich einen Engel und einen Dämon geben kann.

Im März 2000 nahm Paulo, nachdem er die 190 Seiten beim Verlag Objetiva abgegeben hatte, das Flugzeug nach Paris, um den Beginn der von Anne Carrière entwickelten Werbekampagne für *Veronika beschließt zu sterben* mitzuerleben. An einem kalten, grauen Montagmorgen fiel sein Blick wie der von Millionen Parisern und Touristen auf die Busse der Linie 87, auf denen eine riesige Nahaufnahme von Coelhos Gesicht vor einer blauen Landschaft prangte und zu lesen stand, dass *Veronika* nunmehr in allen Buchhandlungen erhältlich sei. Die Busse fuhren quer durch die Stadt und an den meistbesuchten Sehenswürdigkeiten vorbei. Die gleiche Werbeaktion wurde nicht nur in Paris, sondern auch in weiteren vierzehn Städten Frankreichs durchgeführt. Sie brachte aber nicht die erwarteten Ergebnisse. Vielleicht reagierten die französischen Leser nicht positiv, weil sie es seltsam fanden, dass ein Buch wie eine Seife oder eine Zahnpasta angepriesen wurde. Obwohl es sich besser verkaufte als die vorangegangenen Bücher, hatte *Veronika* nicht den erwarteten Erfolg. Zwar wurde es von der französischen Presse positiv aufgenommen, u. a. von *L'Express* und von *Le Figaro,* einer der einflussreichsten, konservativen Zeitungen des Landes. Gleichzeitig kam *Veronika,* allerdings mit weniger Getöse, in die Buchhandlungen von Taiwan, Japan, China, Indonesien, Thailand und den Vereinigten Staaten.

Die Globalisierung seines literarischen Erfolges führte den Autor endgültig in den internationalen Jetset ein. Paulo hatte wie jedes Jahr ein paar Wochen zuvor am Weltwirtschaftsforum in Davos teilgenommen, bei dem sich jährlich die weltweite Elite aus Wirtschaft und Politik versammelt. (Seit 2000 gehört Paulo Coelho auf Betreiben von Klaus Schwab zur Schwab Foundation.) Der wichtigste Gast des Treffens im Jahr

2000, US-Präsident Bill Clinton, war Monate zuvor mit einem Exemplar des *Alchimisten* in der Hand fotografiert worden, als er im Garten des Weißen Hauses aus dem Hubschrauber stieg. Als er erfuhr, dass Coelho in Davos war, wollte Clinton ihn persönlich kennenlernen. »Meine Tochter Chelsea hat mir das Buch gegeben und mich gezwungen, es zu lesen«, sagte der Präsident. »Mir hat es so gut gefallen, dass ich es auch Hillary gegeben habe«, fuhr er fort. Sieben Jahre später, 2007, würde Paulo auf Bitten der Mannschaft von Hillary Clinton einen Text zur Unterstützung ihrer Präsidentschaftskandidatur veröffentlichen.

Bei diesem und bei anderen Treffen in Davos lernte er einige seiner berühmtesten Leser persönlich kennen, so zum Beispiel den ehemaligen Premierminister von Israel und Friedensnobelpreisträger Shimon Perez, die amerikanische Schauspielerin Sharon Stone und den italienischen Schriftsteller Umberto Eco. Auch kam er mit weltbekannten Persönlichkeiten wie dem Unternehmer Bill Gates und politischen Führern wie dem Palästinenser Yassir Arafat und dem damaligen deutschen Bundeskanzler Gerhard Schröder zusammen. In einem Interview bei einem der »Literarischen Tees«, die während des Forums stattfinden, zeigte Umberto Eco, weltberühmter Semiologe und Verfasser von Weltbestsellern wie *Der Name der Rose,* dass er das Werk des Brasilianers gut kennt: »Mein Lieblingsbuch von Paulo Coelho ist *Veronika.* Es hat mich tief berührt. Ich gestehe, dass ich den *Alchimisten* nicht sehr mag, weil wir unterschiedliche philosophische Sichtweisen haben. Paulo schreibt für Gläubige, ich schreibe für Menschen, die nicht glauben.«

In der zweiten Hälfte des Jahres 2000 ergriff die weltweite

Coelhomania, die Mônica Antunes vorausgesehen hatte, endgültig die ganze Welt. Einige Monate zuvor war Coelho auf einen Artikel des *Guardian* gestoßen, dem zufolge *El Alquimista* und *La Quinta Montaña* zur Bettlektüre des chilenischen
Exdiktators Pinochet gehörten, der auf Antrag der spanischen
Justiz aufgrund einer Anklage wegen »Folter, Terrorismus und
Völkermord« in London im Gefängnis saß: »Ich hätte gern
gewusst, ob General Pinochet meine Bücher weiterhin lesen
würde, wenn er wüsste, dass der Autor dreimal vom brasilianischen Militärregime verhaftet wurde und viele Freunde
in Chile hat, die während des chilenischen Militärregimes im
Gefängnis saßen oder des Landes verwiesen wurden«, sagte
Coelho in einer Presseerklärung. Wenig später gestand der Ve-
nezolaner Miguel Sanabria, der ideologische Kommissar einer
Organisation zur Unterstützung von Präsident Hugo Chávez,
dass in seinen Kursen für politische Bildung neben Karl Marx,
Simon Bolívar und José Carlos Mariátegui auch Paulo Coelho
gelesen werde. Bücher von Paulo Coelho waren an unerwarteten Orten und bei unerwarteten Menschen zu finden, wie zum
Beispiel bei dem tadschikischen Exmajor Viktor Bout, der für
den größten Waffenschieber der Welt gehalten wird und der als
Vorlage für den Film *Lord of War* mit Nicolas Cage gedient
hat. In einem Interview erklärte er, dass er sich zwischen dem
ein oder anderen Verkauf von Flugabwehrraketen mit der Lektüre von Paulo Coelhos Büchern entspanne. Im Krieg der USA
gegen Al Qaida tauchten Bücher des Brasilianers auf beiden
Seiten auf. Der englischen Zeitung *The Sunday Times* zufolge
war *The Alchemist* das meistgelesene Buch der 10. Bergdivi-
sion, die Osama Bin Laden in den Höhlen Afghanistans jagte.
Und als eine brasilianische Reporterin das Konzentrationslager

Nummer 4 in Guantánamo auf Kuba besuchte, entdeckte sie Übersetzungen von *Auf dem Jakobsweg* in Farsi.

Paulo war auch überrascht, dass im Film *Guantanamera* des kubanischen Regisseurs Tomás Gutiérrez Alea die Hauptfigur auf der langen Reise über die Insel zum Begräbnis eines Verwandten ein Exemplar des *Alchimisten* dabeihat. Da seine Bücher in Kuba nicht veröffentlicht werden, versuchte er herauszubekommen, ob es sich um die spanische Ausgabe handelte, die auf dem Schwarzmarkt für astronomische 40 Dollar verkauft wurde. »Ich habe nicht gezögert, mit Kuba Kontakt aufzunehmen und auf meine Tantiemen zu verzichten, damit die Bücher dort preiswert veröffentlicht werden und mehr Menschen sie lesen können«, erklärte er später der Presse. 2007 wurde Paulo Coelho Opfer einer eklatanten Unhöflichkeit seitens des kubanischen Kulturministers Abel Prieto, der für die Organisation der Buchmesse in Havanna verantwortlich war. »Wir haben ein Problem mit Paulo Coelho«, erklärte jener einer Gruppe ausländischer Journalisten. »Obwohl Coelho ein Freund Kubas ist und sich gegen die Blockade ausspricht, konnte ich ihn nicht einladen, weil ich die Messe nicht um ihr Ansehen bringen wollte.« Paulo ließ das nicht auf sich sitzen und veröffentlichte in seinem Internetblog eine sechszeilige Notiz, die sofort von *El Nuevo Herald,* der wichtigsten spanischsprachigen Zeitung Miamis, des Mekkas des Anticastrismus, veröffentlicht wurde: »Diese Erklärung überrascht mich nicht«, schrieb er. »Leute, die einst für Freiheit und Gerechtigkeit kämpften, werden, wenn sie selbst Macht erlangen, zu Unterdrückern.«

Mit oder ohne Polemik, die Tatsache, dass der Autor nun international berühmt geworden war, schuf keine Distanz zwischen ihm und seinem Heimatland. Die Wahl der Academia Brasileira de Letras für die Präsentation von *Der Dämon und Fräulein Prym* im Oktober 2000 wurde als ein wichtiger Schritt auf seinem Weg in das Petit Trianon gesehen, wie der Sitz der Academia genannt wird, aber es war beileibe nicht der erste. Bei dem Bankett, zu dem Anne Carrière 1998 im Carrousel du Louvre geladen hatte, waren sämtliche Mitglieder der brasilianischen Delegation eingeladen gewesen, die sich damals in Paris aufhielt. Aber nur drei von ihnen hatte Paulo persönlich angerufen, um seiner Einladung Nachdruck zu verleihen – Nélida Piñon, Eduardo Portela und den Senator und ehemaligen Präsidenten Brasiliens José Sarney. Es ist kein Zufall, dass die drei Mitglieder der Academia Brasileira de Letras sind. Für den Abend, an dem *Der Dämon und Fräulein Prym* vorgestellt werden sollte, wurden viertausend Einladungen verschickt. Wegen der Menschenmenge, die zum alten Gebäude in der Avenida Presidente Wilson im Zentrum von Rio de Janeiro strömte, mussten die Organisatoren der Veranstaltung das Sicherheits- und sonstige Personal aufstocken. Auf Veranlassung des Autors wurden tausend Plastikbecher mit eiskaltem Mineralwasser unter den Anwesenden verteilt, und er bedauerte nur, es nicht wie in Frankreich machen zu können: »In Paris hat meine Verlegerin französischen Champagner ausgeschenkt«, sagte er lächelnd den Journalisten, »aber ich weiß, dass sich das hier nicht wiederholen lässt.«

Die freundliche Reaktion der brasilianischen Kritik auf *Der Dämon und Fräulein Prym* überraschte ihn. »Paulo Coelho hat im Alter von 54 Jahren sein bestes Buch herausgebracht, das im Leser Neugier und Spannung weckt«, schrieb der Literaturkritiker der Zeitschrift *Época*. Eine Ausnahme war die

Astrologin Bia Abramo von der *Folha de São Paulo,* die von der Zeitung geschickt worden war, um einen Bericht über die Buchpräsentation zu schreiben. »Wie schon seine anderen Bücher ähnelt *Der Dämon und Fräulein Prym* einer in die Länge gezogenen Fabel«, schrieb sie, »die man in drei Absätzen hätte erzählen können, wie die anderen kleinen Geschichten, die seine Erzählungen aufzufüllen pflegen.«

Wer den Weg des Autors aufmerksam verfolgte, dem wurde deutlich, dass seine Energie nicht mehr auf die Kritiker gerichtet war, sondern darauf, einen Sitz im Pantheon der brasilianischen Literaten zu bekommen. Paulo hatte keine Illusionen, er wusste, wie ein abgelehnter Kandidat einmal gesagt hatte, dass es »einfacher ist, zum Gouverneur irgendeines brasilianischen Bundesstaates gewählt zu werden, als in die Academia zu kommen«. Es war bekannt, dass einige der 39 Wahlmänner und -frauen ihn und seine Bücher mit Naserümpfen betrachteten. »Ich habe versucht, eines seiner Bücher zu lesen, bin aber nicht über Seite acht hinausgekommen«, sagte Rachel de Queiroz, die Schriftstellerin aus Ceará und Paulos Cousine vierten Grades – was der Autor mit der Antwort quittierte, dass keines seiner Bücher vor Seite acht anfange. Die Bewertung des renommierten christlichen Denkers Candido Mendes, Rektor und Inhaber der Universität Candido Mendes (in der Paulo fast ein Jurastudium gemacht hätte), fiel noch härter aus:

Ich habe bereits alle seine Bücher von hinten nach vorn gelesen, was aufs selbe rauskommt. Paulo ist in Frankreich bereits der berühmteste Brasilianer, berühmter als Santos Dumont. Aber eigentlich ist er kein Brasilianer mehr, sondern gehört der globalen Gemeinschaft zur Vereinfachung des Geistes und zur Verwandlung von Submagie in Ignoranz an. Unser höchst sympathischer kleiner Hexer bedient diese Vorstellungswelt, und das ohne Überraschungen. Diese als geistiger Reichtum verbrämte Subkultur hat ihren exemplarischen Autor gefunden. Dies ist keine Literatur, sondern ein Fertiggericht aus einem Supermarkt.

Da er darauf vertraute, dass die meisten der restlichen Wahlmänner und -frauen der Academia Brasileira de Letras die Meinung von Rachel und Mendes nicht teilten, ging Paulo auf die Provokationen nicht ein und arbeitete weiter an seinem Plan. Er umwarb die Anführer der verschiedenen Gruppen und Untergruppen des Hauses, aß mit Mitgliedern der Akademie zu Mittag und zu Abend und ließ nicht eine Buchpräsentation eines der »Unsterblichen« aus, wie die Mitglieder der Akademie auch genannt werden. Am Abend der Vorstellung seines Romans *Sarminda* würde José Sarney (auch er ein Lieblingsopfer der Kritiker) lächelnd für die Fotografen posieren und ein Exemplar für Paulo signieren, dem umworbensten der zig Leser, die in der Schlange standen, um eine Widmung zu erhalten. Tatsache ist, dass Paulos Ziel bald schon ein offenes Geheimnis war. Ende des Jahres schrieb der gefeierte Romancier Carlos Heitor Cony, Inhaber des Stuhles Nummer drei der Academia, in der *Folha de São Paulo*:

Ich habe eine Kolumne geschrieben, in der ich die Verachtung kommentiert habe, mit der unsere Kritiker den Sänger Roberto Carlos und den Schriftsteller Paulo Coelho strafen. Ich finde, dass beide überleben, ist ein Wunder, denn ginge es nach den einschlägigen Medien, würden die beiden unter einer Brücke leben, betteln und der Welt die Pest an den Hals wünschen. Das ist aber nicht der Fall. Beide haben ein treues Publikum, kümmern sich nicht um die Kritik, machen immer weiter, schlagen nicht zurück und helfen den anderen, wo sie können. Ich bin mit Paulo Coelho befreundet, er weiß, dass er mit meiner Stimme für die Academia rechnen kann. Ich bewundere ihn für seine Charakterstärke und die Größe, nicht zurückzuschlagen und seinen Erfolg in Würde zu genießen.

Seit er mit dem Gedanken spielte, in die Academia einzuziehen, hatte er einen heimlichen Traum: den Stuhl Nummer 23 zu erhalten, den ursprünglich Machado de Assis, der größte brasilianische Schriftsteller und Gründer der Academia, innegehabt hatte. Nur saß auf ihm das Academia-Mitglied, das Paulo am meisten bewunderte und verehrte, der Schriftsteller Jorge Amado. Das zwang ihn, jedes Mal, wenn auf seine Absicht angesprochen wurde, eine Einschränkung zu machen: »Da ich gern Jorges Platz hätte, hoffe ich, erst zu kandidieren, wenn ich schon ziemlich alt bin«, erkärte er immer, »denn ich möchte, dass er noch viele, viele Jahre lebt.« Der 88-jährige Jorge Amado hatte seit seinem Herzinfarkt 1993 gesundheitliche Probleme. Im Juni 2001 wurde er, wegen einer fortschreitenden Retinadegeneration fast blind, mit Entzündungsherden in den Nieren und der rechten Lunge, in Salvador de Bahia ins Krankenhaus eingeliefert. Zwar erholte er sich dank hochdosierter Antibiotika und konnte am 16. Juli im Kreise seiner Familie den vierzigsten Jahrestag seiner Wahl in die Academia feiern. Doch schon drei Wochen später, am 6. August, teilte die

Familie mit, dass Jorge Amado gestorben sei. Der Stuhl Nummer 23 war frei. Paulo erreichte die Nachricht noch in derselben Nacht durch einen Anruf des Journalisten und Akademiemitglieds Murilo Melo Filho: »Jorge Amado ist gestorben. Deine Stunde hat geschlagen.«

Paulo überkam ein sonderbares, widersprüchliches Gefühl: Zugleich mit der Aufregung, die eine Kandidatur bedeutete, verspürte er aufrichtige Trauer angesichts des Todes seines Idols, Freundes und treuen Verbündeten. Aber jetzt war nicht der Zeitpunkt für Sentimentalitäten. Jedermann wusste, dass das Rennen um einen Sitz in der Academia begann, ehe die Lilien auf dem Sarg des letzten Inhabers verwelkt waren. Aber gleich beim ersten Telefonat seiner Kampagne erhielt er einen unerwarteten Dämpfer. »Ich glaube, Ihre Stunde ist noch nicht gekommen«, warnte Professor Arnaldo Niskier, Inhaber von Stuhl Nummer 18 und einer der ersten, der Monate zuvor von Paulos Absichten erfahren hatte. »Es sieht so aus, als wollte Zélia sich bewerben, und wenn das der Fall ist, wird die Academia ihr den Vortritt lassen.« Die Schriftstellerin Zélia Gatto war die Witwe von Jorge Amado, die sich tatsächlich entschlossen hatte, für den Sitz ihres verstorbenen Mannes zu kandidieren.

Am nächsten Morgen brachten die Zeitungen neben ausführlichen Nachrufen auf Jorge Amado auch die Namen der fünf Kandidaten für den frei gewordenen Sitz: Zélia, Paulo, der Astronom Ronaldo Rogério de Freitas Mourão, der Humorist Jô Soares und der Journalist Joel Silveira. Während seines täglichen Joggings am Strand von Copacabana hörte Paulo auf eine der wenigen Stimmen, die in der Lage waren, ihn häufig sogar gegen seine ursprüngliche Meinung zu überzeugen – die

Stimme seiner Frau. Sanft wie immer sagte sie, sie habe kein gutes Gefühl, was die Bewerbung betraf: »Paulo, ich denke nicht, dass du gewinnen wirst.«

Das reichte, damit er, »Christina gegenüber immer sehr gehorsam«, von seinem Vorhaben Abstand nahm, Zélia ein Beileidsfax schickte, die Koffer packte und mit Chris nach Südfrankreich fuhr. Die beiden wollten ihren Traum verwirklichen, einen Teil des Jahres in Europa zu verbringen, und der Ort, den sie ausgewählt hatten, lag in der Nähe der katholischen Wallfahrtsstätte Lourdes. Ein Grund für die Reise war die Suche nach einem geeigneten Haus. Bis sie eins gefunden hätten, würden sie im gemütlichen Hotel Henri IV im Städtchen Tarbes wohnen. Am 9. Oktober, einem Dienstag, waren sie in Odos, fünf Kilometer außerhalb von Saint-Martin, wo sie ein paar Monate später wohnen sollten. Als hätte ihn der Dämon, von dem er sich vor langer Zeit entfernt hatte, wieder versucht, hatte Paulo ein Auge auf eine Immobilie geworfen, die eher zu einem Rockstar gepasst hätte als zu einem Mann mit geradezu klösterlichen Gewohnheiten: ein Schloss, und zwar nicht irgendein Schloss, sondern das Château d'Odos, in dem Marguerite de Valois, die Reine Margot, die Gemahlin von Henri IV, gelebt hatte und gestorben war. Am Ende kam es nicht zum Kauf: »Wenn ich eine Burg kaufen würde«, sagte Paulo zu einem Journalisten, »würde nicht ich sie besitzen, sondern sie mich.« Noch am selben Nachmittag fuhr er ohne Chris nach Pau und flog von dort aus nach Monte Carlo, um als Mitglied der Jury am Filmfestival von Cannes teilzunehmen. Abends trank er gerade einen Kaffee mit dem amerikanischen Regisseur Sidney Pollack, als sein Mobiltelefon klingelte. Am anderen Ende der Leitung erkannte er die Stimme von Arnaldo Niskier: »Roberto Campos ist gestorben. Kann ich der Geschäftsstelle der Akademie den von Ihnen unterzeichneten Brief überreichen, den Sie bei mir zurückgelassen haben und in dem Sie sich um den ersten frei werdenden Platz bewerben?«

»Wenn Sie finden, dass es der richtige Zeitpunkt ist, ja.«

Zwei Tage später hielt er, wieder zurück in Frankreich, auf dem Heimweg an der Kapelle von Notre Dame de Piétat in der kleinen Stadt Barbazan-Debat und bat den kleinen bärtigen Jesus: »Hilf mir, in die Academia aufgenommen zu werden.«

Ein paar Stunden darauf gab er von seinem Hotelzimmer in Tarbes aus dem Reporter Marcelo Camacho ein langes Telefoninterview, das mit der zu erwartenden Frage begann: »Stimmt es, dass Sie für die Academia kandidieren?«

Paulo antwortete promt: »Ja, ich kandidiere, ohne Wenn und Aber.« Und unter diesem Titel – »Kandidat ohne Wenn und Aber« – widmete die Kulturbeilage der *JB* am nächsten Tag die ganze erste Seite der wichtigen Nachricht. In dem besagten Interview legt Paulo die Gründe für seine Kandidatur dar (»der Wunsch, mit so besonderen Menschen wie den Mitgliedern der Academia zusammen zu sein«), tut die Kritiker mit links ab (»Wenn das, was ich schreibe, nicht gut wäre, hätten mich meine Leser auf der ganzen Welt schon lange verlassen«) und verurteilt vehement die Außenpolitik von Präsident George W. Bush (»Was die Vereinigten Staaten in Afghanistan machen, ist ein Terrorakt«). Die Bewerbung um den Sitz des verstorbenen Wirtschaftswissenschaftlers, Botschafters, Senators und Abgeordneten Roberto Campos war nun offiziell, aber Paulo erklärte dem Journalisten, dass er wegen eines vollen Terminkalenders erst zwei Monate später, im Dezember, nach Brasilien zurückkehren werde, um das Ritual der Besuche bei allen 39 Wahlmännern und -frauen zu erfüllen. Da die Wahl für März anberaumt war, komme es auf einen Monat früher oder später ja wohl nicht an.

In den nächsten zwei Wochen meldeten sich zwei weitere Kandidaten, die im Kampf um den frei gewordenen Sitz gegen ihn antreten würden: der Politiker und Wissenschaftler Hélio Jaguaribe und der ehemalige Diplomat Mário Gibson Barbosa. Beide waren achtzigjährig, und beide hatten ihre starken und schwachen Seiten. Dass einer der Kandidaten zu den am meisten gelesenen Autoren der Welt zählte, weckte ein in der hundertjährigen Geschichte der Academia noch nie da gewesenes Interesse. Medien in der ganzen Welt schickten ihre Korrespondenten nach Brasilien, damit sie über die Wahl berichteten. In einer langen ironischen Reportage ihres Korrespondenten Larry Rother heißt es in der *New York Times,* dass die Academia Brasileira de Letras »die Macht hat, obskure alte Essayisten, Dichter und Philosophen zu Berühmtheiten zu machen, die fast so gefeiert werden wie Fußballspieler, Schauspieler und Popstars«. Rother gibt Erklärungen von Unterstützern Paulo Coelhos wie die von Arnaldo Niskier wieder (»Er ist der Pelé der brasilianischen Literatur«), stichelt aber auch gerne selber:

Das Image von Paulo Coelho ist beileibe nicht das eines ernsten Akademiemitglieds, der die pompösen Donnerstagnachmittagstees genießt, für die die Academia berühmt ist. Er begann seine Karriere als Texter von Rockmusik, hat über seinen damaligen Konsum harter Drogen geschrieben, davon, dass er als Jugendlicher in eine psych-

635

iatrische Klinik eingewiesen wurde, und er weigert sich, Abbitte für seinen umwerfenden kommerziellen Erfolg zu leisten. »Die brasilianische Gesellschaft verlangt in diesem Haus Hervorragendes«, gab die Schriftstellerin Nélida Piñon, ehemalige Präsidentin der Academia, der Zeitung *O Globo* zu Protokoll, und dieser Kommentar wird als Ohrfeige für Coelhos Popularität gewertet. »Wir können nicht zulassen, dass der Markt über ästhetische Qualität entscheidet.«

Paulo ignorierte die Intrigen und erfüllte seine Pflichten. Er schickte allen Mitgliedern der Academia Briefe, stattete ihnen einen Besuch ab und erhielt spontane Unterstützung, die ihn bewegte, wie beispielsweise die von Carlos Heitor Cony und von Expräsident Sarney. Am ersten Tag der Wahl, die in vier aufeinanderfolgenden Wahlgängen ablief, konnte keiner der drei Kandidaten die von den Regeln verlangte Mindestanzahl von 19 Stimmen auf sich vereinen. Wie die Tradition verlangte, verbrannte der bärtige Vorsitzende Alberto da Costa e Silva die Stimmzettel in einem Bronzetopf, verkündete, dass der Sitz unbesetzt geblieben sei, und beraumte einen erneuten Wahlgang für den 25. Juli an. Am selben Abend, wenige Stunden nach Bekanntgabe des Ergebnisses des ersten Wahlgangs, erschien eine Abordnung von »Unsterblichen« in Paulo Coelhos Wohnung und übermittelte ihm die üblichen Beileidsbekundungen. Einer von ihnen tröstete ihn mit den Worten: »Es war sehr gut, dass Sie kandidiert haben, und die Zeit, die wir gemeinsam verlebt haben, war großartig. Wer weiß, vielleicht klappt es ein nächstes Mal, Sie werden es doch noch einmal versuchen?«

Da Paulo im Gegensatz zu den siebzehn für Jaguaribe abgegebenen Stimmen nur dürftige zehn Stimmen erhalten hatte, war die Abordnung über die schnelle Antwort des Hausherrn pikiert: »Kein nächstes Mal. Ich werde gleich morgen meine Kandidatur registrieren. Ich werde wieder antreten.«

Vermutlich war für die meisten Akademiemitglieder das Datum für den zweiten Wahlgang ein Datum wie jedes andere, aber Paulo sah darin ein eindeutiges, positives Zeichen, schließlich war der 25. Juli der Tag des heiligen Jakobus von Compostela, des Schutzheiligen jener Wallfahrt, die sein Leben verändert hatte. Trotzdem konnte es bestimmt nicht schaden, auch noch das alte und, wie Coelho fand, nie irrende *I Ging* zu befragen. Er warf die drei Münzen mehrfach, und es kam immer zum selben Ergebnis: das Hexagramm des Tiegels, das Zeichen für sicheren Sieg. Außerdem gab das *I Ging* eine seltsame Empfehlung: »Reise sofort, und kehre nicht gleich zurück«, was Coelho, ohne mit der Wimper zu zucken, tat. Er flog nach Frankreich, quartierte sich im Hotel in Tarbes ein und führte von dort aus mit Mobiltelefon und Notebook seine Kampagne weiter. Aus dem Internet erfuhr er, dass er nur noch einen Gegner hatte: Hélio Jaguaribe.

Christina erinnert sich, wie überrascht sie über Paulos Verhandlungsgeschick war: »Die Abgebrühtheit, mit der er Entscheidungen traf und mit Leuten redete, war ein mir bislang verborgenes Talent.«

Obwohl viele seiner Unterstützer es riskant fanden, die Kampagne aus der Ferne zu leiten und die Wahlleute dem Mann-gegen-Mann-Kampf des Gegners zu überlassen, bestand das *I Ging* darauf: »Kehre nicht zurück!« Der Druck, nach Brasilien zurückzukehren, wurde immer stärker, aber

Paulo blieb fest. »Mein sechster Sinn sagte mir, ich solle nicht zurückkehren«, erinnert sich der Schriftsteller. »Als ich zwischen den Mitgliedern der Akademie und meinem Gefühl wählen sollte, entschied ich mich für mein Gefühl.« Richtig in Fahrt kam die Kampagne, als einer seiner Unterstützer bei den Donnerstagnachmittagstees mit einem verführerischen Argument auf Stimmenfang ging: »Ich werde für Paulo Coelho stimmen, denn der Mais ist gut.« »Guter Mais« waren im Akademiejargon Kandidaten, die, wenn sie einmal gewählt waren, der Institution nicht nur Prestige, sondern auch materielle Vorteile brachten. So gesehen sei der Autor von *Der Alchimist* großartiger Mais, meinte der »Unsterbliche«. Nicht nur wegen seines unleugbaren internationalen Ruhmes, der an dem ungewöhnlichen Interesse der internationalen Medien an dieser Wahl deutlich wurde. Die Tatsache, dass der Millionär Paulo Coelho keine Kinder hatte, brachte sogar die härtesten Herzen zum Schmelzen, weil sie die Hoffnung nährte, er könnte, wie frühere kinderlose Akademiemitglieder, die Academia dereinst zu einem seiner Erben einsetzen. Als Paulo drei Wochen vor dem zweiten Wahlgang nach Rio de Janeiro zurückkehrte, wusste er nicht, dass der Reichtum, den zu schaffen ihn so viel Anstrengung und Kraft gekostet hatte, begehrlich betrachtet wurde. Anders als die Orakel vorausgesagt hatten, erwarteten ihn keine guten Nachrichten. Sein Wahlgegner hatte in seiner Abwesenheit Terrain gutgemacht, und einige Wahlmänner- und -frauen, die Paulo auf seiner Seite wähnte, begannen die Seiten zu wechseln.

Es war nicht schwer, herauszufinden, dass die Schüsse aus Hélio Jaguaribes Lager nicht aus der Casa de Machado Assis kamen, wie die Academia auch genannt wurde, sondern aus einem Bunker 1200 Kilometer weit weg, dem Amtssitz des Außenministers Celso Lafer. Jaguaribe und Lafer waren alte Freunde und außerdem 1992 beide Kabinettsmitglieder während Präsident Collors letzter Amtszeit gewesen. Wie Paulo herausfand und später auch der Presse mitteilte, sammelte der Minister Stimmen für Jaguaribe, indem er als Gegenleistung Reisen, Einladungen und Medaillen anbot: »Ich glaube, die meisten Mitglieder der Academia wurden von ihm aufgesucht, damit sie für Hélio Jaguaribe stimmten«, sagte Paulo der Zeitschrift *IstoÉ.* »Drei zumindest haben es mir bestätigt: Arnalod Niskier, Marcos Almir Madeira und Carlos Heitos Cony.« Aus Ärger über diese, wie er es nannte, »überproportionale Einflussnahme« stichelte er: »In einer Zeit, in der Brasilien im Ausland wegen Brandrodung des Regenwaldes im Amazonasgebiet, Kindstötung und Sklavenarbeit verschrien ist, stehe ich für mein Land ein und nicht Celso Lafer.« Am Abend des 25. Juli drängten sich Fotografen, Reporter und Fernsehleute an der Tür des Apartmenthauses an der Avenida Atlântica in Copacabana, wo sie vom Hausherrn eingeladen waren, im 9. Stock mit einem Glas Champagner auf seinen Sieg anzustoßen: Er war soeben mit 22 Stimmen gewählt worden. Jaguaribe hatte 15 erhalten: Er rechtfertigte das Eingreifen von Lafer in die Kampagne (»Er ist ein alter Jugendfreund, der Leute angerufen hat, die sonst nicht für mich gestimmt hätten«) und zeigte sich als schlechter Verlierer: »Mit der Wahl von Paulo Coelho krönt die Academia Brasileira de Letras einen Marketingerfolg«, zürnte er. Ein Journalist, der von ihm wissen wollte, ob er noch einmal kandidieren wolle, erhielt die knappe Antwort: »Die Academia interessiert mich nicht mehr.« Drei Jahre später jedoch, nachdem er den Schrecken überwunden hatte, wurde er auf den Sitz gewählt, den der Wirtschaftswissenschaftler Celso Furtado innegehabt hatte. Und noch ein Jahr später erbte Celso Lafer den Sitz von Miguel Reale.

Wenn einer der »Unsterblichen« tatsächlich für Paulo Coelho gestimmt hatte, weil er hoffte, der Mais sei gut, hatte er sich verrechnet. Zuerst einmal wurden die internationalen Scheinwerfer, die sich aufgrund von Paulos Anwesenheit auf die Academia richten würden, kaum je angeschaltet, weil die Hauptperson fehlte: Von den mehr als zweihundert Sitzungen der Academia seit seiner Aufnahme hat Paulo nur an sechs teilgenommen. Die gleiche Frustration werden jene empfunden haben, die sich erhofften, dass ein Teil der in über einhundertfünfzig Ländern angehäuften Autorenrechte in die Kasse des Petit Trianon tröpfeln würde. In Paulos Testament, das seit seiner Wahl dreimal geändert wurde, ist die Casa de Machado de Assis nirgends erwähnt.

In Hochstimmung über den Sieg und über eine Reportage des amerikanischen Wochenblattes *Newsweek*, die ihn als »ersten Popkünstler der Literatur, der in die Institution aufgenommen wurde, die seit 105 Jahren die Bastion der portugiesischen Sprache ist und eine Festung höchsten, raffiniertesten intellektuellen Geschmacks«, feierte, begann Paulo an seiner Rede bei der Aufnahmefeier zu arbeiten, die für den 28. Oktober anberaumt war. Ganz Gentleman, begab er sich, obwohl er trotz der von der Regierung ausgehenden Einflussnahme gewählt worden war, nach Brasilia, um dem Präsidenten Fernando Henrique die Einladung zur Aufnahmefeier persönlich zu überbringen. Er wurde im Palácio do Planalto, dem Präsidentenpalast, freundlich empfangen, erfuhr aber, dass der Präsident an diesem Tag andere Termine hatte, jedoch einen Ver treter schicken würde. Während Paulo auf seinen verspäteten Rückflug nach Rio de Janeiro wartete, schlenderte er durch die Flughafenbuchhandlung. In einem Schaukasten waren verschiedene seiner Bücher ausgelegt – alle vom Verlag Editora Rocco, keines von Objetiva. In diesem Augenblick begann er über einen wichtigen Schritt nachzudenken, den er Monate später in die Tat umsetzte: den Verlag Objetiva zu verlassen und zu Rocco zurückzukehren.

Bei der Aufnahmezeremonie erschienen die Gäste im Smoking, die Mitglieder der Akademie in ihren Galauniformen aus olivgrünem Kaschmir mit Goldstickerei auf der Brust. Dazu trugen sie einen samtenen, mit weißen Federn gschmückten Zweispitz und ein vergoldetes Schwert am Gürtel. Paulos Uniform war traditionsgemäß von der Verwaltung seiner Geburtsstadt Rio bezahlt worden. Unter den Hunderten von Gästen zur Begrüßung des neuen »Unsterblichen« waren auch Paulos Verleger Roberto Feith und Paulo Rocco. Der höfliche Umgang der beiden miteinander ließ die baldigen Turbulenzen nicht voraussehen.

Der Zwischenfall in der Flughafenbuchhandlung in Brasília war in Wahrheit nur der letzte Tropfen gewesen, der das Fass zum Überlaufen brachte. Paulo hatte sich schon seit einiger Zeit Sorgen gemacht. Etwas Ähnliches war ein paar Monate zuvor seiner Agentin Mônica passiert, die mit ihrem Mann Øyvind ihre Ferien in Brasilien verbrachte und von Rio nach Natal im Staat Rio Grande do Norte gereist war. Bei dieser Gelegenheit bemerkte sie, dass es nirgendwo in Natal, das damals immerhin 600 000 Einwohner zählte, Bücher von Paulo gab, nicht einmal auf dem internationalen Flughafen. Der Autor hatte allerdings bald konkretere Sorgen. Seinen Berechnungen zufolge hatte er zwischen 1996 und 2000, in der Zeit, in der Objetiva *Der Fünfte Berg, Veronika* und *Fräulein Prym* herausgebracht hatte, mehr als 100000 Leser verloren. Der Richtwert für seine Berechnungen waren nicht die Verkaufszahlen seines Bestsellers *Der Alchimist,* sondern die von *Rio Piedra,* dem letzten von Rocco herausgegebenen Buches, bevor Paulo zu Objetiva gewechselt war.

Eigentlich hätte er Objetiva am liebsten sofort verlassen und wäre zu Rocco zurückgekehrt, doch gab es da ein Problem. Das Manuskript seines nächsten Romans *Onze Minutos* [dt.: Elf Minuten] lag bereits bei Objetiva, und der Verleger, Roberto Feith, hatte bereits kleine Änderungsvorschläge gemacht, denen der Autor zugestimmt hatte.

Wie schon häufig in seinem Leben sollte das letzte Wort in der Frage, wie es weitergehen solle, das *I Ging* haben. Vier Tage vor seiner feierlichen Aufnahme in die Academia stellte Paulo dem *I Ging* zwei Fragen: »Was wird geschehen, wenn ich mein nächstes Buch, *Elf Minuten,* beim Verlag Objetiva veröffentliche?«, und: »Was wird geschehen, wenn ich mein nächstes Buch *Elf Minuten* beim Verlag Rocco veröffentliche?« Er warf die drei Münzen auf den Tisch, und das Ergebnis war lange nicht so präzise wie die Frage: »Vorherrschen des Kleinen. Erfolg. Kleine Dinge können gemacht werden, große Dinge sollen nicht gemacht werden. Es ist ratsam, unten zu bleiben. Großer und guter Reichtum.«

Die meisten wären von so einer Antwort verwirrt gewesen, nicht so Paulo Coelho, für den die Antwort des Orakels sonnenklar war: Nach sieben Jahren und vier Büchern war die Zeit gekommen, Objetiva zu verlassen und zu Rocco zurückzukehren.

Verärgert über den Wechsel und vor allem über die Entscheidung des Autors, ein druckreifes Buch mitzunehmen, wollte Roberto Feith *Elf Minuten* nur herausrücken, wenn der Verlag für die Produktionskosten entschädigt würde. Paulo verstand das als Drohung und zog sein Schwert: Er beauftragte eine große Anwaltskanzlei in Rio und bereitete sich auf die in Brasilien übliche lange, quälende Schlacht vor Gericht vor. Der Entschluss war gefasst, er machte bekannt, dass er zu Rocco zurückkehren werde – der seinerseits versprach, das Buch *Elf Minuten* in den ersten Monaten des Jahres 2003 zu veröffentlichen. Dann flog er mit Chris nach Tarbes. Auf dem brasilianischen Büchermarkt kochten die Gerüchte: Die einen behaupteten, er habe Objetiva verlassen, weil er seinen Platz als erster Autor des Verlages an den aus Rio Grande do Sul stammenden Schriftsteller Luís Fernando Veríssimo verloren hätte, andere vermuteten, der Grund für den Wechsel seien die 600 000 Real gewesen, die ihm Rocco dafür geboten hatte, damit er zurückkam. Die Temperatur kühlte wieder etwas ab, als Chris bei einem der täglichen Spaziergänge in den Pyrenäen Paulo riet, den Streit mit Feith zu beenden. »Es sieht so aus, als sei dir mehr an einem Streit gelegen als ihm. Wozu? Warum?«, fragte sie. »Tu alles, damit dies gut ausgeht, ohne Streit.« Obwohl Paulo bis zur letzten Minute zögerte, gab er schließlich nach. Er blieb vor einem Kruzifix stehen und bat Gott, den Hass aus seinem Herzen zu entfernen. Nach einigen Gesprächen zwischen Vertretern beider Parteien sollte Feith ein paar Wochen später nicht nur das Manuskript von *Elf Minuten* freigeben, sondern dem Autor die vier Titel von seiner Backlist zurückgeben, die ebenfalls an Rocco übergehen würden. Nur in einem Punkt war Feith unnachgiebig: Er verbot die Aufnahme seiner Änderungsvorschläge in die Ausgabe bei Rocco und in den ausländischen Ausgaben, was Mônica Antunes dazu zwang, die Manuskripte, die Übersetzer in verschiedenen Ländern bereits in Händen hatten, wieder einzuziehen. Das Verhandlungsproblem war gelöst, aber Paulo und Roberto Feith sollten niemals wieder ein Wort miteinander wechseln.

Die Idee zu dem Buch, das zu der ganzen Aufregung geführt hatte, war bereits Jahre zuvor, 1997 in Mantua, in Norditalien entstanden, wo Paulo einen Vortrag gehalten hatte. In seinem Hotel hatte er einen Umschlag vorgefunden, den eine Brasilianerin namens Sônia dort für ihn hinterlegt hatte, eine Leserin und ein Fan des Autors, die nach Europa ausgewandert war, um als Prostituierte zu arbeiten. In dem Päckchen befand sich das Manuskript eines Buches, in dem sie ihre Geschichte erzählte. Obwohl er sonst nie fremde Manuskripte las, machte Paulo in diesem Fall eine Ausnahme. Es gefiel ihm, und er schlug es dem Verlag Objetiva zur Veröffentlichung vor, doch dieser zeigte kein Interesse. Drei Jahre später organisierte Sônia, die inzwischen nach Zürich umgezogen war, einen Signierabend für Paulo, wie ihn wahrscheinlich vor ihm kein anderer Autor je erlebt hatte. Sônia führte ihn in die Langstraße, wo nach zehn Uhr abends Prostituierte aus aller Welt anzutreffen sind. Die Nachricht von Paulos Besuch verbreitete sich wie ein Lauffeuer, und so strömten Dutzende von Sônias Kolleginnen mit zerlesenen Exemplaren seiner Bücher in den unterschiedlichsten Sprachen herbei, unter ihnen, wie sich der Autor erinnert, viele aus Ländern der ehemaligen Sowjetunion. Da Sônia auch in Genf arbeitete, schlug sie Paulo vor, in der zweitgrößten Stadt der Schweiz ein ähnliches Happening zu veranstalten. Dort traf er dann die Brasilianerin, der er den Namen Maria gab und deren Leben als roter Faden in *Elf Minuten* dienen sollte, in dem es um die Geschichte einer jungen Frau aus Nordbrasilien geht, die davon träumt, in Europa in Shows aufzutreten, in die Schweiz geht und sich am Ende als Prostituierte selbständig macht. Der Autor selbst sieht sein Buch nicht als eines über Prostitution, »auch nicht über das unglückliche Leben einer Prostituierten, sondern es geht darin um die innere Entwicklung eines Menschen auf der Suche nach seiner sexuellen Identität«, erklärte er den Zeitungen. »Es handelt sich um ein Buch über das komplizierte Verhältnis zwischen Gefühlen und körperlicher Lust.«

Elf Minuten ist eine Paraphrase des Titels des Irving-Wallace-Bestsellers *Sieben Minuten* von 1969, in dem es um einen Prozess wegen des Verbots eines Buches über Sex geht. Sieben Minuten dauert Wallace zufolge durchschnittlich ein Geschlechtsakt. Als *Elf Minuten* in Amerika erschien, wollte ein Reporter der Zeitung USA *Today* von Paulo wissen, warum er der Durchschnittsdauer eines amerikanischen Beischlafs vier Minuten hinzugefügt habe. Schmunzelnd antwortete Paulo, Wallace' Schätzung gebe angelsächsische Durchschnittswerte wieder, die »für lateinamerikanische Verhältnisse etwas zu konservativ ausfielen«.

Elf Minuten erschien Anfang 2003 und sollte von den Medien mit der üblichen Häme aufgenommen werden, die der Autor im Übrigen schon einen Monat vor Erscheinen des Buches in einem Interview der Zeitschrift *IstoÉ* voraussagte: »Woher ich weiß, dass es der Kritik nicht gefallen wird? Ganz einfach. Man kann nicht zehn Bücher eines Autors verreißen und das elfte plötzlich lieben.«

Vielen Journalisten gefiel das Buch nicht nur nicht, sondern sie sagten zudem voraus, dass *Elf Minuten* der erste große Verkaufsflop des Autors werden könnte. Viele Kritiker meinten, das pikante Thema des Buches, in dem es um Oralsex, klitoralen oder vaginalen Orgasmus und sadomasochistische Praktiken geht, sei zu explosiv für Paulo Coelhos Durchschnittsleser. Genau das Gegenteil war der Fall. Bevor die Startauflage von 200 000 Exemplaren im April in die brasilianischen Buchhandlungen gelangte, hatte Sant Jordi nach Verhandlungen, die dem Autor 6 Millionen Dollar einbrachten, das Buch bereits an mehr als zwanzig ausländische Verlage verkauft. Drei Wochen nach Erscheinen stand *Elf Minuten* in Brasilien, Italien und Deutschland auf Platz 1 der Bestsellerlisten. Zur Präsentation der englischen Ausgabe strömten mehr als zweitausend Leser in die Londoner Buchhandlung Borders. Wie schon bei den zehn vorangegangenen Büchern zeigten seine Leser in Brasilien wie auch im Rest der Welt unmissverständlich, dass sie ihn weiter liebten, auch sein elftes Buch: Im Laufe der Jahre wurde *Elf Minuten* mit 10 Millionen verkauften Exemplaren zum zweitmeistgelesenen Buch von Paulo Coelho nach dem unschlagbaren *Alchimisten*.

29

Der Zahir

Paulo geht im Frack zum Bankett im Buckingham-Palast – als Gast der Königin und nicht als Gast von Brasiliens Präsident Lula.

In den ersten Monaten des Jahres 2004 waren Paulo und Chris damit beschäftigt, die alte Mühle bewohnbar zu machen, die sie in Saint-Martin gekauft hatten. Der Plan, vier Monate dort, vier in Brasilien und vier mit Reisen durch die Welt zu verbringen, wurde gleich zu Anfang des Jahres durch einen Terminvorschlag von Mônica torpediert. Die Agentur Sant Jordi war von nicht weniger als 187 Einladungen zu Preisverleihungen, Teilnahme an Veranstaltungen, Signierabenden, Vorträgen und Buchvorstellungen aus aller Welt buchstäblich überschwemmt worden. Wenn Paulo nur die Hälfte dieser Einladungen annähme, würde er zu nichts anderem mehr Zeit haben – schon gar nicht für sein nächstes Buch. Während des zweiten Halbjahrs entwarf er im Kopf die Geschichte, die er dann Ende des Jahres innerhalb von zwei Wochen zu Papier brachte, die 318 Seiten von *O Zahir* [dt.: Der Zahir]. Zum Titel hatte ihn eine Erzählung von Jorge Luís Borges inspiriert, in der es um etwas ging, was man, wenn man es einmal berührt oder gesehen hatte, niemals wieder vergessen konnte. Bei der Hauptfigur, deren Identität leicht zu erkennen ist, handelt es sich um einen ehemaligen Rockmusiker, der zu einem weltweit erfolgreichen, von der Kritik gehassten und von seinen Lesern geliebten Autor wird. Im Roman hat er keinen Namen und lebt in Paris mit der Kriegskorrespondentin Esther zusammen. Die Geschichte setzt in dem Augenblick ein, in dem der Held voller Entsetzen feststellt, dass ihn seine Frau verlassen hat. Das Ende 2004 geschriebene Buch war im März des folgenden Jahres druckreif und konnte in Brasilien und in verschiedenen anderen Ländern veröffentlicht werden.

Bevor es allerdings die Leser weltweit – auch die brasilianischen – lesen konnten, wurde das Buch überraschenderweise zuerst einmal im Iran veröffentlicht, wo Paulo der meistgelesene ausländische Autor war. Der junge Arash Hejazi, der den Arztberuf an den Nagel gehängt hatte, um Verleger zu werden, war auf dieses Manöver gekommen, um den örtlichen Raubdrucken vorzugreifen, die dort zwar längst nicht so verbreitet waren wie in Ägypten, aber dennoch in großem Stil stattfanden: Allein von *Der Alchimist* waren 27 verschiedene Ausgaben im Umlauf, die dem Autor zufolge Raubdrucke waren, von denen aber keiner illegal war, weil der Iran die internationalen Urheberrechtsabkommen nicht unterzeichnet hatte. Die Gesetzgebung des Landes schützte nur Werke, deren Erstausgabe im Land gedruckt und herausgegeben wurde. Um seinem Verlag Caravan das Recht zu garantieren, im Iran als Einziger *Der Zahir* zu veröffentlichen, hatte Hejazi Mônica vorgeschlagen, den Zeitplan für die internationalen Ausgaben so zu verändern, dass die weltweit erste Ausgabe im Iran erschien, was dann auch tatsächlich geschah. Das Manöver verhinderte zwar Raubdrucke, doch später gab es Probleme mit der Regierung. Paulo erhielt die schlechte Nachricht von Hejazi, der ihn im Hotel Gellert in Budapest anrief, wo er mit Mônica zusammensaß. Um die Telefonzensur zu umgehen, rief er von einer öffentlichen Telefonzelle an, um dem Autor mitzuteilen, dass am Caravan-Stand auf der Internationalen Buchmesse des Iran gerade eine Gruppe Basejih, Männer der »Moralpolizei«, erschienen sei, die die tausend Exemplare von *Der Zahir* beschlagnahmt und verkündet hatte, dass das Buch nicht vertrieben werden dürfe und der Verleger zwei Tage später bei der Zensurbehörde zu erscheinen habe.

Coelho und Hejazi kamen schnell überein, dass die beste Art, dieser Gewalt zu begegnen und Hejazis körperliche Unversehrtheit zu gewährleisten, darin bestand, diesen Angriff international bekanntzumachen. Paulo setzte sich umgehend mit zwei, drei Journalistenfreunden in Verbindung: Der Rundfunksender BBC in London und die Presseagentur France Presse machten die Nachricht von der Zensur weltweit publik. Das Medienecho scheint die Zensur eingeschüchtert zu haben, denn zwei Tage später wurden die Bücher kommentarlos zurückgegeben und die Zensur aufgehoben. Es war durchaus verständlich, dass ein repressiver, über die Moral wachender Staat wie der iranische sich gegen ein Buch wandte, in dem es um Ehebruch ging. Überraschend war nur, dass die Zensur jemanden wie Paulo Coelho traf, der im Iran so populär war und öffentlich als »der erste nicht muslimische Schriftsteller« begrüßt worden war, »der den Iran nach der Machtergreifung der Ayatollahs besucht hat«, nämlich seit 1979.

Tatsächlich hatte Paulo das Land im Mai 2000 auf Einladung von Präsident Mohammed Khatami besucht, unter dessen Führung das Land eine gewisse politische Öffnung erlebte. Als Paulo und Chris (die einen Ehering an der linken Hand trug und über die Frauen in islamischen Ländern auferlegten Beschränkungen aufgeklärt war) um drei Uhr morgens aus dem Flugzeug stiegen, wurden sie von einer mehr als zweitausend Leser zählenden Menschenmenge empfangen, die aus den Zeitungen von der Ankunft des Autors des *Alchimisten* erfahren hatten. Es war der Vorabend der Amtseinführung des neuen Parlaments, und die politische Situation war angespannt. Täglich gab es Demonstrationen zur Unterstützung von Khatamis Reformkurs, der von den konservativen Klerikern missbilligt wurde, die die reale Macht im Lande innehatten. Obwohl er ständig von einem Dutzend brasilianischer und ausländischer Journalisten begleitet wurde, machte Paulo keinen Schritt ohne die wachsamen Blicke von sechs mit Maschinenpistolen bewaffneten Sicherheitskräften, die eigens zu seinem Schutz abgestellt worden waren. Nach einem Marathon von fünf Vorträgen und Signierstunden für *Brida,* zu denen nie weniger als tausend Menschen kamen, wurde der Autor vom Kulturminister Ayatollah Mohajerani mit einem Galadiner geehrt, in dem der Ehrenplatz von niemand anderem eingenommen wurde als von Präsident Khatami. Der siebzigjährige iranische Romancier Mahmoud Dolatabadi, ein erklärter Bewunderer seines brasilianischen Kollegen, schlug die Einladung zum Galadiner jedoch aus und machte damit die Grenzen und die Beschränkungen der von Khatami angeführten Öffnung deutlich. Der von der Regierung Verfolgte weigerte sich, sich mit seinen Zensoren zu verbrüdern: »Ich kann nicht morgens verhört werden und abends mit dem Präsidenten Kaffee trinken«, erklärte Dolatabadi den Reportern.

Das von den Basejih ohne Einsprüche oder Streichungen freigegebene Buch war also, noch bevor es irgendwo anders herausgekommen war, im Iran im Umlauf. Nachdem diese Formalität erledigt war, wurden ein paar Wochen später insgesamt 8 Millionen Exemplare des in 42 Sprachen übersetzten neuen Romans in 83 Ländern auf den Markt gebracht. Bei seiner Veröffentlichung in Europa schaffte es der Roman wieder in die Nachrichten der Zeitungen. Allerdings nicht auf die politischen Seiten wie im Iran, sondern auf die Gesellschaftsseiten. In jenem Frühjahr 2005 bewegte vor allem eine Frage die europäische Presse: Wer war die Frau, die Paulo zu seiner Figur Esther, der weiblichen Hauptfigur des Romans, inspiriert hatte? Der erste Verdacht, den die Moskauer Zeitung *Komsomólskaia Pravda* aufbrachte, fiel auf die russische Modeschöpferin Anna Rossa, der eine kurze Affäre mit dem Autor angedichtet wurde. Paulo sandte der Zeitung umgehend eine Richtigstellung, die sein Freund, der Journalist Dimitri Woskoboynikow, für ihn übersetzte:

Liebe Leser der *Komsomólskaia Pravda,*

Zu meiner großen Verwirrung erfahre ich durch Ihre Zeitung von einer Affäre, die ich angeblich vor drei Jahren mit der Modeschöpferin Anna Rossa gehabt haben soll, die im Übrigen die Heldin meines neuen Romans *Der Zahir* sei. Glücklicher- oder unglücklicherweise ist diese Information schlichtweg falsch.

Als mir das Foto gezeigt wurde, auf dem diese junge Frau neben mir steht, habe ich mich sofort an sie erinnert. Tatsächlich wurden wir einander bei einem Empfang in der brasilianischen Botschaft vorgestellt. Nun bin ich keineswegs ein Heiliger, aber so viel steht fest: Wir hatten nie eine Affäre, noch werden wir je eine haben.

Der Zahir ist vielleicht eines meiner tiefgründigsten Bücher, und ich habe es meiner Frau, Christina Oiticica, gewidmet, mit der ich seit 25 Jahren mein Leben teile. Ich wünsche Ihnen und Anna Rossa Liebe und Erfolg.
Hochachtungsvoll
Paulo Coelho

Angesicht dieses Dementis wandten sich die Journalisten einer anderen, für ihre Schönheit bekannten Frau zu, der Chilenin Cecília Bolocco, der Miss Universum von 1987, die damals die in Chile sehr erfolgreiche Show *La Noche de Cecília* moderierte. Die schlanke Blondine, die einst von Diktator Augusto Pinochet einen Orden erhalten hatte, war gerade auf Durchreise in Madrid, wo sie Interviews für ihre Sendung aufzeichnete. Als sie erfuhr, dass sie den Autor des *Zahirs* zu Esther inspiriert haben solle, lachte sie lauthals: »Sagen Sie das nicht! Carlito ist sehr eifersüchtig ...« Der eifersüchtige »Carlito« war der ehemalige argentinische Präsident Carlos Menem, den sie im Mai 2000 geheiratet hatte. Er war damals siebzig, sie fünfunddreißig gewesen, und aus der Ehe, die nur drei Jahre gehalten hatte, war ein Sohn hervorgegangen. Dass Cecília auf diesen Verdacht so natürlich reagierte, war verständlich. Jahre zuvor hatte die Presse berichtet, sie habe zwischen Anfang 1999 und Oktober 2000, noch während ihrer Ehe mit Menem, eine Affäre mit dem Schriftsteller gehabt, was damals beide vehement bestritten. Einige Journalisten setzten auch auf die italienische Schauspielerin Valeria Golino, die mit dem Film *Rain Man* bekannt wurde, in dem sie neben Dustin Hoffman und Tom Cruise spielte. Doch dann wurde am 17. April 2005, einem Sonntag, das Geheimnis durch die portugiesische Zeitung *Correio da Manhã* ausgeplaudert: Die Frau, die Paulo zu seiner Romanheldin Esther inspiriert habe, stand da auf der Titelseite zu lesen, sei die englische Journalistin Christina Lamb, die Nahostkorrespondentin der Londoner Zeitung *The Sunday Times*. Die Nachricht erreichte Christina Lamb telefonisch in Harare, der Hauptstadt Zimbabwes, wo sie gerade ein Interview machte. »Eine Woche lang wurde ich von Zeitungen aus Spanien, Portugal, Brasilien, Südafrika und sogar aus England belagert. Alle baten mich, zu beschreiben, wie man sich als Muse von Paulo Coelho fühlt«, schrieb die Kriegsreporterin in einem ganzseitigen, mit »He stole my soul« (Er stahl meine Seele) überschriebenen Artikel eine Woche später in der Sonntagsbeilage ihrer Zeitung, der *Sunday Times Review*. Der Aufmacher lautete: »Christina Lamb hat für die britische Zeitung *The Sunday Times* von vielen Kriegsschauplätzen berichtet, aber als einer der weltweit erfolgreichsten Schriftsteller sich ihres Lebens bemächtigte, fühlte sie sich wehrlos.«

In diesem Artikel erzählt die Journalistin, dass sie Paulo zwei Jahre zuvor kennengelernt hatte, als sie beauftragt war, ihn zum weltweiten Erfolg von *Elf Minuten* zu befragen. Damals hatte Paulo noch im Hotel Henri IV gewohnt. Es war ihre einzige Begegnung. In den darauffolgenden Monaten wechselten sie E-Mails, er schrieb aus Südfrankreich, sie aus Kandahar oder Kabul. Paulo gefiel ihr Buch *The Sewing Circles of Herat (Die Nähzirkel von Herat)*, ein Buch mit Reportagen, so sehr, dass er es in die Liste *Meine zehn besten Bücher* aufnahm, die er auf Bitten von Barnes & Noble, der größten amerikanischen Buchhandelskette, aufgestellt hatte. Im Juni 2004 fand die Journalistin, die mit ihrem Mann und ihrem Sohn in Estoril, Portugal, lebt, in der Mailbox ihres Computers »zwischen den ewig gleichen Nachrichten über die Koalition in Kabul und Anzeigen für Penisverlängerungen« eine Nachricht von Paulo mit einem riesigen Anhang. Es war das Manuskript von *Der Zahir,* das er gerade beendet hatte, dazu ein Begleitbrief, der mit dem kurzen Satz begann: »Zu der weiblichen Hauptfigur haben Sie mich inspiriert.« Anschließend erklärte er, dass er, da es schwierig gewesen sei, sie erneut zu treffen, und da es sich ja um einen Roman handelte, im Internet über sie nachgeforscht und ihr Buch gelesen habe, um die Persönlichkeit seiner Figur zu schaffen. In dem in der *Sunday Times Review* veröffentlichten Text berichtet Lamb über ihre Gefühle bei der Lektüre der E-Mail:

Einerseits war ich sprachlos, andererseits fühlte ich mich geschmeichelt, aber auch beunruhigt. Er kannte mich doch gar nicht. Wie konnte er eine Figur schaffen, die auf mir beruhte? Ich fühlte mich fast nackt. Es gibt Dinge in meinem Leben, die ich wie die meisten Menschen nicht gern öffentlich gemacht sehe [...]

Aufgeregt öffnete ich die dreihundertvierseitige Datei. Bei der Lektüre des Manuskripts erkannte ich Passagen wieder, die ich ihm in Tarbes erzählt hatte, sehr persönliche Dinge aus meinem Privatleben wie auch Themen, die ich in meinem Buch angesprochen hatte. Der erste Absatz begann folgendermaßen: »SIE: Esther, Kriegskorrespondentin, kürzlich aus dem Irak zurückgekehrt, weil die Invasion des Landes kurz bevorstand, 30, verheiratet, kinderlos.« Wenigstens hatte er mich jünger gemacht.

Was auf den ersten Blick amüsant wirkte (»Mir begann der Gedanke zu gefallen, dass es eine Heldin gab, die auf mich zurückging, aber da verschwand sie auch schon wieder, gleich auf der ersten Seite«, schrieb Christina Lamb), wurde ihr umso unangenehmer, je weiter sie las:

Die Beschreibung der ersten Begegnung von Esther mit ihrem Mann beunruhigte mich etwas: »Eines Tages kommt eine Journalistin, um mich zu interviewen: Sie möchte wissen, wie man sich fühlt, wenn die eigene Arbeit im ganzen Land bekannt ist, aber niemand weiß, wer man ist. Sie ist hübsch, intelligent, wortkarg. Wir begegnen uns auf einem Fest wieder, jetzt ohne Arbeitsdruck, es gelingt mir, noch in derselben Nacht mit ihr ins Bett zu gehen.«

Christina war »bestürzt« und erzählte ihrer Mutter und ihrem Mann – einem portugiesischen Anwalt namens Paulo –, was sie gerade gelesen hatte:

Er fühlte sich keineswegs geschmeichelt wie ich, sondern war äußerst misstrauisch wegen der Gründe, die einen anderen Mann dazu bringen konnten, etwas über seine Frau zu schreiben. Ich habe es auch einigen Freunden erzählt, die mich anschauten, als wäre ich verrückt geworden. Ich beschloss, die Angelegenheit niemand anderem gegenüber zu erwähnen.

Hätte die Zeitung *Correio da Manhã* das Geheimnis nicht enthüllt, wäre die Sache hiermit ausgestanden gewesen. Allerdings führte die Enthüllung zu keinem weiteren Verdruss, wie die Journalistin in ihrem Artikel selber zugibt:

> Als ich mich erst einmal an den Gedanken gewöhnt hatte, gefiel ich mir in meiner Rolle als Muse. Allerdings wusste ich nicht so genau, was Musen eigentlich tun. [...] Ich fragte den Schriftsteller, wie eine Muse sich zu verhalten habe. »Musen müssen wie Feen behandelt werden«, antwortete er und fügte hinzu, dass er bislang noch keine gehabt habe. Ich stellte mir vor, dass eine Muse sich wahrscheinlich mit einer riesigen Schachtel exquisiter Pralinen ins Sofa kuschelt und nachdenklich dreinschaut. [...] Aber ich hatte anhand dieser Geschichte herausgefunden, dass es gefährlicher sein konnte, berühmte Schriftsteller zu interviewen, als aus Krisengebieten zu berichten. Die Autoren werden zwar nicht auf dich schießen, aber sie rauben dir deine Seele.

Das Buch schien dazu bestimmt zu sein, Kontroversen auszulösen. Die brasilianischen Leser, die die Feindseligkeit und die Vorurteile gewohnt waren, die den vorangegangenen Büchern Paulos von den Medien zuteil wurden, erlebten in der letzten Märzwoche des Jahres 2005 eine Überraschung. Drei der vier wichtigsten Wochenzeitschriften brachten ein Foto von Paulo auf dem Cover und dazu acht Seiten Text über Autor, Leben und Werk. Die ungewöhnliche Situation führte dazu, dass der Journalist Marcelo Beraba, der Ombudsmann der *Folha de São Paulo,* ihr seine Sonntagskolumne widmete.

»Der Fall der drei Titelstorys«, wie diese Geschichte allgemein genannt wurde, erlangte diese Dimension nur, weil darin die radikale Änderung im Verhalten der Medien deutlich wurde, die den Autor – mit Ausnahme einiger weniger Einzelfälle – bislang böswillig behandelt hatten. Es war so, als hätte Brasilien mit ein paar Jahren Verspätung ein Phänomen entdeckt, das in vielen Ländern seit dem weltweiten Riesenerfolg von *Der Alchimist* gefeiert wurde.

Auch wenn seine Kritiker das nicht einsehen wollten, der Unterschied zwischen Coelho und Bestsellerautoren wie John Grisham und Dan Brown lag im Inhalt seiner Bücher. Einige dieser Autoren verkauften möglicherweise noch mehr Bücher als der Brasilianer, aber keinem von ihnen gelang es wie Paulo Coelho, Säle auf der ganzen Welt mit so vielen Menschen zu füllen. Die Wirkung seiner Werke auf die Leser kann man auch an den Hunderten von E-Mails ablesen, die täglich aus allen Ecken der Welt in seinem Büro eingehen. Viele Verfasser berichten darin, dass ihr Leben sich, nachdem sie seine Bücher gelesen haben, verändert habe.

Im Februar 2006, Paulo befand sich gerade in seinem Haus in Saint-Martin, erreichte ihn die Einladung von Sir James Hamilton, dem Herzog von Abercorn und Protokollchef des britischen Königshauses, zu einem Staatsbankett, das Königin Elisabeth II. und Prinz Phillip im Buckingham-Palast in ein paar Wochen für den Präsidenten von Brasilien, Luiz Inácio Lula da Silva, während dessen offizieller Reise in das Vereinigte Königreich geben würden. Auf der Einladung wurden ausdrücklich »white tie with decorations« (Frack und Orden) verlangt. Als das Datum des Banketts näher rückte, meldeten die Zeitungen jedoch, dass die Protokollabteilung der Königin auf Bitten der brasilianischen Regierung sowohl Präsident Lula als auch die eingeladenen Mitglieder seiner Delegation von der Verpflichtung, beim Galadiner einen Frack zu tragen, entbunden hatte. Als Paulo (der seinen Frack, die gestärkte Hemdbrust und die weiße Fliege wieder hervorgesucht hatte) dies las, wusste er nicht recht, was er machen sollte: Schloss die Befreiung der Brasilianer vom Protokoll ihn auch mit ein? Um keinen Fauxpas zu begehen, schickte er eine kurze E-Mail mit Bitte um Anweisungen ans Protokoll: »Ich habe gerade gelesen, dass Präsident Lula für die brasilianische Delegation Einspruch gegen das Tragen eines Fracks eingelegt hat. Lassen Sie mich bitte wissen, was ich tun soll – ich möchte an diesem Abend nicht der einzige Gast im Frack sein.«

Die von einem Beamten des Königshauses verfasste Antwort kam zwei Tage später und enthielt ein unfreiwilliges Geständnis: Es stellte sich heraus, dass der Schriftsteller nicht auf Anweisung von Präsident Lula auf der Gästeliste stand, sondern dass er vom Buckingham-Palast eingeladen worden war:

Mr Coelho,

Ihre Majestät, Königin Elisabeth II., hat sich damit einverstanden erklärt, dass Präsident Lula und die Mitglieder seiner offiziellen Delegation während des Staatsbanketts keinen Frack tragen müssen. Das gilt allerdings nur für eine kleine Anzahl von Personen (weniger als zwanzig). Die restlichen 170 Gäste werden einen Frack tragen. Daher werden Sie, das kann ich Ihnen versichern, nicht der Einzige im Frack sein. Die Königin erwartet, dass ihre Gäste einen Frack tragen, und Sie sind offizieller Gast Ihrer Majestät, der Königin, und nicht des Präsidenten Lula.

30

Hundert Millionen verkaufte Exemplare

Während er einem Airbus 380 am Himmel nachschaut, stellt Paulo eine Frage, auf die er keine Antwort erhält: Wie lange wird es dauern, bis meine Bücher vergessen sind?

Ein paar Wochen nachdem er das Manuskript von *Die Hexe von Portobello* beim Verlag eingereicht hatte, bereitete sich Paulo auf eine neue spirituelle Prüfung vor. Zwanzig Jahre waren seit 1986 vergangen, als er den Jakobsweg gegangen war und die erste und wichtigste ihm von Jean auferlegte Bußübung getan hatte. In den darauffolgenden Jahren hatte der geheimnisvolle Meister ihm, wie Paulo sagte, regelmäßig neue Prüfungen auferlegt. Eine allerdings hatte der Autor mehr aus Respekt vor der Disziplin als aus Freude absolviert: die Verpflichtung, Schüler aufzunehmen, denen er das von Jean empfangene Wissen weitergeben und den Weg zur geistigen Läuterung zeigen sollte. »Ich habe Schüler, weil ich muss, aber ich habe nicht die geringste Lust dazu«, erklärte er Journalisten. »Ich bin sehr faul und sehr ungeduldig.« Dennoch unterwies er vier Novizen, wie es der religiöse Orden R. A. M. verlangte.

Aber er war nicht nur die Wege gegangen, wie die Mitglieder des Ordens die Wallfahrten nennen, sondern Jean hatte ihm ständig neue Prüfungen auferlegt. Einige verlangten nicht viel Willenskraft oder körperliche Anstrengung, wie beispielsweise die Aufgabe, täglich einmal zu beten und dabei die Hände unter einen Wasserstrahl zu halten, der aus einem Wasserhahn oder aus einem Bach stammen durfte. Paulo gibt aber zu, von Jean auch Aufgaben auferlegt bekommen zu haben, die schwer zu erfüllen waren. So zum Beispiel die, sieben Monate lang sexuell enthaltsam zu leben – wobei auch Selbstbefriedigung verboten war. Trotz der Entbehrungen spricht der Autor humorvoll über diese Erfahrung, die er Ende der 1980er Jahre machte. »Ich habe herausgefunden, dass sexuelle Abstinenz mit vielen Versuchungen einhergeht«, erinnert er sich. »Der Büßer hat das Gefühl, dass alle Frauen ihn begehren. Oder besser gesagt nicht alle, nur die wirklich hübschen.« Einige Prüfungen waren ähnlich schwierig, beispielsweise Selbstkasteiungsrituale. Drei Monate lang musste Paulo täglich eine Stunde barfuß und ohne Hemd im Wald durch dichtes Unterholz wandern, bis Brust und Arme von Dornen zerkratzt und die Fußsohlen von Steinen aufgerissen waren. Dagegen war dreitägiges Fasten oder monatelang täglich fünf Minuten einen Baum zu betrachten leicht zu bewältigen.

Wie schon frühere Aufgaben Jeans mochte auch die ihm im April 2006 aufgetragene einem Laien unsinnig erscheinen. Die Zeit war gekommen, den Äußeren Jerusalemweg zu gehen, was bedeutete, vier Monate lang (oder, wie die Initiierten lieber sagen, »drei Monate plus einen«) unablässig unterwegs zu sein, ohne seine beiden Zuhause, die Mühle in Saint-Martin und das Apartment in Rio, zu betreten. Die Route durfte er sich selbst aussuchen. Und wer nicht das Geld hatte, sich solche Extravaganzen wie tägliche Hotelübernachtungen zu leisten, konnte der dem Orden etwa nicht beitreten? Paulo waren diese Zweifel schon 1986 durch den Kopf gegangen, bevor er sich auf den Jakobsweg machte, und er erinnerte sich an Jeans aufmunternde Antwort: »Reisen ist nicht immer eine Frage des Geldes, sondern eine des Mutes. Lange Zeit bist du in deinem Leben als Hippie durch die Welt gereist. Hattest du damals Geld? Wenig. Es reichte kaum für die Fahrkarte, und dennoch waren es vermutlich die besten Jahre deines Lebens, in denen du schlecht gegessen, auf Bahnhöfen übernachtet hast, unfähig warst zu kommunizieren, weil du die Sprache nicht konntest und sogar bei der Suche nach einem Dach über dem Kopf für die Nacht von anderen abhängig warst.«

Wenn der neue Jerusalemweg unausweichlich war, dann musste man eben das Beste daraus machen. Die ersten Wochen nutzte Paulo dazu, einen Teil der Verpflichtungen abzuarbeiten, die sich im Terminplan von Sant Jordi aneinanderreihten, darunter die Buchmesse in London, eine der wichtigsten Europas. Als Paulo dort mit dem Besitzer des Verlages Sophia, Yuri Smirnoff, zusammentraf, der für die Veröffentlichung seiner Bücher in Moskau zuständig war, erzählte er ihm, er befinde sich gerade auf einer ganz besonderen Wallfahrt und es sei nun vielleicht endlich der Augenblick gekommen, einen alten Traum zu verwirklichen – mit der legendären Transsibirischen Eisenbahn die 9289 Kilometer von Moskau nach Wladiwostok zu fahren. Einige Wochen später, er war gerade in Katalonien unterwegs, erhielt er einen Anruf von Smirnoff, der ihm mitteilte, er habe sich entschlossen, ihm seinen Traum zu erfüllen, und werde ihm eine vierzehntägige Reise auf der längsten Eisenbahnlinie der Welt schenken.

Paulo stellte sich vor, dass dieses Geschenk sich auf ein Eisenbahnabteil bezog. Umso größer war seine Überraschung, als er am 15. Mai in Moskau ankam und feststellte, dass Smirnoff aus dieser Reise ein luxuriöses Happening gemacht hatte. Der Verleger hatte zwei ganze Waggons gemietet. In einem sollte der Schriftsteller in einer Suite reisen und in den restlichen zwei Apartments Smirnoff, seine Frau und Eva, die Lektorin und Bewunderin Paulos, die in den nächsten vierzehn Tagen seine Dolmetscherin sein sollte. Außerdem standen dem Schriftsteller für sein leibliches Wohl an Bord ein Küchenchef, zwei Köche und ein Kellner zur Verfügung und für seine Sicherheit zwei von der russischen Regierung abkommandierte Bodyguards. Im zweiten Waggon fuhren dreißig Journalisten aus Russland und anderen europäischen Ländern mit, die eingeladen worden waren, den Schriftsteller zu begleiten. Smirnoff muss die nette Geste etwa 220 000 Dollar gekostet haben, die sich aber als schlechte Investition erweisen sollten, denn der Autor wechselte ein paar Monate später von Sophia zum neuen Verlag Astrel.

Die vierzehn Tage waren für den Autor nicht nur wegen der großen Strecke anstrengend, sondern auch wegen der unkontrollierbaren Belagerung durch seine Leser. In jedem Ort, in dem der Zug hielt, hatten Hunderte und Aberhunderte Leser, die Autogramme haben, dem Autor die Hand drücken, ein Wort von ihm hören wollten, den Bahnsteig besetzt: in Jekaterinenburg, Perm, Nowosibirsk und schließlich Wladiwostok am Ufer des Japanischen Meeres, wo die Gruppe nach einer Reise durch acht verschiedene Zeitzonen und an der Grenze zur Mongolei und zu China entlang schließlich am 30. Mai ankam.

Von dort aus nahm Paulo ein Flugzeug zurück nach Moskau, wo er am 1. Juni von Präsident Putin in der eine halbe Autostunde vom Roten Platz entfernt liegenden offiziellen Som-

merresidenz Novo-Ogarevo empfangen wurde. »Was und wie
Sie schreiben, spricht das Herz des russischen Volkes direkt
an«, begrüßte ihn Putin lächelnd im Scheinwerferlicht der
Fernsehkameras. Damit war die unvergessliche Reise zu Ende.
Am 9. Juni landete Paulo in München, gerade noch rechtzeitig,
um mit Christina im Stadion in München das Eröffnungsspiel
der Fußballweltmeisterschaft 2006 zu erleben, bei dem die
Gastgeber Costa Rica 4:2 schlugen.

In den Interviews, die er auf seiner Reise mit der Transsibirischen Eisenbahn gab, hat Paulo immer wieder betont, dass es
sich trotz allen Komforts nicht um eine touristische Reise handelte. »Das ist nicht nur eine gewöhnliche Zugreise«, sagte er
immer wieder, »sondern eine spirituelle Reise in Raum und
Zeit, eine Wallfahrt, die mir mein Meister auferlegt hat.« Es ist
bemerkenswert, dass, obschon sie seit so vielen Jahren immer
wieder in der Presse erwähnt wurde, es bislang keinem Journalisten gelungen ist, die Identität der geheimnisvollen Person
herauszufinden, der Paulo so viel verdankt. Ein paar Monate
nach dem Ende der Fußballweltmeisterschaft in Deutschland,
bei der die Mannschaft Italiens siegte, schickte ein anonymer
»Leser von Paulo Coelho« der Hotsite www.cpc.com.br/
paulocoelho/, die eigens eingerichtet worden war, um Informationen für diese Biographie zu sammeln, ein Foto, das auf
irgendeiner Straße gemacht worden war. Darauf ist Paulo mit
der brasilianischen Fahne in Begleitung von Christina und
einer dritten Person zu sehen. Es handelt sich um einen mageren, grauhaarigen Mann in zerschlissenen Jeans und einem
T-Shirt der brasilianischen Nationalmannschaft, dem das
Handy am Hals baumelt. Er ist schwer zu erkennen, weil er
eine Mütze und eine Sonnenbrille trägt und mit der rechten

Hand sein Gesicht teilweise verdeckt. Die Bildunterschrift lautete: »Dieses Foto habe ich während der Fußballweltmeisterschaft 2006 in Berlin gemacht. Der Mann mit der Mütze ist Jean, Paulos Meister in der R. A. M.« Als er das Foto sah, reagierte der Schriftsteller absichtlich vage: »Dazu kann ich nichts sagen«, wich er aus. »Aber wenn er es nicht ist, sieht er ihm sehr ähnlich.«

Zwei Monate nach Ende der Fußballweltmeisterschaft erschien *A Bruxa de Portobello* [dt.: Die Hexe von Portobello] bei Planeta Brasil. Es handelte sich um ein Buch, in dem vieles neu war, vorab die von Paulo benutzte mehrperspektivische Erzähltechnik, deretwegen er erstmals von der *Folha de São Paulo* nicht nur kritisiert, sondern auch gelobt wurde: »Man kann nicht umhin festzustellen, dass dieser Roman literarisch gesehen einer der ambitioniertesten des Schriftstellers Paulo Coelho ist«, schrieb Marcelo Pen. Der Roman erzählt die Geschichte Athenas, einer jungen rumänischen Zigeunerin aus Hermannstadt, die als Kind von libanesischen Christen adoptiert wurde und in Beirut aufwächst, bis sie mit ihren Eltern vor dem Bürgerkrieg, der 1975 bis 1990 den Libanon erschüttert, nach London flieht. Dort geht sie zur Schule, studiert, heiratet und bekommt ein Kind. Sie trennt sich von ihrem Mann, macht als Bankmanagerin Karriere und reist dann nach Rumänien, um ihre leibliche Mutter kennenzulernen. Anschließend zieht sie an den Persischen Golf, wird zu einer erfolgreichen Grundstücksmaklerin in Dubai. Zurück in der britischen Hauptstadt, entwickelt und vertieft sie ihre Spiritualität und ist am Ende eine Priesterin, die Hunderte von Menschen um sich schart und deshalb zum Opfer von religiöser Intoleranz wird.

Die zweite Neuerung gab es in technischer Hinsicht: Das

Buch wurde, noch bevor es in Brasilien und Portugal in die Buchhandlungen gelangte, in das Blog des Autors eingestellt, das daraufhin in nur zwei Tagen 29 000 Besucher verzeichnete, was alle erstaunte, allen voran den Autor. »Das war eine fantastische Überraschung, die nachwies, dass das Internet zu einem Terrain geworden ist, auf dem der Schriftsteller seine Arbeit mit dem Leser teilt«, erklärte er den Zeitungen. Denjenigen, die befürchteten, die Veröffentlichung im Internet könnte den Buchhandlungen die Käufer abspenstig machen, hielt er ganz konkrete Argumente entgegen: »1999 habe ich herausgefunden, dass die russische Ausgabe von *Der Alchimist* im Internet zur Verfügung stand. Daraufhin beschloss ich, die Piraterie auf eigenem Feld zu schlagen, und stellte eigenhändig meine Bücher ins Internet. Anstatt abzunehmen, sind die Verkaufszahlen gestiegen.«

Als wollte er noch einmal bestätigen, dass er sich der Piraterie auf ihrem eigenen Feld stellen will, ist auf der Site, auf der er seine eigenen Bücher im Internet zur Verfügung stellt (http://piratecoelho.wordpress.com), ein Foto des Autors als Korsar mit Kopftuch und schwarzer Augenklappe zu sehen. Da er davon überzeugt ist, dass jemand Bücher auf dem Bildschirm nur liest, wenn er keine andere Möglichkeit hat, und sie zu Hause auszudrucken teurer ist, als sie in der Buchhandlung zu kaufen, stellt er die ersten Kapitel von *Die Hexe von Portobello* ins Internet. Zwei Jahre darauf erklärt er öffentlich, er werde nunmehr alle seine Bücher ins Internet stellen. »Es ist nachgewiesen, dass die Leute die ersten Kapitel im Internet lesen, und wenn sie ihnen gefallen, gehen sie los und kaufen sich das Buch«, versichert er.

Seit Mitte 2006 drückten nicht nur Paulo, sondern auch Mônica und Chris und einige ihnen nahestehende Verleger insgeheim die Daumen, dass um den 19. März herum, dem Tag des heiligen Joseph, an dem Paulo seinen 60. Geburtstag feiern wollte, die Zahl weltweit verkaufter Bücher die 100 000 000-Marke erreichen würde. Das hundertmillionste Buch wurde jedoch erst fünf Monate später verkauft, im August, zu Paulos eigentlichem sechzigstem Geburtstag. Obwohl er den Zeitungen erklärte, dass sechzig Jahre alt zu werden nicht viel anders sei als 35 oder 47, beschloss der Jubilar, den Namenstag des heiligen Joseph im Hotel El Peregrino in Puente la Reina zu feiern, einem zwanzig Kilometer außerhalb Pamplonas gelegenen Städtchen auf halber Strecke des Jakobswegs. Er stellte noch am selben Tag einen Eintrag in sein Weblog, in dem er die ersten zehn Leser, die antworten würden, zu seiner Geburtstagsfeier einlud. Als die Anmeldungen eintrafen – aus allen Ecken der Welt, Brasilien, Japan, England, Venezuela, Qatar etc. –, war sich Paulo plötzlich nicht mehr sicher, ob ihn seine zehn Geburtstagsgäste auch richtig verstanden hatten: dass sie zwar zum Fest eingeladen waren, doch für die Reisekosten selbst aufkommen mussten. Zu seiner Überraschung hatte jedoch keiner von ihnen damit gerechnet. Am 29. März reisten tatsächlich fünf Spanier (Luís Miguel, Clara, Rosa, Loli und Ramón), eine Griechin (Chrissa), ein Engländer (Alex), eine Venezolanerin (Marian), eine Japanerin (Heiko) und eine im Irak lebende Amerikanerin (Nika) an. Ebenfalls bei der Feier anwesend waren der ehemalige Fußballstar Raí, alte Freunde wie Nelson Liano Jr., sein Partner beim Verfassen des *Handbuchs des Vampirismus,* und die amerikanische Journalistin Dana Goodyear. In seinem Blog fasste Liano die Atmosphäre im El Peregrino in ein paar Zeilen zusammen:

Es war eine vielsprachige Feier zu Ehren des heiligen Joseph. Paulo hatte, einer alten christlichen spanischen Tradition folgend, den Namenstag des Heiligen ausgewählt, um seinen Geburtstag zu feiern. Während des Festes hüllte ein Scheesturm den Jakobsweg ganz in Weiß. Salsa, regionale französische Musik, Bolero, Tango, Samba und die unvergesslichen Erfolge von Raul Seixas mit Paulo Coelho bildeten den musikalischen Rahmen des Festes, bei dem bester Rioja floss.

Fünf Monate später, als der eigentliche Geburtstag anstand, arbeitete die Mannschaft von Sant Jordi unter der Leitung von Mônica mit Volldampf an einem aufwendig gestalteten vierzigseitigen, vierfarbigen Booklet, auf dem Cover ein Foto des strahlend lächelnden Autors und darüber die Worte: PAULO COELHO – 100 000 000 COPIES. Die Dringlichkeit ergab sich aus der Tatsache, dass das Heft in der ersten Oktoberwoche zur Frankfurter Buchmesse erscheinen sollte. Das Booklet, zu dem Paulos Verleger im deutschen Sprachraum, Daniel Keel, das Vorwort schrieb, zeichnet Paulos Weg seit seinem ersten Erfolg, *Auf dem Jakobsweg*, nach.

Während Sant Jordi daran arbeitete, die Publikation rechtzeitig fertigzustellen, hatte sich Paulo am 24. August zu spiritueller Einkehr und Reflexion zurückgezogen. Wer um drei Uhr nachmittags durch die sonnigen Straßen der Gemeinde Barbazan-Debat, zehn Kilometer von Saint-Martin, ging, hätte den Mann mit dem kurzgeschorenen weißen Haar und einem Haarbüschel im Nacken möglicherweise übersehen, der in Turnschuhen, T-Shirt und Bermudas gerade aus der Kapelle Notre Dame de Piétat herausgetreten war, in der die Marienfigur einen im Verhältnis zu ihrer Größe kleinen bärtigen Jesus im Schoß hält. Der Mann hatte sich draußen auf eine Bank gesetzt, ein Notizbuch hervorgeholt und mehrere Seiten vollgeschrieben. Die wenigen Touristen, die im Wagen vorbeifuhren, würden in der schlanken und mönchisch wirkenden Person kaum den von Königen, Emiren und Hollywoodstars hofierten Schriftsteller erkannt haben, den seine Leser feierten, wo immer er auf der Welt hinkam. Christina, die ihn von fern beobachtet hatte, ging zu ihm hin und wollte wissen, was er da gerade schrieb.

»Einen Brief«, antwortete er, ohne aufzublicken.

»An wen?«, fragte sie weiter.

»An den Autor meiner Biographie.«

Dieser wenige Stunden später von Saint-Martin aus losgeschickte Brief ist hier im Wortlaut wiedergegeben.

Barbazan-Debat, 24. August 2007

Lieber Fernando,

ich sitze hier vor der Kapelle Notre Dame de Piétat und habe gerade drei Kerzen für die Schmerzensmutter angezündet. Die erste mit der Bitte, mich zu beschützen, die zweite mit der Bitte, meine Leser zu beschützen, und die dritte mit der Bitte, mich meine Arbeit würdig und mutig weiterführen zu lassen. Die Sonne scheint, aber es ist nicht unerträglich heiß. Niemand ist zu sehen außer meiner Frau, die auf die Berge, die Bäume und auf die Rosen blickt, die die Mönche gepflanzt haben, und die darauf wartet, dass ich diesen Brief beende.

Wir sind zu Fuß gekommen – zehn Kilometer in zwei Stunden, was eine gute Zeit ist. Wir müssen zu Fuß wieder zurück, und ich habe gerade gemerkt, dass wir nicht genügend Wasser mitgenommen haben. Das macht nichts, es ist ist nun mal so, und ich kann hier nicht ewig sitzen bleiben. Meine Träume erwarten mich, Träume machen Arbeit, jetzt muss ich eben durstig nach Hause gehen.

Heute werde ich sechzig Jahre alt. Ich habe meinen Geburtstag wie jedes Jahr gefeiert: Gestern Nacht um 23 Uhr 15 bin ich nach Lourdes aufgebrochen, um dort meine Geburtsstunde, 0 Uhr 05 des 24., vor der Grotte der Muttergottes zu verleben: Ich wollte der Heiligen Jungfrau für mein bisheriges Leben danken und um Schutz für die Zukunft bitten. Es war ein sehr intensiver Augenblick. Auf dem Rückweg nach Saint-Martin fühlte ich mich plötzlich unglaublich allein. Ich sagte das meiner Frau, und sie antwortete mir: »Aber du hast es doch so gewollt!« Ja, ich hatte es so gewollt, aber ich begann mich unbehaglich zu fühlen. Wir beide waren allein auf diesem riesigen Planeten.

Ich stellte mein Handy an. In diesem Augenblick klingelte es – es war Mônica, meine Agentin und Freundin. Als ich zu Hause ankam, erwarteten mich viele weitere Nachrichten, und am nächsten Tag sah ich, dass es nicht den leisesten Grund für meine niedergedrückte Stimmung am Vortag gab. Es kamen Blumen, Geschenke etc. Leute in Internetgemeinschaften hatten unglaubliche Dinge auf die Beine gestellt, wobei sie Bilder und Texte von mir benutzten. Alles war zumeist von Fans organisiert worden, die ich in meinem Leben noch nie gesehen hatte, mit Ausnahme von Márcia Nascimento, die eine magische Arbeit geleistet hat und mir die Freude bereitete, sagen zu können: Ich bin ein Schriftsteller mit einem Fanclub (deren Weltpräsidentin sie ist)!

Warum ich Ihnen heute schreibe, Fernando? Weil ich anders als sonst den Wunsch verspüre, in die Vergangenheit zurückzukehren, sie jedoch nicht mit meinen eigenen Augen, sondern mit den Augen desjenigen betrachten möchte, der Zugang zu meinen Tagebüchern hatte, zu meinen Freunden, meinen Feinden, zu allen Menschen, die Teil meines Lebensweges waren. Jetzt würde ich gern meine Biographie lesen, aber so wie es aussieht, muss ich noch eine Weile warten.

Ich weiß nicht, wie ich reagieren werde, wenn ich sie lese. Aber in der Kapelle, in der ich vorher war, steht ein Satz: »Ihr werdet die Wahrheit erkennen, und die Wahrheit wird euch frei machen.« Wahrheit ist ein kompliziertes Wort – schließlich wurden in ihrem Namen viele Verbrechen aus religiösen Gründen begangen, viele Kriege erklärt, viele Menschen von denen verbannt, die sich für gerecht hielten. Eines aber ist gewiss: Wenn die Wahrheit frei macht, gibt es nichts zu befürchten. Und im Grunde genommen habe ich deshalb akzeptiert, dass meine Biographie geschrieben wurde: um meine verborgenen Seiten entdecken zu können und mich danach freier zu fühlen.

Am Himmel fliegt ein Flugzeug vorüber, der neue Airbus 380, der noch nicht ausgeliefert ist, sondern hier in der Nähe getestet wird. Ich schaue ihm nach und denke: Wie lange wird es noch dauern, bis dieses technische Wunderwerk obsolet wird? Und frage mich dann: Wie lange wird es dauern, bis meine Bücher vergessen sind? Ich sollte mir diesen Gedanken besser aus dem Kopf schlagen, denn schließlich habe ich beim Schreiben nie die Ewigkeit im Sinn gehabt. Ich schrieb, um beim Schreiben etwas über meine dunklen und meine hellen Seiten zu erfahren. Wer weiß, ob Sie, der Journalist und Marxist, das in Ihrem Buch so gesehen haben.

Wie jeder Schriftsteller habe auch ich mit dem Gedanken einer Autobiographie geliebäugelt. Doch es ist unmöglich, über sich selber zu schreiben, ohne am Ende nicht seine Fehler zu rechtfertigen und das, was richtig gelaufen ist, zu überhöhen – so ist der Mensch nun einmal. Daher habe ich Ihren Vorschlag auch so schnell angenommen, obwohl mir das Risiko klar war, dass meiner Meinung nach Unnötiges ausgebreitet werden könnte. Aber auch das gehört zu meinem Leben und ans Tageslicht. Daher meine Entscheidung, die ich in diesen drei Jahren öfter bereut habe, Ihnen meine Tagebücher zugänglich zu machen, die ich seit meiner Jugend schreibe.

Selbst wenn ich mich in Ihrem Buch nicht wiedererkennen sollte, so weiß ich doch, dass ein Teil von mir darin enthalten ist. Während Sie mich interviewt haben und ich gezwungen war, bestimmte Teile meines Lebens Revue passieren zu lassen, dachte ich immer wieder: Wie hätte mein Schicksal ausgesehen, wenn ich die Dinge, die ich erlebt habe, nicht erlebt hätte?

Aber lassen wir diese abstrakten Spekulationen. Chris sagt, wir sollten uns auf den Heimweg machen. Vor uns liegen noch zwei Stunden Weg, die Sonne brennt immer heißer, die Felder sind trocken. Ich habe sie um fünf Minuten Aufschub gebeten, um diesen Brief zu beenden. Wer werde ich in Ihrer Biographie sein? Auch wenn ich sie nicht gelesen habe, weiß ich die Antwort: Ich werde die Menschen sein, die meinen Weg gekreuzt haben. Ich werde der Mensch sein, der die Hand im Vertrauen ausgestreckt hat, dass eine andere Hand ihn in schwierigen Augenblicken stützen würde.

Es gibt mich, weil ich Freunde habe. Ich habe überlebt, weil sie auf meinem Weg waren. Sie haben mir beigebracht, das Beste von mir zu geben, auch wenn es Augenblicke in meinem Leben gab, in denen ich kein guter Schüler war. Aber ich denke, ich habe am Ende etwas über Großzügigkeit gelernt.

Chris mahnt mich, die fünf Minuten seien nun um, aber ich bitte um einen weiteren kleinen Aufschub, um noch die Verse von Khalil Gibran niederzuschreiben, die dieser vor mehr als hundert Jahren verfasst hat. Sie stehen bestimmt nicht in der richtigen Reihenfolge, denn ich habe sie vor langer Zeit, in einer traurigen, düsteren Nacht auswendig gelernt, in der ich Simon & Garfunkel auf jenem überholten Apparat hörte, den wir Plattenspieler nannten (überholt wie eines Tages auch der Airbus 380 und möglicherweise auch meine Bücher). Es sind Worte darüber, wie wichtig Geben ist:

»Du gibst nur etwas, wenn du dich selber gibst. Und der Augenblick wird immer der heutige Tag sein und nicht die Zeit deiner Erben.

Oft sagt ihr: ›Ich möchte wohl geben, aber nur dem, der es verdient.‹ Reden die Bäume in eurem Garten etwa so oder die Herden auf eurer Weide? Sie geben, um zu leben, denn geizen heißt sterben.

Also seht euch nicht in dem Augenblick, in dem ihr etwas teilt, als großzügige Menschen. Denn in Wahrheit teilt das Leben und lässt teilhaben, und die Menschen sind nichts als Zeugen ihrer eigenen Existenz.«

Ich werde mich jetzt auf den Heimweg machen. Zeuge meines eigenen Lebens, das war ich in den sechzig Lebensjahren, die ich heute vollende.

Möge der kleine bärtige Jesus Sie segnen,

Paulo

Als im Februar 2008 der Schlusspunkt unter diese Biographie gesetzt war, wurde der A 380 bereits auf Linienflügen eingesetzt. Höchstwahrscheinlich wird der Airbus-Riese, bei der rasanten Entwicklung neuer Technologien, obsolet werden, lange bevor die vielen hundert Millionen Exemplare von Paulo Coelhos Büchern und (der Meinung der Literaturkritiker zum Trotz) vor allem die tiefen Spuren verschwinden, die sie in den bis in die entferntesten Ecken der Welt verstreuten Lesern hinterlassen haben.

Anhang

1. Bibliographie

Teatro na Educação (1973) [Theater im Unterricht]

Arquivos do Inferno (1982) [Archive der Hölle]

Manual Prático do Vampirismo (1985) [Praktisches Handbuch des Vampirismus]

O Diário de um Mago (1987) [dt. *Auf dem Jakobsweg*]

O Alquimista (1988) [dt. *Der Alchimist*]

Brida (1990) [dt. *Brida*]

O Dom Supremo (1991) [Die höchste Gabe]

As Valkírias (1992) [dt. *Schutzengel*, bei Diogenes in Vorbereitung]

Na Margem do Rio Piedra eu Sentei e Chorei (1994) [dt. *Am Rio Piedra saß ich und weinte*]

Maktub (1994) [dt. *Unterwegs/Der Wanderer*]

O Monte Cinco (1996) [dt. *Der Fünfte Berg*]

Manual do Guerreiro da Luz (1997) [dt. *Handbuch des Kriegers des Lichts*]

Cartas de Amor do Profeta (1997) [Liebesbriefe des Propheten]

Veronika Decide Morrer (1998) [dt. *Veronika beschließt zu sterben*]

Palavras Essencias (1999) [Wesentliche Worte]

O Demônio e a Srta. Prym (2000) [dt. *Der Dämon und Fräulein Prym*]

Histórias para Pais, Filhos e Netos (2001) [Geschichten für Väter, Kinder und Enkel]

Onze Minutos (2003) [dt. *Elf Minuten*]

O Gênio e as Rosas (2004) [Das Genie und die Rosen]

O Zahir (2005) [dt. *Der Zahir*]

Ser como o Rio que Flui (2006) [dt. *Sei wie ein Fluss, der still die Nacht durchströmt*]

A Bruxa de Portobello (2006) [dt. *Die Hexe von Portobello*]

O Vencedor está só (2008) [dt. *Der Sieger bleibt allein*]

2. Übersetzungen

Paulo Coelhos Bücher wurden – Raubdrucke nicht mitgezählt – 100 Millionen Mal in 455 Übersetzungen in 69 Sprachen und in 160 Ländern verkauft.

Ägypten, Albanien, Argentinien, Armenien, Bolivien, Bosnien-Herzegowina, Brasilien, Bulgarien, Chile, China, Costa Rica, Deutschland, Dominikanische Republik, Ecuador, El Salvador, Estland, Finnland, Georgien, Griechenland, Guatemala, Honduras, Indien, Indonesien, Island, Italien, Japan, Kanada, Kolumbien, Kroatien, Litauen, Mexiko, Nicaragua, Niederlande, Norwegen, Oman, Österreich, Panama, Peru, Polen, Portugal, Puerto Rico, Republik Irland, Republik Tschechien, Rumänien, Russland, Schweden, Schweiz, Serbien, Slowakei, Slowenien, Spanien, Südafrika, Südkorea, Taiwan, Ukraine, Ungarn, Venezuela, Vereinigte Emirate und Vereinigtes Königreich.

3. Wichtigste Preise und Auszeichnungen

Goldenes Buch (Jugoslawien, 1995, 1996, 1997, 1998, 1999, 2000 und 2004)

Grand Prix Littéraire Elle (Frankreich, 1995)

Guinness-Buch der Rekorde (Brasilien, 1995/1996)

Chevalier des Arts et des Lettres (Frankreich, 1996)

Goldenes Buch (Frankreich, 1996)

Prêmio ABERT, Formador de Opinião (Brasilien, 1996)

Premio Internazionale Flaiano (Italien, 1996)

Premio letterario Super Grinzane Cavour (Italien, 1996)

Nominiert für den International IMPAC Literary Award (Republik Irland, 1997 und 2000)

Protector de Honor (Spanien, 1997)

678

Comendador da Ordem do Rio Branco (Brasilien, 1998)
Diploma da Ordem Fraternal do Cruzeiro do Sul (Brasilien, 1998)
Fiera del Libro per i Ragazzi (Italien, 1998)
Fluctuat Nec Mergitur (Frankreich, 1998)
Libro de Oro für *Der Fünfte Berg* (Argentinien, 1998)
Médaille de la Ville de Paris (Frankreich, 1998)
Zhiuli Shartava Senaki Local Museum (Georgien, 1998)
Sarah Kubischek Preis (Brasilien, 1998)
Top Performance Nacional (Argentinien, 1998)
Chevalier de l'Ordre National de la Légion d'Honneur (Frankreich, 1999)
Huésped Distinguido de la Ciudad de Nuestra Señora de la Paz (Bolivien, 1999)
Ksi ka Zagraniczna (Polen, 1999)
Libro de Oro für *Krieger des Lichts* (Argentinien, 1999)
Libro de Oro für *Veronika beschließt zu sterben* (Argentinien, 1999)
Libro de Platina für *Der Alchimist* (Argentinien, 1999)
Medalla de Oro de Galicia (Spanien, 1999)
Crystal Award of the World Economic Forum, Davos (Schweiz, 1999)
Cristal Mirror Award (Polen, 2000)
Mitglied des Pen Club Brasiliens (Brasilien, 2001)
Bambi für Kultur (Deutschland, 2001)
Ville de Tarbes (Frankreich, 2001)
XXIII Premio Internazionale Fregene (Italien, 2001)
Mitglied der Academia Brasileira de Letras (Brasilien, 2002)
Miembro de Honor (Bolivien, 2002)
Planetary Consciousness Award des Club of Budapest (Ungarn, 2002)
Corine, internationaler Buchpreis, Belletristik (Deutschland, 2002)
Prix de la Littérature Consciente de la Planète (Frankreich, 2002)
Ville d'Orthez (Frankreich, 2002)
Médaille des Officiers des Arts et des Lettres (Frankreich, 2003)

Orden der Buchmesse von Lviv (Ukraine, 2004)

Santa-Sophia-Orden für den Beitrag zu Wissenschaft und Kultur (Ukraine, 2004)

Premio Giovanni Verga (Italien, 2004)

Goldenes Buch der Zeitung *Vecernje Novosti* (Serbien, 2004)

Budapest-Preis (Ungarn, 2005)

Ex Libris Preis für *Elf Minuten* (Serbien, 2005)

Goldene Feder (Deutschland, 2005)

DirectGroup International Author Award (Deutschland, 2005)

8th Annual International Latino Book Award für *Der Zahir* (USA, 2006)

Premio Álava en el Corazón (Spanien, 2006)

Kiklop-Preis für *Der Zahir* in der Kategorie Bestseller des Jahres (Kroatien, 2006)

Preis Platin-Buch für *Der Alchimist* (Österreich, 2006)

Special Counsellor for Intercultural Dialogues and Spiritual Convergences by UNESCO (2007)

The Best International Writer Award from the ELLE Awards (Spanien, 2008)

Guinness World Record for the Most Translated Author for the same book – *Der Alchimist* (2009)

4. Artikel

Wöchentliche Kolumnen des Autors erscheinen in 109 Zeitungen und Zeitschriften in 61 Ländern:

Ägypten, Albanien, Argentinien, Armenien, Bolivien, Bosnien-Herzegowina, Brasilien, Bulgarien, Chile, China, Costa Rica, Deutschland, Dominikanische Republik, Ecuador, El Salvador, Estland, Finnland, Georgien, Griechenland, Guatemala, Honduras, Indien, Indonesien, Island, Italien, Japan, Kanada, Kolumbien, Kroatien, Litauen, Mexiko, Nicaragua, Niederlande, Norwegen, Oman,

Österreich, Panama, Peru, Polen, Portugal, Puerto Rico, Republik Irland, Republik Tschechien, Rumänien, Russland, Schweden, Schweiz, Serbien, Slowakei, Slowenien, Spanien, Südafrika, Südkorea, Taiwan, Ukraine, Ungarn, Venezuela, Vereinigte Emirate und Vereinigtes Königreich.

5. Film

Mit folgenden Studios existieren Verträge für die Verfilmung von vier Romanen:
  Warner Brothers: *Der Alchimist*
  Capistrano Productions: *Der Fünfte Berg*
  Hollywood Gang Productions: *Elf Minuten*
  Muse Productions: *Veronika beschließt zu sterben*

6. Paulo Coelho im Web

Außer der in sechzehn Sprachen zur Verfügung stehenden Website www.paulocoelho.com hat der Autor das Weblog paulocoelhoblog. com, die Seite www.myspace.com/paulocoelho bei Myspace, und er twittert auf http://twitter.com/sant_jordi.

7. Paulo Coelho Institute

Das Instituto Paulo Coelho ist eine Non-profit-Einrichtung, die zu hundert Prozent vom Autor finanziert und von Belina Antunes, der Mutter von Coelhos Agentin Mônica Antunes, geleitet wird. Das Institut hat die Aufgabe, unterprivilegierten oder von ihr ausgeschlossenen Mitgliedern der brasilianischen Gesellschaft zu helfen: Kindern und alten Menschen. Die 1996 gegründete Schule, Solar Meninos da

Luz, wird vom Institut im Umfang von 400 000 Dollar kofinanziert und bietet kostenlosen Unterricht für 430 Kinder in Pavão-Pavãozinho und in der Cantagalo Favela in Rio de Janeiro. Für mehr Informationen, cf. www.meninosdeluz.org.br.

8. Danksagungen

Die Idee zu diesem Buch kam mir Anfang 2005 auf dem Flughafen Saint-Exupéry in Lyon, als ich Paulo Coelho zum ersten Mal begegnet bin. Ich war es von Berufs wegen gewohnt, internationale Persönlichkeiten und Stars zu begleiten, und stellte mir vor, dass er von Bodyguards, Sekretärinnen und Assistenten umringt sein würde. Zu meiner Überraschung erschien der Mann, mit dem ich die nächsten drei Jahre verbringen sollte, allein. Er trug einen Rucksack auf dem Rücken und zog einen kleinen Rollkoffer hinter sich her. Da nahm die archäologische Arbeit ihren Anfang, die einen der außergewöhnlichsten Menschen, mit denen ich es je zu tun hatte, ans Tageslicht bringen würde.

Nachdem ich sechs Wochen an seiner Seite verbracht hatte, kehrte ich nach Brasilien zurück. Da sein Leben sich lange fast ausschließlich in Rio abgespielt hat, bin ich für acht Monate dorthin gezogen. Ich habe mich auf Spurensuche begeben und bin den Ereignissen nachgegangen, die so viele Narben in der Lebensgeschichte des Autors hinterlassen hatten. Ich bin in den düsteren Gassen von Copacabana unterwegs gewesen, habe Krankenakten studiert, in den Ruinen der Casa de Saúde Dr. Eiras, in der gefährlichen Welt der Drogen, in den Archiven der politischen Unterdrückung, in der Welt des Satanismus, in den mysteriösen Geheimgesellschaften, in der Zusammenarbeit mit Raul Seixas, in seiner Familie und seiner Genealogie nach Paulo Coelho gesucht. Ich habe Freunde und Feinde angehört, habe seine Exfrauen interviewt und konnte die jetzige – die letzte, wie er schwört – aus nächster Nähe erleben, die Malerin Christina Oiticica.

Ich habe in seinem Leben herumgestöbert, in ganz Privatem herumgestochert, sein Testament gelesen, die Beipackzettel seiner Medikamente in der Hand gehabt, seine persönlichen Abrechnungen durchgesehen, in seinen Taschen gekramt, habe nach Kindern gesucht, von denen ich annahm, dass er sie in seinen Ehen und amourösen Abenteuern gezeugt hatte.

Ich habe eine Wette gewonnen, die mir das Privileg verschaffte, einen Schatz zu lesen, der von ihm dazu bestimmt war, einmal verbrannt zu werden, den Inhalt einer Truhe, die Tagebücher aus vierzig Jahren enthielt, von denen viele nicht schriftlich, sondern in Form von Tonbandaufzeichnungen existieren. Ich habe wochenlang im Instituto Paulo Coelho verbracht, Dokumente, Fotos, alte Notizbücher, Briefwechsel digitalisiert. Nach meiner Zeit in Rio de Janeiro habe ich Coelho mit meinem Tonbandgerät auf Reisen in verschiedene Teile der Welt begleitet, seiner nasalen Stimme zugehört und seinen seltsamen Tick beobachtet, der darin besteht, nicht vorhandene Fliegen vor seinen Augen zu verscheuchen. Ich bin mit ihm auf dem Jakobsweg unterwegs gewesen, habe gesehen, wie gerührt er von den Reaktionen seiner Leser in Oñati, im spanischen Baskenland und in Kairo war, wie er von Männern im Smoking und Frauen im Abendkleid in Paris und in Hamburg gefeiert wurde.

Ich habe all diese Teile, die Paulo Coelho im Laufe von sechzig Jahren von sich zurückgelassen hat, zusammengefügt, und das Ergebnis ist dieses Buch. Auch wenn die Verantwortung für alles, was hier geschrieben steht, allein mir zukommt, darf ich nicht die Dutzende von Menschen unerwähnt lassen, die mir bei diesem Marathon geholfen haben. Allen voran meinen alten Freund Wagner Homem, einen Informatikfachmann, den ich bat, das in drei Jahren aufgehäufte Gebirge aus Informationen, Daten, Interviews und Dokumenten zu ordnen. Er ist schließlich zu mir gezogen, wo er zehn Monate lang ununterbrochen nicht nur eine vorbildliche Arbeit geleistet, sondern den endgültigen Text mehrfach gelesen und viel zu dessen Verständlichkeit beigetragen hat. Meine Dankbarkeit gilt auch zwei Brüdern:

einem Wahlbruder, Ricardo Setti, der seit meinem Buch über Olga Benario der getreue Wahrer der Qualität meiner Bücher ist und dessen Können mir in den schwierigsten Augenblicken immer wieder weitergeholfen hat – und einem wirklichen, Reinaldo Morais, der Himmel und Erde in Bewegung gesetzt hat, damit das vorliegende Buch schließlich in einen sicheren Hafen einlaufen konnte.

Außer ihnen möchte ich auch allen anderen danken, die so großzügig zu diesem Buch beigetragen haben. Den zig Interviewten und Forschern, Journalisten, Praktikanten und freien Mitarbeitern, die die Personen gefunden und interviewt haben, die dieser Geschichte Leben, Farbe und menschliche Wärme geben. Ich meine damit Adriana Negreiros, Afonso Borges, Aldo Bocchini Neto, Alfonso Molinero, Ana Carolina da Motta, Ana Paula Granello, Antônio Carlos Monteiro de Castro, Armando Antenore, Armando Perigo, Verein der ehemaligen Schüler des Colégio Santo Inácio, Áurea Soares de Oliveira, Áureo Sato, Beatriz de Medeiros de Souza, Belina Antunes, Carina Gomes, Carlos Augusto Setti, Carlos Heitor Cony, Carlos Lima, Célia Valente, Cláudio Humberto Rosa e Silva, César Polcino Milies, Dasha Balashova, Denis Kuck, Devanir Barbosa Paes, Diego de Souza Martins, Eliane Lobato, Eric Nepomuceno, Evanise dos Santos, Fernando Eichenberg, Firmeza Ribeiro dos Santos, Francisco Cordeiro, Frédéric Bonomelli, Gemma Capdevila, Herve Louit, Hugo Carlo Batista Ramos, Ibarê Dantas, Inês Garçoni, Instituto Paulo Coelho und Sant Jordi Associados, Ivan Luiz de Oliveira, Ivone Kassu, Joaquim Ferreira dos Santos, Joca do Som, José Antonio Marinuzzo, Juliana Perigo, Klecius Henrique, Leonardo Oiticica, Lourival Sant'Anna, Lúcia Haddad, Luciana Amorim, Luciana Franzolin, Luiz Cordeiro Mergulhão, Lyra Netto, Marcio José Domingues Pacheco, Marcio Valente, Marilia Cajaíba, Mário Magalhães, Mário Prata, Marisilda Valente, Mariza Romero, Marizilda de Castro Figueiredo, Pascoal Soto, Raphael Cardoso, Ricardo Hofstetter, Ricardo Schwab, Roberto Viana, Rodrigo Pereira Freire, Samantha Quadrat, Silvia Ebens, Silvio Essinger, Sylvio Passos, Talles Rodrigues Alves, Tatiana Marinho,

Tatiane Rangel, Véronique Surrel, Vicente Paim und Wilson Moherdaui.

Schließlich möchte ich den Hunderten von Internauten aus dreißig Ländern danken, die Daten, Dokumente und Fotos an die eigens für das vorliegende Buch eingerichtete Hotsite http:/www.cpc.com. br/paulocoelho/ geschickt haben – einige von ihnen haben mir wichtige Informationen zukommen lassen, die in dieses Buch eingeflossen sind.

Fernando Morais
Ilhabela, März 2008

Folgende Personen habe ich für dieses Buch interviewt:

Acácio Paz, Afonso Galvão, Alan Clarke, Amapola Rios, André Midani, Andréa Cals, Antonio Carlos Austregésilo de Athayde, Antonio Carlos »Kakiko« Dias, Antonio Cláudio de Lima Vieira, Antônio Ovídio Clement Fajardo, Antônio Walter Sena, Jr. (»Toninho Buda«), Arash Hejazi, Ariovaldo Bonas, Arnaldo Niskier, Arnold Bruver, Jr., Artur da Távola, Basia Stepien, Beatriz Vallandro, Cecilia Bolocco, Cecília Mac Dowell, Chico Castro Silva, Christina Oiticica, Cristina Lacerda, Darc Costa, Dedê Conte, Eduardo Jardim de Moraes, Èlide »Dedê« Conte, Ernsto Emanuelle Mandarino, Eugênio Mohallen, Fabíola Fracarolli, Fernando Bicudo, Frédéric Beigbeder, Frédéric Morel, Geneviève Phalipou, Gille Haeri, Glória Albues, Guy Jorge Ruffier, Hélio Campos Mello, Henrique Caban, Hildegard Angel, Hildebrando Goes Filho, Ilma Fontes, Índio do Brasil Lemes, Isabela Maltarolli, Ivan Junqueira, Jerry Adriani, José Antonio Mendonça Neto, Joel Macedo, Jorge Luiz Costa Ramos, Jorge Mourão, José Antonio »Pepe« Domínguez, José Mário Pereira, José Reinaldo Rios de Magalhães, José Wilker, Julles Haeri, Kika Seixas, Leda Vieira de Azevedo, Lizia Azevedo, Marcelo Nova, Márcia Faria Lima, Márcia Nascimento, Marcos Medeiros Bastos, Marcos Mutti,

Marcos Paraguassu Arruda Câmara, Maria Cecília Duarte Arraes de Alencar, Maria Eugênia Stein, Marie Christine Espagnac, Marilu Carvalho, Mário Sabino, Maristela Bairros, Maurício Mandarino, Michele Conte, Milton Temer, Mônica Antunes, Nelly Canellas Branco, Nelson Liano, Jr., Nelson Motta, Orietta Paz, Patrice Hoffman, Patricia Martín, Paula Braconnot, Paulo Roberto Rocco, Pedro Queima Coelho de Souza, Regina Bilac Pinto, Renato Menescal, Renato Pacca, Ricardo Sabanes, Rita Lee, Roberto Menescal, Rodriguo Meinberg, Rosana Fiengo, Serge Phalipou, Sidney Magal, Silvio Ferraz, Soizik Molkhou, Sônia Maria Coelho de Souza, Stella Paula Costa, Vera Prnjatovic Richter, Zé Rodrix, Zeca Araújo, Zuenir Ventura

9. Fotonachweis

Leider ist es mir nicht in allen Fällen gelungen, den Fotografen oder Copyrighthalter zu ermitteln oder zu kontaktieren, insbesondere bei Fotos aus Familienalben oder aus Sammlungen von Coelhos Freunden. Natürlich bin ich in solchen Fällen bereit, Honorare zu den branchenüblichen Beträgen nachträglich zu bezahlen. Alle Angaben nach bestem Wissen und ohne Gewähr.

Archiv des *Jornal do Brasil:* 76
Privatarchiv Antônio Carlos Dias (»Kakiko«): 32
Privatarchiv Cecília Mac Dowell: 53–55
Privatarchiv Fabíola Fracarolli: 24
Privatarchiv der Familie Mandarino: 70
Privatarchiv Maria Cecília Duarte de Arraes Alencar: 11–14
Öffentliches Archiv des Staates Rio de Janeiro: 52
Archiv der *Tribuna da Imprensa:* 44
Archiv des Colégio Santo Inácio: 19, 20
Fernando Morais: 3, 6–8, 18

Gerard Fouet/AP – Associated Press: 79

IPC – Instituto Paulo Coelho: 1, 4, 5, 9, 10, 15–17, 21–23, 25–31, 34–38, 40, 43, 45, 48–50, 57–65, 68, 69, 71–75, 77, 78, 80, 82–84

Paulo Coelho: 81

Ricardo Stuckert Filho: 87

Sant Jordi Asociados: 2, 95

KZ-Gedenkstätte Dachau (www.kz-gedenkstaette-dachau.de): 66, 67

www.raulseixas.com.br: 51

Yuri Zolotarrev/Getty Images: 92

10. Namen- und Titelregister

Abdalla, Ahmed Mohammed 59

Abramo, Bia 629

Abreu Sodré, Roberto Costa 262

Ackerman, Abraão 160

The Addams Family 272

Adjani, Isabelle 619

Adriani, Jerry 332 ff., 685

Aischylos 255, 283
- *Der gefesselte Prometheus* 255

Alberto, Carlos 281

Albinoni, Tomaso 428

Albues, Glória 685

Albuquerque, Almir (»Pernambuquinho«) 357

Albuquerque, João Luís de 411

Albuquerque, Perinho 333

Alea, Tomás Gutiérrez 627
- *Guantanamera* 627

Alencar, Maria Cecília Duarte Arraes de 72 f., 91, 685 f.

Alex 666

Alighieri, Dante 245

Allen, Woody 218, 461
- *Manhattan* 461

Allende, Salvador 309

Al Maktoum, Mohammed bin Rashid 43

Almeida, Euclydes Lacerda de (»Frater Zaratustra« oder »Frater Z.«) 339

Amado, Jorge 56, 81, 106 f., 112, 220, 222, 283, 387, 566, 586, 592, 600, 613, 631 f.
- *Die Auswanderer vom São Francisco* 106
- *Dona Flora und ihre zwei Ehemänner* 222
- *Gabriela wie Zimt und Nelken* 56, 107
- *Herren des Strandes* 220 ff., 229, 230
- *Seara Vermelha* (Verfilmung von *Die Auswanderer vom São Francisco*) 106
- *Tieta aus Agreste* 566

Amaral, Sérgio 38

Amaral, Zózimo Barroso do 602

Ana Maria (»Tatá«) 91 f., 198

Ananda, Kaanda 507

Anastasio 54

Andrew 33

Angel, Hildegard (»Hilde«) 398 f., 403, 539, 685

Angel, Sônia Moraes 398

Angel, Stuart 398

Angel, Zuzu 398
Anikó, Marsí 25 f.
Antonioni, Michelangelo 151,
169
Antunes, Belina Rezende 550,
681, 684
Antunes, Jorge Botelho 550
Antunes, Mônica Rezende 18 f.,
24, 27, 29, 33, 58, 550, 555,
584, 587, 597, 620, 626, 644,
686
Anysio, Chico 332, 543
Ápio 195
Arafat, Yassir 625
Araripe, Heloísa (»Helói«)
215, 377, 386
Araripe, José Braz (»Tio José«)
81 ff., 92, 141, 144, 218, 231,
278
Araripe, Lúcia 285, 295, 306
Araripe, Maria Elisa (»Lilisa«)
68 f., 176, 243, 257, 285 f., 291,
310, 345
Araripe, Paulo 71
Araripe Júnior, Arthur (»Mestre
Tuca«) 69 f., 126, 176, 219,
223, 228, 243, 257 f., 263, 286,
291, 307
Araripe Júnior, Tristão de
Alencar 263
Araújo, Zeca 686
Ardisson, Thierry 41 f.
Arias, Juan 614

Arlin, Jean 174, 185, 213
Arns, Dom Paulo Evaristo
598
Arrabal, Fernando 256
– Cemitério de Automóveis
256
Arrabal, José 271
Arraes, Cecília Dantas 72, 75
Arraes, Paulo 72
– Atom Heart Mother 56
Arraes de Alencar, Miguel 173
Arrigucci Jr., Davi 597
Arruda Câmara, Marcos
Paraguassu 314
Atta, Mohammed 56
Aurélio 144
Austregésilo de Athayde 685
Autran, Paulo 170
– Liberdade, Liberdade (mit
Oduvaldo Vianna Filho) 170
Ayala, Walmir 186
Azevedo, Aluísio 105
– O Cortiço 105
Azevedo, Lauro Vieira de
143 ff.
Azevedo, Leda Vieira de 685
Azevedo, Lizia 685
Azevedo, Luís Claudio Vieira
de (»Claudinho«) 143 ff.,
253
Azevedo, Roberto Marinho de
583

»Baby Face« 287
Bach, Johann Sebastian 71, 336,
439
– *Toccata und Fuge in d-Moll*
439
Bach, Richard 567
– *Die Möwe Jonathan* 567
Bhagavadgita 364
Bairros, Maristela 686
Balcells, Carmen 587 ff.
Balzac, Honoré de 148, 587
Bandeira, Manuel 107, 186
Barbosa, Mário Gibson 635
Barbosa, Rui 7
Barcellos, Caco 38
Barros e Silva, Fernando 608 f.
Barrymore, John 404
Bastos, Marcos Madeiros 685
Batista, Cícero Romão (padre)
270
Bauer, Klaus 51
Beatles 28, 56, 169, 172, 325,
329 f., 402
– *Abbey Road* 56
– *Sgt. Pepper's Lonely Hearts
Club Band* 325
Beck, Julian 272 f.
Becker, Boris 49
Beckham, David 44
Beethoven, Ludwig van 56
– *Neunte Sinfonie* 56
Beigbeder, Frédéric 39, 685
Belafonte, Harry 404

Belarano, Cristina 524
Benario, Olga 684
Beraba, Marcelo 656
Bergier, Jacques 284
– *Aufbruch ins dritte Jahr-
tausend* (mit Louis Pauwels)
284
Bergman, Ingmar 151, 169
Beutenmüller, Glória 308
Bicudo, Fernando 685
Bilac Pinto, Regina 686
Bin Laden, Osama 621, 626
Black Sabbath 331
Blake, William 495, 548
Bloom, Claire 404
Bloom, Harold 603
Bolívar, Simon 626
Bolocco, Cecilia 652, 685
Bonaparte, Napoleon 12
Bonas, Ariovaldo 685
Bonomelli, Frédéric 684
Borges, Jorge Luís 55, 283, 322,
423 f., 542, 548, 647
– *Fiktionen* 55
– *Geschichte von den beiden
Träumern* 542
Bosch, Hieronymus 234,
287
– *Garten der Lüste* 234
– *Tod eines Geizhalses* 287
Bout, Viktor 626
Boutros-Ghali, Boutros 49
Braconnot, Paula 686

Branco, Nelly Canellas 686
Brandt, Willy 61
Braun, Wernher von 115 f.
Brecht, Bertolt 186, 256
– *Die Dreigroschenoper* 230, 250
– *Das Leben des Galilei* 255
Breschnew, Leonid 61
Brizola, Neusinha 499
– *O Livro Negro de Neusinha Brizola* [Das Schwarzbuch der Neusinha Brizola] 499
Brouwer, Jimmy 494
Brown, Dan 20, 45, 657
– *Sakrileg* 20, 45
Brown, Eleanora 110
Browning, Tod 510
Bruver Júnior, Arnold 257
Buarque de Hollanda, Chico 250, 255, 309, 600
– *Roda Viva* 250, 255
Bucci, Eugênio 567
Bucher, Giovanni Enrico 309
Bush, George W. 25, 634
Bush, Laura 57
Byron, George Gordon 503

Caban, Henrique 356, 358, 685
Cage, Nicolas 626
Cals, Andréa 685
Campos, Roberto 634
Campos Mello, Hélio 685

Camus, Albert 55, 601
– *Der Fremde* 55
– *Le Premier Homme / Der erste Mensch* 601
Candía, Alfredo Ovando 279
Cândido, João 271
Cardoso, Fernando Henrique 262, 611, 619
Cardoso, Raphael 684
Cardoso, Ruth 611
Carlinho 113, 141, 143
Carlos, Roberto 85, 183, 307, 630
Carrière, Anne 36, 591 f., 599, 601, 605, 610, 612, 624, 628
Carvalho, Marilu 685
Carvalho, Rui Dias 505
Casé, Regina 571
Castañeda, Carlos 284 f., 290, 304, 431, 533, 538, 558, 567
Castello, José 606
Castro, Antônio Carlos (»Carleba«) 333
Castro, Fidel 101
Cervantes, Miguel de 283
Chagas Freitas, Antônio de Pádua 386
Chamberlain, Richard 132
Chame 110
Charrière, Christian 594
Chávez, Hugo 626
Chico 92
Chirac, Jacques 12, 596, 611 f.

Chopin, Frédéric 56, 427
- *Klavierkonzert in e-Moll* 56
- *Nocturne Nr. 2* 427
Chrissa 666
Christie, Agatha 435
Chruschtschow, Nikita 61, 173
Churchill, Winston 330
Clancy, Tom 618
Clara 666
Clark, Walter 404, 585,
Clarke, Alan 584, 589, 685
Clay, Cassius (Muhammad Ali)
  293
Clinton, Bill 625
Clinton, Chelsea 625
Clinton, Hillary 625
Coelho, João Marcos
  (»Cazuza«) 89, 118, 121
Coelho, Maria Crescência
  (»Cencita«) 118
Coelho de Souza, Lygia Araripe
  67 ff., 78 f., 85, 87 f., 92, 95,
  103 f., 112, 117 ff., 121, 125 f.,
  133, 139, 144 f., 154 ff., 160,
  164, 169 f., 176, 216 f., 219,
  226, 241, 277, 314, 377, 383,
  385 ff., 421, 452 f., 459, 465,
  468
Coelho de Souza, Paulo
  ›Al Capone‹ [Songtext;
  mit Raul Seixas] 361
- *Der Alchimist* [*O Alquimista*
  (1988); Roman] 18, 27, 60, 62,

64, 475, 534, 543 ff., 550 ff.,
556, 558, 567 ff., 571, 576,
581 f., 586, 589 ff., 595 f., 601,
605, 608, 610, 615, 625 ff., 638,
642, 646, 648, 650, 657, 665,
677, 679 ff.
- *Am Ufer des Rio Piedra saß
  ich und weinte* [*Na Margem
  do Rio Piedra eu Sentei e
  Chorei* (1994); Roman]
- *Amante Latino* [Latin Lover;
  Drehbuch] 450
- *O Apocalipse* [Die
  Apokalypse; Theaterstück]
  254 f.
- *Auf dem Jakobsweg*
  [*O Diário de um Mago*
  (1987); Tagebuch/Roman;
  erste deutsche Übersetzung
  unter dem Titel *Tagebuch
  eines Magiers*] 21, 24, 34, 58,
  494, 517, 519, 525, 532, 535 ff.,
  541, 544, 565, 619, 627, 667,
  677
- *Arquivos do Inferno* (1982)
  [Archive der Hölle; Text-
  sammlung] 493 f., 496, 498 f.,
  568, 677
- *Brida* [*Brida* (1990); Roman]
  554, 565 ff., 569, 571 f., 576,
  582, 584, 650, 677
- *A Bruxa de Portobello* (siehe
  Die Hexe von Portobello)

- ›Caminhos 1‹ [Song; mit Raul Seixas] 420
- *Os Caminhos do Misticismo* [Die Wege des Mystizismus; Theaterstück] 270
- ›Cartão Postal‹ [Postkarte, Song, für Rita Lee] 419
- *Cartas de Amor do Profeta* (1997) [Liebesbriefe des Propheten; Adaption ausgewählter Liebesbriefe von Khalil Gibran] 677
- ›Conserve seu Medo‹ [Songtext] 449
- *Der Dämon und Fräulein Prym* [*O Demônio e a Srta. Prym* (2000); Roman] 619 ff., 628 f., 642, 677
- *O Demônio e a Srta. Prym* (siehe *Der Dämon und Fräulein Prym*)
- *Dom Supremo, O* (1991) [Die höchste Gabe; Adaption eines Textes von Henry Drummond] 575, 677
- *Elf Minuten* [*Onze Minutos* (2003); Roman] 20, 60, 610, 642 f., 645 f., 653, 677, 680 f.
- ›Esse Tal de Roque Enrow‹ [Songtext; für Rita Lee] 419
- *O Feio* [Das Hässliche; Theaterstück] 127, 165

- *Der Fünfte Berg* [*O Monte Cinco* (1996); Roman] 603 ff., 610 f., 618, 642, 677, 679, 681
- *O Gênio e as Rosas* (2004) [Das Genie und die Rosen] 677
- *Gespräche mit D.* [unvollendete Erzählung, auch mit dem alternativen Titel *Die Magie des Sexes, der Ruhm Gottes*] 621 f.
- ›Gita‹ [Titelsong einer LP mit Raul Seixas] 364, 370, 379
- *A Guerra dos Lanches* [Kinderstück] 183, 187, 220
- ›Há Dez Mil Anos Atrás‹ [Titelsong einer LP mit Raul Seixas] 433
- *Handbuch des Kriegers des Lichts* [*Manual do Guerreiro da Luz* (1997)] 39, 607 ff., 618, 677
- *Die Hexe von Portobello* [*A Bruxa de Portobello* (2006); Roman] 443, 659, 664 f., 677
- *Histórias para Pais, Filhos e Netos* (2001) [Geschichten für Väter, Kinder und Enkel; Kolumnen] 677
- *J'accuse* [Ich klage an; Essay] 172

- ›Judas‹ [Songtext] 449
- *Juventude sem Tempo* [Zeitlose Jugend] 185, 192, 213, 220
- ›Krig-ha, bandolo!‹ [Songtext, mit Raul Seixas] 361 ff., 370, 378, 381, 383 ff.
- *Os Limites da Resistência* [Grenzen der Revolte; Textcollage] 270
- *Lon: Diário de um Mago* [siehe auch *Diário de um Mago*] 494
- ›Magia de Amor‹ [Songtext] 449
- *Die Magie des Sexes, der Ruhm Gottes* [siehe *Gespräche mit D.*]
- *Manual do Guerreiro da Luz* (siehe *Handbuch des Kriegers des Lichts*)
- *Manual Prático do Vampirismo* (1985) [Praktisches Handbuch des Vampirismus] (mit Nelson Liano Júnior) 501, 511 f., 521, 534 f., 666, 677
- *Manifesto de Krig-ha* [Manifest von Krig-ha] 494
- *Mata Virgem* [LP, mit Raul Seixas] 449, 562
- ›Medo da Chuva‹ [Song, mit Raul Seixas] 370

- ›Meu Amigo Pedro‹ [Rockballade] 433
- *O Monte Cinco* [siehe *Der Fünfte Berg*]
- ›Mulher de Treze Anos‹ [Eine Frau von dreizehn Jahren; Gedicht] 109 ff., 130
- *Na Margem do Rio Piedra eu Sentei e Chorei* (siehe *Am Ufer des Rio Pedra saß ich und weinte*)
- ›Não Pare na Pista‹ [Song, mit Raul Seixas] 370
- *Novo Aeon* [LP mit Raul Seixas] 420
- *Onze Minutos* (siehe *Elf Minuten*)
- *Palavras Essencias* (1999) [Wesentliche Worte; Kolumnen] 677
- ›As Profecias‹ [Songtext für Raul Seixas] 449
- ›Recordações‹ (Erinnerungen; Gedicht) 121
- ›Revolta‹ [Revolte; Gedicht] 186
- *A Revolta da Chibata* [Die Revolte von Chibata; Theaterstück] 270 f.
- ›Rock do Diabo‹ [Song, mit Raul Seixas] 420

- *Sei wie ein Fluss, der still die Nacht durchströmt* [*Ser como o Rio que Flui* (2006); Kolumnen] 677
- *Ser como o Rio que Flui* [siehe *Sei wie ein Fluss, der still die Nacht durchströmt*]
- *Der Sieger bleibt allein* [*O Vencedor está só* (2008); Roman] 677
- ›Sociedade Alternativa‹ [Song mit Raul Seixas] 364 ff.
- ›Tá na Hora‹ [Songtext] 449
- *Tagebuch eines Magiers* (siehe *Auf dem Jakobsweg*)
- *O Teatro na Educação* (1973) [Theater im Unterricht; Lehrbuch] 401 f., 677
- ›O Toque‹ [Song; für Rita Lee] 419
- ›Tragiblefe‹ [Songtext, mit Antônio Carlos Dias] 254
- ›Tu És o MDC da Minha Vida‹ [Song, mit Raul Seixas] 420
- *Unterwegs/Der Wanderer* [*Maktub* (1994); Kolumnen] 60, 597 ff., 609, 677
- *As Valkírias* (1992) [dt. *Schutzengel;* Roman, bei Diogenes in Vorbereitung] 580 ff., 597, 599, 601, 619, 677

- *The Vampire of London* [Der Vampir von London; Drehbuch] 442
- *Os Vampiristas* [Comic, mit Gisa Magalhães] 343
- *O Vencedor está só* [siehe *Der Sieger bleibt allein*]
- ›A Verdade sobre a Nostalgia‹ [Song, mit Raul Seixas] 420
- *Veronika beschließt zu sterben* [*Veronika Decide Morrer* (1998); Roman] 615 ff., 623 ff., 642, 677, 679, 681
- *Veronika Decide Morrer* [siehe *Veronika beschließt zu sterben*]
- *Der Zahir* [*O Zahir* (2005); Roman] 14, 19 f., 27, 31, 36 f., 39, 45, 58, 107, 647 ff., 651 f., 654, 677, 680

Coelho de Souza, Pedro Queima 67 ff., 74, 89, 92, 95, 103 f., 111 ff., 116 ff., 121, 125 f., 128, 133, 139 f., 144 ff., 151 ff., 164, 169 f., 175 f., 180 ff., 186 f., 197, 201 ff., 216 f., 219, 226, 234, 241, 243 f., 276 f., 307, 377, 383, 385 ff., 390, 393 f., 421, 433 f., 450, 468, 532, 616, 686

Coelho de Souza, Sônia Maria 69, 81, 93, 95, 118, 160, 176, 386 f., 392, 459, 686

Collins, Larry 56
- *Oder du wirst Trauer tragen*
(mit Dominique Lapierre)
56
Collor de Mello, Fernando 46,
639
Condé, José 130 f.
Consuelo, Baby (»Baby do
Brasil«) 514
Conte, Élide (»Dedê«) 86, 91,
685
Conte, Michele 686
Cony, Carlos Heitor 105 ff.,
239, 250, 351, 630, 636, 639,
684
- *Informação ao Crucificado*
105
- *Matéria de Memória* 105
Copperman, Annie 594
Cordeiro, Francisco 684
Cordeiro, Luiz 684
Costa, Darc 685
Costa, Stella Paula 328, 336,
373, 493
Costa-Gavras, Constantin 280,
441
- *Belagerungszustand* 441
- *Z* 280
Costa e Silva, Artur da 238,
248, 636
Crichton, Michael 618
Crowley, Aleister 325, 329 ff.,
340, 346, 350, 364 f., 373, 376,

400, 411, 464 f., 482, 487, 493,
562
- *Der Equinox* 340
- *Liber Oz* 331, 348, 365
Cruise, Tom 653
Cruz, San Juan de la 353
Cunha, Euclides da 7, 283
- *Krieg im Sertão* 283

Däniken, Erich von 284
- *Zurück zu den Sternen* 284
Dantas, Ondina 152, 167
De Sica, Vittorio 110
Debray, Régis 283
- *Revolution in der Revolution*
283
Debussy, Claude-Achille 185
Degas, Edgar 185, 287
Demszky, Gábor 17
Deneuve, Catherine 269
Deschot, Eric 602
Dias, Antônio Carlos
(»Kakiko«) 229, 246, 254,
257 ff., 263 f., 266, 277,
685 f.
- ›Tragiblefe‹ (mit Paulo
Coelho) 254
Dias, Renato 115
Diegues, Cacá 546
Dillinger 287
Dolatabadi, Mahmoud 650
Domínguez, José Antonio
(»Pepe«) 685

Donne, John 481
– *Meditationen* 481
Donovan 41
Dostojewskij, Fjodor 185
– *Schuld und Sühne* 185
Douste-Blazy, Philippe 610
Doyle, Sir Arthur Conan 105
Dr. Kildare 132
Dracul, Vlad 464, 472, 510
Drummond, Henry 575
Drummond de Andrade,
Carlos 107, 131, 186
Duarte, Anselmo 56
– *O Pagador de Promessas* 56
Duarte, Nelson 308
Dubček, Alexander 249
Dudley, Nigel 18
Dulce, Irmã 240
Dumont, Alberto Santos 76 f.,
612, 629
Dumont, Francisca 76
Durrell, Lawrence 560
– *Avignonquintett* 560

Easy Rider 278
Eco, Umberto 273, 625
El Cordobés (eigtl. Manuel
Benítez Pérez) 56
Elbrick, Charles Burke 171, 313
Elgar, Edward 428
– *Pomp and Circumstance* 428
Elias 603, 605
Elisabeth II. 628

Elísio, Paulo 247
En-Lai, Chou 61
Engels, Friedrich 168
Erd, Peter 600
Escobar, Ruth 250
Espagnac, Marie Christine 685
Eva 662
Évora, Cesária 34
Ezzat, Ahmed Mohammed 57
Ezzat, Hebba Raouf 57 ff., 62,
64 f.

Façanha, Edgar 221
Fait, Patrícia 425
Fajardo, Antônio Ovídio
Clement 241, 685
Faria, Octavio de 270
Faria Lima, Márcia 135 ff., 145,
178, 180, 217, 231, 685
Feith, Roberto 603, 605, 641 ff.
Fernandes, Hélio 344
Ferraz, Geraldo Galvão 598
Ferraz, Silvio 152, 686
Fiengo, Rosana 686
Filho, José Santamaria 264
Filho, Oduvaldo Vianna 170
Fink, David Harold 185
– *Persönlichkeit ist alles.
Wie man Nervosität,
Depressionen, Misserfolge
überwindet* 185
Fitzgerald, F. Scott 283
Flaubert, Gustave 587

Flávio 191 f., 194 f., 234
Fleming, Ian 330
Foldej, V. S. 284
- *Magia Negra e Magia
  Branca* 284
Fonda, Peter 278
Fonseca, Rubem 411
Fontes, Ilma 237, 685
Ford, John 296
Foucault, Michel 273
Fracarolli, Fabíola 177 ff., 187,
  217 f., 231, 235, 244 ff., 253 f.,
  685 f.
Franca, Leonel 130, 135
Franco, Francisco 172, 307, 377
Franco, Itamar 600
Franz von Assisi 234
Frazier, Joe 293
Fred 89, 114, 120
Frejat, Iran 352 ff., 357 f.
Fritz, Dr. 87
Furtado, Celso 640

Gaddafi (Muammar al-Gaddafi)
  608
Galvão, Afonso 685
Gandhi, Mahatma 325
García Márquez, Gabriel 587,
  589
Gardel, Carlos 365
Gardner, Earl Stanley 119
Gaspari, Elio 250
Gates, Bill 625

Gauguin, Paul 287
Gaulle, Charles de 172, 249
Geisel, Ernesto 403
Genevoix, Sylvie 594
Genivalda (»Geni«) 217, 231 f.,
  235, 237 ff., 244
Georges 34 f., 38
Gerson (eigtl. Gerson de
  Oliveira Nunes) 281
Ghioldi, Rodolfo 387
Gibran, Gibran Khalil 672
Gil, Gilberto 56, 250, 309, 333
Gil, Jacques 32
- *Tradicão* 333
Godard, Jean-Luc 151, 169, 187,
  273
- *Die Chinesin* 187
Goddard, Robert Hutchings
  115 f.
Góes Filho, Hildebrando 128,
  685
Goethe, Johann Wolfgang 284
- *Faust* 284
Gógol, Nikolai 216
Goleman, Daniel 603
Golino, Valeria 652
Gomes, Benjamim Gaspar 143,
  150, 155 f., 160 f., 163, 194,
  199 f., 209, 211 f., 222 f., 235,
  241, 396, 420, 426, 438, 458,
  470, 476
Gomes, Pepeu 514
Gonçalves Filho, Antonio 547

Goodyear, Dana 46, 51, 666
Górki, Maxim 216
Goulart, João 171
Goya, Francisco de 234
– *Nackte Maja* 234
Goyeneche, Roberto
  (»Polaco«) 280
Greene, Graham 198
– *Unser Mann in Havanna*
  198
Gregony, Brigitte 591
Grisham, John 618, 657
Guantanamera 627
Guerra, Regina 538
Guerra, Ruy 173, 255
– *Os Fuzis* 255
Guevara, Ernesto Che 396
Guimarães, Álvaro 252
Guimarães, Luís Eduardo 152
Guimarães Rosa, João 419

Haddad, Amir 269
Haddad, Lúcia 684
Haeri, Gille 685
Haeri, Julles 685
Hagen, Øyvind 18, 590
Hair 249
Hamilton, James 657
Harazim, Dorrit 411
Hardy, Françoise 130
Hassan 540 f.
Hawking, Stephen 551
Heikal, Mohamed 61

Heiko 666
Hejazi, Arash 20, 648 f., 685
Heliodora, Bárbara 165
Hello, Henrique 497 f.
– *A Verdade sobre Inquisição*
  [Die Wahrheit über die
  Inquisition] 497
Hemingway, Ernest 40, 131,
  283, 481, 548
– *Der alte Mann und das
  Meer* 131
– *Wem die Stunde schlägt* 481
Hendrix, Jimi 307
Hesse, Hermann 284
– *Das Glasperlenspiel* 284
Hitler, Adolf 325, 479
Hoffman, Dustin 652
Hoffman, Patrice 686
Hofstetter, Ricardo 93, 684
O Homem no Cosmos 105
Hopper, Dennis 278
Houry, P. A. 105
– *Vuzz* 105
Hugo, Victor 587
Huszti, Gergely 16 f., 24 f.,
  27 f., 33
Huxley, Aldous 283

I Ging 359, 367, 371, 609
Introduce 110
Iron Maiden 331
Ivo, Lêdo 186

Jaguaribe, Hélio 635, 637 ff.

Jairzinho (eigtl. Jair Ventura
Filho) 281

James, Jesse 297

Janet 292 ff.

Jardim, Eduardo 123, 147 f.

Jean 475, 486 ff., 507, 516 ff.,
524 f., 527, 544, 548, 560 f.,
565, 576, 579 ff., 592, 659 ff.,
663 f.

Jewtuschenko, Jewgenij
Alexandrowitsch 172

Johannes XXIII. 119
– *Pacem in Terris* 119

Johannes Paul II. 19, 618
– *Erinnerung und Identität,
Gespräche an der Schwelle
zwischen den Jahrtausenden*
19

Jobim, Nilza 425

Jobim, Tom 425, 596

Johnson, Lyndon B. 172

Jorge, Thereza 558

Julião, Francisco 173

Julius Cäsar 75

Junqueira, Ivan 685

Kafka, Franz 283

Kardec, Allan 466
– *Buch der Medien* 466

Katunda (Pajé) 322

Keel, Daniel 667

Kennedy, John F. 612

Kennedy, Robert F. 249

Kerouac, Jack 404

Kéti, Zé 136

Khatami, Mohammed 649 f.

Kierkegaard, Søren 185
– *Furcht und Zittern* 185

King, Martin Luther 248

King, Stephen 603, 618

Kipling, Rudyard 132
– ›If‹ 132

Kolosi, Tamás 27

Kubrick, Stanley 56
– *2001: Odyssee im
Weltraum* 56

Kühner, Maria Helena 271
– *Os Dentes do Tigre* 271

Kwasniewski, Aleksander 49

Kwasniewska, Jolanda 49

Lacerda, Carlos 186, 250

Lafer, Celso 639 ff.

Laffont, Robert 591

Lago, Mário 387

Lamarca, Carlos 262, 265, 310

Lamb, Christina 653 f.
– *The Sewing Circles of Herat*
[Die Nähzirkel von Herat]
653

Lampedusa, Giuseppe 194
– *Der Leopard* 194

La Mure, Pierre 185
– *Moulin Rouge* 185

Lanat, Mariano 333

Lapierre, Dominique 56
- *Oder du wirst Trauer tragen* (mit Larry Collins) 56
Lean, David 56
- *Lawrence von Arabien* 56
Leão, Nara 136, 199, 254, 332 f.
Lee, Rita 411, 419, 442, 686
- *Fruto Proibido* [LP] 419
Leiradella, Cunha de 542
Lelouch, Claude 601
Leme, Lúcia 537
Lemes, Gaspar 264
Lemes, Honório (Leão do Caverá) 264
Lemes, Índio do Brasil 263, 685
Lemos, Fernando Iehly de 81 f.
Lenin, Wladimir Iljitsch 168
Lennon, John 135, 338, 362 f., 416
- *Imagine* 362
Leone, Sergio 56
- *Es war einmal in Amerika* 56
Levi, Clóvis 255
Liano Jr., Nelson 507 ff., 534, 666, 686
- *Manual Prático do Vampirismo* [Praktisches Handbuch des Vampirismus] (mit Paulo Coelho) 501, 511 f., 521, 534 f., 666, 677
Lima Barreto, Afonso Henriques de 503
Lima, Carlos 684

Lins, Alcides (»Cidinho«) 135
Lins e Silva, Técia 572
Lispector, Clarice 271
- *Objeto Gritante/Água Viva* 271
Lobato, Monteiro 75, 104
Lobkowitz, Polixene von 53
Lola 319
Loli 666
Lopez, Trini 85
Lord of War 626
Loren, Sophia 110
Louit, Hervé 684
Loureiro, Oswaldo 230
Love me tender 28, 33
Loyola, Ignatius von 79, 549, 577
Luft, Lya 551
Lugosi, Bela 510
Luís 196, 198
Luís Carlos 211, 214 ff., 234 ff., 239, 241
Lula da Silva, Luiz Inácio 647, 657 f.
Luther King Jr., Martin 248
Lyra, Carlos 118
- *Pobre Menina Rica* (mit Vinícius de Moraes) 118

Mac Dowell, Afonso Emílio de la Rocque 425
Mac Dowell, Cecília (»Cissa«) 409, 423, 425 ff.,

438 ff., 448, 450 ff., 458 f.,
467, 685 f.
Mac Dowell, Gail 445
Macedo, Edir 609, 685 f.
Macedo, Joel 150 ff., 174, 183
Machado de Assis, Joaquim 631
»Machine Gun Kelly« 287
Maciel, Luis Carlos 411
MacInnes, Sarah 18
MacLaine, Shirley 240
Madalena (»Madá«) 138, 227
Madeira, Marcos Almir 639
Maestri, Mário 614
Magal, Sidney 686
Magaldi, Sábato 185
– *Panorama do Teatro
Brasileiro* 185
Magalhães, Adalgisa Eliana Rios
de (»Gisa«) 46, 305, 312 ff.,
325, 328, 335 ff., 343 ff., 347,
349, 358, 362, 367, 371, 375 ff.,
382 ff., 388, 391, 393 ff., 397,
401 ff., 409 f., 429, 476
– *Os Vampiristas* [Comic,
mit Paulo Coelho]
Magalhães, José Reinaldo Rios
de 313, 685
Magia Negra e Magia Branca
284
Mahfouz, Naguib 59, 61
Mailer, Norman 283
– *Der Alptraum* 283
Mainardi, Diogo 598

Makeba, Miriam 404
Malina, Judith 272 f.
Maltarolli, Isabela 685
Mandarino, Ernesto Emanuelle
508 ff., 513, 535 f., 551, 554,
556 f., 685
Mandarino, Maurício 686
Manson, Charles 331, 338
Mao Tse-tung 179, 608
Marcos 196
Marcos, Plínio 350
Maria 44
Maria I. 490
Maria Lúcia 219
Marian 666
Mariáteguy, José Carlos 626
Marinho, Lilly 49
Marinho, Roberto 49, 355
Marinho, Tatiana 684
Mário 410
Martín, Patricia 686
Martins, Wilson 7
Marx, Karl 168, 228
Mascarenhas, Eduardo 494
Maurício 143 ff.
Mazza, Ivan Lobo 266
McRae, Carmen 404
Meinberg, Rodrigo 686
Melo Filho, Murilo 632
Melo Neto, João Cabral de
107
Melo, Tereza Cristina de 225
Mendes, Cândido 629 f.

702

Mendonça Neto, José
  Antonio 685
Menem, Carlos 652
Menescal, Renato 463, 686
Menescal, Roberto 398 ff.,
  411 f., 418 f., 427, 437, 442,
  446 f., 476, 494, 543, 563, 686
Midani, André 411 f., 419, 437,
  685
Miguel, Luis 666
Miller, Henry 55, 168 f., 270,
  283
– Nexus 168
– Plexus 168
– Sexus 168
– Wendekreis des Krebses 55
Miller, Sidney 111
Milliet, Sérgio 185
Miranda, Leonel 248
Moebius 601
Mohajerani, Ayatollah 650
Mohallen, Eugênio 685
Mohammed bin Raschid Al
  Maktoum, Scheich 43
Molinero, Afonso 684
Molinero, José Ramón 284,
  321
– Alquimia Secreta de los
  Hombres 284
Molkhou, Soizik 686
Mônica 91
Montijo, Eugenia de 38
Moraes, Denis de 618

Moraes, Eduardo Jardim 123,
  147, 685
Moraes, Vinícius de 106, 118,
  186
– Para Viver um Grande
  Amor 106
– Pobre Menina Rica (mit
  Carlos Lyra) 118
Morão, Jorge 274
Moravia, Alberto 110
– Ciociara, La 110
Moreira, Mônica 590
Morel, Frédéric 685
Morrison, Jim 272
Motta, Ana Carolina de 684
Motta, Marcelo Ramos 324 ff.,
  329, 338 ff., 399, 420, 465, 482
Motta, Nelson 411, 437, 572, 686
Mourão, Jorge 274 f., 685
Mourão, Ronaldo Rogério
  de Freitas 632
Muraro, Rosie Marie 399
Mussolini, Benito 330
Mutti, Marcos 237, 239, 685

Napoleon I., Bonaparte 12
Napoleon III. 38
Nascimento, Márcia 669, 685
Nascimento e Silva, Luíz
  Roberto do 600
Nascimento e Silva, Maria do
  Rosário do 403
Nasser, Gamal Abdel 61

Nazarbajew, Nursultan 49
Nehru, Jawaharlal 61
Neves, João das 271
Nhá Chica 22
Niemeyer, Oscar 612
Niemeyer, Paulo 160
Nietzsche, Friedrich 272
Nika 666
Niskier, Arnaldo 632, 634, 639,
  685
Nixon, Richard 248, 405 ff.
Noll, João Gilberto 552
Nova, Marcelo 562, 685

O'Fern, Brida 565
Oiticica, Christina (»Chris«)
  21, 35 ff., 39 f., 43 ff., 48 f.,
  52 ff., 459 ff., 472, 475 ff.,
  482 ff., 487 f., 490 ff., 500 ff.,
  506 f., 510, 513, 515, 517,
  519 ff., 531, 534 ff., 540, 545,
  548, 561, 572 f., 576 ff., 597,
  602, 621, 633, 637, 643, 647,
  650, 652, 663, 666, 668, 671 f.,
  682, 685
Oiticica, Cristiano Monteiro
  460, 468
Oiticica, Leonardo 54, 684
Oiticica, Paula 460, 468, 540
Oiticica, Tânia 482
Oiticica, Tatiana 54
Oktavian Augustus 75
Olé Olá 199

Oliveira, Heleno 447
Oliveira, Ivan Luiz de 684
Oliveira, Maria de 43, 44
Oliveira, Marly de 590
Oliveira Neto, Cândido de 387
Olmedo, Luís Maria
  (»Cachorro«, »der Hund«)
  174
Ono, Yoko 362 f., 416
Orecchioni, Jean 592
Osbourne, Ozzy 331, 514
– Mr. Crowley 331

Pacca, Renato 686
Padovani, W. F. 443
Page, Geraldine 404
Page, Jimmy 331
Palmeira, Francis 220
Palmeira, Vladimir 170 f.
– Ato Institucional 220
Pasolini, Pier Paolo 273
Patrícia 34
Paul VI. 172
Paula 482
Pauwels, Louis 284
– Aufbruch ins dritte
  Jahrtausend (mit Jacques
  Bergier) 284
Paz, Acácio 685
Paz, Orietta 686
Pedro I. 151
Pelé (eigtl. Edison Arantes do
  Nascimento) 44, 281, 307, 612

Pen, Marcelo 664
Peninha 445
Pêra, Marília 250, 684
Pereira, José Mário 685
Peres, Shimon 625
Pessoa, Fernando 330
Peter Pan 245 f.
Petras 281
Phalipou, Geneviève 41, 685
Phalipou, Serge 41
Phillip (Prince) 657
Picasso, Pablo 307, 479, 531
Pink Floyd 56
Pinocchio 173, 176 f., 183 f., 220
Pinochet, Augusto 476, 626, 652
Piñon, Nélida 628, 636
Pittigliani, Armando 437
Poe, Edgar Allan 274
Polanski, Roman 252, 331, 362
– *Rosemary's Baby* 294, 362
– *Tanz der Vampire* 252
Pollack, Sydney 633
Pompeu, Maria 272
Ponte Preta, Stanislaw 283
Portela, Eduardo 611, 628
Pot, Pol 443
Prado, Caio Graco 559
Prado, Eduardo 323, 343
Prado Jr., Caio 262, 283, 559
– *História Econômica do Brasil* 283

Presley, Elvis 28, 325, 331, 362, 433
– *I Was Born Ten Thousand Years Ago* 433
Prestes, Luís Carlos 172 f., 387
Prévert, Jacques 234
– ›Barbara‹ 234
Prieto, Abel 627
Putin, Vladimir 662 f.

Quadros, Jânio 171
Queen, Ellery 105
Queiroz, Rachel de 629
Quoist, Michel 105

Rabanne, Paco 41
Rain Man 652
Ramón 666
Ramos, Graciliano 387
Ramos, Jorge Luiz Costa 84
– *Die Regenschirme von Cherbourg* 268
Ramos, José Átila 110
– *»Serpentina e Colombina«* 111
Rangel, Carlos Eduardo 550
Rangel, Tatiane 684
Regea, Mara 557
Resky, Fernando 221
Ribeiro, Antônio Coelho 456 f.
Ribeiro, Evando 335
Ribeiro, João Ubaldo 271
– *Sargento Getúlio* 271
Ricardo 198

705

Richter, Vera Prnjatovic 247,
251 ff., 256 ff., 265 f., 268 f.,
272, 274, 277 f., 282 f., 285,
289, 386, 410, 438, 686
Rios, Amapola 685 f.
Roberto 191
Roberts, Julia 619
Rocco, Paulo Roberto 641 ff.,
686
Rocha, Glauber de Andrade
151, 172 f.
Rodrigues, Jaime 256
Rodrigues, Marcelino 506
– ›Ewiges Sonett‹ 506
Rodrigues, Nelson 91, 106, 246,
350
– Bonitinha, mas Ordinária
106
– Viúva porém Honesta
[Witwe, aber ehrbar] 246
Rodrix, Zé 686
Roggero, Anastasio 53 f.
Romero, Elisabeth (»Beth«) 423
Rosa (Köchin in Araruama) 85
Rosário, Maria do 419
Rossa, Anna 651 f.
Rosselini, Roberto 151
Rosset, Cacá 572
Rother, Larry 635
Rovai, Pedro 450
– Amante Latino [Latin Lover;
Film; Drehbuch von Paulo
Coelho] 450

Rubem Paiva, Marcelo 617
Rubens, Peter Paul 234
– Kreuzigung Christi 234
Ruffier, Guy Jorge 685
Ruffier, Pater João Batista 97,
99 ff., 122, 124, 375
Rui 120

Sabanes, Ricardo 686
Sabino, Mário 686
Sabóia, Napoleão 596
Sagan, Françoise 105
– Lieben Sie Brahms? 105
Saint-Exupéry, Antoine de 547,
601 f.
– Der kleine Prinz 601
Saito, Keiko 443 ff.
Salazar, Antonio de Oliveira
172, 307, 377
Salinger, J. D. 205
Salles, Mauro 605
Salles, Perry 543 f.
Sanabria, Miguel 626
Sánchez, Homero Icaza 411
Santamaría Filho, José 264
Santiago, Silvano 596
Santos, Deuteronômio Rocha
dos 399
Santos, Hamilton dos 558
Santos, Joaquim Ferreira
dos 536, 684
Santos Dumont, Alberto 76,
268, 612, 629

Sarney, José 628, 630, 636
Sartre, Jean-Paul 105, 186, 273
Sayed, Ali 60
Scardini, Christina 285 f., 288, 295 f., 298 f.
Schemberg, Mário 262
Schroeder, Gerhard 625
Schumacher, Michael 44
Schumer, H. Katia 556
Schwab, Klaus 49, 624
Scott, Ridley 56
– *Blade Runner* 56
Seixas, Kika 685
Seixas, Raul 327 ff., 331 ff., 347, 352 f., 358 ff., 370 f., 378 ff., 384, 391 f., 396, 398, 401, 403 f., 408 ff., 414 ff., 420 f., 428, 444, 448 f., 469, 492, 500, 511, 539, 562 f., 572, 667, 682, 687
– ›Al Capone‹ [mit Paulo Coelho] 361
– *As Aventuras de Raul Seixas na Cidade de Thor* [autobiographischer Text] 499
– ›Caroço de Manga‹ 359 ›Gita‹ [Titelsong einer LP mit Paulo Coelho] 364, 370, 379
– ›Há Dez Mil Anos Atrás‹ [Titelsong einer LP mit Paulo Coelho] 433, 449

– ›Krig-ha, bandolo!‹ [mit Paulo Coelho] 361 ff., 370, 378, 381, 383 ff.
– *Mata Virgem* [LP, mit Paulo Coelho] 449, 562
– ›Medo da Chuva‹ [Song, mit Paulo Coelho] 370
– ›Não Pare na Pista‹ [Song, mit Paulo Coelho] 370
– *Novo Aeon* [LP mit Paulo Coelho] 420
– *Raulzito e os Panteras* [LP] 334
– ›Sociedade Alternativa‹ [Song mit Paulo Coelho] 364 ff.
– *Sociedade da Grã Ordem Kavernista* 353
Seixas, Simone 403
Sena Júnior, Antônio Walter (»Toninho Buda«) 491, 511 ff., 521 f., 524, 528 f., 562, 685 f.
Severo, Augusto 76
Sgarbi, Elisabetta 607
Shakespeare, William 255
– *Julius Caesar* 255
Sheldon, Sidney 582, 695
Sica, Vittorio De 110
– *Und dennoch leben sie* 110
Silva, Juremir Machado da 567
Silva, Virgílio Gomes da (»Jonas«) 262

Silveira, Joel 632
Simard, Annette Colin 594
Simon, András 26
Sinatra, Frank 33
– *My way* 33
Smirnoff, Yuri 661
Soares, Jô 567 f., 632
Sochaczewski, Antônio
  Cláudio 212
Sochaczewski, Renata (»Pato«,
  »Rennie«, Renata Sorrah)
  161 f., 178, 187 ff., 196 f., 199,
  206, 211 ff., 217, 222, 231
Sodré, Abreu 262
Solanas, Valerie 404
Solschenizyn, Alexander 283
›Somewhere over the Rainbow‹
  229
Sônia 644
Spielberg, Steven 543
– *Duell* 543
Stalin, Joseph 251
Stallone, Silvester 439
– *Rocky* 439
Stein, Marìa Eugênia 685
Stepien, Basia 685
Stevens, Cat 49
Stoker, Bram 472
Stone, Sharon 625
Sultanow, Kuansysh 38
Suplicy, Eduardo 572, 617
Szabados, Pál 16, 27, 30, 33

Tahan, Malba 548
Talita 380
– *Tangarelo, a Tanga de
  Cristal* 419
Tarantino, Quentin 601
– *Pulp Fiction* 601
Tate, Sharon 331
Távola, Artur da 411, 415, 417,
  494, 568, 685
Temer, Milton 686
Tepes, Vlad 472
Tito, Josip Broz 251
Took 576, 579
Torquemada, Tomás 496 ff.
Toulouse-Lautrec, Henri
  de 184 f.
Trismegisto, Hermes 350
– *Smaragdtafel* 350
Truden, Juan 455 f.
Tschaikowsky, Piotr Iljitsch 71

Unger, Nancy Mangabeira 183,
  309
Unger, Roberto Mangabeira
  183
Uris, Leon 105

Vale, João do 136
– ›Peba na Pimenta‹ 136
Vallandro, Beatriz 685
Valois, Marguerite de
  (»Reine Margot«) 633
Van Gogh, Vincent 185, 287

Vaquer, Gloria 403
Vaquer, Jay 403
Vargas, Getúlio 344
Vargas Llosa, Mario 587, 589
Vaz, Pero 495
Veloso, Caetano 217, 250, 252, 309
Ventura, Zuenir 411, 613, 686
Veríssimo, Luís Fernando 643
Versace, Donatella 610
Versace, Gianni 610
Vianna Filho, Oduvaldo (»Vianinha«) 170
– *Liberdade, Liberdade* (mit Paulo Autran) 170
Vicente 459
Vidal, Gore 551
Vieira, Antônio Cláudio de Lima 237, 685
Vieira, Eneida 420 ff., 426, 431, 448, 454
Vieira, Mário Jorge 237
Vitoux, Frédéric 601
Volta Seca 222
Vom Winde verweht 180

Wagner, Richard 439
– *Hochzeitsmarsch* 439
Wallace, Irving 645
Warhol, Andy 404, 493
Wayne, John 218

Weffort, Francisco 611
Weguelin, Sérgio 285
Weguelin Filho, Sérgio (»Serginho«) 285, 295, 297, 300 ff., 461
Wells, H. G. 269
– *Krieg der Welten* 269
West, Mae 325
West, Morris 186
West Side Story 294
Wilde, Oscar 185, 208
– *Ballade aus dem Zuchthaus zu Reading* 208
Wilder, Billy 240
Wilker, José 685
Wilson, Colin 560
Wisner, Edith 329, 332, 334 f., 337, 361 f., 403
Wolfe, Tom 551, 566
– *Fegefeuer der Eitelkeiten* 566
Woskoboynikow, Dimitri 37 f.
Woskoboynikowa, Evgenia 37 f.

Yunes, Millen 412

Zappa, Frank 217
– *Zauberer von Oz, Der* 229
Zendrera, Ana 58
Zola, Émile 108, 185
– *J'accuse – Ich klage an!* 108

Paulo Coelho
im Diogenes Verlag

Der Alchimist

Roman. Aus dem Brasilianischen
von Cordula Swoboda Herzog

Santiago, ein andalusischer Hirte, hat einen wieder-
kehrenden Traum: Am Fuß der Pyramiden liege ein
Schatz für ihn bereit. Soll er das Vertraute für möglichen Reichtum aufgeben? War er nicht zufrieden mit
seiner bescheidenen Existenz? Santiago ist mutig genug, seinen Traum nicht einfach beiseite zu wischen.
Er wagt sich hinaus und begibt sich auf eine Reise, die
ihn nicht nur von den Souks in Tanger über Palmen
und Oasen bis nach Ägypten führt, er findet in der
Stille der Wüste auch immer mehr zu sich selbst und
erkennt, was das Leben für Schätze bereithält, die
nicht einmal mit Gold aufzuwiegen sind.

»Ein Märchen mit orientalisch-südländischem Charme,
einfach und bezwingend in der Sprache, ein Seelenbal-
sam in unsicheren Zeiten. Hoffnungsvoller könnte ein
Buch nicht sein.« *Focus, München*

Auch als Diogenes Hörbuch erschienen,
gelesen von Christian Brückner

Am Ufer des Rio Piedra
saß ich und weinte

Roman. Deutsch von
Maralde Meyer-Minnemann

Sie waren Jugendfreunde, ehe sie sich aus den Augen
verloren. Elf Jahre später treffen sie sich in Madrid bei
einem Vortrag wieder: sie, eine angehende Richterin,
die das Leben gelehrt hat, stark und vernünftig zu sein
und sich nicht von Gefühlen mitreißen zu lassen; er,
Weltenbummler und sehr undogmatischer Seminarist,

der vor seiner Ordination Pilar noch einmal wiedersehen will. Beide verbindet ihr Drang, aus ihrem sicheren Leben auszubrechen und ihre Träume zu wagen.

»Eine wunderbare Liebesgeschichte, die zugleich einen tiefen Einblick in die Mystik bietet.«
Martina Matthiesen / Max, Hamburg

Auch als Diogenes Hörbuch erschienen,
gelesen von Ursula Illert

Der Fünfte Berg
Roman. Deutsch von
Maralde Meyer-Minnemann

Paulo Coelho erzählt in einfacher, moderner Sprache die Geschichte des Propheten Elia, die wir alle kennen, ›so wie wir sie nicht kennen‹: Sein Roman *Der Fünfte Berg* versetzt uns zurück ins Jahr 870 v. Chr., als Gott Elia befahl, Israel zu verlassen und ins Exil zu gehen. Ausgehend von einer kurzen Bibelstelle erzählt Paulo Coelho die Geschichte des jungen Rebellen und Propheten wider Willen.

»Paulo Coelho gelingt es in diesem Buch, uns ein Stück biblischer Geschichte nahezubringen, ohne uns bekehren zu wollen. Er regt uns an zum Nachdenken, über uns selbst, über die Zeit, in der wir leben, über die Vergangenheit und ihre Bedeutung für die Gegenwart.« *Bernd Graul / Radio Bremen*

Auf dem Jakobsweg
*Tagebuch einer Pilgerreise nach
Santiago de Compostela*
Deutsch von Maralde Meyer-Minnemann

Der 700 km lange Pfad von den Pyrenäen bis nach Santiago de Compostela, der letzte Abschnitt des sogenannten Jakobswegs, galt neben den Wallfahrten nach Rom und Jerusalem als wichtigster Pilgerweg.

Paulo Coelhos Tagebuch seiner Reise nach Santiago de Compostela ist ein sehr persönlicher Reise- und Erfahrungsbericht – Erfahrungen, die sich in Coelhos Roman *Der Alchimist* wiederfinden.

»Paulo Coelho beschreibt den Jakobsweg als einen Pfad der erkennenden Philosophie. Im Buch fahndet der Autor, Mitglied einer uralten mystisch-katholischen Bruderschaft, nach dem Schwert seiner verfehlten Meisterweihe, das an unbekannter Stelle auf ihn warten würde. Die zentrale Botschaft: ›Das Außergewöhnliche befindet sich auf dem Weg der gewöhnlichen Menschen.‹« *Roman Rhode/Die Welt, Berlin*

»Ein Wegweiser aus der Schnelllebigkeit und Sinnleere unserer Zeit und ein Plädoyer für Selbstfindung, Gelassenheit und Authentizität.«
Dagmar Kaindl/News, Wien

Auch als Diogenes Hörbuch erschienen,
gelesen von Gert Heidenreich

Veronika beschließt zu sterben
Roman. Deutsch von
Maralde Meyer-Minnemann

Die Geschichte einer unglücklichen jungen Frau, die sterben will und erst angesichts des Todes entdeckt, wie schön das Leben sein kann, wenn man darum kämpft und etwas riskiert. Ein wunderbares Buch über die Prise ›Verrücktheit‹, die es braucht, um den eigenen Lebenstraum Wirklichkeit werden zu lassen, und eine große Liebeserklärung an das Glück in jedem von uns.

»Mir gefällt Paulo Coelhos Roman *Veronika beschließt zu sterben* am besten. Er hat mich wirklich tief berührt.« *Umberto Eco/Focus, München*

Auch als Diogenes Hörbuch erschienen,
gelesen von Ursula Illert

Handbuch des Kriegers des Lichts

Deutsch von Maralde Meyer-Minnemann

Ein Handbuch und spiritueller Wegweiser mit Coelhos eigenen Reflexionen und denjenigen seiner persönlichen Wegbegleiter, die – von Sun Tsu bis zu christlichen Pilgerlegenden – uns Mut und Lust machen, jenseits der Alltagsverstrickungen unser Schicksal anzupacken, den eigenen Lebenstraum zu finden und beharrlich dafür zu kämpfen.

»Paulo Coelho hat ein kleines Buch für Sinnsucher geschrieben, die auf der Pilgerfahrt ins Innere sind. Ein unzeitgemäßes Buch und doch ein Buch für viele.«
Norddeutscher Rundfunk, Hamburg

Auch als Diogenes Hörbuch erschienen,
gelesen von Gert Heidenreich

Der Dämon und Fräulein Prym

Roman. Deutsch von
Maralde Meyer-Minnemann

Ein Ort in den Pyrenäen, gespalten von Habgier, Feigheit und Angst. Ein Mann, der von den Dämonen seiner schmerzvollen Vergangenheit nicht loskommt. Eine junge Frau auf der Suche nach ihrem Glück. Sieben Tage, in denen das Gute und das Böse sich einen erbitterten Kampf liefern und in denen jeder für sich entscheiden muss, ob er bereit ist, für seinen Lebenstraum etwas zu riskieren und sich zu ändern.

»Ein Buch voller kleiner Lebensweisheiten, wunderbar leicht und klar erzählt. Eine Geschichte auch, die von den Mythen vergangener Tage lebt, von übersinnlichen und magischen Kräften. Schön ist dieser Roman zu lesen.«
Silke Arning / Südwestdeutscher Rundfunk, Stuttgart

Auch als Diogenes Hörbuch erschienen,
gelesen von Markus Hoffmann

Elf Minuten

Roman. Deutsch von
Maralde Meyer-Minnemann

Wie berührt man die Seele? Durch Liebe oder durch Lust? Kann man die Seele wie einen Körper berühren und umgekehrt? Ein provozierendes modernes Märchen über die Alchimie der Liebe.

»Wie im *Alchimisten* ist sich Coelho auch in *Elf Minuten* treu geblieben – als Meister der gleichnishaften Erzählung über eine Reise, an deren Ziel die spirituelle Selbstfindung steht.«
Christian Korff / Focus, München

Auch als Diogenes Hörbuch erschienen,
gelesen von Nadja Schulz-Berlinghoff
und Markus Hoffmann

Unterwegs – Der Wanderer
Gesammelte Geschichten

Ausgewählt von Anna von Planta
Deutsch von Maralde Meyer-Minnemann

Geschichten über die Kunst zu lieben und die noch größere Kunst, geliebt zu werden, vom Umgang mit Schwierigkeiten und mit der Einsamkeit, vom Risiko des eigenen Weges und vom munteren Drauflosleben.

»Paulo Coelhos Kraft wurzelt ohne Zweifel in seiner einfachen, klaren und reinen Sprache. Das darf nicht missverstanden werden: Nichts ist schwerer als das Einfache, Klare und Reine.«
Le Nouvel Observateur, Paris

Der Zahir

Roman. Deutsch von
Maralde Meyer-Minnemann

Der Zahir ist die Geschichte eines Mannes, dessen Frau verschwindet. Alles hält er für möglich – Ent-

führung, Erpressung, nur nicht, dass Esther ihn ohne ein Wort verlassen, sich ihm entzogen haben könnte. Die Irritation, die sie verursacht, ist so stark wie die Anziehung, die sie ausübt. Was für eine Form des Lebens führt sie, welches besondere Glück ist ihr, fern von ihm, beschieden? Das Verschwinden von Esther gerät zu etwas, das die Gedanken des Mannes bis zur Besessenheit ausfüllt; es erlaubt auch keine Nähe zu der schönen Marie, die sich in ihn verliebt hat.
Der Mann weiß, nur wenn er Esther findet, kann er die Obsession überwinden.

»Eine Pilgerreise durch innere Zerrissenheit, durch die eigenen Vorstellungen von Liebe, Glück und Glaube. Typisch Coelho.« *Stern, Hamburg*

Auch als Diogenes Hörbuch erschienen,
gelesen von Christian Brückner

*Sei wie ein Fluss, der still
die Nacht durchströmt*
Geschichten und Gedanken
Deutsch von Maralde Meyer-Minnemann

Ein Wegweiser für Leute, die unterwegs sind – unterwegs zu sich selbst, zur Verwirklichung ihrer Träume, zur Bezwingung ihrer inneren Berge. Ein Stundenbuch, das gewissermaßen ein Minutenbuch ist – beim Warten auf den Bus, im Zug, beim Spazierengehen, abends vor dem Einschlafen oder wenn man schlaflos daliegt.

»Jede Gelegenheit, sich zu verändern, ist eine Gelegenheit, die Welt zu verändern.« *Paulo Coelho*

Ausgewählte Geschichten und Gedanken
auch als Diogenes Hörbücher erschienen:
Sei wie ein Fluss, der still die Nacht durchströmt
sowie *Die Tränen der Wüste,*
beide gelesen von Gert Heidenreich

Die Hexe von Portobello
Roman. Deutsch von
Maralde Meyer-Minnemann

Was macht eine Hexe heute aus? Für Paulo Coelho ist sie eine Grenzgängerin zwischen den Welten, mit seherischen und heilenden Fähigkeiten.
Die Heldin seines Romans ist eine junge Rumänin, die als Kind von libanesischen Christen adoptiert wurde. Jetzt führt sie in London das Leben einer modernen, erfolgreichen Frau. Durch das Tanzen entdeckt sie plötzlich übernatürliche Kräfte in sich, die sie zutiefst verstören. Und nicht nur sie. Unerschrocken folgt sie jedoch ihrer Bestimmung und lernt, ihr Potential zu nutzen.

»Eine wunderbare Heldin auf der Suche nach dem Sinn des Lebens.« *Münchner Merkur*

Auch als Diogenes Hörbuch erschienen,
gelesen von Gert Heidenreich

Brida
Roman. Deutsch von
Maralde Meyer-Minnemann

Würden Sie alles aufgeben, um mit dem Mann oder der Frau Ihres Lebens zusammen zu sein?
Der Roman erzählt die Geschichte von Brida, einer schönen jungen, in Dublin lebenden Irin. Auf der Suche nach ihrer Bestimmung begegnen ihr ein weiser Mann, der ihr beibringt, ihre Ängste zu überwinden, und eine reife Frau, die sie lehrt, die Geheimnisse der Welt zu entdecken und sich darauf einzulassen – mit allen fünf Sinnen. Beide erkennen Bridas besondere Gabe, aber lassen sie ihren eigenen Weg finden. Brida muss sich für einen der beiden Wege, für die ihre Lehrer stehen, entscheiden…
Eine bewegende Geschichte über die spirituelle Seite der Erotik und die erotische Seite der Spiritualität.

»Diese Geschichte um Liebe, Selbstfindung, Hingabe und Spiritualität ist eine Fabel für Erwachsene, die gern mit ihrer Phantasie auf Reisen gehen. *Brida* ist ein Märchen, das den Glauben an die große Liebe stärkt. Wie die Heldin die Liebe und sich selbst findet, ist wahrlich schön beschrieben.« *dpa, Hamburg*

Auch als Diogenes Hörbuch erschienen,
gelesen von Sven Görtz

Der Sieger bleibt allein
Roman. Deutsch von
Maralde Meyer-Minnemann

Paulo Coelho entführt uns ans Filmfestival nach Cannes, einen modernen Jahrmarkt der Eitelkeiten, auf dem sich die sogenannte Superklasse tummelt. Wer bei diesem Treffen der Traumfabrikanten aus Mode und Film den roten Teppich betritt, gehört zu denen, die es geschafft haben. Einige stehen sogar ganz oben und fürchten nur eines: diese Stellung wieder zu verlieren. Es geht um nichts Geringeres als Geld, Macht und Berühmtsein – Werte, für die heute die meisten alles zu tun bereit sind. Aber der Preis ist hoch.
Auf diesem Jahrmarkt der Eitelkeiten treffen sich Igor, ein russischer Millionär; der Modezar Hamid aus dem Nahen Osten; die amerikanische Schauspielerin Gabriella, die endlich eine Hauptrolle ergattern will; der ehrgeizige Polizist Savoy, der glaubt, den Mordfall seines Lebens lösen zu können, und Yasmin, die kurz vor dem Durchbruch als Model steht. Wer schafft es, hinter all den vorgegaukelten Träumen seinen eigenen Lebenstraum zu entdecken und zu leben?

»Ein schonungsloses Porträt der Glamourwelt und der oberen Zehntausend. Es wird nicht nur nach einem gefährlichen Mörder gesucht, sondern nach echten Werten.« *Publishers Weekly, New York*

Auch als Diogenes Hörbuch erschienen,
gelesen von Sven Görtz

Leben
Gedanken aus seinen Büchern
Deutsch von Cordula Swoboda Herzog
und Maralde Meyer-Minnemann
Illustrationen von
Anne Kristin Hagesæther

Was heißt Leben? Liebe, Rückschläge, Glücksmomente, Glaube und Verlust? Einsamkeit annehmen, das Risiko des eigenen Weges eingehen, Fehler wagen? Oder munteres Drauflosleben und der Mut, auf die eigene innere Stimme zu hören?
Zitate, die uns begleiten und die uns helfen können, »an das Unmögliche zu glauben, das wir im Alltag vollbringen können«.

Liebe
Gedanken aus seinen Büchern
Deutsch von Cordula Swoboda Herzog
und Maralde Meyer-Minnemann
Illustrationen von Catalina Estrada

Vom »Magier der Herzen, dessen Botschaft Millionen stark gemacht hat« (Ulla Bohn/Bild, Hamburg), ein Wegweiser zum mutigen Umgang mit anderen und sich selbst:
Liebe als roter Faden in unserem Leben und als die Prise Verrücktheit, die uns dazu bringt, immer wieder aufzubrechen, uns zu verändern, über uns selbst hinauszuwachsen.
Liebe als intensivste Form der Begegnung mit anderen Menschen – und mit uns selbst.
Liebe, die umso größer wird, je häufiger wir sie teilen.

Weisheit
Buch-Kalender 2011
Deutsch von Maralde Meyer-Minnemann
Illustrationen von Catalina Estrada

Der Buch-Kalender 2011 – ein inspirierender Begleiter für das ganze Jahr.

»Ich möchte dieses neue Jahr so angehen, als wäre es das erste Mal, dass 365 Tage vor mir liegen. Die Menschen, die mich umgeben, überrascht und staunend ansehen. Und vor allem die kleinen Dinge, diejenigen, an die ich mich gewöhnt und deren Magie ich vergessen habe. Nur so werde ich der bleiben, der ich bin und der ich gern sein würde: eine ständige Überraschung für mich selbst.« *Paulo Coelho*